21世纪高等教育核心课程经典辅导·法学专业系列

刑法学

同步辅导与习题集

（含考研·司考真题）

康均心◎主　编

上海财经大学出版社

图书在版编目(CIP)数据

刑法学同步辅导与习题集/康均心主编. —上海:上海财经大学出版社,2018.8

(21世纪高等教育核心课程经典辅导·法学专业系列)

ISBN 978-7-5642-2991-7/F·2991

Ⅰ.①刑… Ⅱ.①康… Ⅲ.①刑法-法的理论-中国-高等学校-教学参考资料 Ⅳ.①D924.01

中国版本图书馆CIP数据核字(2018)第081698号

□ 责任编辑 石兴凤

□ 封面设计 张克瑶

XINGFAXUE TONGBU FUDAO YU XITIJI

刑法学同步辅导与习题集

康均心 主编

上海财经大学出版社出版发行

(上海市中山北一路369号 邮编200083)

网 址:http://www.sufep.com

电子邮箱:webmaster @ sufep.com

全国新华书店经销

上海叶大印务发展有限公司印刷装订

2018年8月第1版 2018年8月第1次印刷

787mm×1092mm 1/16 28.5印张 709千字

印数:0 001—2 000 定价:72.00元

“21世纪高等教育核心课程经典辅导·法学专业系列”

编审委员会

前　言

在新时代中国特色社会主义法治建设进程中，法治国家、法治政府、法治社会与法治公民相辅相成，缺一不可。成为一名“学法、知法、懂法、守法、用法”的法治公民是历史的潮流与时代的选择。刑法是规定犯罪、刑事责任与刑罚的法律。刑法既“惩罚犯罪、保护人民”，是善良人的大宪章；又“保护人权、保障自由”，是犯罪人的大宪章。古语云“学而不思则罔，思而不学则殆”。学习刑法，需认真研读刑法学经典教材，掌握好基础理论知识，建构起最基本的刑法学知识体系。学好刑法，需认真钻研刑法条文，知其罪状、罪名与法定刑；亦需随时关注刑事立法与司法动态，“两耳多闻窗外事，方能读好圣贤书”。学透刑法，需磨砺于一本集刑法基础理论知识、刑法条文运用、刑法真题解析、刑事案例演习等为一体的辅导练习册，达致“学以致用，用以促学，学用相长”的效果。

本书以《刑法》（马克昌主编，高等教育出版社）为蓝本，集教材同步辅导与应试（本科考试、研究生考试、司法考试）强化练习于一体；根据广大读者的需求，对统编教材中的知识内容加以梳理；结合各类法学考试，对重点问题逐层剖析。希望该书能成为广大法学学子开启刑法学知识殿堂大门的钥匙。

本书在编写原则上，强调严谨和务实；在编写体例上，遵照教材的体例结构，强调与教材的对应性和配套性；编写方法上，坚持规范。全书内容依托教材，按照教材规范写作；语言逻辑严谨、言简意赅、层次分明；既追求整体上的统一性，也兼顾各章节的独立性；既立足于理论通说，也兼论不同观点；既运用刑法学理论，也兼及司法实务。尤其是最新的刑法修正案及相关刑事司法解释的内容在本书中都得到了充分的反映。

《刑法学同步辅导与习题集》是“21 世纪高等教育核心课程经典辅导・法学专业系列”中的一本，是“面向 21 世纪课程教材”的配套辅导用书，通过这套丛书希望达到以下目的：

★　帮助学生系统掌握本科知识。本丛书针对高校法学以素质教育为主的特点，并结合应试需要编写习题。习题系统、全面，覆盖所有重要知识点。

★　帮助学生准备并通过考研。精选重点院校 2016 年的考研真题，帮助学生了解及自测。

★　帮助学生准备并通过国家司法考试。选择有代表性的司法考试真题穿插到每本书的各章的每个版块中，帮助学生了解司法考试的难度和形式，为学生指明学习的方向。

为了能够使同学们更有效地使用本套丛书，在编写思路和体例上，我们采用了内容规范分版的方式，形成了以下几大特色：

● 知识结构图：紧扣全国高等学校法学专业核心教材逐章编写，采用图形方式，清晰、直观、易记，迅速提高学习效率。

- 重难点归纳：重点突出，与知识结构图形成完整的知识体系，以便有的放矢地学习。
- 案例分析：理论与实际案例相结合，更生动、深入地理解中国法律制度的运行状况。
- 全真题演练：题型全面，知识全面覆盖，通过做高质量的练习，迅速掌握书本知识，显著提高应试能力。
- 深度拓展：介绍知识背景，深化学生认识，拓宽学生视野，激发学生兴趣。

另外，本书收录了2007—2017年研究生入学考试和司法考试的大量真题，帮助同学们在备考的过程中更有针对性地把握知识点的考查方式和角度。为了便于同学们及时地对知识进行巩固和自我检测，本书还设置了“综合测试题”，并随书附赠多套重点院校考研试题。

本书适合高等院校学习刑法的本科生，以及准备硕士研究生入学考试、司法考试的考生，也可作为相关人员研究法律的参考书。

全书由各修订撰稿人严格按照编写大纲以及编写要求分工撰写，最后由主编统一定稿。

本书修订撰写分工如下（以撰写章节顺序为序）：

康均心：第一、四、七、十、十九章及综合测试题

李迎春：第一、二、三、四章

徐　翔：第五、六、七章

潘　超：第八、九、十、十一章

程　骋：第十二、十三、十四章

陈　阳：第十五、十六章

王晓晓：第十七章

薛丰民：第十八、十九章

余　飞：第二十章

谢彩虹：第二十一、二十二章

鄢　灵：第二十三、二十四章

高丽丽：知识结构图

李高伦：全真题演练、综合测试题

尽管本书的修订编撰者恪尽职守、勤勉务实，但疏漏之处在所难免，希望广大读者提出批评建议，以便臻至完善。

编者

2018年3月

目 录

第一章

刑法概说

一、知识结构图

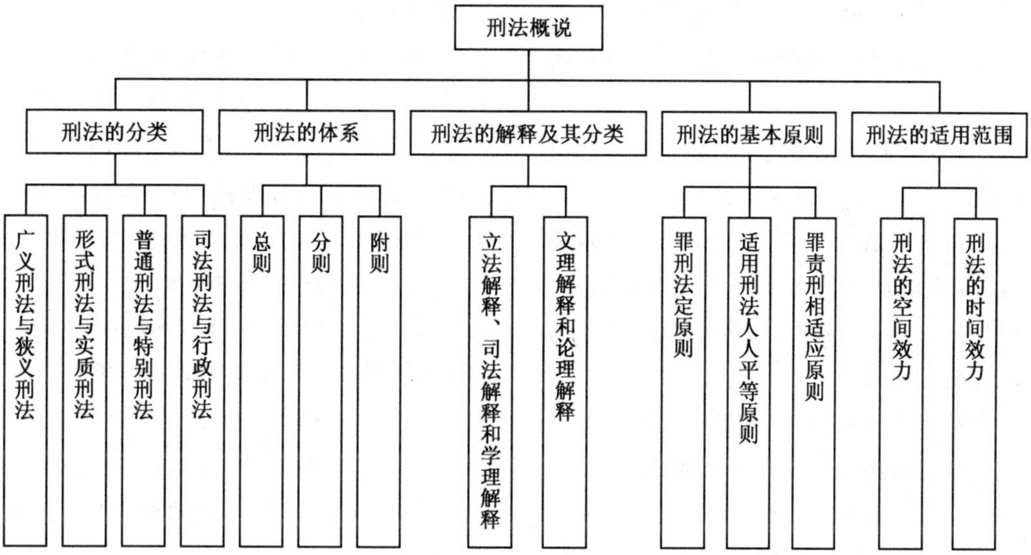

二、重难点归纳

(一)刑法的分类及其标准

1. 以刑法内涵的情况为标准:广义刑法与狭义刑法。

(1)广义刑法:规定犯罪、刑事责任和刑罚的一切法律规范的总和,包括刑法典刑法修正案、单行刑法(如《关于惩治骗购外汇、逃汇和非法买卖外汇犯罪的决定》)和附属刑法(如《中华人民共和国公司法》,以下简称《公司法》)中规定犯罪和刑事责任的条款。

(2)狭义刑法:具有法典形式的刑法,在我国指《中华人民共和国刑法》(以下简称《刑法》)刑法修正案。

2. 以刑法外形表现的情况为标准:形式刑法和实质刑法。

(1)形式刑法:从外形或名称上一看便知其为刑法的法律,刑法典、刑法修正案和单行刑法均属之。由于均以规定犯罪、刑事责任或刑罚为内容,又称为单一刑法。

(2)实质刑法:从外形或名称上看不是刑法,但其内容规定了犯罪及其刑事责任或刑罚处罚的法律条款,各种附属刑法均属之。由于将犯罪、刑事责任或刑罚规定附于某一法律中,又称为附属刑法。

3. 以刑法适用的情况为标准:普通刑法与特别刑法。

(1)普通刑法:具有普遍适用性质的刑法。详言之,普通刑法适用的范围很广,原则上不论对什么人、什么事(犯罪),在什么时间、什么地域均可能适用。刑法典、刑法修正案均属之。

(2)特别刑法:仅适用于特别人、特别事(犯罪)或仅在特别时间、特别地域适用的刑法。现行的单行刑法和附属刑法,均属特别刑法。

4. 以规定犯罪的情况为标准:司法刑法与行政刑法。

(1)司法刑法(犯罪刑法或国有刑法):规定以反社会伦理道德为前提的犯罪的刑法。刑法典中规定杀人、放火、抢劫、强奸等犯罪的法条,都是司法刑法。

(2)行政刑法:分广义和狭义。广义的行政刑法:规定对违反行政法的行为加以制裁的法律;狭义的行政刑法:规定某些违反行政法的行为构成犯罪并使之负刑事责任、受刑罚处罚的法律。通常认为,仅受行政处罚的法律称为行政刑法是不妥当的,因为它与刑法的定义不相符合。所以,行政刑法应当只限于狭义的行政刑法。

(二)刑法的体系

【重点】 刑法的体系有广义与狭义之分。广义的刑法体系:刑法的各种渊源(刑法典、单行刑法、附属刑法)及其相互关系;狭义的刑法体系:刑法典的组成和结构。我们所说的刑法体系,通常系指后者而言。

1. 刑法典一般由总则和分则两大部分组成。

(1)总则、分则编下设章;

(2)节或章之下为条,条下是款,款下为项;刑法条文在同一条款里,可能表达一个意思,也可能表达两个或两个以上的意思。当同一条款的后段对前段表示相反、例外、限制和补充的意思时经常使用“但书”一词表达。

但书:在刑法同一条款的后段对前段内容表示相反、例外、限制和补充的意思的情形。

2. 我国1997年的《刑法》除设有总则、分则两编外,另于最后部分设置附则。

(1)总则,共五章,依次为:刑法的任务、基本原则和适用范围;犯罪;刑罚;刑罚的具体运用;其他规定。

(2)分则,共十章,依次为:危害国家安全罪;危害公共安全罪;破坏社会主义市场经济秩序罪;侵犯公民人身权利、民主权利罪;侵犯财产罪;妨害社会管理秩序罪;危害国防利益罪;贪污贿赂罪;渎职罪;军人违反职责罪。

(三)刑法的解释及其分类

【难点】 刑法的解释:对刑法规定的含义的阐明。刑法解释按照不同的标准可以分为不同的种类。目前一般采取二元分类法。

1. 根据解释效力的强弱:立法解释、司法解释和学理解释。其中,前两种解释又被称为正式的刑法解释。

(1)立法解释:由立法机关所作的解释。通常认为立法解释包括三种情况:一是在刑法立法中所作的解释性规定;二是法律的起草说明或修订说明中所作的解释;三是在刑法施行的过程中,立法机关对发生歧义的规定所作的解释。

(2)司法解释:由国家司法机关所作的解释。在我国,有权对刑法进行司法解释的机关是最高人民法院和最高人民检察院。

(3)学理解释:由国家宣传机构、社会组织、教学科研单位或者专家、学者从学理上对刑法规定的含义所作的解释。该解释属于非正式的刑法解释,不具有任何强制性效力,更不能作为定案的依据。

2. 根据解释方法的不同:文理解释和论理解释。

(1)文理解释:指依据刑法条文中文句的意义所作的解释。解释的根据主要是语词的含义、语法与标点。

(2)论理解释:指考虑立法精神,结合刑法制定的理由、沿革、当时的背景、刑法原理,以逻辑推理的方法,对刑法规定的含义所作的解释。论理解释又可分为以下几种:

①扩张解释:根据刑法的立法精神,将刑法规定中所使用的词语的含义扩大到较字面含义为广,以阐明刑法规定真实含义的解释。

②缩小解释(限制解释):根据刑法的立法精神,将刑法规定中所使用的词语的含义缩小到较字面含义为窄,以阐明刑法规定真实含义的解释。

③当然解释(自然解释):刑法虽未明文规定某一事项,但依形式逻辑推理或事物本身属性的当然道理,作出将该事项包括在该规定适用范围之内的解释。

④历史解释(沿革解释):根据刑法制定或修订的时代背景与同类规定历史因袭演变的沿革,阐明刑法规定真实含义的解释。

(四)刑法的基本原则问题

刑法的基本原则:刑法本身所具有的、贯穿刑法始终的准则,也是指导全部刑事立法和刑事司法的准则。

1. 罪刑法定原则

【重点】 罪刑法定原则:什么行为是犯罪和对这种行为处以何种刑罚,必须预先由法律明文规定的原则。

(1)罪刑法定原则的内容有六项:排斥习惯法、禁止类推、刑法无溯及效力(现根据“有利被告”的原则,新法重于旧法时,无溯及力;新法轻于旧法时,则有溯及力)、禁止绝对的不确定刑、明确性原则和实体的适当原则(包括刑法规定的犯罪和刑罚都应认为适当的原则)。

(2)罪刑法定原则在我国刑法立法上的体现。

①我国刑法采取成文法而排斥习惯法。习惯法不是我国刑法的渊源,1997年《刑法》对罪刑法定原则的表述,不仅要求犯罪法定化,而且要求刑罚法定化。②1997年修订的《刑法》对各种犯罪进一步作了明确、具体的规定,取消了关于类推制度的规定。③我国刑法关于溯及力问题采取从旧兼从轻原则,即原则上适用旧法,但新法不认为是犯罪或者处刑较轻的,适用新法,这是符合罪刑法定原则的。④我国立法机关对明确性原则相当重视。⑤我国《刑法》第13条明文规定了犯罪的定义,同时又作了“但是情节显著轻微危害不大的,不认为是犯罪”的规定。

(3)罪刑法定原则在我国刑法司法上的实现。

①定罪:在侦查、起诉和审判时,对行为人的行为确定罪名,必须完全根据刑法的规定,而不允许为了加重或减轻处罚而随意更改罪名。

②量刑:法院在已确定犯罪后量刑时,必须严格根据刑法对犯罪规定的法定刑幅度,按照量刑原则,考虑从宽从严的情节和对社会的危害程度,确定适当的刑罚,而不允许脱离刑法的规定随意量刑。

③行刑:刑法规定了各个刑种和刑罚制度如减刑、假释等,执行刑罚时必须严格遵守这些规定。不根据法定条件和法定程序,任何人都不能进行减刑和假释。

2. 适用刑法人人平等原则

对实施了犯罪行为的人,在适用刑法上,不分种族、性别、职业、地位、出身、财产状况,一律依照刑法的规定,同等地追究刑事责任。

(1)在定罪上平等:行为符合刑法规定的某一犯罪,不论行为人的出身、地位、财产状况如何,都应依照法律条文的规定平等地定罪,不能由于身份、地位的不同,离开刑法的规定而出入人罪,绝不允许拥有某种权力的人以权压法,逃避应有的制裁。

(2)在量刑上平等:犯有同样罪行的人,依据相同的量刑标准判处刑罚,不得在法律之外因行为人的出身、地位、财产状况等的不同而减轻或加重处罚。

(3)在行刑上平等:判处同样刑罚的人,应当依法受到相同的待遇,不得在法律之外因出身、地位、财产状况等的不同而受到优待或苛待。

3. 罪责刑相适应原则

刑罚的轻重与犯罪行为的社会危害性程度和犯罪分子应承担的刑事责任的大小相适应。原来这一原则通常称为罪刑相当原则或称罪刑均衡原则、罪刑相适应原则。

(1)罪责刑相适应原则在刑事立法上的体现。

①规定了区别对待的量刑原则。我国刑法规定,量刑应当根据犯罪的事实、性质、情节和对社会的危害程度,依照刑法的有关规定判处。

②规定了区别对待的诸多量刑情节。我国刑法根据犯罪行为的社会危害性程度和人身危险性的大小,规定了从轻、减轻、免除处罚或者从重处罚的诸多情节。

③根据不同的犯罪性质设置了不同的刑种。我国刑法对危害生命的犯罪,均规定了死刑;对经济犯罪和财产犯罪,一般均规定了罚金,情节严重的,则规定了没收财产;对比较轻微的犯罪,规定了拘役或者管制;而对绝大多数犯罪,则规定了有期徒刑。

④各种犯罪都设置了轻重不同的法定刑幅度。我国刑法对法定刑幅度的设置主要有两种情况:第一种为设置可供选择的不同刑种;第二种为同一刑种设置可供选择的量刑幅度。

(2)罪责刑相适应原则在刑事司法上的适用。

①要求在重视定罪的同时也要重视量刑。②克服重刑思想,强化量刑公正观念。③在行刑的过程中也要贯彻罪责刑相适应原则。

(五)刑法的适用范围

【重点】 刑法的适用范围(刑法的效力范围):刑法在什么地域内对什么人和从什么时间起至什么时间止具有效力,它包括刑法的空间效力和刑法的时间效力两个方面。

1. 刑法的空间效力

刑法的空间效力(刑法的地域效力和刑法对人的效力):刑法在什么地域内对什么人适用。它解决的是国家刑事管辖权的范围问题。

(1)由于各国社会、政治、经济情况和历史、文化、传统习惯的不同,在采取什么原则规定本国刑法的空间效力问题上有各种不同的主张,概括起来,主要有以下五种:领土原则(属地主义)、国籍原则(属人主义)、自卫原则(保护主义)、普遍管辖原则(普遍原则或世界主义)和综合原则(折中主义)。

我国刑法关于刑法适用范围的规定,也是采用综合原则:以领土原则为基础,以国籍原则、自卫原则、普遍管辖原则为补充,即凡在本国领域内犯罪的,不论本国人或外国人都适用本国刑法;本国人在外国犯罪的和外国人在本国领域外对本国国家或公民犯罪的,在一定条件下适用本国刑法;对国际犯罪的,也可以适用本国刑法。

(2)对国内犯的适用原则。

国内犯,指在中华人民共和国领域内的犯罪。

①我国刑法关于国内犯的规定有以下两

种情况:第一种情况为《刑法》第 6 条第 1 款的规定;第二种情况为《刑法》第 6 条第 2 款的规定。

②法律设有对刑法适用作出特别规定的情况:第一种情况为对享有外交特权和豁免权的外国人的刑事责任的特别规定(见《刑法》第 11 条规定);第二种情况为我国香港特别行政区和澳门特别行政区基本法中的特别规定;第三种情况为民族自治地方所制定的普通或者补充的规定(见《刑法》第 90 条规定);第四种情况为国家立法机关制定的特别刑法规定。

(3)对国外犯的适用原则。

国外犯,指在中华人民共和国领域外的犯罪。对国外犯的适用原则根据情况分为:

①关于国籍原则的规定:我国《刑法》第 7 条第 1 款和第 2 款对此作了具体规定。

②关于自卫原则的规定:我国《刑法》第 8 条是关于此原则的规定。

③关于普遍管辖原则的规定:我国《刑法》第 9 条是关于此原则的规定。

(4)外国刑事判决的效力。

当本国公民或外国人在本国领域外犯罪,经过外国审判,能否适用本国刑法呢?这涉及外国刑事判决的效力问题。对此有两种主张、两种立法例:一为积极承认外国刑事判决的效力;二为消极承认外国刑事判决的效力。我国刑法采用第二种主张。

2. 刑法的时间效力

刑法的时间效力(刑法时间的适用范围,也称时际刑法):刑法在什么时间发生效力,什么时间失去效力,以及对生效以前实施的犯罪行为是否适用,亦即刑法是否具有溯及既往的效力。

(1)刑法的生效时间:刑法发生效力的时间。根据已有立法例,我国刑法的生效时间有两种情况:自公布之日生效;在公布后经过一定时间的特定日期生效。

(2)刑法的失效时间:刑法失去效力的时间。概括以往的立法例,刑法的失效时间有三种情况:废止、由其他法律代替、修订。

(3)刑法的溯及力:刑法生效后对其生效以前未经审判或判决尚未确定的行为是否适用的问题。对此,刑法理论上有五种不同的主张:从新原则、从旧原则、从轻原则、从新兼从轻原则和从旧兼从轻原则。

我国刑法在溯及力问题上采取从旧兼从轻原则,即原则上适用旧刑法审理。新刑法原则上没有溯及力,但新刑法处罚较轻时,适用新刑法,即在这种情况下新刑法有溯及力。

三、案例分析

【案例一】

2015 年 9 月 14 日 17 时许,被告人孔某某在盈江县平原镇芒文街宏达修理厂旁边的田里贩卖给金某某 50 元人民币的红色片剂状甲基苯丙胺一次。2015 年 9 月 16 日 11 时许,被告人孔某某在其家中贩卖给金某某 100 元人民币的红色片剂状甲基苯丙胺一次;当日 22 时许,被告人孔某某在其家中贩卖给金某某 50 元人民币的红色片剂状甲基苯丙胺一次。

2015 年 9 月 17 日 9 时许,被告人孔某某在其家中被盈江县公安局民警抓获。民警当场从被告人孔某某家二楼客厅、床上、枕头下查获其用银色锡纸包裹的红色片剂状甲基苯丙胺两条,经称量,净重 1.2 克。[①]

案例来源:中国裁判文书网,(2015)盈刑初字第 257 号,http://wenshu.court.gov.cn/content/content?DocID=b6a4518d-e132-4e78-9bfc-6ce10f877239&KeyWord=%E7%9B%88%E5%88%91%E5%88%9D%E5%AD%97%E7%AC%AC257%E5%8F%B7,最后访问日期:2017 年 7 月 9 日。

① 云南省盈江县人民法院刑事判决书(2015)盈刑初字第 257 号。

【问题聚焦】

孔某某是否构成犯罪？构成何罪？

【法律剖析】

“法律明文规定为犯罪行为的，依照法律定罪处刑；法律没有明文规定为犯罪行为的，不得定罪处刑。”根据罪刑法定原则，行为人的行为是否构成犯罪，构成何罪，具体量刑幅度，均由刑法加以规定。

结合本案案情，被告人孔某某无视国家法律，向金某某多次贩卖毒品（查获甲基苯丙胺1.2克），属情节严重的情形，其行为已触犯刑律，孔某某构成犯罪，成立贩卖毒品罪。

【法条链接】

《中华人民共和国刑法》

第3条　法律明文规定为犯罪行为的，依照法律定罪处刑；法律没有明文规定为犯罪行为的，不得定罪处刑。

第347条第1款　走私、贩卖、运输、制造毒品，无论数量多少，都应当追究刑事责任，予以刑事处罚。

【案例二】

为非法从事为他人追讨债务、调查个人隐私等活动，2004年7月至2007年4月，张某甲单独或伙同他人相继注册成立北京东方亨特商务调查中心、北京神州天之剑商务调查有限公司、北京东方天目商务调查有限公司、北京神州皓天商务调查有限公司。张某甲以东方亨特商务调查中心为核心，与其他注册公司之间资源共享、相互配合，雇用其他人利用非法获取的公民个人信息从事为他人追讨债务、调查个人隐私等活动，严重扰乱了社会主义市场经济秩序。北京市朝阳区人民检察院指控：被告人张某甲构成非法经营罪；被告人张某乙、卢某、李某、林某的行为构成非法获取公民个人信息罪；被告人吴某、唐某的行为构成出售公民个人信息罪；被告人张某甲的行为构成非法提供公民个人信息罪，提请法院依法惩处。①

案例来源：中国审判案例要览。

（2012年刑事审判案例卷，中国人民大学出版社2014年版，第3～14页。）

【问题聚焦】

根据你对溯及力的理解，谈谈本案该如何定性。

【法律剖析】

刑法的溯及力是指刑法对于生效前未经审判或者判决尚未确定的行为，有无溯及既往的效力问题。如果适用，就是有溯及力；如果不适用，就是没有溯及力。我国刑法对溯及力采取从旧兼从轻原则。

结合本案，北京市朝阳区人民检察院指控被告人张某乙、卢某、李某、林某犯非法获取公民个人信息罪，指控被告人吴某、唐某犯出售公民个人信息罪，指控被告人张某甲犯非法提供公民个人信息罪。但是，非法获取公民个人信息罪、非法提供公民个人信息罪是在2009年2月《刑法修正案（七）》颁布之后施行的。

法院认为，上述七名被告人出售、非法提供或获取公民个人信息的行为发生于《刑法修正案（七）》颁布之前，当时刑法并未单独对上述行为予以规制。适用从旧兼从轻原则，应当是行为时刑法和现行刑法分则中均明确入罪的情形，不包括刑法总则的修正而对单独、个别行为予以共犯论处的情形。因此，不能将共犯行为剥离正犯行为单独进行评价。根据罪刑法定原则和刑法溯及力的规定，上述七名被告人的行为应适用行为发生时的法律。上述七名被告人明知公民个人信息被用于实施违法活动，仍大量向调查公司提供，为非法经营犯罪提供帮助，构成非法经营罪的共犯，故法

---

①　一审判决书：北京市朝阳区人民法院（2010）朝刑初字第785号刑事判决书；二审裁定书：北京市第二中级人民法院（2011）二中刑终字第274号刑事裁定书。

院对上述七名被告人的指控罪名予以纠正。

【法条链接】

《中华人民共和国刑法》

第 12 条　中华人民共和国成立以后本法施行以前的行为，如果当时的法律不认为是犯罪的，适用当时的法律；如果当时的法律认为是犯罪的，依照本法总则第四章第八节的规定应当追诉的，按照当时的法律追究刑事责任，但是如果本法不认为是犯罪或者处刑较轻的，适用本法。

本法施行以前，依照当时的法律已经作出的生效判决继续有效。

第 30 条　公司、企业、事业单位、机关、团体实施的危害社会的行为，法律规定为单位犯罪的，应当负刑事责任。

第 31 条　单位犯罪的，对单位判处罚金，并对其直接负责的主管人员和其他直接责任人员判处刑罚。本法分则和其他法律另有规定的，依照规定。

第 253 条之一　违反国家有关规定，向他人出售或者提供公民个人信息，情节严重的，处三年以下有期徒刑或者拘役，并处或者单处罚金；情节特别严重的，处三年以上七年以下有期徒刑，并处罚金。

违反国家有关规定，将在履行职责或者提供服务过程中获得的公民个人信息，出售或者提供给他人的，依照前款的规定从重处罚。

窃取或者以其他方法非法获取公民个人信息的，依照第一款的规定处罚。

单位犯前三款罪的，对单位判处罚金，并对其直接负责的主管人员和其他直接责任人员依照各款的规定处罚。

四、全真题演练

(一)单选题

1. 外国人在我国领域外对我国国家或者公民实施犯罪。我国有限制地对犯罪的外国人行使管辖权，其根据的原则是(　　)。

A. 属人原则　　B. 属地原则

C. 普遍管辖原则　　D. 保护管辖原则

2. 张某 1995 年 7 月 1 日因犯抢劫罪被判处有期徒刑 12 年，至 2001 年 12 月仍在服刑中。对张某能否适用假释？(　　)

A. 适用新刑法，可以假释

B. 适用旧刑法，不得假释

C. 适用新刑法，不得假释

D. 适用旧刑法，符合规定的可以假释

3. 我国的一辆国际列车行驶到甲国境内时，甲国公民 A 与乙国公民 B 发生争吵，A 将 B 打成重伤，则 A 的犯罪行为(　　)。

A. 不适用我国刑法

B. 可能适用我国刑法

C. 应当适用我国刑法

D. 只能适用甲国或乙国刑法

4. 已婚张某(男)和李某(女)因长期共事产生感情，经常出入各种娱乐场所及旅馆，多次发生性关系，对于张某和李某的行为应如何界定？(　　)

A. 通奸罪　　B. 组织淫秽表演罪

C. 聚众淫乱罪　　D. 无罪

5. 我国刑法对故意杀人罪规定了比过失致人死亡罪更重的法定刑，这体现了以下哪种原则？(　　)

A. 罪刑法定原则

B. 刑法适用平等原则

C. 罪责自负，反对株连的原则

D. 罪刑相适应原则

6. 针对《刑法》的适用范围，下列观点正确的是：(　　)。

A. 凡是在中华人民共和国领域内犯罪的，都适用我国刑法

B. 凡是在中华人民共和国船舶或者航空器内犯罪的也适用我国刑法，但是在我国船舶或者航空器停靠的国家不认

为是犯罪的除外

C. 我国《刑法》的适用范围采用的是以属地管辖为主，属人管辖、保护管辖和普遍管辖为辅的原则

D. 我国《刑法》采用的是普遍管辖原则，即犯罪的行为或者结果只要有一项发生在中华人民共和国领域内就认为是在中华人民共和国领域内犯罪

7. 某日，王某和李某共同串通抢劫路人周某的钱财(价值1万元)。二人共同实施抢劫，情节相同。但法院审理此案时，考虑到王某是县政府副县长的儿子，因此判王某抢劫罪，执行3年有期徒刑，而判李某抢劫罪，执行5年有期徒刑。该法院的做法违背了下列哪项原则？(　　)

A. 罪刑法定原则

B. 罪责刑相适应原则

C. 惩办与教育相结合原则

D. 刑法面前人人平等原则

8. 关于罪刑法定原则及其内容，下列哪一选项是正确的？(　　)

A. 罪刑法定原则禁止类推解释与扩大解释，但不禁止有利于被告人的类推解释

B. 罪刑法定原则禁止司法机关进行类推解释，但不禁止立法机关进行类推解释

C. 罪刑法定原则禁止适用不利于行为人的事后法，但不禁止适用有利于行为人的事后法

D. 罪刑法定原则要求刑法规范的明确性，但不排斥规范的构成要件要素

9. (2011年司法考试卷2第9题)2009年1月，甲(1993年4月生)因抢劫罪被判处有期徒刑1年。2011年3月20日，甲以特别残忍的手段故意杀人后逃跑，6月被抓获。关于本案，下列哪一选项是正确的？(　　)

A. 根据从旧兼从轻原则，本案不适用《刑法修正案(八)》

B. 对甲故意杀人的行为，应当从轻或者减轻处罚

C. 甲在审判时已满18周岁，可以适用死刑

D. 甲构成累犯，应当从重处罚

(二)多选题

1. 我国《刑法》第6条规定："凡在中华人民共和国领域内犯罪的，除法律有特别规定的以外，都适用本法。"这里的"特别规定"，是指(　　)。

A. 对享有外交特权和豁免权的外国人的刑事责任通过外交途径解决

B. 我国香港、澳门基本法作出的例外规定

C. 民族自治州所制定的针对刑法所作的变通或补充规定

D. 刑法实施后，新制定的刑法修正案、附属刑法所作的特别规定

2. 我国《刑法》所称的"违反国家规定"，是指违反了何种法律、法规？(　　)

A. 违反了省级人大及其常委会制定的法律和决定

B. 违反了全国人民代表大会及其常委会制定的法律和决定

C. 违反了国务院制定的行政法规规定的措施、发布的决定和命令

D. 国家部委颁布的部门规章、决定和命令

3. 金某，男，22岁，中国公民。1980年3月6日晚，金携带菜刀偷越国境到朝鲜民主主义人民共和国清源市元山郡两营里，将该国公民崔××强奸。同年3月8日晚，金携带菜刀又窜到该国清源市元山郡十城里学校附近的便道上，持刀威逼小学生林某欲强奸时，被过路的群众发现后逃回我国。对此，下列表述哪些不正确？(　　)

A. 应当适用我国刑法

B. 可以不予追究

C. 应当适用朝鲜刑法

D. 可以适用我国刑法

4. 万某于1996年12月2日因投机倒把罪被判处有期徒刑2年，缓期3年，万某未上诉。1997年10月1日新《刑法》生效后，万某以新《刑法》中取消投机倒把罪为由，向人民法院提出申诉，要求依新刑法改判其无罪，对此，以下说法错误的是(　　)。

A. 对万某的申诉法院应支持，因按刑法从旧兼从轻原则，万某应无罪

B. 对万某的申诉不能支持，但可以对其减刑

C. 对万某的申诉不能支持，因新刑法对已经生效的判决不具有溯及力

D. 对万某的申诉不能支持，还应撤销其缓刑，改判实刑，因其不服管理

5. 留学中国的荷兰籍学生托马斯一日在北海公园因买票时与英国籍游客保罗发生口角，当时由于情绪激动，遂抽出随身所带水果刀，向对方腹部连捅两刀，致使保罗脾脏破裂，流血过多，不治而亡。对于托马斯的行为应适用的法律，下列说法错误的有(　　)。

A. 适用荷兰刑法　　B. 适用英国刑法

C. 适用中国刑法　　D. 适用国际法

6. 下列选项中，关于罪刑法定原则的要求，叙述正确的有(　　)。

A. 法律明文规定不可以适用类推

B. 定罪量刑都必须以刑法条文为依据

C. 在法律无明文规定的情况下可以适用类推

D. 犯罪和刑罚都应由法律明文规定

7. 下列选项中，属于我国刑法任务的有(　　)。

A. 保护公民的人身权利、民主权利和其他权利

B. 用刑罚同一切犯罪分子作斗争，以保证国家安全

C. 保证改革开放的顺利进行，维护四项基本原则

D. 保卫人民民主专政的政权和社会主义制度

8. 某国公民李某曾在国外多次进行贩毒活动，并曾被其所属国通缉。某日，李某到我国境内旅游被拘捕，李某既以非中华人民共和国公民，也未在中华人民共和国境内犯过罪为由提出抗议。我国依法可以对李某采取下列哪些措施？(　　)

A. 由我国司法机关审判

B. 立即驱逐出境

C. 遣送所属国

D. 通报其所属国实行引渡

(三)名词解释

1. 实质刑法

2. 但书

3. 论理解释

4. 罪责刑相适应原则

5. 普遍管辖原则

(四)简答题

1. 以刑法外形表现的情况为标准，刑法可以分为哪两种？

2. 根据解释效力的强弱，刑法解释可以分为哪几种？

3. 罪刑法定原则在我国刑法立法上的体现有哪些？

4. 适用刑法人人平等原则的内容有哪些？

5. 我国刑法对刑法的适用所作的特别规定有哪些？

(五)论述题

1. 论罪刑法定原则。

2. 论刑法适用的空间效力问题。

五、深度拓展

【拓展一】 罪责刑相适应原则的理论基础

罪责刑相适应原则的理论基础有两种主要学说:报应主义和功利主义。虽然这两种观点不同,但都从各自的角度得出了相同的结论。

(1)报应主义是指基于某事物本身的性质决定对该事物的反应,如古代的血亲复仇就是该观念的反映。报应主义从古代的神意报应主义到康德提出的道义报应主义的刑罚哲学,经历了从虚幻到现实的华丽转身。其中,康德主张的等量报应主义,黑格尔则反对康德主张的等量报应主义,主张等质报应主义,这两种观点都主张刑罚及其刑事责任应该与已然的犯罪相当。

(2)功利主义为贝卡利亚所提倡,他首先提出了刑法目的的功利观。而近代功利主义哲学的创始人是边沁,并且他是从法律的分析中得出这种观点的。这种观念认为任何一种行为都存在对人们所期望的幸福感的增多或减少,犯罪行为也不例外。当一种犯罪给犯罪分子带来一定的幸福感时,刑罚就要予以相应的剥夺。

(3)近来出现了以人道主义为基础的罪责刑相适应观,它从尊重人的主体性和人格尊严的角度来考量刑罚制度的设计,主张刑罚的度应限制在同犯罪应付罪责的惩罚和防卫的程度之内,并考虑改造罪犯以及社会效应等作用的需要。

【拓展二】 刑事政策与刑法的关系

现代刑法的制定和修改离不开刑事政策的指导,刑事政策是刑法研究的基本工作,它反映了整个立法者的思想动态和意志,是刑事立法的灵魂。学界目前普遍认为刑事政策对刑法主要有以下几个方面的作用:

(1)刑事政策对刑法基本价值的认同。在现代法治社会,合理的刑事政策应具有现代刑法规范所揭示的法治的基本理念和价值目标,最重要的价值在于尊重并保护基本人权,并能促使罪犯复归社会。

(2)刑事政策对刑事司法的作用:决定刑事司法的基本价值取向,对具体的司法操作有直接的指导作用,可以细化法律和对法律进行补缺,还可以有效地指导国际刑事司法协作。

(3)刑事政策对刑事立法的指导作用。刑事政策对刑事立法的指导作用是最为明显的,如国外刑法中保安处分的确立就是近代新派刑事政策的反应,我国刑事立法中对犯罪人权益保护的规定也是我国刑事政策的体现。

第二章

犯罪概说

一、知识结构图

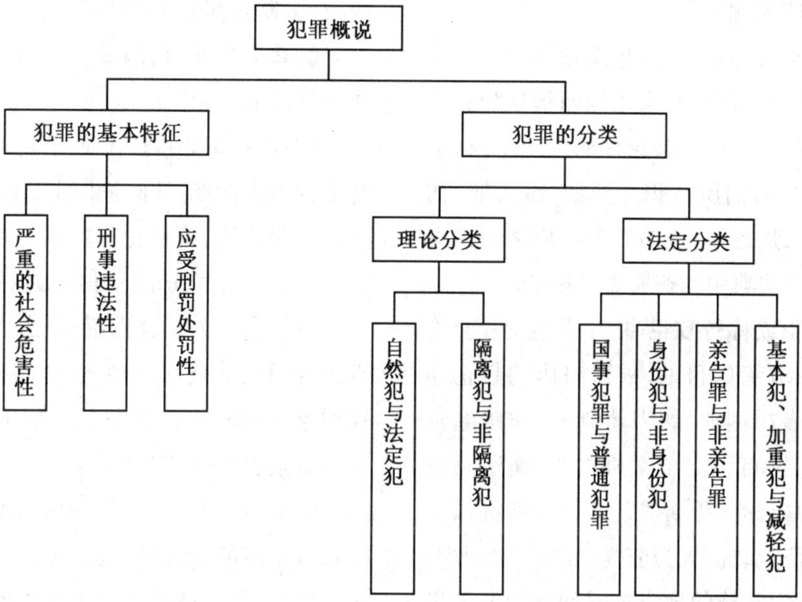

二、重难点归纳

(一)犯罪的基本特征

【重点】 通说认为,犯罪具有如下三个基本特征:

(1)严重的社会危害性,指行为对刑法所保护的社会关系造成实际危害或现实威胁的特征。行为具有严重的社会危害性是犯罪的本质特征。一个人的行为如果对社会没有危害性,或者对社会的危害程度轻微,就不可能构成犯罪。一般的违法行为也有社会危害性,但只有行为的社会危害性达到严重的程度,才可能构成犯罪。

(2)刑事违法性,指违反刑法条文中所包含的刑法规范,也可以说是行为符合刑法规定的犯罪构成。某种行为只有在侵犯我国的社会关系达到严重的社会危害性程度时,立法机关才会将这种行为在法律上规定为犯罪。严重的社会危害性是犯罪的本质特征，刑事违法性是犯罪的法律特征。

(3)应受刑罚处罚性，指行为具有应当受到刑罚处罚的性质，是对具有严重的社会危害性和刑事违法性的行为的评价。由于刑罚是在各种制裁方法中最严厉的制裁方法，它远比治安管理处罚、行政处罚严厉，不但可以剥夺人的财产、自由，而且可以剥夺人的生命，所以只有对严重危害社会和违反刑法规范的行为，才给予应受刑罚处罚性的评价。

(二)犯罪的分类

1. 理论分类

(1)以犯罪行为是否违反社会伦理为标准：自然犯与法定犯

①自然犯或称刑事犯，指无须等待法律规定，由于其性质上违反社会伦理而被认为犯罪者。由于其具有违反社会伦理的性质，其社会危害性易于为人们所认识。例如，杀人罪、伤害罪、放火罪、强奸罪、抢劫罪等均属之。这类犯罪在各国刑法典中均普遍作了规定。

②法定犯或称行政犯，指并不违反社会伦理，由于行政取缔的目的，根据法律的禁止才被认为犯罪者。例如，妨害清算罪、非法经营同类营业罪、擅自设立金融机构罪、违法发放贷款罪、串通投标罪等属之。这类犯罪都以违反一定的经济行政法规为前提。

(2)以行为实施的地点或时间与犯罪结果发生的地点或时间是否有间隔为标准：隔离犯与非隔离犯。

①隔离犯，指行为实施的地点或时间与犯罪结果发生的地点或时间存在间隔的犯罪。隔离犯又可分为隔时犯与隔地犯。

隔时犯存在犯罪时的确定问题，隔地犯则存在犯罪地的确定问题。

隔地犯，指行为人实施的犯罪行为与作为构成要件的结果发生于不同地点的犯罪。隔离地的行为与结果，只要其中一项发生在我国境内，都适用我国刑法。行为和结果都发生在我国国内，一般不发生法律适用问题，但会发生法院对案件的管辖权问题。

隔时犯，是指行为人实施的行为与作为犯罪构成要件的结果发生于不同时间的犯罪。原则上认为，一般应以犯罪行为实施的时间为犯罪时间。

②非隔离犯，指行为实施的地点或时间与犯罪结果发生的地点或时间相同的犯罪。

2. 法定分类

(1)以行为是否危害国家的主权、政权、社会制度和安全为标准：国事犯罪与普通犯罪。

①国事犯罪，指行为危害国家的主权、政权、社会制度和安全的犯罪。

②普通犯罪，指国事犯罪即危害国家安全罪之外的刑事犯罪。

(2)以在犯罪构成上犯罪主体是否限定于特定身份为标准：身份犯与非身份犯。

①身份犯，指在犯罪构成上犯罪主体被限定于具有一定身份的人才能构成的犯罪。

【难点】 关于身份犯，刑法理论上还有不真正身份犯的概念，即刑法将特殊身份作为刑罚加重或减轻事由的犯罪。如国家工作人员犯诬告陷害罪的，应当从重处罚。

②非身份犯，在犯罪构成上不要求犯罪主体具有一定的身份即可以构成的犯罪。

(3)是否以被害人的告诉为处理条件为标准：亲告罪与非亲告罪。

①亲告罪，指刑法明文规定需要被害人的告诉才处理的犯罪。我国刑法规定的亲告罪有侮辱罪、诽谤罪、暴力干涉婚姻自由罪、虐待罪。

②非亲告罪，指刑法规定亲告罪以外的犯罪。这类犯罪在刑法分则中占绝大多数。

(4)以行为的社会危害性程度的轻重为标准：基本犯、加重犯与减轻犯。

①基本犯，指刑法分则规定的不具有加重

或减轻情节的犯罪。

②加重犯，指刑法分则规定的在基本犯的基础上具有加重情节并加重刑罚的犯罪。

【重点】 加重犯又可分为结果加重犯与其他情节加重犯。

结果加重犯，是指实施基本犯罪因发生严重结果，刑法规定了加重法定刑的犯罪。

其他情节加重犯，是指实施基本犯罪因具有其他严重情节，刑法规定了加重法定刑的犯罪。例如数额加重犯、手段加重犯等。

③减轻犯，指刑法分则规定的在基本犯的基础上具有减轻情节并减轻刑罚的犯罪。

三、案例分析

【案例一】

李某通过创建"零距网商联盟"（前身为"迅爆军团"）、http://5sbb.com网站和利用YY语音聊天工具建立刷单炒信平台，吸纳淘宝卖家注册账户成为会员，收取300元至500元不等的保证金和40元至50元的平台管理维护费及体验费，并通过制定刷单炒信规则与流程，组织会员通过该平台发布或接受刷单炒信任务。

会员在承接任务后，通过与发布任务的会员在淘宝网上进行虚假交易并给予虚假好评的方式赚取任务点，使自己能够采用悬赏任务点的方式吸引其他会员为自己刷单炒信，进而提升自己淘宝店铺的销量和信誉，欺骗淘宝买家。其间，李某还通过向会员销售任务点的方式牟利。

2013年2月至2014年6月期间，李某共收取平台管理维护费、体验费及任务点销售收入至少30万元，另收取保证金共计50余万元。该平台参与炒信的人数达到了上千人。①

案例来源：北大法宝，http://www.pkulaw.cn/case/pal_21110623299228084.html? match=Exact，最后访问日期：2017年7月9日。

【问题聚焦】

李某的行为是否具有刑事可罚性？

【法律剖析】

应受刑罚处罚性，指行为具有应当受到刑罚处罚的性质，是对具有严重的社会危害性和刑事违法性的行为的评价。该案系全国首例个人通过创建平台、组织会员刷单炒信并从中牟利而获罪的案件。

本案中，李某违反国家规定，以营利为目的，通过网络有偿提供、发布虚假信息，扰乱市场秩序，且属情节特别严重。依据相关法律规定，法院对其组织"刷单炒信"行为以非法经营罪进行了刑事制裁。

【法条链接】

《中华人民共和国刑法》

第3条　法律明文规定为犯罪行为的，依照法律定罪处刑；法律没有明文规定为犯罪行为的，不得定罪处刑。

第225条　违反国家规定，有下列非法经营行为之一，扰乱市场秩序，情节严重的，处五年以下有期徒刑或者拘役，并处或者单处违法所得一倍以上五倍以下罚金；情节特别严重的，处五年以上有期徒刑，并处违法所得一倍以上五倍以下罚金或者没收财产：

（一）未经许可经营法律、行政法规规定的专营、专卖物品或者其他限制买卖的物品的；

（二）买卖进出口许可证、进出口原产地证明以及其他法律、行政法规规定的经营许可证或者批准文件的；

（三）未经国家有关主管部门批准非法经营证券、期货、保险业务的，或者非法从事资金支付结算业务的；

（四）其他严重扰乱市场秩序的非法经营行为。

---

① http://www.pkulaw.cn/case/pal_21110623299228084.html? match=Exact。

【案例二】

被告人滕某因被害人吴某将其樱桃树部分树芽折断，于 2015 年 4 月 16 日、17 日在枣庄市市中区齐村镇小梁庄村内对吴某进行辱骂，吴某因无法承受滕某对其辱骂，于 2015 年 4 月 22 日凌晨上吊自杀。[①]

案例来源：中国裁判文书网，(2015) 市刑初字第 267 号，http://wenshu.court.gov.cn/content/content? DocID=c117682b-c061-450a-b3eb-13a726056bac&KeyWord=%EF%BC%882015%EF%BC%89%E5%B8%82%E4%B8%AD%E5%88%91%E5%88%9D%E5%AD%97%E7%AC%AC267%E5%8F%B7，最后访问日期：2017 年 7 月 9 日。

【问题聚焦】

滕某是否成立侮辱罪。

【法律剖析】

侮辱罪，是指使用暴力或者其他方法，公然贬低他人人格，败坏他人名誉，情节严重的行为。根据罪刑法定的原则，成立侮辱罪必须达到情节严重的程度。并且我国刑法规定侮辱罪是亲告罪，告诉才处理。同时也有例外规定，即严重危害社会秩序和国家利益的除外。

被告人滕某在村中骂人，虽然没有指名道姓，但是其辱骂对象是有针对性的，对此滕某是明知的，被害人吴某也是明知的，村里的人后来知道滕某所骂对象，不能消除辱骂所造成的恶劣影响。被告人滕某的侮辱行为致使被害人吴某自杀，可以认定为造成严重后果，严重危害社会秩序，适用侮辱罪系告诉才处理的除外规定。因此滕某成立侮辱罪。

【法条链接】

《中华人民共和国刑法》

第 246 条　以暴力或者其他方法公然侮辱他人或者捏造事实诽谤他人，情节严重的，处三年以下有期徒刑、拘役、管制或者剥夺政治权利。

前款罪，告诉的才处理，但是严重危害社会秩序和国家利益的除外。

通过信息网络实施第一款规定的行为，被害人向人民法院告诉，但提供证据确有困难的，人民法院可以要求公安机关提供协助。

四、全真题演练

(一)单选题

1. 根据我国刑法的规定，已满 14 周岁不满 16 周岁的人，不能构成盗窃罪。这是犯罪哪一个特征的体现？(　　)

A. 社会危害性　　B. 刑事违法性

C. 应受刑罚处罚性　　D. 罪刑法定

2. 甲违反国家规定，偶尔吸食、注射毒品，则甲的行为(　　)。

A. 构成吸毒罪

B. 非法持有毒品罪

C. 因不具有社会危害性，不构成犯罪

D. 因不具有应受刑罚处罚性，不构成犯罪

3. 我国刑法对犯罪的定义属于(　　)。

A. 实质定义

B. 形式定义

C. 实质与形式相结合的定义

D. 混合定义

4. 刑罚与一般行政处罚不同的最根本原因是：(　　)。

A. 行为的社会危害性不同

B. 违反的法律规定不同

C. 行为主体不同

D. 处罚主体不同

5. 我国刑法关于犯罪定义规定体现出其法律特征的是：(　　)。

A. 依照法律应当受刑罚处罚

① 山东省枣庄市市中区人民法院刑事判决书(2015)市中刑初字第 267 号。

B. 危害国家主权

C. 严重危害社会

D. 扰乱社会秩序

6. 刑法学上所指的行为的社会危害性是（　　）。

A. 客观属性

B. 主观属性

C. 自然属性

D. 主观属性与客观属性的统一

7. 下列哪些罪名属于身份犯？（　　）

A. 滥用职权罪　　B. 放火罪

C. 故意伤害罪　　D. 诈骗罪

8. 以行为是否危害国家的主权、政权、社会制度和安全为标准，犯罪可分为（　　）。

A. 国事犯罪与普通犯罪

B. 身份犯与非身份犯

C. 亲告罪与非亲告罪

D. 隔离犯与非隔离犯

（二）多选题

1. 下列犯罪只有国家工作人员才能构成的是：（　　）。

A. 强迫职工劳动罪

B. 侵犯少数民族风俗习惯罪

C. 暴力取证罪

D. 侵犯通信自由罪

2. 甲与乙有仇，甲为了报复乙，将一张画有"人"形和写有乙名字的字符烧毁，企图靠神力将其杀死。甲的行为（　　）。

A. 属于故意杀人　　B. 属于手段认识错误

C. 属于意外事件　　D. 不构成犯罪

3. 下列属于刑法法定分类的是（　　）。

A. 国事犯罪与普通犯罪

B. 亲告罪与非亲告罪

C. 基本犯、加重犯、减轻犯

D. 自然犯与法定犯

4. 犯罪有哪些基本特征？（　　）

A. 严重的社会危害性

B. 刑事违法性

C. 应受刑罚处罚性

D. 反社会性

5. 犯罪的刑事违法性中所违反的规范包括（　　）。

A. 刑法规范　　B. 刑法典

C. 单行刑法　　D. 附属刑法

6. 下列犯罪属于法定犯的有（　　）。

A. 妨害清算罪

B. 非法经营同类营业罪

C. 放火罪

D. 故意杀人罪

7. 以在犯罪构成上犯罪主体是否限定于特定身份为标准，犯罪可分为（　　）。

A. 身份犯　　B. 非身份犯

C. 加重犯　　D. 减轻犯

8. 犯罪的理论分类一般有（　　）。

A. 自然犯与法定犯

B. 身份犯与非身份犯

C. 亲告罪与非亲告罪

D. 隔离犯与非隔离犯

（三）名词解释

1. 自然犯

2. 身份犯

3. 亲告罪

4. 加重犯

5. 刑事违法性

（四）简答题

1. 以行为实施的地点或时间与犯罪结果发生的地点或时间是否有间隔为标准，犯罪有哪些分类？

2. 犯罪具有哪些基本特征？

3. 简述刑事违法性与违法的关系。

4. 我国刑事法律明文规定的亲告罪有哪些？

5. 我国《刑法》第 13 条列举的可能遭受侵害的社会关系有哪些？

（五）论述题

1. 请从法学角度评析犯罪的实质定义。

2. 论述犯罪行为的严重的社会危害性。

五、深度拓展

【拓展一】 刑事违法性

违法性，简单地说就是行为为法所不允许的性质。违法的外延比较广泛，既包括刑事违法，也包括行政违法、民事违法等。

所谓刑事违法性，指违反刑法条文中所包含的刑法规范，也可以说是行为符合刑法规定的犯罪构成。如何理解刑事违法性？在西方刑法理论中存在客观违法性说和主观违法性说的争论。客观违法性说认为，行为违反作为客观评价规范的法，就是违法。至于行为人是否能够理解法律规范的意义，对认定是否违法毫无关系。主观违法性说认为，法是命令性规范，只有能理解命令的有责任能力者的行为，违反作为命令的法，才是违法。

我国刑法坚持主客观相一致原则，认为对刑事违法的认定必须坚持主客观的统一。只有行为人的行为客观上是违法的，行为人有责任能力和主观罪过，才能谈到行为的刑事违法性；否则，如果行为人只是客观上违法，但是不具有责任能力或是没有故意、过失，那就不存在刑事违法性。

【拓展二】 法定犯①

自然犯罪和法定犯罪是意大利犯罪学家加罗法洛提出的两种犯罪类型。这种区分方式与古罗马时期对规定恶和本质恶的区分有相通之处。按照加罗法洛的解释，自然犯罪是指违反人类怜悯情操和正直情操的任何犯罪行为，例如杀人、故意伤害、抢劫、盗窃、强奸、放火等。无论在何种法律背景和文化背景之下，这些行为在本质上都属于恶行。法定犯罪是指只有法律规定为犯罪才属于犯罪，否则就不是犯罪的行为，例如走私、偷税漏税等。这些行为不存在本质上的邪恶性。

纵观人类犯罪史，随着社会的变迁，犯罪现象的结构发生了巨大变化。在传统农业社会，犯罪现象以传统暴力犯罪和财产犯罪即传统自然犯罪或街头犯罪为主要形态；在工业化和城市化社会，各种各样的法定犯罪成为犯罪现象的主要形态，并在犯罪现象总量中占据绝大多数。由此，人类犯罪史可以大致分为自然犯时代和法定犯时代两大阶段。西方国家从19世纪起开始进入法定犯时代，我国从20世纪七八十年代起逐渐过渡到法定犯时代。

我国现行刑法规定了不少法定犯罪，具体而言，刑法分则第二章规定的危害公共安全罪、第三章规定的破坏社会主义市场经济秩序罪、第六章规定的妨害社会管理秩序罪、第七章规定的危害国防利益罪、第八章规定的贪污贿赂罪、第九章规定的渎职罪，均属于法定犯罪；刑法分则第四章规定的侵犯公民人身权利、民主权利罪和第五章规定的侵犯财产罪中的部分罪名，如强迫劳动罪、恶意欠薪罪等，也属于法定犯罪。在法定犯时代，尽管公民的犯罪恐惧感仍主要来源于自然犯罪，但是，对社会安全、政治稳定以及公民利益构成实质性威胁的，不再是自然犯罪，而是贪贿、破坏生态环境、食品药品安全、科技等法定犯罪。

① 赵宝成：《法定犯时代犯罪的“真问题”是什么》，载《检察日报》2016年7月19日。

第三章

犯罪构成

一、知识结构图

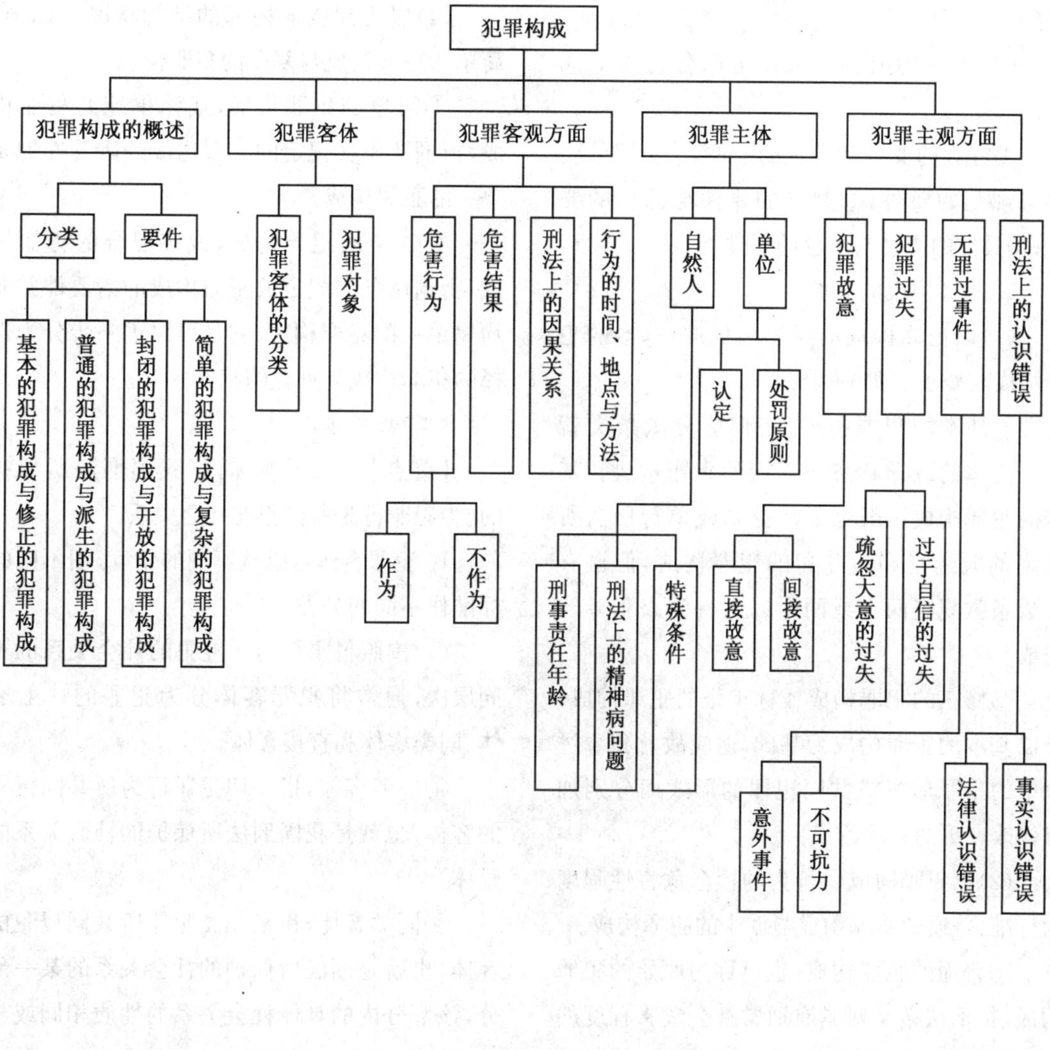

二、重难点归纳

(一)犯罪构成的概念、特征与分类

1. 犯罪的构成要件的概念与特征

【重点】 (1)犯罪构成是我国刑法规定的,决定某一具体行为的社会危害性及其程度而为该行为构成犯罪所必须具备的一切客观要件和主观要件的有机统一整体。其特征主要有:

①犯罪构成的要件是说明行为的社会危害性程度达到犯罪所必须具备的成分;②犯罪构成的要件是由法律规定的。

犯罪构成要件指组成犯罪构成的内容的成分。

(2)犯罪构成要件大致可以分为以下几类:

①客观的要件和主观的要件;②记述的要件与规范的要件;③共同的要件与选择的要件;④具体的要件与一般的要件。

2. 犯罪构成的分类

(1)以犯罪构成的形态为标准:基本的犯罪构成与修正的犯罪构成。

①基本的犯罪构成,指刑法分则条文就某一犯罪的既遂状态所规定的犯罪构成。基本的犯罪构成一般是刑法分则或单行刑法所规定的既遂犯和单独犯的犯罪构成,但也有少数条款规定两个或两个以上行为人犯罪的构成。

②修正的犯罪构成或称扩张的犯罪构成,指以基本的犯罪构成为基础,适应故意犯罪过程中的犯罪形态或共同犯罪的形式而分别加以修改变更的犯罪构成。

(2)以犯罪构成中行为的社会危害性程度为标准:普通的犯罪构成与派生的犯罪构成。

①普通的犯罪构成,也可称为原始的犯罪构成,指刑法条文对具有通常社会危害程度的行为所规定的犯罪构成。

②派生的犯罪构成,指以普通的犯罪构成为基础,由于具有严重或较轻社会危害程度的情节而从普通的犯罪中分化出来的犯罪构成,它包括严重的犯罪构成和减轻的犯罪构成。

(3)以法律条文对犯罪构成要件表述的情况为标准:封闭的犯罪构成与开放的犯罪构成。

①封闭的犯罪构成,或称完结的犯罪构成,指由于刑法条文完整地规定了犯罪构成要件,不需要法官予以补充的犯罪构成。

②开放的犯罪构成,或称待补充的犯罪构成,指由于刑法条文仅规定了部分构成要件,适用时需要法官予以补充的犯罪构成。

(4)以犯罪构成内部的结构状况为标准:简单的犯罪构成与复杂的犯罪构成。

①简单的犯罪构成,或称单纯的犯罪构成,指刑法条文规定的犯罪构成的诸要件均属单一的犯罪构成。

②复杂的犯罪构成,或称混合的犯罪构成,指刑法条文规定的犯罪构成的诸要件并非均属单一的犯罪构成,它又可以进一步分为选择的犯罪构成与重叠的犯罪构成。

(二)犯罪客体

【重点】 犯罪客体,指我国刑法所保护的、为犯罪行为所侵犯的社会关系。

1. 犯罪客体可以从不同的角度,用不同的标准作不同的分类。

(1)按照犯罪行为所侵犯的社会关系的不同层次,通常将犯罪客体分为犯罪的一般客体、同类客体和直接客体。

①一般客体,指一切犯罪行为所共同侵犯的客体,也就是我国刑法所保护的社会关系的整体。

②同类客体,指某一类犯罪所共同侵犯的客体,也就是刑法所保护的社会关系的某一部分,该部分内的具体社会关系的性质相同或相近。

③直接客体,指某一具体犯罪行为所直接侵犯的客体,也就是某一具体犯罪行为所直接侵犯的某种具体的社会关系。

(2)犯罪的直接客体按照不同的标准,又可以分为以下几种:

①以犯罪行为直接侵犯的具体的社会关系的单复为标准可分为:简单客体与复杂客体。简单客体,指该种犯罪行为仅仅侵犯某一种具体的社会关系,即只有一个直接客体;复杂客体,指该种犯罪行为同时侵犯两种或两种以上的具体的社会关系,即有两个或两个以上的直接客体。

②以复杂客体中的直接客体在犯罪客体中的重要性程度为标准可分为主要客体和次要客体。主要客体,指某种犯罪行为同时侵犯的两种或两种以上的社会关系中,刑法着重予以保护的社会关系;次要客体,指某种犯罪行为同时侵犯的两种或两种以上的社会关系中,刑法未予以着重保护的社会关系。

2. 犯罪对象,指刑法分则条文规定的犯罪行为直接作用的具体的人或物。

(1)犯罪对象特征:①犯罪对象是具体的人或物;②犯罪对象是犯罪行为直接作用的人或物;③犯罪对象是刑法规定的人或物。

(2)犯罪对象与犯罪客体。犯罪对象与犯罪客体具有密切的联系,通说认为,犯罪客体是一定的社会关系,作为犯罪对象的人,是社会关系的承担者;作为犯罪对象的物,则是社会关系的表现形式。二者的区别如下:

①犯罪对象是凭借人的感觉器官可以感知其存在的事物,如人、财产、枪支弹药、交通工具等。

②犯罪对象虽然也是犯罪构成的要件,但不是所有犯罪的构成要件,亦有少数犯罪没有对象,如脱逃罪、偷越国(边)境罪等。

③在犯罪行为直接作用犯罪对象时,犯罪客体受到侵害,但犯罪对象未必受到损害。如在盗窃、抢夺罪和诈骗罪中,财物本身并未受到损害,但是被害人的财物所有权却都受到了侵害。

④犯罪对象不能反映犯罪的性质,犯罪客体才反映犯罪的性质。同一犯罪对象由于具体条件不同,可能表现为不同的社会关系。而犯罪的性质首先是由犯罪客体决定的,犯罪客体是犯罪分类的基础,刑法分则便是以犯罪客体为根据建立的。

(三)犯罪客观方面

犯罪客观方面,是指犯罪主体实施的侵犯犯罪客体的、犯罪活动的客观的外在表现,是犯罪主观方面的外化,是犯罪主体与犯罪客体联系的中介,是犯罪构成诸要件中的一个重要方面。

1. 犯罪客观方面的要件

犯罪客观方面的要件不是单一的,而以是否每一犯罪构成都必须具备为标准,可以分为如下两类:

(1)必备要件,指任何犯罪构成在客观上都必须具备的要件。危害行为就是这种要件。

(2)选择要件,指只是某些犯罪构成在客观上必须具备的要件。行为的时间、地点和方法就是这种要件。

2. 危害行为

刑法中的危害行为,指由行为人的心理态度支配的危害社会的身体动静。首先,危害行为是行为人的身体动静;其次,危害行为是由行为人的心理态度支配的身体动静,单纯的条件反射、睡梦中的动作、精神病人精神发作时的动作、不可抗力下的举止、身体受暴力强制下的动静等,都不属于刑法上的危害行为;最后,危害行为是对社会有危害性的身体动静。

【难点】 危害行为的基本形式,根据不同的标准,可以作不同的分类,但主要是以行为违反何种刑法规范为标准,分为作为与不作为。

(1)作为,指行为人以积极的身体动作,实施刑法规范所禁止的行为。

(2)不作为,指行为人负有实施某种行为的特定义务,能够履行而不履行的行为。成立不作为应满足如下条件:①行为人员有特定义务。特定义务的根据或者来源,通常认为有以下几种:第一,法律明文规定的义务;第二,行为人职务上或业务上要求履行的义务;第三,行为人先行行为产生的义务;第四,行为人实施的法律行为(合同行为、自愿承担行为)引起的义务。②行为人有履行特定义务的可能性。③行为人不履行特定义务。

3. 危害结果

危害结果,指危害行为对具体犯罪的犯罪对象、犯罪直接客体造成的法定的实际损害或现实危险。

(1)危害结果具有如下特征:①客观性,即危害结果是一种客观存在的事实;②对直接客体的损害性或现实危险,即危害结果与犯罪对象、犯罪直接客体具有密不可分的关系;③法定刑,即危害结果是刑法规定的犯罪客观方面的要件;④原因的特定性,即产生危害结果的原因只能是危害行为。

(2)危害结果根据不同的标准可以分为不同的种类:以危害结果是否对犯罪对象、犯罪直接客体造成现实的损害为标准分为实害结果和危险结果;以危害结果的存在形态为标准分为物质性结果和非物质性结果;以危害结果危害程度的轻重所对应法定刑的轻重为标准分为普通结果和加重结果。

4. 因果关系

【难点】 因果关系不是刑法上独有的概念,它在其他学科也同样存在。在哲学上,原因和结果作为一对范畴予以论述。客观现象之间引起和被引起的关系,就是因果关系。刑法上的因果关系是人的行为与危害结果之间的引起和被引起的关系。

判断刑法上的因果关系应做到:(1)要确定危害行为具有导致危害结果发生的现实可能性。(2)要查明危害行为实施的具体条件(时间、地点、对象特性等)。(3)要确定危害行为合规律地产生出来的危害结果。

5. 行为的时间、地点与方法

(1)行为的时间,指刑法规定的构成某些犯罪必须具备的行为实施的特定时间。(2)行为的地点,指刑法规定的构成犯罪必须具备的行为实施的特定地点。(3)行为的方法,指刑法规定的构成某些犯罪必须具备的行为实施的特定方法。

(四)犯罪主体

犯罪主体是指实施危害行为,依法应当负刑事责任的自然人和单位。

1. 自然人犯罪主体

自然人犯罪主体,就是具备刑事责任能力且实施了危害行为的自然人。

(1)自然人犯罪主体的一般条件:自然人的刑事责任能力,即实施危害行为的自然人在实施行为时对其行为的辨认能力和控制能力。

自然人的刑事责任能力主要受到两个基本因素的制约:自然人主体的刑事责任年龄和精神状况是否健全。

【重点】 刑事责任年龄,指刑法规定的自然人对自己实施的危害行为承担刑事责任必须达到的年龄。

我国《刑法》对刑事责任年龄作了四分法规定:第一种为完全负刑事责任年龄阶段(《刑法》第17条第1款);第二种为相对负刑事责任年龄阶段(《刑法》第17条第2款);第三种为完全不负刑事责任年龄阶段(《刑法》第17条);第四种为限制刑事责任年龄阶段(《刑法》第17条)。

【注意】 根据有关司法解释,刑事责任年龄是指实足年龄即周岁。周岁一律按照公历的年、月、日计算,并且以周岁生日的次日开始起算。

根据我国《刑法》第19条规定，又聋又哑的人或者盲人犯罪可以从轻、减轻或者免除处罚。

(2)刑法上的精神病问题。达到刑事责任年龄的自然人会因精神病症而完全不具备辨认和控制的能力，从而不具备犯罪主体的资格。这称为刑法上的精神病问题(我国《刑法》第18条作了具体规定)。

(3)自然人犯罪主体的特殊条件。刑法规定的以某种特殊身份作为主体要件或者刑罚加减根据的犯罪，称为身份犯。其中，以特殊身份作为构成要件的犯罪，为真正的身份犯；以特殊身份作为量刑因素的犯罪，为不真正的身份犯。

我国刑法从若干角度规定了各种特殊主体：

①特定公职人员：国家工作人员、国家机关工作人员、司法工作人员、邮政工作人员、国有公司、企业负责人和军人等。

②从事特定职业人员：枪支合法制造企业、销售企业的直接责任人员、金融工作人员和承担资产评估、验资、会计、审计、法律服务等职责的中介组织的人员等。

③具有其他特定身份的人员：男人、证人、鉴定人、记录人、翻译人以及与被害人在一个家庭内共同生活负有扶养、赡养义务的人等。

2. 单位犯罪

单位犯罪，是指公司、企事业单位、机关团体实施的依法应当承担刑事责任的危害社会的行为。

(1)单位犯罪主体的认定。

①私营企业能否成为单位犯罪的主体，最高人民法院《关于审理单位犯罪案件具体应用法律有关问题的解释》第1条规定：《刑法》第30条规定的“公司、企事业单位”既包括国有、集体所有的公司、企事业单位，也包括依法设立的合资经营、合作经营和具有法人资格的独资、私营等公司、企事业单位。

②合法组织犯罪是否只能是单位犯罪：单位犯罪的主体必须是根据法定的条件和程序设立的社会组织。这并不意味着合法组织实施的犯罪都是单位犯罪。上述司法解释第2条规定：个人为进行违法犯罪活动而设立的公司、企事业单位实施犯罪的，或者公司、企事业单位设立后，以实施犯罪为主要活动的，不以单位犯罪论处，符合犯罪构成的，应以自然人犯罪论处。

③盗用单位名义犯罪是否为单位犯罪：上述司法解释第3条规定，盗用单位名义实施犯罪，违法所得由实施犯罪的个人私分的，依照刑法有关自然人犯罪的规定定罪处罚。

(2)单位犯罪的处罚原则。

从各国刑事立法和刑法理论来看，对单位犯罪的处罚有双罚制与单罚制两种办法。双罚制，即对单位和单位直接责任人员均处以刑罚；单罚制，即只处罚单位或只处罚直接责任人员。我国刑法对单位犯罪的处罚，以双罚制为主，以单罚制为辅。

(五)犯罪主观方面

犯罪主观方面是指刑法规定的成立犯罪必须具备的由犯罪主体对自己实施的危害行为及其危害结果所持的心理态度，分为犯罪故意和犯罪过失。

与犯罪客观方面相比，犯罪主观方面有着自身的特点。犯罪的客观方面是外在的、可见的，而犯罪的主观方面是内在的、不可见的。因此，关于犯罪主观方面的认定，只有通过一定的媒介才能把握行为人的主观心理状态，这个媒介只能是客观外在的某种事实。这类事实并没有确定的范围，它包括一切能够证明犯罪主观方面的事实，既有犯罪事实，也有犯罪前与犯罪后的相关事实。

1. 犯罪故意

犯罪故意，是指行为人在实施犯罪时明知自己的行为会发生危害社会的结果，并且希望或者放任这种结果发生的心理状态。

(1)犯罪故意的构成要素。

【重点】 我国《刑法》第14条规定："明知自己的行为会发生危害社会的结果，并且希望或放任这种结果发生，因而构成犯罪的，是故意犯罪。"犯罪故意包含两项内容或称两个要素：认识因素和意志因素。

①犯罪故意的认识因素是行为人明知自己的行为会发生危害社会的结果。一般认为，明知的内容包括对刑法规定的危害社会的行为的内容及其性质的认识，对行为产生或将要产生的危害社会结果的内容和性质的认识，对危害行为和危害结果相联系的其他犯罪事实的认识(犯罪的对象、手段、时间、地点等)。

②犯罪故意的意志因素是行为人希望或者放任危害结果的发生，这种"希望"或"放任"的心理属于心理学上意志方面的因素。

所谓希望危害结果的发生，是指行为人对结果的发生抱有积极追求的心理态度，该危害结果的发生，正是行为人通过一系列犯罪活动所意欲达到的犯罪目的。

所谓放任危害结果的发生，是指行为人虽然不希望、不是积极追求危害结果的发生，但也不反对和不设法阻止这种结果的发生，而是对结果的发生采取听之任之的心理态度。

(2)犯罪故意的种类。

对于犯罪故意，可以从不同的方面进行分类，主要有立法上的分类和理论上的分类。

①直接故意与间接故意。

直接故意是指行为人在行为时明知自己的行为会发生危害社会的结果，并且希望这种结果发生的心理状态；间接故意是指行为人在行为时明知自己的行为会发生危害社会的结果，并且放任这种结果发生的心理状态。

②犯罪故意的其他分类。

根据故意形成的时间到实施行为的时间之间间隔的长短，可将故意分为预谋故意和突发故意；根据故意的认识内容的确定程度，可以把故意分为确定故意和不确定故意。

2. 犯罪过失

【难点】 犯罪过失，是指行为人在实施过失犯罪时所具有的应当预见自己的行为可能发生危害社会的结果，因为疏忽大意而没有预见，或者已经预见而轻信能够避免的心理状态。

(1)疏忽大意的过失：指行为人应当预见自己的行为可能发生危害社会的结果，因为疏忽大意而没有预见，以致发生这种结果的心理状态。

疏忽大意是一种无认识的过失，即行为人没有预见自己的行为可能发生危害社会的结果。正是因为行为人根本没有预见，才未能避免危害结果的发生。其意志因素是行为人明确不希望危害结果的发生。

所谓应当预见，包含两层含义：一是预见义务，二是预见可能。预见义务是一种注意义务或认识义务，即行为人有义务认识注意到或认识自己的行为会发生危害社会的结果。预见义务来自法律的规定、职务或业务的要求或公共生活准则的要求。预见义务与预见可能紧密相连，法律不能够要求公民去做他实际无法做到的事情。

(2)过于自信的过失：行为人预见到自己的行为可能发生危害社会的结果，但轻信能避免，以致发生这种结果的心理状态。

过于自信的过失是有认识的过失，其认识因素首先是行为人已经预见自己的行为可能发生危害社会的结果。其次是轻信可以避免危害结果的发生。与疏忽大意一样，过于自信过失的意志因素也是不希望危害结果发生。

所谓轻信，是行为人过高地估计了可以避免危害结果发生的其主观自身的有利因素和客观外界的有利因素，即轻率地认为当时的主客观条件可以避免危害结果的发生。

【难点辨析】 过于自信的过失与间接故意的相同点和不同点。

二者的相同点在于：在认识因素上都预见到自己的行为可能发生危害社会的结果，在意志因素上都不是希望危害结果的发生。

二者的不同点在于：

(1)认识因素上有所不同。二者虽然都预见到行为发生危害结果的可能性，但它们对这种可能性是否会转化为现实性，即实际上发生危害结果的主观估计是不同的。间接故意的心理对可能性转化为现实性，并未发生错误的认识和估计，主观和客观是一致的；而过于自信的过失心理则不同，由于他的自身能力、技术、经验和某些外部条件，实施行为时，其认为危害结果发生的可能性不会转化为现实。在危害结果发生时，主观和客观是不一致的。

(2)意志因素上有区别。二者对危害结果的态度不同。间接故意的行为人对危害结果的发生听之任之，不反对也不排斥危害结果的发生，因而不会凭借什么条件或采取措施去防止危害结果的发生。过于自信的过失不仅希望危害结果不发生，而且希望避免危害结果的发生，即排斥、反对危害结果的发生。

3. 无罪过事件

无罪过事件，是指行为在客观上虽然造成了一定的损害结果，但不是出于行为人的故意或过失，而是由于不能抗拒或不能预见的原因引起的，因而在刑法上不认为是犯罪的情况。

(1)意外事件是指行为虽然在客观上造成了损害结果，但是主观上不是出于故意或者过失，而是由于不能预见的原因引起的，不是犯罪的情况。

(2)不可抗力是指行为虽然在客观上造成了损害结果，但不是出于故意或者过失，而是由于不能抗拒的原因所引起，不是犯罪的情况。

(六)刑法上的认识错误

【难点】 刑法上的认识错误，是指行为人在主观上对自己行为的法律性质或有关事实情况发生错误的理解。

1. 法律认识错误

法律认识错误是指行为人对自己行为的法律性质有错误的认识，包括行为人对自己的行为在法律上是否构成犯罪，构成何种犯罪或者应当受到什么样的刑事处罚的不正确理解。通常包括以下情形：

(1)行为人将自己的非犯罪行为误以为是犯罪。(2)行为人将自己的犯罪行为误以为不是犯罪。(3)行为人将其实施的此犯罪误以为是彼犯罪。(4)行为人将其实施的重罪误认为是轻罪或将其实施的轻罪误以为是重罪。

上述行为人对自己行为的法律性质认识的错误，通常并不妨碍依法认定其行为性质。

2. 事实认识错误

事实认识错误是指行为人对自己行为的有关事实情况有错误的认识。事实认识错误常常决定行为人是否犯罪、犯了何罪以及刑事责任的大小。主要有以下几种情况：

(1)客体认识错误。这是指行为人对行为所侵害的社会关系的认识与客观实际不相符合。

(2)对象错误。这是指行为人的行为所指向的具体对象实际并不存在，行为人误以为存在而对其实施行为的情况。

(3)手段错误。这是指行为人误以为自己选用的工具或方法可以产生其行为的预期效果，但实际上不可能实现的情况。

(4)因果关系错误。这是指行为人对自己所实施的行为是否造成某种已经发生的危害结果的认识发生了错误。

三、案例分析

【案例一】

2013年4月14日，被告人郝某与其妻子、女儿行至邢台市桥东区新营小区时，遇到酒后骑电动车行至此处的被害人张某。双方发生争执后郝某与张某相互拉扯，郝某甩开张某的手时致张某仰面摔倒在地，郝某三人随即离开。后张某家属赶到现场后将倒地不起的张某送医院救治，经医治无效死亡。经法医鉴定，张某死于颅脑损伤。法院审理认为，被告人郝某在与被害人张某拉扯过程中，应该预见自己的行为可能发生危害社会的结果，因为疏忽大意没有预见，以致发生了被害人张某倒地死亡的后果，其行为已构成过失致人死亡罪。鉴于其积极赔偿，得到了被害人亲属的谅解，法院依法对其酌轻处罚，最后判决：郝某犯过失致人死亡罪，判处有期徒刑三年，宣告缓刑五年。

案例来源：中国审判案例要览。

(2014 年刑事审判案例卷，中国人民大学出版社 2016 年版，第 11～14 页。)

【问题聚焦】

(1)危害行为与危害后果因果关系的认定。

(2)疏忽大意的过失与意外事件的区别。

【法律剖析】

刑法上的因果关系是指犯罪行为与危害结果之间引起和被引起的关系。因果关系的条件性是指因果关系只能在一定条件下存在。原因是不能离开其所处的具体条件而发生作用。因此，可能存在这样的情形：同一行为在一般场合下实施，可能不会引起某种危害结果的发生，但是在特殊条件下就会合乎规律地导致某种危害发生。这种特殊条件，可能是当时的环境，也可能存在被害人自身之中。因果关系的多样性是指某种危害结果的发生由多种原因导致，即通常所说的多因一果的案件。对这样的案件，需要查明该行为是否是危害结果发生的真正原因之一，是主要原因还是次要原因，以便确定刑事责任的有无和大小。

本案经司法鉴定结论表明，被害人自身脑部患有疾病，加之饮酒、拉扯、情绪激动等多种情形，构成了本案发生的特殊条件。在一般情况下，未必会引起被害人死亡的一般伤害行为，在本案特殊条件下则有可能导致被害人死亡。因此，法院认为，本案被告人与被害人之间的拉扯行为，作为诱发的次要因素，与被害人倒地头部触地死亡的危害结果之间具有一定的因果关系。

本案的另一焦点是，在审理过程中被告人郝某及家属提出行为人主观上无过失，无法预见到死亡后果，系意外事件。意外事件，行为人是不应当预见、不能够预见危害结果的发生；疏忽大意的过失是行为人应当预见、能够预见到危害结果的发生，只是由于疏忽大意没有预见。两者的区分关键在于行为是否应当预见、能够预见。

注意义务是过失认定的核心。注意义务包括预见义务和结果避免义务。注意义务不仅来源于法律、法令、职务和业务方面的规章制度所确定的义务，而且包括日常生活准则所提出的义务，即“社会生活上必要的注意”。本案被告人郝某，根据一般常识，对于被害人张某酒后发生剐蹭争执，易产生危害结果，应当遵循注意义务，却因疏忽大意而没有预见，故法院认定其存在过失。

【法条链接】

《中华人民共和国刑法》

第 233 条　过失致人死亡的，处 3 年以上 7 年以下有期徒刑；情节较轻的，处 3 年以下有期徒刑。本法另有规定的，依照规定。

【案例二】

2014 年 1 月至 3 月份，株洲华昊机电设备有限公司实际负责人即被告人钟某某为了少缴税、降低公司成本，虚开增值税专用发票三张，予以认证抵扣，具体事实如下：

1. 2014 年 1 月份，株洲华昊机电设备有限公司实际负责人即被告人钟某某因自己公司增值税专用发票的销项票多、进项票少，为了少缴税、降低公司成本，在与其公司没有发生真实货物交易的情况下，通过宋某某虚开了以株洲易天实业公司的名义开具给株洲华昊机电设备有限公司的增值税专用发票一张，开票日期为 2014 年 1 月 13 日，票号为 00901640，金额为99 170.08元，税额为16 858.92元，价税合计为116 029元。被告人钟某某以票面价税合计金额的 7.4%付给宋某某8 500元开票费。

2. 2014 年 3 月份，被告人钟某某为了少缴税、降低公司成本，在与其公司没有发生真实货物交易的情况下，通过株洲易天实业公司的实际负责人田某（另案处理）虚开了以株洲易天实业公司的名义开具给株洲华昊机电设备有限公司的增值税专用发票两张，开票日期都是 2014 年 3 月 24 日，一张票号是 00996827，金额为99 994.88元，税额为16 999.12元，价税合计为116 994元；另一张票号是 00996828，金额为99 969.23元，税额为16 994.77元，价税合计为116 964元，两张增值税专用发票的票面价税合计金额为233 958元。被告人钟某某以票面价税合计总金额的 5%付给田军11 600元开票费。上述两张增值税专用发票均已被株洲华昊机电设备有限公司认证抵扣。①

案例来源：中国裁判文书网，(2015)株荷法刑初字第 263 号，http://wenshu.court.gov.cn/content/content? DoclD＝bb517af2－5b28－40d9－85de－bf092bd1fd23&keyWorld＝，最后访问日期：2017 年 7 月 9 日。

【问题聚焦】

株洲华昊机电设备有限公司能否成立单位犯罪？

【法律剖析】

单位犯罪是指公司、企业事业单位、机关、团体为本单位谋取非法利益或者以单位的名义为本单位全体成员或多数成员谋取非法利益，由单位的决策机构按照单位的决策程序决定，由直接责任人员具体实施，且刑法明文规定单位应受刑罚处罚的犯罪。

对于单位犯罪，我国刑法采取双罚制，对单位和单位直接负责人员均处以刑罚。

结合本案，株洲华昊机电设备有限公司为了少缴税、降低公司成本，在与其公司没有发生真实货物交易的情况下，通过宋某某虚开了增值税专用发票一张。在同样的情况下，通过株洲易天实业公司的实际负责人田某（另案处理）以株洲易天实业公司的名义虚开给株洲华昊机电设备有限公司的增值税专用发票两张，其目的均是为了给单位谋取非法利益。

根据刑法规定，虚开增值税专用发票罪可以成立单位犯罪，故被告单位株洲华昊机电设备有限公司已构成虚开增值税专用发票罪。且被告单位株洲华昊机电设备有限公司实际负责人即被告人钟某某为了降低公司成本，骗取税款，违反国家对增值税专用发票的管理规定，要求他人为株洲华昊机电设备公司虚开增值税专用发票，也构成虚开增值税专用发票罪。

【法条链接】

《中华人民共和国刑法》

第 30 条　公司、企业事业单位、机关、团体实施的危害社会的行为，法律规定为单位犯罪的，应当负刑事责任。

第 205 条　虚开增值税专用发票或者虚开用于骗取出口退税、抵扣税款的其他发票的，处三年以下有期徒刑或者拘役，并处二万元以上二十万元以下罚金；虚开的税款数额较

---

① 湖南省株洲市荷塘区人民法院刑事判决书(2015)株荷法刑初字第 263 号。

大或者有其他严重情节的，处三年以上十年以下有期徒刑，并处五万元以上五十万元以下罚金；虚开的税款数额巨大或者有其他特别严重情节的，处十年以上有期徒刑或者无期徒刑，并处五万元以上五十万元以下罚金或者没收财产。

单位犯本条规定之罪的，对单位判处罚金，并对其直接负责的主管人员和其他直接责任人员，处三年以下有期徒刑或者拘役；虚开的税款数额较大或者有其他严重情节的，处三年以上十年以下有期徒刑；虚开的税款数额巨大或者有其他特别严重情节的，处十年以上有期徒刑或者无期徒刑。

虚开增值税专用发票或者虚开用于骗取出口退税、抵扣税款的其他发票，是指有为他人虚开、为自己虚开、让他人为自己虚开、介绍他人虚开行为之一的。

四、全真题演练

(一)单选题

1. 某医院妇产科护士甲值夜班时，一新生婴儿啼哭不止。甲为了止住其哭闹，遂将仰卧的婴儿翻转成俯卧，并将棉被盖住婴儿头部。半小时后，甲再查看时，发现该婴儿已无呼吸，该婴儿经抢救无效死亡。经医疗事故鉴定委员会鉴定，该婴儿系俯卧使口、鼻受压迫，窒息而亡。甲对婴儿的死亡结果有何种主观罪过？(　　)

A. 间接故意

B. 直接故意

C. 疏忽大意的过失

D. 过于自信的过失

2. 某甲是间歇性精神病人。某日，某甲喝醉了酒，把某酒店老板打成重伤，在群众抓捕他时，某甲因惊恐而精神病发作，则某甲(　　)。

A. 应当负刑事责任，但可以减轻处罚

B. 应当负刑事责任，但可以从轻处罚

C. 不负刑事责任，因其是精神病人

D. 应当负刑事责任

3. 下列案件中的行为人属于我国《刑法》中限制责任能力人的是(　　)。

A. 李小乙，男，17 周岁，智力心理正常，1999 年 12 月潜入某大学寝室窃取价值 650 元的电脑一台

B. 王大明，男，26 岁，13 岁时因脑膜炎后遗症而患间歇性精神病，2001 年 5 月因与朱某发生口角将其殴打致重伤，经法医鉴定，王大明行为时未发病，精神状态正常

C. 李苗花，女，33 岁，1998 年 4 月间将农药“灭蛉王”500 毫升倒入自家及邻家的猪圈中，致 8 头生猪中毒死亡，直接经济损失7 600元。经法医鉴定，李苗花在行为时属尚未完全丧失辨认能力和控制能力的精神病人

D. 吴月华，男，43 岁，司机，醉酒开车撞死行人史某后逃逸，又将行人郭某撞死

4. 根据我国刑法规定，对又聋又哑的人或盲人犯罪的处罚原则是(　　)。

A. 可以从轻、减轻或者免除处罚

B. 应当从轻或减轻处罚

C. 可以减轻或者免除处罚

D. 应当减轻或免除处罚

5. 甲爱好游泳，且技术高超。一日，甲声称愿帮助乙学会游泳，乙欣然答应。甲遂将乙带到河流深水处去游，在乙刚学会游时，甲即弃之不顾，独自游回河岸。乙无力游回，面临被淹死的危险状态，甲能够援救却不援救，致使乙被淹死。此时，站在河岸上旁观的丙，游泳技术很好，完全能够及时援救乙，但丙不认识甲、乙两人，不愿跳入河中救人。本案中，甲和丙的行为(　　)。

A. 构成共同犯罪

B. 甲的行为构成犯罪，丙的行为不构成犯罪

C. 均不构成犯罪

D. 应分别以故意杀人罪论处

6. 严某(男，13 岁)与李某(男，18 岁)商量好夜间去商店行窃。严某看好地形，准备好犯罪工具，制订好行窃计划。当晚，二人行窃时被值班人员发现，送至公安机关。对二人应该如何处理？(　　)

A. 不成立共同犯罪，由李某独立承担刑事责任

B. 不成立共同犯罪，由严某独立承担刑事责任

C. 按盗窃罪的共同犯罪处理，并且李某为主犯

D. 按盗窃罪的共同犯罪处理，并且严某为主犯

7. 我国刑法分则根据犯罪所侵犯的何种客体把犯罪分为十大类？(　　)

A. 一般客体　　B. 同类客体

C. 直接客体　　D. 简单客体

8. 关于刑事责任、犯罪、刑罚三者之间的关系，下列说法正确的是(　　)。

A. 刑事责任是一个独立的概念，与刑罚没有关系

B. 刑事责任是一个独立的概念，与犯罪没有关系

C. 刑事责任是介于犯罪和刑罚之间的桥梁和纽带，关系密切

D. 刑事责任虽与犯罪、刑罚有联系，但联系不大

(二)多选题

1. 以下选项中，行为人在法律上的认识错误有哪些？(　　)

A. 行为人的行为依法不构成犯罪，而行为人误认为构成了犯罪

B. 行为人的行为在法律上规定为犯罪，而行为人却误认为不构成犯罪

C. 行为人对自己的行为在罪名上的误解

D. 行为人对自己的行为应判处的刑罚轻重存在的误解

2. 黄某意图杀死张某，当其得知张某当晚在单位值班室值班时，即放火将值班室烧毁，其结果却是将顶替张某值班的李某烧死。下列哪些判断不符合黄某对李某死亡所持的心理态度？(　　)

A. 间接故意

B. 过于自信的过失

C. 疏忽大意的过失

D. 意外事件

3. 王某(1986 年 7 月 6 日生)，2000 年 7 月 6 日实施了抢劫行为，则下列哪些说法是正确的？(　　)

A. 王某未满 14 周岁，为完全无刑事责任能力人

B. 王某对此不负刑事责任

C. 王某是相对无刑事责任能力人

D. 对王某应当从轻或减轻处罚

4. 关于单位犯罪的理解正确的是：(　　)。

A. 单位构成犯罪，必须由我国刑法明文加以规定

B. 我国刑法中，单位不能成为侵犯公民人身权利、民主权利罪的犯罪主体

C. 单位犯罪的规定最早出现于 17 世纪英国的刑法中，而我国则是在 1997 年刑法中首次加以规定

D. 只有公司、企事业单位、机关、团体才能成为单位犯罪的主体，而合伙组织、个体工商户等不能成为单位犯罪的主体

5. 陈某(15 周岁)因喜好计算机，于某日深夜潜入一公司内盗窃价值 3 万余元的计算机元器件(事发后均被追回)。现问，对陈某应

当如何处理？（　　）

A. 追究刑事责任

B. 不追究刑事责任

C. 从轻、减轻处罚

D. 责令他的家长加以管教

6. 下列行为中不以犯罪论处的有（　　）。

A. 甲趁乙熟睡之际，将房门反锁，待乙醒来之前又将锁打开

B. 非以出卖牟利为目的，拐骗不满 14 周岁的儿童脱离家庭或监护人

C. 盗卖婴儿、幼儿的

D. 为男女婚姻当介绍人，借机收受财物的

7. 下列关于刑法上因果关系的说法，哪些是正确的？（　　）

A. 甲欲杀害其女友，某日故意破坏其汽车的刹车装置。女友若驾车外出，15 分钟后遇一陡坡，必定会坠下山崖死亡。但是，女友将汽车开出 5 分钟后，即遇山洪暴发，泥石流将其冲下山摔死。死亡结果的发生和甲的杀害行为之间没有因果关系

B. 乙欲杀其仇人苏某，在山崖边对其砍了 7 刀，被害人重伤昏迷。乙以为苏某已经死亡，遂离去。但苏某自己醒来后，刚迈了两步即跌下山崖摔死。苏某的死亡与乙的危害行为之间存在因果关系

C. 丙追杀情敌赵某，赵狂奔逃命。赵的仇人赫某早就想杀赵，偶然间见赵慌不择路，在丙尚未赶到时，即向其开枪射击，致赵死亡。赵的死亡与丙的追杀之间没有因果关系

D. 丁持上膛的手枪闯入其前妻钟某住所，意图杀死钟某。在两人厮打时，钟某自己不小心触发扳机遭枪击死亡。钟的死亡与丁的杀人行为之间存在因果关系，即使丁对因果关系存在认识错误，也构成故意杀人罪既遂

8. 根据犯罪构成理论，并结合刑法分则的规定，下列哪些说法是正确的？（　　）

A. 甲某晚潜入胡某家中盗窃贵重物品时，被主人发现。甲夺门而逃，胡某也没有再追赶。甲就躲在胡某家墙根处的草垛里睡了一晚。第二天早上村主任高某路过时，发现甲行踪诡秘，就对其盘问。甲以为高某发现了自己昨晚的盗窃行为，就对高某进行打击，致其重伤。甲构成盗窃罪、故意伤害罪，应数罪并罚

B. 乙在大街上见赵某一边行走一边打手机，即起歹意，从背后用力将其手机抢走。但因用力过猛，致使赵某绊倒摔成重伤。乙同时构成抢夺罪、过失致人重伤罪，但不应数罪并罚

C. 丙深夜入室盗窃，被主人李某发现后追赶。当丙跨上李某家院墙，正准备往外跳时，李某抓住丙的脚，试图拉住他。但丙顺势踹了李某一脚，然后逃离现场。丙构成抢劫罪

D. 丁骑摩托车在大街上见妇女田某提着一个精致皮包在行走，即起歹意，从背后用力拉皮包带，试图将皮包抢走。田某顿时警觉，拽住皮包带不放。丁见此情景，突然对摩托车加速，并用力猛拉皮包带，田某当即被摔成重伤。丁构成抢劫罪而不构成抢夺罪

9.（2015 年司法考试卷二第 53 题）关于因果关系，下列哪些选项是正确的？（　　）

A. 甲驾车经过十字路口右拐时，被行人乙扔出的烟头击中面部，导致车辆失控撞死丙。只要肯定甲的行为与丙的死亡之间有因果关系，甲就应当承担交通肇事罪的刑事责任

B. 甲强奸乙后，威胁不得报警，否则杀害乙。乙报警后担心被甲杀害，便自杀身亡。如无甲的威胁，乙就不会自杀，故甲的威胁行为与乙的死亡之间有因果关系

C. 甲夜晚驾车经过无照明路段时，不小心撞倒丙后继续前行，随后乙未注意，驾车从丙身上轧过。即使不能证明是甲直接轧死丙，也必须肯定甲的行为与丙的死亡之间有因果关系

D. 甲、乙等人因琐事与丙发生争执，进而在电梯口相互厮打，电梯门受外力挤压变形开启，致丙掉入电梯通道内摔死。虽然介入了电梯门非正常开启这一因素，但是也应肯定甲、乙等人的行为与丙的死亡之间有因果关系

（三）名词解释

1. 基本的犯罪构成

2. 规范的要件

3. 犯罪的直接客体

4. 结果加重犯

5. 预谋故意

（四）简答题

1. 以犯罪构成中行为的社会危害性程度为标准，犯罪构成可以分为哪两类？

2. 不作为犯特定义务的根据或者来源有哪些？

3. 根据结果在犯罪中的情况，犯罪可以表现为哪些形态？

4. 以危害结果是否对犯罪对象、犯罪直接客体造成现实的损害为标准可分为哪几种？

5. 我国现行刑法关于犯罪的特殊主体规定有哪些？

（五）论述题

1. 论述研究犯罪客体的意义以及我国刑法对犯罪客体的规定。

2. 试论述刑法理论界关于危害行为的各种学说。

五、深度拓展

【拓展一】 不真正不作为犯[①]

一般来说，作为（实行行为）的结果犯的场合，探讨的中心课题是因果关系的确定，只要能够查明作为（实行行为）与结果之间存在引起与被引起的关系，基本肯定能成立犯罪。但是不真正不作为犯的场合恰好相反，其中心课题是作为义务的来源、限定基准的确定。而且，随着义务判断的实质化，这种倾向更加明显。就不救助落水者的情形而言，一个公认的观念是，并非任何人的不救助行为都会成为处罚对象，否则不真正不作为犯的成立范围就会无限扩大。因此，只有行为人与落水者之间存在某种特殊关系，具有救助义务时，其不救助行为才有可能成为处罚的对象。那么，何种情况下，可以说不救助者与落水者之间存在某种特殊关系呢？这就是作为义务的来源问题。

传统学说认为义务来源主要有以下几个方面：一是法律的明文规定，二是职务或业务上的要求，三是合同行为、自愿承担行为等法律行为所引起的义务，四是先行行为的要求。这种明文列举作为义务来源的方式，称为“形式义务论”。基于不作为与作为之间所存在的结构性差异，以不作为和作为必须等价为前提，将作为义务从规范具体化为客观事实进行研究，称为“实质的义务论”。

实质的义务论的内容多样，其中代表性的见解有以下几种：一是“支配行为说”。认为，不真正不作为犯的作为义务，应当从其对应的作为犯的不作为义务具有等价性的原则出发，用更加实质的标准来确定。这个实质标准是行为人为防止结果的发生而自愿实施了具有

① 黎宏：《刑法总论问题思考》，中国人民大学出版社2016年版，第118～123页。

支配力的行为。二是“排他支配说”。这是我国目前的通说，认为为保证不作为和作为的等价性，不作为人不仅掌握导致结果发生的因果流向，而且提出了更高的要求，即要具体、排他地支配引起法益侵害结果的因果关系的发展方向。按照这种观点，遗弃婴儿和老人（神志不清、行动困难的老人）是构成遗弃罪还是故意杀人罪，要具体分析，如将上述被害人遗弃在容易被人发现的地方（如车站、别人家门口等），便于及时得到救助的，仍然应该以遗弃罪论处；如果将上述被害人遗弃在野兽出没的深山僻野或者很少有人发现的冰天雪地，便应当以故意杀人罪论处。三是“先行行为说”。这是近来流行的一种有力观点，认为使刑法保护的具体法益面临紧迫危险，是先行行为作为实质义务来源的实质根据。

【拓展二】 事实认识错误问题①

认识错误，是行为人主观的认识与客观的实际情况不一致。根据错误是否处于同一构成要件范围之内，事实的错误又可分为具体的事实错误和抽象的事实错误。具体的事实错误，指行为人所认识的事实与实际发生的事实之间的不一致属于同一构成要件范围内的错误。抽象的事实错误，是指行为人所认识的事实与现实发生的事实分别属于不同的构成要件的错误。事实认识错误理论在实际案件的解决中主要涉及是否阻却犯罪故意的问题和犯罪的既遂、未遂问题。

关于如何处理事实错误的情形，存在着具体符合说、法定符合说、抽象符合说之分。

具体符合说认为，成立故意犯罪，行为人所认识的犯罪事实与实际发生的事实必须具体相符、相一致。例如，甲开枪射杀乙，却打中了乙身边的丙。对乙而言，甲实施了杀人行为却没有达到结果，成立故意杀人未遂。对丙而言，由于甲意图杀死的是乙，对丙的死亡阻却故意，不成立故意杀人罪，如果存在过失，则成立过失致人死亡罪。

法定符合说认为，成立故意犯罪，只需要行为人所认识的犯罪事实与实际发生的事实在法定的构成要件的范围内相符合、相一致就够了，没有必要达到具体的符合。只要行为人所认识的事实与现实的事实处于同一构成要件，就可以认定为故意。因此，上例中甲开枪射杀乙却打中丙的行为，甲需承担故意杀人罪的罪责。在法定构成要件“人”的范围内，被害人具体是乙还是丙不是问题，所以甲只成立故意杀人罪一罪。

抽象符合说认为，即使行为人所认识的事实与现实发生的事实罪质不同，也不阻却故意的成立。它抽象地把握所构成要件的区别，认为抽象的事实错误，至少在与轻罪的关联上认定故意犯的成立。例如，以杀人的故意损坏财物时，包含杀人罪的未遂与故意损害财物罪的既遂，按重罪即杀人罪的未遂进行处理。但是，对故意进行抽象化时的基本观点也存在着分歧。

---

① 马克昌、卢建平：《外国刑法学总论（大陆法系）》（第二版），中国人民大学出版社 2016 年版，第 126～130 页。

第四章

排除犯罪的事由

一、知识结构图

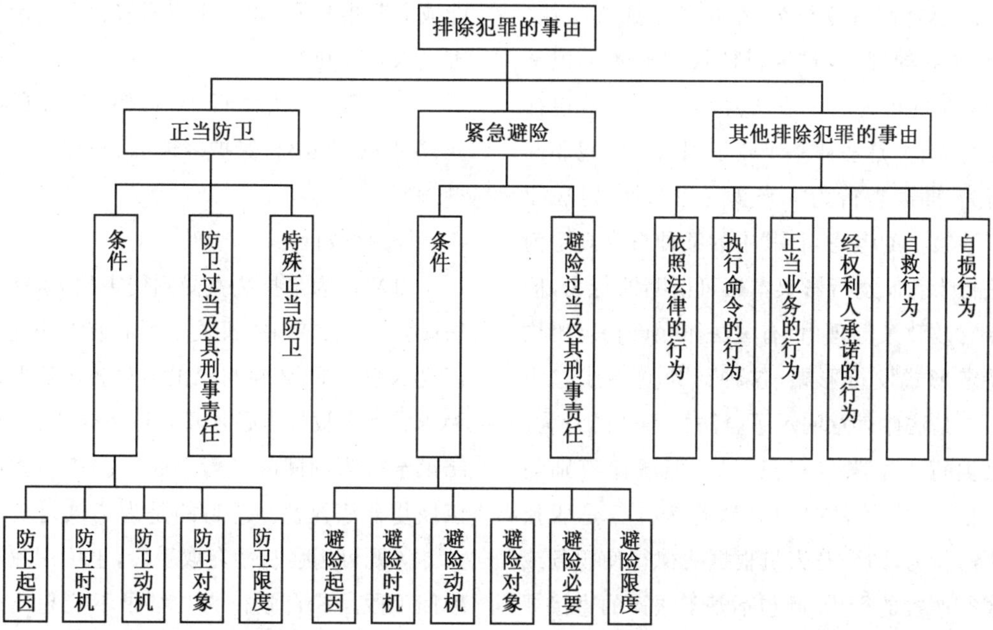

二、重难点归纳

(一)排除犯罪的事由

1. 排除犯罪事由的概念与本质

【重点】 排除犯罪的事由,是指行为人的行为虽然在客观上造成了一定的损害结果,似乎符合某些犯罪的客观构成要件,但实际上没有犯罪的社会危害性,并不符合犯罪构成,依法不成立犯罪的情况。

排除犯罪事由之所以看起来符合某些犯罪的客观构成要件,是因为它的行为与结果带有某种暴力性、破坏性、损害性特征,这就与某些同样带有这些特征的犯罪相似。例如,正当防卫是对不法侵害者进行暴力反击,通过给不法侵害者造成损害的方法来制止侵害,保护合法权益,仅从客观方面看,很像故意伤害、故意杀人等犯罪，但实际上正当防卫并不是犯罪，相反是刑法允许或认可的。

2. 排除犯罪事由的种类

(1)依照法律的行为

依照法律的行为是指具有明文法律依据的行为，直接依照法律做出的行为。直接依照法律做出的行为不为犯罪。依照法律实施的行为有时会不利于或损害某些人，但由于这种行为具有明确的法律依据，属于正当行为，不可能构成犯罪。

(2)执行命令的行为

基于上级的命令依职权执行命令——执行命令的必要性和对执行命令的严格要求。

以上合称法令行为，是指基于成文法律、法令、法规的规定，作为行使权利或者承担义务所实施的行为。一般认为，法令行为共包括四类行为：一是法律基于政策理由排除犯罪性的行为，即某类行为本来具有犯罪性，但法律基于政策上的考虑，将其中的某种行为规定为合法行为。如发行彩票本来可谓赌博行为，但基于财政政策等理由，有关法律允许特定机构以特定形式发行彩票，这种行为便不成立犯罪。二是法律有意明示了合法性条件的行为，即某类行为本来具有犯罪性，但法律特别规定，符合一定条件时属合法行为。三是职权(职务)行为，即公务人员根据法律行使职务或者履行职责的行为，既包括基于法律的直接规定实施的行为，也包括基于上级的职务命令实施的行为，如司法工作人员对犯罪嫌疑人实行逮捕。四是权利(义务)行为，即在法律规定上作为公民的权利(义务)的行为，如一般人扭送现行犯。

(3)正当业务的行为

正当业务的行为是指虽然没有法律、法令、法规的直接规定，但在社会生活中被认为是正当的业务上的行为，即从事合法的行业、职业、职务等活动实施的行为，如医疗行为、新闻报道、律师辩护、体育竞技等，但排除公务行为。

正当化的依据主要来源于欠缺犯意、保护利益、避难行为、承诺等。

(4)经权利人承诺的行为

经权利人承诺的行为，是指权利人请求、许可、默认行为人损害其合法权益，行为人根据权利人的承诺损害其合法权益的情况。成立权利人承诺的行为应当具备以下条件：①被害人有承诺能力与承诺权限。②真实意志自由表达。③承诺在行为之前。④经承诺所实施的行为不得超出承诺的范围。⑤承诺所实施的行为本身必须不得违反法律规定，否则可能成立其他犯罪，如不能依据权利人的承诺伤害或杀死权利人。

正当依据：法律行为，行使权利；利益放弃；法律保护放弃；保护客体部分脱落；利益衡量。

(5)自救行为

自救行为是指法益受到侵害的人，在通过法律程序、依靠国家机关不可能或者明显难以恢复的情况下，依靠自己的力量救济法益的行为。成立自救行为必须符合以下条件：①侵害结束至行为的间隔一般不长。②正当程序难以恢复合法权益。③目的是为了恢复合法权益。④既可用强制性夺取手段，也可用秘密性取回手段。⑤自救行为与结果不能超出合法权益的需要。

(6)自损行为

自损行为是指自己损害自己合法权益的行为。现代社会中自损行为一般为排除犯罪事由，但是也有例外，即特定环境、特定条件下由特定主体实施的自损行为也会构成犯罪。例如，放火烧毁自己的房屋，但该房屋与他人房屋或公共设施相连等。在这些情况下，自损行为不仅损害了自己的利益，也同时损害或威胁了他人的合法权益或公共利益。

（二）正当防卫

1. 正当防卫的概念和条件

正当防卫是指为了保护国家、公共利益、本人或者他人的人身、财产和其他权利免受正在进行的不法侵害，采取对不法侵害人造成或者可能造成损害的方法，制止不法侵害的行为。正当防卫分为两种：一般正当防卫（《刑法》第20条第1款）与特殊正当防卫（《刑法》第20条第3款）。

正当防卫的本质是制止正在进行的不法侵害、保护法益。

【难点】 成立正当防卫必须具备以下条件：

（1）防卫起因：必须存在现实的不法侵害。

①侵害性：不法侵害是对合法利益的侵袭和损害。首先，不法侵害是一种侵袭或损坏行为。多数情况下，不法侵害是以作为方式实施的，带有暴力性、挑衅性、进攻性、破坏性，如害命、伤人或损坏财物行为，对这些不法侵害可以进行正当防卫；其次，不法侵害针对的是国家利益、公共利益和公民合法权益，正当防卫体现的是对合法利益的保护；再次，不法侵害是严重危及人身安全、重大人身利益和财产利益的行为。

只有当行为威胁法益时，才能对之进行正当防卫。

不法侵害不限于故意不法侵害，对于过失不法侵害，符合其他条件的，也可以进行正当防卫；不法侵害不限于作为的不法侵害，对于不作为的不法侵害，如果只能由不作为人履行义务的，也可以进行正当防卫。例如，对进入自己的住宅、要求其退出而拒不退出的人，使用强力将其推出门外，导致其受轻伤的行为，成立正当防卫。

对物防卫的认定：饲主唆使的（正当防卫）；饲主没有唆使的（按照客观的违法性论，认定正当防卫）；野生动物的侵害（紧急避险）。

②不法性：不法侵害是无合法根据的侵袭和损害。

包括犯罪行为与其他一般违法行为。不法侵害具有攻击性、破坏性、紧迫性，采取正当防卫可以减轻或者避免危害结果（不能实施正当防卫的情形：假冒注册商标罪、重婚罪、贿赂犯罪；单位犯罪本身。对轻微不法侵害和处于被保护、被监护地位的人的一般不法侵害，不宜实行正当防卫）；对未达到法定年龄、不具有责任能力的人进行侵害，应当允许实行正当防卫，但应当尽量限制在必要的场合。

③现实性：不法侵害是已现实发生的侵袭和损害。

不法侵害已经现实发生，指不法侵害是一种客观存在的事实，而不是纯粹的主观想象或臆测。实践中，有人在不法侵害并不存在的情况下，由于主观认识上的错误而误认为发生了不法侵害，因而对其误认为的不法侵害人实行防卫，不能成立正当防卫。刑法理论一般称这种情况为假想防卫。假想防卫，应当认定为过失犯罪或者意外事件。

（2）防卫时机：不法侵害必须正在进行（紧迫性）。

①开始时间：综合说（着手说与直接面临说相结合）。

②结束时间：法益不再处于紧迫、现实的侵害、威胁之中，或者说不法侵害已经不可能（继续）侵害或者威胁法益。

财产性违法犯罪的特例：在财产性违法犯罪情况下，行为虽然已经既遂，但在现场还来得及挽回损失的，应当认为不法侵害尚未结束，可以实行正当防卫。

③防卫装置。设立防卫装置后，遇到了正在进行的不法侵害，该装置针对正在进行的不法侵害发挥作用制止了不法侵害，并且没有超过必要限度时，就应认为是正当防卫。当然，设立防卫装置的行为所造成的风险应由设立

者承担。

④防卫不适时(事前加害与事后加害:故意犯罪或者过失犯罪或者意外事件)。

(3)防卫动机:主观的正当化因素。

我国传统刑法理论认为,具有防卫意识(主观的合法性要素)时,才成立正当防卫。

①防卫挑拨,是指为了侵害对方,故意挑动引起对方对自己的侵害,而后借口正当防卫加害于对方的行为。在此,行为人主观上存在侵害他人的故意和目的,不具备防卫动机的正当性,不属于正当防卫,而是故意的违法犯罪行为。

②相互斗殴,是指双方在侵害对方身体的意图的支配下相互打斗的行为。在此,斗殴双方都不存在正当防卫的正当性动机,不成立正当防卫。行为人在侵害意图的支配下打斗并且情节严重甚至造成严重后果,可能构成有关的犯罪。不过,当一方已经停止斗殴而另一方继续施以严重身体侵害行为的,或者一方在暴力和伤害程度较低的斗殴中突然使用明显升级的暴力手段且对另一方的身体健康构成严重威胁甚至危及生命的,应允许对此实施正当防卫。

③偶然防卫,是指行为人故意对他人实施犯罪行为时,巧遇对方正在进行可以成为正当防卫起因的不法侵害,其行为客观上制止了他人的不法侵害的情况。通说认为偶然防卫成立犯罪(既遂)。

(4)防卫对象:必须针对不法侵害人本人进行防卫。

正当防卫只能针对不法侵害人本人实行,而不能针对不法侵害以外的任何人,包括不能针对不法侵害人的家属。

(5)防卫限度:必须没有明显超过必要限度造成重大损害。

防卫限度,是指实施正当防卫所采取的暴力反击行为及其所造成的损害结果不能是无限制的。任何法律上的权利都是有限制的,防卫限度就是刑法对正当防卫权利的限制。不具备防卫起因、防卫时机、防卫动机和防卫对象中的任何一个条件,都不是正当防卫,也无权实施正当防卫,而具备了上述条件时,虽获得了正当防卫的权利或根据,但如果超过防卫限度行使权利,则会由正当防卫转为非正当防卫。

我国刑法明文规定正当防卫不能“明显超过必要限度造成重大损害”。关于必要限度,刑法理论界有基本相适应说、必需说、折中说。“基本相适应说”认为,必要限度是指防卫行为与不法侵害行为在性质、手段、强度等方面大体相适应;“必需说”认为,必要限度是指防卫人制止不法侵害所必需的限度;“折中说”认为,对防卫行为的必要限度,应从两个方面考察,既要看防卫行为是否为制止不法侵害所必需,也要看防卫行为与不法侵害行为是否基本相适应。理论界和实务界普遍采取折中说。

关于正当防卫是否超过必要限度,必须通过行为实施时的具体情况综合判断,如双方的手段、打击强度、打击部位、人员对比、现场环境等。

2. 防卫过当

【重点】 防卫过当是指正当防卫明显超过必要限度造成重大损失的行为。它不适用于针对“严重危及人身安全的暴力犯罪”的不法侵害进行的防卫。《刑法》第 20 条第 2 款规定:正当防卫明显超过必要限度造成重大损害的,应当负刑事责任,但是应当减轻或免除处罚。

这是防卫过当的一般规定。防卫过当必须具有正当防卫的根据。这与根本不具有或者不具有某一个正当防卫根据之条件的非正当防卫行为有所不同。防卫过当必须是明显超过必要限度造成重大损害。这里,在必要限度的基础上还包括三个要素:超过、明显、重大损害。判断防卫过当必须同时具备两方面的要求：一方面，正当防卫必须明显超过必要限度；另一方面，超过必要限度的行为造成了重大损害。即从行为和结果程度两方面综合判断，二者必须同时具备，缺一不可。

防卫过当不是独立的罪名，对于防卫过当，应根据其符合犯罪构成确定罪名。因防卫过当而构成犯罪时，行为人的主观方面既可以是故意的也可以是过失。那么，防卫过当造成重伤、死亡的如何定罪？防卫人在具有防卫意识前提下的防卫过当的责任形式一般是过失。故防卫过当致人死亡或者重伤的，一般应分别成立过失致人死亡罪与过失致人重伤罪。行为人具有防卫意识，但同时对过当事实具有认识与希望或者放任的态度时，成立故意的防卫过当。虽然防卫意识与犯罪的故意是两种相反的态度，但是，二者是可能并存的。例如，面对他人实施盗窃行为时，防卫人明知只要将对方造成轻伤即可制止不法侵害、保护财产法益，却故意以造成重伤的防卫行为保护财产法益。对此，应认定为故意的防卫过当。

如果行为人没有防卫意识，同时肯定偶然防卫也是正当防卫，则偶然防卫过当的罪过形式既可以是过失，也可以是故意（包括直接故意）的。

3. 特殊正当防卫

【重点】《刑法》第 20 条第 3 款规定：“对正在进行行凶、杀人、抢劫、强奸、绑架以及其他严重危及人身安全的暴力犯罪，采取防卫行为，造成不法侵害人伤亡的，不属于防卫过当，不负刑事责任。”这就是所谓的特殊防卫，又称无限制防卫、无限度防卫、无过当防卫等。

它必须服从正当防卫的基本条件，这就是防卫起因、防卫时机、防卫动机、防卫对象，缺少的只是防卫限度，故只能说它是无限度条件，而不是整个正当防卫权利无限制。特殊防卫的无限度，也是在有限的范围之内的，具体地说，只有针对行凶、杀人、抢劫、强奸、绑架以及其他严重危及人身安全的暴力犯罪，才能适用无限度的特殊防卫。其中，杀人、抢劫、强奸和绑架都是刑法分则中的具体罪名，但必须是实施了暴力或以暴力相威胁而严重危及人身安全的行为。

（三）紧急避险

紧急避险是指为了使国家、公共利益、本人或者他人的人身和其他权利免受正在发生的危险，不得已实施的损害另一个较小的合法利益的行为。

【重点】 成立紧急避险必须具备以下条件：

（1）避险起因。发生了现实危险并对国家、公共利益、本人或者他人的人身和其他权利形成了严重的威胁。

①危险的性质。首先必须区分日常生活中的危险概念与紧急避险中的危险概念。后者是法律概念，专门针对合法利益而言，非法利益遇到危险，无权实施紧急避险。其次，合法利益遇到危险也不都是紧急避险的根据。

②危险的来源：自然力；动物袭击；人体病症；人的侵害行为。

侵害行为主要包括犯罪行为、一般违法行为和由无责任能力人实施的侵害行为。

③危险的客观性。

危险是一种足以造成合法利益损害的现实威胁，但还不是已经发生的损害，或者说，即便发生了一定程度的损害，也还存在进一步损害的威胁。

（2）避险时机。避险时机要求危险正在发生。所谓危险正在发生，是指危险已经出现尚未结束的状态。危险已经出现，是指危险已经对特定的合法利益形成了紧迫的威胁，如果不加以排除，合法利益势必受损。危险尚未结束，是指危险继续威胁着一定的合法利益或者可能给合法利益造成更大损害的状态。如果合法利益不再受到现实威胁或者受到进一步损害，就说明危险已经结束。

(3)避险动机。包括两个方面：一是行为人认识到合法利益面临正在发生的危险；二是行为人实施行为在主观上为了保护合法利益免受危险。

(4)避险对象。对于侵害人的侵害行为导致的危险，避险对象只能是无辜的第三者。如果采取直接抗制侵害人的办法排除侵害，就不是紧急避险而是正当防卫。

(5)避险必要。根据刑法，即使面对紧急的危险，也只能在"不得已"的情况下才能实施紧急避险。所谓"不得已"，就是除了以牺牲一种合法利益为代价来保护另一种合法利益的办法之外，别无他法。

(6)避险限度。避险行为造成的损害必须小于所避免的损害。

一般来说，紧急避险是以牺牲一种合法利益来保全另一种合法利益，这就要求行为人必须权衡这两种合法利益的大小，以较小的利益代价换取较大利益的保全，如果相反，就失去了紧急避险的意义。紧急避险的必要限度，就是指避险行为所造成的损害必须小于所避免的损害。如果避险行为造成的损害大于或等于所避险的损害，则属于超过了必要限度。通常，生命权利高于其他任何权利，任何人不得以牺牲他人生命的代价来保护其他利益；人身权利通常高于其他财产权利。两种财产权利的大小，则通过其经济价值来衡量，但有时也考虑其他因素。

【辨析难点】 紧急避险与义务冲突的相同点与不同点

义务冲突是指两个以上互不相容的法律义务，为履行一个而不得不放弃履行另一个而造成损害。义务冲突与紧急避险之间既有相同点又有不同点。

二者的相同点在于：

第一，都有不同利益的冲突。前者是国家、公共利益、本人或者他人的人身和其他权利与另一较小合法利益的冲突，后者是几个同时需要责任人履行职责的利益之间的冲突。第二，都处于紧急状态，不得已而为之。前者是有正在发生的危险，不得已损害另一较小的合法权益，后者是互不相容的法律义务，不得不履行一个，放弃另一个。

二者的不同点在于：

第一，紧急避险中不转嫁危险不违法，而义务冲突没有这个可能性；第二，紧急避险中损害行为通常是作为，而义务冲突中通常为不作为；第三，紧急避险中的"利益"并不完全等于义务冲突中的"义务"；第四，紧急避险中保护的法益必须小于牺牲的利益，而义务冲突中还可以等于另一被放弃的义务的利益。

【难点】 正当防卫和紧急避险的区别

二者的区别在于：

(1)危险的来源不同。正当防卫的起因条件是他人的不法侵害，而紧急避险的起因条件是一种危险，包括自然灾害等非人为的损害。

(2)损害程度的限度不同。正当防卫所造成的损害可以大于或等于所要保护的利益，而紧急避险所造成的损害不能等于更不能大于所要保护的利益。

(3)对行为的限制不同。紧急避险要求必须是不得已的，没有其他更好的办法而采取的。而正当防卫则无此要求。

(4)行为针对的对象不同 。正当防卫要求打击的对象只能是不法侵害者本人，而紧急避险则可以是无辜的第三者，二者损害的对象是有原则性区别的。

【疑难法条解析】

《刑法》第 21 条："为了使国家、公共利益、本人或者他人的人身、财产和其他权利免受正在发生的危险，不得已采取的紧急避险行为，造成损害的，不负刑事责任。

紧急避险超过必要限度造成不应有的损害的，应当负刑事责任，但是应当减轻或者免除处罚。

第 1 款中关于避免本人危险的规定，不适用于职务上、业务上负有特定责任的人。”

(1)同正当防卫一样，紧急避险不仅仅是为保护行为人本人的利益，也可以是为了保护他人的乃至国家、社会的利益，所保护的合法权益不仅仅是人身权利，还包括财产权利以及其他权利；

(2)本条第 3 款之规定为紧急避险制度适用的例外，是对于职务上、业务上负有特定责任的人如消防队员等而言的，其前提在于当避免本人危险的时候。

三、案例分析

【案例一】

2014 年 7 月，山东源大工贸有限公司(位于冠县工业园区)负责人苏某向赵某借款 100 万元，双方口头约定月息 10%。2016 年 4 月 14 日 16 时许，赵某以欠款未还清为由纠集杜某、郭某、程某、严某等十余人先后到山东源大工贸有限公司催要欠款。当日 20 时许，杜某驾车来到该公司，并在该公司办公楼大门外抱厦台上与其他人一起烧烤饮酒。约 21 时 50 分，杜某等多人来到苏某及其子被告人于欢所在的办公楼一楼接待室内催要欠款，并对二人有侮辱言行。其间，杜某等人对于欢、苏某实施了限制人身自由的非法拘禁行为，并伴有侮辱和对于欢间有推搡、拍打、卡颈部等肢体行为。约 22 时 10 分，当民警到达现场后，于欢和苏某欲随民警走出接待室时，杜某等人阻止二人离开，并对于欢实施推拉、围堵等行为，在于欢持刀警告时仍出言挑衅并逼近，随与杜某、郭某、程某、严某等人发生冲突，于欢遂持尖刀将杜某、程某、严某、郭某捅伤，处理民警闻讯后返回接待室，令于欢交出尖刀，将其控制。杜某、严某、郭某、程某被送往医院抢救。杜某因失血性休克于次日 2 时许死亡，严某、郭某的伤情构成重伤二级，程某的伤情构成轻伤二级。

本案一审判决认为当时不存在防卫的紧迫性，因而于欢持刀捅刺被害人不存在正当防卫意义上的不法侵害前提，即否定于欢的行为具有防卫的前提，认定于欢构成故意伤害罪，判处无期徒刑，剥夺政治权利终身。二审认定于欢系防卫过当，判处其犯故意伤害罪，有期徒刑五年，另附带判决了相关的民事赔偿。[①]

案例来源：中国裁判文书网。

【问题聚焦】

1. 于欢的行为是否存在防卫的前提？

2. 是否构成防卫过当？

【法律剖析】

于欢案引发了社会广泛的关注和热烈的探讨，刑法学界和实务界围绕于欢案的争议主要集中在：(1)于欢的行为是否存在防卫的前提，即于欢的行为是否具有防卫的性质；(2)如果认定于欢的行为属于防卫，那么其行为是正当防卫，还是属于防卫过当。此外，对于欢的行为应该如何定罪量刑，也是本案的争议焦点之一。

关于于欢行为的定性：存在“正在进行的不法侵害”是正当防卫成立的前提条件。这种不法侵害既包括犯罪行为，也包括一般违法行为。不法侵害应具有不法性、侵害性、紧迫性和现实性四个特点。结合本案，首先，杜某等人为违法讨债所实施的严重侮辱、非法拘禁、轻微殴打等行为，属于违法犯罪行为，明显具有不法性；其次，杜某等人的不法行为，严重侵害了于欢母子的人身自由、人格尊严等合法权益，且侵害处于持续存在状态。因此，于欢为了制止不法侵害，对杜某等人实施反击行为，

① 山东省聊城市中级人民法院(2016)鲁 15 刑初 33 号，山东省高级人民法院(2017)鲁刑终 151 号。

具备正当防卫意义上的防卫前提。综合考察防卫起因、防卫时间、防卫意图、防卫对象，可以认定于欢的行为具有防卫的性质。

关于防卫过当：防卫过当是指防卫明显超过必要限度造成重大损害的行为。判断防卫过当必须同时具备两方面的要求：一方面，正当防卫必须明显超过必要限度；另一方面，超过必要限度的行为造成了重大损害。评判防卫是否为必要限度，应综合全案分析不法侵害的性质、严重程度，双方的手段、强度，人员多少与强弱，以及客观的环境等情节综合判定。根据本案查明的事实及在案证据，杜某一方虽然人数较多，但其实施不法侵害的意图是给苏某施加压力以催讨债务，在催债过程中未携带、使用任何器械；在民警朱某等进入接待室前，杜某一方对于欢母子实施的是非法拘禁、侮辱和对于欢拍打面颊、揪抓头发等行为，其目的仍是逼迫苏某尽快还款；比较而言，杜某等人的主观目的是索要债务，他们的不法侵害手段相对克制，并未使用器械工具，也没有对于欢母子实施严重的致命性攻击或者暴力性伤害等行为；于欢使用致命性工具即刃长超过15厘米的单刃刀，捅刺杜某等人身体的要害部位，造成一死、二重伤、一轻伤的严重后果。相比于杜某等人的侵害手段及程度，于欢的防卫行为与不法侵害行为在手段、强度等方面明显不相适应，且造成了多人伤亡的“重大损害”后果。原判认为，于欢持尖刀捅刺被害人不具有正当防卫意义上的不法侵害前提，直接认定为故意伤害。二审判决认定，于欢的行为具有防卫性质，但明显超过必要限度，造成重大损害，属于防卫过当。

关于于欢的定罪量刑：根据刑法规定，故意伤害致人死亡的，处十年以上有期徒刑、无期徒刑或者死刑；防卫过当的，应当减轻或者免除处罚。于欢的防卫行为明显超过必要限度造成重大伤亡后果，减轻处罚依法应当在三至十年有期徒刑的法定刑幅度内量刑。结合于欢在民警尚在现场调查，警车仍在现场闪烁警灯的情形下，为离开接待室而持刀防卫，为摆脱对方围堵而捅死捅伤多人，且除杜某以外，其他三人并未实施侮辱于欢母亲的行为。法院综合考虑于欢犯罪的事实、性质、情节和危害后果，对于欢减轻处罚，以故意伤害罪，判处其有期徒刑五年，另附相关的民事赔偿。

【法条链接】

《中华人民共和国刑法》

第20条　为了使国家、公共利益、本人或者他人的人身、财产和其他权利免受正在进行的不法侵害，而采取的制止不法侵害的行为，对不法侵害人造成损害的，属于正当防卫，不负刑事责任。

正当防卫明显超过必要限度造成重大损害的，应当负刑事责任，但是应当减轻或者免除处罚。

对正在进行行凶、杀人、抢劫、强奸、绑架以及其他严重危及人身安全的暴力犯罪，采取防卫行为，造成不法侵害人伤亡的，不属于防卫过当，不负刑事责任。

【案例二】

植某于2012年9月9日晚，在桂平市一商贸城内，因和妻子吵架，盛怒之下，将商城内一美甲店内的广告灯箱踢烂。美甲店系谭某的妻子所开设，故谭某知情后立刻赶来和植某理论并要求赔偿。植某不但未答应还继续施暴，并踢了谭某腹部一脚，谭某拿起旁边的拖把进行抵抗，却再次遭到植某等人的殴打。植某等人追打谭某至一公司门前，因一旁的摩托车被推倒砸到谭某腿上，该公司的玻璃门也被撞碎。植某等人见状仍未停止施暴，谭某愤怒之下从地上抓起一块碎玻璃向植某等人划去，不料，植某被划伤后倒地身亡。[①]

案例来源：中国审判案例要览。

（2014年刑事审判案例卷，中国人民大学出版社2016年版，第15～18页。）

【问题聚焦】

谭某的行为是否构成正当防卫？

【法律剖析】

依照我国正当防卫制度的法律和法理，起因条件、时间条件、主观条件、对象条件、限度条件的认定是判定行为人的行为是否成立正当防卫的关键。

本案事发后，谭某被提起公诉，公诉机关认为谭某属防卫过当，构成故意伤害罪。法院经审理认为，谭某在与植某理论赔偿广告灯箱事宜时，遭受死者植某脚踢，并继续遭受死者植某及其他人的殴打，死者植某等人主观行为上明显对被告人实施了不法侵害。被告人被打倒，面朝地，背朝天，俯卧在地，其左腿也被一辆被推倒的摩托车压住。在此情况下，植某等人没有放弃对谭某的殴打，仍然俯身弯腰殴打其背部并致轻微伤，不法侵害始终没有停止。谭某的人身安全受到了现实的重大直接威胁，由于激愤、慌张、恐惧的心理作用，对于所遭受的正在进行的不法侵害的意图的危险程度一时难以分辨，为避免继续遭受正在进行的不法侵害，出于防卫本能，随手抓起地上的碎玻璃条朝背后乱划，导致植某被划伤左颈动脉并死亡。虽然造成植某死亡的损害事实，但其防卫行为在当时相对于正在遭受的不法侵害行为的后果而言，未明显超过必要的限度。

据此，法院认定，被告人谭某的行为具备了正当防卫的主、客观要件，不属于防卫过当，而是正当防卫，依法不负刑事责任，对谭某依法宣判无罪。

【法条链接】

《中华人民共和国刑法》

第20条　为了使国家、公共利益、本人或者他人的人身、财产和其他权利免受正在进行的不法侵害，而采取的制止不法侵害的行为，对不法侵害人造成损害的，属于正当防卫，不负刑事责任。

正当防卫明显超过必要限度造成重大损害的，应当负刑事责任，但是应当减轻或者免除处罚。

对正在进行行凶、杀人、抢劫、强奸、绑架以及其他严重危及人身安全的暴力犯罪，采取防卫行为，造成不法侵害人伤亡的，不属于防卫过当，不负刑事责任。

四、全真题演练

（一）单选题

1. 某甲是精神病患者，一日突然手持匕首追杀某乙。甲将乙逼到一房屋的角落里，乙在无处可逃的情况下，顺手将桌上的花瓶拾起扔向甲，致使甲右眼失明，乙的行为属于（　　）。

A. 正当防卫　　B. 紧急避险

C. 防卫过当　　D. 犯罪行为

2. 张某系公安人员，一日着便衣执勤，车上遇劫匪5人且持有凶器，便担心自己的生命安全，所以未能站出来制止劫匪的行为，致使多名旅客伤亡且财物被劫。张某的行为（　　）。

A. 属于正当防卫

B. 属于紧急避险

C. 不构成犯罪

D. 不作为犯罪行为

3. 王某与李某素有仇怨。一日，李某拦住王某，百般辱骂，王某挥舞拳头作势欲打李某，李某逃跑，王某紧追不舍。李某从屠户徐某处抢得一把杀猪刀，王某不敢再追。李某用言语刺激王某，王某又追。待王某追近时，李某用

① 广西壮族自治区桂平市人民法院(2013)浔刑初字43号。

杀猪刀捅了王某一刀,导致王某心脏破裂而死。李某的行为属于(　　)。

A. 正当防卫　　B. 紧急避险

C. 防卫过当　　D. 故意杀人

4. 甲傍晚外出,碰到丙、丁等人调戏乙(女,16岁),乙呼救。甲并不认识乙,但为制止调戏行为,就以是乙的哥哥的口吻说:“你们不要欺负我妹!”丙、丁二人便手持砖块追打甲,一直把甲逼到一个小山坡上,甲拿出携带的水果刀进行反抗,造成丙死、丁重伤。甲的行为应视为(　　)。

A. 正当防卫　　B. 过失致人死亡

C. 防卫过当　　D. 故意杀人罪

5. 关于排除犯罪性的行为,下列说法中错误的是(　　)。

A. 在抢劫犯使用暴力取得财物以后,对抢劫犯进行反击夺回财物的,防卫人虽然在抢劫既遂以后进行防卫,只要没有明显造成不应有的重大损害的,仍然属于正当防卫行为

B. 制服不法侵害人以后,对其再实施加害行为,致其重伤的,是故意伤害行为

C. 野生动物被饲主唆使侵害他人时,其侵害属于不法侵害;但是,野生动物对人的自发侵害,不是不法侵害

D. 乙、丙身着警服,携带警棍,冒充警察“抓赌”。参赌者甲见来了警察,急忙逃跑。乙抓住甲的衣服,甲拔出水果刀扎乙,致乙重伤。甲的行为构成过失重伤罪

6.(2007年司法考试卷2第2题)陈某抢劫出租车司机甲,用匕首刺甲一刀,强行抢走财物后下车逃跑。甲发动汽车追赶,在陈某往前跑了40米处将其撞成重伤并夺回财物。关于甲的行为性质,下列哪一选项是正确的?(　　)

A. 法令行为　　B. 紧急避险

C. 正当防卫　　D. 自救行为

7.(2008年司法考试卷2第5题)关于被害人承诺,下列哪一选项是正确的?(　　)

A. 儿童赵某生活在贫困家庭,甲征得赵某父母的同意,将赵某卖至富贵人家。甲的行为得到了赵某父母的有效承诺,并有利于儿童的成长,故不构成拐卖儿童罪

B. 在钱某家发生火灾之际,乙独自闯入钱某的住宅搬出贵重物品。由于乙的行为事后并未得到钱某的认可,故应当成立非法侵入住宅罪

C. 孙某为戒掉网瘾,让其妻子丙将其反锁在没有电脑的房间一星期。孙某对放弃自己人身自由的承诺是无效的,丙的行为依然成立非法拘禁罪

D. 李某同意丁砍掉自己的一个小手指,而丁却砍掉了李某的大拇指。丁的行为成立故意伤害罪

8.(2006年司法考试卷2第18题)关于排除犯罪的事由,下列哪一选项是正确的?(　　)

A. 对于严重危及人身安全的暴力犯罪以外的不法侵害进行防卫,造成不法侵害人死亡的,均属防卫过当

B. 由于武装叛乱、暴乱罪属于危害国家安全罪,而非危害人身安全犯罪,所以,对于武装叛乱、暴乱犯罪不可能实行特殊的正当防卫

C. 放火毁损自己所有的财物但危害公共安全的,不属于排除犯罪的事由

D. 律师在法庭上为了维护被告人的合法权益,不得已泄露他人隐私的,属于紧急避险

9.(2013年司法考试卷二第7题)甲对正在实施一般伤害的乙进行正当防卫,致乙重伤(仍在防卫限度之内)。乙已无侵害能力,求甲

将其送往医院，但甲不理会而离去。乙因流血过多死亡。关于本案，下列哪一选项是正确的？（　　）

A. 甲的不救助行为独立构成不作为的故意杀人罪

B. 甲的不救助行为独立构成不作为的过失致人死亡罪

C. 甲的行为属于防卫过当

D. 甲的行为仅成立正当防卫

（二）多选题

1. 防卫过当的罪过形式可能是下列哪些情况？（　　）

A. 直接故意

B. 间接故意

C. 疏忽大意的过失

D. 过于自信的过失

2. 下列情况中不属于正当防卫的有（　　）。

A. 黄某被姚某殴打后扬言要报复，姚某听说就拿出一把菜刀，被许某劝阻在一旁，此时黄某想先发制人，就从姚某手中夺过菜刀，将其砍成重伤。对于黄某行为的认定

B. 孙某身强力壮，对体弱的张某不满，伺机报复。一日见其和女友在一块，遂调戏侮辱其女友。张某看不过就抡起一根铁棍扑向孙某，孙某轻而易举地夺下铁棍，并借口防卫将张某的手臂打折。对于孙某行为的认定

C. 一个晚上，一便衣民警甲夜晚巡逻，在检查三轮车时被远处的司机乙误认为窃车贼。司机乙立即找了几个人手持铁棍赶到现场，而民警甲也以为遭坏人袭击，双方因误会而发生冲突，甲开枪将乙打死。对于民警甲的行为的认定

D. 一日夜晚，吴某在一僻静小巷行走，见一陌生人突然袭击他，遂挥拳打去，直至将其打瘫在地。后查明此陌生人为一狂暴性精神病人，经常袭击路人，已造成好几起轻伤事件，结果精神病人被吴某打断一条腿（轻伤害）。对于吴某行为的认定

3. 张某正在追击逃跑的窃贼时，猛然被人拉住。张某因为事急并没有回头看，则误认为是窃贼的同伙，便使用砖头猛砸过去，并将对方砸倒在地造成重伤，后来才发现，被砸的是自己的邻居。原来邻居是来叫自己，要帮自己的，则某甲的行为属于下列哪项？（　　）

A. 正当防卫　　　　B. 意外事件

C. 过失犯罪　　　　D. 假想防卫

4. 下列选项中哪些行为不属于紧急避险？（　　）

A. 在逃犯开车冲向闹市时，警察开枪将其打死

B. 轮船失事，船长迅速乘救生艇率先逃生

C. 甲唆使自己豢养的狼狗咬乙，乙顺手操起地上木棍打死狼狗

D. 轮船刚驶离港口，遭遇暴风，船长为避免轮船倾覆，下令把船上货物抛入海中

5.《刑法》第 20 条第 3 款规定："对正在进行行凶、杀人、抢劫、强奸、绑架以及其他严重危及人身安全的暴力犯罪，采取防卫行为，造成不法侵害人伤亡的，不属于防卫过当，不负刑事责任。"关于刑法对特殊正当防卫的规定，下列理解正确的是（　　）。

A. 对正在进行杀人等严重危及人身安全的暴力犯罪，采取防卫行为，没有造成不法侵害人伤亡的，不能称为正当防卫

B."其他严重危及人身安全的暴力犯罪"的表述，不仅说明其前面列举的抢劫、强奸、绑架必须达到严重危及人身安

全的程度，而且说明只要列举之外的暴力犯罪达到严重危及人身安全的程度，也应适用特殊正当防卫的规定

C. 由于特殊正当防卫针对的是严重危及人身安全的暴力犯罪，而这种犯罪一旦着手实行便会造成严重后果，所以，应当允许防卫时间适当提前，即严重危及人身安全的暴力犯罪处于预备阶段时，也应允许进行特殊正当防卫

D. 由于针对严重危及人身安全的暴力犯罪进行防卫时可以杀死不法侵害人，所以，在严重危及人身安全的暴力犯罪结束后，当场杀死不法侵害人的，也属于特殊正当防卫

6. 适用紧急避险的情形有哪些？（　　）

A. 违法犯罪行为的侵害

B. 动物的侵袭

C. 精神病人的侵害

D. 自然灾害的侵袭

7. 某乙为了躲避持刀抢劫人员甲某的追赶，在一胡同拐弯处踹开一间大门进入躲避，不幸将一老太太撞倒在地造成小腿骨折，对乙的行为，下列认定哪些不正确？（　　）

A. 正当防卫

B. 紧急避险

C. 意外事件

D. 疏忽大意的过失犯罪

8. 下列选项中，防卫人实施防卫行为，造成不法侵害人伤亡，防卫人不负刑事责任的有（　　）。

A. 不法侵害人利用麻醉的方法抢劫被害人的财物

B. 不法侵害人使用威胁的方法强迫妇女卖淫

C. 不法侵害人采用暴力的手段强奸妇女

D. 不法侵害人采用暴力的手段杀人

（三）名词解释

1. 正当防卫

2.（武汉大学 2004 年考研真题）紧急避险

3. 自救行为

4. 防卫挑拨

5. 排除犯罪的事由

（四）简答题

1.（武汉大学 1998 年考研真题）正当防卫的成立条件是什么？

2. 如何认定“避险过当”？

3. 正当防卫与紧急避险有哪些区别？

4.（武汉大学 2000 年考研真题）根据我国刑法规定，因不具备正当防卫意图而不成立正当防卫的有哪些情况？

5. 如何理解正当防卫起因的前提“一定的不法侵害”中的“不法侵害”？

（五）论述题

1. 试论述排除犯罪事由的种类。

2. 试论述“无过当防卫”。

五、深度拓展

【拓展一】 假想防卫[①]

所谓假想防卫，由于主观上的认识错误，在侵害并不存在的情况下，误以为发生了不法侵害而对误认为的“不法侵害人”实行“防卫”。这种情形在刑法理论上称为假想防卫。假想防卫中不存在现实的不法侵害行为，因而不符合正当防卫的成立条件。

在刑法理论上，关于假想防卫的处理存在不同的观点。一是假想防卫应负故意犯罪的刑事责任，对于贸然采取防卫的行为，对所造成的危害结果应属于间接故意；二是假想防卫不具有罪过，不负刑事责任；三是对假想防卫造成的损害，应按照事实认识错误的原则处

① 陈兴良：《刑法适用总则》，中国人民大学出版社 2006 年版，第 316～322 页。

理。

事实上，假想防卫行为虽然是故意的行为，但这种故意是建立在对客观事实错误的认识基础上的，自认为是在对不法侵害行为实行正当防卫。行为人不仅没有认识到其行为会发生危害社会的后果，而且认为自己的行为合法。因此，不具有刑法意义上的故意，不可能成立故意犯罪。通说认为，在假想防卫的情况下，如果行为人主观上过失，即应当预见他人的行为不是不法行为却没有预见时，对其造成的损害后果应承担过失犯罪的责任。但是，如果行为人主观上没有罪过，危害结果是由不能预见的原因引起的，则属于意外事件，不负任何刑事责任。

【拓展二】 对不作为不法侵害行为的防卫①

侵害行为可以表现为两种形式：作为和不作为。对于前者，不论是利用自身身体还是工具，通常都可以形成侵害的紧迫性，因而可以成为正当防卫中的不法侵害，这在理论界已无争议。但是，对于不作为能否成为正当防卫中的不法侵害，刑法学界存在着不同主张。长期以来学界存在肯定说和否定说之分。

肯定说认为，对不作为犯罪也可以实行正当防卫，因为有些不作为犯罪也可以形成侵害紧迫性。否定说认为，对不作为犯罪不能实行正当防卫，因为不作为犯罪不具备危害的紧迫性，而且正当防卫也不能制止不作为犯罪。

目前，还有一种观点是区别对待说。持该观点的学者认为，对不作为侵害能否成为正当防卫不法侵害不能一概而论，对于何种不作为可以实施正当防卫又存在两种不同观点：(1)对于单纯的不作为，不得主张正当防卫。唯不纯正不作为，因其不作为系违法作为义务，且足以侵害自己和他人之权利，自然包括在内。(2)在不可以避免结果发生的情况下，才可以对不作为侵害人实施防卫，反之则不能实施。因为正当防卫的目的是防止危害结果发生，若能够避免危害结果发生，就没有实施防卫的必要。

故而，对于不作为犯罪，在对合法权益造成损害的紧迫性情况下，应当允许实行正当防卫。但是，应当注意避免防卫权的滥用，而且，是否要求防卫行为具有效果不可一概论之，要结合刑法设立正当防卫制度的宗旨及社会的通常观念来考虑。

① 李怀胜：《正当行为制度适用》，中国人民公安大学出版社2012年版，第34～35页。

第五章

故意犯罪过程中的犯罪形态

一、知识结构图

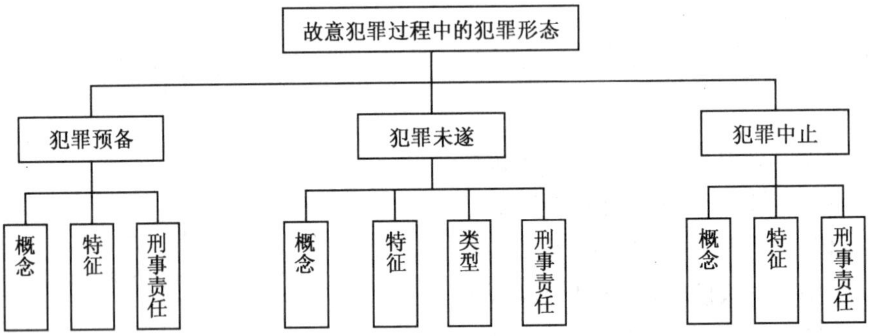

二、重难点归纳

(一)故意犯罪形态概述

故意犯罪形态,是指故意犯罪在其发展过程中由于某种原因出现结局所呈现的状态,即犯罪预备、犯罪未遂、犯罪中止与犯罪既遂。其中,犯罪预备、犯罪未遂与犯罪中止称为犯罪的特殊形态。这些特殊形态与既遂形态结合,合称为故意犯罪形态。

1. 故意犯罪形态的特征

(1)故意犯罪形态只发生在故意犯罪中

故意犯罪的特殊形态,只能存在于故意犯罪中。过失犯罪没有犯罪目的,不可能为犯罪实施预备行为;没有出现危害结果时,不可能成立过失犯罪。所以,过失犯罪不可能有犯罪预备、未遂与中止形态。我国传统刑法理论认为,犯罪的特殊形态仅存在于直接故意中。

(2)故意犯罪形态只发生在故意犯罪过程中

在犯罪过程以外出现的某种状态,不是犯罪的特殊形态。例如,仅有犯意时不构成犯罪,产生犯意后又打消犯意的不是犯罪的特殊形态。在犯罪预备阶段只能出现犯罪预备形态与中止形态。在犯罪实行阶段,只能出现犯罪未遂、中止与既遂形态。

(3)由于某种原因(主、客观原因)停止下来所呈现的状态

这种停止不是暂时性的停顿,而是结局性的停止,即该犯罪行为由于某种原因不可能继续向前发展。就同一犯罪行为而言,出现了一

种犯罪形态后，不可能再出现另一种犯罪形态。例如，出现了犯罪预备形态之后，就不可能出现未遂、中止形态；出现了犯罪未遂形态之后，就不可能出现中止、既遂形态。

2. 认定故意犯罪过程中的犯罪形态存在争议的问题

(1)间接故意犯罪中是否存在犯罪形态

通说认为，故意犯罪形态仅存在直接故意中，间接故意犯罪没有犯罪形态。先从主观方面分析，间接故意表现的是对自己的行为所可能造成的危害结果的发生与否持有“放任”的心理，危害结果未发生时，放任心理所包含的结局是多样的、不可确定的。而特殊犯罪形态的行为人对犯罪结果存在着实施和完成犯罪的特定意志和追求特定的结果。对犯罪预备形态和犯罪中止形态，之所以在未完成犯罪时停下来，犯罪预备是因为行为人受到了意志以外的原因阻止，而犯罪中止是行为人自动放弃了原先完成特定犯罪的意图。可见，间接故意主观上的放任心理不符合未完成形态的主观特征，因此，也不存在犯罪预备、犯罪中止、犯罪未遂的特殊犯罪形态。再从客观方面看，因为间接故意是放任危害结果发生，所以不可能为犯罪准备工具、制造条件；在没有发生危害结果的情况下，不可能认定行为人有间接故意。间接犯罪所可能发生的结果由其主观“放任”心理支配，在客观方面不可能存在未完成特定犯罪的形态。所以，间接故意犯罪不可能有犯罪预备、未遂与中止形态，只能是在造成了为刑法所惩罚的实际危害结果时，才构成犯罪。

(2)直接故意犯罪并非都存在这些犯罪的特殊形态

故意犯罪形态存在于故意犯罪中，并不意味着所有的故意犯罪都有这些特殊的犯罪形态。从罪种上分析，有几类直接故意犯罪不存在某种或几种犯罪的未完成形态：一是一着手即完成的举动犯(如我国刑法中的煽动分裂国家罪、煽动颠覆国家政权罪等)，不可能存在犯罪未遂；二是我国刑法中情节加重犯，把“情节加重”、“情节恶劣”规定为构成犯罪限制性的要件，不可能存在犯罪未遂；三是结果加重犯，由其构成特征所决定，只有一种形态，即是否成立加重构成犯。

(二)犯罪预备

我国《刑法》第 22 条第 1 款规定：“为了犯罪，准备工具、制造条件的，是犯罪预备。”犯罪预备，是指直接故意犯罪的行为人为了实施某种能够引起预定危害结果的犯罪而开始创造条件的行为，在准备工具、制造条件的活动中，由于意志以外的原因而未能进入实行阶段的犯罪特殊形态。

1. 犯罪预备的特征

(1)主观上为了实行犯罪

由于犯罪预备是犯罪，而为了实施犯罪预备行为所进行的“准备”又不是犯罪预备，故应将“为了犯罪”理解为“为了实行犯罪”。

(2)客观上实施了犯罪预备行为

①准备犯罪工具。准备犯罪工具的犯罪活动主要包括制造、变造或加工犯罪工具，购买某种物品作为犯罪工具，改装物品使之适应犯罪需要，租借用犯罪工具，以及通过盗窃、抢劫、抢夺等犯罪行为获取犯罪工具。

②制造犯罪条件。制造犯罪条件，一是指制造实行犯罪的客观条件，包括调查犯罪场所、被害人行踪，守候被害人到来等；二是制造实行犯罪的主观条件，如商议犯罪的实行计划等。

(3)事实上未能着手实行犯罪

未能着手实行犯罪主要包括两种情况：一是预备行为没有实施终了，由于某种原因不能继续实施预备行为，因而不可能着手实行；二是预备行为已经实施终了，但由于某种原因未能着手实行。

(4)未能着手实行犯罪是由于行为人意志以外的原因

意志以外的原因，是指违背了行为人着手实行行为之意图的原因，主要包括行为被发现和制止或行为人被控制的情况，这些情况的出现阻碍了行为人着手于犯罪的实行行为，不符合行为人的意愿。

2. 预备犯的处罚原则

我国《刑法》第22条第2款规定："对于预备犯，可以比照既遂犯从轻、减轻处罚或者免除处罚。"

【难点辨析】 犯罪预备行为与犯意表示

犯意表示是指行为人将其直接故意犯罪的意图明确表露于外部的活动。

犯罪预备行为与犯意表示的本质区别在于：犯罪预备行为是准备工具、制造条件、对实行犯罪起促进作用的行为，或者说是实现其犯罪故意的行为，已经对法益构成了威胁；而犯意表示并没有对实行犯罪起促进作用，只是单纯流露犯意的行为，不是实现犯意的行为，没有对法益构成威胁。

当某人并非以言语、文字等企图改变客观事物的面貌，而且也不是实现自己主张所必需的，就仍属于思想范畴。

(三)犯罪未遂

我国《刑法》第23条第1款规定："已经着手实行犯罪，由于犯罪分子意志以外的原因而未得逞的，是犯罪未遂。"犯罪未遂，是指行为人已经着手实行犯罪，由于犯罪分子意志以外的原因或障碍，而使犯罪未达既遂的停止形态。

1. 犯罪未遂的特征

(1)行为人已经着手实行犯罪

"着手"不是犯罪行为的起点，而是犯罪的实行行为的起点，标志着犯罪行为进入了实行阶段，表明行为人所实施的行为是实行行为。

关于"着手"的判断标准：当行为产生了侵害法益现实紧迫的危险状态时就是行为的着手。未遂犯都是具体的危险犯。主观上，行为人实施具体犯罪的意志已经直接支配客观实行行为并通过后者开始充分地表现出来，而不同于在此之前的实施犯罪的意志；客观上，行为人已经开始实施具体犯罪构成客观方面的行为，这种行为已不再属于为犯罪的实行创造条件的预备犯的性质，而是现实紧迫地危及刑法所保护的具体权益的行为，属于实行犯的性质，这种行为如果再继续下去，就会出现犯罪既遂的结果。根据案件具体情形分析，例如，考察行为是否已经接触或者接近犯罪对象；行为人是否已经开始使用犯罪工具；行为人是否开始利用了所制造的条件；所实施的行为是否需要其进一步的行为就可以造成犯罪结果；如此等等。

(2)犯罪未得逞

犯罪未得逞是犯罪未遂与犯罪既遂相区别的基本标志。犯罪未得逞，是指行为人已经着手又没有既遂的，就是犯罪未得逞，即所希望或者放任的、行为性质所决定的危害结果没有发生。

(3)犯罪未得逞是由于犯罪人意志以外的原因

犯罪人意志以外的原因，是指始终违背犯罪人意志的，客观上使犯罪不可能既遂，或者使犯罪人认为不可能既遂从而被迫停止犯罪的原因。换言之，只要不是行为人自动放弃犯罪或者自动、有效地防止犯罪结果的发生，就属于犯罪人意志以外的原因。

2.(武汉大学2000年考研真题名词解释第2题)犯罪未遂的类型

按照不同的标准，犯罪未遂可作以下几种分类：

(1)实行终了的未遂与未实行终了的未遂

实行终了的未遂，是指行为人已将完成犯罪所必需的实行行为的全部过程实施完毕，由于行为人意志以外的原因，而使犯罪未得逞的情况；未实行终了的未遂，是指行为人未将完成犯罪所必需的实行行为的全部过程实施完毕，由于行为人意志以外的原因，而使犯罪未得逞的情况。

(2)能犯未遂与不能犯未遂

能犯未遂，是指行为人的行为具有达到其犯罪目的的可能性，但由于行为人意志以外的原因，而使犯罪未得逞的情况。不能犯未遂，是指行为人的行为不具有达到其犯罪目的的可能性，行为人的犯罪意图不可能实现。刑法理论上对于不能犯未遂，又分为工具不能犯未遂和对象不能犯未遂。工具不能犯未遂，是指由于行为人实施犯罪所使用的工具、手段不可能使犯罪达到既遂的情况。对象不能犯，是指由于行为人实施犯罪所指向的对象不可能使犯罪达到既遂的情况。

3. 未遂犯的刑事责任

《刑法》第 23 条第 2 款规定："对于未遂犯，可以比照既遂犯从轻或者减轻处罚。"

(四)犯罪中止

我国《刑法》第 24 条第 1 款规定："在犯罪过程中，自动放弃犯罪或者自动有效地防止犯罪结果发生的，是犯罪中止。"犯罪中止，是指在犯罪过程中，行为人自动放弃犯罪或者自动有效地防止犯罪结果的发生，因而未完成犯罪的一种犯罪的特殊形态。

1. 犯罪中止的特征

(1)中止的时间性

中止必须发生在"犯罪过程中"，即在开始实施犯罪行为之后、犯罪呈现结局之前均可中止，可以发生在犯罪预备阶段，也可以发生在犯罪实行阶段。中止前的行为处于犯罪过程中，已经是犯罪行为；产生犯意后没有实施任何犯罪行为便放弃犯意的，不成立中止。犯罪既遂后自动恢复原状的，不成立犯罪中止；成立犯罪预备与未遂后，也不可能有犯罪中止。

(2)中止的自动性

成立犯罪中止，要求行为人"自动"放弃犯罪或者"自动"有效地防止犯罪结果发生。这是犯罪中止与犯罪预备、犯罪未遂在主观上的区分标志。

中止的自动性要求行为人认识到客观上可能继续实施犯罪或者可能既遂，但自愿放弃原来的犯罪意图。

行为人中止犯罪的原因多种多样，无论何种原因，只要行为人在能够将犯罪进行下去的情况下自动放弃或在要发生危害结果的情况下有效地防止危害结果的发生，就具有犯罪中止的自动性。

(3)中止的客观性

中止行为分为两种情况：一是行为未实行终了，只要不继续实施就不会发生犯罪结果时，中止行为表现为放弃继续实施犯罪行为；二是行为实行终了，不采取有效措施就会发生犯罪结果时，中止行为表现为采取积极措施有效地防止犯罪结果发生，并且为此做出了"真挚的努力"的。

(4)中止的有效性

不管是哪一种中止，都必须没有发生行为人原本所希望或者放任的、行为性质所决定的犯罪结果(侵害结果)。例如，乙托甲购买胃药，甲却将毒药交给乙。甲产生悔意后于第二天到乙家欲取回该药，而乙谎称药已被服用。甲见乙没有什么异状就回家了，没有将真相告知乙。几天以后，乙服用甲提供的毒药而死亡。甲虽然为防止结果发生采取了措施，但由于侵害结果仍然发生，故不成立犯罪中止，而是犯罪既遂。

行为人为防止犯罪结果的发生做出了积极努力，但其行为本身偶然不能使犯罪结果发生或者由于他人行为防止了犯罪结果发生时，成立中止犯。如行为人向被害人的食物投放毒药后，见被害人痛苦难忍而顿生悔意，立即拨打急救电话，将被害人送往医院，由医生抢救脱险的，理当成立犯罪中止。

《刑法》第24条第2款规定："对于中止犯，没有造成损害的，应当免除处罚；造成损害的，应当减轻处罚。"行为人自动放弃重罪或者自动有效地防止重罪的结果，但造成了轻罪的"既遂"的，仍应认定为重罪的中止犯。例如，行为人自动中止杀人行为，没有造成死亡结果，但中止前的杀人行为造成重伤结果的，仍应认定为故意杀人中止，不能认定为故意伤害既遂。

2. 犯罪中止的处罚原则

【疑难法条解析】《刑法》第24条：在犯罪过程中，自动放弃犯罪或者自动有效地防止犯罪结果发生的，是犯罪中止。

对于中止犯，没有造成损害的，应当免除处罚；造成损害的，应当减轻处罚。

(1)本条规定的是犯罪中止的特征以及处罚原则。犯罪中止的一个最基本特征就是中止犯罪的"自动性"，即行为人出于自己的意志而放弃自认为当时本可以继续实施和完成的犯罪，这是犯罪中止与犯罪预备、犯罪未遂相区别的关键所在。

(2)犯罪中止有两种形式：一是消极中止，即自动放弃犯罪的犯罪中止，其行为方式仅需不作为方式；二是积极中止，即自动有效地防止犯罪结果发生的犯罪中止(仅仅以不作为的方式消极地停止犯罪的继续实施还不够，还要求必须采取积极的作为形式来预防和阻止既遂的犯罪结果发生且这种防止行为必须奏效)。

(3)值得注意的是，故意犯罪的几种形态——预备、中止、未遂与既遂都是犯罪的停止形态，它们之间是一种彼此独立存在的关系，而不可能发生相互转化，如一旦达到犯罪既遂形态就不可能再转化为犯罪未遂、中止形态。

三、案例分析

【案例一】

北京市王某召集同伴邵某一同实施抢劫，二人携带事先准备好的橡胶、绳子等作案工具骗租杨某(女)的小型客车，当客车行驶至郊区时，王某示意邵某用橡胶锤猛击杨某头数下，并用手猛掐杨某的脖子，致使杨某昏迷。二人抢得手机一部以及其他钱财等，共计人民币42 000元。后俩人见杨某昏迷不醒，便计划采用掩埋的办法将杨某杀死灭口。杨某则佯装昏迷，趁王某去寻找作案工具之际，杨某哀求邵某将其放走。邵某便同意掩埋杨某时将浅挖坑、少埋土，并告知杨某将脸部朝下。后王某归来，二人将杨某运至一土渠处，邵某挖了一个浅坑，告知王某自己掩埋即可，并按与杨某的约定掩埋了杨某，王某并不知情。后二人离开，杨某自行爬出浅坑得救。

本案例选自《中国刑事审判指导案例(3)》。

【问题聚焦】

分析本案中王某、邵某对于故意杀人罪的犯罪形态。

【法律剖析】

本案中，王某成立故意杀人罪未遂，邵某成立故意杀人罪中止，法律分析如下：

本案中，王某和邵某成立抢劫罪既遂，没有争议，此处不展开讨论。针对抢劫实施终了后又另起杀人犯意并实施的杀人行为，首先，二人均有灭口的犯意并准备将被害人杨某掩埋，在此过程中，杨某佯装昏迷，并趁王某不在现场之际，哀求邵某放其性命，并要求少埋土，浅挖坑。邵某同意后，由于害怕王某，便要求被害人继续佯装昏迷配合。为掩埋时不堵住被害人杨某的鼻子，让其呼吸，有告诉她掩埋时让她面部朝下。后王某归来时，未将杨某苏醒之事告诉王某，并与杨某配合挖浅坑、少埋土。王某和邵某离开后以至于杨某独立爬出获救。

根据以上情节可以看出，在当时的条件下，邵某完全有机会和条件完成杀人的犯罪，但其从主观上自行打消了杀杨某灭口的念头，并配合杨某骗过王某，浅挖坑、少埋土，给杨某制造逃跑的机会，从客观上也未实行致使被害人死亡的行为。邵某的主观意志变化和客观行为与杨某能够得到逃生机会并得救有因果关系，邵某属于主观上放弃了杀人的念头并且其行为有效地防止了死亡的结果的发生，成立犯罪中止。

相比之下，王某的犯罪形态显然不同。王某杀人意志坚定，并主观故意从始至终未发生过变化，被害人未死完全出于王某主观意志以外的原因，因此，王某构成故意杀人罪未遂。

需要说明的是，共同犯罪中，各共同犯罪行为人可能表现出不同的犯罪形态。

【法条链接】

《中华人民共和国刑法》

第 22 条　为了犯罪，准备工具、制造条件的，是犯罪预备。对于预备犯，可以比照既遂犯从轻、减轻处罚或者免除处罚。

第 23 条　已经着手实行犯罪，由于犯罪分子意志以外的原因而未得逞的，是犯罪未遂。对于未遂犯，可以比照既遂犯从轻或者减轻处罚。

第 24 条　在犯罪过程中，自动放弃犯罪或者自动有效地防止犯罪结果发生的，是犯罪中止。对于中止犯，没有造成损害的，应当免除处罚；造成损害的，应当减轻处罚。

第 232 条　故意杀人的，处死刑、无期徒刑或者十年以上有期徒刑；情节较轻的，处三年以上十年以下有期徒刑。

【案例二】

重庆市九龙坡区的甲男与乙女系雇主关系。最近的一天晚上，甲想与乙发生关系，便尾随乙到其暂住地，趁乙出门打水之际进屋躲在床下。乙上床睡下后，甲一直躲在床下不敢出来，后见天快亮了，便从床下爬出来看着熟睡的乙。数分钟后，甲就悄悄爬上床，在乙的旁边躺下。不久，甲感觉有点冷，即拉乙的被子来盖，从而惊醒了乙。甲急忙拉住乙的一只手不准其穿衣服，乙边穿衣服边反抗，并用瓶子将其头部打伤。甲见乙打伤了自己的头，一边说“你还要打我呀”，一边卡住乙的脖子。后甲放弃先前的念头，并离开现场。

本案例选自中国刑网，载 http://xzd.2000y.net/mb/2/index.asp? depid=11418。

【问题聚焦】

分析本案中甲的犯罪形态。

【法律剖析】

对于这一问题，主要有以下四种不同意见：第一种意见认为，甲的行为是犯罪预备；第二种意见认为，甲构成强奸罪（未遂）；第三种意见认为，甲的行为属犯罪中止；第四种意见认为，甲的行为不构成犯罪。

笔者同意第三种意见，即甲的行为是犯罪中止。理由如下：(1)从案件的事前、事中来看，甲的主观方面均是清楚的，有强奸故意。事前甲想与乙发生关系，其在乙不知情的情况下悄悄潜入乙的家中。在双方既无恋爱又无情人关系的情况下，乙是不可能自愿与甲发生关系的，唯有强行才能达到其目的。事中，甲是“有心无胆”，潜伏至天快亮，采取拉乙的手的行为阻止乙穿衣服，有想强行与乙发生性行为的意愿，也体现了甲有强奸的故意。(2)从客观方面来看，本案中不涉及胁迫的情形、不涉及强奸等其他手段的情形，仅在使用暴力方面存在两个争议焦点：一是甲拉乙的手，不准乙穿衣服的行为是否属强奸暴力行为；二是甲卡乙脖子的行为是否属强奸暴力行为。笔者对上述两个焦点问题的看法是:第一,甲的拉手行为是为阻止乙穿衣服而实施的,对乙已实施了符合强奸案件实行阶段特征的具体行为,而不是犯罪预备,但暴力轻微;第二,甲卡乙脖子是暴力行为,但目的是为了报复乙砸伤自己的头部,不是为强奸而实施的行为,不能认定是强奸暴力行为。基于上述两点意见,笔者认为,甲已构成犯罪。(3)从理论上看,犯罪预备、犯罪未遂和犯罪中止都是未完成罪中所涉及的三种犯罪形态。犯罪预备和犯罪未遂的产生均有犯罪行为人意志以外的原因而未完成犯罪这一特征。而犯罪中止,根据时间的不同,可分为预备阶段的中止和实行阶段的中止,其重要特征是犯罪分子自动地中止犯罪。结合本案来说,笔者认为,该案中甲是能够完成犯罪的,因乙的行为未能达到能够阻碍甲实施犯罪的程度,甲基于自己的意志自动放弃犯罪的行为完全符合犯罪中止的特征。因此,不应认定为犯罪未遂。

【法条链接】

《中华人民共和国刑法》

第 22 条　为了犯罪,准备工具、制造条件的,是犯罪预备。对于预备犯,可以比照既遂犯从轻、减轻处罚或者免除处罚。

第 23 条　已经着手实行犯罪,由于犯罪分子意志以外的原因而未得逞的,是犯罪未遂。对于未遂犯,可以比照既遂犯从轻或者减轻处罚。

第 24 条　在犯罪过程中,自动放弃犯罪或者自动有效地防止犯罪结果发生的,是犯罪中止。对于中止犯,没有造成损害的,应当免除处罚;造成损害的,应当减轻处罚。

第 236 条　以暴力、胁迫或者其他手段强奸妇女的,处三年以上十年以下有期徒刑。

奸淫不满十四周岁的幼女的,以强奸论,从重处罚。

强奸妇女、奸淫幼女,有下列情形之一的,处十年以上有期徒刑、无期徒刑或者死刑:

(一)强奸妇女、奸淫幼女情节恶劣的;

(二)强奸妇女、奸淫幼女多人的;

(三)在公共场所当众强奸妇女的;

(四)二人以上轮奸的;

(五)致使被害人重伤、死亡或者造成其他严重后果的。

四、全真题演练

(一)单选题

1. 张某持刀闯入女友王某家中,声称要割下王某的一只耳朵以教训她“与人通奸”的不忠行为。面对王某的苦苦哀求,张某将刀扔在王某面前转身离去。依照刑法规定,对张某应如何处理?(　　)

A. 应当不处罚　　B. 应当从轻处罚

C. 应当减轻处罚　　D. 应当免除处罚

2.(2006 年司法考试卷 2 第 19 题)国家工作人员甲利用职务上的便利为某单位谋取利益。随后,该单位的经理送给甲一张购物卡,并告知其购物卡的价值为 2 万元、使用期限为 1 个月。甲收下购物卡后忘记使用,导致购物卡过期作废,卡内的 2 万元被退回到原单位。关于甲的行为,下列哪一选项是正确的?(　　)

A. 甲的行为不构成受贿罪

B. 甲的行为构成受贿(既遂)罪

C. 甲的行为构成受贿(未遂)罪

D. 甲的行为构成受贿(预备)罪

3.(2007 年司法考试卷 2 第 5 题)甲为杀害仇人林某在偏僻处埋伏,见一黑影过来,以为是林某,便开枪射击。黑影倒地后,甲发现死者竟然是自己的父亲。事后查明,甲的子弹并未击中父亲,其父亲患有严重心脏病,因听到枪声后过度惊吓死亡。关于甲的行为,下列哪一选项是正确的?(　　)

A. 甲构成故意杀人罪既遂

B. 甲构成故意杀人罪未遂

C. 甲构成过失致人死亡罪

D. 甲对林某构成故意杀人罪未遂，对自己的父亲构成过失致人死亡，应择一重罪处罚

4. 李某将王某的一台电脑偷回家中，经李某父亲极力规劝，李某悔悟，又偷偷地把这台电脑送回王某住处，那么李的行为属于什么性质？（ ）

A. 属于犯罪中止　　B. 属于犯罪未遂

C. 不构成犯罪　　D. 属于犯罪既遂

5. 根据我国刑法的规定，对于未遂犯的处罚原则为（ ）。

A. 可以从轻或者减轻处罚

B. 应当从轻处罚

C. 应当减轻处罚

D. 可以减轻或者免除处罚

6. 甲欲杀死乙，向乙连砍数刀后，见乙倒地后没有再动，以为乙已死，遂逃离现场，乙被人及时抢救未死。甲的行为属于（ ）。

A. 犯罪中止

B. 实行终了的未遂

C. 未实行终了的未遂

D. 不能犯未遂

7.（2007年司法考试卷2第6题）甲将汽车停在自家楼下，忘记拔车钥匙，匆匆上楼取文件，被恰好路过的乙发现。乙发动汽车刚要挂挡开动时，甲正好下楼，将乙抓获。关于乙的行为，下列哪一选项是正确的？（ ）

A. 构成侵占罪既遂

B. 构成侵占罪未遂

C. 构成盗窃罪既遂

D. 构成盗窃罪未遂

8. 甲、乙、丙三人系某厂工人，由于赌博被厂长开除。三人遂预谋确定某日杀害共同仇人厂长。甲提供菜刀、砍刀各一把，届时甲因腹痛未去，由乙、丙用甲提供的凶器将厂长杀死。在此案中，甲的行为应定为（ ）。

A. 杀人预备　　B. 杀人中止

C. 杀人既遂　　D. 杀人未遂

（二）多选题

1. 下列有关犯罪预备的说法正确的有（ ）。

A. 犯罪预备既可以是为了自己实行犯罪而预备，也可以是为了他人实行犯罪而预备

B. 实施预备行为后由于行为人意志以外的原因而未着手实行的，属于犯罪预备

C. 犯罪预备阶段的行为既可能成立犯罪中止，也可能成立犯罪预备

D. 对于预备阶段的中止犯，除了适用中止犯的规定减免刑罚之外，还应同时适用预备犯的减免规定

2. 下列选项中，属于犯罪预备的有：（ ）。

A. 甲为了伪造货币而购买纸张、油墨

B. 甲为了抢劫而跟随被害人

C. 甲为了盗窃而将某工厂的看门狗毒死

D. 甲在给乙的信中表示要杀了乙

3. 下列选项中，哪些可以认定为犯罪未遂的"着手"？（ ）

A. 杀人犯甲举刀对准了被害人乙

B. 乙举枪瞄准被害者

C. 丙为杀丁在路口守候其出现

D. 戊误将毒药投入不相干人碗中，但又不忍心将饭倒掉

4. 以下所列选项哪些情形不属于犯罪中止？（ ）

A. 某甲于某夜按照预先观察好的路线进入仓库行窃，在搬东西时，碰翻了堆放在仓库中的水桶，水桶发出巨大响声。某甲心中恐慌，急急忙忙按预先观察好的路线逃走

B. 某乙于某日晚11时许，行至一小路岔

口处，看到在他前面有一妇女单身行走，便起歹意，遂从后面冲上去，抓住该妇女的皮包就往回跑。刚跑出不到10米，只听后面喊道："某乙，你怎么抢我的东西？"某乙回头一看，见被抢者是其同学的妹妹，便赶紧走上前去说："阿妹，我看你一个人走路，不放心，逗你玩玩。走吧，我把你送回家。"遂将该妇女护送回家。当时，该妇女包内有现金3 000元

C. 某丙骑自行车途经某村路段时，见到沈某(男，4周岁)在公路上行走，即起拐卖沈某的恶念，随即把沈某抱上自行车行至某镇，后又弃自行车乘长途汽车到某县。因一直找不到买主，某丙将沈某带回沈某家所在的村，将沈某留在公路上，自己逃回家去了。沈某当即被村里的人发现，被带回交给其父母

D. 某丁趁邻居陈某(女，29岁)一人在家之际，闯进陈家，锁上房门，欲奸污陈某。陈某急中生智地说："俺小姑子一会要来"，并看了一下手表。某丁闻听，恐陈告发，就罢手起身，向陈赔礼后走掉

5. 请问下列选项中，哪些行为人的犯罪行为属于犯罪既遂？(　　)

A. 国家机关工作人员甲某打算叛逃国外。一日傍晚，甲某怀揣机密文件朝国境线跑去，被边防战士及时发现，在甲某距国境3米远处，抓获了甲某

B. 乙某一天中午潜入居民家，盗得未设密码的活期存折一本，下午赶去银行取款，正赶上银行下班，无功而返，当晚在家中被警察抓获

C. 丙某从银行取款5万元，在回家的路上遭到情敌的殴打。丙某回家后将钱藏起来，到公安机关报案，称情敌抢劫了自己刚从银行提取的5万元钱。公安人员经调查发现破绽，最后从丙某家中将该5万元钱搜出，致使其诬告陷害他人抢劫的行径败露

D. 人贩子丁某来到一乡村寻找拐卖对象，发现一漂亮村姑，丁某抓住村姑手腕，说："跟我走"，然后将村姑双手捆住，但走在半路上，漂亮村姑使劲挣脱绳索逃走

6. 下列情形中，哪些不属于犯罪中止？(　　)

A. 某甲自以为可以枪杀某乙，在去往某乙家的路上，想到这样做的可怕后果，就回家了

B. 某甲和某乙的自行车相撞，甲某怒，猛击某乙胳膊一拳，某乙骂某甲道："你找死！"又向某乙脸部太阳穴等处猛击数拳，见某乙突然昏倒在地，某甲又送其往医院治疗，某乙最后抢救无效死亡

C. 某甲驾车违反规则，屡次被警察某乙罚款。一日，某甲怀揣匕首欲杀某乙，刚到某乙家阳台时，见某乙正在擦枪，不得已而归

D. 某甲与别人私通，欲毒死妻子。一日，把准备好的毒药放入做好的汤中，但想想妻子对自己的体贴照顾，又把汤倒在垃圾桶中

7. 下列选项中，错误的是(　　)。

A. 犯罪既遂与犯罪未遂区别的关键在于是否实现了预期的目的

B. 犯罪未遂与犯罪预备区别的关键在于是否着手实行犯罪

C. 只有在造成法定损害结果时，才处罚过失行为

D. 未完成罪仅仅存在于直接故意犯罪过

程中

8. 张某欲杀李某，向李某的房间开枪射击，但李某已于8小时前离开，因此未遭杀害。此案中，对张某的行为应如何认定？（　　）

A. 构成故意杀人罪未遂

B. 犯罪的成立要求张某对犯罪事实有所认识

C. 张某的认识必须与客观事实相一致才能成立故意杀人罪

D. 张某的行为不构成犯罪

（三）名词解释

1. 举动犯

2. 犯罪预备

3. 犯罪未遂

4. 犯罪中止

5. 不能犯未遂

（四）简答题

1. 简述犯罪预备的概念和特征。

2. 简述犯罪预备行为与犯意表示的区别。

3. 如何理解犯罪未遂特征中的“犯罪未得逞”？

4.（武汉大学2002年考研真题）试比较能犯未遂与不能犯未遂。

5.（武汉大学2004年考研真题）如何理解犯罪中止中要求的“有效地防止犯罪结果的发生”。

（五）论述题

1.（武汉大学2000年考研真题）论述犯罪未遂的概念、条件和种类。

2.（武汉大学2003年考研真题）论述犯罪中止的概念、条件与犯罪未遂的区别。

五、深度拓展

【拓展】 间接故意是否存在犯罪形态之分？①

间接犯罪故意中，由于行为人对结果的发生持无所谓的态度，是一种顺其自然、结果发生与否均不影响行为人行为实施的心态，因此，它不存在为了犯罪准备工具、制造条件的犯罪预备，也不存在自动放弃犯罪或有效防止犯罪结果发生的犯罪中止。至于是否存在犯罪既遂与未遂，则需要仔细分析。

刑法理论有观点认为，间接故意存在着犯罪的既遂，但不存在犯罪的未遂，该种观点值得商榷。间接故意犯罪既没有既遂也没有未遂，而只有犯罪成立与否的问题。

首先，犯罪既遂与未遂是一对不可分割的范畴，二者存在着有此有彼、无此无彼的关系。这表现在：第一，顾名思义，“既遂”就是已经遂愿，“未遂”则是没有遂愿。两者是对应的概念，离开了犯罪未遂，犯罪既遂这个概念就没有其存在的对应条件。第二，从学者们关于犯罪既遂与未遂的理论探讨上，莫不是站在对立的角度使用这两个概念的。有学者根据犯罪未遂的三个特征即行为人已着手实施犯罪、犯罪未得逞、由于意志以外的原因使犯罪行为被迫中断，反推出犯罪既遂也有三个相应的特征：一是犯罪已着手实行；二是犯罪已得逞；三是犯罪在进行过程中未受阻中断。如果不是站在犯罪既遂与未遂相对应的立场上，显然不会有上述理论的提出。第三，从划分既遂与未遂的实际意义上看，二者也是不可分割的。犯罪既遂与未遂反映了行为人犯罪意志实现的不同程度和犯罪行为发展的不同状态，并由此反映出行为对社会造成的危害性的大小。所以既遂与未遂的划分实际上是社会危害性大小的划分。如果认为某种犯罪行为只有犯罪的既遂而无未遂，就意味着该种犯罪只有社会危害性大的情况而无社会危害性小的情况。这既在理论上令人无法理解，也与犯罪的实践相违背。所以，犯罪的既遂不能离开犯罪的未遂，反之亦然，否则就失去了划分既遂与未遂

① 刘艳红：《刑法学总论》，北京大学出版社2004年版，第198～199页。

的意义。

其次,既遂就是指已遂其愿,但是,间接故意无所谓遂愿或不遂愿的问题。因为行为人的明确愿望在于间接故意之外的另一种直接故意所追求的结果。所以,危害结果发生了也无所谓遂愿或不遂愿。况且,间接犯罪故意行为人的主观心态是发生也行,不发生也可这两种心态的“合意”,单独的就发生或不发生一个方面的心态而论,都不是间接故意中的放任。就这种“合意”而言,不可能有行为遂其愿。从这个角度来看,间接故意也没有既遂。

最后,认为间接犯罪故意有犯罪既遂而无未遂的观点,实际上是以“既遂模式论”为指导分析我国刑法犯罪论体系得出的结论。大陆法系的德、日等国的犯罪论体系认为,犯罪的成立条件包括构成要件的该当性、行为的违法性和有责性。构成要件该当性中的行为只限于实行行为。在他们看来,法律并不惩罚犯意和预备行为,应从实行行为开始处罚。对于实行行为,又以处罚既遂为原则,以处罚未遂为例外。刑法典对各种犯罪所规定的构成要件也是单独为既遂而设立的。因此,在大陆法系的刑法理论中,如果行为符合刑法所规定的构成要件而成立犯罪,也就可以说是该犯罪行为同时又是既遂犯。所以,间接犯罪故意一经成立,当然也就同时成立犯罪的既遂。但是,我国刑法规定的犯罪并非以既遂为模式。因此,行为符合我国刑法规定的犯罪,并不表明该犯罪同时成立既遂。认为间接故意也存在既遂的看法,实际上就是运用西方大陆法系的有关刑法理论,把我国刑法中的间接犯罪故意与犯罪既遂相等同的结果,由于它脱离了我国刑法理论的实际情况,因而是不合理的。

因此,间接故意犯罪并不存在如同直接故意犯罪那样的犯罪形态之分;它只有犯罪的成立与否的问题,而不存在犯罪预备、既遂与未遂的问题。

关于此问题,再有学者认为,间接故意也存在犯罪未遂与犯罪中止形态[①]。原因是,在司法实践中,存在行为人放任结果发生,结果却没有发生,且值得处罚的情况。从规范意义上说,间接故意与直接故意没有质的区别,没有理由只处罚直接故意的犯罪未遂,而不处罚犯罪故意的犯罪未遂;况且直接故意犯罪人与间接故意犯罪人可以成立共犯,既然如此,在共同犯罪未遂的情况下,没有理由只处罚直接故意的犯罪人,而不处罚犯罪故意的犯罪人。至于在间接故意犯罪未遂的情况下,有无证据证明行为人放任结果的发生,则是个案的具体判断问题,而不是否认间接故意犯罪未遂和中止的理由。

① 高铭暄:《刑法学》(第7版),北京:高等教育出版社2016年版,第40页。

第六章

共同犯罪

一、知识结构图

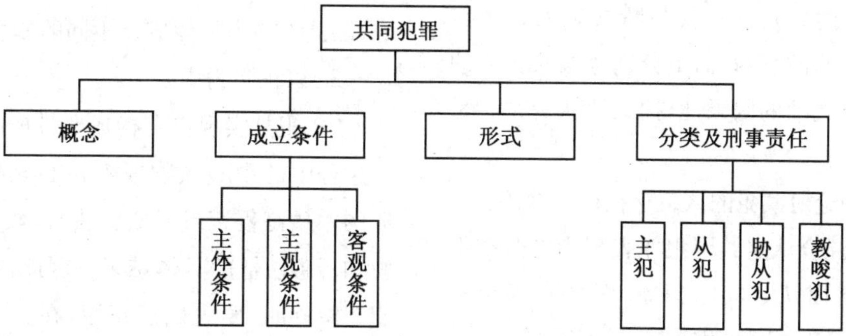

二、重难点归纳

(一)共同犯罪的概念

根据我国《刑法》第 25 条规定,共同犯罪是指两人以上共同故意犯罪。

(二)共同犯罪与犯罪构成

从犯罪构成的必备要件的意义上说,共同犯罪并没有什么特殊性。它的特殊性主要表现在各个行为人的犯罪故意和犯罪行为的“共同”这一点上。绝大多数情况下,共同犯罪和单个人犯罪的区别不在于犯罪构成的要件,而在于符合犯罪构成要件的具体事实方面。

(1)犯罪共同说认为,共同犯罪必须是熟人共同实行特定的犯罪,或者说两人以上只能就完全相同的犯罪成立共同犯罪。

(2)部分犯罪共同说认为,两人以上虽然共同实施了不同的犯罪,但当这些不同的犯罪之间具有重合的性质时,则在重合的限度内成立共同犯罪。

(3)行为共同说(事实共同说)认为,共同犯罪是指数人共同实施了行为,而不是共同实施特定的犯罪。在行为方面,不要求共同实施特定的犯罪,只要行为具有共同性就可以成立共同犯罪。在意思联络方面,也不要求数人必须有共同实现犯罪的意思联络,只要就实施行为具有意思联络就可以成立共同犯罪。

(三)传统理论中共同犯罪的基本框架

传统理论认为,成立共同犯罪必须具备三个条件:(1)主体条件:两个以上达到刑事责任年龄、具有刑事责任能力的人或者单位;(2)必须两人以上具有共同犯罪行为。共同犯罪行为指各行为人的行为都必须指向同一犯罪，相互联系，相互配合，形成一个统一的犯罪活动整体。(3)构成犯罪必须是两人以上具有共同故意犯罪。

这种传统认定共同犯罪的方法有三个特点：(1)不区分不法与责任，混合认定共同犯罪是否成立。在上述三个条件中，第一个是责任条件，第二个是违法条件，第三个又是责任条件。(2)不区分正犯和狭义的共犯，整体认定共同犯罪是否成立。上述三个条件所讨论的是两人以上是否成立共同犯罪，而不是在确定正犯后，讨论哪些人的行为成立狭义的共犯(教唆犯、帮助犯)。(3)仅判断共犯人是否实施了共同犯罪的行为，而不分别考察共犯人的行为与结果之间的因果性，抽象地认定共犯是否成立。

传统理论对共犯的认定存在以下缺陷：

首先，混合认定共同犯罪表现为同时在不法与责任层面认定共同犯罪，而且先判断责任，再判断不法，此种判断方法并不妥当。

其次，将两人的行为作为一个整体来判断其犯罪的故意和犯罪性质，得出结论后再根据共犯人在犯罪中所起的作用来量刑，必有不妥当之处。一方面，故意共犯人在犯罪故意的程度内可能存在不同的犯罪故意，如果按传统理论来顶嘴的话，不利于正犯、帮助犯、教唆犯等的区分。另一方面，此种理论使得“共同的”犯罪行为难以判断。

最后，只抽象地判断行为人是否实施了犯罪行为而不考虑行为人的行为与犯罪结果之间是否存在因果性，很可能造成不当地扩大了共犯的范围，并且扩大了既遂犯的范围。

(四)共同犯罪的认定方法

1. 以不法为重心

共同犯罪是不法形态。处理共同犯罪案件时，应当首先从不法层面判断是否成立共同犯罪，然后从责任层面判断各个参与人是否具有责任和具有何种责任。共同犯罪的特殊性只表现在不法层面，共同犯罪的立法与理论只解决不法层面的问题，在责任层面，共同犯罪与个人犯罪没有区别。

共同犯罪并不意味着各参与人最终均成立犯罪。第一，虽然在不法层面成立共同犯罪，但是在责任方面，其中部分参与人可能因为缺乏责任要素而不成立犯罪；第二，即使所有参与人均有共同行为和共同故意，但是部分参与人可能存在违法阻却事由，而不成立犯罪；第三，由于共同犯罪只是不法形态，而参与人的行为最终构成何罪还要取决于责任的内容，因此参与人可能成立不同的罪名。

2. 以正犯为中心

“正犯是实现符合构成要件的实行行为这一过程中的中心人物或者核心人物。”因为犯罪的本质是侵害或者威胁法益，而正犯支配威胁和侵害法益的具体结果。因此，在处理共同犯罪案件时，要先确认正犯，在正犯的行为符合违法构成要件的前提下，再去确认是否存在帮助犯、教唆犯等。

3. 以因果性为核心

共犯的因果性问题，既关系到共犯成立与否，也关系到共犯应在什么范围内承担责任。因果关系是归责的必要要件，就单独正犯和共同犯罪中的正犯而言，因果关系是将结果归责于正犯的必要条件。如果结果的发生与正犯的行为之间没有因果关系，就不可能归责于正犯。教唆犯和帮助犯是刑罚的扩张事由，既然将结果归责于正犯以因果关系为前提，那么对于教唆犯和帮助犯也适用同样的归责方法，否则教唆犯和帮助犯的这种扩张事由就明显不当。因此，仅教唆行为、帮助行为与正犯的结果之间具有物理因果性或者心理因果性时，教唆犯和帮助犯才对正犯的结果负责。

（五）共同犯罪的形式

共同犯罪的形式指两人以上共同犯罪的存在方式、结构框架或者共同犯罪人之间的结合形态。对于共同犯罪形式，我们可作学理划分和法定划分。

1. 学理划分

在学理上，共同犯罪形式可作如下划分：

(1)任意的共犯与必要的共犯。

任意的共犯，是指一人能够单独实施的犯罪由两人以上共同实施的情况。这种任意的共犯及其处罚原则，规定于刑法总则，是刑法总则的重要研究内容。理论上一般分为对向犯、聚众共同犯罪和集团共同犯罪三种。

对向犯，是指以存在两人以上相互对向的行为为要件的犯罪。

聚众共同犯罪，是指由首要分子组织、策划、指挥众人所实施的犯罪。

集团共同犯罪，是指三人以上有组织地实施的共同犯罪。

(2)正犯与共犯。

根据正犯的人数、意思联络的有无，可以将正犯分为单独正犯、同时正犯与共同正犯。单独正犯，是指一个人实行犯罪的情形；同时正犯，是指两人以上在没有意思联络的情况下，同时对同一客体实行同一犯罪的情形。同时正犯既可以是故意犯，也可以是过失犯。由于同时正犯是两人以上在没有意思联络情况下的犯罪，所以不成立共同犯罪，各行为人仅需对自己的行为所产生的结果负责。共同正犯，是指两人以上直接参与实施犯罪行为的情形。

2. 法定划分

在法律上，共同犯罪形式主要划分为一般的共同犯罪与特殊的共同犯罪。

(1)一般的共同犯罪，是指共同犯罪人之间不存在组织形式的共同犯罪。其特点是：

①二人即可构成，不要求三人以上，这是区别于集团共同犯罪的特征之一。

②共犯人的勾结具有临时性、暂时性，常常是为了实施一个或几个犯罪而勾结在一起；完成犯罪后就不再为继续犯罪而勾结。

③共犯人之间没有特殊的组织形式，没有首要分子，没有犯罪纲领与计划。

(2)特殊的共同犯罪，又称有组织的共同犯罪，是指各共同犯罪人之间建立起组织形式的共同犯罪。实施这类共同犯罪的组织，法律上称犯罪集团。犯罪集团的成立要符合以下要求：

①共同犯罪人在三人以上，即必须是三名以上达到刑事责任年龄、具备刑事责任能力的人才能构成犯罪集团。这里的三人以上包括三人在内。可见，犯罪集团的人数最少为三人，二人共同犯罪的，只能成立一般的共同犯罪。实际上，犯罪集团的人数少则四五人，多的达到十几人、几十人，只有三人的，是极个别的情况。

②为共同实施犯罪而组成。犯罪集团总是以实施某一种或者某几种犯罪为目的而形成的，否则便不能成为犯罪集团。

③成立了较为固定的犯罪组织。犯罪组织即以犯罪为目标而形成的组织，而组织总是意味着其内部成员相互之间存在领导与被领导的关系。一般来说，犯罪组织中有起组织、策划、指挥作用的首要分子，也有普通成员，前者领导和指挥后者进行犯罪活动，后者服从前者的领导和指挥。

【难点辨析】 聚众犯罪与聚众共同犯罪

聚众犯罪与聚众共同犯罪不是等同的概念。根据刑法规定，聚众犯罪可以分为两类：

一类是属于共同犯罪的聚众犯罪。如《刑法》第317条第2款规定的聚众持械劫狱罪，其首要分子、积极参加者与其他参加者，都具有共同犯罪故意与共同犯罪行为，均应承担刑事责任，因而符合共同犯罪的成立条件。这种情形中，刑法不一定要处罚所有的参与者。如《刑法》第301条规定的聚众淫乱罪，仅处罚首要分子和多次参与者，其他参加者不成立犯罪。但教唆他人积极参加聚众犯罪的，仍然适用共犯规定。

另一类聚众犯罪是否属于共同犯罪，则要依案件的具体情况而定。例如，《刑法》第291条规定的聚众扰乱公共场所秩序、交通秩序罪，刑法规定只处罚首要分子，故只有首要分子的组织、策划、指挥行为是犯罪行为。当首要分子只有一人时，就是一人以聚众方式犯罪，无共同犯罪可言。由此可见，聚众犯罪不一定是共同犯罪。

（六）共犯人的分类

1. 共同正犯

(1)共同正犯的概念

共同正犯，是指两人以上共同实施犯罪的情况，我国刑法理论称之为简单的共同犯罪。

共同正犯适用部分实行全部责任原则。

(2)共同正犯的类型

共同正犯主要有以下三种类型：

第一，在单一行为的犯罪中，各参加人均实施了足以直接造成结果的实行行为，但只有一个人的行为直接造成了此结果。

第二，在单一行为或者复合行为的犯罪中，各参加人均实施了足以直接造成结果的实行行为，而且各参与人的行为均是造成该结果的原因。

第三，在复合行为的犯罪中，各个参与人分担了一部分的实行行为。此种情形，各个参与人均对所有结果承担责任。

(3)过失的共同正犯

我国《刑法》第25条第2款规定："两人以上共同过失犯罪，不以共同犯罪论处，应当负刑事责任的，按照他们所犯的罪分别论处。"刑法否认过失的共同犯罪，当然也否认了过失的共同正犯。

2. 间接正犯

(1)间接正犯的概念

间接正犯，是指利用他人作为媒介，利用他人实施犯罪的情况。

(2)间接正犯的类型

我国目前对间接正犯暂无明确分类。德国学者罗克辛将间接正犯归纳为三种类型：

第一，通过强制达成意思支配。幕后者能够通过迫使直接实施者实施符合构成要件的违法行为，从而达到自身对于犯罪事实的支配。

第二，通过错误达成意思支配。幕后者可以隐瞒犯罪事实，从而欺骗直接实施者实施并且诱使对方对真相缺乏认识的实施者实现幕后者的犯罪计划。

第三，通过权力组织的支配。幕后者可以通过有组织的权力机构将实施者作为随时可以替换的机器部件进行操纵，据此不再将实施者视为个别的正犯而命令，进而达成对犯罪事实的关键支配。

3. 狭义的共犯

(1)狭义的共犯的概念

狭义的共犯，是指教唆犯和帮助犯。

(2)教唆犯的概念及其成立条件

教唆犯是以授意、怂恿、劝说、利诱或者其他方法故意唆使他人犯罪的人。对于教唆犯，我们可从以下几方面加以认定：

①就主观方面而言，必须有教唆故意。

②就客观方面而言，行为人实施了教唆行为。

③就教唆对象而言，必须是特定的(可以确定被教唆者的具体范围)，但特定并不意味着对一人的教唆，对特定的两人以上的教唆行为也成立教唆犯。如果教唆的对象不特定，则叫"煽动"，不成立教唆。

如果某人对已有犯罪意图的人坚定其犯罪意图，使其实施犯罪行为的，属于帮助性质。注意，教唆犯是促使他人产生犯意，决定行为人是否犯罪的问题。而帮助犯是便于他人实施犯罪行为，决定行为人能否犯罪的问题。

(3)教唆犯的定罪

①对教唆犯，应当依照他所教唆的罪定罪，而不能笼统定教唆罪。如果被教唆的人对被教唆的罪产生误解，实施了其他犯罪，或者在犯罪时超出了被教唆罪的范围，教唆犯只对自己所教唆的犯罪承担刑事责任。

②当刑法分则条文将教唆他人实施特定犯罪的行为规定为独立犯罪时，对教唆者不能依所教唆的罪定罪，而应依照分则条文规定的犯罪定罪，不适用刑法总则关于教唆犯的规定。

③教唆犯只对与自己的教唆行为具有心理因果性的结果承担责任。

④教唆犯教唆他人实施几种较为特定犯罪中的任何一种犯罪时，对教唆犯按被教唆者具体实施的犯罪定罪。

(4)帮助犯的概述

帮助犯，是指有帮助的行为与帮助的故意，帮助正犯的，成立帮助犯。

帮助行为具有以下特征：

帮助行为既可以是有形的，也可以是无形的。前者是指提供犯罪工具、犯罪场所等物质性的帮助行为；后者是指精神上的帮助行为，如提供建议、强化犯罪意识等。

帮助行为既可以是作为，也可以是不作为。

帮助行为可以在实行行为之前实施(预备的帮助犯)，也可以在实行行为中实施(伴随的帮助犯)，还可以在正犯者实行一部分实行行为之后实施(承继的帮助犯)。

在我国，事前无通谋的窝藏、包庇行为，以及事前无通谋的掩饰、隐瞒犯罪所得及其产生收益的行为，不成立帮助犯。但是，如果事前有通谋的，则成立帮助犯。

4. 承继的共犯

(1)承继的共同犯罪的概念

承继的共同犯罪，是指前行为人已经实施了一部分犯罪行为后，后行为人以共同实施的意思参加犯罪，并对结果的发生起重要作用的情况。

(2)承继的时间范围

承继的时间范围只能存在于前行为人犯罪既遂之前。

(3)承继的共犯人的责任范围

只对自己具有因果关系造成的后果承担责任。利用前行为人已经造成的结果等于后行为人的行为与该结果之间具有因果关系；后行为人不应对与自己行为没有任何因果关系的结果承担责任。

特别注意：在中途参与实施杀人、伤害的案件中，如果能够证明伤亡结果是后行为人造成的，则前行为人与后行为人均对伤亡结果承担责任；如果不能证明伤亡结果是后行为人参与造成的，那么前行为人必须对伤亡结果承担责任，后行为人只承担未遂犯的责任。

5. 片面的共犯

片面的共犯是指参与同一犯罪的人中，一方认识到自己是在和他人共同实施符合构成要件的违法行为，而另一方没有意识到有他人和自己共同实施的情形。

片面的共同正犯存在以下三种情形：

①片面的共同实行(片面的共同正犯)，即实行的一方没有认识到另一方的实行行为。例如，甲欲强奸乙，丙在甲不知情的情况下将乙打伤，使得甲顺利强奸了乙。

②片面的教唆，即被教唆者没有意识到自己被教唆的情况。如：甲将乙的妻子与人通奸的照片和一支枪放在乙的桌子上，乙发现后立即产生杀人的故意，将自己的妻子杀死。

③片面的帮助，即实行的一方没有认识到

另一方对自己的帮助行为。例如，甲明知乙在追杀丙，由于其与丙有仇，故暗中设置障碍，将丙绊倒，使其顺利被甲杀害。

【疑难法条解析】《刑法》第29条：教唆他人犯罪的，应当按照他在共同犯罪中所起的作用处罚。教唆不满18周岁的人犯罪的，应当从重处罚。

如果被教唆的人没有犯被教唆的罪，对于教唆犯，可以从轻或者减轻处罚。

(1)教唆犯在共同犯罪中的作用与地位。教唆犯的处罚，不是以实行犯为转移，而是依据教唆犯自身在犯罪中所起的作用处罚。

(2)教唆犯的罪名认定。要重点明确没有独立的教唆罪，而应根据所教唆的具体犯罪内容定性，如教唆他人盗窃的应定盗窃罪，教唆他人强奸的应定强奸罪。

(3)教唆犯的刑事责任的确定。如果教唆的对象是不满18周岁的人，应当从重处罚；如果被教唆者没有犯被教唆之罪(即教唆未遂)的，可以从轻或减轻处罚。

三、案例分析

【案例一】

余某在一有限责任公司内务工，陈某系余某之友。某日，余某因怀疑同宿舍工友王某盗窃其洗涤用品并与王某发生争吵，遂给好友陈某打电话，要陈某前来“教训”王某。次日，陈某提早来到公司门口等余某会合，正好见王某与其一好友胡某走来，此时余某也刚好赶到。经余某指认，陈某便上前先开始责问不知事情真相的胡某后对其进行殴打，同时，余某也与王某对打。陈某持尖刀朝胡某的胸部、大腿等处连刺三刀，致使胡某左肺破裂、左股静动脉离断，因急性失血性休克死亡，而王某也被余某打成重伤。

本案例选自《中国刑事审判指导案例(3)》。

【问题聚焦】

如何认定共同犯罪中的过限行为？

【法律剖析】

本案中，首先，从起因看，余某邀约好友陈某前去“教训”王某，而不是胡某。其次，从犯罪故意上看，陈某和余某有概括的故意，但余某打电话让陈某和自己一同“教训”王某时，并没有让陈某携带凶器，也没有证据证明余某当时知道陈某携带了凶器，虽然“教训”的内容可以包含多种，但不能认定为包括杀人的故意。最后，陈某自行携带尖刀并连刺胡某三刀，造成两处致命创伤，明知伤势可能致命，仍然对胡某的伤势结果采取放任的态度，陈某的行为符合故意杀人的构成要件(间接故意)。因此，余某成立故意伤害罪，陈某成立故意杀人罪。陈某和余某在对王某的故意伤害范围内成立共同正犯，在对胡某的故意杀人范围内不成立共同犯罪。

【法条链接】

《中华人民共和国刑法》

第25条　共同犯罪是指两人以上共同故意犯罪。

两人以上共同过失犯罪，不以共同犯罪论处；应当负刑事责任的，按照他们所犯的罪分别处罚。

第29条　教唆他人犯罪的，应当按照他在共同犯罪中所起的作用处罚。教唆不满18周岁的人犯罪的，应当从重处罚。

如果被教唆的人没有犯被教唆的罪，对于教唆犯，可以从轻或者减轻处罚。

第232条　故意杀人的，处死刑、无期徒刑或者10年以上有期徒刑；情节较轻的，处3年以上10年以下有期徒刑。

第234条　故意伤害他人身体的，处3年以下有期徒刑、拘役或者管制。

犯前款罪，致人重伤的，处3年以上10年

以下有期徒刑;致人死亡或者以特别残忍的手段致人重伤造成严重残疾的,处 10 年以上有期徒刑、无期徒刑或者死刑。本法另有规定的,依照规定。

【案例二】

甲和乙系同胞兄弟,共同经营管理属于村集体所有的山场,甲在炒股时认识了一好友丙,并一直想占有丙的房产。某日,甲为骗取丙的信任,便虚构了"××公司"为自己所有,并且许诺丙担任公司的财务总监。次年,甲谎称要给丙分房和分红 10 万元,让丙写下收到购房款 50 万元的收条以便于公司做账,丙便向甲出具了收条,后甲私自在收条的空白处添加内容,伪造了房屋买卖协议,并找机会想私吞丙的房产。同时,甲明知自己的同胞兄弟乙极其反对村委会将山场转让给别人经营,且多次扬言"谁要买山场就干掉他"。后甲多次哄骗乙有人要来买山场,乙依旧称"谁要买山场就干掉他"。一段时间后,甲以"××公司"要开发山场为由,骗"财务总监"丙到山场查看。同日下午,甲告知乙有一老板要来购买山场,并已在查看山场,乙依旧表示"谁要买山场就干掉他",并携带了柴刀在山场等候。后甲故意将丙带至乙埋伏处,乙看到丙到达,立马上前辱骂丙并将其打倒在地,后猛勒丙的领带,丙窒息而死。其间,甲曾假意劝阻乙不要殴打丙,但未采取任何行动。

本案例选自《中国刑事审判指导案例(4)》。

【问题聚焦】

分析甲在共同犯罪中的地位。

【法律剖析】

本案中,甲为侵吞丙的财产,精心策划,以欺骗手段诱使乙产生杀人的故意,并将被害人丙骗到现场,制造条件,而乙则扮演了不知真相的杀人工具。此案中,甲和乙在主观上有意思联络,都互相有杀害丙的故意,至于杀害的原因是否一致在所不问。其次,甲通过隐瞒犯罪意思表示,欺骗并且诱使对真相缺乏认识的直接实施者乙实施自己的犯罪计划,符合间接正犯的构成要件,甲成立故意杀人罪的间接正犯。在对丙的杀害故意内与乙成立共同犯罪。

【法条链接】

《中华人民共和国刑法》

第 25 条　共同犯罪是指两人以上共同故意犯罪。

两人以上共同过失犯罪,不以共同犯罪论处;应当负刑事责任的,按照他们所犯的罪分别处罚。

第 232 条　故意杀人的,处死刑、无期徒刑或者 10 年以上有期徒刑;情节较轻的,处 3 年以上 10 年以下有期徒刑。

第 234 条　故意伤害他人身体的,处 3 年以下有期徒刑、拘役或者管制。

犯前款罪,致人重伤的,处 3 年以上 10 年以下有期徒刑;致人死亡或者以特别残忍的手段致人重伤造成严重残疾的,处 10 年以上有期徒刑、无期徒刑或者死刑。本法另有规定的,依照规定。

四、全真题演练

(一)单选题

1. 甲、乙、丙三人共同盗窃,甲负责调查地形,乙负责望风,丙负责入室行窃。三人的共同犯罪属于(　　)。

A. 犯罪集团

B. 必要的共同犯罪

C. 简单的共同犯罪

D. 复杂的共同犯罪

2. 某甲和某乙合谋盗窃一电器仓库,由某乙先配制一把"万能钥匙"。数日后,某乙将配制的钥匙交给某甲,二人约定当晚 12 点在仓库门口见面后行窃。晚上,某乙因害怕案发后受惩,未到现场。而某甲如约到现场后,因未等到某乙,便用"万能钥匙"打开库房,窃得手提电脑两部,价值人民币2万元,销赃后得赃款13 000元。事后,某甲分300元给某乙,某乙推脱后分文未取。某乙的行为属于下列哪个选项?(　　)

A. 不构成犯罪

B. 构成盗窃罪,但属于犯罪中止

C. 构成盗窃罪,但属于犯罪未遂

D. 与某甲一起构成盗窃罪既遂

3. 如果被教唆的人没有犯被教唆的罪,对于教唆犯,处罚(　　)。

A. 从轻　　B. 减轻

C. 免除　　D. 从轻或减轻

4.(2007年司法考试卷2第3题)关于共犯,下列哪一选项是正确的?(　　)

A. 为他人组织卖淫提供帮助的,以组织卖淫罪的帮助犯论处

B. 以出卖为目的,为拐卖妇女的犯罪分子接送、中转被拐卖的妇女的,以拐卖妇女罪的帮助犯论处(实行犯)

C. 应走私罪犯的要求,为其提供资金、账号的,以走私罪的共犯论处

D. 为他人偷越国(边)境提供伪造的护照的,以偷越国(边)境罪的共犯论处

5. 董某、陈某都和周某有仇,都伺机杀周某。一天,董某在周某的饭里放了老鼠药,按其投入的分量,不足以致周某死亡。恰在董某下毒后一会儿,陈某也在周某的同一饭碗里投下了砒霜,按其分量也不足以致周某死亡,但他们各自下毒的分量加在一起,导致了周某的死亡。下列关于董某、陈某的行为,说法正确的是(　　)。

A. 构成片面共犯

B. 构成共同犯罪

C. 以共同犯罪论处

D. 各自单独构成故意杀人罪

6. 根据我国刑法规定,下列关于首要分子的表述哪一项是正确的?(　　)

A. 首要分子只能是组织领导犯罪集团的人

B. 首要分子只能是在聚众犯罪中起组织、策划、指挥作用的犯罪分子

C. 首要分子既可以是主犯,也可以不是

D. 主犯首要分子都是主犯

7. 甲赌博成性,先后欠下乙赌债2万元,并向丙借下高利贷1万元,乙和丙多次催要未果,遂劫持了甲的妻子,并向甲宣称,如果甲再不还钱的话就会强奸甲妻。后乙趁丙出门买饭时强奸了甲妻。下列说法正确的是(　　)。

A. 乙、丙构成绑架罪共犯,乙单独成立强奸罪

B. 乙、丙构成非法拘禁罪共犯,乙单独成立强奸罪

C. 乙、丙构成非法拘禁罪、强奸罪共犯

D. 乙、丙构成敲诈勒索罪、强奸罪

8.(2009年司法考试卷2第7题)甲、乙共谋行抢。甲在偏僻巷道的出口望风,乙将路人丙的书包(内有现金1万元)一把夺下转身奔逃,丙随后追赶,欲夺回书包。甲在丙跑到巷道口时突然伸腿将丙绊倒,丙倒地后摔成轻伤,甲、乙乘机逃脱。甲、乙的行为构成何罪?(　　)

A. 甲、乙均构成抢夺罪

B. 甲、乙均构成抢劫罪

C. 甲构成抢劫罪,乙构成抢夺罪

D. 甲构成故意伤害罪,乙构成抢夺罪

9.(2015年司法考试卷2第7题)15周岁的甲非法侵入某尖端科技研究所的计算机信息系统。18周岁的乙对此知情,仍应甲的要求为其编写侵入程序。关于本案,下列哪一选项是错误的?(　　)

A. 若认为责任年龄、责任能力不是共同

犯罪的成立条件，则甲、乙成立共犯

B. 若认为甲、乙成立共犯，则乙成立非法侵入计算机信息系统罪的从犯

C. 不管甲、乙是否成立共犯，都不能认为乙成立非法侵入计算机信息系统罪的间接正犯

D. 由于甲不负刑事责任，对乙应按非法侵入计算机信息系统罪的片面共犯论处

(二)多选题

1. 我国《刑法》中规定的共同犯罪主犯包括以下哪几种人？（　　）

A. 在犯罪集团中起组织、领导作用的首要分子

B. 在聚众犯罪中起组织、策划、指挥作用的犯罪分子

C. 在犯罪集团中起主要作用的犯罪分子

D. 在其他共同犯罪中起主要作用的犯罪分子

2.(2007 年司法考试卷 2 第 53 题)周某为抢劫财物在某昏暗场所将王某打昏。周某的朋友高某正好经过此地，高某得知真相后应周某的要求提供照明，使周某顺利地将王某的钱包拿走。关于本案，下列哪些选项是正确的？（　　）

A. 高某与周某构成抢劫罪的共同犯罪

B. 周某构成抢劫罪，高某构成盗窃罪，属于共同犯罪

C. 周某是共同犯罪中的主犯

D. 高某是共同犯罪中的从犯

3. 下列帮助、教唆行为中，能独立构成犯罪，不按共犯处理的有哪些？（　　）

A. 协助他人实施组织卖淫犯罪

B. 煽动他人颠覆国家政权

C. 有查禁犯罪活动职责的国家机关工作人员，向犯罪分子通风报信、提供便利，帮助犯罪分子逃避处罚

D. 帮助当事人毁灭、伪造证据，情节严重

4. 章某(38 岁)因承包酒店亏损而产生绑架勒索财物的犯意，选定摄影个体户吴某的儿子吴迪(7 岁)当绑架对象。一日，章某对王某(酒店服务员，20 岁)谎称有人负债不还，要王某把债务人儿子带来逼其还债，王某同意。章某骑摩托车将王某带至某小学附近，将吴迪指认给王某。王某随后将吴迪骗出交给章某。章某将其关押在酒店贮藏室，随后又告知外甥女赵某自己绑架了一小孩，让她帮自己打电话给被害人家庭勒索财物。赵某答应，按章某的安排先后三次打电话给吴迪家属勒索 50 万元人民币。次日，章某要求赵某继续向吴迪家属打电话勒索，赵某拒绝。第三天凌晨，因被害人家属报案，章某、王某、赵某先后被公安机关抓获。本案中，（　　）。

A. 赵某与章某构成绑架罪共犯

B. 王某与章某构成绑架罪共犯

C. 赵某的行为成立犯罪中止

D. 王某构成非法拘禁罪

5. 甲将头痛粉冒充海洛因欺骗乙，让乙出卖“海洛因”，然后二人均分所得款项。乙出卖后获款4 000元，但在未及分赃时，被公安机关查获。关于本案，正确的说法有（　　）。

A. 甲与乙构成贩卖毒品罪的共犯

B. 甲的行为构成诈骗罪

C. 乙的行为构成贩卖毒品罪

D. 甲的行为属于犯罪未遂

6. 以有无组织形式，可将共同犯罪分为哪些种类？（　　）

A. 聚众犯罪　　B. 犯罪团伙

C. 犯罪集团　　D. 一般共同犯罪

7. 惯窃犯某甲教唆某企业保管员某乙在值夜班时充当内线盗窃仓库。某甲窃得大量国家财物，销赃后分了一小部分赃款给某乙。下列对某甲和某乙的行为性质的表述，哪些是符合有关法律规定的？（　　）

A. 某甲的行为构成盗窃罪,某乙的行为构成贪污罪

B. 两人的行为构成盗窃共同犯罪

C. 两人的行为构成贪污共同犯罪

D. 某甲是盗窃罪主犯,某乙是盗窃罪从犯

8. 某日中午,某煤矿火药工韩某到休息室吃饭,将放在长凳上的饭盒(原为装雷管的铝盒,该矿工人常用这种铝盒当饭盒使用)拿到电炉上去烤。同时发现旁边有一个雷管盒,误认为是别人同他一样用雷管盒装饭,就想一起拿去烤一下。于是便问:"这是谁的?"同班一位工人于某顺口回答说:"反正都是咱们伙计的,拿去一起烤吧!"韩也未打开看看,就放到了电炉上。过了10分钟,另一火药工张某来取放在长凳上的雷管盒,里面装有雷管,发现已经不在,但未仔细寻找,就匆匆去厕所了。他想,等一会儿再找。不久,雷管因受热爆炸,造成重大财产损失。关于本案,下列表述哪些是正确的?( )

A. 于、韩、张没有共同行为

B. 于、韩、张有共同行为

C. 构成共同犯罪

D. 不构成共同犯罪

(三)名词解释

1. 共同犯罪

2. 平行犯

3.(武汉大学2002年考研真题)主犯

4. 从犯

5. 胁从犯

(四)简答题

1. 简述共同犯罪的形式。

2. 简述主犯和首要分子的关系。

3. 简述犯罪集团成立的条件。

4.(武汉大学1996年考研真题)简述教唆犯的定义及其特征。

5.(武汉大学2003年考研真题)简述从犯的种类以及与主犯、胁从犯的区别。

(五)论述题

1.(武汉大学2000年考研真题)试论述共同犯罪的概念和成立条件。

2. 论述各共同犯罪人的特征及刑事责任。

五、深度拓展

【拓展】 共犯的处罚根据

教唆犯、帮助犯没有直接实行犯罪,却被处以刑罚,根据何在?国外刑法理论对此形成多种学说:一曰责任共犯说。该说认为,是共犯者使正犯者堕落,陷进了罪责与刑罚之中,所以必须处罚共犯者。这种学说实际上将诱惑的要素把握为共犯的本质要素,用来解释教唆犯的处罚有一定根据,但不能用来解释帮助犯的处罚根据,所以失之于片面。① 二曰不法共犯说,或称惹起说。该说主张共犯者与正犯者共同惹起正犯者所实现的犯罪结果为共犯的处罚根据。这是日本刑法理论的通说,但是它将共犯的处罚根据求之于惹起法益侵害的结果无价值,并且完全抛开共犯的主观特性,显然与近代刑法的责任原则不相符合。② 三曰因果的共犯论。其首倡者是日本学者牧野英一。该说以因果关系为中心来把握共犯的处罚根据,认为共犯是通过介入他人的行为,即通过正犯者的行为,而对犯罪的实现产生影响力,因此共犯的行为与犯罪的实现之间具有因果关系,能够而且应当认定教唆、帮助的独立的犯罪性。③

我国有学者在对上述学说进行评析的基础上,提出共犯的处罚根据应当依据主客观相统一的原则来寻求。共犯在客观上教唆或帮

① [日]全理其、何力译,野村稔:《刑法总论》,法律出版社2001年版,第394页。

② 马克昌:《关于共犯的比较研究》,载高铭暄、赵秉志主编:《刑法论丛》(第3卷),法律出版社1999年版,第342~344页。

③ 张明楷:《外国刑法纲要》,清华大学出版社1999年版,第299页。

助正犯，共同引起正犯的犯罪事实或犯罪结果，具有社会危害性；同时共犯在主观上希望或放任自己的教唆行为或帮助行为促使或便于正犯的犯罪事实或犯罪结果发生，具有人身危险性。[①] 这一观点较为全面可取。

① 马克昌：《关于共犯的比较研究》，载高铭暄、赵秉志主编：《刑法论丛》（第 3 卷），法律出版社 1999 年版，第 344 页。

第七章

罪　数

一、知识结构图

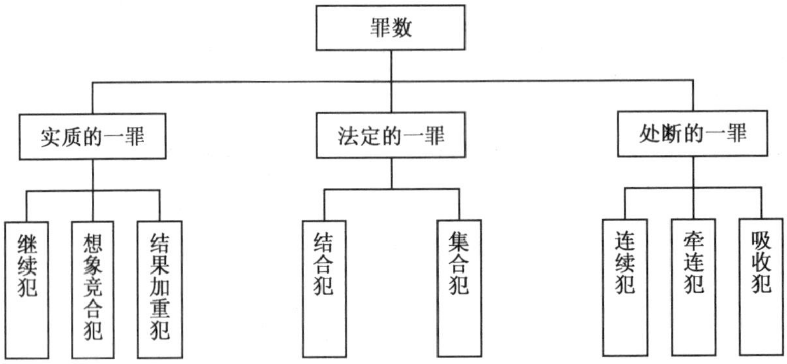

二、重难点归纳

(一)实质的一罪

1. 继续犯

继续犯,也称持续犯,是指作用于同一对象的一个犯罪行为从着手实行到行为终了犯罪行为与不法状态在一定时间内同时处于继续状态的犯罪。非法拘禁罪,被认为是典型的继续犯。此外,窝藏罪以及非法持有、私藏枪支、弹药罪等都是典型的继续犯。

(1)继续犯的特征

①必须是一个犯罪行为。继续犯之所以是一个犯罪行为,是因为在主观上继续犯支配行为的犯意只有一个,并且这种犯意贯穿实行行为的开始到终了,在客观上继续犯自始至终只有一个实行行为,并不因实行行为持续时间的长短而改变,即使行为地发生变化,仍然是一个实行行为。例如,在10天之内连续在夜间盗窃8户人家的大量财物,是连续数行为,应构成连续犯而不是继续犯。

②必须是持续地作用于同一对象。继续犯持续作用的对象只能是同一对象。例如,非法拘禁罪,行为人非法拘禁甲某一月有余,在持续非法拘禁一个多月的时间里,非法拘禁的对象始终只是甲某,这便是继续犯。若前天非法拘禁张三,后天非法拘禁李四,非法拘禁的对象不同,如果不是出于一个非法拘禁的概括故意,则构成数个非法拘禁罪,而不可能是一

个继续犯。

③必须是犯罪行为与不法状态同时继续。这是构成继续犯的重要条件，也是继续犯与有关形态相区别的显著特征。该特征涉及以下内容：首先，犯罪行为必须具有继续性；其次，犯罪行为所引起的不法状态必须具有继续性；最后，犯罪行为与不法状态同时处于持续的过程中，而不只是犯罪行为的继续或不法状态的继续。

④必须是从着手实行到行为终了继续一定的时间，具有时间上的持续性，是继续犯的又一个特征。没有一定的时间过程，就谈不到犯罪行为和不法状态的继续，从而也就谈不上是继续犯。

(2)继续犯的处罚

根据《刑法》第 89 条的规定，对继续犯的追诉期限，从犯罪行为终了之日起算，这也说明对继续犯只能以一罪论处。

【难点辨析】继续犯与状态犯

状态犯，指犯罪既遂后，其实行行为所造成的不法状态处于持续之中的犯罪形态。就不法状态处于持续之中来看，状态犯与继续犯颇为相似。

两者的主要区别是：

(1)继续犯的不法状态从犯罪实行那一刻即告发生，并一直存在于犯罪行为终止以前的整个犯罪过程中；状态犯的不法状态则发生于犯罪行为终止之后，其犯罪过程已经结束。

(2)继续犯是犯罪行为与不法状态同时继续；状态犯则只是不法状态的继续，而不存在犯罪行为的继续。例如盗窃罪，盗窃犯占有赃物，只是不法状态的继续，而盗窃行为已经结束，因而盗窃罪属于状态犯，而不是继续犯。

【难点辨析】继续犯与即成犯

即成犯，指犯罪行为实行终了，犯罪即告完成的犯罪形态，如强奸罪。即成犯与继续犯的主要区别在于：继续犯以犯罪行为和不法状态在一定时间内继续为要件，而即成犯在犯罪构成要件上没有时间的要求。例如，故意伤害罪，可能一枪致人重伤，也可能将被害人持续殴打了两个小时造成重伤。后一种情况下行为人实行犯罪行为时间较长一些，但这不是故意伤害罪的构成要件。

【难点辨析】继续犯与接续犯

接续犯，指行为人在同一时机以性质相同的数个举动接连不断地完成一个犯罪行为的形态。其主要特征有两点：

(1)在同一时机实施，即在相接近的时间或场所内侵害同一犯罪的直接客体。

(2)接连不断地实施性质相同的数个举动。这要求必须是数个举动，且数个举动必须性质相同并接连不断地实施，例如，行为人意图杀死被害人，每次下少量毒药，经多次下毒后致被害人死亡。这种情形的杀人，就是接续犯。接续犯与继续犯的区别主要在于：接续犯是数个相同的举动组成一个犯罪行为，但没有犯罪行为和不法状态的同时继续；而继续犯则是犯罪行为和不法状态同时处于持续之中。

2. 想象竞合犯

想象竞合犯，也称想象的数罪、观念的竞合、一行为数罪，是指一个行为触犯了数个罪名的情况。例如，行为人开一枪而致一人死亡、一人重伤，一个开枪行为同时触犯了故意杀人罪与故意伤害罪。再如，对正在依法执行公务的国家机关工作人员实施暴力使之受轻伤的，同时触犯了妨害公务罪与故意伤害罪。

(1)想象竞合犯的特征

①行为人只实施了一个行为。所谓一个行为，是指社会生活的意义上被评价的一个行为，这里所说的行为不只是狭义行为，也包括结果在内的广义行为。

②一个行为必须触犯数个罪名。想象竞合犯只能是一个行为触犯数个罪名，如果是数个行为触犯数个罪名，则是实际的数罪；如果

是作为犯罪手段的行为或结果的行为分别触犯不同的罪名，则构成牵连犯，均非想象竞合犯。所谓一个行为触犯数个罪名，即在构成要件的评价上，该行为符合数个犯罪的构成要件。一个行为触犯数个罪名，往往是因为该行为具有多重属性或者造成多种结果。

(2)想象竞合犯的处罚

对于想象竞合犯，应按行为所触犯的罪名中的一个重罪论处，而不以数罪论处。

【难点辨析】想象竞合犯与法规竞合

法规竞合，或称法条竞合，是指行为人实施一个犯罪行为同时触犯数个在犯罪构成上具有包容或交叉关系的刑法规范，只适用其中一个刑法规范的情况。

两者的主要区别是：

(1)法规竞合的一个行为，只是出于一个罪过，并且是产生一个结果；想象竞合犯的一个行为，往往是数个罪过和数个结果。如开一枪打死一人，打伤一人，只能是想象竞合犯，而不可能是法规竞合。

(2)法规竞合，是由于法规的错杂规定即法律条文内容存在着包容或交叉关系，以致一个犯罪行为触犯数个刑法规范；想象竞合犯则是由于犯罪的事实特征，即出于数个罪过、产生数个结果，以致一行为触犯数罪名。

(3)法规竞合，一行为触犯的数个刑法规范之间存在着此一规范规定的犯罪构成包容另一规范规定的犯罪构成的关系；想象竞合犯，一行为触犯规定的数个罪名的法条不存在上述犯罪构成之间的包容关系。

(4)法规竞合，在竞合的数法规中，仅仅一法规可以适用其行为，其法律适用问题，依照特别法优于普通法等原则来解决；想象竞合犯，竞合的数法规均可以适用其行为，其法律适用问题，依照“从一重处断”的原则来解决。

3. 结果加重犯

结果加重犯，也称加重结果犯，是指法律规定的一个犯罪行为(基本犯罪)，由于发生了严重结果而加重其法定刑的情况。故意伤害致死是其适例。

(1)结果加重犯的特征

①行为人实施了基本犯罪行为，但造成了加重结果。基本犯罪行为与加重结果之间具有因果关系。如果加重结果不是由于基本行为造成的，则不成立结果加重犯。

②行为人对基本犯罪一般持故意，对加重结果至少有过失。第一，行为人对基本犯罪一般持故意，但也有个别情况是对基本犯罪持过失(《刑法》第132条，铁路职工违反规章制度，致使发生铁路运营安全事故，造成严重后果的，处3年以下有期徒刑或者拘役；造成特别严重后果的，处3年以上7年以下有期徒刑)。第二，对加重结果至少有过失，如果对加重结果没有过失，则不成立结果加重犯。其中：A.部分结果加重犯对加重结果只能是过失，如故意伤害致死，行为人对死亡只能是过失，如果对死亡结果持故意，则成立故意杀人罪。B.部分结果加重犯对加重结果既可以是过失也可以是故意，如抢劫致人重伤、死亡的，属于结果加重犯，行为人对重伤、死亡结果既可能是过失，也可能是故意。这需要根据犯罪的性质、法定刑以及犯罪之间的关系进行分析，得出正确结论。

③刑法就发生的加重结果加重了法定刑。所谓加重法定刑，是相对于基本犯罪而言的，即结果加重犯的法定刑高于基本犯罪的法定刑。如果刑法没有加重法定刑，结果再严重也不是结果加重犯。例如，强奸妇女致其重伤的，由于刑法加重了法定刑，属于结果加重犯；而强制猥亵、侮辱妇女致其重伤的，因为刑法没有加重法定刑，故不是结果加重犯。

(2)结果加重犯的处罚

由于刑法对结果加重犯规定了加重的法定刑，故对结果加重犯只能认定为一罪，并且根据加重的法定刑量刑，既不能以数罪论处，也不能按基本犯罪的法定刑量刑。

（二）法定的一罪

1. 结合犯

结合犯是指数个原本独立的犯罪行为，根据刑法分则的明文规定，结合成为另一独立的新罪的情况。

(1)结合犯的特征

①结合犯所结合的数罪，原本为刑法上数个独立的犯罪。所谓独立的犯罪，是指不依附于其他任何犯罪，符合独立的犯罪构成的行为。数个独立的犯罪，必须是数个不同的犯罪，而不是数个相同的犯罪。

②典型的结合犯是将数个原本独立的犯罪，结合成为另一个独立的新罪，用公式表示就是：甲罪＋乙罪＝丙罪。丙罪成为一个独立的新罪，便是结合犯。刑法将数个独立的犯罪结合成为其中的一个罪的（如刑法规定，绑架他人并杀害被绑架人的，仍以绑架罪论处），是否属于结合犯？还需要进一步研究。但从上述公式来看，似认为不是结合犯。

③数个原本独立的犯罪被结合为另一新罪后，就失去原有的独立犯罪的意义，成为新罪的一部分。

④数个原本独立的犯罪结合为另一个独立新罪，是基于刑法分则的明文规定。如果刑法没有明文规定结合为新罪，则不是结合犯。而刑法之所以将数个原本独立的犯罪规定成为另一独立新罪，有的是因为原本独立的数罪之间存在密切联系，容易同时发生；有的是因为一罪是为另一罪而服务的；有的是因为数罪的实施条件相同。

(2)结合犯的处罚

对于结合犯，当然以所结合的新罪论处，即以一罪论处，而不能以数罪论处。但从我国刑法的规定来看，似没有规定典型的结合犯的情况。

2. 集合犯

集合犯是指行为人以实施不定次数的同种犯罪行为为目的，虽然实施了数个同种犯罪行为，刑法规定还是作为一罪论处的犯罪形态。日本学者指出：“集合犯是构成要件本身预想有数个同种类的行为。例如常习犯的场合，常习赌博者即使实施数次赌博行为，只能构成常习赌博一罪。”①

关于集合犯的种类，当前日本刑法理论中大体有两种意见：一是分为常习犯和营业犯两种；二是分为常习犯、营业犯和职业犯三种。我们参考前一分类，分为如下两种：

(1)常习犯，是指以一定行为为常业的犯罪。详言之，指行为人意图实施多次同种犯罪行为，法律规定以反复实施同种犯罪行为为构成要件的犯罪。我国《刑法》第303条规定，“以赌博为业的”构成赌博罪；如果偶尔赌博，不是以赌博为业的，则不构成犯罪；以赌博为业，数十次赌博，也只构成一罪。

(2)营业犯，是指构成要件预定以营利为目的反复实施一定犯罪行为的犯罪。其与常业犯的区别在于：对常业犯来说，实施一次某种犯罪行为，不构成犯罪；必须反复实施同种犯罪，才构成犯罪。而对于营业犯来说，实施一次某种犯罪行为，可能构成犯罪；反复实施同种类犯罪行为，仍然构成该犯罪一罪。例如，我国《刑法》第363条规定，制作、复制、出版、贩卖、传播淫秽物品牟利罪，即使多次制作、复制、出版，仍只构成一罪。

【难点辨析】营业犯与职业犯

营业犯与职业犯的相同点在于：

(1)都要求行为人主观上具有反复、多次实施犯罪行为的意思。

(2)都将犯罪行为作为一种业务、职业而反复多次实施。但只要性质上是要反复、继续

① ［日］前田雅英：《刑法总论讲义》（第4版），日本东京大学出版会2006年日文版，第496页。

实施的,或者只要行为人是以反复、继续实施的意思实施犯罪活动的,其第一次实施犯罪行为时,就可能被认定为营业犯或者职业犯(如非法行医)。

(3)都不要求行为人将犯罪行为作为唯一职业,行为人在具有其他职业的同时,将犯罪行为作为副业、兼业的,也不影响营业犯、职业犯的成立。

(4)都不要求具有不间断性,只要行为具有反复实施的性质,即使具有间断性,也不影响对营业犯、职业犯的认定。

营业犯与职业犯的区别关键在于:刑法是否要求行为人主观上出于营利目的,要求具有以营利为目的的,属于营业犯;不要求具有以营利为目的的,属于职业犯。

(三)处断的一罪

1. 连续犯

连续犯是指基于同一的或者概括的犯罪故意,连续实施性质相同的数个行为,触犯同一罪名的犯罪。我国《刑法》第 89 条第 1 款规定:"……犯罪行为有连续……状态的,从犯罪行为终了之日起计算。"这是我们研究连续犯的法律依据。

(1)连续犯的特征

①必须是行为人基于同一的或者概括的犯罪故意。一般来说,同一的犯罪故意,是指行为人具有数次实施同一犯罪的故意;概括的故意,是指行为人主观上具有只要有条件就实施特定犯罪的故意。

②必须实施性质相同的数个行为。只实施一次行为的,不可能成立连续犯。数个行为是指两个以上的行为。连续犯一般仅限于每次行为能独立构成犯罪的情形。如果连续实施同一种行为,但每次都不能独立构成犯罪,只是这些行为的总和才构成犯罪的,被认为是徐行犯。

但从我国刑法的规定来看,连续犯的数次行为,应包括三种情况:A. 数次行为都独立构成犯罪;B. 数次行为都不独立构成犯罪;C. 数次行为中有的独立构成犯罪,有的不独立构成犯罪。上述三种情况我国刑法实务一般都可以认定为连续犯。这样来认定,一方面可以防止行为人逃避刑罚处罚,另一方面有利于正确计算追诉时效。

③数次行为具有连续性。是否具有连续性,应从主客观两个方面进行判断。既要看行为人有无连续实施某种犯罪行为的故意,又要通过分析客观行为的性质、对象、方式、环境、结果等来判断是否具有连续性。

④数次行为必须触犯同一罪名。触犯同一罪名,是指数次行为触犯同一具体罪名,而不包括触犯同类罪名的情况。值得注意的是,有的条文规定了不同的具体犯罪,因此,触犯同一条文的,不等于触犯同一罪名。

(2)连续犯的处罚

连续犯以一罪论处。

2. 吸收犯

吸收犯是指事实上存在数个不同的行为,其一行为吸收其他行为,仅成立吸收行为一个罪名的犯罪。例如,行为人盗窃枪支后,私藏在家里,私藏枪支的行为被盗窃枪支的行为所吸收,仅成立盗窃枪支罪。

(1)吸收犯的特征

①具有数个独立的符合构成要件的犯罪行为。如果只有一个行为符合犯罪构成,则不可能成立吸收犯。

②数个行为必须触犯不同罪名。如果数个行为触犯同一罪名,则不可能是吸收犯,而可能是连续犯。

③数个行为之间具有吸收关系。即前行为是后行为发展的所经阶段,后行为是前行为发展的当然结果。

(2)吸收犯的吸收关系

一般认为,吸收犯的吸收关系表现为以下

三种情况：

①重行为吸收轻行为，即社会危害大、罪质重、法定刑高的犯罪行为，吸收社会危害性小、罪质轻、法定刑低的犯罪行为。例如，伪造货币后又出售或者运输伪造的货币的，由伪造货币罪吸收出售、运输假币罪。

②实行行为吸收预备行为，即行为人已经着手实行了犯罪，而预备行为触犯另一罪名时，对预备行为不独立定罪，而由实行行为吸收。例如，入室抢劫的行为，其预备行为触犯了非法侵入住宅罪，其实行行为是抢劫，故抢劫罪吸收非法侵入住宅罪。

③主行为吸收从行为，即在共同犯罪中，行为人分别起到了主要作用、次要作用与较小作用时，由起主要作用的行为吸收其他行为，结局是主犯吸收从犯或胁从犯。

(3)吸收犯的处罚

由于吸收犯的前后行为之间存在必经阶段与当然发展之间的关系，故只能以一罪论处，而不能认定为数罪。

3. 牵连犯

一般认为，牵连犯是指犯罪的手段行为或者结果行为，与目的行为或者原因行为分别触犯不同罪名的情况：

在犯罪行为可分为手段行为与目的行为时，如手段行为与目的行为分别触犯不同的罪名，便成立牵连犯。例如，以伪造公文的方法(手段行为)骗取公私财物(目的行为)。

在犯罪行为可分为原因行为与结果行为时，若原因行为与结果行为分别触犯不同的罪名，也成立牵连犯。例如，盗窃财物(原因行为)后，为了销赃而伪造印章(结果行为)。

(1)牵连犯的特征

①必须出于一个犯罪目的，如果行为人主观上具有多个犯罪目的，则不构成牵连犯。

②行为人必须实施了数行为，而且数行为之间存在手段行为与目的行为、原因行为与结果行为的牵连关系。一般认为，对于是否具有牵连关系，要从主客观两个方面进行认定。仅仅客观上具有牵连关系而主观上不存在牵连关系的，不宜认定为牵连犯。

③在目的行为或者原因行为触犯了一个罪名的情况下，手段行为或结果行为又触犯了另一个罪名。

(2)牵连犯的处罚原则

在我国刑法中，总则没有明文规定牵连犯的概念与处罚原则。分则条文对大多数牵连犯的处罚没有作出明文规定，少数有明文规定的也原则不一：有的条文规定对牵连犯从一重处罚；有的条文规定对牵连犯从一重从重处罚；有的条文对牵连犯规定了独立的较重法定刑；有的条文规定对牵连犯实行数罪并罚。

三、案例分析

【案例一】

2004年4月，唐山恒源实业有限公司法定代表人朱文友购买唐山市刘官屯煤矿后，任命尚知国担任矿长助理，主持煤矿全面工作，行使矿长职责；李守耕担任生产副矿长兼调度室主任；李启新担任技术副矿长兼安全科科长，进行矿井基建。2005年4月，朱文友任命尚知国为矿长，2005年12月2日尚知国取得矿长资格证。吕学增原系唐山市刘官屯煤矿矿长，被告人朱文友购买该矿后仍担任矿长职务，同时担任该矿党支部书记兼保卫科科长，负责保卫工作，没有行使矿长职责，2005年11月份其矿长资格证被注销。在矿井基建过程中，该矿违规建设，存在诸多违规和手续不全的情况。2005年12月7日8时，该矿负责人无视国家法律法规，拒不执行停工指令，继续安排井下9个工作面基建工作。176名工人下井作业后，担任调度员兼安全员的被告人周炳义没有按照国家有关矿井安全规章制度下井进行安全检查，只是在井上调度室值班。负责瓦斯检测的通风科科长刘文成违反安全生产规定，安排无瓦斯检测证的李金刚、郑建华在井下检测瓦斯浓度。当日15时10分许，该矿发生特别重大瓦斯煤尘爆炸事故，造成108人死亡，29人受伤，直接经济损失4 870.67万元。

经审理，唐山市开平区人民法院判处被告人尚知国犯重大劳动安全事故罪，判处有期徒刑6年；被告人朱文友犯重大劳动安全事故罪，判处有期徒刑3年；被告人李启新犯重大劳动安全事故罪，判处有期徒刑5年；被告人吕学增犯重大劳动安全事故罪，判处有期徒刑3年。

案例来源：《中国刑事审判指导案例(1)》，法律出版社2012年版。

【问题聚焦】

重大劳动安全事故罪与重大责任事故罪出现竞合时应如何处理？

【法律剖析】

司法实践中，当工厂、矿山、林场、建筑企业或者其他企业、事业单位发生重大伤亡事故或者造成其他严重后果，重大责任事故罪与重大劳动安全事故罪的客观方面和主体都出现上述竞合时，我们认为，应当按照下列原则处理：

1. 在完全是由于安全生产设施或者安全生产条件不符合国家规定的情况下进行生产、作业，因而发生重大伤亡事故或者造成其他严重后果的情况下，应当以重大劳动安全事故罪定罪量刑。因为这是立法规定的典型重大劳动安全事故犯罪，即使这种行为本身也是一种违反有关安全管理规定的行为，从罪名评价的最相符合性考虑，一般不以重大责任事故罪认定。

2. 在安全生产设施或者安全生产条件不符合国家规定的情况下，在生产、作业中又违反具体的安全管理规定，因而发生重大伤亡事故或造成其他严重后果的，应区分不同情况选择较为妥当的罪名定罪量刑。(1)当两罪中某一罪的情节明显重于另一罪时，应按情节较重的罪名定罪量刑。(2)当两罪的情节基本相当的情况下，对于实际控制人、投资人，他们对安全生产设施或者安全生产条件是否符合国家规定负有直接责任，在无法查清对生产、作业是否负有组织、指挥或者管理职责时，以重大劳动安全事故罪定罪量刑。

本案中，被告人尚知国身为该矿矿长，主持该矿全面工作，既对安全生产设施、安全生产条件是否符合国家规定负有直接责任，又对生产、作业负有组织、指挥、管理职责，其无视国家安全生产法律、法规，忽视安全生产，拒不执行有关停工指令，因而造成重大伤亡事故的行为同时构成重大劳动安全事故罪和重大责任事故罪，且其在两罪中的犯罪情节基本相当，参照上述原则，对其应以重大劳动安全事故罪定罪处罚。被告人朱文友是该矿的投资人和实际控制人，对安全生产设施、安全生产条件是否符合国家规定负有管理义务和直接责任，但其失于管理，因而造成重大伤亡事故，鉴于其未直接参与煤矿的经营管理，对其直接以重大劳动安全事故罪定罪量刑。被告人李启新身为该矿技术副矿长兼安全科科长，其身份和行为也符合两罪特征，但其作为技术和安全方面的主要负责人，对安全生产设施、安全生产条件是否符合国家规定，以及排除安全生产设施隐患，防止事故发生负有更重要的责任，参照上述原则，对其以重大劳动安全事故罪定罪处罚。被告人吕学增作为煤矿党支部书记兼保卫科科长，虽不直接参与生产管理，但作为该矿的负责人之一，在得知安全监察部门因该矿安全生产设施不符合国家规定而下达停工通知后，未履行职责，对该矿继续施工不予阻止，对事故的发生也负有直接责任，故以重大劳动安全事故罪定罪处罚。

【法条链接】

《中华人民共和国刑法》

第134条 在生产、作业中违反有关安全管理的规定,因而发生重大伤亡事故或者造成其他严重后果的,处3年以下有期徒刑或者拘役;情节特别恶劣的,处3年以上7年以下有期徒刑。强令他人违章冒险作业,因而发生重大伤亡事故或者造成其他严重后果的,处5年以下有期徒刑或者拘役;情节特别恶劣的,处5年以上有期徒刑。

第135条 安全生产设施或者安全生产条件不符合国家规定,因而发生重大伤亡事故或者造成其他严重后果的,对直接负责的主管人员和其他直接责任人员,处3年以下有期徒刑或者拘役;情节特别恶劣的,处3年以上7年以下有期徒刑。

第280条 伪造、变造、买卖或者盗窃、抢夺、毁灭国家机关的公文、证件、印章的,处3年以下有期徒刑、拘役、管制或者剥夺政治权利,并处罚金;情节严重的,处3年以上10年以下有期徒刑,并处罚金。

伪造公司、企业、事业单位、人民团体的印章的,处3年以下有期徒刑、拘役、管制或者剥夺政治权利,并处罚金。

伪造、变造、买卖居民身份证、护照、社会保障卡、驾驶证等依法可以用于证明身份的证件的,处3年以下有期徒刑、拘役、管制或者剥夺政治权利,并处罚金;情节严重的,处3年以上7年以下有期徒刑,并处罚金。

第72条 对于被判处拘役、3年以下有期徒刑的犯罪分子,同时符合下列条件的,可以宣告缓刑,对其中不满18周岁的人、怀孕的妇女和已满75周岁的人,应当宣告缓刑:

(一)犯罪情节较轻;

(二)有悔罪表现;

(三)没有再犯罪的危险;

(四)宣告缓刑对所居住社区没有重大不良影响。

宣告缓刑,可以根据犯罪情况,同时禁止犯罪分子在缓刑考验期限内从事特定活动,进入特定区域、场所,接触特定的人。

被宣告缓刑的犯罪分子,如果被判处附加刑,附加刑仍须执行。

第73条 拘役的缓刑考验期限为原判刑期以上1年以下,但是不能少于2个月。

有期徒刑的缓刑考验期限为原判刑期以上5年以下,但是不能少于1年。

缓刑考验期限,从判决确定之日起计算。

【案例二】

1999年4月,被告人李志远经人介绍认识了居住在西安市冶金厂家属区的郭某某(女),李谎称自己是陕西省法院处级审判员,可帮郭的两个儿子安排到省法院汽车队和保卫处工作,骗取了郭的信任,不久两人非法同居几个月。其间,李志远还身着法官制服,将郭某某带到陕西省法院及渭南市的公、检、法机关,谎称办案,使郭对李深信不疑。

1999年7月初,被告人李志远认识了某法院干部(已亡两年)的遗孀周某某,并谎称自己是陕西省法院刑庭庭长,因吸烟烧毁了法官制服,遂从周处骗取法官制服两件及肩章、帽徽。随后李志远因租房认识了房东邵某某(女),李身着法官制服自称是陕西省法院刑一庭庭长,并谎称和陕西省交通厅厅长关系密切,答应将邵的女儿调进陕西省交通厅工作,以需要进行疏通为名,骗取其人民币4 000元。1999年8月、9月还分别骗取王某的信任,与王某非法同居,骗取郭某玉枕一个、项链一条(价值共计2 400元)。直到1999年9月22日,与李志远非法同居的王某某到陕西省法院询问李的情况,才得知李某骗人的真相,遂向公安机关报案并协助公安机关将李志远抓获。

经审理,西安市碑林区人民法院认为李志

远的行为已经构成招摇撞骗罪，根据其情节应当从重处罚，综合考虑后判处其4年有期徒刑。

案例来源：《中国刑事审判指导案例(5)》，法律出版社2012年版。

【问题聚焦】

本案在起诉和审理过程中，对于被告人李志远的行为到底构成招摇撞骗罪一罪还是构成招摇撞骗罪与诈骗罪两罪，存在两种不同的观点。

一种观点认为，被告人李志远冒充省法院刑一庭庭长，骗得他人信任后，先后骗取了他人财物和其他非法利益，其中骗取他人财物的行为构成诈骗罪，骗取其他非法利益的行为构成招摇撞骗罪，应当对其适用数罪并罚。

另一种观点认为，李志远多次冒充国家机关工作人员，既骗财又骗色，其行为同时触犯了刑法两个法条规定，属于刑法理论中的法条竞合，对此应从一重罪处罚。由于本案中李志远骗取他人财物的数额刚刚达到诈骗罪的起刑点，以诈骗罪定罪处刑较轻，故应对其行为以招摇撞骗罪一罪处罚，而不适用数罪并罚。

【法律剖析】

我们同意第二种观点。

招摇撞骗罪与诈骗罪的区别如下：根据《刑法》第266条和第279条的规定，诈骗罪是指行为人以非法占有为目的，采用虚构事实或者隐瞒真相的方法，骗取数额较大的公私财物的行为；招摇撞骗罪是指为谋取非法利益，假冒国家机关工作人员的身份，进行招摇撞骗，损害国家机关形象、威信，妨害其正常活动，扰乱社会秩序的行为。诈骗罪和招摇撞骗罪在犯罪手段上都是“骗”，但也有明显的区别，这表现在：(1)招摇撞骗罪属于妨害社会管理秩序类罪，其侵犯的直接客体是国家机关的威信和社会公共秩序。而诈骗罪则属于侵犯财产类罪，其侵犯的直接客体是公私财物的所有权。(2)具体行为特征不同。招摇撞骗罪的行骗手段必须以冒充国家机关工作人员的身份来进行，即利用国家机关工作人员的特殊身份及其所代表的公信力来骗取他人的信任，以达到行骗目的。而诈骗罪的行骗手段则无此限制，可以是采用任何虚构事实或者隐瞒真相的方式来实施。(3)行骗目的有别。诈骗罪中行为人的犯罪目的是直接从他人那里骗取财物，而招摇撞骗罪中的行为人则主要是从他人那里骗取财物以外的其他非法利益。这种非法利益包括爱情、职位、荣誉、资格等项利益以及一些不直接表现为财物但又具有一定财产性的利益，如劳务、消费等。当然也不排除其在招摇撞骗中骗取一定量的财物。也正是因为如此，招摇撞骗罪的犯罪构成在骗取财物数额方面没有特别的要求，其社会危害性主要表现在对国家机关威信和社会公共秩序所造成的破坏和恶劣影响上，而诈骗罪既遂的成立则要求骗取的财物必须达到“数额较大”的程度。

当诈骗罪与以骗取财物为目的的招摇撞骗罪出现交叉竞合时，如何适用重法条优于轻法条的原则，可具体根据骗取财物数额较大、骗取数额巨大两种情况予以深入分析。当然，如果行为人招摇撞骗行为骗取的财物没有达到数额较大的程度，自然也就没有交叉竞合和诈骗罪适用的余地，如需要定罪处罚的话，直接以招摇撞骗罪论处即可。

【法条链接】

《中华人民共和国刑法》

第266条　诈骗公私财物，数额较大的，处3年以下有期徒刑、拘役或者管制，并处或者单处罚金；数额巨大或者有其他严重情节的，处3年以上10年以下有期徒刑，并处罚金；数额特别巨大或者有其他特别严重情节的，处10年以上有期徒刑或者无期徒刑，并处罚金或者没收财产。本法另有规定的，依照规定。

第 279 条 冒充国家机关工作人员招摇撞骗的，处 3 年以下有期徒刑、拘役、管制或者剥夺政治权利；情节严重的，处 3 年以上 10 年以下有期徒刑。

冒充人民警察招摇撞骗的，依照前款的规定从重处罚。

四、全真题演练

（一）单选题

1. 我国《刑法》上区分一罪与数罪的标准是（　　）。

A. 犯罪对象的个数

B. 犯罪行为的个数

C. 犯罪构成的个数

D. 行为人犯罪意思的个数

2. 甲向乙讨债不成，遂将乙关押 15 日之久，甲的行为属于（　　）。

A. 惯犯　　B. 牵连犯

C. 持续犯　　D. 连续犯

3. 某甲从 A 省拐骗 18 周岁少女 1 人，欲卖至 B 省。在拐卖途中，某甲几次强行奸淫该女，并强迫其卖淫，某甲的行为应当认定为（　　）。

A. 构成拐卖妇女罪、强奸罪、强迫卖淫罪，应实行数罪并罚

B. 构成拐卖妇女罪与强迫卖淫罪，此两罪应实行数罪并罚，其强奸行为不宜单独定罪而应作为强迫卖淫罪中“强奸后迫使卖淫的”这一从重处罚的条件

C. 只构成强奸罪、强迫卖淫罪，因为其拐卖行为尚未完全实现

D. 只构成拐卖妇女罪，其强奸行为、强迫卖淫的行为只作为法定的从重处罚条件而不单独定罪

4. 绑架勒索罪属于（　　）。

A. 结果加重犯　　B. 结合犯

C. 想象竞合犯　　D. 牵连犯

5. 杨某为了抢劫偷了一把手枪，又用偷来的手枪进行抢劫，在抢劫过程中致被害人死亡，对杨某的行为应认定为（　　）。

A. 盗窃枪支罪与抢劫罪并罚

B. 盗窃枪支罪与抢劫罪，过失致人死亡罪并罚

C. 盗窃枪支罪与抢劫罪的加重罪状并罚

D. 盗窃枪支罪与抢劫罪从一重罪处罚

6. 周某为了诈骗方便而伪造公文，则周某的行为应认定为（　　）。

A. 想象竞合犯　　B. 连续犯

C. 牵连犯　　D. 持续犯

7. 邢某与有夫之妇夏某勾搭成奸，后夏某因受丈夫责骂，与邢某中断了关系，邢某怀恨在心。一天下午，邢某将夏某骗至自己的住处将其杀害，当晚又潜入夏某家将其丈夫杀害。邢某的行为属于（　　）。

A. 结果加重犯　　B. 连续犯

C. 牵连犯　　D. 结合犯

8. 以下选项中正确的表述是（　　）。

A. 张强与李玉是男女朋友关系，因李玉家人极力反对二人交往，李玉提出分手。张强怀恨在心，将李玉骗至市郊树林杀害，后又于第二日晚将李玉之母砍伤。张强的行为属于连续犯

B. 王刚以介绍工作为名将找工作的乡下女赵艳从 A 市骗至 B 市，在寻求买主的同时强迫其卖淫。王刚的行为属于结果加重犯

C. 宋小文抢夺李老太钱包（内有人民币 2 000元），因用力过猛致其摔倒在地身亡。宋小文的行为属于想象竞合犯

D. 冯某盗掘古墓葬后为湮灭罪迹毁坏文物，对冯某的行为应予以数罪并罚

9.（2015 年司法考试卷 2 第 3 题）警察带着警犬（价值 3 万元）追捕逃犯甲。甲枪中只有一发子弹，认识到开枪既可能只打死警察

(希望打死警察),也可能只打死警犬,但一枪同时打中二者,导致警察受伤、警犬死亡。关于甲的行为定性,下列哪一选项是错误的?(　　)

A. 如认为甲只有一个故意,成立故意杀人罪未遂

B. 如认为甲有数个故意,成立故意杀人罪未遂与故意毁坏财物罪,数罪并罚

C. 如甲仅打中警犬,应以故意杀人罪未遂论处

D. 如甲未打中任何目标,应以故意杀人罪未遂论处

(二)多选题

1. 继续犯的特征是(　　)。

A. 必须只有一个犯罪行为

B. 必须是持续地作用于同一对象

C. 必须是犯罪行为与不法状态同时继续

D. 必须是从着手实行时起到行为终了时止持续了一定时间

2. 实质的一罪包括(　　)。

A. 结合犯　　B. 结果加重犯

C. 想象竞合犯　　D. 吸收犯

3. 下列法规中,选项属于法条竞合的有(　　)。

A. 破坏军婚罪和重婚罪

B. 泄露国家机密罪与泄漏军事机密罪的法条

C. 招摇撞骗罪与诈骗罪的法条

D. 诈骗罪与抢劫罪的法条

4. 下列情况属于结果加重犯的有(　　)。

A. 非法拘禁他人致人重伤、死亡的

B. 抢劫致人重伤、死亡的

C. 盗窃他人财物引起被害人自杀的

D. 暴力抗拒缉私致检查人员重伤、死亡的

5. 吸收犯具有下列哪些特征?(　　)

A. 具有数个独立的符合犯罪构成的犯罪行为

B. 数个行为存在手段行为与目的行为、原因行为与结果行为的关系

C. 数个行为必须触犯不同的罪名

D. 数个行为之间具有吸收关系,即前行为是后行为发展的所经阶段,后行为是前行为发展的当然结果

6. 甲盗窃黄金 300 两,因害怕受法律制裁,将黄金藏在家中 20 年之久。关于甲秘藏黄金的行为,下列说法错误的有(　　)。

A. 持续犯　　B. 继续犯

C. 连续犯　　D. 状态犯

7. 甲乙二人共同盗窃某金饰品,为了方便分赃,将其砸碎。甲、乙的行为构成(　　)。

A. 故意毁坏财物罪

B. 盗窃罪

C. 应数罪并罚

D. 牵连犯

8. 集合犯的特征是(　　)。

A. 必须是行为人以实施不定次数的同种犯罪行为为目的

B. 集合犯通常实施了数个性质不同的犯罪行为

C. 集合犯通常实施了数个性质相同的犯罪行为

D. 集合犯必须是刑法所规定的

9.(2011 年司法考试卷 2 第 56 题)关于罪数的认定,下列哪些选项是错误的?(　　)

A. 引诱幼女卖淫后,又容留该幼女卖淫的,应认定为引诱、容留卖淫罪

B. 既然对绑架他人后故意杀害他人的不实行数罪并罚,那么对绑架他人后伤害他人的就更不能实行数罪并罚

C. 发现盗得的汽车质量有问题而将汽车推下山崖的,成立盗窃罪与故意毁坏财物罪,应当实行并罚

D. 明知在押犯脱逃后去杀害证人而私

放，该犯果真将证人杀害的，成立私放在押人员罪与故意杀人罪，应当实行并罚

(三)名词解释

1. 继续犯

2. 想象竞合犯

3. 结果加重犯

4. 连续犯

5. 牵连犯

(四)简答题

1. 简述一罪的分类。

2. 简述继续犯与状态犯的区别。

3. 简述集合犯的含义及类型。

4. 简述连续犯的处罚原则。

5. 简述继续犯与接续犯的区别。

(五)论述题

1. 论述想象竞合犯与法规竞合的区别。

2. 论述牵连犯的处罚原则。

五、深度拓展

【拓展一】　区分罪数的标准

(1)犯罪构成要件说

关于区分一罪与数罪的标准，通常采取犯罪构成要件说，即行为符合一个犯罪构成要件的就是一罪，行为符合数个犯罪构成要件的就是数罪，行为数次符合同一个犯罪构成要件的也是数罪。

区分一罪与数罪时，虽然应以犯罪构成要件为标准，但要综合考虑以下几点：

①对几次相同的犯罪行为能否进行一次评价？如果得出肯定结论，原则上就以一罪论处，如对于几次走私相同物品的犯罪、几次实施的相同财产犯罪等，可以进行一次评价，即累计犯罪数额作为一罪论处。如果得出否定结论，则不能以一罪论处。如一次盗窃犯罪与一次诈骗犯罪，不能累计其犯罪数额作一罪处理。

②对一个犯罪行为的法律评价能否包含对另一犯罪行为的法律评价？如果得出肯定结论，原则上就以一罪论处。如对于强奸犯在强奸过程中所实施的猥亵行为，可以评价在强奸罪中，一般不必另认定为强制猥亵妇女罪。如果得出否定结论，则不能以一罪论处。例如，故意造成被保险人死亡、伤残，然后骗取保险金的行为，仅评价为故意杀人或者故意伤害罪，就不能包含对保险诈骗行为的法律评价；反之，仅评价为保险诈骗，就不能包含对杀人、伤害行为的评价，故应认定为数罪。

③行为人的行为是否只对一个法益造成侵害？如果得出肯定结论，原则上就以一罪论处。例如，盗窃他人财物后又毁坏的，由于实质上只侵犯了财产权，故以一罪论处。如果得出否定结论，则可能成立数罪(还要联系其他情况考虑)。

④行为人的行为是否具有持续性与连续性？如果得出肯定结论，原则上应以一罪论处；如果得出否定结论，就可能成立数罪。

(2)疑难争议

一般来说，单纯的一罪与典型的数罪，是容易认定的。单纯的一罪是指行为人以一个罪过，实施一个行为，侵犯一种社会关系的犯罪。如行为人以一个杀人故意，开枪将一个人杀死，就是单纯的一罪。典型的数罪是指行为人以数个罪过，实施数个行为，侵犯数种社会关系，而且数个行为之间没有牵连、连续等关系的数个犯罪。如行为人第一次实施了盗窃行为，第二次实施了强奸行为，毫无疑义成立数罪。难以区分的情况是一些介于一罪与数罪之间的情况，具体如下：

①貌似数罪实为一罪的疑难争议

我国刑法理论通说对一罪与数罪的分类及其方法，存在许多争议。尤其是刑罚理论与刑法分则的规定存在许多冲突，造成许多由理论可以推导为数罪的情形，但是实际上由于刑

法的特别规定而貌似数罪实为一罪。例如，绑架罪中绑架他人后又杀害他人的撕票行为、强迫妇女卖淫中强奸后又迫使其卖淫的行为，根据理论推导都是数罪，但是刑法分则却规定为一罪。对于这些特殊情况，难以归入理论通说，理论上也没有形成一致的概念。

②貌似一罪实为数罪的疑难争议

与上述问题类似，我国刑法理论通说与刑法分则规定存在的冲突，同时也造成了某些貌似一罪实为数罪的情况。例如，某些牵连犯的类型，刑法分则有的对此以一罪论处，有的却以数罪论处。另外，还存在以下貌似一罪实为数罪的情况：一个行为触犯一个刑法分则条文可能貌似一罪实为数罪、着手实行犯罪后另起犯意构成数罪、犯罪过程中超出原犯罪范围成立数罪。

【拓展二】 异种数罪与同种数罪

异种数罪和同种数罪，是以行为人的数个行为符合数个基本犯罪构成的性质是否相同为标准所进行的分类。行为人出于数个不同的犯意，实施数个行为，符合数个性质不同的基本犯罪构成，触犯数个不同罪名的数罪，是异种数罪。例如，某甲实施暴力或暴力威胁的行为抢走某乙身上所带4 000元人民币，不久出于抢劫的故意，又以杀人的故意，用毒药将自己的妻子某丙杀死。某甲以两个行为触犯了抢劫罪和故意杀人罪两个罪名，就是异种数罪。行为人出于数个相同的犯意，实施数个行为，符合数个性质相同的基本犯罪构成，触犯数个罪名相同的数罪，是同种数罪。例如，某甲出于情场失意，为了报复，将与自己断绝恋爱关系的女朋友某乙杀死；后来为了不还拖欠某丙的债款而将某丙杀害。某甲出于两个杀人的故意，实施两个杀人行为，触犯了两个故意杀人罪，就是同种数罪。是否承认同种数罪，在我国刑法学界还有不同意见：有的持否定说，有的持肯定说。我们认为，同种数罪是客观存在的，至于是否数罪并罚，那是如何处罚问题，不应因此影响认定同种数罪是否存在。但是，法律规定某种数次同种犯罪作为该罪的严重情节的，那就不应当认为是同种数罪，而应当认为是一个该罪的重罪构成。例如，我国《刑法》第263条规定“多次抢劫”的，是严重抢劫的情节之一。如果多次抢劫，就不是构成数个抢劫罪，而是构成一个严重的抢劫罪。区分异种数罪与同种数罪的意义在于：有利于在量刑时正确地实行数罪并罚。因为在一定的法律条件下，异种数罪必须实行并罚，而同种数罪则不需实行并罚。

第八章

刑事责任

一、知识结构图

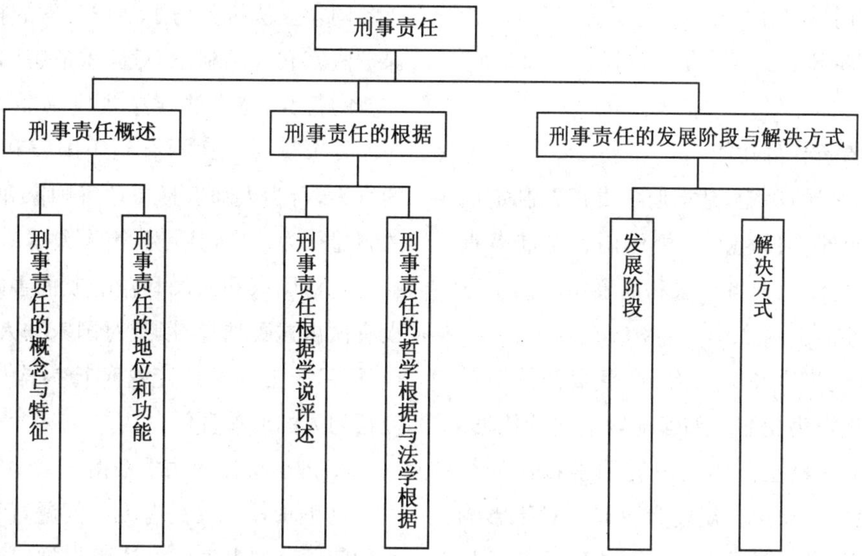

二、重难点归纳

(一)刑事责任的概念与特征

1. 刑事责任的概念

刑事法律规定的、因实施犯罪行为而产生的、由司法机关强制犯罪者承受的刑事惩罚或单纯否定性法律评价的负担。

2. 刑事责任的特征

(1)刑事责任是刑事法律规定的一种负担。将刑事责任归结为一种负担,是因为刑事责任是一种消极责任,本身具有某种负担之意。

(2)刑事责任因实施犯罪行为而产生。实施犯罪行为是刑事责任产生的前提或者原因,没有实施犯罪行为,刑事责任就不可能产生。

(3)刑事责任以刑事惩罚或单纯否定性法律评价为内容。刑事处罚包括刑法规定的刑罚处罚、刑法规定的非刑罚处理方法的处罚、单纯否定性法律评价这三类处罚方式。

(4)刑事责任只能由犯罪人承担。我国刑

法实行罪责自负、反对株连的原则。犯罪人，既包括犯罪的自然人，也包括犯罪单位。

(5)刑事责任由代表国家的司法机关强制犯罪人承担。这是刑事责任的强制性，表现了犯罪人与国家之间的关系。

以上是刑事责任的主要特征。把握住这些特征，有助于进一步理解刑事责任的概念，从而将刑事责任同其他法律责任区别开。

(二)刑事责任的地位和功能

1. 刑事责任的地位

按照现行刑法，刑事责任是与犯罪和刑罚同样重要的范畴，但它在刑法中的地位在刑法总则的结构上并未得到应有的反映。在刑法理论中，对刑事责任的地位，主要有三种观点：(1)基础理论说；(2)罪、责平行说；(3)罪、责、刑平行说。

2. 刑事责任的功能

刑事责任的功能，是指刑事责任在制定刑法和惩治犯罪中所起的积极作用。对刑事责任的功能，可以从刑事立法和刑事司法两个方面来加以考察：

(1)从刑事立法方面看，刑事责任是衡量行为是否规定为犯罪和如何配置刑罚的依据。只有严重危害社会且需要追究刑事责任的行为，才能在刑事立法上规定为犯罪。对于影响刑事责任轻重的情况，刑事立法上规定了从轻、减轻或免除处罚的情节或从重处罚的情节。

(2)从刑事司法方面看，刑事责任是决定是否适用刑罚和如何适用刑罚的标准。从两方面可加以说明：第一，刑事责任是决定适用刑罚的前提。没有刑事责任，就不可能适用刑罚。第二，刑事责任的大小是判处刑罚轻重的标准。依据我国《刑法》第5条的规定，刑事责任小的，刑罚就轻；反之，刑罚就重。

总之，对犯罪人是否判处刑罚以及判处什么刑罚，一般来说，都取决于行为人有无刑事责任和刑事责任的大小。

(三)刑事责任的根据

关于刑事责任的根据，刑法理论上有各种不同的学说，主要的学说如犯罪构成唯一根据说、罪过说、犯罪行为说、社会危害性说、哲学和法学根据说。近年来出版的教材多采用哲学和法学根据说，下面详叙之。

1. 刑事责任的哲学根据

鉴于刑事古典学派与近代学派对犯罪自由意志有无的争论，马克思主义刑法学从辩证唯物主义的角度辨析，认为人所具有的相对意志自由或自由选择能力是其承担刑事责任的哲学根据。

国家立法机关为了维护正常的社会秩序，保护国家和人民利益，对严重危害国家和人民利益的行为，特在法律中规定为犯罪。这里，国家要求行为人选择有利于国家和人民利益的行为，行为人却选择了危害国家和人民利益的犯罪行为。换句话说，行为人本应当选择能够避免对国家和人民利益造成危害的行为，却没有做出这种选择，以致对国家和人民利益造成危害，因为国家认定这种行为构成犯罪，追究行为人的刑事责任。

2. 刑事责任的法学根据

刑事责任不仅是有无的问题，而且还有大小的问题。刑事责任的法学根据，是行为符合犯罪构成。行为符合犯罪构成的理解如下：

(1)行为人必须实施某种行为。这里的行为必须具有犯罪的本质和法律特征。(2)行为必须具有一定的或者严重的社会危害性。这是犯罪的本质特征。(3)行为与刑法规定的犯罪构成相符合。犯罪构成是刑法规定的说明一定的社会危害行为构成犯罪所必需的主客观要件的统一体，是具有严重的社会危害性、违法性，应当追究刑事责任的犯罪行为的法定类型。

以上从三个方面分别论述了行为符合犯

罪构成。其实上述三个方面是统一的，区分的目的仅仅是为了深入分析的目的。将上述三个方面的论述用一句话来概括，即实际的危害行为符合刑法所规定的犯罪构成，才是刑事责任的法学根据。

(四)刑事责任的发展阶段

刑事责任从产生到实现可划分为三个阶段:刑事责任的产生阶段、确认阶段与实现阶段。

1. 刑事责任的产生阶段

这一阶段始于犯罪行为实施之时，终于公安、司法机关立案之日。在这一阶段，行为人的刑事责任客观存在着，只是司法机关还没有进行追究刑事责任的活动。在刑事责任的产生阶段，可能出现行为人自首或者立功等情况，这些会影响其刑事责任的程度。

2. 刑事责任的确认阶段

自公安、司法机关立案侦查时起，到人民法院作出的有罪判决生效时止。这一阶段的任务是:确认行为人是否实施了犯罪行为，应否承担刑事责任，应负怎样的刑事责任，如何实现其刑事责任。立案侦查、起诉、审判三个方面的刑事诉讼阶段，就大多数犯罪而言是刑事责任确认阶段不可缺少的内容。只有经过这些诉讼阶段，刑事责任才能得到确认和实现。

3. 刑事责任的实现阶段

一般而言，刑事责任的实现阶段自人民法院的有罪判决生效时起，到所决定的刑事制裁措施执行完毕或赦免时为止。刑事责任实现的基本方式是执行刑罚，具体包括:(1)判处刑罚(含仅判处主刑、仅判处附加刑或同时判处主刑及附加刑)的，刑罚被执行完毕；(2)宣告缓刑或者决定予以假释的，犯罪人在缓刑或假释考验期内没有再犯新罪、没有发现漏罪、没有违反监督管理规定；(3)仅给予非刑罚的刑事制裁措施的，该制裁措施执行完毕；(4)仅以作出有罪宣告的方式追究刑事责任的，该有罪宣告的判决发生法律效力。

另外，在刑事责任的实现阶段，可能出现刑事责任变更的情况。主要包括:(1)死刑缓期执行2年，期满的减刑；(2)管制、拘役、有期徒刑、无期徒刑的减刑；(3)特赦；(4)由于遭遇不能抗拒的灾祸缴纳确实有困难时罚金的减免。

(五)刑事责任的解决方式

刑事责任的解决方式分为刑事责任的实现方式与刑事责任的其他解决方式两种。

1. 刑事责任的实现方式

刑事责任的实现方式，又称刑事责任的实现方法、刑事责任的承担方式，指的是刑事责任可以通过哪些方法来实际承担。

(1)定罪判刑方式。定罪判刑即人民法院在判决中对犯罪人作出有罪宣告的同时确定对其适用相应的刑罚。在决定刑罚时，根据《刑法》第61条的规定，应根据犯罪的事实、犯罪的性质、犯罪的情节和对社会危害程度的规定判处刑罚。这种方式是实现刑事责任最基本、最常见的一种方式。

(2)定罪免刑方式。定罪免刑即人民法院在判决中对犯罪人作出有罪宣告但同时决定免除刑罚处罚。这种方式包括两种情况:一是作出定罪判决虽免除刑罚，但给予非刑罚处理方法的处理。如根据《刑法》第37条规定的非刑罚处理方法的处理包括予以训诫、责令具结悔过、赔礼道歉、赔偿损失、由主管部门给予行政处罚或者行政处分。二是作出定罪判决但免除刑罚处罚而不给任何处分。如根据《刑法》第10条、第19条至第22条、第24条、第27条、第28条、第68条、第390条或第392条都有可以或者应当免除处罚的规定。这种方式是刑事责任实现的次要、辅助的方式。

2. 刑事责任的其他解决方式

刑事责任的其他解决方式是指刑事责任

实现方式之外的其他使刑事责任得以终结的方式。在我国,刑事责任的其他解决方式有两种:一种是消灭处理方式;另一种是转移处理方式。

(1)消灭处理方式。刑事责任的消灭处理,是指行为人的行为本已成立犯罪而应负刑事责任,但由于存在法律规定的实际阻却追究其刑事责任的事实,如犯罪已过追诉时效期限;犯罪嫌疑人死亡或者被赦免等,以致使行为人的刑事责任归于消灭。这时国家便不再追究行为人的刑事责任。这是解决刑事责任的一种补充方式。

(2)转移处理方式。转移处理的含义是指对享有外交特权和豁免权的外国人的刑事责任不由我国司法机关处理,而是根据《刑法》第11条的规定通过外交途径予以解决。刑事责任的这种解决方式,是按照国际惯例和国家之间相互对等的原则所确定的,是一种解决特定行为人刑事责任的特殊方式。

【难点辨析】 刑事责任的实现、刑事责任的变更、刑事责任的终结

刑事责任的实现是整个刑事责任问题的结局和归宿。刑事责任的实现具体包括以下几种情况:(1)判处刑罚(含仅判处主刑、仅判处附加刑或同时判处主刑及附加刑)的,刑罚被执行完毕;(2)宣告缓刑或者决定予以假释的,犯罪人在缓刑或假释考验期内没有再犯新罪、没有发现漏罪、没有违反监督管理规定;(3)仅给予非刑罚的刑事制裁措施的,该制裁措施执行完毕;(4)仅以作出有罪宣告的方式追究刑事责任的,该有罪宣告的判决发生法律效力。

在刑事责任的实现阶段,可能出现刑事责任变更的情况,主要包括以下几种:(1)死刑缓期执行2年,期满后减为无期徒刑或者有期徒刑;(2)管制、拘役、有期徒刑和无期徒刑的减刑;(3)由于特赦而免除部分或者全部刑罚的执行;(4)由于遭遇不能抗拒的灾祸以致缴纳罚金确有困难时罚金刑的减免。需要指出的是,这里的刑事责任变更不是改变原来确定的刑事责任的性质,而是根据行为人的人身危险性的变化等情况,对其刑事责任的程度予以变更,从而使罪责刑相适应原则在刑事责任实现阶段得到更好的体现。

刑事责任的终结包括两种情况:一是因刑事责任的实现而终结,终结时间由于刑事责任实现的方式不同而不同。以刑罚为实现方式的,终结时间为刑罚执行完毕或赦免之时;以非刑罚处理方法为实现方式的,终结时间为非刑罚处理方法执行完毕之时;以单纯宣告有罪而免予刑罚处罚为实现方式的,终结时间为人民法院作出的有罪判决发生法律效力之时。二是因刑事责任的消灭而终结。刑事责任的消灭是指行为人的行为原本构成犯罪,但在实现刑事责任之前,由于某种法定的原因,使司法机关不能再追究刑事责任。从实际情况看,引起刑事责任消灭的原因主要是:(1)犯罪人在被追究刑事责任前死亡的;(2)犯罪已过追诉时效期限的;(3)告诉才处理的犯罪,没有告诉或者撤回告诉的。在上述场合,刑事责任的终结时间就是上述情况出现之时。

三、案例分析

【案例】

被告人左某华,男,1955年3月9日出生,汉族,湖南省平江县人。左某华系对越自卫反击战伤残立功退伍人员,退伍后被安置在平江县梅仙食品站工作。1991年,该站上级单位根据当时计划生育政策和该县政府文件规定,决定为一部分违反计划生育政策被停职或开除工作的人员恢复公职。被告人左某华因不符合条件,故未被批准恢复公职。左某华在多次上访要求复职无果后,于2013年初擅自搬进该站分站房内居住,随后未经任何部门同意,

擅自将该栋房屋的屋面拆除，造成该栋房屋第二层灭失。经过鉴定，被损房屋的修复造价为人民币36 282.20元。平江县人民法院审理认为被告人左某华造成公共财产灭失，数额较大，其行为已构成故意毁坏财物罪。考虑到被告人左某华犯罪情节等具体案情，可对被告人左某华免予刑事处罚。因此，平江县人民法院宣判：被告人左某华犯故意毁坏财物罪，免予刑事处罚。

案例来源：中国裁判文书网，“左某华故意毁坏财物罪二审刑事裁定书”，参见相关案号：(2014)岳中刑二终字第59号，http://wenshu.court.gov.cn/content/content?DocID=8861887a-4be9-4f93-b43b-96d90920e224&KeyWord=%EF%BC%882014%EF%BC%89%E5%B2%B3%E4%B8%AD%E5%88%91%E4%BA%8C%E7%BB%88%E5%AD%97%E7%AC%AC59%E5%8F%B7。

【问题聚焦】

(1)故意毁坏财物罪的认定标准。

(2)定罪免刑的适用条件。

【法律剖析】

(1)故意毁坏财物罪的认定标准

①罪与非罪的界限

按照故意毁坏财物罪的法条规定，故意毁坏公私财物数额较大或者情节严重的，才构成犯罪。因此，是否数额较大或者情节严重，是区分罪与非罪的界限。故意毁坏公私财物，数额较小、情节较轻的，则属于一般违法行为，应按照《治安管理处罚法》的规定予以拘留或警告，单处或并处罚款，责令赔偿损失。故意毁坏财物罪中的犯罪行为通常是由某种现实原因造成的。行为人可能是出于对财物所有人的打击报复或嫉妒心理或其他类似有针对性的心理态度，毁坏财物使所有人的财产受到损失就是其犯罪目的。

所谓“情节严重”，一般是指毁灭或损坏重要物品，损失严重的；毁灭或损坏公私财物的手段特别恶劣的；出于嫁祸于人等动机。“情节特别严重”，是指毁坏个人财物，导致他人精神失常的；破坏生产、经营设备设施，造成停产或经营停止，引起重大损失；破坏手段极其恶劣的；等等。

②本罪的立案标准

根据最高人民检察院、公安部《关于公安机关管辖的刑事案件立案追诉标准的规定(一)》(下称《追诉标准》)第33条规定，故意毁坏公私财物，涉嫌下列情形之一的，应予立案追诉：(一)造成公私财物损失5 000元以上的；(二)毁坏公私财物三次以上的；(三)纠集三人以上公然毁坏公私财物的；(四)其他情节严重的情形。

③本罪的审判标准

由于我国刑法对构成故意毁坏财物罪中的数额未作出明确界定，因此各地在实施中的标准也不太相同。福建省在对故意毁坏公私财物罪的认定中，“数额较大”一般为1万元以上不满5万元；“数额巨大”为5万元以上。湖南省在对故意毁坏公私财物罪的认定中，“数额较大”一般为5 000元以上不满5万元；“数额巨大”为5万元以上。[①] 本案例中被告人左某华造成公共财产的损失为36 282.20元，属于数额较大，达到了审判入刑的标准。

(2)定罪免刑的适用条件

①定罪的前提条件

定罪的前提条件是行为人的行为符合具体的犯罪构成事实，满足犯罪的主客观要件，构成犯罪。

②免刑的实质条件

免刑的实质条件是行为人的犯罪情节轻

① 湖南省高级人民法院湖南省人民检察院、湖南省公安厅关于印发《关于确定我省办理八种财产犯罪案件数额认定标准的意见》的通知。

微，不需要判处刑罚。“犯罪情节”是指除了决定犯罪性质的基本事实以外的其他能够影响危害程度的那些犯罪事实。“犯罪情节”既包括定罪情节，也包括量刑情节，这里定罪免刑的犯罪情节指的是量刑情节。这里的情节轻微，主要是指被告人系初犯，且主观恶性不大，也不是出于牟利的动机。

“量刑情节”是指人民法院在对犯罪分子量刑时据以处罚轻重或者免除处罚的主客观事实情况。一般而言，以刑法是否就量刑情节及其功能作出明确规定为标准将其分为法定情节与酌定情节。我国刑法共规定了以下四种法定情节：从重处罚情节、从轻处罚情节、减轻处罚情节、免除处罚情节。常见的酌定情节主要有犯罪动机，犯罪手段，犯罪的时间、地点等当时的环境和条件，犯罪侵害的对象，犯罪所造成的损害结果，犯罪人的个人情况和一贯表现，犯罪人犯罪后的态度。

③定罪免刑的实现途径

定罪免刑包括两种情况：一是作出定罪判决虽免除刑罚，但给予非刑罚处理方法的处理。如根据《刑法》第 37 条规定的非刑罚处理方法的处理包括予以训诫、责令具结悔过、赔礼道歉、赔偿损失、由主管部门给予行政处罚或者行政处分。二是作出定罪判决但免除刑罚处罚而不给任何处分。如根据《刑法》第 10 条、第 19 条至第 22 条、第 24 条、第 27 条、第 28 条、第 68 条、第 390 条或第 392 条都有可以或者应当免除处罚的规定。

【法条链接】

《中华人民共和国刑法》

第 37 条　对于犯罪情节轻微，不需要判处刑罚的，可以免予刑事处罚，但是可以根据案件的不同情况，予以训诫或者责令具结悔过、赔礼道歉、赔偿损失，或者由主管部门予以行政处罚或者行政处分。

第 275 条　故意毁坏公私财物，数额较大或者有其他严重情节的，处 3 年以下有期徒刑、拘役或者罚金；数额巨大或者有其他特别严重情节的，处 3 年以上 7 年以下有期徒刑。

《关于公安机关管辖的刑事案件立案追诉标准的规定（一）》

第 33 条　故意毁坏公私财物，涉嫌下列情形之一的，应予立案追诉：（一）造成公私财物损失5 000元以上的；（二）毁坏公私财物三次以上的；（三）纠集三人以上公然毁坏公私财物的；（四）其他情节严重的情形。

四、全真题演练

（一）单选题

1. 应当负刑事责任的开始时间是（　　）。

A. 行为人实施的行为构成犯罪的时候

B. 行为人作为被告人被提起诉讼的时候

C. 行为人被确认有罪判处刑罚的时候

D. 对行为人的有罪判决生效的时候

2. 刑事责任的确认阶段的开始时间是（　　）。

A. 自公安、司法机关立案侦查时

B. 人民法院作出的有罪判决生效时

C. 自人民法院的有罪判决生效时

D. 判决所确定的刑罚和非刑罚的刑事制裁措施等执行完毕时

3. 刑事责任的实现阶段的开始时间是（　　）。

A. 自公安、司法机关立案侦查时

B. 人民法院作出的有罪判决生效时

C. 自人民法院的有罪判决生效时

D. 判决所确定的刑罚和非刑罚的刑事制裁措施等执行完毕时

4. 整个刑事责任问题的结局和归宿是（　　）。

A. 刑事责任的产生阶段

B. 刑事责任的发展阶段

C. 刑事责任的实现阶段

D. 刑事责任的终结阶段

5. 刑事责任的设定根据是（　　）。

A. 犯罪的严重社会危害性

B. 刑法规定的犯罪构成

C. 行为人实施的符合犯罪构成的实际行为

D. 行为人在实施犯罪时所具有的相对的意志自由

6. 确定刑事责任的法律根据是（　　）。

A. 犯罪的严重社会危害性

B. 刑法规定的犯罪构成

C. 行为人实施的符合犯罪构成的实际行为

D. 行为人在实施犯罪时所具有的相对的意志自由

7. 确定刑事责任的事实根据是（　　）。

A. 犯罪的严重社会危害性

B. 刑法规定的犯罪构成

C. 行为人实施的符合犯罪构成的实际行为

D. 行为人在实施犯罪时所具有的相对的意志自由

8. 实现刑事责任最基本、最常见的一种方式是（　　）。

A. 定罪判刑方式

B. 定罪免刑方式

C. 消灭处理方式

D. 转移处理方式

（二）多选题

1. 刑事责任的发展阶段分为（　　）几个阶段。

A. 产生阶段　　B. 发展阶段

C. 实现阶段　　D. 终结阶段

2. 刑事责任的实现方式包括（　　）。

A. 定罪判刑方式　　B. 定罪免刑方式

C. 消灭处理方式　　D. 转移处理方式

3. 刑事责任的其他解决方式包括（　　）。

A. 定罪判刑方式　　B. 定罪免刑方式

C. 消灭处理方式　　D. 转移处理方式

4. 通常意义上的追究刑事责任是从（　　）的角度而言的。

A. 定罪　　B. 量刑

C. 其他处理方式　　D. 刑罚执行

5. 根据我国法律的规定，行为人承担刑事责任的方式有（　　）。

A. 定罪判刑的方式

B. 定罪免刑的方式

C. 通过外交途径解决

D. 不起诉

6. 引起刑事责任消灭的原因主要是（　　）。

A. 犯罪人在被追究刑事责任前死亡的

B. 刑事责任的实现

C. 告诉才处理的犯罪，没有告诉或者撤回告诉的

D. 犯罪已过追诉时效期限的

7. 下列属于消灭处理方式的有（　　）。

A. 通过外交途径解决

B. 犯罪已过追诉时效期限

C. 犯罪嫌疑人死亡

D. 犯罪嫌疑人被赦免

8. 刑事责任的实现具体包括（　　）。

A. 判处刑罚的，刑罚被执行完毕

B. 宣告缓刑或者决定予以假释的，犯罪人在缓刑或假释考验期内没有再犯新罪、没有发现漏罪、没有违反监督管理规定

C. 仅给予非刑罚的刑事制裁措施的，该制裁措施执行完毕

D. 仅以作出有罪宣告的方式追究刑事责任的，该有罪宣告的判决发生法律效力

（三）名词解释

1. 刑事责任

2. 刑事责任的根据
3. 刑事责任的解决
4. 刑事责任的功能
5. 刑事责任的终结

（四）简答题

1. 简述刑事责任的特征。
2. 简述刑事责任的功能。
3. 简述刑事责任的根据。
4. 简述刑事责任的发展阶段。
5. 简述刑事责任的实现情况。

（五）论述题

1. 论述刑事责任与犯罪、刑罚的关系。
2. 论述刑事责任的解决方式。

五、深度拓展

【拓展一】 刑事责任的变迁★

刑事责任的变迁过程是伴随着法律责任从伦理道德中分离出来、刑事责任从法律责任中独立出来的过程。其变迁中的主要特点有：(1)刑事责任由随意性发展为法定性；(2)刑事责任由群体责任发展为个人责任；(3)刑事责任承担主体由物与人承担发展为由人承担；(4)刑事责任的实现方式由残酷发展为人道；(5)刑事责任的实现方法由单一化走向多元化。

【拓展二】 非刑罚的刑事责任方式★★

非刑罚的刑事责任方式越来越受到理论界和社会的关注，人们越来越认识到刑罚不是实现刑事责任的唯一方法。我国刑法中规定了训诫、责令具结悔过、赔礼道歉、赔偿损失等非刑罚处罚方法，但是这些方法并不具有很大的创新性，也不具有适应刑法性质的特定功能，而往往是从其他部门法借鉴过来的。我国刑法应当适应世界潮流，发展具有中国特色的非刑罚刑事责任方式，可以增加诸如“停止单位运作”、“禁止从事特定职业或者职务”、“强制治疗”、“强制从事社会公益服务”等非刑罚刑事责任方式。例如，2015 年 8 月 29 日通过的《刑法修正案（九）》，就增加了禁止从事相关职业的预防性措施——《刑法》第 37 条之一“利用职业便利实施犯罪的禁业限制”。

第九章

刑罚概说

一、知识结构图

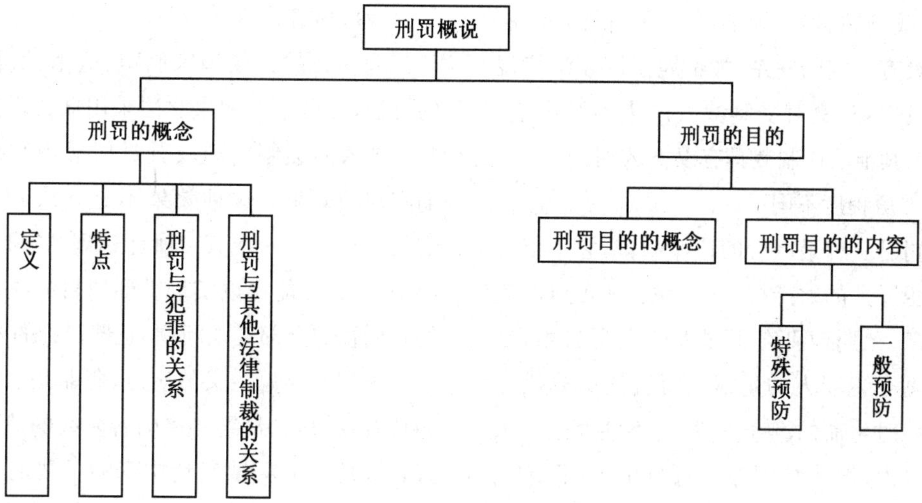

二、重难点归纳

(一)刑罚的概念及其特点

我国的刑罚是国家为了防止犯罪行为对国家利益、社会利益与公民合法权益的侵犯而规定的,由人民法院根据刑事立法对犯罪人适用的,建立在剥夺性、限制性痛苦基础上的最为严厉的强制措施。

刑罚具有以下特点:

(1)刑罚的属性。使犯罪人承受一定的剥夺性、限制性痛苦是刑罚的惩罚性质和本质属性。

(2)刑罚的社会政治内容。什么样的国家为着什么人的利益而适用刑罚,是刑罚最为重要的社会政治内容。

(3)刑罚的法律特征。刑罚是由刑法明文规定的。不仅如此,刑罚还只能由国家的审判机关,严格遵循法律规定的管辖权限和诉讼程序适用。

(4)刑罚的目的性。我国刑罚的目的在于预防犯罪。刑罚既具有惩罚的一面,也具有教育改造的一面,但二者都是达到刑罚目的的手段。只讲惩罚而不讲教育改造,或者只讲教育改造而不讲惩罚,都将有碍于目的的实现,也就不是我国所需要的刑罚。

(二)刑罚与犯罪的关系

刑罚与犯罪的关系是:犯罪引起刑罚的产生,刑罚是对犯罪的否定,两者是对立统一的关系。对立关系:犯罪与刑罚是一种破坏与反破坏、反抗与扼制的对立关系;刑罚使犯罪的欲望难以实现,两者是一对不可调和的矛盾。统一关系:起源相同;互相依存;命运共同。

(三)刑罚与其他法律制裁的关系

一个国家的法律制度体系,通常是由多种制裁措施构成的,如除了刑罚之外,还有民事制裁、行政制裁、经济制裁等。刑罚与其他法律制裁具有一定的联系,如都属于国家法律规定的制裁措施;都对受制裁人产生不利影响。但刑罚与其他法律制裁具有以下区别:

1. 严厉程度不同

刑罚是一种最严厉的法律制裁,它不仅可以剥夺犯罪人的财产权与政治权,还可以限制或者有期、无期地剥夺犯罪人的人身自由,甚至可以剥夺犯罪人的生命。而其他法律措施绝对排除对生命的剥夺,一般也不涉及违法人的人身自由,即使是剥夺人身自由(如行政拘留),时间也极为短暂。

2. 适用对象不同

刑罚只适用于触犯刑法构成犯罪的人,对其他违法者不得适用刑罚。而其他法律制裁主要适用于仅有一般违法行为但没有构成犯罪的人,同时在一定条件下也可以适用于犯罪人(在对犯罪人科处刑罚的同时,也可以给予其他法律制裁)。

3. 适用机关不同

刑罚只能由国家刑事审判机关适用,在我国只能由人民法院适用。而民事制裁由国家审判机关中的民事审判部门适用,行政制裁一般由行政执法机关适用,如此等等。

4. 适用根据不同

刑罚只能由人民法院根据刑法予以适用,而其他法律制裁则分别依照民法、行政法等实体性法律、法规予以适用。

5. 确立机关不同

刑罚只能由国家最高立法机关确立,即只能由全国人民代表大会及其常务委员规定刑种与刑度,而其他法律制裁可以由其他有关机关确立。如行政法规可以设立除限制人身自由以外的行政处罚,地方性法规可以设立除限制人身自由、吊销企业营业执照以外的行政处罚,但行政法规与地方性法规的制定机关无权规定刑罚。

(四)刑罚目的

刑罚目的是指国家制定、适用、执行刑罚的目的,即国家的刑事立法采用刑罚作为对付犯罪现象的强制措施及其具体适用和执行预期实现的效果。这种效果不是立法、审判、行刑三个环节之一或其二所能达到的,只有三者协同一致,才能得以实现。刑罚目的决定或制约着刑罚的全部其他问题,是刑罚论的要害。

根据马克思主义的观点,犯罪是阶级社会的特有现象,它最终必将随着阶级的消灭而消灭。这是一个从量变到质变的长久的历史过程,刑罚在这个过程中的使命,就是最大限度地减少犯罪,但它又是为最终消灭犯罪这个宏伟目标服务的。所以预防犯罪的目的不仅包含最大限度地减少犯罪,而且包含最终消灭犯罪。我国刑罚预防犯罪的目的还包括特殊预防与一般预防。

1. 特殊预防

特殊预防,是指预防犯罪人重新犯罪。特殊预防是通过两种途径实现的:

(1)通过对罪行极其严重的犯罪人适用死刑,永远剥夺其重新犯罪的能力。这种方式虽然简单、有效,但在现代社会不应成为实现特殊预防的主要途径。

（2）通过对犯罪人适用刑罚，使犯罪人不能犯罪、不敢犯罪乃至不愿犯罪。例如，通过剥夺犯罪人的人身自由，使其终身或在一定期间内与社会隔离，而不可能实施犯罪行为；通过限制犯罪人的人身自由，使其在一定期间内难以实施犯罪行为；通过剥夺犯罪人的财产，使其在一定时间内丧失再犯罪的物质条件；通过剥夺犯罪人的某种权利，防止其利用这些权利再次犯罪。而这些方法同时对犯罪人具有威慑与教育改造作用，迫使他们认识到，如果再犯罪就必将承担剥夺性、限制性痛苦，只有不再犯罪才能享受本来具有的法益。于是，他们不敢重蹈覆辙、不愿再陷囹圄，从而实现特殊预防目的。

2. 一般预防

一般预防，包括消极的一般预防与积极的一般预防。一般预防主要是通过对犯罪分子适用刑罚，威慑、儆戒潜在的犯罪人，防止他们走上犯罪道路。一般预防的对象不是犯罪人，而是犯罪人以外的社会成员，包括危险分子、不稳定分子、犯罪被害人与其他社会成员。

（1）危险分子，即具有犯罪危险的人，如尚未得到有效改造的刑满释放人员、多次实施违法行为的人、多次受到刑罚处罚的人。这些人无疑是一般预防的重点。

（2）不稳定分子，即容易犯罪的人。这主要是指法制观念淡薄、自制能力不强、没有固定职业、容易受犯罪诱惑或容易被犯罪人教唆拉拢的人。不稳定分子主要存在于不良群体与失业者中，也是一般预防的重点。

（3）犯罪被害人，即直接或间接受到犯罪行为侵犯的人。这些人虽然是犯罪受害者，但因为往往具有报复性倾向，也容易通过犯罪手段达到报复目的，故属于一般预防的对象。

（4）其他社会成员，即上述以外的广大公民。

一般预防的途径包括：

（1）通过对犯罪人判处刑罚，向社会成员宣告，任何人犯罪都将受到刑罚处罚，都将承受剥夺性痛苦，于是对社会成员起到警戒与抑制作用，使社会成员增强规范意识，进而不敢或者不愿意实施犯罪行为。

（2）通过对犯罪人判处刑罚，向社会成员宣告，任何犯罪都是侵犯法益的行为，与犯罪作斗争是社会成员的义务，于是号召社会成员防止和抵制犯罪发生，以利于预防可能犯罪的人实施犯罪行为。因此，一般预防的实现，有赖于刑罚的公正性、公开性与及时性。

上述特殊预防与一般预防是一个整体，密切联系，不可分割。特殊预防与一般预防并重的必要性是不言而喻的。从事实上看，制定、适用和执行刑罚，都具有对犯罪人的特殊预防和对社会上其他人的一般预防两方面的目的。特殊预防的实现，有利于一般预防的实现；同样，一般预防的实现，也有助于特殊预防的实现。

【难点辨析】

特殊预防与一般预防★

特殊预防与一般预防并不是对立关系，而是密切联系、相互依存、不可分割的。任何犯罪行为都是侵犯法益的行为，都预示着犯罪人有再次犯罪的可能性；同时表明还存在着各种诱发犯罪的原因以及可能实施犯罪行为的人。通过制定、适用和执行刑罚，警告、教育社会上其他人不犯罪和抵制他人犯罪，起到防患于未然、保证社会长治久安的法治效果。这完全具有对犯罪人的特殊预防和对社会上其他人的一般预防的双重目的。两者是相互促进的关系。

特殊预防与一般预防的不同，主要是在刑罚表现的阶段上侧重点不一样而已。在刑事立法上，侧重一般预防；在量刑与刑罚执行上，侧重特殊预防。如果在量刑时过于重视一般预防的效果，就必然使犯罪人成为实施一般预防目的的工具,造成刑罚与罪行不相适应,从而伤害报应的正义性。在我国的刑事审判中,两个预防是并重的,法院会因人不同、因罪不同、因社会形势不同之情况,导致适用刑罚的思想侧重点也有所不同。但无论侧重哪一方预防的需求,适用刑罚的轻重程度都必须以法定刑为标准,而且不能超出责任的程度。

消极的一般预防与积极的一般预防★★

消极的一般预防又称威慑预防,是指谁实施犯罪行为谁就受到刑罚处罚,从而威慑一般人,使其不敢犯罪。积极的一般预防又称为规范预防,是指唤醒和强化国民对法的忠诚、对法秩序的存在和贯彻力的信赖,从而预防犯罪。

消极的一般预防与积极的一般预防并不是对立的,两者的目的都是预防犯罪,只是对刑罚功能的强调不同。这表现在:消极的一般预防旨在通过发挥刑罚的威慑功能,使一般人不敢犯罪,而积极的一般预防旨在发挥刑罚的规范强化功能、教育功能、安抚功能等,使一般人不愿犯罪。从不敢犯罪到不愿犯罪,无疑是一种递进的效果。消极的一般预防不是出于良心,而积极的一般预防出于良心,所以后者比前者理想。国家在追求威慑预防效果的同时,当然追求规范预防的效果。总之,刑罚的功能既表现在对意欲犯罪的人以威慑预防,也表现在对其他人以规范预防。

报应刑论与目的刑论★★★

报应刑论将刑罚理解为对犯罪的报应,基于报应的原理对恶害的犯罪以痛苦的刑罚进行报应,就体现了正义,这是刑罚的正当化根据。"因为有犯罪而科处刑罚",就是报应刑论的经典表述。目的刑论,又称预防刑论,该论认为刑罚本身并没有意义,只有在为了实现一定目的(预防犯罪)的意义上才有价值。在预防犯罪所必要而且有效的限度内,刑罚才是正当的。因此,刑罚的正当化根据在于刑罚目的的正当性与有效性。"为了没有犯罪而科处刑罚",是目的刑论的经典表述。

由于报应刑论与预防刑论各有利弊,如两者结合形成并合刑论,可以优势互补、弊害互克。预防刑论往往导致刑罚过重,报应刑论正好给刑罚划定了上限,使得刑罚不超出报应的范围;报应刑论会导致从预防角度而言不需要判处刑罚时也必须判处刑罚,预防刑论正好可以防止这一情形的出现。如果没有预防犯罪的效果或者从预防犯罪的角度而言不需要判处刑罚,就不应当判处刑罚,这就为免除刑罚提供了依据。于是,"因为有犯罪并为了没有犯罪而科处刑罚"的并合主义成为较为理想的刑罚观念。

三、全真题演练

(一)单选题

1. 特殊预防的对象是(　　)。

A. 危险分子

B. 不稳定分子

C. 犯罪被害人及其家属

D. 受刑人

2. 我国刑罚的目的是(　　)。

A. 改造犯罪　　B. 惩罚犯罪

C. 教育犯罪　　D. 预防犯罪

3. 刑罚的对象是(　　)。

A. 犯罪人　　B. 被害人

C. 被害人家属　　D. 犯罪人家属

4. 刑罚适用的主体是(　　)。

A. 各级行政机关　　B. 民事审判部门

C. 刑事审判部门　　D. 群众

5. 刑罚的属性是(　　)。

A. 使犯罪人承受一定的被限制、剥夺的痛苦

B. 摧残、折磨犯罪人的报复手段

C. 威慑犯罪人不再犯罪

D. 使犯罪人得到感化

6. 刑罚由(　　)决定适用。

A. 检察院　　B. 法院

C. 公安机关　　D. 监狱

7. 一般预防的对象主要是(　　)。

A. 犯罪分子

B. 有可能实施犯罪行为的人

C. 一切人

D. 违法分子

8. 为了达到刑罚的目的,必须(　　)。

A. 只讲惩罚而不讲教育改造

B. 仅讲教育改造而不讲惩罚

C. 惩罚与教育改造并重

D. 惩罚与教育都不注重

(二)多选题

1. 一般预防的对象是(　　)。

A. 危险分子

B. 不稳定分子

C. 犯罪被害人及其家属

D. 其他社会成员

2. 一般预防的方式是通过刑罚的(　　)作用来表现的。

A. 威慑　　B. 安抚

C. 教育　　D. 鼓励

3. 要达到一般预防的效果,须注意刑罚的(　　)。

A. 适当性　　B. 公开性

C. 及时性　　D. 威慑性

4. 特殊预防的对象包括(　　)。

A. 尚未实际实施犯罪的人

B. 过失犯罪人

C. 故意犯罪人

D. 曾经犯过罪但其刑事责任已经终结的人

5. 适用刑罚的法律依据是(　　)。

A. 刑法　　B. 民法

C. 刑事诉讼法　　D. 民事诉讼法

6. 刑罚的法律特征是(　　)。

A. 使犯罪人承受一定的被限制、剥夺的痛苦

B. 刑罚是国家用以维护社会主义国家利益、社会利益与公民个人合法权益的工具

C. 刑罚是刑法明文加以规定的

D. 刑罚的适用和执行必须严格地遵循法律的规定

7. 刑罚处罚涉及受刑人的(　　)等重大权益。

A. 自由　　B. 财产

C. 资格　　D. 生命

8. 我国刑罚的目的是(　　)。

A. 预防犯罪

B. 惩罚犯罪

C. 一般预防和特殊预防

D. 教育公民

(三)名词解释

1. 刑罚

2. 刑罚目的

3. 特殊预防

4. 一般预防

5. 刑罚的功能

(四)简答题

1. 简述刑罚与其他法律制裁方法的区别。

2. 简述特殊预防的方式。

3. 简述一般预防的方式。

4. 简述刑罚的特点。

5. 简述刑罚的功能。

(五)论述题

1. 论述刑罚与犯罪的关系。

2. 论述特殊预防与一般预防的关系。

四、深度拓展

【拓展一】 刑罚权与行刑权

刑罚权基本权能的结构:刑罚创制权、刑罚适用权和刑罚执行权三项基本权能,构成了

刑罚运行结构的基本框架。侦查权和起诉权属于刑罚适用权活动过程的一个部分，从其"犯罪与刑罚"活动的性质上来讲，二者也是刑罚权的一个组成部分，都属于对犯罪行使追诉权的范畴，侦查、起诉与追诉、求刑、审判同为刑罚适用，核心是审判机关的适用权。侦查权、起诉权是刑罚适用权活动的组成部分。在刑罚权的基本权能结构中，除立法机关制刑权的决定意义外，审判权是前提和核心。审判权是司法权的象征和代表，执行权则是关键和根本。

行刑权作为一项独立的基本刑罚权能，是"现实的"刑罚权，在刑罚权的运用过程中具有独特的实践意义。行刑是监狱行使行刑权，实施生效刑事裁判对罪犯所判处的刑罚的刑事司法活动，其以实现刑罚的内容为根本的任务。监狱的行刑权在其执行刑罚活动中得到实现。行刑权的内容受制于刑罚的内容，行刑权应当以实现刑罚的内容为限。

【拓展二】 刑罚改革的方向是非刑罚化

非刑罚化是当代世界刑法改革的主题之一，是作为现代刑法基本刑事政策的刑罚谦抑原则的直接要求。刑法谦抑原则还要求严格收缩法定刑罚圈，严格控制对犯罪行为适用刑罚的条件，在能不适用刑罚、采用其他非刑罚处理手段也能达到预防和控制犯罪的目的时，即排除刑罚的适用，改用非刑罚处理手段。通过非刑罚化对刑罚进行实质限制的方式和途径主要有：通过规定免刑制度和免除处罚情节，对刑罚的适用范围进行实质限制；通过非刑事制裁措施对刑罚的适用范围进行实质限制；通过保安处分，弥补刑罚功能的不足，限制刑罚的适用范围。

非刑罚化对传统的报应性刑罚提出了根本的挑战，改变了人们长期以来固守的有罪必罚的报应观念，推动了社会对于犯罪和罪犯的态度的变化，同时也节约了国家刑罚资源的投入，使现代社会对付犯罪的反应方式在趋向多样化的同时，更趋向人道、文明、经济的选择。各国对轻微犯罪以及中等严重程度的犯罪广泛适用非刑罚制裁措施的实践效果表明，国家、社会对这些不严重威胁社会秩序和公共福利的犯罪采取较以往更为宽容的态度，并没有导致传统刑罚特别是短期剥夺自由刑的种种弊端，从而有效地控制了一段时间以来累犯率和再犯罪率明显上升的局面，总体上保持了犯罪形势的相对稳定。

非刑罚化运动代表了现代社会宽容刑事犯罪的最新趋向，但是，不能因此认为非刑罚化已经成为现代西方刑事政策的主导方面。事实上，基于目的刑观念和成本—效益观念的现代西方国家的刑事政策，在强调对轻微犯罪甚至一般犯罪非刑罚化的同时，也十分重视集中有限刑罚资源严厉惩罚严重犯罪。

第十章

刑罚的体系和种类

一、知识结构图

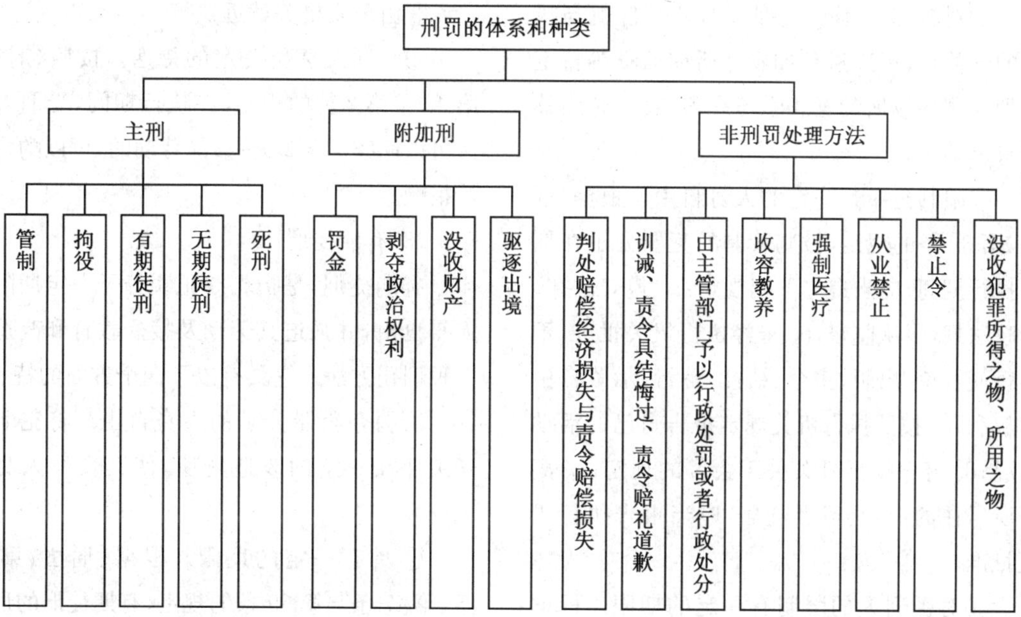

二、重难点归纳

(一)刑罚体系的概述

1. 刑罚体系的概念

刑罚体系,是指国家的刑事立法以有利于发挥刑罚的积极功能、实现刑罚目的为指导原则,选择刑种、实行分类并依其轻重程度排列的序列。

2. 确立刑罚体系的思想基础

我国建立刑罚体系的思想基础包括以下四个方面:(1)适应现阶段一般人的价值观;(2)贯穿惩罚与教育相结合的方针;(3)体现人权保障精神;(4)吸收有益的法律文化成果,反映世界立法趋势。

3. 刑罚体系的特点

(1)宽严相济,衔接紧凑;(2)内容合法,方法人道;(3)体系完整,结构严谨。

4. 刑罚体系的功能

刑罚体系具有教育功能、威慑功能、科学化功能、有利于刑罚目的实现的功能。

(二)主刑

主刑,是对犯罪适用的主要刑罚方法。我国《刑法》第32条规定了5种由轻到重的主刑种类。这5种主刑又可以分为自由刑与生命刑两大类。

1. 自由刑

(1)管制

管制,是指对犯罪人不予关押,但限制一定自由,依法实行社区矫正的一种刑罚方法。管制是我国特有的一种轻刑,它具有以下四个方面的特点:

①对犯罪人不予关押。不剥夺自由与执行的开放性,可以避免如看守所或监狱等特定羁押或服刑场所的互相学习恶习、交叉感染等固有弊端。

②限制犯罪人一定的人身自由。根据《刑法》第39条的规定,被判管制的犯罪分子在刑罚执行期间,应当遵守下列规定:a. 遵守法律、行政法规,服从监督;b. 未经执行机关批准,不得行使言论、出版、集会、结社、游行、示威自由的权利;c. 按照执行机关规定报告自己的活动情况;d. 遵守执行机关关于会客的规定;e. 离开所居住的市、县或者迁居,应当报告执行机关批准。

③对受刑人的限制有一定的期限。根据《刑法》第38条、第40条、第41条与第69条的规定,管制的期限为3个月以上2年以下;数罪并罚时,管制的期限不得超过3年。管制的刑期,从判决执行之日起计算;判决以前先行羁押的,羁押1日折抵刑期2日。

④实行社区矫正。根据《刑法》第38条第3款的规定,被判处管制的犯罪分子,依法实行社区矫正。同时,该条第2款规定了三个方面事项的禁止令,人民法院可以依据具体情况,裁量适用。

(2)拘役

拘役,是指短期剥夺犯罪人的人身自由,由公安机关就近执行并对犯罪人进行劳动改造的刑罚方法。它具有以下四个方面的特点:

①剥夺犯罪人的自由。将犯罪分子关押在特定的改造场所进行改造,使其丧失人身自由。

②剥夺自由的期限较短。根据《刑法》第42条、第44条与第69条的规定,拘役的期限为1个月以上6个月以下;数罪并罚时,拘役期限最长不得超过1年。拘役的刑期,从判决执行之日起计算;判决以前先行羁押的,羁押1日折抵刑期1日。

③由公安机关就近执行。

④受刑人享受一定的待遇。按照《刑法》第43条第2款的规定,在执行期间,受刑人每月可以回家1至2天;参加劳动的,可以酌量发给报酬。

(3)有期徒刑

有期徒刑,是指剥夺犯罪分子一定期限的人身自由,并强迫其劳动及接受教育和改造的一种刑罚方法。它具有以下四个方面的特点:

①剥夺犯罪分子的人身自由。将犯罪分子关押在一定的改造场所,使其丧失人身自由。

②具有一定的期限。根据《刑法》第45条、第47条与第69条的规定,有期徒刑的刑期为6个月以上15年以下;数罪并罚时,有期徒刑总和刑期不满35年的,最高不能超过20年;总和刑期在35年以上的,最高不能超过25年。有期徒刑的刑期,从判决执行之日起计算;判决以前先行羁押的,羁押1日折抵刑期1日。

③在监狱或者其他执行场所执行刑罚。

④强迫犯罪人参加劳动并接受教育和改造。

(4)无期徒刑

无期徒刑,是指剥夺犯罪分子终身自由,

强制其参加劳动并接受教育和改造的一种刑罚方法。它具有以下五个方面的特点：

①剥夺犯罪分子的人身自由。将犯罪分子关押在一定的改造场所，使其丧失人身自由。

②对犯罪人自由的剥夺没有期限。

③强迫受刑人参加劳动并接受教育和改造。根据《刑法》第46条的规定，被判处无期徒刑的犯罪分子，除无劳动能力的外，都必须参加无偿劳动，接受教育和改造。

④判决执行前羁押的期限不能折抵刑期。无期徒刑无期限可言，因而就并不存在刑期折抵的问题。

⑤必须附加剥夺政治权利终身。

【难点辨析】 拘役与刑事拘留、民事拘留、行政拘留的区别★★

(1)性质不同。拘役属于刑罚方法；而刑事拘留是刑事诉讼中的一种强制措施；民事拘留属于司法行政性质的处罚；行政拘留则属于治安行政处罚。

(2)适用的对象不同。拘役适用于罪行较轻的犯罪人；刑事拘留适用于《刑事诉讼法》第61条规定的7种情形之一的现行犯或者重大嫌疑分子；民事拘留适用于《中华人民共和国民事诉讼法》(以下简称《民事诉讼法》)第102条规定的6种行为之一但又不构成犯罪的民事诉讼参与人或其他人；行政拘留适用于违反治安管理法规但尚未达到犯罪程度的行为人。

(3)适用机关不同。拘役和民事拘留均由人民法院适用，但拘役由人民法院的刑事审判部门适用，民事拘留由人民法院的民事审判部门适用；刑事拘留由公安机关或人民检察院适用；行政拘留则只能由公安机关适用。

(4)适用的法律依据不同。拘役依照刑法的规定适用；刑事拘留依照刑事诉讼法的规定适用；民事拘留依照民事诉讼法的规定适用；行政拘留则依照治安管理处罚法的规定适用。

【难点辨析】 各个自由刑的相关内容比较★★

(1)性质、刑期以及刑期折抵问题

①性质：在5种主刑中，管制、拘役、有期徒刑和无期徒刑都是针对人身自由的，是自由刑。其中，管制是最轻的主刑，是限制自由而非剥夺自由的刑种；拘役、有期徒刑、无期徒刑则是剥夺自由的刑种。

②刑期：管制的期限是3个月以上2年以下，数罪并罚不超过3年；拘役的期限是1个月以上6个月以下，数罪并罚不超过1年；有期徒刑的期限为6个月以上15年以下，数罪并罚不超过20年。

③执行前羁押期的折抵：管制犯羁押1日折抵刑期2日，拘役犯和有期徒刑犯羁押1日折抵刑期1日，无期徒刑犯不存在折抵问题。

(2)执行的主要内容

①管制：对受刑人不予关押、在劳动中同工同酬；遵守法律、行政法规，服从监督；未经执行机关批准，不得行使言论、出版、集会、结社、游行、示威自由的权利；按照执行机关规定报告自己的活动情况；遵守执行机关关于会客的规定；离开所居住的市、县或者迁居，应当报告执行机关批准。

②拘役：就近关押，在拘留所或看守所执行；在执行期间，受刑人每月可以回家1至2天；参加劳动的，可以酌量发给报酬。

③有期徒刑、无期徒刑：在监狱或者其他执行场所执行；凡有劳动能力的，都应当参加劳动，接受教育和改造。(有期徒刑是我国刑法中适用最广泛的刑种，除了《刑法》第133条之一的危险驾驶罪，刑法分则对各种犯罪的法定刑中都规定有有期徒刑。我国的无期徒刑可通过减刑、假释等制度进行有期限的变通，即无期徒刑的犯罪分子未必都服刑终身。)

(3)有期限自由刑的刑期计算问题

管制、拘役以及有期徒刑的刑期的计算都是从“判决执行之日起计算”。

注意:不是从判决确定之日、判决生效之日起计算,而是从判决执行之日起计算。因为判决确定、判决生效后还有一个交付执行的问题,执行机关作出执行决定书时才表明判决开始执行。但是,死刑缓期执行的2年期间和一般缓刑考验期限则是从判决确定之日起计算。

2. 生命刑

(1)死刑的概念

死刑是剥夺犯罪人生命的刑罚方法,包括死刑立即执行与死刑缓期两年执行两种情况。因死刑以剥夺犯罪人的生命为内容,故称之为生命刑。死刑是所有刑罚方法中最严厉的刑罚,是极刑。

《刑法修正案(八)》与《刑法修正案(九)》先后废除了13个罪与9个罪的死刑,死刑罪名进一步减少到44个。这表明,虽然现行刑法保留死刑,但并不意味着可以多杀、错杀。坚持少杀、防止错杀,严格控制死刑的适用,才是我国基本的刑事政策。

(2)死刑的限制适用

我国刑法对死刑的适用条件、适用对象、适用程序和执行制度作了尽可能详细而明确的规定,其基本精神是限制死刑的适用,具体体现在:

①适用条件的限制

从刑法总则的规定来看,死刑只适用于罪行极其严重的犯罪分子,一般选择适用死刑缓期执行;从刑法分则的规定来看,并非所有规定了死刑条款的罪名都必须适用死刑,要综合考虑犯罪行为的性质、犯罪情节的严重程度、犯罪人的主观恶性等情况,最终决定是否适用死刑。

②适用对象的限制

犯罪的时候不满18周岁的人和审判的时候怀孕的妇女,不适用死刑。审判的时候已满75周岁的人,不适用死刑,但以特别残忍手段致人死亡的除外。这里所说的“不适用死刑”,是指既不能判处死刑立即执行,也不能判处死刑缓期2年执行。

③适用程序的限制

a. 从死刑案件的管辖上进行限制,死刑案件只能由中级以上人民法院进行第一审。

b. 从死刑核准程序上进行限制,死刑(指死刑立即执行的情况)除依法由最高人民法院判决的以外,都应当报请最高人民法院核准。死刑缓期执行的,可以由高级人民法院判决或核准。

c. 执行方法的限制:根据刑事诉讼法的规定,死刑采用枪决或者注射等方法执行。这里的“等”,应理解为没有实意,只是煞尾。死刑的执行方式只有枪决或者注射。

④执行制度上的限制

将死刑立即执行和死刑缓期执行确定为执行死刑的两种制度,从而在实际上减少死刑的执行次数。

【疑难法条解析】 《刑法》第49条规定:“犯罪的时候不满18周岁的人和审判的时候怀孕的妇女,不适用死刑。审判的时候已满75周岁的人,不适用死刑,但以特别残忍手段致人死亡的除外。”

(1)18周岁是以犯罪时为准,其一律按公历的年月日计算实足年龄,即从18周岁生日的第二天起,才被视为已满18周岁;怀孕的妇女是以审判时为准的,审判的时候是指从羁押到判决确定的整个刑事诉讼过程,而不仅仅是指法院审理阶段。审判时已满75周岁的人,是指按照刑事诉讼法的规定,在人民法院审判的时候被告人是年满75周岁的老年人。

(2)这里的“审判的时候怀孕”,不能仅仅理解为在人民法院审理案件的时候被告人怀孕,也包括在这以前怀孕的情况。怀孕妇女因涉嫌犯罪在羁押期间自然流产后，又因同一事实被起诉、交付审判的，应当视为“审判的时候怀孕的妇女”，依法不适用死刑。[①] 由此可见，“审判的时候怀孕”既包括人民法院审理时被告人正在怀孕的，也包括案件被起诉到人民法院之前被告人怀孕但自然流产或者被做了人工流产的情况。

(3)在羁押期间已是孕妇的被告人，无论其怀孕是否属于违反国家计划生育政策，也不论其是否自然流产或者经人工流产以及流产后移送起诉或审判期间的长短，都不能适用死刑。

(4)特别残忍手段致人死亡，是指犯罪手段令人发指，如以肢解、残酷折磨、毁人容貌等特别残忍的手段致使被害人死亡的。

3. 死缓制度

死刑缓期执行是死刑中的一种过渡性处理方法，属于死刑的一种执行制度，简称死缓制度。它与死刑立即执行共同构成死刑这一刑罚方法，而不是轻于死刑的一个独立刑种。死缓制度是我国刑事立法的一个独创。

(1)适用死缓制度必须具备两个条件

①适用的对象只能是应当被判处死刑的犯罪分子；②对犯罪分子不是必须立即执行死刑。

(2)死刑缓期执行的最终结果

根据《刑法》第 50 条的规定，对于被判处死刑缓期执行的犯罪分子，最终有三种结局：

①犯罪人在死刑缓期执行期间，如果没有故意犯罪的，2 年期满以后，减为无期徒刑。确有重大立功表现，2 年期满以后，减为 25 年有期徒刑。

②对被判处死刑缓期执行的累犯以及因故意杀人、强奸、绑架、放火、爆炸、投放危险物质被判处死刑缓期执行的犯罪人，人民法院根据犯罪情节等情况可以同时决定对其限制减刑。

③犯罪分子在死刑缓期执行期间，如果故意犯罪，情节恶劣的，报请最高人民法院核准后执行死刑；对于故意犯罪未执行死刑的，死刑缓期执行的期间重新计算，并报最高人民法院备案。

(3)死刑缓期执行期间的计算

我国《刑法》第 51 条规定：“死刑缓期执行的期间，从判决确定之日起计算。死刑缓期执行减为有期徒刑的刑期，从死刑缓期执行期满之日计算。”所谓判决确定之日，即判决或者核准死缓的判决宣告或送达之日，据此，死缓判决确定以前先行羁押的时间，不能计算在死缓的考验期限之内。如果在死缓的考验期内，没有故意犯罪，并有重大立功表现的，则减为有期徒刑，这个有期徒刑是从死缓考验期满之日起计算的。

(三)附加刑

附加刑，又称为从刑，是补充适用的刑罚方法。它既可附加适用，也可独立适用。我国《刑法》第 34 条规定了 3 种附加刑。第 35 条规定的是针对犯罪的外国人的驱逐出境，属于一种特殊的附加刑。

1. 财产刑

(1)罚金

罚金，是人民法院判处犯罪分子向国家缴纳一定数量金钱的刑罚方法。罚金属于财产刑的一种。它主要适用于贪利性犯罪、轻微犯罪和妨害社会管理秩序的犯罪。

①罚金的适用方式：

a. 单处罚金；b. 选处罚金；c. 并处罚金；d. 并处或单处罚金。

②罚金数额的立法规定：

a. 比例制；b. 倍数制；c. 比例兼倍数制；d. 特定数额制；e. 抽象罚金制。

---

① 最高人民法院 1998 年 8 月 4 日《关于对怀孕妇女在羁押期间自然流产审判时是否可以适用死刑问题的批复》。

③罚金的执行和缴纳：

罚金由第一审人民法院执行。犯罪分子的财产在异地的，第一审人民法院可以委托财产所在地人民法院代为执行。①

罚金的缴纳包括4种情况：①一次或分期缴纳；②强制缴纳；③随时缴纳；④延期、减少或者免除缴纳。

注意：民事赔偿优先于罚金刑的执行。

(2)没收财产

没收财产，是指将犯罪分子所有的财产的一部分或者全部强制无偿地收归国有的刑罚方法。它是我国附加刑中唯一不能单独适用的刑种，属于只能适用于较为严重犯罪的附加刑。

①没收财产的范围：仅限于犯罪分子个人所有的、合法的并且没有用于犯罪的财产，其家属所有或者应有的财产不在没收之列。

②人道主义原则：没收全部财产的，应当对犯罪分子个人及其扶养的家属保留必需的生活费用。

③用没收的财产偿还罪犯债务的三个条件：a. 债务必须是犯罪分子在判决生效前所负他人的正当债务；b. 犯罪人所负的债务需要以没收的财产来偿还；c. 必须经债权人提出请求。

④一人犯数罪而同时被判处罚金和没收财产时的处理：如果是没收部分财产的，二者应当采取并科原则；如果是没收全部财产的，则采取吸收原则，仅执行没收财产刑。②

⑤没收财产的执行：根据《最高人民法院关于适用财产刑若干问题的规定》：没收财产由第一审人民法院执行。犯罪分子的财产在异地的，第一审人民法院可以委托财产所在地的人民法院代为执行。

【难点辨析】没收财产与罚金★★

两者虽同属财产刑，但两者的性质不同，具有以下区别：

(1)适用对象不同。没收财产是一种性质较严厉的财产刑，主要适用于危害国家安全罪、破坏社会主义市场经济秩序罪、侵犯财产罪、妨害社会管理秩序罪和贪污受贿罪中情节较重的罪行；而罚金是一种性质较轻的财产刑，可以附加适用于情节较重的犯罪，也可以单独适用于情节较轻的犯罪。

(2)适用方式不同。根据我国刑法的规定，没收财产只能附加于主刑适用，不能单独适用；而罚金既可以附加于主刑适用，也可以单独适用。

(3)剥夺内容不同。没收财产是剥夺犯罪分子个人现实所有财产的一部分或者全部，既可以是没收金钱，也可以是没收其他财物；而罚金则只能是剥夺犯罪人一定数额的金钱，包括犯罪人现实所有的和未来所获取的金钱。

(4)执行方式不同。没收财产只能是一次性没收，不存在延期执行、分期执行或减免的问题；而罚金可以是一次缴纳，也可以是分期缴纳，如果犯罪人缴纳确有困难的，人民法院也可以裁定延期缴纳或予以减免。

【疑难法条解析】《刑法》第53条规定："罚金在判决指定的期限内一次或者分期缴纳。期满不缴纳的，强制缴纳。对于不能全部缴纳罚金的，人民法院在任何时候发现被执行人有可以执行的财产，应当随时追缴。如果由于遭遇不能抗拒的灾祸等原因缴纳确实有困难的，经人民法院裁定，可以延期缴纳、酌情减少或者免除。"

根据《最高人民法院关于适用财产刑若干问题的规定》，应从如下方面适用《刑法》第53条的规定：

(1)人民法院应当根据犯罪情节，如违法所得数额、造成损失的大小等，并综合考虑犯

① 最高人民法院2000年11月15日《最高人民法院关于适用财产刑若干问题的规定》。

② 最高人民法院2000年11月15日《最高人民法院关于适用财产刑若干问题的规定》。

罪分子缴纳罚金的能力，依法判处罚金。刑法没有明确规定罚金数额标准的，罚金的最低数额不能少于1 000元。对未成年人犯罪应当从轻或者减轻判处罚金，但罚金的最低数额不能少于500元。

(2)依法对犯罪分子所犯数罪分别判处罚金的，应当实行并罚，将所判处的罚金数额相加，执行总和数额。

(3)这里“判决指定的期限”应当在判决书中予以确定，“判决指定的期限”应为从判决发生法律效力第二日起最长不超过三个月。

(4)“由于遭遇不能抗拒的灾祸等原因缴纳确实有困难的”，主要是指因遭受火灾、水灾、地震等灾祸而丧失财产；罪犯因重病、伤残等而丧失劳动能力，或者需要罪犯抚养的近亲属患有重病，需支付巨额医药费等，确实没有财产可供执行的情形。

(5)“延期缴纳、酌情减少或者免除”事由的，由罪犯本人、亲属或者犯罪单位向负责执行的人民法院提出书面申请，并提供相应的证明材料。人民法院审查以后，根据实际情况，裁定减少或者免除应当缴纳的罚金数额。

(6)自判决指定的期限届满第二日起，人民法院对于没有法定减免事由不缴纳罚金的，应当强制其缴纳。对于隐藏、转移、变卖、损毁已被扣押、冻结财产情节严重的，依照《刑法》第314条的规定(非法处置查封、扣押、冻结的财产罪)追究刑事责任。

2. 资格刑

(1)剥夺政治权利

剥夺政治权利，是指剥夺犯罪人参加国家管理和政治活动权利的刑罚方法。

①剥夺政治权利的四项内容：

a. 选举权和被选举权；b. 言论、出版、集会、结社、游行、示威自由的权利；c. 担任国家机关职务的权利(既包括领导职务，也包括一般职务)；d. 担任国有公司、企业、事业单位和人民团体领导职务的权利。

②剥夺政治权利的适用方式及适用对象：

a. 应当附加于主刑：危害国家安全的犯罪分子和被判处死刑、无期徒刑的犯罪分子；b. 可以附加于主刑：故意杀人、强奸、放火、爆炸、投毒[①]、抢劫等严重破坏社会秩序的犯罪分子；故意伤害、盗窃等其他严重破坏社会秩序的犯罪，犯罪分子主观恶性较深、犯罪情节恶劣、罪行严重的[②]；c. 独立适用：一般适用于较轻的犯罪，具体依照刑罚分则的规定。

③剥夺政治权利的期限：

a. 被判处死刑、无期徒刑的犯罪分子，应当剥夺政治权利终身；b. 在死刑缓期执行减为有期徒刑或者无期徒刑减为有期徒刑时，应当将附加剥夺政治权利的期限改为3年以上10年以下；c. 独立适用或者判处有期徒刑、拘役附加剥夺政治权利的期限为1年以上5年以下；d. 判处管制附加剥夺政治权利的期限与管制的期限相同。

④剥夺政治权利的执行

根据《刑法》第55条与第58条的规定，剥夺政治权利的刑期起算与执行共有四种情况：a. 与管制的期限同时起算，同时执行；b. 主刑执行完毕之日起计算；c. 假释之日起计算；d. 判决执行之日起计算。

(2)驱逐出境

根据《刑法》第35条的规定：驱逐出境，是指强制犯罪的外国人离开中国国(边)境内的刑罚方法。

①其适用的对象只能是犯罪的外国人(享有外交特权和豁免权的外国人除外)。

②刑法中规定的驱逐出境与《中华人民共和国外国人入境出境管理法》第30条所规定

① 根据2001年12月29日《刑法修正案(三)》，这里的投毒应理解为“投放危险物质”。

② 最高人民法院1998年1月13日《关于对故意伤害盗窃等严重破坏社会秩序的犯罪分子能否附加剥夺政治权利问题的批复》。

的驱逐出境是完全不同的两个概念。前者是刑罚方法,后者是行政处罚。

③对于独立适用驱逐出境的,应当从判决确定之日起执行;对于附加适用驱逐出境的,应当从主刑执行完毕之日起执行。

注意:对于犯罪的外国人,我国《刑法》规定的是“可以”驱逐出境,而不是“应当”或“必须”驱逐出境。

(四)非刑罚处理方法

1. 非刑罚处理方法的概念

非刑罚处理方法,是指人民法院对犯罪人适用的刑罚以外的处理方法。特点是对犯罪人适用,但不具有刑罚性质。非刑罚处理方法,有的是与刑事处罚同时适用,如判处赔偿经济损失、从业禁止、禁制令。有的是独立适用,如训诫、责令具结悔过、责令赔礼道歉、由主管部门给予行政处罚或者行政处分、收容教养、强制医疗、没收犯罪所得之物和所用之物。

2. 非刑罚处理方法的种类

根据《刑法》第17条、第18条、第36条、第37条、第37条之一、第38条与第64条的规定,非刑罚处理方法包括以下8类:

(1)判处赔偿经济损失与责令赔偿损失

判处赔偿经济损失,是指法院对犯罪人除依法给予刑罚处罚外,并根据其犯罪行为给被害人造成的经济损失情况,判处犯罪人给予被害人一定经济赔偿的处理方法。

责令赔偿损失,是指由于犯罪行为侵害了被害人的法益,法院责令被告人给予被害人一定经济赔偿的处理方法。

虽然两者都是赔偿被害人经济损失的非刑罚处理方法,但第37条的“责令赔偿损失”与第36条的“责令赔偿经济损失”是不同的,前者是以“免除刑罚”为前提,而后者是“给予刑罚处罚”为前提。

(2)训诫、责令具结悔过和责令赔礼道歉

训诫,是指法院对犯罪人当庭予以批评、谴责,责令其改正的一种教育方法。

责令具结悔过,是指法院责令犯罪人用书面方式保证悔改,以后不再犯罪的一种教育方法。

责令赔礼道歉,是指法院责令犯罪人公开向被害人当面承认罪错,表示歉意的一种教育方法。

这三种方法,可以使得犯罪人与被害人之间的矛盾得到缓和,从而维护社会稳定。

(3)由主管部门给予行政处罚或者行政处分

这是指法院根据案件情况,向主管部门提出对犯罪人予以一定行政处罚或者行政处分的司法建议,并由主管部门具体确定的处理方法。行政处罚,是指行政执法机关,依照国家行政法规和行政处罚法的规定,给予犯罪人一定的非刑罚处罚,如罚款、行政拘留。行政处分,是指犯罪人所在单位或基层组织,依照行政规章、纪律、章程等,给予犯罪人以行政处分,如开除、记过或警告。

(4)收容教养

《刑法》第17条第4款的规定:“因不满十六周岁不予刑事处罚的,责令他的家长或者监护人加以管教;在必要的时候,也可以由政府收容教养。”这里的政府收容教养,就是加强对未成年犯的教育与看管。

(5)强制医疗

《刑法》第18条第1款的规定:“对于不负刑事责任的精神病人,应当责令他的家属或者监护人严加看管和医疗,在必要的时候,由政府强制医疗。”

(6)从业禁止

根据《刑法》第37条之一的规定,“从业禁止”是指法院对因利用职业便利实施犯罪,或者实施违背职业要求的特定义务的犯罪被判处刑罚的犯罪人,根据其犯罪情况和预防再犯罪的需要,禁止犯罪人在一定期限内从事相关职业。这里的期限，通常是自刑罚执行完毕之日或者假释之日起3年至5年期限内。

《刑法修正案(九)》增设这一规定主要是考虑在实践中有一些犯罪分子利用职务便利实施犯罪或者实施违背职业要求的特定义务的犯罪，在刑罚执行完毕或者假释以后，又继续从事原来的职业或者相关的职业。为了预防这些人再犯罪(如从事食品生产、加工、销售行业的人)，保护公共利益和社会秩序，针对一些特定职业，对这些人规定一定的“安全期”，禁止其在一定期限内从事相关职业，是必要的。

(7)禁制令

《刑法》第38条规定：“判处管制，可以根据犯罪情况，同时禁止犯罪分子在执行期间从事特定活动，进入特定区域、场所，接触特定的人。”《刑法》第72条的规定：“宣告缓刑，可以根据犯罪情况，同时禁止犯罪分子在执行期间从事特定活动，进入特定区域、场所，接触特定的人。”

(8)没收犯罪所得之物和所用之物

没收，是指将原本不属于国家所有的财物，强制性地无偿收归国有、上缴国库。我国《刑法》第64条的规定就是属于这种没收。

这里的没收可以细分为3种类型：(1)没收违法所得财物；(2)没收违禁品；(3)没收供犯罪所用的本人物品。

【疑难法条解析】 《刑法》第64条规定：“犯罪分子违法所得的一切财物，应当予以追缴或者责令退赔；对被害人的合法财产应当及时返还；违禁品和供犯罪所用的本人财物，应当予以没收。没收的财物和罚金，一律上缴国库，不得挪用和自行处理。”

1. 条文的整体理解

对犯罪物品的处理有以下几个方面：(1)犯罪分子违法所得的一切财物，应当予以追缴或者责令退赔。“违法所得的财物”，是指犯罪分子因实施犯罪活动，而取得的全部财物，包括金钱或者物品。所谓“追缴”，是指将犯罪分子的违法所得强制收归国有。“责令退赔”，是指犯罪分子已将违法所得使用、挥霍或者毁坏的，也要责令其按违法所得财物的价值退赔。(2)对于追缴和退赔的违法所得，如果是属于被害人的合法财物，应当及时返还。对于被害人的合法财产被损坏或者已经不存在的，应当折价退赔。(3)对于违禁品和供犯罪所用的本人财物，应当没收。所谓“违禁品”，是指依照国家规定，公民不得私自留存、使用的物品，如枪支、弹药、毒品以及淫秽物品等。“供犯罪所用的本人财物”，是指供犯罪分子进行犯罪活动而使用的属于他本人所有的钱款和物品。(4)对于依法没收的财物和罚金，一律上缴国库，即由最后结案的单位统一上缴国家财政，不得挪作他用。

图表解析如下：

名　称	内　容
违法所得财物	犯罪分子因实施犯罪活动，而取得的全部财物，包括金钱或者物品。
追缴	将犯罪分子的违法所得强制收归国有。
责令退赔	指犯罪分子已将违法所得使用、挥霍或者毁坏的，也要责令其按违法所得财物的价值退赔。
违禁品	指依照国家规定，公民不得私自留存、使用的物品，如枪支、弹药、毒品以及淫秽物品等。
供犯罪所用的本人财物	指供犯罪分子进行犯罪活动而使用的属于他本人所有的钱款和物品。
没收	对于违禁品和供犯罪所用的本人财物，应当没收。

由此可知,追缴犯罪所得的财物,不属于没收财产;没收违禁品和供犯罪所用的本人财物,也不属于没收财产。可见,没收财产事实上是没收犯罪人合法所有并且没有用于犯罪的财产;不得以追缴犯罪所得、没收违禁品与供犯罪所用的本人财物来代替或折抵没收财产。

2. 没收违禁品

没收违禁品包括两种情况:

(1)作为行政强制措施,对犯罪分子非法持有法律禁止的物品,如枪支、毒品、淫秽物品等予以没收;

(2)作为刑事诉讼的强制措施,即犯罪分子犯罪时所使用的财物,如伪造货币的工具、杀人凶器等予以没收。

没收、收缴、追缴与扣押的适用情形如下:

类　别	行政处罚	行政强制措施	刑事诉讼的强制措施
执行机关	公安机关	公安机关	公安机关
执行内容	非法财物;违法所得	非法财物;违法所得	非法财物;违法所得
执行方式	没收;没收	收缴;追缴	扣押;追缴

总结:非法财物,可没收,可收缴,可扣押。违法所得,可没收,可追缴。

注意:"没收违法所得、没收非法财物"属于行政处罚,收缴、追缴属于行政强制措施。

【难点辨析】 没收财产与追缴违法所得的区别★★★

在适用没收财产时,应当把它同追缴违法所得、没收违禁品加以区别。

没收财产则是一种刑罚方法。对于犯罪分子判处没收财产,一方面可以有效发挥财产刑对犯罪尤其是贪利性犯罪所特有的惩戒作用;另一方面也能够有效剥夺和消除犯罪人再犯的能力和可能,有利于预防犯罪。如虽然危害国家安全的犯罪不属于贪利性犯罪,行为人通常不以获得经济利益为目的,但是对这类犯罪分子判处没收财产可以消除其再次实施犯罪的潜力,是预防其再犯的有效手段。

《刑法》第 64 条的规定,是对犯罪分子违法所得、供犯罪所用的本人财物以及违禁品的强制处理方法,而不是一种刑罚。它适用于一切犯罪,不论犯罪分子犯什么罪,判什么刑,只要犯罪分子违法所得的一切财物和供犯罪用的本人财物,都要追缴或者没收。

行为手段	刑法条文	行为性质	适用范围
没收财产	第 59 条;第 60 条	刑罚方法	判处没收财产附加刑
追缴违法所得	第 64 条	刑事诉讼的强制措施	一切犯罪,不分罪名与刑种

三、案例分析

【案例】

被告人伦氏义(越文名 LUANTHINGHIA),女,1981 年出生,越南社会主义共和国国籍,侗族,住越南太原省武涯县辣化楼上乡同湖村,于 1999 年 10 月 30 日盲流到我国广东省潮安区江东镇,因走投无路被该镇村民收留,后被害人陈某带伦氏义回家中同居。因双方语言无法沟通,陈经常殴打伦,致伦怀恨在心,伺机报复。2000 年 6 月 29 日,伦趁陈在家午睡之机,用斧头砍下其头致其死亡。潮州市中级人民法院审理认为,伦氏义无视法律,采取暴力手段剥夺他人生命,其行为构成故意杀人罪，情节、后果特别严重，应依法从严惩处；同时鉴于伦氏义在审判时已怀孕，依法不适用死刑。因此，潮州市中级人民法院一审宣判：越南籍女子伦氏义“杀夫”，犯故意杀人罪，因其怀孕在身，判处无期徒刑，并处驱逐出境。

案例来源：黄伟明：《刑法总则案例教程》，北京大学出版社 2004 年版。

【问题聚焦】

(1)我国对适用死刑的限制。

(2)判处无期徒刑再附加驱逐出境的问题。

【法律剖析】

(1)①死刑的适用条件

《刑法》第 48 条第 1 款规定，适用死刑的条件是犯罪分子所犯的罪行极其严重。

②死刑的适用对象

《刑法》第 49 条规定：“犯罪的时候不满 18 周岁的人和审判的时候怀孕的妇女，不适用死刑。审判的时候已满 75 周岁的人，不适用死刑，但以特别残忍手段致人死亡的除外。”这里所说的“不适用死刑”，既包括不适用死刑立即执行，也包括不适用死刑缓期 2 年执行，因为后者也属于死刑。“审判的时候怀孕”既包括人民法院审理时被告人正在怀孕的，也包括案件被起诉到人民法院之前被告人怀孕但自然流产或者被做了人工流产的情况。另外，在羁押期间已经怀孕的被告人，无论其怀孕是否属于违反国家计划生育政策，也不论其是否自然流产或者经人工流产以及流产后移送起诉或审判期间的长短，都不应适用死刑；更不能为了判处死刑而强制怀孕的被告人做人工流产。

③死刑的适用程序

根据《刑事诉讼法》第 20 条的规定，死刑案件只能由中级以上人民法院进行第一审，基层人民法院无权审理死刑案件，当然也就无权适用死刑。其次表现为死刑核准程序上的限制。根据《刑法》第 48 条第 2 款的规定，死刑(指死刑立即执行的情况)除依法由最高人民法院判决的以外，都应当报请最高人民法院核准。死刑缓期执行的，可以由高级人民法院核准。上述死刑适用程序的法律规定，是使死刑得到最大限度的正确适用的重要保证。

④死刑的执行制度

我国刑法规定了死刑立即执行和死刑缓期执行两种死刑制度，死刑缓期执行制度的设立意在减少死刑的执行。因此，在适用死刑时，不能只适用死刑立即执行，而应注重适用死刑缓期执行。

就本案来说，被告伦氏义采用暴力手段剥夺他人生命，情节、后果都极其严重，符合刑法分则规定的故意杀人罪应判处死刑的情节，理应判处死刑。但由于其属于“审判时怀孕的妇女”，故对其不应适用死刑，然而因其罪行又很严重，所以潮州市中级人民法院判处其无期徒刑是恰当的。

(2)无期徒刑是剥夺自由刑中最严厉的一种刑罚。在所有的刑罚方法中，它的严厉程度仅次于死刑。它的一个主要特点是对犯罪人自由的剥夺没有期限。

驱逐出境是强迫犯罪的外国人离开中国国(边)境的刑罚方法。它有以下几个特点：首先，它只适用于犯罪的外国人(包括具有外国国籍与无国籍的人)；其次，驱逐出境既可以独立适用，也可以附加适用，而且法律规定对犯罪的外国人是否适用驱逐出境，要根据具体案情。独立适用驱逐出境针对的是犯罪行为不是很严重的外国人和无国籍人，其再判决确定后立即执行；而附加适用驱逐出境则是针对犯罪行为比较严重的外国人和无国籍人，其在主刑执行完毕后执行。然而，我们知道无期徒刑对犯罪人自由的剥夺是没有上限的，对此又怎能再附加驱逐出境呢？或许法官在判决时是基于这样一种考虑：犯罪人在被执行无期徒刑的过程中，可能会因为诸如积极接受教育改造、确有悔改表现、立功等行为而获得减刑，那么此时判决中的附加适用驱逐出境就有意义了。

【法条链接】

《中华人民共和国刑法》

第48条　死刑只适用于罪行极其严重的犯罪分子。对于应当判处死刑的犯罪分子，如果不是必须立即执行的，可以判处死刑同时宣告缓期两年执行。

死刑除依法由最高人民法院判决的以外，都应当报请最高人民法院核准。死刑缓期执行的，可以由高级人民法院判决或者核准。

第49条　犯罪的时候不满18周岁的人和审判的时候怀孕的妇女，不适用死刑。审判的时候已满75周岁的人，不适用死刑，但以特别残忍手段致人死亡的除外。

1998年8月7日最高人民法院《关于对怀孕妇女在羁押期间自然流产审判时是否可以适用死刑问题的批复》

怀孕妇女因涉嫌犯罪在羁押期间自然流产后，又因同一事实被起诉、交付审判的，应当视为"审判的时候怀孕的妇女"，依法不适用死刑。

《中华人民共和国刑事诉讼法》

第20条　中级人民法院管辖下列第一审刑事案件：……(二)可能判处无期徒刑、死刑的普通刑事案件。……

四、全真题演练

(一)单选题

1. 对被判处管制，但未附加剥夺政治权利的罪犯，以下说法错误的是(　　)。

A. 享有选举权和被选举权

B. 享有言论、出版、集会、结社、游行和示威的权利

C. 可担任国家机关职务

D. 可担任某事业单位保卫科科长一职

2. 只能附加主刑适用而不能独立适用的是(　　)。

A. 罚金　　B. 剥夺政治权利

C. 没收财产　　D. 驱逐出境

3. 王某在一刑事附带民事诉讼中，被法院依法判处罚金并赔偿被害人损失，但王某的财产不足以支付全部罚金和承担民事赔偿。下列关于执行本案判决的正确表述是(　　)。

A. 刑事优先，应当先执行罚金

B. 民事优先，应当先承担民事赔偿责任

C. 按比例执行罚金和承担民事赔偿责任

D. 承担民事赔偿责任后减免罚金

4. 对犯罪分子违法所得的财物，下列做法不正确的是(　　)。

A. 应当予以追缴或者责令退赔

B. 对被害人的合法财产，应当及时返还

C. 违禁品，应当予以没收

D. 供犯罪所用的他人财物，应予以没收

5. 某甲被判处死刑，缓期2年执行，于2007年3月6日考验期满。考验期间，某甲没有故意犯罪，并遵守监规。其服刑所在的监狱于当日向中级人民法院上报了将死缓减为无期徒刑的材料。两天后即3月8日，某甲因琐事与同监舍的某乙斗殴，并将某乙的一只眼睛打瞎。对某甲的处理是：(　　)。

A. 报请最高人民法院核准执行死刑

B. 报请当地高级人民法院核准执行死刑

C. 以无期徒刑和故意伤害罪判处的刑罚数罪并罚

D. 撤回减刑材料，延长考验期限

6. 根据我国《刑法》的规定，下列情形属于没收财产刑范围的是(　　)。

A. 何某买卖伪劣商品，案发后查获的用于生产伪劣商品的进口机器

B. 邓某犯诈骗罪，案发后被冻结在银行的合法收入7万元

C. 潘某走私、贩卖、运输毒品，案发后查获的 2 公斤吗啡

D. 金某入室盗窃，盗得被害人 3 万元人民币以及笔记本电脑一台

7. 下列关于罚金刑的说法，错误的是（　　）。

A. 对未成年人犯罪可以从轻或者减轻判处罚金，但罚金的最低数额不能少于 500 元

B. 人民法院应当根据犯罪情节，如违法所得数额、造成损失的大小等，并综合考虑犯罪分子缴纳罚金的能力，依法判处罚金

C. 对于不能全部缴纳罚金的，人民法院在任何时候发现被执行人有可以执行的财产，应当随时追缴

D. 如果由于遭遇不能抗拒的灾祸缴纳罚金确实有困难的，可以酌情减少或者免除

8. 依据法律规定，以下关于死刑缓期执行的说法哪一项是正确的？（　　）

A. 甲在死缓期间没有故意犯罪，并具有立功表现，2 年期满后减为无期徒刑

B. 乙在死缓期间，不服监管，殴打其他犯人，致其轻微伤，应当报请最高人民法院核准，执行死刑

C. 丙(17 周岁)，犯故意杀人罪，残忍地杀死一家三口，对于丙可以判处死刑，缓期 2 年执行

D. 丁在缓刑执行期间劳动时不服管理，违反规章制度，造成重大伤亡事故。其所犯之罪查证属实的，由最高人民法院核准，立即执行死刑

（二）多选题

1. 我国刑法中具有独创性的规定主要有（　　）。

A. 管制刑　　B. 拘役刑

C. 死缓制度　　D. 没收财产刑

2. 下列情形中不适用死刑的有：（　　）。

A. 审判时不满 18 周岁的未成年人

B. 审判时已满 18 周岁但犯罪时不满 18 周岁的未成年人

C. 审查起诉阶段怀孕又做人工流产的妇女

D. 侦查羁押期间怀孕又自然流产的妇女

3. 依据法律的规定，在管制的判决和执行方面，下列说法哪些是不正确的？（　　）

A. 管制的期限是 3 个月以上 2 年以下，数罪并罚时不得超过 3 年

B. 被判处管制的犯罪分子由法院执行

C. 离开所居住的市、县或者迁居，应当报经执行机关批准

D. 对于被判处管制的犯罪分子，参加劳动的，可以酌量发给报酬

4. 下列有关剥夺政治权利的说法，哪些是正确的？（　　）

A. 判处管制附加剥夺政治权利的，剥夺政治权利的期限与管制的期限相等，同时执行

B. 对于严重盗窃、故意重伤等犯罪分子，不可以附加剥夺政治权利

C. 被剥夺政治权利的犯罪分子，不得担任国家机关职务

D. 附加剥夺政治权利的刑期，从徒刑执行完毕或假释之日起计算，效力当然适用于主刑期间

5. 李某因犯诈骗罪被法院判处有期徒刑 5 年并处没收财产，蒋某等 3 人得知这一消息后，提出李某曾向他们借过钱，要求李某偿还。在以没收的财产偿还债务时必须符合下列哪些条件？（　　）

A. 此债务必须是在法院判处没收李某财产之前所负的债务

B. 必须经债权人蒋某等 3 人向法院提出

请求

C. 蒋某等 3 人与李某之间的债务必须是正当的债务

D. 只能在没收财产的数额内偿还

6. 下列关于有期徒刑和无期徒刑的说法，正确的有(　　)。

A. 未成年人犯罪只有罪行极其严重的，才可适用无期徒刑；对已满 14 周岁不满 16 周岁的人犯罪一般不判处无期徒刑

B. 徒刑兼具有自由刑和劳役刑的性质

C. 有期徒刑的刑期，从判决宣告之日起计算；判决执行以前先行羁押的，羁押一日折抵刑期一日

D. 因抢劫罪被判处 10 年以下有期徒刑的犯罪分子，可以假释

7. 下列哪些罪犯是能够被剥夺政治权利的？(　　)

A. 犯叛逃罪的犯罪分子

B. 因放火被判处无期徒刑的犯罪分子

C. 犯非法集会、游行、示威罪的犯罪分子

D. 犯伪造货币罪的犯罪分子

8. 下列有关附加刑的表述，不正确的有(　　)。

A. 数罪并罚，两罪分别被判处罚金和没收财产的，一律只执行没收财产

B. 无期徒刑未获减刑但是被假释的，假释期满，仍然剥夺政治权利终身

C. 财产刑由第一审人民法院执行

D. 罚金可以一次缴纳，也可分期缴纳

9.(2012 年司法考试卷 2 第 56 题)关于禁止令，下列哪些选项是错误的？(　　)

A. 甲因盗掘古墓葬罪被判刑 7 年，在执行 5 年后被假释，法院裁定假释时，可对甲宣告禁止令

B. 乙犯合同诈骗罪被判处缓刑，因附带民事赔偿义务尚未履行，法院可在禁止令中禁止其进入高档饭店消费

C. 丙因在公共厕所猥亵儿童被判处缓刑，法院可同时宣告禁止其进入公共厕所

D. 丁被判处管制，同时被禁止接触同案犯，禁止令的期限应从管制执行完毕之日起计算

(三)名词解释

1. 拘役

2. 死刑缓期执行

3. 无期徒刑

4. 罚金

5. 驱逐出境

(四)简答题

1. 简述管制的特点。

2. 拘役与刑事拘留、民事拘留、行政拘留有哪些区别？

3. 简述我国刑法限制死刑适用的具体规定。

4. 剥夺政治权利的适用方式有哪几种？

5. 简述罚金的执行和缴纳。

(五)论述题

1. 论我国的死缓制度。

2. 论我国没收财产刑的规定。

五、深度拓展

【拓展一】 有关短期自由刑的争议

短期自由刑，是自由刑制度出现以来受到非议与争论最多的一个刑种。它的存废问题也是长期以来刑罚改革的一项重要内容。

首先，关于短期的期限，有各种不同的说法，1 周说、6 周说、3 个月说、6 个月说、1 年说等，最极端的主张是短期自由刑的最下限应为 6 小时或 12 小时。但多数学者和国家认为应以 6 个月以下为短期。我国刑法中的拘役就属于这类短期自由刑。

以往一般认为，短期自由刑存在如下主要弊端：(1)刑期太短，难收教育改造之效，还会

给受刑人贴上犯罪人的标签，不利于其重返社会；(2)执行场所条件差，加之管教不力，犯人之间交叉感染，使人身危险性增大；(3)由于短期自由刑的受刑人大多是初犯，一旦被关押，容易导致其产生自暴自弃的心理，不利于其改造；(4)短期自由刑缺乏威慑力，难以收到一般预防的作用；(5)受刑人一般为社会的下层，而上层人士更多地被科处罚金，这导致刑罚不公正。

尽管短期自由刑存在不少弊端，但各国刑法都没有废除短期自由刑：从各国司法实务来看，至少对交通犯罪与经济犯罪者，比较大量地适用短期自由刑；有的国家短期自由刑的适用率相当高。之所以如此，是因为短期自由刑本身仍有不少优点。如它可适用于轻微之罪，可避免轻罪重罚；它本身比限制自由刑有更大的威慑性，从而比限制自由刑更能发挥刑罚的一般预防效果，这对于过失犯、初犯来说更是如此；它可以增加被监禁人员的周转量，从而提高监狱的利用率，以减少狱政费用等。一旦废除短期自由刑，还没有更好的方法进行替代。正因为如此，我国刑罚保留了拘役。

当然，对拘役的执行必须引起足够的重视，即应当注重在短期内采取有效措施防止恶习感染，力求改造犯罪人，另外还可充分发挥罚金刑的替代作用以及缓刑的作用。

【拓展二】 如何理解《刑法》第 50 条“死缓变更”第 1 款的规定？

1. 如何理解“故意犯罪，情节恶劣”的规定？

这里应根据死缓制度的精神与目的予以理解和认定。在应当判处死刑的前提下，对犯罪人适用死缓制度的重要原因之一是犯罪人还具有改善的可能。因此，只有当故意犯罪本身的情节恶劣，并且表明其抗拒改造情节恶劣时，才能执行死刑。这里始终要明确，《刑法修正案(九)》对本条做出修改，增加“情节恶劣”四个字，就是出于进一步提高死刑门槛的目的。

2. 死缓考验期内故意犯罪情节恶劣的，是否需要 2 年期满后才能执行死刑？

从文理上看，故意犯罪情节恶劣的，似乎无须等到 2 年期满以后就可以执行死刑。但是，根据近几年来国家刑事法律的死刑罪名减少的立法动态以及司法实践中一贯奉行的“少杀、慎杀”的严格控制与适用死刑的刑事政策，为了减少死刑，这里应当承认犯罪 2 年期满以后再执行死刑的合理性。解释为 2 年期满以后再执行死刑，并非简单地出于让犯罪人多存活几天的目的，而是出于具有减少执行死刑可能性的目的。这里涉及先故意犯罪后有重大立功表现时应如何处理的问题。如果认为即使故意犯罪后也要等到 2 年期满以后执行死刑，那么，犯人便可能通过重大立功免除死刑的执行。这正好实现了减少死刑执行的理念与目的。

3. 死缓考验期内先重大立功后又故意犯罪，情节恶劣的，应如何处理？

这恐怕是一个需要通过正式的法律解释来解决的一个问题。我们认为，在这种情况下，一般应根据罪刑法定原则的精神，做出有利于保障犯罪人权益的选择，应限制死刑执行权的适用，不得执行死刑。这里，除非是在出现了没有重大立功表现且故意犯罪情节恶劣的情况下，才成就报请最高人民法院核准后执行死刑的情形。由于犯罪人虽有重大立功表现，但是故意犯罪情节恶劣，因而在 2 年期满以后，不应对其减为有期徒刑，而应减为无期徒刑。

4. 死缓考验期内先故意犯罪后又重大立功的，应如何处理？

这种情况下，应当是先重新计算死刑缓期执行期间，重新计算的 2 年期满后，再减为 25 年有期徒刑。

5. 死缓考验期内先重大立功后又故意犯罪的，应如何处理？

这种情况下，还是重新计算死刑缓期执行期间，重新计算的2年期满后，再减为25年有期徒刑。因为在先的死刑缓期执行期间与新确立的死刑缓期执行期间，性质相同，都属于死刑缓期执行，所以，犯罪人仍符合“在死刑缓期执行期间，确有重大立功表现”的条件。

【拓展三】 判处缓刑的同时附加剥夺政治权利，该如何起算？

有三种观点：(1)缓刑考验期满之日；(2)判决执行之日；(3)判决确定之日。根据《刑法》第58条的规定，“附加剥夺政治权利的刑期，从徒刑、拘役执行完毕之日或者假释之日起计算；剥夺政治权利的效力当然施用于主刑执行期间”。但是，这里并没有明确指出当“被判处拘役或者3年以下有期徒刑的犯罪人被适用缓刑时”，附加剥夺政治权利的刑期如何起算。

由于缓刑不是刑种，也不是刑罚的执行方式，而是刑罚的裁量制度，所以在这种情况下，不存在判决执行之日或缓刑考验期满再计算剥夺政治权利的情形。所以，同缓刑考验期限的起算一样，这里的缓刑附加剥夺政治权利的起算采用“缓刑判决的确定之日起计算”是合理的。另外，又根据《刑法》第72条第3款的规定，“被宣告缓刑的犯罪分子，如果被判处附加刑，附加刑仍须执行”。所以，这里的缓刑的效力只及于主刑而不及于附加刑。所以，附加剥夺政治权利的期限可能短于缓刑考验期，也可能长于缓刑考验期。

第十一章

刑罚的裁量

一、知识结构图

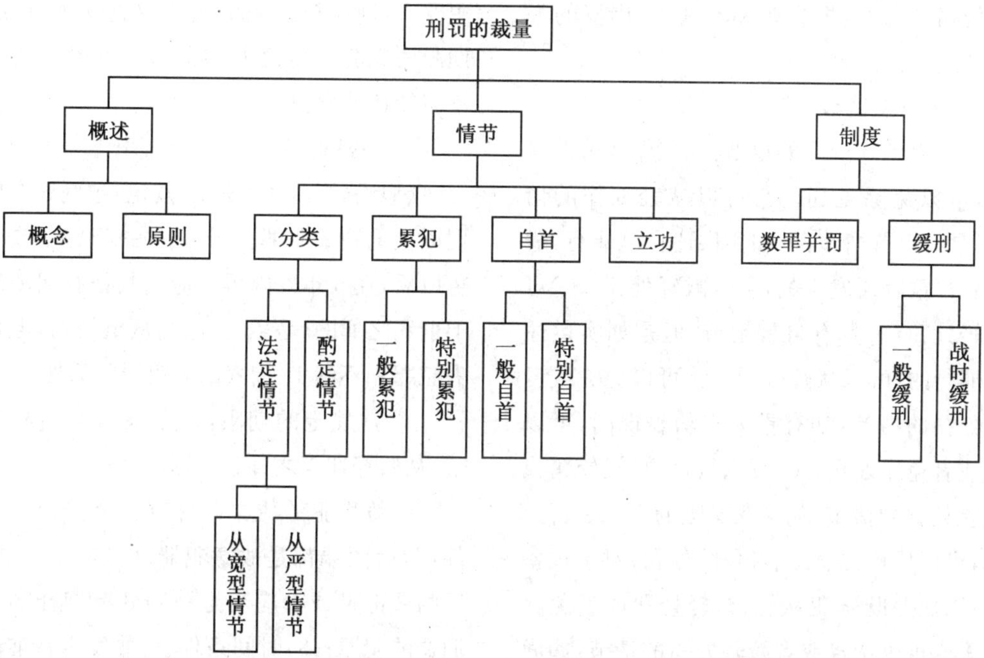

二、重难点归纳

(一)量刑概述

量刑,也称刑罚的裁量,指人民法院在查明犯罪事实、认定犯罪性质的基础上,根据行为人所犯罪行及刑事责任的轻重,依法对犯罪人裁量刑罚的审判活动。

我国刑法中的量刑原则是以犯罪事实为根据,以刑法规定为准绳。

(二)量刑情节

1. 法定量刑情节

(1)应当型情节

①应当免除处罚的情节:中止犯没有造成损害的,应当免除处罚。②应当减轻或者免除处罚的情节:防卫过当的、紧急避险过当的应当减轻或者免除处罚。胁从犯,应当按照他的

犯罪情节减轻处罚或者免除处罚。③应当从轻、减轻处罚或者免除处罚的情节：对于从犯，应当从轻、减轻处罚或者免除处罚。④应当减轻处罚的情节：中止犯造成损害的，应当减轻处罚。⑤应当从轻或者减轻处罚的情节：已满14周岁不满18周岁的人犯罪，应当从轻或者减轻处罚；已满75周岁的人过失犯罪的，应当从轻或者减轻处罚。⑥不适用死刑的情节：犯罪的时候不满18周岁的人和审判的时候怀孕的妇女，不适用死刑；审判时已满75周岁的人，不适用死刑，但以特别残忍手段致人死亡的除外。⑦应当从重处罚的情节：如教唆不满18周岁的人犯罪的，应从重处罚。累犯，应当从重处罚，但是过失犯罪和不满18周岁的人犯罪的除外。

(2)可以型情节

①可以免除处罚的情节：如犯罪较轻的自首犯，可以免除处罚。②可以减轻处罚的情节：不具有自首情节，但如实供述自己罪行，避免特别严重后果发生的，可以减轻处罚。③可以从轻处罚：不具有自首情节，但是如实供述自己罪行的，可以从轻处罚。④可以免除或者减轻处罚的情节：如有重大立功表现的，可以减轻或者免除处罚。⑤可以从轻、减轻处罚或者免除处罚的情节：如又聋又哑的人或者盲人犯罪，可以从轻、减轻或者免除处罚；对于预备犯，可以比照既遂犯从轻、减轻处罚或者免除处罚。⑥可以从轻或者减轻处罚的情节：如尚未完全丧失辨认或者控制自己行为能力的精神病人犯罪的，可以从轻或者减轻处罚；对于未遂犯，可以比照既遂犯从轻或者减轻处罚；如果被教唆的人没有犯被教唆的罪，对于教唆犯，可以从轻或者减轻处罚；一般自首犯，可以从轻或者减轻处罚；一般立功的，可以从轻或者减轻处罚。

2. 酌定量刑情节

酌定量刑情节虽不是必然影响刑罚的轻重适用，但对量刑仍然起着重要作用。依据刑事审判实践，常见的酌定量刑情节主要有以下几种：

(1)犯罪的手段；(2)犯罪的对象；(3)犯罪造成的实际危害结果；(4)犯罪的时空环境；(5)犯罪的动机；(6)犯罪后的态度；(7)犯罪人的一贯表现；(8)特殊情况(即《刑法》第63条第2款的规定。犯罪分子虽然不具有刑法规定的减轻处罚情节，但是根据案件的特殊情况，经最高人民法院核准，也可以在法定刑以下判处刑罚)。

(三)(2015年司法考试卷二第10题)累犯

累犯，是指因犯罪而受过一定刑罚处罚的犯罪人，刑罚执行完毕或者赦免以后，在法定期限内又犯一定之罪的情形。累犯包括一般累犯和特殊累犯。

1. 一般累犯

《刑法》第65条第1款规定：被判处有期徒刑以上刑罚的犯罪分子，刑罚执行完毕或者赦免以后，在5年以内再犯应当判处有期徒刑以上刑罚之罪的，是累犯，应当从重处罚，但是过失犯罪和不满18周岁的人犯罪的除外。

前款规定的期限，对于被假释的犯罪分子，从假释期满之日起计算。

一般累犯的成立条件有三个：(1)主观条件：前后两罪都是故意犯罪；(2)刑度条件：前后两罪都是或者应当是被判处有期徒刑以上刑罚的犯罪；(3)时间条件：后罪发生在前罪的刑罚执行完毕或者赦免以后5年以内。

【难点辨析】 假释与累犯的关系★★★

时间条件要求后罪发生的时间，必须是在前罪刑罚执行完毕或者赦免以后5年内。(1)有关假释的问题。在假释考验期内犯新罪，不成立累犯，因为刑罚没有执行完毕，此时要撤销假释，数罪并罚；其次，在假释期满后犯罪，可以成立累犯，因为成功的假释就视为原判刑罚已经执行完毕。(2)有关缓刑的问题。

在缓刑考验期内犯新罪，不成立累犯，因为刑罚没有执行完毕，此时要撤销缓刑，数罪并罚；其次，在缓刑考验期后再犯新罪，也不能成立累犯。因为成功的缓刑，视为原判刑罚不再执行。

2. 特殊累犯

《刑法》第 66 条规定："危害国家安全犯罪、恐怖活动犯罪、黑社会性质的组织犯罪的犯罪分子，在刑罚执行完毕或者赦免以后，在任何时候再犯上述任一类罪的，都以累犯论处。"其构成条件为：

(1)罪质条件：前后两个罪都是危害国家安全犯罪、恐怖活动犯罪、黑社会性质的组织犯罪这三类罪中任一类罪；危害国家安全犯罪包括刑法分则第一章所有罪名。黑社会性质的组织犯罪不仅包括组织、领导、参加黑社会性质组织罪，入境发展黑社会组织罪，包庇、纵容黑社会性质组织罪；而且还包括黑社会性质组织实施的各种犯罪。

(2)时间条件：必须是在前罪刑罚执行完毕或者赦免以后再犯罪。

(3)前罪被判处的刑罚和后罪应判处的刑罚的种类及其轻重不受限制。

3. 累犯的法律后果

(1)应当从重处罚；(2)不能适用缓刑；(3)不能适用假释。

【难点辨析】 累犯与特别再犯★★

(1)特别再犯是分则里面的内容，是《刑法》第 356 条对毒品犯罪的一个特殊规定，指前罪是行为人因犯走私、制造、贩卖、运输、非法持有毒品五种犯罪行为而受到刑罚处罚的，再犯任意一个毒品犯罪都应当从重处罚。

(2)累犯之前罪与后罪必须都是故意犯罪；而特别再犯之前后罪则没有此种限制。

(3)累犯一般必须以前后两罪被判处或应判处一定的刑罚处罚为成立条件；而特别再犯并不要求前后两罪必须被判处一定刑罚。

(4)累犯所犯后罪，必须是在前罪刑罚执行完毕或赦免以后的法定期限内实施；而特别再犯的前后两罪之间并无时间方面的限制。

(四)(2014 年司法考试卷二第 12 题)自首

根据《刑法》第 67 条的规定，自首是指犯罪以后自动投案，如实供述自己的罪行的行为。被采取强制措施的犯罪嫌疑人、被告人和正在服刑的罪犯，如实供述司法机关还未掌握的本人其他罪行的，以自首论。自首分为一般自首和特别自首两种。

1. 一般自首的成立条件

(1)自动投案；(2)如实供述自己的罪行。

2. 特别自首的成立条件

(1)主体必须是被采取强制措施的犯罪嫌疑人、被告人和正在服刑的罪犯。

(2)必须如实供述司法机关还未掌握的本人其他罪行。①所供述的必须是本人实施的其他罪行。所谓其他罪行，是指与司法机关已掌握的或者判决确定的罪行在犯罪性质或罪名上不同。②必须是司法机关还没有掌握的罪行。即司法机关不了解、未掌握的罪行，包括两种情况：犯罪事实未被掌握；犯罪事实虽已被掌握，但犯罪嫌疑人未被发觉。

3. 自首的法律后果

(1)一般自首的，可以从轻、减轻处罚；(2)犯罪较轻又自首的，可以免除处罚。

【难点辨析】 自首与坦白★★

(1)归案方式上，自首是犯罪人自动投案，坦白则是犯罪人被动归案。(2)交代的罪行上，自首所供述的既可以是已被发觉的罪行，也可以是尚未被发觉的罪行，如果是犯罪嫌疑人、被告人和正在服刑的罪犯的自首，则交代的必须是司法机关尚未掌握的其他罪行；而坦白所交代的是司法机关已掌握的或者司法机关虽未掌握但与被指控罪行具有同一性质的罪行。(3)交代态度上，自首基本上是主动供述自己的罪行；而坦白则多是被动供述自己的罪行。(4)人身危险性程度上,自首的人身危险性相对较轻,坦白的人身危险性相对较重。(5)情节类型上,自首是法定的从宽处罚情节,而坦白只是酌定的从宽处罚情节,并且在一般情况下,自首比坦白从宽的处罚幅度要大。

【难点辨析】 自首的特殊问题★★

(1)共同犯罪的自首:共同犯罪案件中的犯罪嫌疑人,除如实供述自己的罪行外,还应当供述所知的同案犯。

(2)数罪自首:犯有数罪的犯罪嫌疑人仅如实供述所犯数罪中部分犯罪的,对如实供述的部分犯罪,认定为自首。

(3)交通肇事罪的自首:逃逸后又归案,属于自首;没有逃逸,直接主动报案、归案,也是自首。

(4)单位犯罪的自首:单位可以成为自首的主体。

【疑难法条解析】《刑法》第67条第1款:犯罪以后自动投案,如实供述自己的罪行的,是自首。对于自首的犯罪分子,可以从轻或者减轻处罚。其中,犯罪较轻的,可以免除处罚。

(1)自动投案,是指犯罪事实或者犯罪嫌疑人未被司法机关发觉,或者虽被发觉,但犯罪嫌疑人尚未受到讯问、未被采取强制措施时,主动、直接向公安机关、人民检察院或者人民法院投案。

①犯罪嫌疑人向其所在单位、城乡基层组织或者其他有关负责人员投案的;犯罪嫌疑人因病、伤或者为了减轻犯罪后果,委托他人先代为投案,或者先以信电投案的;罪行尚未被司法机关发觉,仅因形迹可疑,被有关组织或者司法机关盘问、教育后,主动交代自己的罪行的;犯罪后逃跑,在通缉、追捕的过程中投案;经查实确已准备去投案,或者正在投案途中被公安机关捕获的,也视为自动投案。②并非出于犯罪嫌疑人主动,而是经亲友规劝、陪同投案的;公安机关通知犯罪嫌疑人的亲友,或者亲友主动报案后,将犯罪嫌疑人送去投案的,也应视为自动投案。③犯罪嫌疑人自动投案后又逃跑的,不能认定为自首。④如果犯罪嫌疑人明显反抗,亲友被迫采取捆绑等手段送至司法机关,则不属于自动投案。

(2)如实供述自己的罪行,是指犯罪嫌疑人自动投案后,如实交代自己的主要犯罪事实。

①犯有数罪的犯罪嫌疑人仅如实供述所犯数罪中部分犯罪的,只对如实供述部分犯罪的行为,认定为自首。②共同犯罪案件中的犯罪嫌疑人,除如实供述自己的罪行外,还应当供述所知的同案犯,主犯应当供述所知其他同案犯的共同犯罪事实。③犯罪嫌疑人自动投案并如实供述自己的罪行后又翻供的,不能认定为自首;但在一审判决前又能如实供述的,应当认定为自首。④关于如实供述罪行这点,如实供述了案件事实,但对案件事实的定性,存在不同理解和看法而进行辩解,仍属于如实供述。

(五)(2012年司法考试卷二第57题)立功

立功,是指犯罪分子揭发他人犯罪行为,查证属实,或者提供重要线索,从而得以侦破其他案件等情况的行为。

1. 立功的种类

依据《刑法》第68条的规定,作为量刑制度的立功分为一般立功和重大立功两种。

(1)一般立功

一般立功的主要表现形式主要有以下几种:揭发他人犯罪行为,包括共同犯罪案件中的犯罪分子揭发同案犯所参与的共同犯罪以外的其他犯罪行为,查证属实的;提供重要线索,从而得以侦破其他案件的;协助司法机关抓捕其他罪犯(包括同案犯)的;在押期间制止他人犯罪活动等。

(2)重大立功

重大立功的表现为犯罪分子有检举、揭发

他人重大犯罪行为，经查证属实；提供侦破其他重大案件的重要线索，经查证属实；阻止他人重大犯罪活动；协助司法机关抓捕其他重大犯罪嫌疑人（包括同案犯）；对国家和社会有其他重大贡献等表现的，应当认定为有重大立功表现。而所谓的“重大犯罪”、“重大案件”、“重大犯罪嫌疑人”的标准，一般是指犯罪嫌疑人、被告人可能被判处无期徒刑以上刑罚或者案件在本省、自治区、直辖市或者全国范围内有较大影响等情况。

2. 立功的法律后果

作为法定的从宽处罚情节，《刑法》第 68 条对立功犯依不同情形规定了以下法律后果：

（1）犯罪分子有一般立功表现的，可以从轻或者减轻处罚。（2）犯罪分子有重大立功表现的，可以减轻或者免除处罚。

【难点辨析】 关于立功线索来源★

关于立功线索来源的认定：第一，犯罪分子通过贿买、暴力、胁迫等非法手段，或者被羁押后与律师、亲友会见过程中违反监管规定，获取他人犯罪线索并“检举揭发”的，不能认定为有立功表现。第二，犯罪分子将本人以往查办犯罪职务活动中掌握的，或者从负有查办犯罪、监管职责的国家工作人员处获取的他人犯罪线索予以检举揭发的，不能认定为有立功表现。第三，犯罪分子亲友为使犯罪分子“立功”，向司法机关提供他人犯罪线索、协助抓捕犯罪嫌疑人的，不能认定为犯罪分子有立功表现。

（六）（2011 年司法考试卷二第 57 题，2012 年司法考试卷二第 12 题）数罪并罚制度

数罪并罚，是指人民法院对一人所犯数罪分别定罪量刑，并根据法律规定的原则和方法，决定应当执行的刑罚。

1. 数罪并罚的原则

（1）并科原则。（2）吸收原则。（3）限制加重原则。（4）折中原则。

我国《刑法》第 69 条规定：“判决宣告以前一人犯数罪的，除判处死刑和无期徒刑的以外，应当在总和刑期以下、数刑中最高刑期以上，酌情决定执行的刑期，但是，管制最高不得超过 3 年，拘役最高不能超过 1 年，有期徒刑总和刑期不满 35 年的，最高不能超过 20 年，总和刑期在 35 年以上的，最高不能超过 25 年。数罪中有判处有期徒刑和拘役的，执行有期徒刑。数罪中有判处有期徒刑和管制，或者拘役和管制的，有期徒刑、拘役执行完毕后，管制仍须执行。数罪中有判处附加刑的，附加刑仍须执行，其中附加刑种类相同的，合并执行；种类不同的，分别执行。”据此，我国刑法采取的是折中原则，即以限制加重原则为主，兼采吸收原则和并科原则。详言之，我国刑法中数罪并罚原则的适用是：

（1）吸收原则适用于判处死刑或无期徒刑以及没收全部财产刑与罚金刑同时存在的情形；（2）限制加重原则适用于数罪所判的刑罚为有期徒刑、拘役、管制的情形；（3）并科原则适用于判处附加刑的情形，包括附加刑与附加刑之间（全部没收财产刑与罚金刑除外）的并罚情形和附加刑与主刑的并罚情形。

2. 数罪并罚的具体运用

（1）判决宣告以前一人犯数罪，并且数罪均已被发现时，根据《刑法》第 69 条规定的上述数罪并罚原则予以并罚。

（2）判决宣告以后刑罚执行完毕以前发现漏罪的，应先将新发现的漏罪定罪量刑，依照《刑法》第 69 条的规定，剩余的刑期就是应继续执行的刑期，这种方法一般称为“先并后减”。

（3）判决宣告以后刑罚执行完毕以前又犯新罪的，应先减去已执行过的刑期，再用余刑与新罪之刑进行并罚，即“先减后并”。该规则设计的意义在于对新罪并罚的结果体现出对犯罪分子更为严厉：常常使其执行刑（合并刑）

最低起点较高，实际执行的期限可能超过数罪并罚决定最高刑的限制。

(4)刑罚执行期间既发现有漏罪又有新罪的，一般采取“先旧后新”的方法，即先将漏罪与原判决的罪，根据《刑法》第70条规定的先并后减的方法进行并罚；然后再将新罪的刑罚与前一并罚判决所确定之执行刑的尚未执行完毕的部分，根据《刑法》第71条规定的先减后并的方法进行并罚。

【疑难法条解析】 《刑法》第70条：判决宣告以后刑罚执行完毕以前，发现被判刑的犯罪分子在判决宣告以前还有其他罪没有判决的，应当对新发现的罪作出判决，把前后两个判决所判处的刑罚，依照本法第69条的规定，决定执行刑罚。已经执行的刑期，应当计算在新判决决定的刑期以内。

(1)所谓“新发现的罪”，是指在判决宣告之前一人犯有数罪，在对其他罪作出判决时未被发现，应当依法追诉并与原判决之罪进行数罪并罚的罪，理论上一般称为“漏罪”。

(2)所谓“判决宣告以后”，是指判决已宣告并发生法律效力之后。“刑罚执行完毕以前”具体包括三种情形，即刑罚实际执行期间、缓刑考验期间、假释考验期间。

(3)在发现一个漏罪时，应当与原判决定执行的刑罚并罚，而不能与原判决中各罪的数个宣告刑进行并罚，否则，就否定了已发生法律效力的前一判决，影响刑事判决的严肃性。

(4)在发现数个漏罪时，应当对新发现的数个漏罪分别定罪量刑，然后将各自判处的刑罚与前罪所判处的刑罚(而不应将新发现的数个漏罪分别定罪量刑合并处罚后，再把对前罪所判处的刑罚与对新发现的数个漏罪并罚后的刑罚)，依照《刑法》第69条的规定决定执行的刑罚。

【难点辨析】 主刑刑种之间的并罚方法★

死刑(作为最高刑)＋其他＝死刑(吸收原则，吸收了其他刑种)

无期(作为最高刑)＋其他＝无期(吸收原则，吸收了其他刑种)

有期(作为最高刑)＋拘役＝有期(吸收原则，吸收了拘役)

有期(作为最高刑)＋管制＝有期＋管制(并科原则，二者分别执行)

拘役(作为最高刑)＋管制＝拘役＋管制(并科原则，二者分别执行)

(七)(2011年司法考试卷二第10题)缓刑制度

我国刑法所规定的缓刑，属于刑罚暂缓执行。

1. 缓刑的适用条件

(1)一般缓刑的适用条件：①对象条件：被判处3年以下有期徒刑或者拘役的罪犯；②实质条件：根据犯罪分子的犯罪情节和悔罪表现，没有再犯罪的危险和宣告缓刑对所居住社区没有重大不良影响；③禁止性条件：犯罪分子必须不是累犯和犯罪集团的首要分子。

(2)优待对象：一般犯罪人，同时满足上述对象条件和实质条件，只是可以宣告缓刑；而不满18周岁的人、怀孕的妇女、已满75周岁的人，这三类人只要同时满足上述对象条件和实质条件，应当宣告缓刑。

2. 缓刑的考验期及考察

(1)缓刑犯的考验期：拘役的缓刑考验期限为原判刑期以上1年以下，但是不能少于2个月；有期徒刑的缓刑考验期限为原判刑期以上5年以下，但是不能少于1年。(缓刑考验期限，从判决确定之日起计算。判决确定以前先行羁押的日期，不能折抵缓刑考验期限。)

(2)缓刑犯的考察(即缓刑犯所应遵守的法定义务)：①遵守法律、行政法规，服从监督；②按照考察机关的规定报告自己的活动情况；③遵守考察机关关于会客的规定；④离开所居住的市、县或者迁居,应当报经考察机关批准。

3. 缓刑的法律后果

(1)成功的缓刑:对宣告缓刑的犯罪分子,在缓刑考验期限内,依法实行社区矫正,如果没有本法第77条规定的情形,缓刑考验期满,原判的刑罚就不再执行,并公开予以宣告。

注意:考验期满就不再执行原判刑罚,仅是针对主刑而言,如果犯罪分子同时被判附加刑的,则附加刑并不因此而免除,而是依法仍须进行。

(2)失败的缓刑:是指缓刑被撤销。撤销缓刑的三种情形以及处理方式:

①发现漏罪,这是指发现判决宣告前还有未判决的罪行。

注意:由于已经经过的考验期不算已经执行的刑期,所以这里的数罪并罚不存在"减去已经执行的刑期"的问题,即不存在先并后"减"。原判决宣告以前先行羁押的,羁押日期应当折抵刑期。对犯罪人数罪并罚后,如果符合缓刑条件,可以再次适用缓刑。

②又犯新罪,这是指在缓刑考验期内又犯新罪。

注意:在数罪并罚后,即使决定执行的刑罚是3年以下有期徒刑,也不能再次适用缓刑。

③在缓刑考验期内,违反法律法规、监管规定或禁止令,情节严重的,应当撤销缓刑,执行原判刑罚。

【难点辨析】 缓刑与死刑缓期执行★★

(1)适用前提不同。缓刑适用于被判处拘役或者3年以下有期徒刑的犯罪分子;死刑缓期执行适用于应当判处死刑但不是必须立即执行的犯罪分子。

(2)执行方法不同。对于被宣告缓刑的犯罪分子不予关押;而对被宣告死刑缓期执行的罪犯,则必须予以监禁,并实行劳动改造。

(3)考验期限不同。缓刑的考验期,可因所判刑种和刑期的不同而不同;死刑缓期执行的法定考验期限为2年。

(4)法律后果不同。缓刑的法律后果,就其在考验期内是否发生法定情形而有区别,或者是原判刑罚不再执行,或者是撤销缓刑,把前罪与后罪所判处的刑罚按照数罪并罚的原则予以处罚;死刑缓期执行的法律后果根据缓期2年执行期间犯罪人的表现,或者予以减刑,或者执行死刑。

【难点辨析】 关于缓刑的其他问题★★

(1)是否宣告缓刑,与犯罪分子触犯的罪名的性质没有关系。

(2)在缓刑考验期内再犯新罪,以及在考验期满后再犯新罪的,都不成立累犯。

(3)对犯罪人数罪并罚后,如果符合缓刑条件,可以再次适用缓刑。

(4)在缓刑考验期内,没有剥夺犯罪分子行使言论、出版、集会、结社、游行、示威自由的权利。这一点与管制不同。

三、案例分析

【案例一】

被告人谭某于1999年1月17日晚至某养殖场,盗走甲鱼35公斤,价值人民币2 540元。谭某携带赃物回家途中,因形迹可疑被公安人员盘问,如实交代了盗窃事实。因谭某无确切身份证明,人民检察院以简易程序起诉,人民法院以被告人自报姓名对谭某以盗窃罪追究刑事责任,认定其有自首情节,判处拘役5个月,并处罚金人民币1 000元。判决生效后,公安机关查明被告人谭某冒用其堂兄姓名,谭某隐瞒真实姓名是自己曾因盗窃罪于1997年3月31日被判处有期徒刑1年零8个月,1998年9月刑满释放。

因发现被告人谭某有前科的新事实以及可能构成累犯,案件经法院审判委员会讨论决定再审。人民法院再审后认为,被告人谭某未如实供述姓名及前科情况，说明其坦白态度不好，不属于主动供述司法机关未掌握的事实，不应认定为自首。综合考虑其前科及此次犯罪情节及再次犯罪的时间，即刑满释放不足1年即再次盗窃，说明其主观恶性较大，可以对此次所犯盗窃罪判处有期徒刑，对被告人应认定为累犯，从重处罚。于是，原审法院根据《最高人民法院关于审理盗窃案件具体应用法律若干问题的解释》第6条第(3)项之规定，再审中对被告人犯盗窃罪，并将其累犯情节认定为“其他严重情节”，判处其有期徒刑3年零6个月，并处罚金人民币1 000元，被告人不服上诉，二审经审理维持原判。

案件来源：曲新久主编：《刑法学案例教程》，知识产权出版社2005年版。

【问题聚焦】

(1)被告人谭某能否认定为自首？

(2)被告人谭某是否为累犯？

【法律剖析】

(1)一般自首必须具备以下条件：

①自动投案。所谓自动投案，一般是指犯罪分子在犯罪以后归案之前，出于本人的意志而向有关机关或有关个人承认自己实施了犯罪，并主动将自己置于有关机关的控制之下，等待进一步交代犯罪事实，接受司法机关的审查与裁判的行为。根据最高人民法院1998年4月6日《关于处理自首和立功具体应用法律若干问题的解释》，罪行尚未被司法机关发觉，仅因形迹可疑，被有关组织或者司法机关盘问、教育后，主动交代自己的罪行的，也视为自动投案。

②如实供述自己的罪行，即犯罪人自动投案后，如实交代自己所犯的全部罪行。

我们认为，本案被告人谭某的行为符合一般自首的条件，应认定为自首。理由如下：

①被告人谭某仅因形迹可疑被盘问时如实交代盗窃罪事实，其盗窃犯罪并没有被司法机关所掌握，其行为完全符合一般自首的自动投案条件。

②被告人谭某如实交代了自己的盗窃犯罪事实，如果不是的话，原审也不会认定其行为构成自首。尽管被告人谭某在交代其个人情况时冒用其堂兄的姓名，隐瞒自己的真实姓名及前科情况，具有逃避惩罚的意图，但是，我们必须注意到，个人真实姓名及前科情况均属于犯罪人事实，而不属于犯罪行为事实，不属于其罪行即所犯盗窃罪的事实内容，被告人对于这样的事实没有如实交代，不属于不如实交代自己所犯的全部罪行。也就是说，在被告人谭某交代了其全部盗窃事实的情况下，被告人谭某的行为实际上也就符合了一般自首的第二个条件即如实供述自己所犯的全部罪行的条件。

③真诚地悔罪并接受刑事处罚是最为典型的自首，但是一般自首并未要求以此为必要条件，只要被告人自动投案而不逃跑，并如实供述自己的罪行，既节约了司法机关的司法成本，也符合自首的实质性条件，就应当认定为一般自首。当然，由于被告人隐瞒真实姓名及前科情况，在量刑时对其从轻处罚的幅度应该与真诚悔罪的被告人有所区别，但这并不阻却一般自首的成立。

(2)构成一般累犯须具备以下条件：

①前罪与后罪都必须是故意犯罪。②前罪被判处有期徒刑以上刑罚，后罪应当被判处有期徒刑以上刑罚。③后罪发生的时间，必须在前罪的刑罚执行完毕或者赦免以后5年以内。

联系本案，由于盗窃罪都是故意犯罪，其前一次盗窃也被判处了有期徒刑，而且被告人谭某再次盗窃发生的时间是在其前罪刑罚执行完毕后5年内，依此来看，认定谭某是否构成累犯的关键就落在了其后一次盗窃罪应否被判处有期徒刑以上刑罚上。对于后一个盗窃罪是否应当被判处有期徒刑，应当依其犯罪具体性质、情节进行判断。本案中，原审判处被告人拘役，就说明其所犯盗窃罪行较轻，仅就其盗窃行为而言还不足以判处有期徒刑以上刑罚。虽然被告人谭某自首时隐瞒了其真实姓名而冒用他人姓名，且隐瞒了其曾犯盗窃罪的前科情况，这当然会影响司法机关对于被告人累犯情节的认定。但是，这并不影响人民法院就其所犯盗窃罪是否应当判处有期徒刑以上刑罚作出正确判断。只要被告人所犯后罪发生在前罪刑罚执行完毕5年内，就不应当再考虑前罪与后罪间隔时间的长短并以此为由认定被告人是否构成累犯，否则，对被告人的前科就进行了重复评价，这对被告人来说是不公平的，所以对被告人谭某不应认定为累犯。

【法条链接】

《中华人民共和国刑法》

第65条　被判处有期徒刑以上刑罚的犯罪分子，刑罚执行完毕或者赦免以后，在五年以内再犯应当判处有期徒刑以上刑罚之罪的，是累犯，应当从重处罚，但是过失犯罪和不满18周岁的人犯罪的除外。

前款规定的刑期，对于被假释的犯罪分子，从假释期满之日起算。

第66条　危害国家安全的犯罪、恐怖活动犯罪、黑社会性质的组织犯罪的犯罪分子，在刑罚执行完毕或者赦免以后，在任何时候再犯上述任一类罪的，都以累犯论处。

第67条　犯罪以后自动投案，如实供述自己的罪行的，是自首。对于自首的犯罪分子，可以从轻或者减轻处罚。其中，犯罪较轻的，可以免除处罚。

被采取强制措施的犯罪嫌疑人、被告人和正在服刑的罪犯，如实供述司法机关还未掌握的本人其他罪行的，以自首论。

犯罪嫌疑人虽不具有前两款规定的自首情节的，但是如实供述自己罪行的，可以从轻处罚；因其如实供述自己罪行，避免特别严重后果发生的，可以减轻处罚。

最高人民法院1998年4月6日《关于处理自首和立功具体应用法律若干问题的解释》

第1条　根据《刑法》第67条第1款的规定，犯罪以后自动投案，如实供述自己的罪行的，是自首。

自动投案，是指犯罪事实或者犯罪嫌疑人未被司法机关发觉，或者虽被发觉，但犯罪嫌疑人尚未受到讯问、未被采取强制措施时，主动、直接向公安机关、人民检察院或者人民法院投案。

犯罪嫌疑人向其所在单位、城乡基层组织或者其他有关负责人员投案的；犯罪嫌疑人因病、伤或者为了减轻犯罪后果，委托他人先代为投案，或者先以信电投案的；罪行尚未被司法机关发觉，仅因形迹可疑，被有关组织或者司法机关盘问、教育后，主动交代自己的罪行的；犯罪后逃跑，在被通缉、追捕过程中，主动投案的；经查实确已准备去投案，或者正在投案途中，被公安机关捕获的，应当视为自动投案。

并非出于犯罪嫌疑人主动，而是经亲友规劝、陪同投案的；公安机关通知犯罪嫌疑人的亲友，或者亲友主动报案后，将犯罪嫌疑人送去投案的，也应当视为自动投案。

犯罪嫌疑人自动投案后又逃跑的，不能认定为自首。

【案例二】

2008年11月22日晚，被告人丁锦伟在江苏省无锡市××大道×××桥附近持刀将被害人廖某甲（女，26岁）挟持至该桥东北侧树林内，劫得现金100余元及中国农业银行卡一张等财物，又对廖某甲实施了强奸。为逼问银行卡密码，丁锦伟先后采用捆绑手脚、用石头击打头部、持刀捅刺胸部等手段加害廖某甲，致廖某甲心肺破裂，失血性休克死亡。同月28日，丁锦伟在中国农业银行某支行一自动取款机处从抢得的银行卡中取款15 900元。

案例来源：中国裁判文书网，"丁锦伟抢劫、强奸死刑复核刑事裁定书"，参见相关案号：(2012)苏刑一终字第0121号，2014－11－15。 http://wenshu.court.gov.cn/content/content?DocID=26b5bc76－5989－4599－9d87－16c2a1372bf3&KeyWord=%EF%BC%882012%EF%BC%89%E8%8B%8F%E5%88%91%E4%B8%80%E7%BB%88%E5%AD%97%E7%AC%AC0121%E5%8F%B7。最后访问日期：2017年7月20日。

【问题聚焦】

(1)如何正确区分一罪与数罪？

(2)数罪并罚有几种类型？

【法律剖析】

(1)数罪是相对于一罪而言，一罪是指一人犯一罪的情况，而数罪是一人犯两种或两种以上罪行的情况。一罪又可分为实质上的一罪与法定的一罪，其中实质上的一罪包括想象竞合犯、结果加重犯和继续犯；法定的一罪通常包括结合犯和惯犯。处断的一罪是实质上数罪，处断上按一罪处理，包括连续犯、牵连犯和吸收犯。数罪又可按不同标准分为同种数罪与异种数罪、并罚数罪与非并罚数罪。我国区分一罪与数罪的标准通常采用"犯罪构成标准说"，也就是说，应以犯罪构成的个数为标准确定犯罪的单复，具备一个犯罪构成的为一罪，具备数个犯罪构成的为数罪。

(2)数罪并罚是刑罚适用的基本制度之一，是指人民法院对一行为人在法定界限内所犯数罪分别定罪量刑后，按照法定的并罚原则及刑罚计算方法决定其应执行的刑罚的制度，具有以下几个方面的特征：第一，必须是一行为人犯有实质上的数罪或独立的数罪；第二，一行为人所犯的数罪必须发生于法定的时间界限之内；第三，必须在对数罪分别定罪量刑的基础上，依照法定并罚原则、并罚范围和并罚方法，决定执行的刑罚。我国刑法关于数罪并罚适用期限及不同并罚方法的基本内容主要有：第一，判决宣告以前一人犯数罪的，依照《刑法》第69条规定的原则进行并罚；第二，判决宣告以后，刑罚还没有执行完毕以前，发现被判刑的犯罪分子在判决宣告以前还有其他罪没有判决的，依据《刑法》第70条规定的"先并后减"方法进行并罚；第三，判决宣告以后，刑罚还没有执行完毕以前，被判刑的犯罪分子又犯罪的，依据《刑法》第71条规定的"先减后并"方法进行并罚；第四，被宣告缓刑的犯罪，在缓刑考验期限内再犯新罪的，或者发现判决宣告前还有其他罪没有判决的，依照《刑法》第69条的规定进行并罚；第五，被假释的犯罪分子，在假释期限内再犯新罪的，应依《刑法》第71条的规定进行并罚，如发现在判决宣告前还有其他罪没有判决的，应依《刑法》第69条的规定处罚。

据此分析上述案件，我们认为被告人丁锦伟的行为应构成抢劫罪和强奸罪两个犯罪。理由是：其一，被告人丁锦伟以非法占有为目的，采取暴力手段劫取被害人钱财，其行为已经构成抢劫罪。其二，被告人丁锦伟在抢劫过程中强奸被害人，其行为又构成强奸罪。

被告人丁锦伟的行为构成抢劫罪和强奸罪，应按《刑法》第69条，其理由是：被告人潘某的行为可分为两个阶段。第一阶段是抢劫罪，第二阶段是强奸罪。被告人出于两个故意，实施了两个行为，构成两个犯罪，并且两罪都是在被判决之前犯的，所以应按《刑法》第69条之规定实行并罚。

【法条链接】

《中华人民共和国刑法》

第69条　判决宣告以前一人犯数罪的，除判处死刑和无期徒刑的以外，应当在总和刑期以下、数刑中最高刑期以上，酌情决定执行的刑期，但是管制最高不能超过3年，拘役最高不能超过1年，有期徒刑总和刑期不满35年的，最高不能超过20年；总和刑期在35年以上的，最高不能超过25年。数罪中有判有期徒刑和拘役的，执行有期徒刑。数罪中判处有期徒刑和管制，或者拘役和管制的，有期徒刑、拘役执行完毕后，管制仍需执行。

如果数罪中有判处附加刑的，附加刑仍须执行，其中附加刑种类相同的，合并执行；种类不同的，分别执行。

第70条　判决宣告以后，刑罚执行完毕以前，发现被判刑的犯罪分子在判决宣告以前还有其他罪没有判决的，应当对新发现的罪作出判决，把前后两个判决所判处的刑罚，依照本法第69条的规定，决定执行的刑罚。已经执行的刑期，应当计算在新判决决定的刑期以内。

第71条　判决宣告以后，刑罚执行完毕以前，被判刑的犯罪分子又犯罪的，应当对新犯的罪作出判决，把前罪没有执行的刑罚和后罪所判处的刑罚，依照本法第69条的规定，决定执行的刑罚。

第236条　以暴力、胁迫或者其他手段强奸妇女的，处3年以上10年以下有期徒刑。

奸淫不满14周岁的幼女的，以强奸论，从重处罚。

强奸妇女、奸淫幼女，有下列情形之一的，处10年以上有期徒刑、无期徒刑或者死刑：

(一)强奸妇女、奸淫幼女情节恶劣的；

(二)强奸妇女、奸淫幼女多人的；

(三)在公共场所当众强奸妇女的；

(四)二人以上轮奸的；

(五)致使被害人重伤、死亡或者造成其他严重后果的。

四、全真题演练

(一)单选题

1. 下列关于从重处罚的表述，哪一项是正确的？(　　)

A. 从重处罚是在法定刑以上判处刑罚

B. 从重处罚是指应当在犯罪所适用刑罚幅度的中线以上判处

C. 从重处罚是指在法定刑的限度以内判处刑罚

D. 从重处罚一定是判处法定最高刑

2. 下列哪种情形属于自首？(　　)

A. 甲抢劫后其父主动报案并将甲送到派出所，甲当即交代了抢劫的全部事实和经过

B. 乙犯盗窃罪后，自动投案，但在投案后又出走，不知所踪

C. 甲和乙共同贪污之后，甲主动到检察机关交代自己的贪污事实，但未提及乙

D. 乙诈骗后，自动投案，如实供述自己的罪行，但是后来又翻供，拒不认罪

3. 下列属于法定应当减轻或者免除处罚的情节是(　　)。

A. 防卫过当　　B. 从犯

C. 预备犯　　D. 有重大立功表现

4. 犯罪分子虽然不具有刑法规定的减轻处罚情节，但是根据案件的特殊情况，经以下哪个机关核准，也可以在法定刑以下判处刑罚？(　　)

A. 中级人民法院

B. 高级人民法院

C. 中级以上人民法院

D. 最高人民法院

5. 下列关于累犯的说法，不正确的是(　　)。

A. 累犯的前罪和后罪，都必须是故意犯罪

B. 累犯的前罪和后罪，都必须是被判处有期徒刑以上刑罚

C. 累犯是在前罪的刑罚执行完毕或者假释之日起5日内又犯后罪的

D. 对于累犯，不适用缓刑，也不得假释

6. 下列哪种情形依照法律不应当数罪并罚？（　　）

A. 参加黑社会组织并实施犯罪活动的

B. 司法工作人员收受贿赂又徇私枉法的

C. 组织他人偷越国境并对被组织人有杀害行为的

D. 以暴力、威胁方法抗拒缉私的

7. 下列关于自首和立功的说法，错误的是（　　）。

A. 对于自首的犯罪分子，可以从轻或者减轻处罚

B. 对于自首且犯罪较轻的犯罪分子，可以免除处罚

C. 有重大立功表现的犯罪分子，可以减轻或者免除处罚

D. 犯罪后自首又有重大立功表现的，应当减轻或者免除处罚

8. 关于缓刑，下列哪一项是错误的？（　　）

A. 被宣告缓刑的犯罪分子，如果被判处附加刑，附加刑不须执行

B. 缓刑考验期限，从判决确定之日起计算

C. 被宣告缓刑的犯罪分子，离开所居住的市、县或者迁居，应当报经考察机关批准

D. 虽然故意杀人罪法定最低刑为3年有期徒刑，但只要符合缓刑条件，仍然可以适用缓刑

9.（2011年卷二单选第10题）关于缓刑的适用，下列哪一选项是错误的？（　　）

A. 被宣告缓刑的犯罪分子，在考验期内再犯罪的，应当数罪并罚，且不得再次宣告缓刑

B. 对于被宣告缓刑的犯罪分子，可以同时禁止其从事特定活动，进入特定区域、场所，接触特定的人

C. 对于黑社会性质组织的首要分子，不得适用缓刑

D. 被宣告缓刑的犯罪分子，在考验期内由公安机关考察，所在单位或者基层组织予以配合

10.（2015年司法考试卷2第10题）关于累犯，下列哪一选项是正确的？（　　）

A. 对累犯和犯罪集团的积极参加者，不适用缓刑

B. 对累犯，如假释后对所居住的社区无不良影响的，法院可决定假释

C. 对被判处无期徒刑的累犯，根据犯罪情节等情况，法院可同时决定对其限制减刑

D. 犯恐怖活动罪被判处有期徒刑4年，刑罚执行完毕后的第12年又犯黑社会性质的组织罪的，成立累犯

（二）多选题

1. 下列关于量刑情节的说法，不正确的有（　　）。

A. 分则条文中规定的多为从重处罚的情节，总则条文中规定的多为从宽处罚的情节

B. 从轻处罚是在法定刑以下判处刑罚，以下不包括本数

C. 从重处罚是指应当在犯罪适用刑罚幅度的中线以上判处刑罚

D. 免除处罚就是免除刑事责任

2. 下列说法中，不正确的有（　　）。

A. 又聋又哑的人或者盲人犯罪，应当从轻、减轻或者免除处罚

B. 紧急避险超过必要限度造成不应有的损害的，应当负刑事责任，但是应当从轻或者减轻处罚

C. 对于未遂犯，可以比照既遂犯从轻或者减轻处罚

D. 对于从犯，应当从轻、减轻处罚或者免除处罚

3. 某甲因犯伤害罪被判处有期徒刑，刑罚执行完毕后第3年，再次犯伤害罪被人民法院判处2年零6个月有期徒刑。人民法院不能对某甲适用下列哪些制度？（　　）

A. 减刑　　B. 缓刑

C. 保外就医　　D. 假释

4. 自首必须是犯罪分子自动投案。下列哪些情况依法属于自动投案？（　　）

A. 甲犯罪后潜逃，经亲友规劝向其所在单位投案，并且交代了自己所犯的罪行

B. 乙盗窃他人财物，在公安机关对其调查时，主动交代了罪行

C. 丙故意杀人后，回家告知父母，由父母陪同去公安机关自首，途中被闻讯前来的公安人员抓获

D. 丁贪污巨额公款后逃跑，受到通缉，后自己去检察机关投案

5. 下列关于数罪并罚的说法不正确的有（　　）。

A. 甲犯A、B两罪，分别被判处有期徒刑13年和8年，法院决定合并执行16年。甲执行6年后，又犯C罪，被判处有期徒刑4年。对此，法院应该在13年以上20年以下有期徒刑的范围内决定合并执行的刑期，然后减去已经执行的6年刑期

B. 乙犯A、B两罪，分别被判处有期徒刑13年和12年，法院决定合并执行20年。在执行3年后，法院发现乙在判决宣告以前还有未判决的C罪，并就C罪判处有期徒刑5年。这样乙实际执行的有期徒刑必然超过20年

C. 丙犯A、B两罪，分别被法院判处14年和10年，法院决定合并执行20年。在执行2年后，丙又犯C罪，被判处有期徒刑3年。由于数罪并罚时有期徒刑总和刑期不满35年的，最高不得超过20年，故丙实际不能执行C罪的刑罚

D. 丁犯A、B两罪，分别被判处有期徒刑7年和12年，决定合并执行14年。执行5年后发现丁在判决宣告以前还有没有判决的C罪与D罪，并就C、D两罪分别判处有期徒刑4年和8年。此次并罚的“数刑中的最高刑期”应是14年，而不是12年

6. 符合下列哪些情形，且在5年以内再犯应当判处有期徒刑以上刑罚之罪的可以构成累犯？（　　）

A. 前罪的刑罚执行完毕以后

B. 缓刑考验期满后

C. 假释考验期满后

D. 赦免以后

7. 下列关于缓刑的说法，哪些是正确的？（　　）

A. 拘役的缓刑考验期限为原判刑期以上1年以下，但是不能少于1个月

B. 被宣告缓刑的犯罪分子，在缓刑考验期内，只要遵守有关缓刑的监督管理规定，原判刑罚就不再执行

C. 对于累犯和犯罪集团的首要分子，不适用缓刑

D. 被宣告缓刑的犯罪分子，在缓刑考验期限内犯新罪的，应当撤销缓刑，将前罪和后罪所判处的刑罚，依照《刑法》第69条进行数罪并罚

8. 2005年6月29日，陈某因犯诬告陷害罪被人民法院判处有期徒刑2年，缓刑3年。2008年3月5日，陈某又犯诈骗罪。对于陈某的量刑，下列表述哪些是错误的？（　　）

A. 陈某不构成累犯

B. 对陈某的诈骗罪不能适用缓刑

C. 陈某具有法定从重处罚的情节

D. 对陈某应当数罪并罚

9.（2011年司法考试卷2第57题）关于数罪并罚，下列哪些选项是符合《刑法》规定的？（　　）

A. 甲在判决宣告以前犯抢劫罪、盗窃罪与贩卖毒品罪，分别被判处13年、8年、15年有期徒刑。法院数罪并罚决定执行18年有期徒刑

B. 乙犯抢劫罪、盗窃罪分别被判处13年、6年有期徒刑，数罪并罚决定执行18年有期徒刑。在执行5年后，发现乙在判决宣告前还犯有贩卖毒品罪，应当判处15年有期徒刑。法院数罪并罚决定应当执行19年有期徒刑，已经执行的刑期，计算在新判决决定的刑期之内

C. 丙犯抢劫罪、盗窃罪分别被判处13年、8年有期徒刑，数罪并罚决定执行18年有期徒刑。在执行5年后，丙又犯故意伤害罪，被判处15年有期徒刑。法院在15年以上20年以下决定应当判处16年有期徒刑，已经执行的刑期，不计算在新判决决定的刑期之内

D. 丁在判决宣告前犯有3罪，被分别并处罚金3万元、7万元和没收全部财产。法院不仅要合并执行罚金10万元，而且要没收全部财产

10.（2015年司法考试卷2第59题）关于缓刑的适用，下列哪些选项是正确的？（　　）

A. 甲犯重婚罪和虐待罪，数罪并罚后也可能适用缓刑

B. 乙犯遗弃罪被判处管制1年，即使犯罪情节轻微，也不能宣告缓刑

C. 丙犯绑架罪但有立功情节，即使该罪的法定最低刑为5年有期徒刑，也可能适用缓刑

D. 丁17岁时因犯放火罪被判处有期徒刑5年，23岁时又犯伪证罪，仍有可能适用缓刑

（三）名词解释

1. 法定的量刑情节
2. 缓刑
3. 一般累犯
4. 立功
5. 限制加重原则

（四）简答题

1. 常见的酌定量刑情节主要有哪几种？
2. 简述特殊累犯的成立条件。
3. 简述立功的表现及其法律后果。
4. 简述数罪并罚的原则。
5. 简述我国刑法中一般缓刑的法律后果。

（五）论述题

1. 试论我国刑法对数罪并罚的规定。
2. 论述我国刑法规定的自首制度。

五、深度拓展

【拓展一】 量刑情节的主要适用规则

（1）“从轻”与“从重”均是在法定刑幅度之内判处刑罚，而“减轻”则是在法定幅度之下判处刑罚。

（2）法定的应当型情节优于可以型情节、可以型情节优于酌定型情节 。

（3）同时存在数个从严或从宽情节的，不得任意改变量刑情节所具有的功能。如既是累犯又有教唆未成年人犯罪情形的，两个“从重”处罚不得简单相加成为“加重”。

（4）同时具有从宽情节与从严情节的，不

得采取简单的折抵办法,而应“先严后宽”地不断修正宣告刑。

(5)多功能情节的(如从犯,依法应当从轻、减轻或免除处罚),应依法定序列考量,即先考虑“从轻”,若这样处罚较重,再考虑“减轻”,若综合具体案情,处罚仍较重的,再考虑“免除”处罚。

(6)禁止重复评价量刑情节。量刑时,对各种情节不能进行重复评价。如已经作为法定刑幅度依据的情节,就不能再作为影响具体量刑轻重的情节。例如,对抢劫罪量刑时,因为行为人是“入户抢劫”,故应加重处罚——选择“10 年以上有期徒刑、无期徒刑或者死刑”这一法定幅度,但不能再因为“入户抢劫”而在此幅度内从重处罚,否则就是对“入户抢劫”这一情节重复评价,作出不利于被告人的处理。

【拓展二】 如何理解和认定《刑法》第 67 条第 2 款中的“司法机关还未掌握的本人其他罪行”

该问题理解的关键之处就在,对被采取强制措施的犯罪嫌疑人、被告人和正在服刑的罪犯如实供述司法机关还未掌握的本人其他同种罪行的,是否成立自首?对此存在不同的观点。

第一种观点即 1998 年 4 月 17 日最高人民法院《关于处理自首和立功具体应用法律若干问题的解释》第 2 条和第 4 条的规定:“被采取强制措施的犯罪嫌疑人、被告人和已宣判的罪犯,如实供述司法机关尚未掌握的罪行,与司法机关已掌握的或者判决确定的罪行属不同种罪行的,以自首论。”“被采取强制措施的犯罪嫌疑人、被告人和已宣判的罪犯,如实供述司法机关尚未掌握的罪行,与司法机关已掌握的或者判决确定的罪行属同种罪行的,可以酌情从轻处罚;如实供述的同种罪行较重的,一般应当从轻处罚。”

第二种观点认为,被司法机关依法采取强制措施的犯罪嫌疑人、被告人,如实供述司法机关还未掌握的本人的非同种罪行的;正在服刑的罪犯,如实供述司法机关还未掌握的同种罪行或者非同种罪行的,以自首论。①

第三种观点认为:(1)正在服刑的罪犯,如实供述司法机关还未掌握的同种罪行或者非同种罪行的,以自首论。(2)被采取强制措施的犯罪嫌疑人、被告人,如实供述司法机关还未掌握的非同种罪行的,对该非同种罪行以自首论。(3)被采取强制措施的犯罪嫌疑人、被告人,如实供述司法机关还未掌握的同种罪行中的主要罪行的,应对全案以自首论。(4)被采取强制措施的犯罪嫌疑人、被告人,如实供述司法机关还未掌握的同种罪行,而所供述的同种罪行需要并罚的,对所供述的犯罪应认定为自首。②

第四种观点认为,必须是司法机关还未掌握的罪行,即司法机关不了解、未掌握的罪行,与被采取强制措施、服刑所涉及的罪行,在性质或者罪名上可以不同也可以相同的一定罪行。③

【拓展三】 不同种类的有期自由刑之间应当如何并罚

关于这一问题,认识上存在四种不同的主张:

(1)逐一执行说。该说主张当数罪被判处了不同种类的自由刑时,应该按照从重到轻的顺序逐一执行,即先执行有期徒刑,后执行拘役,再执行管制。目前司法实践中解决这一问题,采取的是此方法。因最高人民法院在 1981 年 7 月 27 日《关于管制犯在管制期间又犯新罪被判处拘役或有期徒刑应如何执行的问题的

① 赵秉志:《新刑法教程》,中国人民大学出版社 1997 年版,第 338 页。

② 张明楷:《刑法学》,法律出版社 2016 年第 5 版,第 566 页。

③ 高明暄、马克昌:《刑法学》,北京大学出版社、高等教育出版社 2017 年第 8 版,第 309 页。

批复》中指出:“由于管制和拘役、有期徒刑不属于同一刑种,执行的方法也不同,如何按照数罪并罚的原则决定执行的刑罚,在刑法中尚无具体规定,因此,仍可按照本院1957年2月16日法研字第3540号复函的意见处理。即:‘在对新罪所判处的有期徒刑或者拘役执行完毕后,再执行前罪所没有执行完的管制。’对于管制犯在管制期间因发现判决时没有发现的罪行而被判处拘役或者有期徒刑应如何执行的问题,也可以按照上述意见。”

(2)吸收说。主张对不同种有期自由刑,采用重刑吸收轻刑的规则决定应当执行的刑罚,以有期徒刑吸收拘役刑和管制刑,只执行有期徒刑;以拘役刑吸收管制刑,只执行拘役刑。但是,会导致重刑轻判,放纵犯罪,实不可取。

(3)比例并罚说。主张对于不同刑种从重到轻,分别执行一定比例的部分刑期。不同刑种在并罚时的执行比例由刑法规定。

(4)换算说。主张当数罪分别被判处有期徒刑、拘役、管制时,应当把拘役、管制折算成有期徒刑,或把管制折算成拘役,然后按照限制加重原则决定执行的刑罚。折算的方法是,拘役1日折算有期徒刑1日,管制2日折算有期徒刑、拘役1日。这是目前刑法学界比较流行的通说。

我们认为,换算说较合理、科学。因为逐一执行说采取的是并科原则,其违背了刑法对有期自由刑适用限制加重原则的立法本意,会导致对罪犯实行过于严苛的处罚;而吸收说同样违背了刑法对有期自由刑适用限制加重原则的立法本意,导致重罪轻罚,一定意义上是变相“鼓励”罪犯在实施了较重之罪以后,继续实施较轻之罪,达不到预防犯罪的目的。比例并罚说则存在如何确定不同种有期徒刑之间的科学比例关系的困难。相比之下,换算说虽自身也存有不足,因为不同有期自由刑在性质、剥夺自由程度、执行方法和执行场所、法律后果等方面都存在一定差别,折抵后有将轻刑升格为重刑之嫌。因此,从根本上解决这一问题,还有待将来立法上的明确规定。

【拓展四】 关于“协助抓捕其他犯罪嫌疑人”的认定

犯罪分子具有下列行为之一,使司法机关抓获其他犯罪嫌疑人的,属于“协助司法机关抓捕其他犯罪嫌疑人”:

第一,按照司法机关的安排,以打电话、发信息等方式将其他犯罪嫌疑人(包括同案犯)约至指定地点的;

第二,按照司法机关的安排,当场指认、辨认其他犯罪嫌疑人(包括同案犯)的;

第三,带领侦查人员抓获其他犯罪嫌疑人(包括同案犯)的;

第四,提供司法机关尚未掌握的其他案件犯罪嫌疑人的联络方式、藏匿地址的;等等。

犯罪分子提供同案犯姓名、住址、体貌特征等基本情况,或者提供犯罪前、犯罪中掌握、使用的同案犯联络方式、藏匿地址,司法机关据此抓捕同案犯的,不能认定为协助司法机关抓捕同案犯。(换言之,只有提供犯罪后“新”的联络方式、藏匿地址的,才被认定为立功。)

第十二章

刑罚执行制度

一、知识结构图

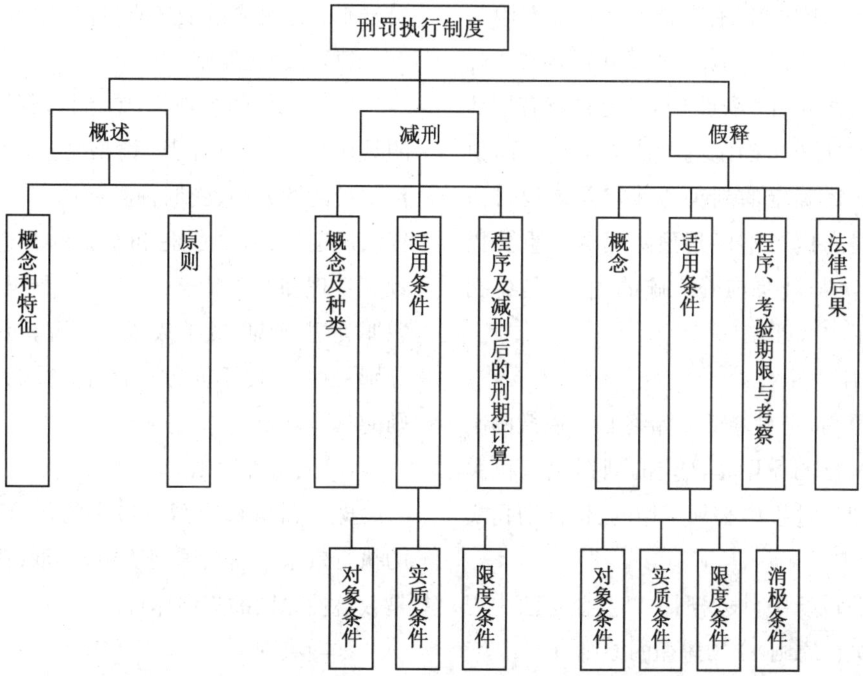

二、重难点归纳

(一)刑罚执行制度概述

1. 概念和特征

所谓刑罚执行制度，是指法定的刑罚执行机关将具有法律效力的刑事裁判所确定的刑罚内容付诸实施，并且解决由此产生的法律问题的所有活动的制度总称。

刑罚的执行主体是法定的刑罚执行机关。不同的国家，法定的刑罚执行机关是不同的。在我国，法院、公安机关、监狱都是特定的刑罚执行机关。它们负责不同的刑罚的执行活动。例如，法院负责死刑立即执行、没收财产等刑罚的执行活动；公安机关负责剥夺政治权利的执行活动；而监狱则负责自由刑的执行活动。

刑罚的执行对象是受刑人，即由于实施了犯罪活动而被国家司法机关依法追诉并且应受刑罚处罚的人。

刑罚执行的依据是发生法律效力的刑事裁判。我国刑事诉讼法规定：判决和裁定发生法律效力后执行。所谓发生法律效力的判决与裁判，是指已过法定期限没有上诉、抗诉的判决及裁定终审的判决和裁定；最高人民法院核准的死刑判决和高级人民法院核准的死刑缓期两年执行的判决。

任何的刑罚方法都有其特定的内容，通过法院的判决与裁定，抽象的刑罚被具体化固定下来。比如：刑法规定有期徒刑的一般期限为6个月以上15年以下(除了数罪并罚)，当法院在对犯罪人科处有期徒刑时，必定是就有期徒刑的具体刑期作出确定的判决与裁定。而执行则是将上述确定的判决与裁定具体地付诸实施。刑罚的执行不仅是预防犯罪的重要措施，也是判决与裁决准确实施的过程，是惩罚和改造罪犯的保证。

2. 原则

所谓原则，是贯穿活动始终必须遵循的准则。刑罚执行的原则是法定的刑罚执行机关在执行刑罚的过程中必须遵循的、保证刑罚实现的准则。

在刑罚执行中，根据刑种以及监狱法中规定的刑罚执行原则，必须遵循的原则有：

(1)合法性原则

即刑罚执行必须合法，这个合法包括执行机关资格的合法——必须是法定的执行机关；执行依据的合法——刑罚执行的依据必须是具有合法效力的刑事判决或裁定；执行的程序必须合法——刑罚执行的程序必须符合刑事诉讼法的规定。

(2)惩罚和改造相结合、教育与劳动相结合的原则

即刑罚的执行不能只讲惩罚与劳动，同时也不能只讲改造与教育；惩罚是改造的前提，改造是惩罚的目的；劳动是教育的手段，教育是劳动的目的。因此，在刑罚执行中必须将惩罚与改造相结合、教育与劳动相结合。

(3)人道主义原则

即在刑罚执行过程当中必须尊重犯罪人的人格，关心犯罪人的实际困难，实行文明监管，禁止使用残酷、不人道的刑罚执行手段，这也是被国际法所确认的原则。同时，我国刑法将殴打、体罚被监管人的行为规定为独立的犯罪；监狱法也规定，犯罪人的人格不受侮辱，其人身安全、合法财产和未被法律剥夺的权利不受侵犯。这是人道主义原则在中国的体现。

(4)个别化原则

刑罚执行的个别化，是指根据犯罪人本人的具体情况，比如年龄、性格特点、生理状况、再犯可能性大小、受刑种类和刑期等。我国监狱法规定：对未成年犯和女犯的改造，应当照顾其生理和心理特点；监狱应当根据犯罪人的犯罪类型、刑期、改造表现等情况，对罪犯实行分别关押，采取不同方式管理。此为个别化原则的具体规定。

(5)效益性原则

即刑罚执行应当以最小的代价获得最大的执行效果。在我国刑法中，减刑、假释制度，是效益性原则的集中体现。

(二)减刑

1. 概念及种类

(1)概念

减刑，是指对于被判处管制、拘役、有期徒刑、无期徒刑的犯罪人，在刑罚执行期间，如果认真遵守监规，接受教育改造，确有悔改表现，或者有立功表现的，适当减轻原刑罚的制度。

(2)种类

根据《刑法》第78条的规定，减刑可以分为两种情况：其一，可以减刑，即具备一定的条

件，法院可以裁定减刑；其二，应当减刑，即当犯罪人有重大立功表现时，法院应当减刑。根据减刑的方法与效果来看也可以分为两种情况：其一，将无期徒刑减为有期徒刑，这是刑种的变更；其二，将有期徒刑、管制、拘役的刑期减少，这是刑期的变更。

2. 适用条件

(1)对象条件

根据《刑法》第78条的规定，适用减刑必须满足一些对象条件：减刑只对被判处(包括裁定)管制、拘役、有期徒刑、无期徒刑的犯罪人适用。这是可以减刑与应当减刑的前提条件。这里对于犯罪人只有刑种的限制，而没有刑期与罪质的限制。首先，对于死缓依法减轻为无期徒刑或者有期徒刑的，虽然实质上是刑罚获得了减轻，但并不是《刑法》第78条规定的减刑，在犯罪人死缓减为无期徒刑或者有期徒刑之后，依然可以根据《刑法》第78条的规定进行减刑。另外，附加刑的减轻不属于《刑法》第78条规定的减刑。比如：在主刑之外，犯罪人被附加了缴纳罚金50万元，如果由于确实有困难，遭遇不能抗拒的灾害等原因，可以酌情减少。这种附加刑的减轻并不属于《刑法》第78条规定的减刑。最后，根据最高人民法院在2012年《关于办理减刑、假释案件具体应用法律若干问题的规定》(以下简称《减刑、假释规定》)，对判处拘役或者3年以下有期徒刑并宣告缓刑的犯罪分子，一般不适用减刑。如果犯罪人在缓刑考验期限内有重大的立功表现，可以参照《刑法》第78条的规定，予以减刑，同时缩减其缓刑考验期限。拘役的缓刑考验期限不能少于2个月，有期徒刑的缓刑考验期限不能少于1年。

(2)实质条件

可以减刑的实质条件是，犯罪人在刑罚执行期间认真地遵守监规，接受教育改造，确有悔过表现，或者有立功表现。具体来说，可以分为以下两种减刑的情况：第一，犯罪人在刑罚执行期间，认真遵守监规，接受教育改造，确有悔过表现。根据《减刑、假释规定》，“确有悔过表现”是指同时具备以下四个方面的情形：一是认罪悔罪；二是认真遵守法律法规及监规，接受教育改造；三是积极参加思想、文化、职业技术教育；四是积极参加劳动，努力完成劳动任务。未成年人犯罪的减刑，可以比照成年罪犯依法适当从宽。未成年人满足上述四个方面的，减刑的幅度可以适当放宽，起始时间、间隔时间可以相应地缩短。同样地，老年的、身体残疾的(不含自伤自残)、患有严重疾病的犯罪人的减刑，应当着重注意悔罪的实际表现。符合以上四个方面的犯罪人，可以适当放宽减刑幅度，适当缩短起始时间和间隔时间。第二，具有立功表现。根据《减刑、假释规定》，具有以下六种情形之一的，应当认定为具有立功表现：一是阻止他人实施犯罪活动的；二是检举揭发监狱内外的犯罪活动，或者提供了查证属实的重要破案线索的；三是协助司法机关抓捕其他犯罪嫌疑人(包括同案犯)；四是在生产、科研中进行技术革新，成绩突出的；五是在抢险救灾或者排除重大事故中表现突出的；六是对国家和社会有其他贡献的。但是，如果并未遵守监规、接受教育改造，但有立功表现是否可以减刑呢？本书持否定的观点，因为减刑的基础是犯罪人没有再犯罪的危险，如果并未遵守监规、接受教育改造，可以认为犯罪人并未认识到自己的犯罪行为是应该被惩罚的，也就是说，他依然存在再犯的危险。基础不符合就更没有必要谈立功表现及是否可以减刑了。

应当减刑的条件是，犯罪人在刑罚执行期间，有重大的立功表现。根据《减刑、假释规定》的内容，满足以下七种情况可以认为是具有“重大立功表现”：①阻止他人实施重大犯罪活动的；②检举监狱内外重大犯罪活动，经查证属实的;③协助司法机关抓捕其他重大犯罪嫌疑人(包括同案犯)的;④有发明创造或者重大技术革新的;⑤在日常生产、生活中舍己救人的;⑥在抗御自然灾害或者排除重大事故中,有特别突出的表现的;⑦对国家和社会有其他重大贡献的。

(3)限度条件

满足了以上的两个条件,就可以或者应当减刑。但是减刑还需要满足一定的限度条件。如果减刑过少,不利于对犯罪人的改造产生鼓励作用;减刑过多,不利于特殊预防,有损法院判决的严肃性。《刑法》第 78 条第 2 款规定:"减刑以后实际执行的刑期不得少于以下期限:①判处管制、拘役、有期徒刑的,不能少于原判刑期的 1/2;②判处无期徒刑的,不能少于 13 年;③人民法院依照《刑法》第 50 条第 2 款规定限制减刑的死刑缓期执行的犯罪分子,缓期执行期满后依法减为无期徒刑的,不能少于 25 年;缓期执行期满后依法减为 25 年有期徒刑的,不能少于 20 年。"其中第②项包括从死缓减为无期徒刑(但未被限制减刑)的情形。从这个角度来看,减刑的限度也是减刑的条件之一。

减刑不仅应当有法定的限度,还应当有一定的幅度,包括从何时可以开始减刑,一次可以减刑多少,间隔多久可以开始减刑。2017 年 1 月 1 日起施行的《最高人民法院关于办理减刑、假释案件具体应用法律的规定》这样规定:①有期徒刑犯罪人在刑罚执行期间,符合减刑条件的,确有悔改表现或者有立功表现的,一次减刑不超过九个月有期徒刑;确有悔改表现并有立功表现的,一次减刑不超过一年有期徒刑;有重大立功表现的,一次减刑不超过一年六个月有期徒刑;确有悔改表现并有重大立功表现的,一次减刑不超过两年有期徒刑。②被判处有期徒刑的罪犯减刑起始时间为:不满五年有期徒刑的,应当执行一年以上方可减刑;五年以上不满十年有期徒刑的,应当执行一年六个月以上方可减刑;十年以上有期徒刑的,应当执行二年以上方可减刑。有期徒刑减刑的起始时间自判决执行之日起计算。被判处不满十年有期徒刑的罪犯,两次减刑间隔时间不得少于一年;被判处十年以上有期徒刑的罪犯,两次减刑间隔时间不得少于一年六个月。减刑间隔时间不得低于上次减刑减去的刑期。罪犯有重大立功表现的,可以不受上述减刑起始时间和间隔时间的限制。③对符合减刑条件的职务犯罪罪犯,破坏金融管理秩序和金融诈骗犯罪罪犯,组织、领导、参加、包庇、纵容黑社会性质组织犯罪罪犯,危害国家安全犯罪罪犯,恐怖活动犯罪罪犯,毒品犯罪集团的首要分子及毒品再犯,累犯,确有履行能力而不履行或者不全部履行生效裁判中财产性判项的罪犯,被判处十年以下有期徒刑的,执行二年以上方可减刑,减刑幅度应当比照本规定第六条从严掌握,一次减刑不超过一年有期徒刑,两次减刑之间应当间隔一年以上。对被判处十年以上有期徒刑的前款罪犯,以及因故意杀人、强奸、抢劫、绑架、放火、爆炸、投放危险物质或者有组织的暴力性犯罪被判处十年以上有期徒刑的罪犯,数罪并罚且其中两罪以上被判处十年以上有期徒刑的罪犯,执行二年以上方可减刑,减刑幅度应当比照本规定第六条从严掌握,一次减刑不超过一年有期徒刑,两次减刑之间应当间隔一年六个月以上。罪犯有重大立功表现的,可以不受上述减刑起始时间和间隔时间的限制。④对被判处无期徒刑的职务犯罪罪犯,破坏金融管理秩序和金融诈骗犯罪罪犯,组织、领导、参加、包庇、纵容黑社会性质组织犯罪罪犯,危害国家安全犯罪罪犯,恐怖活动犯罪罪犯,毒品犯罪集团的首要分子及毒品再犯,累犯以及因故意杀人、强奸、抢劫、绑架、放火、爆炸、投放危险物质或者有组织的暴力性犯罪的罪犯,确有履行能力而不履行或者不全部履行生效裁判中财产性判项的罪犯，数罪并罚被判处无期徒刑的罪犯，符合减刑条件的，执行三年以上方可减刑，减刑幅度应当比照本规定第八条从严掌握，减刑后的刑期最低不得少于二十年有期徒刑；减为有期徒刑后再减刑时，减刑幅度比照本规定第六条从严掌握，一次不超过一年有期徒刑，两次减刑之间应当间隔两年以上。罪犯有重大立功表现的，可以不受上述减刑起始时间和间隔时间的限制。⑤被判处无期徒刑的罪犯在刑罚执行期间，符合减刑条件的，执行两年以上，可以减刑。减刑幅度为：确有悔改表现或者有立功表现的，可以减为二十二年有期徒刑；确有悔改表现并有立功表现的，可以减为二十一年以上二十二年以下有期徒刑；有重大立功表现的，可以减为二十年以上二十一年以下有期徒刑；确有悔改表现并有重大立功表现的，可以减为十九年以上二十年以下有期徒刑。无期徒刑罪犯减为有期徒刑后再减刑时，减刑幅度依照本规定第六条的规定执行。两次减刑间隔时间不得少于两年。罪犯有重大立功表现的，可以不受上述减刑起始时间和间隔时间的限制。⑥对被判处无期徒刑的职务犯罪罪犯，破坏金融管理秩序和金融诈骗犯罪罪犯，组织、领导、参加、包庇、纵容黑社会性质组织犯罪罪犯，危害国家安全犯罪罪犯，恐怖活动犯罪罪犯，毒品犯罪集团的首要分子及毒品再犯，累犯以及因故意杀人、强奸、抢劫、绑架、放火、爆炸、投放危险物质或者有组织的暴力性犯罪的罪犯，确有履行能力而不履行或者不全部履行生效裁判中财产性判项的罪犯，数罪并罚被判处无期徒刑的罪犯，符合减刑条件的，执行三年以上方可减刑，减刑幅度应当比照上述⑤的规定从严掌握，减刑后的刑期最低不得少于二十年有期徒刑；减为有期徒刑后再减刑时，减刑幅度比照本规定第六条从严掌握，一次不超过一年有期徒刑，两次减刑之间应当间隔两年以上。罪犯有重大立功表现的，可以不受上述减刑起始时间和间隔时间的限制。⑦被判处死刑缓期执行的罪犯减为无期徒刑后，符合减刑条件的，执行三年以上方可减刑。减刑幅度为：确有悔改表现或者有立功表现的，可以减为二十五年有期徒刑；确有悔改表现并有立功表现的，可以减为二十四年以上二十五年以下有期徒刑；有重大立功表现的，可以减为二十三年以上二十四年以下有期徒刑；确有悔改表现并有重大立功表现的，可以减为二十二年以上二十三年以下有期徒刑。被判处死刑缓期执行的罪犯减为有期徒刑后再减刑时，比照上述⑤的规定办理。⑧对被判处死刑缓期执行的职务犯罪罪犯，破坏金融管理秩序和金融诈骗犯罪罪犯，组织、领导、参加、包庇、纵容黑社会性质组织犯罪罪犯，危害国家安全犯罪罪犯，恐怖活动犯罪罪犯，毒品犯罪集团的首要分子及毒品再犯，累犯以及因故意杀人、强奸、抢劫、绑架、放火、爆炸、投放危险物质或者有组织的暴力性犯罪的罪犯，确有履行能力而不履行或者不全部履行生效裁判中财产性判项的罪犯，数罪并罚被判处死刑缓期执行的罪犯，减为无期徒刑后，符合减刑条件的，执行三年以上方可减刑，一般减为二十五年有期徒刑，有立功表现或者重大立功表现的，可以比照本规定第十条减为二十三年以上二十五年以下有期徒刑；减为有期徒刑后再减刑时，减刑幅度比照本规定第六条从严掌握，一次不超过一年有期徒刑，两次减刑之间应当间隔两年以上。被判处死刑缓期执行的罪犯经过一次或者几次减刑后，其实际执行的刑期不得少于十五年，死刑缓期执行期间不包括在内。死刑缓期执行罪犯在缓期执行期间不服从监管、抗拒改造，尚未构成犯罪的，在减为无期徒刑后再减刑时应当适当从严。被限制减刑的死刑缓期执行罪犯，减为无期徒刑后，符合减刑条件的，执行五年以上方可减刑。减刑间隔时间和减刑幅度依照本规定第十一条的规定执行。被限制减刑的死刑缓期执行罪犯，减为有期徒刑后再减刑时，一次减刑不超过六个月有期徒刑，两次减刑间隔时间不得少于两年。有重大立功表现的，间隔时间可以适当缩短，但一次减刑不超过一年有期徒刑。⑨被判处管制、拘役的罪犯，以及判决生效后剩余刑期不满两年有期徒刑的罪犯，符合减刑条件的，可以酌情减刑，减刑起始时间可以适当缩短，但实际执行的刑期不得少于原判刑期的二分之一。被判处有期徒刑罪犯减刑时，对附加剥夺政治权利的期限可以酌减。酌减后剥夺政治权利的期限，不得少于一年。被判处死刑缓期执行、无期徒刑的罪犯减为有期徒刑时，应当将附加剥夺政治权利的期限减为七年以上十年以下，经过一次或者几次减刑后，最终剥夺政治权利的期限不得少于三年。⑩被判处拘役或者三年以下有期徒刑，并宣告缓刑的罪犯，一般不适用减刑。前述规定的罪犯在缓刑考验期内有重大立功表现的，可以参照《刑法》第七十八条的规定予以减刑，同时应当依法缩减其缓刑考验期。缩减后，拘役的缓刑考验期限不得少于两个月，有期徒刑的缓刑考验期限不得少于一年。

3. 减刑的程序及减刑后的刑期计算

为了避免减刑制度的错用与滥用，维护减刑的合法性与正当性，《刑法》第 79 条特别规定："对于犯罪分子的减刑，由执行机关向中级以上人民法院提出减刑建议书。人民法院应当组成合议庭进行审理，对确有悔改或者立功事实的，裁定予以减刑。非经法定程序不得减刑。"由此我们可以得出，减刑有两个关键程序：第一，必须有法定的执行机关向中级以上法院提出减刑建议书。基层法院无权裁定减刑；中级以上法院在法定执行机关没有提出减刑建议书的情况下，不能直接减刑；执行机关本身也不能直接减刑。第二，法院应当组成合议庭进行审理，裁定减刑。中级以上法院在没有组成合议庭的情况下，不得裁定减刑；裁定减刑时，应当以事实为依据，以法律为准绳。此外，人民法院按照审判监督程序重新审理的案件，维持原判决、裁定的，原减刑裁定效力不变；改变原判决、裁定的，应由刑罚执行机关依照再审裁判情况和原减刑情况，提请有管辖权的人民法院重新作出减刑裁定。

减刑后的刑期计算：(1)对于原判刑罚为管制、拘役、有期徒刑的，减刑后的刑期应从原判决执行之日起计算；原判刑期已经执行的部分时间，应计算到减刑后的刑期以内。(2)对于无期徒刑减为有期徒刑的，有期徒刑的刑期从裁定减刑之日起计算；已经执行的刑期以及判决宣告以前先行羁押的日期，不得计算在裁定减刑后的有期徒刑的刑期以内。(3)对于无期徒刑减为有期徒刑以后再次减刑的，其刑期的计算则应按照有期徒刑减刑的方法计算。(4)对于曾被依法适用减刑，后因原判决有误，经再审后改判的，原来的减刑依然有效，所减刑期应当从改判后的刑期中扣除。(5)被判处死缓的犯罪分子，减为无期徒刑后再减刑的，其实际执行的刑期，从死刑缓期性质期满之日起计算。被判处死缓并同时被决定限制减刑的犯罪分子，减为无期徒刑后再减为有期徒刑的，或者直接减为有期徒刑的，其应当实际执行的刑期也从死刑缓期执行期满之日起计算。

(三)假释

1. 概念

假释是指对于被判处有期徒刑、无期徒刑的部分犯罪人，认真遵守监规，接受教育改造，确有悔改表现，没有再犯罪的危险，经过执行一定刑罚之后，附条件地给予提前释放的制度。附条件，是指被假释的犯罪人，如果遵守一定的条件，就认为原判刑罚已经执行完毕；倘若没有遵守一定的条件，就收监执行原判刑罚及至数罪并罚。

2. 适用条件

适用假释需要发挥好假释制度的积极功能，是否能够发挥好积极功能，则取决于是否遵守了刑法规定的假释条件。根据《刑法》第81条的规定，适用假释必须满足以下的条件：

(1)对象条件

假释只适用于被判处有期徒刑、无期徒刑的犯罪人。这意味着，被判处管制、拘役、死刑立即执行的犯罪分子，不可能被假释。但是被判处死缓的犯罪分子减为无期徒刑或有期徒刑后也可以适用假释。

(2)实质条件

适用假释的犯罪分子，必须在刑罚执行期间认真遵守监规，接受教育改造，确有悔罪表现，没有再犯罪的危险。“认真遵守监规”与“接受教育改造”是悔改表现的判断标准。如果认定确有悔改表现，则需要进一步根据犯罪人犯罪的具体情节、原判刑罚情况、在刑罚执行中的一贯表现，以及犯罪人自身的情况综合判断，只要认为没有再犯罪的危险，就可以假释。根据《刑法》第81条第3款的规定，对犯罪分子决定假释时，应当考虑其假释后对所居住社区的影响。

(3)限度条件

为了防止滥用假释，避免引起刑罚执行混乱，避免损害刑罚的严肃性与法院判决的稳定性。根据《刑法》第81条规定，被判处有期徒刑的犯罪人，执行原判刑期1/2以上，被判处无期徒刑的犯罪人，实际执行13年以上，才可以假释。前者针对有期徒刑，包括判决前先行羁押而折抵的日期在内；后者因为是无期徒刑，不存在折抵的问题，所以是“实际执行”。2017年最高法对减假被判处死刑缓期执行的罪犯减为无期徒刑或者有期徒刑后，实际执行15年以上，方可假释，该实际执行期间应当从死刑缓期执行期满之日起计算。死刑缓期执行期不包括在内，判决确定以前先行羁押的时间不予折抵。犯罪人被减刑之后，符合条件的依然可以被假释；但执行刑期的条件，应以原判决的有期徒刑的刑期或者无期徒刑为基准进行计算，而不是以减刑之后的刑期为基准进行计算。根据《减刑、假释规定》，罪犯减刑后又假释的间隔时间一般为1年；对于一次减刑2年有期徒刑后，决定假释的间隔时间不得少于2年；罪犯减刑后余刑不足2年的，决定假释可以适当缩短间隔时间。

根据《刑法》第81条规定，如果有特殊情况，经最高人民法院核准，可以不受上述执行刑期的限制。“特殊情况”是指与国家、社会利益有重要关系的情况。

(4)消极条件

所谓消极条件，是指不能够适用假释的情况。《刑法》第81条第2款规定：“对累犯以及因故意杀人、强奸、抢劫、绑架、放火、爆炸、投放危险物质或者有组织的暴力性犯罪被判处十年以上有期徒刑、无期徒刑的犯罪分子，不得假释。”法条中没有对累犯所判处的是什么刑种与刑期作规定，这是因为累犯已经是执行过刑罚有犯罪的，再犯罪的危险性大，适用假释难以预防其再次犯罪，所以累犯不管刑期刑种如何都不允许假释。此外，根据《刑法》第82条的规定，对于犯罪人假释的，由执行机关向中级以上法院提出假释建议书，法院应当组成合议庭进行审理，对符合假释条件的，裁定予以假释，非经过法定程序不得假释。人民法院按照审判监督程序重新审理的案件，维持原判决、裁定的，原假释裁定效力不变；改变原判决、裁定的，应由刑罚执行机关依照再审裁判情况和原假释情况，提请有管辖权的人民法院重新作出假释裁定。

3. 程序、考验期限与考察

(1)假释的程序

根据《刑法》第82条的规定，对于犯罪人

假释的，由执行机关向中级以上人民法院提出假释建议书，人民法院应当组成合议庭进行审理，对符合假释条件的，裁定予以假释。非经过法定程序不得假释。人民法院按照审判监督程序重新审理的案件，维持原判决、裁定的，原假释裁定效力不变；改变原判决、裁定的，应由刑罚执行机关依照再审裁判情况和原假释情况，提请有管辖权的人民法院重新作出假释裁定。

(2)考验期限

假释是附条件的提前释放，规定犯罪人在一定期限内应当遵守和符合法定条件。这里的一定期限就是假释的考验期限。刑法规定了与原判刑罚轻重相适应的考验期，即有期徒刑的假释考验期限，为没有执行完毕的刑期；无期徒刑的假释考验期为 10 年。计算期限从假释之日起计算。

(3)考察

对假释的犯罪分子，在假释考验期限内，依法实行社区矫正。被假释的犯罪人，应当遵守相关规定：①遵守法律、行政法规，服从监督；②按照监督机关的规定报告自己的活动情况；③遵守监督机关关于会客的规定；④离开所居住的市、县或者迁居，应当报监督机关批准。被假释的犯罪人，如果在假释考验期限内，依法实行社区矫正，没有再犯新罪，没有发现判决宣告以前的漏罪，没有违反法律、行政法规或者国务院有关部门有关假释的监督管理规定，假释考验期满，就认为原判刑罚已经执行完毕，并公开予以宣告。

4. 法律后果

根据《刑法》第 85 条、第 86 条的规定，假释的法律后果有以下四种：

(1)被假释的犯罪人在假释考验期限内犯新罪的，应当撤销假释，按照《刑法》第 71 条规定的“先减后并”方法实行并罚。

(2)在假释考验期限内，发现被假释的犯罪人在判决宣告以前还有其他罪没有判决的，应当撤销假释，按照《刑法》第 70 条所规定的“先并后减”方法实行并罚。

(3)被假释的犯罪人，在假释考验期限内，有违反法律、行政法规或者国务院有关部门有关假释的监督管理规定的行为，尚未构成新的犯罪的，应当依照法定程序撤销假释，收监执行未执行完毕的刑罚。

(4)如果被假释的犯罪分子在假释考验期间没有上述情形的，假释考验期满，就认为原判刑罚已经执行完毕，并公开予以宣告。

三、案例分析

【案例】

甲因在学校饭堂投毒被判处 8 年有期徒刑。服刑期间，甲认真遵守监规，接受教育改造，确有悔罪表现，关于甲的假释应该如何操作？

【问题聚焦】

《刑法》第 81 条的理解。

【法律剖析】

根据《刑法》第 81 条第 2 款的规定，对累犯以及因故意杀人、强奸、抢劫、绑架、放火、爆炸、投放危险物质或者有组织的暴力性犯罪被判处 10 年以上有期徒刑、无期徒刑的犯罪分子，不得假释。甲虽然犯投放危险物质罪，但被判处 8 年有期徒刑，不属于禁止假释的情形，可以被假释。另外，根据《刑法》第 81 条第 1 款的规定，被判处有期徒刑的犯罪人，执行原判刑期 1/2 以上；被判处无期徒刑的犯罪人，实际执行 13 年以上，才可以假释。如果有特殊情况，经最高人民法院核准，可以不受上述刑期的限制。

【法条链接】

《中华人民共和国刑法》

第 81 条　被判处有期徒刑的犯罪分子，

执行原判刑期1/2以上，被判处无期徒刑的犯罪分子，实际执行13年以上，如果认真遵守监规，接受教育改造，确有悔改表现，没有再犯罪的危险的，可以假释。如果有特殊情况，经最高人民法院核准，可以不受上述执行刑期的限制。

对累犯以及因故意杀人、强奸、抢劫、绑架、放火、爆炸、投放危险物质或者有组织的暴力性犯罪被判处10年以上有期徒刑、无期徒刑的犯罪分子，不得假释。

对犯罪分子决定假释时，应当考虑其假释后对所居住社区的影响。

四、全真题演练

（一）单选题

1. 被假释的犯罪分子，在假释考验期内，由哪个机关予以监督？（　　）

A. 人民法院　　B. 检察院

C. 社区矫正机构　　D. 监狱或看守所

2. 下列期限中哪一项是从判决执行之日起计算的？（　　）

A. 拘役的刑期

B. 假释的考验期

C. 有期徒刑附加剥夺政治权利的期限

D. 无期徒刑减为有期徒刑的刑期

3. 下列关于刑罚执行的说法不正确的是（　　）。

A. 死刑的执行方式包括死刑立即执行和死刑缓期执行

B. 减刑以后实际执行的刑期，判处管制、拘役、有期徒刑的，不能少于原判刑期的1/2；判处无期徒刑的，不能少于13年

C. 对死缓执行犯经过一次或几次减刑后，其实际执行的刑期不得少于10年（不含死缓执行的2年）

D. 被判处管制的犯罪分子由公安机关执行

4. 关于假释，下列选项正确的是（　　）。

A. 被假释的犯罪分子，未经执行机关批准，不得行使言论、出版、集会、结社、游行、示威自由的权利

B. 被假释的犯罪分子，离开所居住的市、县或者迁居，应当报经监督机关批准

C. 对于因故意杀人、强奸、抢劫、绑架、放火、爆炸、投放危险物质或有组织的暴力性犯罪的罪犯，一律不得假释

D. 对于累犯，只要被判处10年以下有期徒刑，均可适用假释

5. 下列关于执行机关的说法错误的是（　　）。

A. 罚金、没收财产由法院执行

B. 拘役由公安机关就近执行

C. 死刑缓期由监狱执行

D. 剥夺政治权利由法院执行

6. 下列关于减刑的说法，不正确的是（　　）。

A. 对判处拘役或者3年以下有期徒刑、宣告缓刑的犯罪分子，一般不适用减刑

B. 无期徒刑罪犯在执行期间有重大立功表现的，可以减为15年以上20年以下有期徒刑

C. 被判处无期徒刑的罪犯减刑后，实际执行的刑期不能少于13年，其起始时间应当自无期徒刑判决确定之日起计算

D. 死刑缓期执行罪犯在死刑缓期执行期间，如果确有重大立功表现，2年期满后，减为18年以上20年以下有期徒刑

7. 对刑法关于撤销假释的规定，下列哪项理解是不正确的？（　　）

A. 只要被假释的犯罪分子在假释考验期内犯新罪，即使假释考验期满后被发现，也应当撤销假释

B. 在假释考验期满后，发现被假释的犯罪分子在判决宣告以前还有其他没有判决的，也应当撤销假释

C. 被假释的犯罪分子，在假释考验期内犯新罪的，应当按先减后并的方法实行并罚，但“先减”是指减去假释前已经实际执行的刑期

D. 在假释考验期内，发现被假释的犯罪分子在判决宣告以前还有其他没有判决的，撤销假释后，按照先并后减的方法实行并罚，假释经过的考验期不应计入减去的刑期内

8. 关于减刑的时间限制，以下叙述正确的是(　　)。

A. 有期徒刑罪犯在刑罚执行期间，如果确有悔改表现，一般一次减刑不超过1年有期徒刑

B. 被判处5年以上有期徒刑的罪犯，一般在执行1年以上方可减刑

C. 有期徒刑犯两次减刑之间一般至少应间隔2年

D. 被判处10年以上有期徒刑的罪犯，如果有重大立功表现的，一次减刑不得超过2年有期徒刑

9.(2010年司法考试卷2第10题)关于减刑，下列哪一选项是正确的？(　　)

A. 减刑只适用于被判处拘役、有期徒刑、无期徒刑和死缓的犯罪分子

B. 对一名服刑犯人的减刑不得超过三次，否则有损原判决的权威性

C. 被判处无期徒刑的罪犯减刑后，实际执行时间可能超过15年

D. 对被判处无期徒刑、死缓的罪犯的减刑，需要报请高级法院核准

10.(2014年司法考试卷2第11题)甲因在学校饭堂投毒被判处8年有期徒刑。服刑期间，甲认真遵守监规，接受教育改造，确有悔改表现。关于甲的假释，下列哪一种说法是正确的？(　　)

A. 可否假释，由检察机关决定

B. 可否假释，由执行机关决定

C. 服刑4年以上才可假释

D. 不得假释

(二)多选题

1. 服刑人员服刑期间，如果有重大立功表现的，应当减刑。其中，“重大立功表现”是指(　　)。

A. 阻止他人的重大犯罪活动

B. 检举监狱内外重大犯罪活动，经查证属实的

C. 有发明创造或者重大技术革新的

D. 在抗御自然灾害或者排除重大事故中有突出表现的

E. 在日常生产、生活中舍己救人的

F. 对国家和社会有其他重大贡献的

2. 假释与缓刑有下列哪些相同之处？(　　)

A. 适用的对象都是被判处有期徒刑、无期徒刑的犯罪人

B. 都是有条件地不执行原判刑罚

C. 都有一定的考验期

D. 都以发生法定情形为撤销条件

3. 对于被判处假释的犯罪分子，可以撤销假释的条件是(　　)。

A. 在假释考验期内违反行政法规

B. 在假释考验期内违反国务院有关部门有关假释的监督管理规定

C. 在假释考验期内犯新罪

D. 在假释考验期后，发现被假释的犯罪分子在判决宣告以前还有其他罪没有判决的

4. 减刑能够适用于以下哪些人？(　　)

A. 被判处无期徒刑的罪犯

B. 被判处管制的罪犯

C. 被判处缓刑的罪犯

D. 被判处拘役的罪犯

5. 对于减刑和假释的程序性条件，正确的说法有：(　　)。

A. 由犯罪分子所在的执行机关向基层人民法院提出建议

B. 有管辖权的中级以上人民法院组成合议庭进行审理

C. 非经法定程序不得减刑或者假释

D. 人民法院对确有悔改或者立功事实的，可以判决予以减刑

6. 甲某因受贿罪被判处有期徒刑 11 年，在刑罚执行的第 8 年，身患重病，但表现一般。根据刑法规定，下列选项正确的是(　　)。

A. 可以假释　　B. 可以减刑

C. 不可以假释　　D. 不可以减刑

7. 下列关于减刑和减轻处罚的表述，错误的有(　　)。

A. 减刑所依据的基础是宣告刑，并且要求有实际执行刑期的限制；减轻处罚依据的是法定刑

B. 减刑和减轻处罚都是刑罚执行制度

C. 减轻处罚的适用对象为判决确定前的未决犯；而减刑的适用对象则属于判决确定后的已决犯

D. 在刑罚执行期间，有重大立功表现的，应当减刑；在判决作出以前，发现犯罪嫌疑人、被告人有重大立功表现的，应当减轻或者免除处罚

8. 根据有关规定，下列关于减刑的做法，正确的有(　　)。

A. 甲某因犯抢劫罪被判处死刑，缓期 2 年执行，因有重大立功表现，2 年期满以后，减为 18 年有期徒刑

B. 乙某因犯交通肇事罪被判处有期徒刑 5 年，在服刑期间，确有悔改表现，法院一次给予减刑 1 年

C. 丙某因犯故意杀人罪被判处无期徒刑，服刑期间因有重大立功表现，获准减刑，减为 15 年有期徒刑

D. 丁某因犯贪污罪被判处有期徒刑 12 年，因有立功表现，法院一次给予减刑 3 年

9.(2014 年司法考试卷 2 第 55 题)关于刑罚的具体运用，下列哪些选项是错误的？(　　)

A. 甲 1998 年因间谍罪被判处有期徒刑 4 年。2010 年，甲因参加恐怖组织罪被判处有期徒刑 8 年。甲构成累犯

B. 乙因倒卖文物罪被判处有期徒刑 1 年，罚金5 000元；因假冒专利罪被判处有期徒刑 2 年，罚金5 000元。对乙数罪并罚，决定执行有期徒刑 2 年 6 个月，罚金 1 万元。此时，即使乙符合缓刑的其他条件，也不可对乙适用缓刑

C. 丙因无钱在网吧玩游戏而抢劫，被判处有期徒刑 1 年，缓刑 1 年，并处罚金2 000元，同时禁止丙在 12 个月内进入网吧。若在考验期限内，丙仍常进网吧，情节严重，则应对丙撤销缓刑

D. 丁系特殊领域专家，因贪污罪被判处有期徒刑 8 年。丁遵守监规，接受教育改造，有悔改表现，无再犯危险。1 年后，因国家科研需要，经最高法院核准，可假释丁

10.(2013 年司法考试卷 2 第 57 题)关于减刑、假释的适用，下列哪些选项是错误的？(　　)

A. 对所有未被判处死刑的犯罪分子，如认真遵守监规，接受教育改造，确有悔改表现，或者有立功表现的，均可减刑

B. 无期徒刑减为有期徒刑的刑期，从裁定被执行之日起计算

C. 被宣告缓刑的犯罪分子，不符合“认真

遵守监规，接受教育改造”的减刑要件，不能减刑

D. 在假释考验期限内犯新罪，假释考验期满后才发现的，不得撤销假释

（三）名词解释

1. 行刑
2. 刑罚执行的原则
3. 减刑
4. 减刑的限度
5. 假释

（四）简答题

1. 简述减刑的基本条件。
2. 简述适用减刑的基本程序。
3. 减刑后犯罪分子的刑期应当如何计算？
4. 简述假释的考验期以及考察的内容。
5. 简述假释的撤销条件。

（五）论述题

1. 试述刑罚执行的原则。
2. 试述假释的基本条件。

五、深度拓展

【拓展一】 假释考验期满后，管制执行过程中，发现应当撤销假释的，应当如何处理？

比如，B犯抢劫罪被判处有期徒刑8年，犯使用虚假身份证件罪被判处管制1年8个月。执行有期徒刑6年后被假释，假释考验期满后，开始执行管制。执行一年管制后，发现B在假释考验期内犯抢夺罪，应当判处有期徒刑4年。根据《刑法》第86条第1款的规定，应当将抢劫罪没有执行的2年有期徒刑、适用虚假身份证件罪没有执行的8个月管制，与抢夺罪的4年有期徒刑实行并罚。倘若决定执行5年有期徒刑、8个月管制，那么应当在5年有期徒刑执行完毕后，再执行8个月管制。

当有期徒刑与管制并罚时，有期徒刑执行1/2以上后被假释的，是否应当从假释之日起开始执行管制？例如，A因故意伤害罪被判处有期徒刑7年，因代替考试罪被判处管制2年，有期徒刑执行4年后被假释，管制是否应从假释之日起开始执行？从刑法的相关规定来看，只能给予否定回答。一方面，根据《刑法》第69条第2款的规定，有期徒刑或者拘役与管制并罚的，“有期徒刑、拘役执行完毕后，管制仍须执行”。另一方面，《刑法》第85条规定：“对假释的犯罪分子，在假释考验期限内，依法实行社区矫正，如果没有本法第86条规定的情形，假释考验期满，就认为原判刑罚已经执行完毕，并公开予以宣告。”由于假释考验期间刑罚并没有执行完毕，所以管制不能从假释之日起开始执行，只能从假释考验期满后开始执行。

【拓展二】 如何处理假释的考验内容与管制的协调关系？

根据《刑法》第38条第3款与第85条的规定，对于被宣告管制的犯罪分子与被假释的犯罪分子，都需要实行社区矫正。但是，根据《刑法》第84条的规定，“被宣告假释的犯罪分子，应当遵守以下的规定：（一）遵守法律、行政法规，服从监督；（二）按照监督机关的规定报告自己的活动情况；（三）遵守监督机关关于会客的规定；（四）离开所居住的市、县或者迁居，应当报经监督机关批准”。但《刑法》第39条第1款规定的管制多一项“未经执行机关批准，不得行使言论、出版、集会、结社、游行、示威自由的权利”的执行内容。于是，可能产生二者的执行不协调的现象。比如，A犯抢劫罪与使用虚假身份证件罪，抢劫罪被判处有期徒刑8年，使用虚假身份证件罪被判处管制1年5个月，A执行有期徒刑5年后被假释。由于A的抢劫罪没有被附加剥夺政治权利，所以在假释考验期内，A可以行使言论、出版、集会、结社、游行、示威自由的权利。这虽然不协调，但是也只能如此，既不能为了避免不协调而禁止A

在假释考验期内行使言论、出版、集会、结社、游行、示威自由的权利,也不可能在假释考验期之前执行管制。更为重要的是,倘若法院对A宣告禁止令,就意味着管制的执行比假释考验更为严格。

第十三章

刑罚的消灭

一、知识结构图

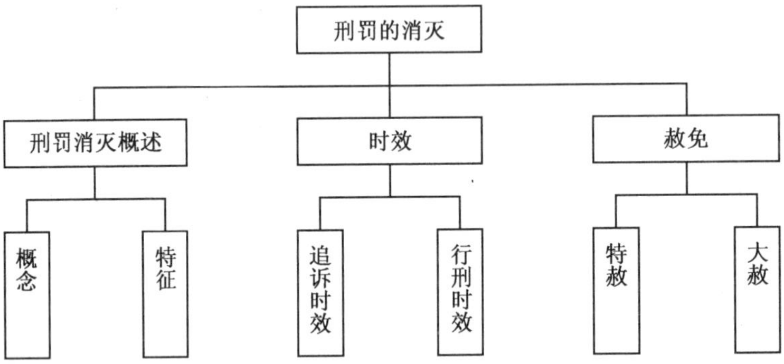

二、重难点归纳

(一)刑罚消灭概述

1. 概念

刑罚消灭,是指由于法定或者事实的原因,使基于具体犯罪产生的法律后果使用权消灭。我国刑法理论一直使用刑罚消灭的概念,意味着出现法律后果消灭的事由时,代表国家的司法机关不仅不能行使刑罚权,而且也不能让行为人承担非刑罚的法律后果。

2. 特征

刑罚消灭必须基于一定的事由。我国刑法中规定的刑罚消灭的事由主要有:(1)超过追诉时效;(2)经赦免免除法律后果。在这种情况下,虽然司法机关事实上可能适用法律后果,但法律规定不得适用法律后果,刑罚消灭。

刑罚消灭的前提是行为在事实上已经构成犯罪。刑罚的产生应当有相应的犯罪行为,如果行为人的行为尚不成立犯罪,则刑法尚不能对行为人的行为作出否定评价,就更无刑罚一说,因此,行为构成犯罪是刑罚消灭的前提。

刑罚消灭意味着对行为人不仅不能实施刑罚,也不能实施非刑罚的法律手段。

当出现刑法规定的事由,比如追诉期经过,则刑罚消灭,国家司法机关不得让行为人承担法律后果。

(二)时效

时效分为追诉时效与行刑时效。

1. 追诉时效

(1)追诉时效的概念

追诉时效，是刑法规定的对犯罪人进行刑事追诉的有效期限；在此期限内，司法机关有权追诉，超过了此期限，司法机关原则上就不能再行追诉。[①]《刑法》第 87 条规定，犯罪经过下列期限不再追诉：

①法定最高刑为不满 5 年有期徒刑的，经过 5 年；

②法定最高刑为 5 年以上不满 10 年有期徒刑的，经过 10 年；

③法定最高刑为 10 年以上有期徒刑的，经过 15 年；

④法定最高刑为无期徒刑、死刑的，经过 20 年。如果 20 年以后认为必须追诉的，须报请最高人民检察院核准。

(2)追诉时效的期限

追诉时效的期限以法定最高刑为标准，不是以实际应当判处的刑罚为标准。如果所犯罪行的刑罚分别规定有几条或者几款时，即按其罪行应当适用的条或款的法定最高刑计算；如果同一条或者同一款中有几个量刑幅度时，就按其罪行应当适用的量刑幅度的法定最高刑计算；如果条文只规定了单一的量刑幅度，则按此条的量刑幅度计算。

如果法定最高刑为无期徒刑或者死刑，经过 20 年，认为必须要追诉的，需要报请最高人民检察院核准。首先，必须满足法定最高刑为无期徒刑、死刑，如果法定最高刑是有期徒刑，那么经过 15 年后即使认为必须追诉，也不得追诉。其次，“认为必须追诉的犯罪”，应限于那些罪行特别严重，行为人的再犯可能性特别大，所造成的社会影响特别大，经过 20 年后仍没有被社会遗忘的一些重大犯罪。报请核准的案件应当同时符合以下条件：①有证据证明存在犯罪事实，且犯罪事实是犯罪嫌疑人实施的；②涉嫌犯罪的行为应当适用的法定量刑幅度的最高刑为无期徒刑或者死刑的；③涉嫌犯罪的性质、情节和后果特别严重，虽然已过 20 年追诉期限，但社会危害性和影响依然存在，不追诉会严重影响社会稳定或者产生其他严重后果，而必须追诉的；④犯罪嫌疑人能够及时到案接受追诉的。[②] 对于共同犯罪来说，并非适用统一的追诉时效标准，而是按照各个共同犯罪人分别应当适用的法定刑幅度计算追诉期限。如果共同犯罪的一部分犯罪人超过了诉讼时效，一部分犯罪人没有超过追诉时效，就只能对后者进行追诉。例如，甲与乙共同故意伤害丙，并造成丙重伤，甲为主犯，乙为从犯。对于甲应当适用“3 年以上 10 年以下有期徒刑”的量刑幅度，追诉期为 15 年；对于乙应当减轻处罚，适用“3 年以下有期徒刑、拘役或者管制”的量刑幅度，追诉期为 5 年。如果经过 5 年，乙的追诉期间已过，则乙的刑罚消灭，但在甲的追诉时效内，司法机关仍然可以对甲进行追诉。

对于结合犯来说，应当按照刑法对结合犯规定的法定刑确定追诉时效的期限。对于想象竞合犯和牵连犯来说，刑法理论存在个别说与一体说之争。“个别说”主张追诉时效的期限应当按所触犯的个罪的法定刑分别计算；如果其中的重罪在追诉时效内，而轻罪超过了追诉时效，就按照单一的重罪追诉，不再按想象竞合犯、牵连犯处理。“一体说”认为，对于想象竞合犯与牵连犯，应当将全部犯罪行为视为一个整体计算追诉期限。

2. 行刑时效

行刑时效，是刑法规定的对犯罪人执行刑罚有效期限的制度；犯罪人被科处刑罚后，只有在行刑时效期间内，刑罚执行机关才有权对犯罪人执行所判处的刑罚，超过了此期限，就不能再执行所判处的刑罚。

我国刑法没有规定行刑时效。一般认为，

---

① 张明楷：《刑法学》(第五版)，法律出版社 2016 年版，第 648 页。

② 最高人民检察院：《关于办理核准追诉案件若干问题的规定》(2012)(高检发侦监字[2012]21 号)。

判处刑法而没有执行的原因主要是，战争或者重大自然灾害，司法机关的疏漏，罪犯的脱逃。但前两种情况没有出现过，后一种情况不能成为法律后果消灭的正当理由。[①]

（三）赦免

赦免是指国家对于犯罪分子宣告免于追诉或者免除执行刑罚的全部或者一部分法律制度。赦免包括大赦与特赦。

1. 大赦

大赦，通常是指国家元首或者国家最高权力机关，对于某一时期内的不特定犯罪分子免于追诉或免除其刑罚执行的制度。大赦的适用范围较为广泛，大赦的适用对象既可能是国家某一时期的各种犯罪人，也可能是某一地区的全体犯罪人，还可能是某一类或者某一事件的全体犯罪人。大赦不仅免除犯罪人的刑罚执行，而且使犯罪归于消灭，即大赦不仅赦免其刑，还赦免其罪。

经过大赦的犯罪分子，尚未追诉的，司法机关不得再追诉；已经追诉的，司法机关应当撤销其追诉；已受罪刑宣告的，宣告归于无效。所以，被赦免之罪不能作为累犯的理由。

2. 特赦

特赦，通常是指国家对较为特定的犯罪人免除执行全部或者部分刑罚的制度。

特赦的适用对象是特定的犯罪分子。特赦只能免除刑罚执行，而不能免除有罪宣告，即特赦只能免其刑，却不能免其罪。

新中国成立之后，我国共实行过八次特赦。前七次特赦的特点大致可以概括如下[②]：

(1)特赦的对象基本只限于战争犯。除第一次特赦包括部分反革命罪犯与普通刑事犯外，其他几次特赦的对象都是战争犯。

(2)特赦的范围是一类或者几类犯罪人，而不针对个别犯罪人。

(3)特赦的前提是犯罪人在服刑过程中确实有改恶从善的表现。一方面，对尚未宣告刑罚或者没有开始执行刑罚的，不实行特赦；另一方面，也并非对执行过一定刑期的战争犯罪均予以特赦，只是对其中有悔改表现的予以特赦。

(4)对需要特赦的犯罪人，根据其罪行轻重与悔改表现实行区别对待。罪行较轻的，予以释放；罪行重的，只是减轻刑罚。

(5)特赦的效力不及于罪，只及于刑。特赦的效力只是免除执行剩余刑罚或者减轻原判刑罚，不是免除执行全部刑罚，也不是使有罪宣告无效。

十二届全国人大常委会第十六次会议于2015年8月29日通过了《关于特赦部分服刑犯罪的决定》，国家主席同日签署特赦效令。为纪念中国人民抗日战争暨世界反法西斯战争胜利70周年，体现依法治国理念和人道主义精神，根据宪法，决定对依据2015年1月1日前人民法院作出的生效判决正在服刑，释放后不具有现实社会危险性的下列罪犯实行特赦：(1)参加过中国人民抗日战争、中国人民解放战争的；(2)中华人民共和国成立以后，参加过保卫国家主权、安全和领土完整对外作战的，但犯贪污受贿犯罪，故意杀人、强奸、抢劫、绑架、放火、爆炸、投放危险物质或者有组织的暴力性犯罪，黑社会性质的组织犯罪，危害国家安全犯罪，恐怖活动犯罪的，有组织犯罪的主犯以及累犯除外；(3)年满75周岁、身体严重残疾且生活不能自理的；(4)犯罪的时候不满18周岁，被判处3年以下有期徒刑或者剩余刑期在1年以下的，但犯故意杀人、强奸等严重暴力性犯罪，恐怖活动犯罪，贩卖毒品犯罪的除外。

---

① 张明楷：《刑法学》（第五版），法律出版社2016年版，第648页。

② 张明楷：《刑法学》（第五版），法律出版社2016年版，第653页。

三、案例分析

【案例】

1980 年，张某强奸某妇女并将其杀害。1996 年末，张某因酒后驾车致人重伤，两案同时在 2007 年初被发现。问：应当对张某追诉哪些犯罪行为？

【问题聚焦】

追诉时效的计算。

【法律剖析】

本案中，张某 1980 年犯强奸罪和故意杀人罪，两罪的追诉时效分别为 15 年(普通强奸法定最高刑为 10 年有期徒刑)和 20 年(故意杀人罪法定最高刑为死刑)。1996 年末，张某又犯交通肇事罪，此时强奸罪已过追诉时效，不再追究刑事责任；但故意杀人罪还没过追诉时效，在追诉时效期间内再犯新罪，前罪从犯新罪之日起重新起算追诉时效，即从犯交通肇事罪之日起重新计算故意杀人罪的追诉时效 20 年。2007 年案发时，交通肇事罪已过追诉时效 10 年(一般情形的交通肇事罪法定最高刑为 3 年；交通肇事逃逸的或者有其他严重情节的，法定最高刑为 7 年)，不再追究刑事责任。张某最终只承担故意杀人罪的刑事责任。

【法条链接】

《中华人民共和国刑法》

第 87 条　犯罪经过下列期限不再追诉：

(一)法定最高刑为不满 5 年有期徒刑的，经过 5 年。

(二)法定最高刑为 5 年以上不满 10 年有期徒刑的，经过 10 年。

(三)法定最高刑为 10 年以上有期徒刑的，经过 15 年。

(四)法定最高刑为无期徒刑、死刑的，经过 20 年。如果 20 年以后认为必须追诉的，须报请最高人民检察院核准。

第 89 条　追诉期限从犯罪之日起计算；犯罪行为有连续或者继续状态的，从犯罪行为终了之日起计算。

在追诉期限以内又犯罪的，前罪追诉的期限从犯后罪之日起计算。

四、全真题演练

(一)单选题

1. 某罪法定最高刑不满 5 年，则依照刑法规定，其追诉时效期限为(　　)。

A. 5 年　　B. 10 年
C. 15 年　　D. 20 年

2. 依照刑法规定，超过 20 年认为必须追诉的，须报请哪一机关核准？(　　)

A. 最高人民法院
B. 最高人民检察院
C. 全国人民代表大会
D. 全国人大常委会

3. 我国刑法规定，在追诉期限以内又犯罪的，前罪追诉的期限从(　　)起计算。

A. 前罪成立之日　　B. 犯后罪之日
C. 前罪成立后两年　　D. 前罪实施之日

4. 李某于 2006 年 3 月 2 日犯甲罪，该罪的法定最高刑为 7 年。2007 年 5 月 16 日，该人又犯乙罪。李某所犯甲罪追诉时效的结束时间为(　　)。

A. 2017 年 5 月 15 日
B. 2017 年 5 月 16 日
C. 2016 年 3 月 1 日
D. 2016 年 3 月 2 日

5. 张某因交通肇事逃逸致人死亡，则对他的刑事追诉期限应当是(　　)。

A. 5 年　　B. 10 年
C. 15 年　　D. 20 年

6. 王某故意伤害致人轻伤，则对他的刑事追诉期限应当是(　　)。

A. 5 年　　B. 10 年

C. 15 年　　　　　　D. 20 年

7. 田某在 2001 年 4 月 12 日将孙某非法拘禁，至 2002 年 5 月 6 日才将其放回。对田某的追诉期限截至(　　)。

A. 2006 年 5 月 5 日

B. 2006 年 5 月 6 日

C. 2007 年 5 月 5 日

D. 2007 年 5 月 6 日

8. 下列关于特赦的表述，正确的是：(　　)。

A. 特赦既赦其罪又赦其刑

B. 特赦只赦其罪不赦其刑

C. 特赦不赦其罪只赦其刑

D. 特赦不赦其罪不赦其刑

(二)多选题

1. 下列刑罚制度我国刑法明文规定的有(　　)。

A. 追诉时效　　　　B. 行刑时效

C. 特赦　　　　　　D. 大赦

2. 对犯罪人追诉时效，从(　　)开始计算。

A. 犯罪行为实施之日

B. 犯罪成立之日

C. 犯罪结果发生之日

D. 犯罪行为有连续状态的，自犯罪行为终了之日

3. 下列情形中，属于追诉时效延长的情形有(　　)。

A. 公安机关立案侦查后，甲某逃避侦查

B. 被害人在追诉期限内对乙某的犯罪行为提出控告，公安机关应当立案而不立案

C. 丙某犯故意杀人罪，情节特别恶劣

D. 丁某多次实施贩卖毒品的犯罪行为

4. 下列关于追诉时效期限中“法定最高刑”的理解正确的有(　　)。

A. “法定最高刑”一定都是条文的法定最高刑

B. 行为人所犯之罪的刑罚，分别由几条或几款规定时，按照罪行应当适用的条或款所规定的法定最高刑确定追诉时效期限

C. 行为人所犯之罪由同一条文规定了几个量刑幅度时，按照罪行应当适用的量刑幅度的最高刑确定追诉时效期限

D. 行为人所犯之罪的刑罚只有一个量刑幅度时，则只能按该量刑幅度的最高刑确定追诉时效期限

5. 下列关于追诉时效期限的规定，错误的有(　　)。

A. 法定最高刑为不满 5 年有期徒刑的，经过 5 年

B. 法定最高刑为 5 年以上不满 10 年有期徒刑的，经过 10 年

C. 法定最高刑为 10 年以上有期徒刑的，经过 20 年

D. 法定最高刑为无期徒刑、死刑的，经过 30 年。如果 30 年以后认为必须追诉的，须报请最高人民检察院核准

6. 下列法定刑为无期徒刑或者死刑的犯罪案件，属于经过 20 年以后必须追诉的案件有(　　)。

A. 以特别恶劣的手段故意杀害多人

B. 投放危险物质造成多人死亡

C. 潜伏在社会中伺机再犯罪

D. 20 年以后再犯罪

7. 下列关于追诉时效的计算，正确的有(　　)。

A. 甲在 2008 年 7 月 6 日盗窃他人现金 5 000元，追诉时效从 2008 年 7 月 6 日开始计算

B. 甲基于连续的杀人故意于 2008 年 9 月 15 日、16 日、17 日分别杀害了乙、丙、丁，追诉时效从 2008 年 9 月 17 日开始

计算

C. 甲于2008年12月3日将乙非法拘禁至2009年6月3日，追诉时效从2009年6月3日开始计算

D. 甲于2009年4月9日殴打乙至重伤，追诉时效从2009年4月9日开始计算

8. 下列属于刑罚消灭事由的有（　　）。

A. 超过追诉时效

B. 特赦

C. 告诉才处理的犯罪，有权告诉的人不予告诉

D. 犯罪人在起诉前死亡

（三）名词解释

1. 刑罚的消灭

2. 追诉时效

3. 时效的中断

4. 时效的延长

5. 赦免

（四）简答题

1. 简述刑罚消灭的概念与特征。

2. 简述我国的特赦及其特点。

3. 简述我国刑法关于追诉时效延长的规定。

4. 区别追诉时效的中断与追诉时效的停止。

5. 区别特赦与大赦。

（五）论述题

1. 试述追诉时效的计算。

2. 试述我国刑法对追诉时效期限的规定。

五、深度拓展

【拓展一】 时效的根据

规定时效的根据，刑法理论存在几种不同的学说。"改善推测说"认为，既然犯罪后长时间没有再犯罪，可以推测犯罪人已经得到改善，没有处刑与行刑的必要。"证据湮灭说"认为，犯罪证据因为时间流逝而失散，难以达到正确处理案件的目的。"准受刑说"认为，犯罪人犯罪后虽没有受到刑事追究，但长期逃避与恐惧所造成的痛苦，与执行刑罚没有多大的差异。19世纪的法国采取证据湮灭说和准受刑说。日本学者主张尊重事实状态说、规范感情缓和说。尊重事实状态说主张，由于规范感情的缓和，社会秩序的恢复，行为人产生了与一般人相同的社会关系，对由此产生的事实状态应当予以尊重。[①] 规范感情缓和说主张，随着时间的流逝，社会对犯罪的规范感情将得以缓和，不一定要求给予现实的处罚。[②]

【拓展二】 赦免

我国1954年宪法规定了大赦与特赦制度，规定大赦的决定权属于全国人民代表大会，特赦的决定权属于全国人民代表大会常务委员会，大赦与特赦令均由国家主席发布。但是，后来的宪法包括现行宪法，仅规定了特赦制度，表明我国已经取消了大赦制度，《刑法》第65条、第66条规定的赦免仅限于特赦制度。

① ［日］大谷实：《刑法总论》，成文堂2012年新版第4版。

② ［日］大冢仁：《刑法概说（总论）》，有斐阁2008年第4版。

第十四章

罪刑各论概述

一、知识结构图

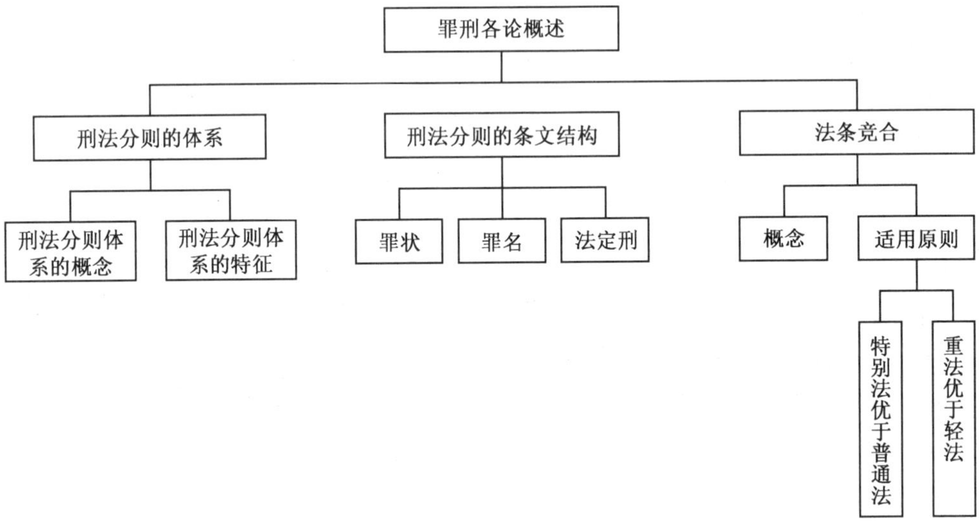

二、重难点归纳

(一)刑法分则的体系

1. 概念

刑法分则体系，是指刑法分则根据一定的标准和规则，对所规定的各类犯罪及其所包含的各种具体犯罪，按照一定次序排列而形成的有机统一体。把握刑法分则的体系，是研究各类犯罪和各种具体犯罪的基础。[①]

罪刑法定原则要求成立犯罪必须有刑法条文明文规定，即“法无明文规定不为罪，法无明文规定不处罚”。这就意味着要对各种犯罪进行分类，在分则中明确规定各种犯罪成立的条件与法律后果。犯罪分类构成了明晰的刑法分则体系，体现了罪刑法定原则。司法机关适用刑法也要求有明确的分则体系，需要对犯罪进行分类。现实犯罪比较复杂，司法机关在认定犯罪时，也要先明确犯罪人的行为属于哪一类罪名，对犯罪进行分类使得刑法在司法实

① 马克昌:《刑法学》，高等教育出版社 2017 年版，第 314 页。

践中更具有操作性。

2. 特点

我国刑法分则体系的建立与刑法典一致。我国刑法典将犯罪分为十类，每一章代表一类犯罪，按顺序依次是：危害国家安全罪，危害公共安全罪，破坏社会主义市场经济罪，侵犯公民人身权利、民主权利犯罪，侵犯财产罪，妨害社会管理秩序罪，危害国防利益罪，贪污贿赂罪，渎职罪，军人违反职责罪。

刑法分则的体系具有以下特点：

(1)原则上将犯罪按照同类法益进行分类

比如故意杀人罪、故意伤害罪，都属于侵犯公民人身权利的犯罪，将其归为第四章的犯罪。不同法益的犯罪其违法程度、社会危害性大小有所不同。根据犯罪的同类法益对犯罪进行分类，有利于把握各类犯罪的性质和特征，有利于贯彻区别对待的政策，有利于司法机关定罪量刑。

(2)总体上依据各类犯罪的社会危害性程度依次对类罪进行排列

类罪的排列顺序体现了立法者的立法态度和对犯罪的认识。我国刑法基本上以各类犯罪的法益重要程度为依据，由轻到重依次排列类罪。

(3)大体上依据犯罪的罪行轻重以及犯罪之间的内在联系对具体犯罪进行排列

刑法分则在安排具体犯罪的位置时，首先考虑的是具体犯罪的罪行轻重，比如将背叛国家罪、放火罪、故意杀人罪、抢劫罪等严重的犯罪放在各章之首。同时，刑法又考虑了具体犯罪之间的内在联系，比如在放火罪后规定了失火罪，在故意杀人罪后规定了过失致人死亡罪，在重婚罪之后规定了破坏军婚罪，这体现刑法考虑了各罪之间的联系。

(4)基本上依据犯罪侵犯的主要法益对犯罪进行归类

某种犯罪同时侵犯两种以上的法益时，刑法分则按照犯罪所侵犯的主要法益，将犯罪进行分类。比如抢劫罪，既侵犯了公民的人身权利，又侵犯了公私财产权。在这两个法益中公私财产权是主要法益，于是刑法分则将抢劫罪归入侵犯财产罪。

(二)刑法分则的条文结构

刑法分则条文通常由罪状与法定刑构成，其基本表述为"……的，处……"。比如《刑法分则》第 232 条规定：故意杀人的，处死刑、无期徒刑或者 10 年以上有期徒刑；情节较轻的，处 3 年以上 10 年以下有期徒刑。"……的"表述的内容是假定条件，即罪状，是犯罪的行为表现。"处……"表述的是法律后果，即法定刑。

1. 罪状

罪状，是指刑法分则条文对犯罪具体情况的规定和描述，其内容通常为对犯罪的构成要件的说明。

一般来说，罪状可以分为两大类，即基本罪状与加重、减轻罪状。基本罪状是对具体犯罪成立条件的描述；加重、减轻罪状是对加重、减轻法定刑适用条件的描述。例如，《刑法》第 263 条规定：以暴力、胁迫或者其他方法抢劫公私财物的，处 3 年以上 10 年以下有期徒刑，并处罚金；有下列情形之一的，处 10 年以上有期徒刑、无期徒刑或者死刑，并处罚金或者没收财产：(1)入户抢劫的；(2)在公共交通工具上抢劫的；(3)抢劫银行或者其他金融机构的；(4)多次抢劫或者抢劫数额巨大的；(5)抢劫致人重伤、死亡的；(6)冒充军警人员抢劫的；(7)持枪抢劫的；(8)抢劫军用物资或者抢险、救灾、救济物资的。此条款的第 1 款"以暴力、胁迫或者其他方法抢劫公私财物的"就属于基本罪状，后面"入户、在公共交通工具上抢劫、抢劫银行或其他金融机构等"八种行为类型则属于加重罪状，法定刑升格。我国刑法分则对任何犯罪都规定了基本罪状，但并非对所有的犯罪都规定了加重、减轻罪状。

基本罪状大致可以分为以下四类：

(1)简单罪状

简单罪状是指刑法分则条文只简单地规定罪名或者简单描述具体犯罪的基本构成特征的情形。例如,《刑法》第232条中的"故意杀人的",第233条规定的"过失致人死亡的",就属于简单罪状。简单罪状简单概括,避免繁琐。采用简单罪状,一般是因为立法者认为,有些罪状的特征比较明显,且为人们所熟知,无须在罪状中作更具体的描述。但是也应该看到,有的条文采用简单罪状,造成简而不明,导致理解和执行该条规定困难,则是立法的缺陷。

(2)叙明罪状

叙明罪状,也称说明罪状,是指刑法分则条文对犯罪的基本构成特征作了详细描述的情形。之所以采用叙明罪状,是因为犯罪的手段和特征往往不为社会一般人所知,也难以从总则的规定中予以把握,需要对犯罪进行详细的解释。叙明罪状的特点是要件明确,避免歧义。例如,《刑法》第217条规定:以营利为目的,有下列侵犯著作权情形之一,违法所得数额较大或者有其他严重情节的,处3年以下有期徒刑或者拘役,并处或者单处罚金;违法所得数额巨大或者有其他特别严重情节的,处3年以上7年以下有期徒刑,并处罚金:①未经著作权人许可,复制发行其文字作品、音乐、电影、电视、录像作品、计算机软件及其他作品的;②出版他人享有专有出版权的图书的;③未经录音录像制作者许可,复制发行其制作的录音录像的;④制作、出售假冒他人署名的美术作品的。本条对侵犯著作权罪的主观方面和客观方面的构成作了详细的描述,属于叙明罪状。在我国刑法中,叙明罪状占多数,有助于对犯罪的认定和统一适用法律。

(3)引证罪状

引证罪状是指引用同一法律中的其他条款来说明和确定某一犯罪的构成特征。例如,《刑法》第260条第1款规定了虐待罪的罪状和法定刑,其第2款规定:"犯前款罪,致使被害人重伤、死亡的,处2年以上7年以下有期徒刑。"该第2款即是引用第1款的罪状来说明和确定虐待罪的罪状。引证罪状条文简练,采用引证罪状是为了避免条款间文字上的重复。

(4)空白罪状

空白罪状,也称参见罪状,是指条文没有直接地规定某一犯罪构成的特征,而是指明确定该罪构成需要参照的法律、法规的规定。比如《刑法》第325条第1款规定:"违反文物保护法规,将收藏的国家禁止出口的珍贵文物私自出售或者私自赠送给外国人的,处5年以下有期徒刑或者拘役,可以并处罚金。"该条款仅指明在确定非法向外国人出售、赠送珍贵文物罪的构成特征时应当参照文物保护法规的规定,而没有直接、具体描述该罪的特征,因此属于空白罪状。对空白罪状必须与其他相关法律、法规相结合,才能够正确地认定该种犯罪的特征。

刑法分则条文规定的犯罪有的包含两个以上的复杂行为,其条文则采用了两种以上的罪状表达方式,比如同一条文中既有叙明罪状又有空白罪状。需要注意的是,四种罪状的描述方式不是相互排斥的关系。

减轻罪状一般设立在规定基本罪状与法定刑的同一条款内,我国刑法没有设专条专款规定减轻罪状。一般来说,减轻罪状的表述都是"情节较轻"。加重罪状在刑法分则中有三种情况:

(1)专条规定加重罪状与法定刑

例如,《刑法》第119条破坏交通工具罪、破坏交通设施罪、破坏电力设备罪、破坏易燃易爆设备罪规定:破坏交通工具、交通设施、电力设备、燃气设备、易燃易爆设备,造成严重后果的，处10年以上有期徒刑、无期徒刑或者死刑。此条是专为造成严重后果的情形而设立的。

(2)专款规定加重罪状与法定刑

例如，《刑法》第257条规定了暴力干涉婚姻自由罪，其第2款规定犯前款罪，致使被害人死亡的，处2年以上7年以下有期徒刑。

(3)在基本罪状与法定刑之后，紧接着在同款内规定加重罪状与法定刑

例如，《刑法》第247条规定：司法工作人员对犯罪嫌疑人、被告人实行刑讯逼供或者使用暴力逼取证人证言的，处3年以下有期徒刑或者拘役。致人伤残、死亡的，依照本法第234条、第232条的规定定罪从重处罚。

2. 罪名

罪名就是犯罪名称，是对具体犯罪本质主要特征的高度概括。罪名虽然概括了犯罪的内容与特征，但是罪名本身并不确定具体犯罪的构成要件与责任要件。确定具体犯罪的成立仍然要结合刑法总则的规定以及刑法分则所描述的罪状。

一般来说，罪名可以分为以下几类：

(1)类罪名与具体罪名

类罪名是某一类犯罪的总名称。我国刑法分则一共规定了十个类罪名，以犯罪的同类客体进行分类，分别是：危害国家安全罪，危害公共安全罪，破坏社会主义市场经济罪，侵犯公民人身权利、民主权利罪，侵犯财产罪，妨害社会管理秩序罪，危害国防利益罪，贪污贿赂罪，渎职罪，军人违反职责罪。理解类罪名，有利于更好地理解每一章具体犯罪的性质。类罪名是章的标题，没有具体的罪状与法定刑，因此类罪名不能作为定罪引用的根据，不能以类罪名来定罪。

具体罪名是各种具体犯罪的名称。每个具体罪名都有其定义、构成要件与法定刑。如《刑法》第263条规定的抢劫罪、第258条规定的重婚罪等，都是具体罪名，它们都有其构成要件与法定刑。这种规定具体罪名与法定刑的分则规范，是典型的罪刑规范。具体罪名是定罪时得以引用的罪名，即只能根据具体罪名定罪。

(2)单一罪名、选择罪名与概括罪名

单一罪名是指犯罪的具体内容单一，只能反映一种犯罪行为，不能分解拆开使用的罪名。例如，放火罪、交通肇事罪、故意杀人罪、强奸罪等。这些罪名表述的是具体的犯罪行为，罪名不能分解使用，我国刑法分则大部分使用的是单一罪名。

选择罪名是指罪名所包含的内容复杂，存在多种行为类型，既可以概括使用，也可以分开使用的罪名。例如，强制猥亵、侮辱罪，拐卖妇女、儿童罪。在选择罪名中，行为可能是其中的一种，也可能两种兼具。当存在两种行为时，不实行数罪并罚，而是按照分则规定选择罪名定罪处罚。选择罪名的特点是，可以包括许多具体行为类型，又避免具体罪名繁杂。我国刑法规定的选择罪名大致可以分为行为选择、对象选择以及行为与对象同时选择三类。

概括罪名是指罪名所包含的内容复杂，存在多种行为类型，但只能概括使用，不能分开使用的罪名。例如，信用卡诈骗罪，包括了使用伪造的信用卡、使用作废的信用卡、冒用他人信用卡、恶意透支四种行为。不管行为人是实施其中一种还是数种行为，都定信用卡诈骗罪。例如，行为人只是恶意透支的，定信用卡诈骗罪，而不是定恶意透支罪；行为人实施了上述几种行为时，仍定信用卡诈骗罪，也不实行数罪并罚。

3. 法定刑

所谓法定刑，是指刑法分则（包括单行刑法）条文对各种具体犯罪所规定的刑种与刑度（刑罚的幅度）。刑法总则规定了五种主刑与四种附加刑。分则中的法定刑，是依照总则的

规定，根据具体犯罪的罪行程度与预防需要而确定的刑种与刑度。但是，法定刑与刑种不是等同的概念，一个法定刑中既可能只有一个刑种，也可能包括几个刑种。比如：《刑法》第232条规定的故意杀人罪，共有两档法定刑（两个量刑幅度），前一档法定刑为“死刑、无期徒刑或者10年以上有期徒刑”，其中包含了三个刑种，但应当认为只有一个法定刑，而不能认为其中有三个法定刑。法定刑反映出国家对犯罪行为的否定评价和对犯罪人的谴责态度，还反映出国家对具体罪行程度的评价。

根据法定刑的刑种、刑度是否确定以及确定的程度为标准，可以将法定刑分为绝对确定的法定刑、相对确定的法定刑与浮动的法定刑。

(1)绝对确定的法定刑

绝对确定的法定刑是指在条文中仅规定单一的刑种与固定的刑度。由于这种法定刑缺乏灵活性，法院没有自由裁量的余地，难以针对案件的具体情况判处轻重适当的刑罚，不利于贯彻我国宽严相济、区别对待的政策，所以很少有规定采用绝对确定法定刑的。目前我国《刑法》第121条规定：“以暴力、胁迫或者其他方法劫持航空器的，处10年以上有期徒刑或者无期徒刑；致人重伤、死亡或者使航空器遭受严重破坏的，处死刑。”应当认为，该条后段规定的是绝对确定的法定刑。但是，它只适用于“致人重伤、死亡或者使航空器遭受严重破坏”的情形，从这个意义上来说，它有别于一般意义上的绝对确定的法定刑。

(2)相对确定的法定刑

相对确定的法定刑，是指在条纹中规定一定的刑种与刑度，并明确规定最高刑与最低刑。其特点是立法上有确定的刑种与刑度，司法上有裁量的余地。这种法定刑适用我国的实际情况，有利于刑事司法的协调统一；适应惩罚犯罪的需要，有利于贯彻宽严相济、区别对待的政策；适应具体犯罪的不同情况，有利于实现罪刑相适应的原则；适应罪刑程度的变化，有利于刑法的相对确定。相对确定的法定刑又分为：

①规定最高限度的法定刑。比如，《刑法》第433条第1款前段规定：“战时造谣惑众、动摇军心的，处3年以下有期徒刑。”所以，人民法院应当在有期徒刑的最低期限6个月以上3年以下的幅度内裁量刑罚。依照《刑法》第99条规定，“以上”、“以下”包含本数。

②规定最低限度的法定刑。比如，《刑法》第317条前段规定：“组织越狱的首要分子和积极参加的，处5年以上有期徒刑。”所以，人民法院应当在5年以上、有期徒刑的最高限度15年以下的幅度内裁定刑期。

③规定最高限度与最低限度的法定刑。这是刑法分则中最常见的相对确定的法定刑的规定形式。比如，《刑法》第118条规定：破坏电力、燃气或者其他易燃易爆设备，危害公共安全，尚未造成严重后果的，处3年以上10年以下有期徒刑。

④规定两种以上主刑或者两种以上主刑并规定附加刑的法定刑。由于规定了两种以上的主刑，法官既有刑期的选择权限，又有刑种的选择权限。比如，《刑法》第304条规定：“邮政工作人员严重不负责任，故意延误投递邮件，致使公共财产、国家和人民利益遭受重大损失的，处2年以下有期徒刑或者拘役。”该条规定了两种主刑，法官在量刑时酌情选择其中一种主刑，之后再根据相关规定确定具体的刑期。

(3)浮动法定刑也称浮动刑

浮动法定刑也称浮动刑，是指法定刑的具体期限或具体数字并非确定，而是根据一定的标准升降不居，处于一种相对不确定的游移状态。比如《刑法》第227条规定对犯倒卖车票船票罪的，并处或单处票证价额1倍以上5倍以下罚金。浮动法定刑具有以下特点:(1)只见于罚金刑。(2)只适用于经济犯罪、财产犯罪。这是浮动法定刑与相对不确定法定刑的区别。

(三)法条竞合

1. 概念

法条竞合是指一个行为同时符合了数个法条规定的犯罪构成,但从数个法条之间的逻辑关系来看,只能适用其中一个法条,排除适用其他法条的情况。

法条竞合时,只有一个法益侵害事实,或者说行为仅仅侵害了一个犯罪的法益;但由于刑法的复杂规定,导致此法条规定的犯罪是彼法条规定的犯罪的一部分(包容关系)。为了避免对同一犯罪行为进行重复评价,故只能使用一个法条定罪处罚。显然,法条竞合是指法条之间具有竞合关系,而不是犯罪的竞合。

2. 适用原则

(1)特别法优于普通法

当特别法条与普通法条表现为部分包容关系时,就包容部分而言,特别法条的适用以行为符合普通法条为前提。因此,只有符合"明知他人有配偶而与之结婚"的构成要件,才可能进一步符合"明知是现役军人的配偶而与之结婚"的构成要件。

(2)重法优于轻法

当一个行为同时触犯了同一部法律中的不同条款时,在特殊情况下,如果特别条款所规定的法定刑低于普通条款所规定的法定刑,就依照重法优于轻法的原则。要注意,适用重法优于轻法的原则时,需要注意必须符合三个条件:①必须是一个行为同时触犯同一部法律中的不同条款;②必须是特别条款的法定刑明显低于普通条款的法定刑;③必须是刑法中对于使用普通条款没有禁止性的规定。只有上述三个条件同时都具备时,才能按照重法优于轻法的原则处理。

三、案例分析

【案例一】

2011 年 12 月至 2012 年 1 月,被告人李某、王某将生产的价值170 100元的不合格鸡产品分多次销售给杜某某(另案处理),由杜某某作为食品在武汉加价销售;另有库存价值457 850元的不合格鸡产品被扣押。2011 年 8 月至 2012 年 4 月,被告人胡某将价值77 361.60元的病死鸡鸡爪、鸡翅分多次销售给被告人李某、王某。案发后,被告人王某、李某分别投案自首。截至案发,李某与王某还有部分病死鸡鸡爪尚未销售完毕。原审判决认定事实的证据有扣押清单,不合格鸡产品及照片,证人证言,办案说明,现场勘验笔录、鉴定结论及被告人供述和辩解等。

【问题聚焦】

法条竞合的认定及法律适用。

【法律剖析】

被告人李某、王某、胡某生产病死家禽产品,并作为食品销售,足以造成严重食物中毒事故或者其他严重食源性疾病,其行为均已构成生产、销售不符合安全标准的食品罪;三名被告人为获取非法利益,生产销售不合格产品的行为,同时还构成生产、销售伪劣产品罪;依照法条竞合,择重罪处罚的原则,应以生产、销售伪劣产品对其定罪处罚。鉴于三名被告人归案后均如实供述了犯罪事实,均有悔罪表现,被告人王某、胡某有自首情节,被告人李某、王某还有部分伪劣产品销售未遂,故对被告人李某、王某均依法减轻处罚,对被告人胡某依法从轻处罚。依照《中华人民共和国刑法》第 143 条,第 140 条,第 149 条第 1、2 款,第 25 条第 1 款,第 67 条第 1、3 款,第 52 条,第 53 条之规定,定生产、销售伪劣产品罪。

【法条链接】

《中华人民共和国刑法》

第140条　生产者、销售者在产品中掺杂、掺假，以假充真，以次充好或者以不合格产品冒充合格产品，销售金额5万元以上不满20万元的，处2年以下有期徒刑或者拘役，并处或者单处销售金额50%以上2倍以下罚金；销售金额20万元以上不满50万元的，处2年以上7年以下有期徒刑，并处销售金额50%以上2倍以下罚金；销售金额50万元以上不满200万元的，处7年以上有期徒刑，并处销售金额50%以上2倍以下罚金；销售金额200万元以上的，处15年有期徒刑或者无期徒刑，并处销售金额50%以上2倍以下罚金或者没收财产。

第141条　生产、销售假药的，处3年以下有期徒刑或者拘役，并处罚金；对人体健康造成严重危害或者有其他严重情节的，处3年以上10年以下有期徒刑，并处罚金；致人死亡或者有其他特别严重情节的，处10年以上有期徒刑、无期徒刑或者死刑，并处罚金或者没收财产。

本条所称假药，是指依照《中华人民共和国药品管理法》的规定属于假药和按假药处理的药品、非药品。本条所称假药，是指依照《中华人民共和国药品管理法》的规定属于假药和按假药处理的药品、非药品。

第149条　生产、销售本节第141条至第148条所列产品，不构成各该条规定的犯罪，但是销售金额在5万元以上的，依照本节第140条的规定定罪处罚。

生产、销售本节第141条至第148条所列产品，构成各该条规定的犯罪，同时又构成本节第140条规定之罪的，依照处罚较重的规定定罪处罚。

【案例二】

2013年年底，熊某（另案处理）至福建省与被告人张某甲商定假烟购销事宜。2014年元月份开始，被告人张某甲多次将硬盒中华（128元/条）、芙蓉王（70元/条）、软云烟（70元/元）、长嘴利群（66元/条）、新版利群（64元/条）等品牌假冒卷烟贩卖给熊某，熊某将收货人、收货地址等信息通过手机短信发送给被告人张某甲，被告人张某甲通过中通快递公司将上述假烟发送到熊某指定的A市区宣湖路、张果路等多个地点，熊某通过中国工商银行ATM机将购买假烟的烟款汇至被告人张某甲提供的卡号为14090251010××××7868的银行账户。自2014年1月19日至6月2日，熊某共向被告人张某甲的上述账户汇购买假烟款160 300元。

2014年6月7日，A市烟草专卖局从熊某处先行登记保存硬盒中华、软盒中华、硬盒芙蓉王、珍品软云烟、新版利群等香烟合计7.1条。2014年6月11日，A市烟草专卖局B区分局将从熊某处扣押的新版利群140条、芙蓉王50条、珍品软云烟50条移交给A市公安局。经C省烟草质量监督检测站抽样检测，从熊某处扣押及先行登记保存的卷烟均为假冒注册商标且伪劣卷烟。

2014年8月2日，被告人张某甲被公安机关抓获。归案后，其如实供述了犯罪事实。

问：如何认定张某甲的犯罪行为？

【问题聚焦】

法条竞合的认定及法律适用。

【法律剖析】

张某甲违反国家规定，未经许可非法经营假冒卷烟，扰乱市场秩序，情节严重，其行为已构成非法经营罪。张某甲的行为同时符合生产销售伪劣产品罪和非法经营罪的犯罪构成要件，根据法条竞合的理论以及《最高人民法院、最高人民检察院关于办理非法生产、销售烟草专卖品等刑事案件具体应用法律若干问题的解释》的相关规定，应当“择一重处”，即比较其所触犯罪名的法定刑，选择法定刑较重的罪名处罚。故以法定刑较重的非法经营罪对其定罪处罚。张某甲非法经营假冒卷烟，销售金额达16万余元，属于《最高人民法院、最高人民检察院关于办理非法生产、销售烟草专卖品等刑事案件具体应用法律若干问题的解释》中规定“情节严重”的情形；综合张某甲的具体犯罪情节，充分考虑其具有的坦白这一法定从轻处罚情节，应当对其从轻处罚。

【法条链接】

《中华人民共和国刑法》

第140条　生产者、销售者在产品中掺杂、掺假，以假充真，以次充好或者以不合格产品冒充合格产品，销售金额5万元以上不满20万元的，处2年以下有期徒刑或者拘役，并处或者单处销售金额50%以上2倍以下罚金；销售金额20万元以上不满50万元的，处2年以上7年以下有期徒刑，并处销售金额50%以上2倍以下罚金；销售金额50万元以上不满200万元的，处7年以上有期徒刑，并处销售金额50%以上2倍以下罚金；销售金额200万元以上的，处15年有期徒刑或者无期徒刑，并处销售金额50%以上2倍以下罚金或者没收财产。

第225条　违反国家规定，有下列非法经营行为之一，扰乱市场秩序，情节严重的，处5年以下有期徒刑或者拘役，并处或者单处违法所得1倍以上5倍以下罚金；情节特别严重的，处5年以上有期徒刑，并处违法所得1倍以上5倍以下罚金或者没收财产：

(一)未经许可经营法律、行政法规规定的专营、专卖物品或者其他限制买卖的物品的；

(二)买卖进出口许可证、进出口原产地证明以及其他法律、行政法规规定的经营许可证或者批准文件的；

(三)未经国家有关主管部门批准非法经营证券、期货、保险业务的，或者非法从事资金支付结算业务的；

(四)其他严重扰乱市场秩序的非法经营行为。

四、全真题演练

(一)单选题

1. 我国现行刑法分则条文多采用(　　)。

A. 简单罪状　　B. 叙明罪状

C. 引证罪状　　D. 空白罪状

2.《刑法》第350条规定：“违反国家规定，非法运输、携带醋酸酐、乙醚、三氯甲烷或者其他用于制造毒品的原料或者配剂进出境的，或者违反国家规定，在境内非法买卖上述物品的，处3年以下有期徒刑、拘役或者管制，并处罚金；数量大的，处3年以上10年以下有期徒刑，并处罚金……”此罪状属于(　　)。

A. 简单罪状　　B. 叙明罪状

C. 引证罪状　　D. 空白罪状

3.《刑法》第319条规定：“以劳务输出、经贸往来或者其他名义，弄虚作假，骗取护照、签证等出境证件，为组织他人偷越国(边)境使用的，处3年以下有期徒刑，并处罚金；情节严重的，处3年以上10年以下有期徒刑，并处罚金。单位犯前款罪的，对单位判处罚金，并对其直接负责的主管人员和其他直接责任人员，依照前款的规定处罚。”此罪状属于(　　)。

A. 简单罪状　　B. 叙明罪状

C. 引证罪状　　D. 空白罪状

4.《刑法》第232条规定：“故意杀人的，处死刑、无期徒刑或者10年以上有期徒刑；情节较轻的，处3年以上10年以下有期徒刑。”此罪状属于(　　)。

A. 简单罪状　　B. 叙明罪状

C. 引证罪状　　D. 空白罪状

5.《刑法》第213条规定：“未经注册商标所有人许可，在同一种商品上使用与其注册商标相同的商标，……情节特别严重的，处3年以上7年以下有期徒刑，并处罚金。”此法定刑属于(　　)。

A. 绝对确定法定刑

B. 绝对不确定法定刑

C. 相对确定法定刑

D. 浮动法定刑

6.《刑法》第 239 条规定:“以勒索财物为目的绑架他人的,或者绑架他人作为人质的,……致使被绑架人死亡或者杀害被绑架人的,处死刑,并处没收财产……”此法定刑属于(　　)。

A. 绝对确定法定刑

B. 绝对不确定法定刑

C. 相对确定法定刑

D. 浮动法定刑

7.《刑法》第 159 条规定:“公司发起人、股东违反公司法的规定未交付货币、实物或者未转移财产权,虚假出资,或者在公司成立后又抽逃其出资,数额巨大、后果严重或者有其他严重情节的……,并处或者单处虚假出资金额或者抽逃出资金额 2%以上 10%以下罚金……”此法定刑属于(　　)。

A. 绝对确定法定刑

B. 绝对不确定法定刑

C. 相对确定法定刑

D. 浮动法定刑

8. 法院在判决书中以故意杀人罪判处甲有期徒刑 11 年,此 11 年属于(　　)。

A. 法定刑　　B. 宣告刑

C. 执行刑　　D. 宣告刑和执行刑

(二)多选题

1. 我国刑法理论上将罪状分为(　　)。

A. 简单罪状　　B. 叙明罪状

C. 引证罪状　　D. 空白罪状

2. 下列哪些罪名是依照罪名效力为标准进行划分的?(　　)

A. 立法罪名　　B. 司法罪名

C. 类罪名　　D. 学理罪名

3.《刑法》第 385 条规定:“国家工作人员利用职务上的便利,索取他人财物的,或者非法收受他人财物,为他人谋取利益的,是受贿罪。”此罪名属于(　　)。

A. 立法罪名　　B. 司法罪名

C. 单一罪名　　D. 具体罪名

4. 下列属于叙明罪状的有:(　　)。

A. 故意杀人罪　　B. 贷款诈骗罪

C. 寻衅滋事罪　　D. 徇私枉法罪

5. 下列属于空白罪状的有(　　)。

A. 走私制毒物品罪

B. 逃汇罪

C. 生产、销售假药罪

D. 侵占罪

6. 法条竞合时,可按(　　)原则处理。

A. 特别法优于普通法

B. 从一重处理

C. 重法优于轻法

D. 数罪并罚

7. 下列属于法条竞合的有(　　)。

A. 诈骗罪与保险诈骗罪

B. 生产、销售伪劣产品罪与生产、销售假药罪

C. 故意杀人罪与过失致人死亡罪

D. 交通肇事罪与过失致人死亡罪

8. 下列表述错误的有(　　)。

A. 法定刑就是宣告刑

B. 我国刑法分则条文中多为相对确定的法定刑

C. 我国刑法条文中没有绝对确定的法定刑

D. 我国刑法条文中没有绝对不确定的法定刑

(三)名词解释

1. 叙明罪状

2. 引证罪状

3. 空白罪状

4. 罪名

5. 法定刑

(四)简答题

1. 简述罪状的分类。

2. 简述法定刑的分类。

3. 简述法定刑与宣告刑的区别。

4. 简述罪名的分类。

5. 简述法条竞合的构成特征。

(五)论述题

1. 试述法条竞合的适用原则。

2. 区别法条竞合与想象竞合。

五、深度拓展

【拓展一】 法定刑与处断刑、宣告刑的区别

在一些国家,对于具体犯罪适用法定刑时,往往要对法定刑进行修正。具体来说,当存在刑罚的加重或者减轻事由时,就要对法定刑本身进行加重或者减轻,从而确定处断范围。对法定刑本身进行加重与减轻后所形成的处断范围,就是处断刑。可见,这里的加重与减轻事由,是加重与减轻法定刑的事由,因而是修正法定刑的事由,而不是直接加重与减轻宣告刑的事由。之所以如此,是因为这些构架刑法中的加重、减轻刑罚,与我国的加重、从重、减轻处罚并非等同概念。显然,在刑法规定了基于法定事由可以对法定刑进行修正的国家,才有真正意义上的处断刑。比如,当不满 18 周岁的人犯故意杀人罪时,由于对其不得适用死刑,对其适用的故意杀人罪的法定刑被修正为“处无期徒刑或者 10 年以上有期徒刑”。

宣告刑是法官对具体犯罪判决宣告的应当执行的刑罚。法定刑不同于宣告刑。法定刑是立法机关在制定刑法时确定的,宣告刑是司法机关在审理具体案件时确定的;法定刑有可供选择的刑种与刑度,宣告刑只能是特定的刑种与刑度。但宣告刑必须以法定刑为依据,即使从轻、从重、减轻处罚时,也要以法定刑为依据。可见,法定刑是立法上的规定,宣告刑是司法中的适用。

【拓展二】 想象竞合与法条竞合的区别

从形式上看,是否具有法条竞合关系,并不取决于案件事实,而是取决于法条之间是否存在包容关系;而想象竞合则取决于案件事实,即现实行为触犯了两个不同的法条,不同法条之间不一定具有包容关系。按照任何一个法条的规定都不足以全面评价一种行为,只有评价为符合两个以上法条规定的犯罪构成,才能全面评价案件,属于想象竞合。[①] 从实质上说,法条竞合时,行为仅仅侵害了一个犯罪的保护法益;想象竞合时,行为侵害了两个以上犯罪的保护法益。显然,法条竞合与想象竞合之间是对立关系:(1)如果两个法条之间只存在交叉关系,则二者之间属于想象竞合,不可能是法条竞合。(2)两个法条在通常情况下是法条竞合关系,但可能在特定情况下(适用一个法条不能充分、全面评价行为有责的不法内容)属于想象竞合。如果甲重罪的既遂与乙轻罪属于法条竞合,则甲重罪的未遂与乙轻罪可能是想象竞合。如果甲罪与乙罪的基本条款是法条竞合,但甲罪与乙罪的加重条款可能是想象竞合,如果从法定刑与量刑规范的角度判断,甲罪或者乙罪的法条都不足以全面、充分评价行为的不法内容和程度,就应当认定为想象竞合。如果结果加重犯与基本犯是特别关系的法条竞合,但结果加重犯与加重结果所触犯的犯罪之间则是想象竞合犯,如果形式上属于加重结果,但刑法没有加重其法定刑,即没有规定为结果加重犯的,也属于想象竞合。

---

① 张明楷:《使用假币罪与相关犯罪的关系》,载《政治与法律》2012 年第 6 期。

第十五章

危害国家安全罪

一、知识结构图

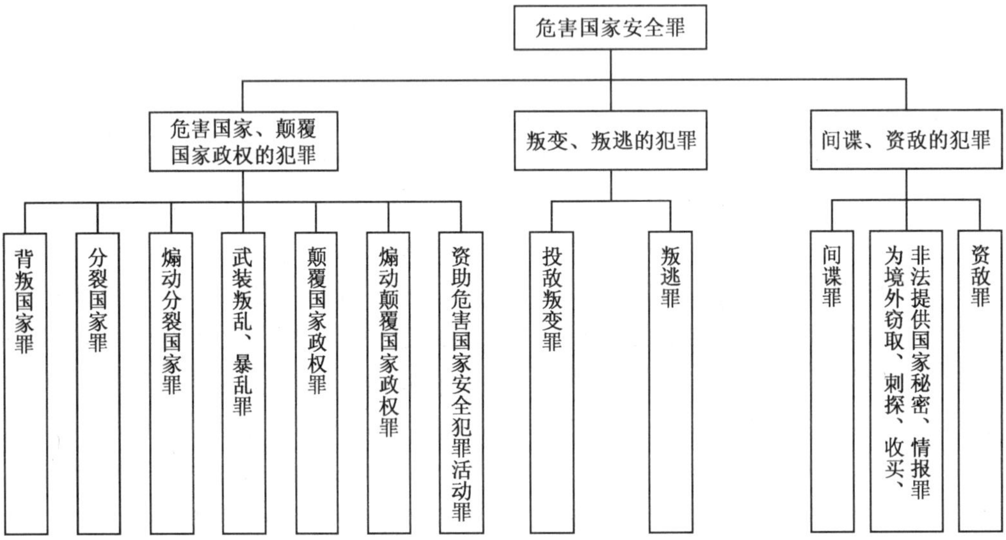

二、重难点归纳

（一）（武汉大学2003年考研真题名词解释，2002年司法考试卷二第11题）叛逃罪（2011年《刑法修正案（八）》修订）

叛逃罪，是指国家机关工作人员在履行公务期间，擅离岗位，叛逃境外或者在境外叛逃的行为，以及掌握国家秘密的国家工作人员叛逃境外或在境外叛逃的行为。

【注意】《刑法修正案（八）》对本罪进行了修订，原109条第1款中“危害中华人民共和国国家安全的”被删除，原109条第2款中“犯前款罪的”被替换为“叛逃境外或者在境外叛逃的”。

1. 叛逃罪基本犯的构成

（1）客体：叛逃罪的客体是中华人民共和国国家安全。

（2）客观方面：叛逃罪基本犯的客观方面表现为行为人在履行公务期间，擅离岗位，叛逃境外或者在境外叛逃的行为。

具体包括：一，行为发生在履行公务期间，即在职国家机关工作人员执行职务或者执行某项工作任务期间。二，具体表现形式有：①擅离岗位，叛逃境外；②擅离岗位，在境外叛逃。两个方面的内容必须同时具备，才能构成本罪。

(3)主体：叛逃罪基本犯的主体只能是国家机关工作人员。

国家机关工作人员，是指国家各级权力机关、各级行政机关、各级审判机关、各级检察机关、各级军事机关中从事公务的人员。

(4)主观方面：只能是故意。

2. 叛逃罪法定加重犯的构成

叛逃罪的法定加重犯，是指掌握国家秘密的国家工作人员叛逃境外或者在境外叛逃的行为。相较于基本犯，本罪的法定加重犯的犯罪构成表现为两点不同：

(1)主体：叛逃罪的法定加重犯主体即掌握国家秘密的国家工作人员。

本罪法定加重犯主体以掌握国家秘密为条件：国家秘密，指的是关系国家安全和利益，依照法定程序确定，在一定时间内只限一定范围的人员知悉的事项。国家秘密级别分为绝密、机密以及秘密三个级别：绝密级国家秘密是最重要的国家秘密，泄露会使国家安全和利益遭受特别严重的损害；机密级国家秘密是重要的国家秘密，泄露会使国家安全和利益遭受严重的损害；秘密级国家秘密是一般的国家秘密，泄露会使国家安全和利益遭受损害。因此，作为满足本罪法定加重犯主体方面要件中最重要的条件，行为人应当掌握“秘密”以上级别的国家秘密。

国家工作人员包括两类主体：第一类是国家机关工作人员，与基本犯主体一致；第二类是指在国有、企业、事业单位、人民团体中从事公务的人员和国家机关、国有、企业、事业单位委派到非国有、企业、事业单位、社会团体从事公务的人员，以及其他依照法律从事公务的人员。因此，本罪法定加重犯主体身份范围比基本犯更加广泛。

(2)客观方面：叛逃罪加重犯的客观方面表现为行为人叛逃境外或者在境外叛逃的行为，相较基本犯而言，行为人是否处于“履行公务期间”，以及是否实施了“擅离岗位”的行为并不影响本罪法定加重犯客观方面要件的构成。

3. 叛逃罪的认定

必须是国家机关工作人员有在履行公务期间，擅离岗位，逃往境外，或者在境外擅离岗位的行为。如果行为人属于“以国家工作人员论”的国家工作人员，并且未掌握任何的国家秘密，在履行公务期间，擅离岗位，逃往境外投靠自己的亲友，或者在境外擅离岗位不归，不能以本罪处理，而只能给予行为人一定的党纪政纪处分。

【难点辨析】 叛逃罪与背叛国家罪

叛逃罪与背叛国家罪都具有出卖、叛离国家的性质，两者的主体都只能是中华人民共和国公民。两者的不同在于：(1)主体的范围不同。虽然两者的主体都只能是中国公民，但叛逃罪的主体仅限于中国国家机关工作人员和掌握国家秘密的国家工作人员，而背叛国家罪的主体可以是任何中国公民。(2)客观方面的行为表现不同。叛逃罪的客观方面表现为叛逃境外或者在境外叛逃的行为，而背叛国家罪的客观方面表现为勾结外国或者境外机构、组织、个人，危害国家主权、领土完整和安全的行为。

【难点辨析】 叛逃罪与投敌叛变罪

叛逃罪与投敌叛变罪都具有反叛祖国的性质，二者的主体都只能是中国公民。不同点表现为：(1)主体的具体范围不同。叛逃罪的主体是特定的中国公民，即只能是中国国家机关工作人员和掌握国家秘密的国家工作人员，而投敌叛变罪的主体则可以是任何已满16周岁具有刑事责任能力的中国公民。(2)客观方面的行为不同。叛逃罪的客观方面的行为表现为履行公务期间，叛逃境外或者在境外叛逃两种形式。投敌叛变罪的客观方面表现为投奔敌人营垒或者在被敌人抓捕、俘虏后投降变节两种形式。如果国家机关工作人员不是在履行公务期间叛逃境外，危害国家安全的，应按投敌叛变罪定罪处罚，而不能按叛逃罪处理。

【疑难法条解析】《刑法》第109条规定，国家机关工作人员在履行公务期间，擅离岗位，叛逃境外或者在境外叛逃，处5年以下有期徒刑、拘役、管制或者剥夺政治权利；情节严重的，处5年以上10年以下有期徒刑。

掌握国家秘密的国家工作人员叛逃境外或者在境外叛逃的，依照前款的规定从重处罚。

(1)构成本罪基本犯应是在履行公务期间，在工作岗位上叛逃。例如：一个国家机关工作人员到外国探亲，不回国了，替外国间谍机构效力，不构成叛逃罪。军人叛逃罪(《刑法》第430条)是现役军人在履行公务期间叛逃。

(2)关于叛逃罪还要注意，如果行为人在境外叛逃后又参加了间谍组织或者接受间谍组织任务的，就不仅仅是叛逃罪了，要以叛逃罪和间谍罪数罪并罚。

(3)构成本罪的法定加重犯，关键要看行为人所掌握的国家秘密是否具有"秘密性"，从形式上来看，国家秘密一般都具有保密期限，或者附有"解密条件"。因此，如果行为人外观上符合本罪的法定加重犯，但他实施叛逃行为时所掌握的秘密已过保密期限或者已被解密，则实质上不符合本罪法定加重犯的认定条件。

(二)间谍罪

间谍罪是指参加间谍组织，接受间谍组织及其代理人的任务，或者为敌人指示轰击目标，危害国家安全的行为。

间谍罪的构成：

1. 客体

间谍罪的客体是中华人民共和国国家安全。

2. 客观方面

间谍罪的客观方面表现为参加间谍组织、接受间谍组织及其代理人的任务，或者为敌人指示轰击目标的行为。具体包括三种行为方式：

(1)参加间谍组织。所谓参加间谍组织，是指行为人主动要求加入间谍组织并被间谍组织所接纳，或者间谍组织主动邀请行为人加入其组织，行为人同意加入的行为。参加间谍组织，可以是行为人履行了正式的加入手续，也可以是通过间谍组织的代理人单线发展而没有履行正式的加入手续。

(2)接受间谍组织或者其代理人的任务。这是指行为人虽然没有加入间谍组织，但是接受了间谍组织或者其代理人所交给的任务的行为。间谍组织的代理人，既包括间谍组织授权布置任务的人，也包括没有得到间谍组织授权而临时布置任务的间谍组织成员。这里所说的任务，是指刺探、收集我国秘密、情报；破坏我国设施；煽动我国公民抗拒国家法律的实施；离间我国公民与政府的关系等危害我国国家安全的活动。本罪的客观方面所说的间谍组织包括外国的间谍组织及境外敌对势力和组织的间谍组织。

(3)为敌人指示轰击目标。这是指为敌人指明或者标示轰炸打击对象的行为。其方式可以是发射信号，也可以是设置标志物。

上述三种行为只要行为人实施了其中一种，就可构成间谍罪。

3. 主体

间谍罪的主体是一般主体，凡已满16周

岁且具有刑事责任能力的人都能成为本罪的主体。

4. 主观方面

间谍罪的主观方面是故意，故意的具体内容因行为的具体表现形式不同而不同：参加间谍组织的，必须明知是间谍组织而参加；接受间谍组织或其代理人任务的，必须明知是间谍组织或者间谍组织的代理人派遣的任务而接受；指示轰击目标的，必须明知对方是敌人而向其指示轰击对象。但无论行为人实施何种具体行为，其犯罪的故意都表现为明知自己的行为会发生危害国家安全的结果，并且希望这种结果的发生。

【疑难法条解析】《刑法》第110条规定："有下列间谍行为之一，危害国家安全的，处10年以上有期徒刑或者无期徒刑；情节较轻的，处3年以上10年以下有期徒刑：(1)参加间谍组织或者接受间谍组织及其代理人的任务的；(2)为敌人指示轰击目标的。"

(1)注意本罪包括三种行为方式：①参加间谍组织；②接受间谍组织或者其代理人的任务；③为敌人指示轰击目标。三种行为只要行为人实施了其中一种，就可构成间谍罪。

(2)参加间谍组织的，必须明知是间谍组织而参加；接受间谍组织或其代理人任务的，必须明知是间谍组织或者间谍组织的代理人派遣的任务而接受；指示轰击目标的，必须明知对方是敌人而向其指示轰击对象。非间谍机构或行为人不明知是间谍机构的不定本罪，而定为境外窃取、刺探、收买、非法提供国家秘密、情报罪。

(三)为境外窃取、刺探、收买、非法提供国家秘密、情报罪

为境外窃取、刺探、收买、非法提供国家秘密、情报罪，是指为境外的机构、组织、人员窃取、刺探、收买、非法提供国家秘密、情报的行为。

为境外窃取、刺探、收买、非法提供国家秘密、情报罪的构成：

1. 客体

为境外窃取、刺探、收买、非法提供国家秘密、情报罪的客体是国家的安全，即人民民主专政的政权和社会主义制度。

2. 客观方面

为境外窃取、刺探、收买、非法提供国家秘密、情报罪的客观方面具体包括以下内容：其一，为境外的机构、组织、人员窃取、刺探、收买、非法提供国家秘密或者情报。其二，行为的方式有窃取、刺探、收买、非法提供四种。其三，行为的对象是国家的秘密或者情报。

3. 主体

为境外窃取、刺探、收买、非法提供国家秘密、情报罪的主体是一般主体，即已满16周岁且具有刑事责任能力的人。

4. 主观方面

为境外窃取、刺探、收买、非法提供国家秘密、情报罪的主观方面是故意，即明知是国家秘密或者情报，而故意为境外的机构、组织、人员窃取、刺探、收买或者非法提供。

【难点辨析】　为境外窃取、刺探、收买、非法提供国家秘密、情报罪与间谍罪

如果行为人参加了间谍组织，在间谍组织中领受了任务，为间谍组织提供情报，尽管该间谍组织是境外机构，也按间谍罪论处。如果不能证明行为人参加了间谍组织，或不能证明行为人领受或效力的是间谍组织，则其为境外提供情报的行为以为境外窃取、刺探、收买、非法提供国家秘密、情报罪论处。

【难点辨析】　为境外窃取、刺探、收买、非法提供国家秘密、情报罪与非法获取国家秘密罪

区分两罪的关键在于看行为人服务的对象是境内的机构、组织、人员，还是境外的组织、机构、人员。《刑法》第282条的非法获取

国家秘密罪，不是为境外的机构、组织、个人窃取、刺探、收买国家秘密，否则就构成《刑法》第111条的为境外窃取、刺探、收买、非法提供国家秘密、情报罪。

【疑难法条解析】《刑法》第111条规定："为境外的机构、组织、人员窃取、刺探、收买、非法提供国家秘密或者情报的，处5年以上10年以下有期徒刑；情节特别严重的，处10年以上有期徒刑或者无期徒刑；情节较轻的，处5年以下有期徒刑、拘役、管制或者剥夺政治权利。"

构成本罪的行为方式有窃取、刺探、收买、非法提供四种。所谓窃取，是指通过盗取文件、秘密复制文件或者利用计算机，窃听、窃照等器械秘密取得国家秘密或者情报的行为。所谓刺探，是指探听国家秘密或者情报的行为。所谓收买，是指利用金钱、物质或者其他利益换取国家秘密或者情报的行为。所谓非法提供，是指违反国家法律规定，将国家秘密直接或者间接提供给境外机构、组织、人员的行为。

通过互联网，如电子邮件将国家秘密或者将情报非法发送给境外的机构、组织、个人的，依照本罪定罪处罚；如果在互联网上公然披露国家秘密，情节严重的，属于泄露国家秘密罪（《刑法》第398条）。

（四）资助危害国家安全犯罪活动罪（2011年《刑法修正案（八）》修订）

资助危害国家安全犯罪活动罪，是指境内外机构、组织或者个人资助实施背叛国家罪，分裂国家罪，煽动分裂国家罪，武装叛乱、暴乱罪，颠覆国家政权罪，煽动颠覆国家政权罪的行为。

【注意】《刑法修正案（八）》对本罪进行了修订，原107条中"境内组织或者个人"作为被资助对象的限定条件被予以删除。法条修订为：

"第107条　境内外机构、组织或者个人资助实施本章第102条、第103条、第104条、第105条规定之罪的，对直接责任人员，处5年以下有期徒刑、拘役、管制或者剥夺政治权利；情节严重的，处5年以上有期徒刑。"

资助危害国家安全犯罪活动罪的构成：

1. 客体

资助危害国家安全犯罪活动罪的客体是中华人民共和国的国家安全。

2. 客观方面

资助危害国家安全犯罪活动罪的客观方面表现为资助实施背叛国家罪，分裂国家罪，煽动分裂国家罪，武装叛乱、暴乱罪，颠覆国家政权罪，煽动颠覆国家政权罪的行为。

本罪的客观方面仅限于资助，如果行为人超出资助的范围，直接参与组织、策划、实施分裂国家、煽动分裂国家、武装叛乱、暴乱、颠覆国家政权、煽动颠覆国家政权行为的，应按上述有关犯罪定罪处罚，而不能按本罪处理。本罪在本质上属于帮助犯，但是单独定罪。

3. 主体

资助危害国家安全犯罪活动罪的主体是境内外机构、组织或者个人，当资助行为是境内外机构、组织实施的时，实际上负刑事责任的是机构、组织的直接责任人员，而机构、组织本身并不受刑罚处罚。

4. 主观方面

资助危害国家安全犯罪活动罪的主观方面是故意，即明知他人实施的是上述犯罪而故意予以资助。

三、案例分析

【案例一】

李某在担任某一国有军工高新技术开发总经理期间，利用职务便利，通过做假账等方式，贪污人民币150万元、美金10万元、港币58万元，李某再通过其在海外的亲戚黄某将其不法财产转移到国外。一次，李某随本市考察团赴东南亚处理办厂事宜，途中叛逃到某国，后经引渡回国接受审判。

人民法院认定李某构成叛逃罪与贪污罪。

案例来源：赵秉志主编：《中国刑法案例与学理研究》，法律出版社 2005 年版。

【问题聚焦】

叛逃罪的认定问题。

叛逃罪，是指国家机关工作人员在履行公务期间，擅离岗位，叛逃境外或者在境外叛逃，危害中华人民共和国国家安全的行为。

1. 关于叛逃罪的构成中的问题

叛逃罪，是指国家机关工作人员在履行公务期间擅离岗位，叛逃境外或者在境外叛逃的行为，以及掌握国家秘密的国家工作人员叛逃境外或在境外叛逃的行为。

(1)如何理解“在履行公务期间”。

有论者认为，“在履行公务期间”从时间因素上应当指国家机关工作人员或者掌握国家秘密的国家工作人员任职起到被解职止这段期间。[①] 由此，从字面意义上解读，“履行公务期间”应被理解为一种持续的状态。由于《刑法修正案（八）》对本罪进行了修订，对该条件的考察现今只需要围绕“国家机关工作人员”这一主体展开。所以，履行公务期间，一般是指国家机关工作人员担任公职的期间。此外，对于国家机关工作人员在国外考察、访问、项目交流等属“因公出国”事项，形式上其本身职务并未解除，实质上其“因公出国”行为是为了更好地履行其所负职责，故应认定为“履行公务期间”。

(2)如何理解“擅离岗位，叛逃境外或在境外叛逃”。

对处于履职期间的国家机关工作人员，叛逃行为与擅离岗位具有包含关系，叛逃必然要擅离岗位，擅离岗位行为是叛逃行为的一个组成部分。“叛逃境外”指行为人通过非法途径出境投奔境外组织或机构。“在境外叛逃”是指行为人合法出境后在境外投奔境外组织或机构。如果行为人没有投奔境外组织或机构的行为，则不能认定为叛逃行为。

2. 叛逃罪与非罪的认定

(1)主体方面：行为人必须是国家机关工作人员或者掌握国家秘密的国家工作人员。如果行为人并非上述主体，不构成叛逃罪。

(2)客观方面：行为人构成叛逃罪须在履行公务期间，擅离岗位，叛逃境外或在境外叛逃，或者其掌握国家秘密叛逃境外或在境外叛逃，如果行为人没有实行上述行为，不构成本罪。叛逃行为不仅要求行为人形式上有逃往境外的行为，而且要有实质上背叛国家的性质。

就案例所列案件，由于李某是国有军工高新技术企业的领导人，所以可以认定行为人是掌握国家秘密的国家工作人员，而李某在国外访问期间的行为可以认为是掌握国家秘密的国家工作人员在履行公务期间在境外叛逃的行为。因此，法院作出李某构成叛逃罪的判决是正确的。

【法条链接】

《中华人民共和国刑法》

第 109 条　国家机关工作人员在履行公务期间，擅离岗位，叛逃境外或者在境外叛逃，处 5 年以下有期徒刑、拘役、管制或者剥夺政治权利；情节严重的，处 5 年以上 10 年以下有期徒刑。

掌握国家秘密的国家工作人员叛逃境外或者在境外叛逃的，依照前款的规定从重处罚。

【案例二】

李某在 2011 年至 2013 年间，通过 QQ 互

① 于志刚：《危害国家安全罪》，中国人民公安大学出版社 1999 年版，第 297 页。

联网上结识网名为“飞”的网友(身份不明)。经过一段时间熟悉后,“飞”称其在台湾某杂志社工作,先是多次要求李某为其订购、邮寄特定书籍,而后又多次要求李某为其提供部队码头、船只的情况,再之后又多次要求李某为其提供机场的信息。李某在此期间共收取报酬人民币9万元左右。2013年1月17日,汕头市国家安全局在被告人李某的“避风塘”奶茶店将其抓获。

经广州军区空军保密委员会和海军南海舰队保密委员会鉴定,被告人李某向境外提供的情况、资料中,有13份机密级国家秘密和10份秘密级国家秘密。

人民法院认定李某构成境外刺探、非法提供国家秘密罪。

案例来源:中国裁判文书网,(2013)汕中法刑一初字第31号,http://wenshu.court.gov.cn/content/content? DocID=f86d3bcc-276b-43c4-8615-6ff3db3ec339,最后访问日期:2017年7月9日。

【问题聚焦】

国家秘密、境外的认定问题。

【法律剖析】

1.“国家秘密”的认定

国家秘密,指的是关系国家安全和利益,依照法定程序确定,在一定时间内只限一定范围的人员知悉的事项。对于国家秘密的认定:一类是明示化的,即某一国家秘密在形成之初已被相关国家机关给予了保密处理,被认定为绝密、机密或秘密中的一个级别;另一类则是默示化的,即该信息虽然未经保密处理,但该信息与国家安全和利益息息相关,当行为人将该信息提供给境外时,则会对国家安全造成严重的威胁。后一类信息是否为国家秘密须经专门的国家机关进行鉴定。

2.“境外”的认定

根据《国家安全法》对“境外”的解释,指的是中华人民共和国领域以外或者领域以内中华人民共和国政府尚未实施行政管辖的地域。通过分析上述《国家安全法》对“境外”赋予的法律含义,显然“领域内”和“境外”并非一个非彼即此的概念,即使在“领域内”也有可能出现“境外”的情形,应以该区域是否被我国政府实施了“行政管辖”作为认定是否属于“境内”的实质条件。台湾地区自古以来是中国的一部分,是不可分割的领土,仅由于历史原因,我国政府并未对其实施行政管辖。由此可见,台湾地区一方面属于我国领域之内,另一方面其未被我国政府实施行政管制,应当属于上述解释的第二种类型,故台湾地区应被认定为“境外”。

就本案而言,李某多次为台湾地区不明人士刺探、提供我国的情报,收取巨额报酬,其所提供的情报中,经鉴定既有秘密级国家秘密,又有机密级国家秘密,对我国的国家安全造成了严重的威胁。因此,本案法院作出李某构成为境外刺探、非法提供国家秘密罪是正确的。

【法条链接】

《中华人民共和国刑法》

第111条　为境外的机构、组织、人员窃取、刺探、收买、非法提供国家秘密或者情报的,处5年以上10年以下有期徒刑;情节特别严重的,处10年以上有期徒刑或者无期徒刑;情节较轻的,处5年以下有期徒刑、拘役、管制或者剥夺政治权利。

四、全真题演练

(一)单选题

1. 以下危害国家安全罪的犯罪主体必须是特殊主体的有(　　)。

A. 资敌罪

B. 为境外窃取、刺探、收买、提供国家秘密罪

C. 叛逃罪

D. 投敌叛变罪

2. 行为人甲通过窃取、刺探、收买等多种非法手段获取了某国家机关的绝密文件多份，卖给境外的机构、组织，捞取不正当利益，对甲的行为应如何认定处罚？（　　）

A. 非法获取国家秘密罪、非法持有国家绝密文件罪与为境外非法提供国家秘密、情报罪并罚

B. 以为境外窃取、刺探、收买、非法提供国家秘密、情报罪一罪定罪处罚

C. 非法获取国家秘密罪、非法持有国家绝密文件罪与为境外非法提供国家秘密情报罪从一重罪处罚

D. 非法获取国家秘密罪与非法持有国家绝密文件罪并罚

3. 某甲参加特务组织后，受敌派遣，多次在其父处窃得军事情报交给特务组织。其后，某甲又策动其父武装叛乱。某甲的行为构成（　　）。

A. 武装叛乱罪

B. 武装叛乱罪和间谍罪

C. 间谍罪

D. 不构成犯罪

4. 依照我国《刑法》的规定，下列哪一行为构成间谍罪？（　　）

A. 为境外机构窃取、刺探国家秘密的

B. 为敌人指示轰击目标的

C. 为境外组织非法提供情报的

D. 为武装叛乱分子提供武器、弹药的

5. 甲投敌叛变后，参加了间谍组织，又被派回大陆刺探情报，对甲的行为应如何认定处罚？（　　）

A. 以投敌叛变罪和间谍罪从一重罪处罚

B. 以投敌叛变罪和间谍罪进行并罚

C. 把间谍行为作为投敌叛变罪的加重情节

D. 只定为境外窃取、刺探、收买、非法提供情报罪

6. 某甲经常以造谣、诽谤等方式煽动颠覆国家政权、推翻社会主义制度。某甲的行为构成何种犯罪？（　　）

A. 煽动分裂国家罪

B. 煽动颠覆国家政权罪

C. 颠覆国家政权罪

D. 分裂国家罪

7. 某甲是我国某国家机关的高级公务员，多次利用其工作便利，与境外某机构相勾结，危害中华人民共和国的主权、领土完整和安全。某甲的行为构成哪种犯罪？（　　）

A. 分裂国家罪

B. 间谍罪

C. 为境外窃取、刺探、收买非法提供国家秘密情报罪

D. 背叛国家罪

8. 战争期间，我国某企业为敌人提供武器装备、军用物资。该企业构成何种犯罪？（　　）

A. 颠覆国家政权罪

B. 资敌罪

C. 资助危害国家安全犯罪活动罪

D. 背叛国家罪

（二）多选题

1. 下列有关叛逃罪的表述，哪些是正确的？（　　）

A. 犯罪主体是特殊主体，必须是国家机关工作人员

B. 叛逃行为必须发生在履行公务期间

C. 客观方面表现为擅离岗位，叛逃境外或者在境外叛逃

D. 如果行为人叛逃境外而又加入境外的敌方营垒的，可以考虑按处理牵连犯的原则以投敌叛变罪定罪处罚

2. 向他人提供国家秘密的行为，因提供的

对象不同可以构成哪些罪？（　　）

A. 间谍罪

B. 泄露国家秘密罪

C. 叛逃罪

D. 为境外窃取、刺探、收买非法提供国家秘密情报罪

3. 境内外机构、组织或个人资助哪种组织和个人实施背叛国家罪，分裂或者煽动分裂国家罪等罪的，构成资助危害国家安全犯罪活动罪？（　　）

A. 境内组织　　B. 境外组织

C. 境内个人　　D. 境外个人

4. 下列危害国家安全的犯罪，法定刑最高可处死刑的是哪些罪行？（　　）

A. 间谍罪

B. 叛逃罪

C. 颠覆国家政权罪

D. 投敌叛变罪

5. 资助危害国家安全犯罪活动罪所资助的具体犯罪是以下几种？（　　）

A. 背叛国家罪

B. 投敌叛变罪

C. 颠覆国家政权罪、煽动颠覆国家政权罪

D. 分裂国家罪、煽动分裂国家罪

6. 下列犯罪中可以独立适用剥夺政治权利的有（　　）。

A. 背叛国家罪　　B. 分裂国家罪

C. 武装叛变罪　　D. 间谍罪

7. 背叛国家罪具有哪些特征？（　　）

A. 主体只能是中国公民

B. 主观上只能是故意

C. 客观方面表现为勾结外国，危害我国的主权、领土完整和安全

D. 侵害的客体是我国的国家安全

8. 某公司职工甲在出国旅游的时候，对其所到某国的生活方式极度向往，回国后整日在想如何出国，不安心工作。终于该职工采取偷越国境的方法，跑去国外。请问对该职工应如何处理？（　　）

A. 构成投敌叛变罪

B. 构成背叛国家罪

C. 如果情节严重，按偷越国境罪处理

D. 如果情节不严重，属于一般违法行为

（三）名词解释

1. 叛逃罪

2. 间谍罪

3. 为境外窃取、刺探、收买、非法提供国家秘密、情报罪

4. 背叛国家罪

5. 资助危害国家安全犯罪活动罪

（四）简答题

1. 简述叛逃罪与投敌叛变罪的区别和联系。

2. 简述叛逃罪与背叛国家罪的区别和联系。

3. 简述分裂国家罪的构成特征。

4. 如何区分分裂国家罪与背叛国家罪的界限。

5. 简述武装叛乱、暴乱罪的构成特征。

（五）论述题

1. 试述危害国家安全罪的概念及其特征。

2. 试述间谍罪的概念及其特征。

五、深度拓展

【拓展】 有关本章犯罪构成特殊累犯的问题

累犯，是指因犯罪而受过一定刑罚处罚的犯罪人，刑罚执行完毕或者赦免以后，在法定期限内又犯一定之罪的情形。

《刑法》第 66 条规定（《刑法修正案（八）》修订）："危害国家安全犯罪、恐怖活动犯罪、黑社会性质的组织犯罪的犯罪分子，在刑罚执行完毕或者赦免以后，在任何时候再犯上述任一类罪的，都以累犯论处。"据此，犯危害国家安

全罪受过刑罚处罚，刑罚执行完毕或者赦免后，在任何时候再犯此类犯罪的行为人将构成特殊累犯。

特殊累犯需要满足的条件有：

(1)前罪和后罪都必须是上述三类犯罪中的一种。如果前、后罪都不属于上述三类犯罪，或者其中之一不构成上述犯罪的，则不成立特殊累犯。

(2)前罪被判处的刑罚和后罪应判处的刑罚的种类及其轻重不受限制。即使前后两罪或者其中一罪被判处或者应判处管制、拘役或者单处某种附加刑的，也不影响其成立。

(3)必须是在前罪刑罚执行完毕或者赦免以后再犯罪。因此，如果前罪是免予刑罚处罚并且也不是被赦免的，就不成立特殊累犯，而且前罪与后罪的相隔时间不影响特殊累犯的成立。

第十六章

危害公共安全罪

一、知识结构图

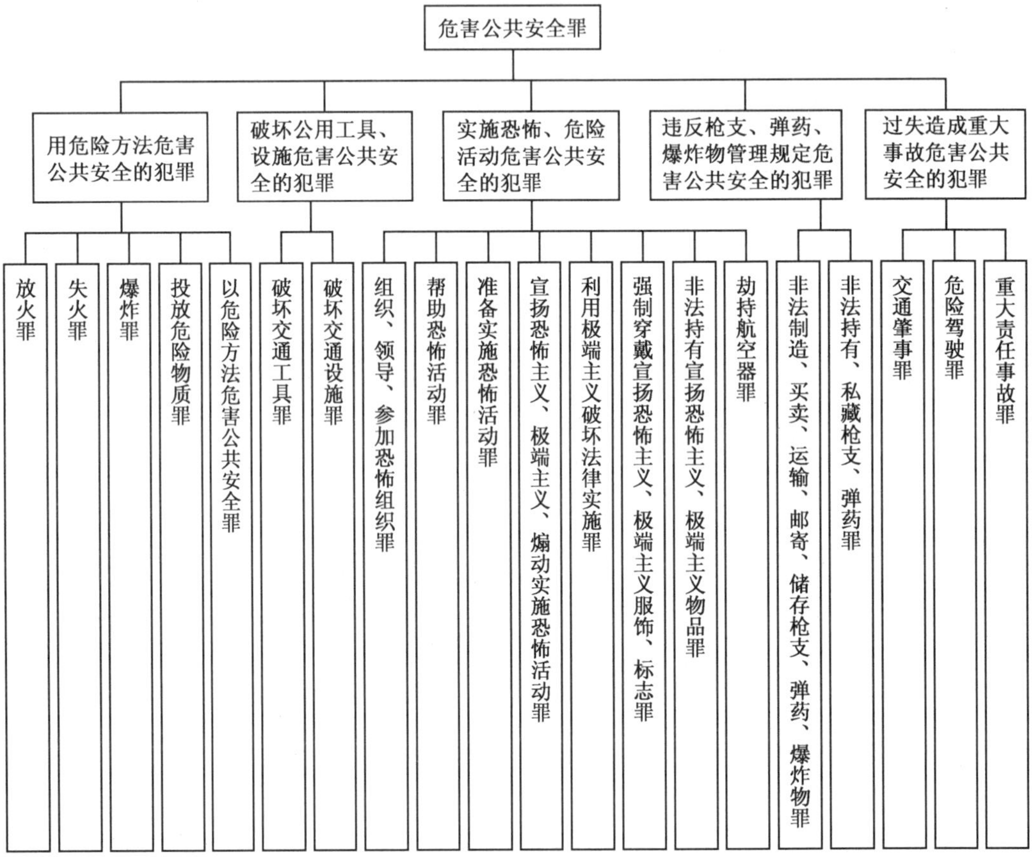

二、重难点归纳

(一)危害公共安全罪

1. 公共安全的含义

公共安全是指不特定或者多数人的生命、健康或者重大公私财产的安全。所谓不特定,是相对于其他犯罪对象的"特定"而言。犯罪行为可能侵犯的对象和可能造成的结果事先无法确定,行为人对此既无法具体预料也难以实际控制,行为造成的危险或者侵害结果可能随时扩大或增加。[①] 所谓多数,是相对于其他犯罪只能危害到少数对象而言的,不能用具体数字表述。

2. 危害公共安全罪的本质特征

危害公共安全罪这一类犯罪的本质特征是危害公共安全。该类犯罪实际侵害的对象为不特定或者多数对象,但不意味着危害公共安全犯罪的行为人主观上没有特定侵犯对象或者目标。不能将不特定理解为没有特定侵犯对象或者目标。

(二)用危险方法危害公共安全的犯罪

1.(2008 年司法考试卷二第 10 题,2004 年司法考试卷二第 9 题)放火罪

放火罪是指故意放火焚烧公私财物,危害公共安全的行为。

(1)放火罪的构成

①客体:公共安全。

②客观方面:表现为实施放火焚烧公私财物,危及公共安全的行为。放火既可以用作为的方式实行,也可以用不作为的方式实行。放火罪是危险犯,只要实施了放火行为,存在造成人身、财产重大损失的危险,即使尚未发生实际的危害结果,都构成本罪。如果致人重伤、死亡或者使公私财产遭受重大损失的,认为属于放火罪的结果加重犯。

③主体:已满 14 周岁且具有刑事责任能力的自然人。

④主观方面:放火罪的主观方面是故意的,既可以是直接故意,也可以是间接故意。

(2)放火罪的认定

①放火罪的既遂与未遂形态。本罪是危险犯,我国多采纳"独立燃烧说",即只要放火的行为将目的物点燃后,已经达到脱离引燃媒介能够独立燃烧的程度,即使没有造成实际的危害结果,也应视为本罪既遂;反之,为未遂。例如,在放火行为尚未实行完毕,或者虽然当时已经点燃,但着手后因为客观原因即熄灭,没有发生危险状态的,则应视为本罪未遂。

②本罪与以放火方法实施其他犯罪的界限。如果行为人意欲通过放火的方法达到其他犯罪目的的,通说以放火行为是否具有危害公共安全的性质来决定犯罪的性质。如为其他目的的实现而实施的放火行为危及公共安全,行为人对此明知,应认定为放火罪;行为不可能危及公共安全,则应按相应的犯罪处理。

③关于本罪还要注意到一点就是,行为人放火焚烧自己所有的财物,危及公共安全的,认定为放火罪。

2.(2008 年司法考试卷二第 10 题,2004 年司法考试卷二第 9 题)失火罪

失火罪,是指因过失引起火灾,造成严重后果,危害公共安全的行为。

(1)失火罪的构成

①客体:公共安全。

②客观方面:表现为引起火灾发生的行为,并且已造成致人重伤、死亡或者公私财产重大损失的严重后果,危害公共安全,具体包括以下几个方面:a. 必须具有引起火灾发生的行为。b. 必须造成严重后果,危害到公共安全。没有造成人员的伤亡或者重大财产的损失,则不构成本罪。c. 引起火灾发生的行为与造成严重后果之间必须具有刑法意义上的因

---

① 张明楷:《刑法学》(第五版),法律出版社 2016 年版,第 687 页。

果关系。失火罪的失火行为，可以是作为，也可以是不作为。

③主体：一般主体，即已满16周岁且具有刑事责任能力的自然人。

④主观方面：失火罪主观方面是过失，可以是疏忽大意或者是过于自信。这里的过失是针对造成致人重伤、死亡或者公私财产遭受重大损失的严重后果而言的，而不是指行为是有意还是无意。

(2)失火罪的认定

①罪与非罪的界限。

构成失火罪应满足以下条件：

a. 行为人违反注意义务的行为与火灾的发生具有刑法意义上的因果关系。

b. 造成的损失达到致人重伤、死亡或者使公私财产遭受重大损失的程度。

c. 行为人主观上有犯罪的过失。如果属于非人为因素引发的火灾，但与行为人不履行或者不正确履行注意义务的行为具有直接的因果关系，应当以本罪论处。

②本罪与放火罪的界限。

过于自信造成的失火罪与间接故意的放火罪的区别主要是主观上对可能发生火灾后果的心理态度。如果行为人明知自己的行为会引起火灾，而放任其发生，就应定为放火罪；反之，已经预见到可能发生而轻信能够避免以致引起火灾，就应定为失火罪。

【难点辨析】 一般过失与业务过失、一般业务过失与特殊业务过失

本章的过失犯罪中，失火罪、过失决水罪、过失爆炸罪、过失投放危险物质罪、过失以危险方法危害公共安全罪，都是发生在日常生活中的一般过失，而交通肇事罪、重大责任事故罪、危险物品肇事罪、重大劳动安全事故罪等，都是发生在业务过程中、生产经营过程中的业务过失。

业务过失有一般业务过失犯罪(重大责任事故罪、强令违章冒险作业罪)和特殊业务过失犯罪(如危险物品肇事罪、重大劳动安全事故罪、工程重大安全事故罪等)，应当优先适用特殊业务过失的罪名。

3. 爆炸罪

爆炸罪，是指故意引起爆炸物爆炸，危害公共安全的行为。

(1)爆炸罪的构成

①客体：公共安全。

②客观方面：引起爆炸物爆炸，足以危害公共安全的行为。

③主体：已满14周岁且具有刑事责任能力的自然人。

④主观方面：表现为故意，包括直接故意和间接故意。

(2)爆炸罪的认定

爆炸罪与采用爆炸的方法实施其他犯罪的界限。行为人采用爆炸方法引起火灾，爆炸本身不足以危害公共安全，因为火灾而危害公共安全的，应认定为放火罪；采用爆炸方法决堤制造水患，危害公共安全的，应认定为决水罪。但在爆炸引起火灾、水患的情况下，如果爆炸行为本身(即使不发生火灾、水患)也足以危害公共安全时，则宜认定为想象竞合犯，从一重处罚。由于法定刑相同，只能通过考察爆炸与放火、决水各自的情节轻重确定罪名，即爆炸情节重于放火、决水情节时，应认定为爆炸罪；反之亦然。

4.(武汉大学2006年考研真题名词解释题)投放危险物质罪

投放危险物质罪，是指故意投放毒害性、放射性、传染病病原体等物质，危害公共安全的行为。

(1)投放危险物质罪的构成

①客体：公共安全。

②客观方面：表现为投放毒害性、放射性、传染病病原体等物质，危害公共安全的行为。

a. 必须具有投放危险物质的行为。物质须属于毒害性、放射性、传染病病原体。本罪的具体行为可以是作为，也可以是不作为。

b. 投放危险物质行为必须危害公共安全。本罪属于危险犯，行为对公共安全的侵犯包括两个方面：一是行为已经对不特定或者多数人的生命、健康或公私财产造成了重大损失；二是尚未造成严重损害但具有造成不特定或者多数人的生命、健康或公私财产损害后果的危险状态。

对于尚未发生严重后果，行为是否具有危害公共安全性质的认定，必须结合实施行为的地点、时间等环境条件以及所投放的危险物质的性质、破坏能力等综合条件予以考察，不能将只要有投放危险物质行为而不论场合、地点等，都作为本罪认定。

c. 主体：已满14周岁且具有刑事责任能力的自然人。

d. 主观方面：表现为故意，可以是直接故意，也可以是间接故意。

(2)投放危险物质罪的认定

本罪的完成与未完成形态。本罪属于危险犯，只要行为人着手实施了投放危险物质的行为，危害公共安全的，即使尚没有造成实际的人员伤亡和财产损失，也成立本罪既遂。本罪既遂与未遂，宜以投放行为使危险物质"混入或者独立发生作用"为具备危害公共安全性质构成既遂的标准，即危险物质混入对象物已经达到使之不易分离的状态或者已经能够独立对对象发生侵害作用。

【难点辨析】 投放危险物质罪与以投放危险物质方法实施的故意杀人罪、故意伤害罪

法律对故意杀人、故意伤害罪的行为手段并没有任何限制，当行为人以投放危险物质的方法实施故意杀人、故意伤害行为时，如果行为不具有危害公共安全的性质，则应按故意杀人罪或者故意伤害罪处理；否则，属于想象竞合犯，应从一重罪从重处罚。

【难点辨析】投放危险物质罪与故意毁坏财物罪、破坏生产经营罪

由于法律对故意毁坏财物罪、破坏生产经营罪的行为手段并没有任何限制，当行为人以投放危险物质的方法实施故意毁坏财物、破坏生产经营的行为时，定罪的关键是看行为是否危害公共安全，如果行为不危害公共安全的，属于故意毁坏财物罪或者破坏生产经营罪；如果同时造成人员、财产损失危及公共安全的，应以投放危险物质罪论处。

5.(2007年司法考试卷二第58题)以危险方法危害公共安全罪

以危险方法危害公共安全罪，是指使用与放火、决水、爆炸、投放危险物质等危险性相当的其他危险方法，危害公共安全的行为。

(1)所谓其他危险方法，是指使用与放火、决水、爆炸、投放危险物质的危险性相当的危险方法。其次，如果某种行为符合其他犯罪的构成要件，以其他犯罪论处符合罪刑相适应原则，应尽量认定为其他犯罪。例如，对盗窃公路井盖的行为，危害公共安全的，宜认定为破坏交通设施罪。实践中此类行为有：①破坏矿井通风设施，危害公共安全的；②在公共场所私设电网，不顾他人生命安全的。

(2)本罪可以是作为，也可以是不作为。主观方面为故意，可以是直接故意，也可以是间接故意。动机如何不影响本罪成立。

(三)破坏公用工具、设施危害公共安全的犯罪

1. 破坏交通工具罪

破坏交通工具罪，是指破坏火车、汽车、电车、船只、航空器，足以使火车、汽车、电车、船只、航空器发生倾覆、毁坏危险，尚未造成严重后果的行为。

(1)破坏交通工具罪的构成

①客体：交通运输安全。作为对象的交通

工具应当限于法定的交通工具，即火车、汽车、电车、船只、航空器；必须是正在使用中的交通工具(正在维修的交通工具属于正在使用的交通工具)。刑法理论一般对其中的“汽车”作扩大解释，即包括大型拖拉机。[①]

②客观方面：表现为破坏交通工具，已经或者足以使交通工具发生倾覆或者毁坏危险的行为。如果行为人以拆卸、打砸的破坏方法，则应考虑到破坏的部位，只有那些对交通工具的重要装置或部件(如刹车)进行破坏时，才能构成本罪。如果破坏的只是一般性辅助设施(如坐垫)，不影响行驶安全的，则不构成本罪。

③主体：已满16周岁且具有刑事责任能力的自然人。

④主观方面表现为故意，包括直接故意和间接故意。指明知破坏行为足以使交通工具发生倾覆、毁坏的危险或者发生倾覆、毁坏的实际结果，并且希望或者放任上述结果的发生。

(2)破坏交通工具罪的认定

①本罪与放火罪、爆炸罪的界限。

本罪的对象是法律特别规定的关系到公共安全的交通工具，是从一般意义上的“公私财物”分离出来的特殊的“公私财物”，对此加以特殊保护。因此，作为放火罪、爆炸罪对象不包括“正在使用中的交通工具”。对于使用放火、爆炸危险的方法破坏正在使用中的交通工具的，为想象竞合犯，从一重罪处罚。

②本罪与盗窃罪的界限。

行为人盗窃交通工具的部件且数额较大或者多次盗窃，但不可能发生倾覆、毁坏的危险的，仅成立盗窃罪；同时可以发生上述危险的，构成想象竞合，从一重罪处罚。

③本罪的完成和未完成形态。

本罪是危险犯，这就意味着破坏行为即使“尚未造成严重后果的”，也已经齐备本罪的全部构成要件，构成犯罪既遂，已经实施足以使交通工具发生倾覆或毁坏危险的破坏行为，因为意志以外的原因而被迫停止的，则为未遂。

2.(2006年司法考试卷二第10题)破坏交通设施罪

破坏交通设施罪，是指故意破坏轨道、桥梁、隧道、公路、机场、航道、灯塔、标志或者进行其他破坏活动，足以使火车、汽车、电车、船只、航空器发生倾覆、毁坏危险，或已经造成严重后果的行为。

本罪的对象是正在使用中的轨道、桥梁、隧道、公路、机场、航道、灯塔、标志以及与保障交通运输安全有关，正在使用中的交通设施(破坏民用机场的，成立本罪；破坏军用机场的，成立破坏军事设施罪)。无论采用何种方法破坏，只要足以使交通工具发生倾覆、毁坏危险，就构成本罪既遂。

(四)实施恐怖、危险活动危害公共安全的犯罪

1. 组织、领导、参加恐怖组织罪(《刑法修正案(九)》修订)

组织、领导、参加恐怖组织罪是组织、领导或者参加恐怖组织的行为。

注意：《刑法修正案(九)》将第120条修改为：“【组织、领导、参加恐怖组织罪】组织、领导恐怖活动组织的，处10年以上有期徒刑或者无期徒刑，并处没收财产；积极参加的，处3年以上10年以下有期徒刑，并处罚金；其他参加的，处3年以下有期徒刑、拘役、管制或者剥夺政治权利，可以并处罚金。

犯前款罪并实施杀人、爆炸、绑架等犯罪的，依照数罪并罚的规定处罚。”

对组织、领导、参加恐怖组织罪增加财产刑。

(1)组织、领导、参加恐怖组织罪的构成

① 张明楷：《刑法学》(第五版)，法律出版社2016年版，第697页。

①客体：公共安全。

②客观方面：表现为组织、领导、参加恐怖组织的行为。

恐怖组织，是指3人以上，以实施恐怖活动为目的，为长期有计划地进行恐怖活动而建立的，严重危害社会安全的犯罪组织，是我国法定的犯罪集团。组织，主要指组建恐怖活动的组织；领导，主要指策划、指挥恐怖活动的具体活动；参加，是指加入恐怖活动组织，使自己成为该组织的成员。

③主体：一般主体。

④主观方面：只能是故意。

(2)组织、领导、参加恐怖组织罪的认定

①本罪属于行为犯，行为人实施了组织、领导、参加行为之一的，便成立本罪；事实上是否开始实施恐怖活动，不影响本罪的成立。但对于被迫参加恐怖活动组织的，没有实施恐怖活动的，不宜以犯罪论处。

②本罪与一般犯罪组织(集团)的区别主要表现在：a. 故意内容不同，即有无恐怖活动的目的。b. 客观上构成犯罪的条件不同。前者只要实施组织、领导、参加行为，就构成本罪，并以既遂论处；而后者，仅仅实施组织、领导、参加的行为，如果并没有实施某种具体的犯罪，则应当按照某种具体犯罪的预备论处。

③犯本罪并实施杀人、爆炸、绑架等犯罪的，依照数罪并罚的规定处罚。此款属于注意规定，即使没有此条文，这种情形也应该数罪并罚。

2. 帮助恐怖活动罪

帮助恐怖活动罪是指故意资助恐怖活动组织、实施恐怖活动的个人的，或者资助恐怖活动培训，以及为恐怖活动组织、实施恐怖活动或者恐怖活动培训招募、运送人员的行为。

注意：《刑法修正案(九)》第120条之一修改为："【帮助恐怖活动罪】资助恐怖活动组织、实施恐怖活动的个人的，或者资助恐怖活动培训的，处5年以下有期徒刑、拘役、管制或者剥夺政治权利，并处罚金；情节严重的，处5年以上有期徒刑，并处罚金或者没收财产。

为恐怖活动组织、实施恐怖活动或者恐怖活动培训招募、运送人员的，依照前款的规定处罚。

单位犯前两款罪的，对单位判处罚金，并对其直接负责的主管人员和其他直接责任人员，依照第一款的规定处罚。"

(1)帮助恐怖活动罪的构成

①客体：公共安全。

②客观方面：表现为资助恐怖活动组织、实施恐怖活动的个人的，或者资助恐怖活动培训，以及为恐怖活动组织、实施恐怖活动或者恐怖活动培训招募、运送人员的行为。其中的"资助"，是指为资助恐怖活动组织、实施恐怖活动的个人的，或者资助恐怖活动培训筹集提供经费、物资或者提供活动场所、训练基地以及其他物质便利行为；精神上的帮助不属于本罪的资助。其中的"招募"是指运用各种途径或者方法，面向特定或者不特定的群体募集、征集人员。"运送"是指利用各种交通工具运送自己或者他人招募的人员。具体包括以下六种行为类型：a. 资助恐怖活动组织；b. 资助实施恐怖活动的个人；c. 资助恐怖活动培训(刑九新增)；d. 为恐怖活动组织招募、运送人员(刑九新增)；e. 为实施恐怖活动招募、运送人员(刑九新增)；f. 为恐怖活动培训招募、运送人员(刑九新增)。

③主体：一般主体。

④主观方面：只能是故意。

(2)帮助恐怖活动罪的认定

本罪是帮助犯的正犯化。将资助行为和招募、运送行为本身规定为正犯行为，故本罪的成立不以恐怖活动组织或者人员实施具体的恐怖活动犯罪为前提。例如，只要行为人提供的资助被恐怖组织、人员接收，就成立既遂。

教唆或者帮助他人实施本罪的行为的，成立本罪教唆犯与帮助犯。同时，犯本罪的不再适用总则第27条关于从犯的规定。

3.《刑法修正案(九)》新增罪名

《刑法》第120条之一后增加五条，作为第120条之二、第120条之三、第120条之四、第120条之五、第120条之六。

准备实施恐怖活动罪是指为实施恐怖活动准备凶器、危险物品或者其他工具的，组织恐怖活动培训或者积极参加恐怖活动培训的，为实施恐怖活动与境外恐怖活动组织或者人员联络的，以及为实施恐怖活动进行策划或者其他准备的行为。

(1)准备实施恐怖活动罪的构成。

①客体：公共安全。

②客观方面：表现为为实施恐怖活动准备凶器、危险物品或者其他工具的，组织恐怖活动培训或者积极参加恐怖活动培训的，为实施恐怖活动与境外恐怖活动组织或者人员联络的，以及为实施恐怖活动进行策划或者其他准备的行为。

本罪包括以下四种行为类型：A. 为实施恐怖活动准备凶器、危险物品或者其他工具的。“准备”的方法没有限定，包括购买、制造、租用等；“恐怖活动培训”，既包括传授、灌输恐怖主义思想、主张的培训，也包括实施具体恐怖活动的方法、技能的培训。B. 组织恐怖活动培训或者积极参加恐怖活动培训的。C. 为实施恐怖活动与境外恐怖活动组织或者人员联络的，既包括利用各种通信的联络，也包括直接见面的联络。联络的目的是为实施恐怖活动，其内容可以是参加境外的恐怖活动组织或者具体恐怖活动，也可以是提供相关情报，还可以是寻求支持、支援和帮助。D. 为实施恐怖活动进行策划或者其他准备的，此内容属于本款的兜底规定。

③主体：一般主体。

④主观方面：只能是故意。部分类型属于目的犯，如第一种和第三种类型的行为，但只要求行为人具有将要实施恐怖活动的一般目的即可，不要求具备实施特定恐怖活动的具体目的。

(2)准备实施恐怖活动罪的认定。

本罪属于预备行为的实行行为化(预备犯的既遂化)，行为人完成本罪的行为即构成犯罪既遂，不再适用总则中关于预备犯的规定。行为人已经着手实行本罪的准备行为，由于意志以外的原因而没有完成准备行为的，成立本罪的未遂犯。对于教唆、帮助他人实施本罪行为的，应当按照教唆犯、帮助犯处罚。

4. 宣扬恐怖主义、极端主义，煽动实施恐怖活动罪

(1)宣扬恐怖主义、极端主义，煽动实施恐怖活动罪的概念

宣扬恐怖主义、极端主义，煽动实施恐怖活动罪是指制作、散发宣扬恐怖主义、极端主义的图书、音频视频资料或者其他物品，或者通过讲授、发布信息等方式宣扬恐怖主义、极端主义的，或者煽动实施恐怖活动的行为。

(2)宣扬恐怖主义、极端主义，煽动实施恐怖活动罪的构成

①客体：公共安全。

②客观方面：表现为制作、散发宣扬恐怖主义、极端主义的图书、音频视频资料或者其他物品，或者通过讲授、发布信息等方式宣扬恐怖主义、极端主义的，或者煽动实施恐怖活动的行为。本罪是行为犯，即只要行为人实施了行为之一，即可构成本罪。

③主体：一般主体。

④主观方面：只能是故意，即行为人明知自己的行为是宣扬恐怖主义、极端主义，煽动实施恐怖活动的行为，危害不特定的人和物的安全而积极为之，并且希望这种结果的发生。过失不构成本罪。

5. 利用极端主义破坏法律实施罪

本罪是指利用极端主义煽动、胁迫群众破坏国家法律确立的婚姻、司法、教育、社会管理等制度实施的行为。

(1)利用极端主义破坏法律实施罪的构成

①客体:公共安全和国家法律确立的婚姻、司法、教育、社会管理等制度。

②客观方面:表现为实施利用极端主义煽动、胁迫群众破坏国家法律确立的婚姻、司法、教育、社会管理等制度实施的行为。具体包含以下几个方面:一是必须利用极端主义;二是在此基础上煽动和胁迫;三是针对的对象是不明真相的人群;四是行为的目的是达到破坏国家法律确立的婚姻、司法、教育、社会管理等制度实施。其中,极端主义是指为了达到个人或者小部分人的某些目的,而不惜一切后果地采取极端的手段对公众或政治领导集团进行威胁。所谓煽动,是指怂恿、鼓动;所谓胁迫,是指威胁和强迫;所谓群众,是指“人民大众”或“居民的大多数”。

③主体:一般主体。

④主观方面:只能是直接故意。

(2)利用极端主义破坏法律实施罪的认定

一般的煽动和胁迫行为,以及针对个别人的煽动和胁迫,或者只是单纯出于个人特定的目的的煽动和胁迫行为,不能构成本罪。

6. 强制穿戴宣扬恐怖主义、极端主义服饰、标志罪

本罪是指以暴力、胁迫等方式强制他人在公共场所穿着、佩戴宣扬恐怖主义、极端主义服饰、标志的行为。

(1)强制穿戴宣扬恐怖主义、极端主义服饰、标志罪的构成

①客体:公共安全。

②客观方面:表现为以暴力、胁迫等方式强制他人在公共场所穿着、佩戴宣扬恐怖主义、极端主义服饰、标志的行为。本罪的胁迫,应指广义的胁迫,以使他人产生恐惧的心理为目的,以恶害相告的一切行为。除暴力、胁迫外,其他使他人难以或者不能反抗的方法均包括在内。“公共场所”是指不特定人或者多数人可以自由出入的场所。

③主体:一般主体。

④主观方面:只能是故意。

(2)强制穿戴宣扬恐怖主义、极端主义服饰、标志罪的认定

本罪只有当所强制“穿着”、“佩戴”方式足以使不特定人或者多数人发现该服饰、标志时,才能以本罪论处。强迫他人留有宣扬恐怖主义、极端主义发型的或者强迫他人将宣扬恐怖主义、极端主义的标志作为文身图样的,因不符合“穿着”、“佩戴”,不能认定为本罪。

实施本罪行为,如果同时构成宣扬恐怖主义、极端主义罪的,依照处罚较重的规定定罪处罚。

7. 非法持有宣扬恐怖主义、极端主义物品罪

本罪是指明知是宣扬恐怖主义、极端主义的图书、音频视频资料或者其他物品而非法持有,情节严重的行为。

(1)非法持有宣扬恐怖主义、极端主义物品罪的构成

①客体:公共安全。

②客观方面:表现为明知是宣扬恐怖主义、极端主义的图书、音频视频资料或者其他物品而非法持有,情节严重的行为。其中的“持有”,包括秘密的持有、公开的持有,既可以藏于家中,也可以携带于公共场合。

③主体:一般主体。

④主观方面:只能是直接故意。

(2)非法持有宣扬恐怖主义、极端主义物品罪的认定

本罪要求情节严重才构成犯罪。倘若将此类物品携带于公共场合的行为同时触犯了

宣扬恐怖主义、极端主义物品罪，应认定为想象竞合，从一重罪处罚。

【难点辨析】 恐怖活动犯罪构成特殊累犯的问题

《刑法》第 66 条规定："危害国家安全犯罪、恐怖活动犯罪、黑社会性质的组织犯罪的犯罪分子，在刑罚执行完毕或者赦免以后，在任何时候再犯上述任一类罪的，都以累犯论处。"据此，犯危害国家安全罪恐怖活动犯罪、黑社会性质的组织犯罪受过刑罚处罚，刑罚执行完毕或者赦免后，在任何时候再犯此类犯罪的行为人将构成特殊累犯。

构成特殊累犯需要满足的条件：(1)前罪和后罪都必须是危害国家安全犯罪、恐怖活动犯罪、黑社会性质的组织犯罪之一，但不要求前罪和后罪为同一类罪名。(2)必须是在前罪刑罚执行完毕或者赦免以后再犯罪。因此，如果前罪是免予刑罚处罚并且也不是被赦免的，就不成立特殊累犯。

8.(武汉大学 2002 年考研真题简答题)劫持航空器罪

劫持航空器罪是指以暴力、胁迫或者其他方法劫持航空器，危害航空运输安全的行为。

(1)劫持航空器罪的构成

①客体：航空运输的公共安全，即不特定或多数乘客的生命、财产及航空器的安全，也就是国际或国内民用航空运输的公共安全。本罪的对象为正在"使用中"的航空器。"使用中"是指从出发机场关闭舱门，至到达机场打开舱门期间。本罪的航空器是专指民用航空器还是包括军用航空器，理论界有不同观点。

②客观方面：表现为以暴力、胁迫或者其他方法劫持航空器，危害航空运输安全的行为。

③主体：已满 16 周岁且具有刑事责任能力的自然人。

④主观方面：劫持航空器罪的主观方面必须是直接故意，主观上具有强行控制航空器的目的，间接故意不可能构成本罪。至于动机如何不影响本罪的成立。

(2)劫持航空器罪的认定

本罪的完成与未完成形态，应以行为人实施的劫持行为达到实际控制航空器的程度为本罪既遂的标准。行为人在着手劫持行为后，由于意志以外的原因未能达到实际控制状态的，为犯罪未遂。如果着手劫持行为后已经在一段时间内控制了航空器，但因意志以外的原因而最终又被反控制而未能得逞的，也应当以犯罪既遂论处。

(3)劫持航空器罪的处罚

《刑法》第 121 条规定："以暴力、胁迫或者其他方法劫持航空器的，处 10 年以上有期徒刑或者无期徒刑；致人重伤、死亡或者使航空器遭受严重破坏的，处死刑。"其中的"致人重伤、死亡"不仅包括暴力、胁迫行为过失致人重伤、死亡，还包括故意致人重伤或者故意杀人；不仅包括造成机组人员的重伤、死亡，还包括造成其他人员的重伤、死亡。

【难点辨析】 劫持航空器罪与破坏交通工具罪

交通工具包括航空器，当行为对象均为航空器，并使航空器遭到破坏时，应从以下两个方面分析：

一是犯罪目的。前者的犯罪目的是按照自己的意志，强行控制航空器；而破坏交通工具罪的犯罪目的是要将航空器本身加以毁坏。而且，劫持航空器罪在主观上只能出于犯罪的直接故意；而破坏交通工具罪在主观上可以表现为直接故意，也可以是间接故意，所以，即使都为直接故意，主观上犯罪故意的内容也不一致。

二是行为的表现。劫持航空器罪是使用暴力、胁迫或其他方法劫持航空器；而破坏交通工具罪则是用一定的方法将航空器毁坏。

因此，在劫持航空器过程中使航空器遭到破坏，即使具有使航空器倾覆、毁坏危险的，也只能以劫持航空器罪论处，不能实行并罚。

（五）违反枪支、弹药、爆炸物管理规定危害公共安全的犯罪

1. 非法制造、买卖、运输、邮寄、储存枪支、弹药、爆炸物罪

非法制造、买卖、运输、邮寄、储存枪支、弹药、爆炸物罪，是指违反法律规定，制造、买卖、运输、邮寄、储存枪支、弹药、爆炸物的行为。

(1)非法储存是指明知他人非法制造、买卖、运输、邮寄枪支、弹药、爆炸物而为其存放的行为。

非法运输，是指违反国家规定，未经国家有关部门批准，转送枪支、弹药、爆炸物的行为。其形式可以是陆运、水运、空运，也可随身携带，但空间范围只应限于国内。如运输地域涉及进出国（边）境，则应当构成走私枪支、弹药罪而非本罪。本罪中邮寄的空间范围也只限于国内，如果非法邮寄涉及进出国（边）境，则应当构成走私枪支、弹药罪。

(2)要注意到违规制造、销售枪支罪与本罪的区别：前罪的犯罪主体只能是有枪支制造、销售资格的企业。如果一个单位根本就没有制造枪支的资格，只能构成非法制造、买卖枪支罪。

2.（2007 年司法考试卷二第 61 题）非法持有、私藏枪支、弹药罪

非法持有、私藏枪支、弹药罪，是指违反枪支、弹药管理规定，非法持有枪支弹药的行为。

非法持有是指没有合法根据地实际占用或者控制枪支、弹药，非法替他人保管枪支、弹药的行为。本条款属于兜底性条款，指根据证据尚不能认定为构成其他涉及枪支、弹药犯罪或者窝藏、转移、收购、销售赃物罪而非法持有、私藏枪支、弹药的行为。

非法持有与私藏的区别在于：非法持有是自始没有持枪资格的人非法持有，如捡到枪支后加以占有。非法私藏是曾经有持枪资格的人丧失持枪资格后私自藏匿枪支，拒不交出，如公安局长退休后应将枪支上缴而未上缴。

（六）过失造成重大事故危害公共安全的犯罪

1.（2007 年司法考试卷二第 9 题，武汉大学 1997 年考研真题名词解释题）交通肇事罪

交通肇事罪，是指违反交通运输管理法规，因而发生重大事故，致人重伤、死亡或者使公私财产遭受重大损失的行为。

(1)交通肇事罪的构成

①客体：交通运输安全，主要是指发生在航空、铁路运输以外的陆路交通运输和水路交通运输中的重大交通事故。非特定主体在铁路运输、航空运输中违反保障铁路运营安全、飞行安全的规章制度的也可以构成交通肇事罪。使用非机动性的交通运输工具从事交通运输活动，如果驾驶非机动性交通工具的行为具有危害公共安全的性质，也可以构成本罪。

②客观方面：表现为违反交通运输管理法规，因而发生重大事故，致人重伤、死亡或者使公私财产遭受重大损失的行为。

具体包括以下内容：a. 必须有在交通运输过程中违反交通运输管理法规的行为。违规的行为可以表现为作为，也可表现为不作为。b. 违反交通运输管理法规的行为必须造成重大事故，导致重伤、死亡或者公私财产重大损失的严重后果，即违章行为必须与严重后果之间具有刑法上的因果关系。

③主体：已满 16 周岁且具有刑事责任能力的自然人，不限于驾驶机动车的人。

④主观方面：表现为过失，可以是疏忽大意或者是过于自信。这里过失是指行为人对所造成的严重后果的心理态度而言的。

(2)交通肇事罪的认定

①本罪与一般交通事故的界限。

两者区别在于发生的事故是否重大，本罪以发生重大事故为构成要件，有违章行为，但未造成重大事故的，不以本罪论处。

②本罪同交通事故中意外事件的界限。

区别两者的关键在于查明行为人对所造成的重大事故在主观上是否有过失，本罪在主观方面表现为过失。

【难点辨析】 交通肇事罪与重大飞行事故罪、铁路运营安全事故罪

交通肇事罪与重大飞行事故罪、铁路运营安全事故罪同属重大交通肇事的犯罪，客体均为交通运输安全，主观上也都出于过失，客观上也都以违反保障交通运输安全管理的规章制度并造成严重后果为要件。

其区别主要是：(1)主体不同。交通肇事罪主体为一般主体；而重大飞行事故罪、铁路运营安全事故罪主体为特殊主体，分别为航空人员与铁路职工，其他自然人不能构成这两种犯罪。(2)发生的场合不同。交通肇事罪主要发生在公路、水路交通运输过程中；而重大飞行事故罪、铁路运营安全事故罪分别发生在航空运输与铁路运输活动领域。(3)违反的具体注意义务不同。交通肇事罪行为人违反的根据运输领域不同，可以是特定的注意义务，也可以是一般的注意义务；而重大飞行事故罪、铁路运营安全事故罪违反的只限于从事航空运输、铁路运输领域内特定的注意义务。

【疑难法条解析】 2000年11月10日最高人民法院《关于审理交通肇事刑事案件具体应用法律若干问题的解释》(自2000年11月21日起施行)第5条规定："'因逃逸致人死亡'，是指行为人在交通肇事后为逃避法律追究而逃跑，致使被害人因得不到救助而死亡的情形。

交通肇事后，单位主管人员、机动车辆所有人、承包人或者乘车人指使肇事人逃逸，致使被害人因得不到救助而死亡的，以交通肇事罪的共犯论处。"

(1)这里的交通肇事以后逃逸是指为逃避法律责任而逃离现场，如果不是为逃避法律责任(如为抢救被害人、及时报警)的，不构成逃逸。(而张明楷教授认为，应当以不救助被害人为核心理解和认定"逃逸"，即只要在交通肇事后存在需要救助的被害人，而行为人不救助就属于逃逸。[①])

(2)因逃逸致人死亡：处7年以上有期徒刑。

"因逃逸致人死亡"是指因逃逸延误救治，致被害人死亡。此处包含的要件：①被撞伤而非撞死，撞死逃逸的就只是单纯的逃逸；②有逃逸行为，导致被害者由伤变死。

(3)转化犯：为逃避法律责任，将被害人带离事故现场后隐藏、遗弃，致使被害人无法得到救治而死亡或严重残疾的，以故意杀人、故意伤害论处。

(4)"交通肇事后，单位主管人员、机动车辆所有人、承包人或者乘车人指使肇事人逃逸，致使被害人因得不到救助而死亡的，以交通肇事罪的共犯论处。"

对此款解释争议颇多，对此持肯定态度的理由是：交通肇事后的逃逸行为是故意的，指使者明知发生交通肇事的情况下，仍然指使、教唆肇事者进行逃逸，与肇事者的事后逃逸具有共同的故意，应共同承担这一后果。对此存在的疑问主要有：其一，如果"因逃逸致人死亡"属于结果加重犯，那么这意味着过失的交通肇事罪包含了故意的结果加重犯；其二，如果"因逃逸致人死亡"是数罪或者是特殊的结合犯(一般交通肇事罪＋故意杀人罪)，则其与法定刑不相符；其三，交通肇事罪一般属于过失犯罪，该司法解释直接规定了过失犯罪的教

---

① 张明楷：《刑法学》(第五版)，法律出版社2016年版，第722页。

唆犯，但是我国刑法并没有肯定对过失犯的教唆犯或者帮助犯。

【疑难法条解析】 2000年11月10日最高人民法院《关于审理交通肇事刑事案件具体应用法律若干问题的解释》（自2000年11月21日起施行）第7条规定："单位主管人员、机动车辆所有人或者机动车辆承包人指使、强令他人违章驾驶造成重大交通事故，具有本解释第2条规定情形之一的，以交通肇事罪定罪处罚。"

（1）本罪的主体为已满16周岁且具有刑事责任能力的自然人。（2）在实践中，本罪的主体主要是从事交通运输的人员。（3）单位主管人员、机动车辆所有人或者承包人有指使、强令他人违章驾驶的行为，造成重大交通事故的，以交通肇事罪定罪处罚。（4）行人、骑自行车的人，如果行为具有危害公共安全的性质，也可成为本罪的主体。

2. 危险驾驶罪

【疑难法条解析】 《刑法修正案（九）》将《刑法》第133条之一修改为："在道路上驾驶机动车，有下列情形之一的，处拘役，并处罚金：

（一）追逐竞驶，情节恶劣的；

（二）醉酒驾驶机动车的；

（三）从事校车业务或者旅客运输，严重超过额定乘员载客，或者严重超过规定时速行驶的；

（四）违反危险化学品安全管理规定运输危险化学品，危及公共安全的。

机动车所有人、管理人对前款第三项、第四项行为负有直接责任的，依照前款的规定处罚。

有前两款行为，同时构成其他犯罪的，依照处罚较重的规定定罪处罚。"

（1）危险驾驶罪的构成

①客体：公路交通运输安全及行人人身、车辆及其他公共设施的安全。

②客观方面：表现为在道路上驾驶机动车追逐竞驶，情节恶劣的；醉酒驾驶机动车的；从事校车业务或者旅客运输，严重超过定额乘员载客，或者严重超过规定时速行驶的；违反危险化学品安全管理规定运输危险化学品，危害公共安全的行为。其中，追逐竞驶既可以发生在公共道路上，也可以发生在道路上，如校园内；以高速、超速这类具有抽象危险性行为为前提；追逐竞驶既可以是2人以上基于意思联络实施，也可以单人实施；追逐竞驶，情节恶劣才构成犯罪。

③主体：一般主体。

④主观方面：对此刑法理论存在分歧，多数学者认为是对危及公共安全持放任的态度。其中对醉酒型危险驾驶的主观方面主要有以下观点：一种观点认为，行为人主观上应为过失，如果行为人持故意则构成以危险方法危害公共安全罪。[①] 另一种观点认为，此情形应属于过失的抽象危险犯，但是故意醉酒驾驶的行为没有发生具体的公共危险，依然成立危险驾驶罪。[②] 第三种观点认为，醉酒驾驶属于故意犯罪，行为人必须认识到自己是在醉酒状态下驾驶机动车，但只要有大体上的认识即可，知道自己喝了一定量的酒。[③]

（2）危险驾驶罪的认定

①罪与非罪

首先，追逐竞驶须发生在道路上，如果是在非道路的旷野上追逐竞驶不构成本罪；追逐竞驶，情节恶劣才构成犯罪，判断是否"情节恶劣"，应该从追逐竞驶的危险程度和危害后果进行认定，一般发生了具体的公共危险，就可以得出情节恶劣的结论，如果未发生人员伤亡

① 冯军：《论〈刑法〉第133条之一的规范目的及其适用》，载《中国法学》2011年第5期。

② 梁根林：《〈刑法〉第133条之一第2款的法教义学分析》，载《法学》2015年第3期。

③ 张明楷：《刑法学》（第五版），法律出版社2016年版，第726页。

或者财产损失，综合考虑超速、闯红灯、抗拒交通执法等严重违反道路交通安全法的行为，足以危及他人生命、财产安全的，属于危险驾驶罪中的“情节恶劣”的情形。

醉酒驾驶的入罪标准是客观标准，而不以个体在驾驶中是否处于实际的醉酒状态为标准。根据最高人民法院、最高人民检察院、公安部2013年12月18日《关于办理醉酒驾驶机动车刑事案件适用法律若干问题的意见》，“在道路上驾驶机动车，血液酒精含量达到80毫克/100毫升以上的，属于醉酒驾驶机动车，依照《刑法》第133条之一第1款的规定，以危险驾驶罪定罪处罚”。

从事校车业务或者旅客运输，严重超过定额乘员载客，或者严重超过规定时速行驶的行为。此罪中的校车既包括依照国家规定取得使用许可的校车，也包括没有取得使用许可的违章从事接送学生业务的校车；从事旅客运输的车辆，是指从事公路客运、公交客运、出租客运、旅游客运等从事旅客运输的车辆，既包括具有营运资格的车辆，也包括非法从事旅客运输的车辆。并且只有严重的超员、超速行为才成立本罪，一般的超员、超速行为不成立本罪。

违反危险化学品安全管理规定运输危险化学品，危害公共安全的行为，其中是否危及公共安全，要根据行为人所运输的危险化学品的种类、数量，运输的时间、路线，发生实害事故的可能性程度等进行综合判断，足以危害到公共安全才成立本罪。

其次，机动车所有人、管理人对第三项、第四项行为负有直接责任的，以本罪论处。

②危险驾驶罪与交通肇事罪的关系

A. 危险驾驶行为同时构成其他犯罪的，依照处罚较重的规定定罪处罚。此种情况下，交通肇事罪作为危险驾驶罪的结果加重犯。例如，醉酒驾驶的行为过失造成他人伤亡或者重大财产损失的结果，构成交通肇事罪，以交通肇事罪论处。

B. 交通肇事罪与危险驾驶罪，数罪并罚的情形。例如，违规运输化学危险品，危及公共安全，又由于闯红灯造成交通事故，以交通肇事罪与危险驾驶罪实行数罪并罚。

3.（2005年司法考试试卷二第20题，武汉大学2001年考研真题名词解释题，武汉大学2000年考研真题简答题，武汉大学1999年考研真题名词解释题）重大责任事故罪

重大责任事故罪，是指在生产、作业中违反有关安全管理的规定，因而发生重大伤亡事故或者造成其他严重后果的行为。本罪具有如下构成要件：

（1）重大责任事故罪的构成

①客体：生产、作业的安全，包含着从事生产、作业的不特定或多数人的生命、健康的安全和重大公私财产的安全。

②客观方面：表现为在生产、作业中违反有关安全管理的规定，因而发生重大伤亡事故或者造成其他严重后果。行为可以是作为，也可以是不作为。

客观行为必须导致重大伤亡事故或者造成其他严重后果的发生。所谓重大伤亡事故，是指致人重伤或死亡。所谓其他严重后果，是指造成直接经济损失数额巨大或者使生产、作业受到重大损失等。客观行为与发生的重大伤亡事故或者造成其他严重后果之间必须具有刑法意义上的因果关系。

根据最高人民法院、最高人民检察院2015年12月14日《关于办理危害生产安全刑事案件适用法律若干问题的解释》，有下列情形之一的应当认定为“重大伤亡事故或者造成其他严重后果”。（1）造成死亡1人以上，或者重伤3人以上；（2）造成直接经济损失100万元以上的；（3）造成其他严重后果或者重大安全事故的情形。

③主体：重大责任事故罪的主体是特殊主

体，即从事生产、作业的人。无证开采的小煤矿矿主，无照施工经营者，在押犯等在施工过程中不服管理，违反规章制度，也可构成本罪。

④主观方面：表现为过失，可以是疏忽大意或者是过于自信。

(2)重大责任事故罪的认定

①本罪与非罪的界限具体是指本罪与自然事故、技术事故及技术革新和科学试验失败及一般责任事故的界限。所谓自然事故，是指由于不能预见和不能抗拒的自然条件所引起的事故。所谓技术事故，是指由于技术条件或设备条件的限制而发生的无法避免的事故。而技术革新和科学试验本身就包含着失败的可能。区分本罪与这三种情况的关键是看行为人主观上是否存在过失以及是否有违反规章制度规定的行为。如果事故的发生是由于违章所引起的，行为人主观上具有过失，则可成立本罪。自然事故、技术事故或革新、科研工作的失败，不构成犯罪。如有违章的行为，造成了一定的损害后果，但不属于造成重大伤亡事故或者其他严重后果的，为一般责任事故，不构成本罪。

②与交通肇事罪的辨析

交通肇事罪发生在公共交通管理范围内，因违反交通运输法规而发生事故；而重大责任事故罪是发生在生产、作业活动中，因违反安全生产规章制度而造成严重后果。对于厂(矿)区内机动车作业期间发生的伤亡事故事件，如果发生在公共交通管理范围内，因违反交通运输法规，造成重大事故的，应认定为交通肇事罪；因违反安全生产规章制度，造成重大事故的，应认定为重大责任事故。

【难点辨析】 重大责任事故罪与失火罪、过失爆炸罪、过失投放危险物质罪

重大责任事故罪的重大损失的后果也可以表现为火灾、爆炸、中毒事故，而且与失火罪、过失爆炸罪、过失投放危险物质罪的共同点是主观方面也是过失。

区别是主体与行为发生的场合不同。生产、作业重大责任事故罪为特殊主体，行为是在生产、作业活动中，违反规章制度而发生重大伤亡事故或其他严重后果；而失火罪、过失爆炸罪、过失投放危险物质罪的行为是在日常生活中由于违反通常意义上的注意义务，忽视他人生命、健康、财产安全，缺乏必要的慎重而发生火灾、爆炸、中毒事故。

三、案例分析

【案例一】

毛斌华驾驶小型轿车在国道上行驶，因操作手机未注意前方车辆动态，碰撞到前方同向行驶的胡某，致其摩托车侧翻及受伤倒地。事故后，被告人毛斌华驾车逃逸，约十八秒后，倒地的胡某又被同向驶来的马某的小型轿车碾压，造成胡某经医院抢救无效于当日死亡。

(2016)浙03刑终2023号，毛斌华交通肇事案_司法案例_北大法宝 http://www.pkulaw.cn/Case/pfnl_1970324845752113.html?match=Exact，最后访问日期：2017年7月18日。

【问题聚焦】

交通肇事罪、"因逃逸致死亡"的认定问题。

【法律剖析】

1. 毛某的行为与造成胡某死亡之间是否具有因果关系?

毛某驾驶小型轿车违反交通运输管理法规，将胡某撞伤，肇事后驾车逃逸，将伤者置于高度危险的情境中，导致伤者又被其他车辆碾压；第三人马某正常行驶时因没有及时发现倒地的伤者，以致发生碾压，造成事故是次要原因；毛某的行为与造成胡某死亡之间具有刑法

上的因果关系。

2. 本案是否属于"因逃逸致人死亡"?

"因逃逸致人死亡"情节的认定主要包括:①被撞伤而非撞死;撞死逃逸的就只是单纯的逃逸;②有逃逸行为,导致被害者由伤变死。本案中毛某肇事使胡某受伤,肇事后驾车逃逸,使胡某不能得到及时救助,并面临其他危险,其逃逸行为导致了胡某的死亡。因此,本案具有逃逸致人死亡的犯罪情节。

综上,毛某违反交通运输管理法规,因而发生重大事故,且肇事后因逃逸致一人死亡,其行为已构成交通肇事罪,具有逃逸致人死亡的加重情节。

【法条链接】

《中华人民共和国刑法》

第 133 条 【交通肇事罪】违反交通运输管理法规,因而发生重大事故,致人重伤、死亡或者使公私财产遭受重大损失的,处 3 年以下有期徒刑或者拘役;交通运输肇事后逃逸或者有其他特别恶劣情节的,处 3 年以上 7 年以下有期徒刑;因逃逸致人死亡的,处 7 年以上有期徒刑。

最高人民法院《关于审理交通肇事刑事案件具体应用法律若干问题的解释》

第 5 条第 1 款 "因逃逸致人死亡",是指行为人在交通肇事后为逃避法律追究而逃跑,致使被害人因得不到救助而死亡的情形。

【案例二】

被告人杨飞在其驾校教练被告人高永贵的指导下,练习机动车驾驶技术。当日 14 时许,被告人杨飞、高永贵和杨某某(杨飞的朋友)在就餐过程中,三人先共同分饮了一斤白酒,后又每人加喝一瓶啤酒。当日 19 时 30 分许,被告人杨飞酒后在被告人高永贵的指导下驾驶川 A9844 学教车从新都区石板滩镇沿新石路往新都方向行驶,行至成青快速通道路口时,因操作不当与前方等待交通灯放行信号的川 AR5W65 小轿车发生碰撞,致使川 AR5W65 轿车又与前方等待交通灯放行信号的川 A128M4、川 ARJ989 两车发生追尾,四车受损。经提取被告人杨飞的血液进行鉴定,其血液中乙醇浓度为 116.6mg/100ml。

案例来源:杨飞、高永贵危险驾驶案——教练明知且放任学员醉酒驾驶教练车的行为构成危险驾驶犯罪_司法案例_北大法宝,http://www.pkulaw.cn/case/pfnl_1970324839966737.html? match = Exact,最后访问日期:2017 年 7 月 18 日。

【问题聚焦】

危险驾驶罪、不作为、共同犯罪。

【法律剖析】

1. 杨飞的行为是否构成危险驾驶罪?

危险驾驶罪指在道路上驾驶机动车追逐竞驶,情节恶劣的;醉酒驾驶机动车的;从事校车业务或者旅客运输,严重超过定额乘员载客,或者严重超过规定时速行驶的;违反危险化学品安全管理规定运输危险化学品,危害公共安全的行为。其中,醉酒驾驶的入罪标准是客观标准,当血液酒精含量达到 80 毫克/100 毫升以上的,属于醉酒驾驶机动车。杨飞主观上知道自己饮酒的事实仍驾驶机动车,并且检测的血液中乙醇浓度为 116.6mg/100ml,达到危险驾驶罪的入罪标准,构成危险驾驶罪。

2. 高永贵的行为是否构成危险驾驶罪?

根据法律的相关规定,学员必须在教练的随车指导下才能驾驶教练车,教练对教练车拥有实际的驾控权力。因此,教练作为教练车的驾驶主体,对教练车的安全行驶负有直接的保障义务,其明知且放任学员醉酒驾驶教练车的行为构成危险驾驶犯罪。

综上,被告人高永贵身为机动车驾驶教练员,在明知其学员被告人杨飞喝了酒的情况下，仍然伙同其醉酒驾驶机动车，危害公共安全，二被告人的行为均已构成危险驾驶罪。二被告人共同故意犯罪，属共同犯罪。

【法条链接】

《中华人民共和国刑法》

第133条之一　在道路上驾驶机动车，有下列情形之一的，处拘役，并处罚金：

（一）追逐竞驶，情节恶劣的；

（二）醉酒驾驶机动车的；

（三）从事校车业务或者旅客运输，严重超过额定乘员载客，或者严重超过规定时速行驶的；

（四）违反危险化学品安全管理规定运输危险化学品，危及公共安全的。

机动车所有人、管理人对前款第三项、第四项行为负有直接责任的，依照前款的规定处罚。

有前两款行为，同时构成其他犯罪的，依照处罚较重的规定定罪处罚。

最高人民法院、最高人民检察院、公安部2013年12月18日《关于办理醉酒驾驶机动车刑事案件适用法律若干问题的意见》："在道路上驾驶机动车，血液酒精含量达到80毫克/100毫升以上的，属于醉酒驾驶机动车，依照《刑法》第133条之一第1款的规定，以危险驾驶罪定罪处罚。"

四、全真题演练

（一）单选题

1. 李某为所在单位购买特殊汽油，他明知此特殊汽油为易燃易爆物品，严禁随身携带，但李某还是将其带上了船，后来由于他的疏忽，导致了重大火灾的发生。请问对李某的行为如何界定？（　　）

A. 危险物品肇事罪

B. 失火罪

C. 过失爆炸罪

D. 重大责任事故罪

2. 某工厂电工张某自恃技术熟练，在检修电路时不按规定操作，造成电路着火及部分设备被烧毁，损失8万余元。张某的行为构成（　　）。

A. 失火罪

B. 破坏生产经营罪

C. 玩忽职守罪

D. 重大责任事故罪

3. 被告人李某，出租汽车司机，因失恋，为发泄不满驾车驶入闹市区冲向密集人群。当场轧死5人，撞伤19人。李某的行为构成（　　）。

A. 交通肇事罪

B. 以危险方法危害公共安全罪

C. 重大责任事故罪

D. 故意杀人罪

4. 司机杜某于某日驾驶载货汽车违章超速行驶，行至一下坡处时，将在非机动车道内骑自行车带人的赵某、卢某撞倒，卢某当场死亡，赵某身受重伤。杜某赶紧将赵某送往医院抢救，在去医院的途中，杜某见四周无人，遂将赵某扔在僻静的桥下，自己仓皇逃走。后赵某由于失去抢救机会而死亡。下列说法中正确的是（　　）。

A. 杜某的行为构成交通肇事罪一罪

B. 杜某的行为构成数罪：交通肇事罪、故意杀人罪

C. 杜某的行为构成数罪：交通肇事罪、故意杀人罪和过失致人死亡罪

D. 杜某的行为不构成犯罪

5. 村民甲为泄私愤，将5包TNT炸药投放在集体水库的堤坝旁边并引爆，导致堤坝被炸毁，水库决水，淹灭大量农田，造成重大财产损失，甲的行为构成下列哪种犯罪？（　　）

A. 爆炸罪

B. 决水罪

C. 故意毁坏财物罪

D. 破坏生产经营罪

6. 李某系某工厂工人，因未得到提级而心怀不满。一日，李某趁本厂食堂炊事员不备，将购买的毒药磷化锌投入已做好的饭中。开饭时，炊事员闻到气味不对，便将饭拿去化验，发现含有磷化锌，从而幸免一场灾难。李某的行为属于（　　）。

A. 犯罪预备　　B. 犯罪未遂

C. 犯罪中止　　D. 犯罪既遂

7. 张某在广场窃得某人一提包，到僻静处打开一看，里面没有钱财，却有手枪一支，子弹若干发。张某便将枪支、子弹放回包内，然后藏于家中。张某的行为构成何罪？（　　）

A. 非法持有枪支、弹药罪

B. 盗窃枪支、弹药罪

C. 非法储存枪支、弹药罪

D. 非法携带枪支、弹药罪

8. 某机场的机械师陆某对机场领导人员心怀不满，在某次为等待执行任务的一架波音747客机进行机械检修时，故意对飞机的发动机装置进行了破坏。但恰好这架飞机此次没有投入运营。在第二天运营前机械师陈某在对飞机进行检修时发现了故障及时进行了排除。对陆某的行为如何认定？（　　）

A. 故意毁坏公私财物罪未遂

B. 破坏交通工具罪未遂

C. 故意毁坏公私财物罪既遂

D. 破坏交通工具罪既遂

9.（2012年司法考试卷2第15题）下列哪一行为成立以危险方法危害公共安全罪？（　　）

A. 甲驾车在公路转弯处高速行驶，撞翻相向行驶车辆，致2人死亡

B. 乙驾驶越野车在道路上横冲直撞，撞翻数辆他人所驾汽车，致2人死亡

C. 丙醉酒后驾车，刚开出10米就撞死2人

D. 丁在繁华路段飙车，2名老妇受到惊吓致心脏病发作死亡

10.（2015年司法考试卷2第13题）下列哪一行为应以危险驾驶罪论处？（　　）

A. 醉酒驾驶机动车，误将红灯看成绿灯，撞死2名行人

B. 吸毒后驾驶机动车，未造成人员伤亡，但危及交通安全

C. 在驾驶汽车前吃了大量荔枝，被交警以呼气式酒精检测仪测试到酒精含量达到醉酒程度

D. 将汽车误停在大型商场地下固定卸货车位，后在醉酒时将汽车从地下三层开到地下一层的停车位

（二）多选题

1. 某日，厉某因酒后驾车，将行人王某撞至昏迷。厉某将王某抱上车，准备将其送往医院救治。但途中，厉某怕事后麻烦遂改变主意，将车开往郊区，遗弃了王某，致王某死亡，则厉某的行为应如何认定？（　　）

A. 按交通肇事罪定罪处罚

B. 按故意伤害罪处罚

C. 此案应实行数罪并罚

D. 构成交通肇事罪和故意杀人罪

2. 下列哪种情形不构成交通肇事罪？（　　）

A. 行为人在交通肇事后为逃避法律追究，将被害人带离事故现场后隐藏，致使被害人无法得到救助而死亡或者严重残疾的

B. 行为人在交通肇事后为逃避法律追究，将被害人带离事故现场后遗弃，致使被害人无法得到救助而死亡或者严重残疾的

C. 单位主管人员、机动车辆所有人或者机动车辆承包人指使、强令他人违章驾

驶造成重大交通事故的

D. 行为人违章驾驶旅客列车造成重大铁路交通事故的

3. 某监狱的狱警肖某，将自己配发的枪支借给其好友外出防身用。一周后，其好友将枪支归还，未造成任何不良后果。该如何认定肖某的行为？（　　）

A. 尚未构成犯罪，因为未造成严重后果

B. 已构成犯罪，因为依法配备公务用枪的人员，非法出租、出借枪支，未造成严重后果，只要有出租、出借的行为，也构成犯罪

C. 已构成非法出借枪支罪

D. 不构成犯罪，因为肖某不符合非法出租枪支罪的主体条件

4. 下列哪些情形构成以其他危险方法危害公共安全罪？（　　）

A. 私自架设电网致人伤亡

B. 破坏矿井通风设备

C. 使用微生物或放射性物质进行破坏

D. 在人群密集处驾车撞人致使多人伤亡

5. 下列有关"丢失枪支不报罪"的叙述正确的有哪些？（　　）

A. 甲是公安局的刑警丢失枪后及时上报但仍发生严重后果的，不负刑事责任

B. 甲是公安局的刑警，不知丢抢而没报告，造成严重后果的，应定罪处罚

C. 甲是监狱警察丢枪后及时上报，但仍发生严重后果的，应负刑事责任

D. 甲是狱警，丢失枪后不上报，因落入犯罪分子手中成为犯罪工具，应负刑事责任

6. 犯劫持航空器罪，有下列哪些情形的，处死刑？（　　）

A. 致人重伤、死亡的

B. 致多人重伤、死亡的

C. 致使航空器遭受严重破坏

D. 致使公私财产遭受重大损失的

7. 魏某受恐怖活动组织的指派潜入大陆进行恐怖活动，先后杀害3人，绑架1人。魏某的行为构成何种犯罪？（　　）

A. 积极参加恐怖活动组织罪

B. 故意杀人罪

C. 绑架罪

D. 以危险方法危害公共安全罪

8. 电工李某的下列哪些选项所列的行为属于破坏电力设备罪？（　　）

A. 向发电机组中投放石子、沙粒等杂物使机器失灵的

B. 在值班时发现漏电，但故意不检修，发生爆炸，烧毁电力设备的

C. 将废弃不用的变电器上的重要零部件拆走的

D. 盗窃枯水季节而暂停使用的农用线路上的输电线十余米的

9.（2016年司法考试卷2第56题）乙成立恐怖组织并开展培训活动，甲为其提供资助。受培训的丙、丁为实施恐怖活动准备凶器。因案件被及时侦破，乙、丙、丁未能实施恐怖活动。关于本案，下列哪些选项是正确的？（　　）

A. 甲构成帮助恐怖活动罪，不再适用《刑法》总则关于从犯的规定

B. 乙构成组织、领导恐怖组织罪

C. 丙、丁构成准备实施恐怖活动罪

D. 对丙、丁定罪量刑时，不再适用《刑法》总则关于预备犯的规定

（三）名词解释

1. 投放危险物质罪

2. 放火罪

3. 生产、作业重大责任事故罪

4. 非法出租、出借枪支罪

5. 强令违章冒险作业罪

6. 宣扬恐怖主义、极端主义，煽动实施恐

怖活动罪

（四）简答题

1. 简述放火罪的概念及其特征。

2. 简述劫持航空器罪的概念及其特征。

3. 简述劫持航空器罪与破坏交通工具罪的界限。

4. 简述重大责任事故罪与危险物品肇事罪的界限。

5. 简述生产、作业重大责任事故罪的概念及构成要件。

（五）论述题

1. 试述危害公共安全罪的构成特征。

2. 试述交通肇事罪的构成特征。

五、深度拓展

【拓展一】 危险犯的既遂与未遂问题

目前理论有不同的看法：(1)认为危险犯虽然足以危害公共安全，但毕竟尚未造成严重结果，应属于犯罪未遂。① (2)认为区分危险犯的既遂与未遂，应在符合犯罪构成要件的基础上，对犯罪目的和犯罪结果作统一的分析。如行为足以危害公共安全，行为人的预期目的也达到，就是危险犯既遂；反之，预期目的没有达到，则是未遂。② (3)主张应以是否齐备了全部构成要件来衡量，齐备了，则属于危险犯既遂；反之，为未遂(包括中止、预备)。所以，足以发生严重后果的危险状态，即使严重危害结果尚未发生，也构成既遂的犯罪；反之，是未遂。③

我们主张(3)是正确的，即使尚未造成严重后果，但是足以造成某种危害结果发生的法定的危险状态，即齐备了构成要件，是既遂状态；反之，由于行为人意志以外的原因，不足以发生危险状态，即属于危险犯未遂。当然，“危险状态”只是揭示行为本质的客观事实，但并非是唯一说明行为具有危害公共安全性质的根据，因为本类犯罪的预备、未遂、中止也必须具有危害公共安全的性质，所以，“足以”发生危险状态，是构成要件齐备与否的标志，同时也是揭示行为性质的标准，但并不是说明构成危险犯的根据。

【拓展二】 放火罪的既遂与未遂

基于放火罪是危险犯，如何认定放火罪既遂与未遂的界限，主要的观点是：(1)认为只要实施放火行为，发生足以危害公共安全的危险状态，就成立放火罪，不要求发生现实的严重后果，就已经符合刑法分则中放火罪的具体犯罪构成要件，应当视为犯罪既遂。④ (2)采取“独立燃烧说”，即放火行为已将对象点燃，足以危害公共安全，即使火被扑灭，未实现烧毁对象的目的，也是既遂，此种情况具备刑法规定的放火罪的全部构成要件。⑤

上述观点虽然都是以“犯罪构成要件齐备”为犯罪既遂与犯罪未遂的标准，但“足以危害公共安全”诠释的内容不同。第二种观点将“独立燃烧”作为要件齐备，对“足以危害公共安全”的诠释更具体些。我们认为，“足以危害公共安全”是成立危害公共安全罪的共同属性，即使是放火罪的未遂，也必须是“足以危害公共安全”，“不足以独立燃烧”只是表明因各种情况使独立燃烧不可能，并不说明“不可能危害公共安全”。所以，放火行为是否已经达到使目的物独立燃烧的程度，只能是判断发生“足以危害公共安全”事实的内容之一，但是不应当是“足以危害公共安全”的唯一判断标准。因此，是否发生“足以危害公共安全”的危险状态，只是放火罪成立与否的条件，并不仅是放

---

① 甘雨沛：《刑法学专论》，北京大学出版社 1989 年版，第 539 页。

② 甘雨沛：《刑法学专论》，北京大学出版社 1989 年版，第 541 页。

③ 高铭暄：《中国刑法学》，中国人民大学出版社 1989 年版，第 169 页。

④ 鲍遂献、雷东生：《危害公共安全罪》，中国人民公安大学出版社 1999 年版，第 28 页；王作富：《刑法》，中国人民大学出版社 1999 年版，第 255 页。

⑤ 高铭暄、马克昌：《刑法学》(下)，中国法制出版社 1999 年版，第 613～614 页。

火罪既遂的标志，即放火行为是否发生"独立燃烧"的事实，既是判断"足以危害公共安全"的危险状态发生的事实标准之一，同时也是放火罪既遂的标志。①

【拓展三】 对"暴力"、"胁迫"手段的理解

刑法中对不同的犯罪的"暴力"、"胁迫"的内容和程度要求存在差别。刑法中的"暴力"存在四种情形：(1)最广义的暴力，是指不法行使有形力的一切情况，包括对人暴力和对物暴力，例如抗税罪中的暴力；(2)广义的暴力，是指不法对人行使有形力的行为，不要求直接对人的身体行使，只要对人的身体以强烈的物理影响即可，如故意伤害的情形(在人身边播放高分贝噪音)；(3)狭义的暴力，指不法对人的身体行使有形力的行为，不要求达到足以抑制对方反抗的程度(如打人一耳光)；(4)最狭义的暴力，指不法对人行使有形力的行为，并且达到足以抑制对方反抗的程度，不要求直接对人的身体行使有形力，如抢劫罪、劫持航空器罪中的暴力。刑法中的"胁迫"包括三种情形：(1)广义的胁迫，是指以使他人产生恐惧的心理为目的，以恶害相告的一切行为，恶害的内容、性质，通告的方法没有限制，也不问对方是否产生了恐惧心理；(2)狭义的胁迫，主要指限定了所通告的恶害内容的胁迫，不要求达到足以抑制对方反抗的行为；(3)最狭义的胁迫，是指胁迫程度足以抑制对方反抗的行为。②

---

① 林亚刚:《危害公共安全罪新论》，武汉大学出版社2001年版，第69～70页。

② 张明楷:《刑法学》(第五版)，法律出版社2016年版，第707页。

第十七章

破坏社会主义市场经济秩序罪

一、知识结构图

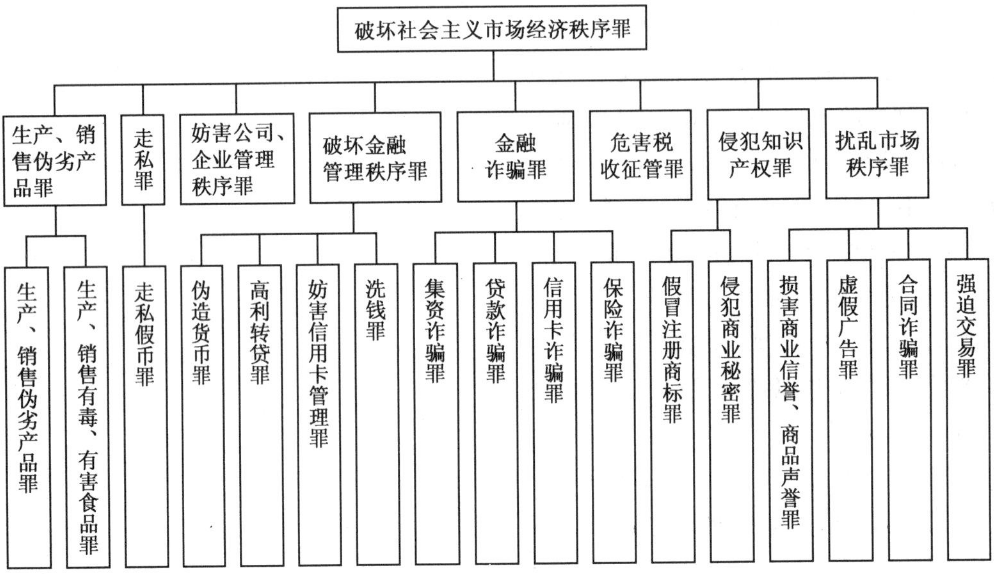

二、重难点归纳

(一)生产、销售伪劣产品罪

生产、销售伪劣产品罪,是指生产者、销售者在产品中掺杂、掺假,以假充真,以次充好或者以不合格产品冒充合格产品,销售金额达5万元以上的行为。

1. 生产、销售伪劣产品罪的构成

本罪的客体是复杂客体,即本罪既侵犯国家对产品质量的管理制度,也侵犯消费者的合法权益,还侵犯产品市场管理秩序。客观方面表现为生产者、销售者在产品中掺杂、掺假,以假充真,以次充好或者以不合格产品冒充合格产品,销售金额在5万元以上的行为。主观方面是故意,且只能是直接故意。

2. 生产、销售伪劣产品罪的认定

(1)区分本罪与非罪的界限,应从以下几个方面着手:一是看行为人主观上是否有生产、销售伪劣产品的故意。明知自己是在生产、销售伪劣产品而为之,可构成犯罪;如果不是明知，则不能构成犯罪。二是看行为人是否实施了掺杂、掺假，以假充真，以次充好或者以不合格产品冒充合格产品的行为。三是看销售的金额是否达到了法定的标准即5万元以上。达到5万元以上的，构成犯罪；没有达到5万元以上的，则不能构成犯罪。

(2)本罪既遂与未遂的界限。伪劣产品尚未销售，货值金额达到《刑法》第140条规定的销售金额3倍以上的(即15万元以上的)，以生产、销售伪劣产品罪(未遂)定罪处罚。

【难点】 生产、销售伪劣产品罪与销售假冒注册商标的商品罪

本罪与销售假冒注册商标的商品罪在一般情况下并不难区分，涉及是定本罪还是定销售假冒注册商标的商品罪的主要是下面一类案件：行为人销售的既是伪劣产品，同时该伪劣产品还假冒了他人注册的商标，且行为人知道该伪劣产品假冒了他人注册的商标。这种情况属于想象竞合犯，应按从一重处的原则处理。

【重点】 生产、销售伪劣产品罪与生产、销售其他伪劣商品的犯罪

《刑法》分则第三章第一节除了规定生产、销售伪劣产品罪之外，还规定了以特定的伪劣产品为对象的其他犯罪。具体分三种情况：一是生产、销售上述伪劣产品，具备了上述犯罪的特征，但销售金额未达到5万元以上的。二是生产、销售上述伪劣产品，既具备了上述犯罪的特征，销售金额也达到了5万元以上。三是生产、销售上述伪劣产品，没有具备上述犯罪的特征，但销售金额达到了5万元以上。如生产、销售假药，并不足以严重危害人体健康，但销售金额达到了5万元以上。上述第一种情况，只符合生产、销售特定伪劣产品犯罪的构成，只能按生产、销售特定伪劣产品的犯罪定罪处罚。上述第二种情况，属于法规竞合犯，根据《刑法》第149条第2款的规定，对此按重法优于轻法的原则处理。上述第三种情况，只符合生产、销售伪劣产品罪的构成，而不符合生产、销售特定伪劣产品犯罪的构成，因此，只能按本罪定罪处罚。

【重点】 生产、销售伪劣产品罪与诈骗罪

本罪与诈骗罪主、客观方面都有相同之处：二者的主观罪过都是故意；二者的客观行为都具有欺诈的性质。

二者的区别表现在：

(1)客观行为的性质和发生的领域不同。本罪的客观行为从性质上讲，发生在商品生产、销售活动之中，而诈骗罪是发生在日常生活之中。这是二者区别的关键所在。

(2)主体不完全相同。本罪的主体既可以是自然人，也可以是单位，而诈骗罪的主体只能是自然人。

(3)主观目的不同。本罪不以非法占有为目的，而诈骗罪则以非法占有为目的。

(二)生产、销售有毒、有害食品罪

生产、销售有毒、有害食品罪，是指在生产、销售的食品中掺入有毒、有害的非食品原料的，或者销售明知掺有有毒、有害的非食品原料的食品的行为。

1. 生产、销售有毒、有害食品罪的构成

本罪的客体是国家对食品卫生的监督管理制度和不特定多数人的生命健康权利。客观方面表现为在生产、销售的食品中掺入有毒、有害的非食品原料的，或者销售掺有有毒、有害的非食品原料的食品的行为。主观方面是故意。

2. 生产、销售有毒、有害食品罪的认定

(1)认定本罪尤其要注意把握客观方面的几种情况。本罪的客观方面表现为在生产、销售的食品中掺入有毒、有害的非食品原料的，或者销售掺有有毒、有害的非食品原料的食品的行为。具体包括三种情形：一是在生产的食品中掺入有毒、有害的非食品原料。二是在销

售的食品中掺入有毒、有害的非食品原料。三是销售掺有有毒、有害的非食品原料的食品。上述三种行为，只要行为人实施其中一种就可构成犯罪。本罪是行为犯，只要实施了上述行为就可构成犯罪，行为是否足以严重危害人体健康或者造成了中毒事故等严重后果，不影响犯罪的构成。

(2)罪与非罪的界限。区分本罪与非罪的界限关键在于行为人主观上有无生产、销售有毒、有害食品的犯罪故意，有犯罪故意者，构成犯罪；无犯罪故意者，则不构成犯罪。

【难点】 生产、销售有毒、有害食品罪与生产、销售不符合卫生标准的食品罪

本罪与生产、销售不符合卫生标准的食品罪的共同点在于：客体都是国家的食品卫生管理制度和不特定多数人的生命健康权利；主体都是一般主体；主观罪过形式都是故意；行为都发生在生产、销售食品的过程中。

二者的区别表现在：第一，二者的对象不同。本罪的对象是掺有有毒、有害的非食品原料的食品，而生产、销售不符合卫生标准的食品罪的对象则是上述有毒、有害食品以外的不符合卫生标准的食品。第二，客观方面构成犯罪的标准不同。本罪是行为犯，只要实施了法定行为就可构成犯罪；生产、销售不符合卫生标准的食品罪则是危险犯，即行为必须足以造成严重食物中毒事故或者其他严重食源性疾患才可构成犯罪。

【难点】 生产、销售有毒、有害食品罪与投放危险物质罪

本罪与表现为投毒型的投放危险物质罪在主、客观方面都有相似之处。主观方面的罪过形式都是故意；客观方面销售有毒食品的行为也近似于投毒行为；客体都包含不特定多数人的生命健康权利。

二者的区别在于：

(1)客体不完全相同。本罪的客体是复杂客体，包括国家对食品的卫生管理制度和不特定多数人的生命健康权利；投毒型的投放危险物质罪的客体则是简单客体，只侵犯不特定多数人的生命健康权利。

(2)行为发生的领域不同。本罪的行为发生在生产、销售食品的过程中；投毒型的投放危险物质罪的行为则发生在日常生活中。

(3)主体有所不同。本罪的主体既可以是自然人，也可以是单位；投毒型的投放危险物质罪则只能是自然人。

(三)走私假币罪

走私假币罪，是指违反海关法规，逃避海关监管，运输、携带、邮寄伪造的货币进出国(边)境的行为。

1. 走私假币罪的构成

本罪的客体是国家禁止伪造的货币进出口的管理制度。本罪的客观方面表现为行为人违反海关法规，逃避海关监管，运输、携带、邮寄伪造的货币进出国(边)境的行为。

2. 走私假币罪的认定

罪与非罪的界限。涉及本罪与非罪界限的，主要是在携带、运输的货物、物品中夹带伪造的货币进出境的行为如何处理的问题。这要看行为人主观上是否明知。明知是伪造的货币而携带、运输进出境的，构成犯罪；如果行为人不知道是伪造的货币而替他人携带、运输进出境的，则不能构成犯罪。

【难点】 走私假币罪与运输假币罪

走私假币通常以运输假币为前提，因此，本罪有时容易与运输假币罪相混淆。区分二者界限的关键是看行为人的目的。如果行为人运输假币是为了走私进出境，在实行走私行为之前就被抓获，则构成本罪的预备犯与运输假币罪的既遂犯，按想象竞合犯以其中的一个重罪定罪处罚。如果行为人既运输了假币，也实行了走私行为，那就构成本罪与运输假币罪的牵连犯，以其中的一个重罪从重处罚。

（四）伪造货币罪

伪造货币罪，是指仿照真货币的外部形状特征，制造假货币，并意图使之进入流通的行为。

1. 伪造货币罪的构成

本罪的客体是国家的货币管理制度。本罪的客观方面表现为伪造货币的行为。这里所说的货币，包括我国的货币即人民币和外币。一般来说，伪造的货币应当在外观或形式上能够达到与真货币基本相似的程度，足以以假乱真，使普通人误认为是真货币。如果行为人根本没有仿照真货币制作假货币的行为，而是采用其他方法，如从画册上剪下货币的图案，然后冒充真货币骗取他人钱财，则不能构成本罪。骗取他人财物数额较大的，按诈骗罪处理。

2. 伪造货币罪的认定

（1）罪与非罪的界限。经济犯罪一般都要考虑数额，法律也往往将一定的数额作为经济犯罪定罪量刑的标准，根据2000年9月8日最高人民法院《关于审理伪造货币等案件具体应用法律若干问题的解释》第1条的规定，伪造货币的总面额在2 000元以上不满3万元或者币量200张（枚）以上不足3 000张（枚）的，处3年以上10年以下有期徒刑，并处5万元以上50万元以下罚金。这表明，伪造货币只有达到一定面额或者一定币量才能构成犯罪；没有达到一定面额或币量的，则属于一般违法行为。行为人制造货币版样或者与他人事前通谋，为他人伪造货币提供版样的，依照刑法关于伪造货币罪的规定定罪处罚。

（2）本罪既遂与未遂的界限。区分本罪既遂与未遂的标准是行为人伪造货币的行为是否伪造出了足以乱真的假货币。行为人已经伪造出了足以乱真的假货币，构成犯罪既遂；如果行为人已经着手实行伪造货币的行为，但由于其意志以外的原因，未能伪造出货币或者伪造出的假币不足以乱真，那就属于犯罪未遂。

（3）一罪与数罪的界限。在司法实践中，一人同时实施伪造货币，持有、使用伪造的货币等数种犯罪行为的情况常有发生，对这种情况是按一罪处理，还是按数罪实行并罚，就要看行为人持有、使用伪造的货币是否是其本人伪造的，如果行为人持有、使用、运输的假币是本人伪造的，则按伪造货币罪一罪定罪处罚；如果行为人既伪造了货币，又持有、使用、运输、出售了其他人伪造的货币，则应按伪造货币罪和有关犯罪实行数罪并罚。

【难点】 伪造货币罪与变造货币罪

二者的区别表现在：本罪是用原材料制作假币，没有真实货币作基础，而变造货币罪则是在真实货币的基础上进行加工使货币增值。

（五）高利转贷罪

高利转贷罪，是指以转贷牟利为目的，套取金融机构信贷资金高利转贷他人，违法所得数额较大的行为。

1. 高利转贷罪的构成

本罪的客体是国家的信贷资金管理制度。客观方面表现为套取金融机构信贷资金高利转贷他人，违法所得数额较大的行为。本罪的主体是一般主体，自然人和单位均可以成为本罪的主体。

2. 高利转贷罪的认定

罪与非罪的界限。区分本罪与非罪的界限，应该从两个方面把握：一是看行为人在套取金融机构信贷资金之前是否具有转贷牟利的目的。出于转贷牟利的目的套取金融机构信贷资金然后高利转贷给他人的，可构成犯罪；如果行为人在向金融机构贷款时没有转贷牟利的目的，而是出于用于本人或本单位的生产、经营的目的，但在获得贷款后将所贷款项高利转贷给了他人，这就不能构成犯罪。二是看违法所得是否较大。违法所得较大的，构成犯罪；否则，属于一般违法行为。

【重点】 高利转贷罪与贷款诈骗罪

从金融机构获取信贷资金后将信贷资金高利贷给他人的行为既可能构成本罪，也可能构成贷款诈骗罪。这就看行为人主观上的目的是什么。行为人以非法占有为目的，从金融机构获取信贷资金后，又高利贷给他人的，应按贷款诈骗罪定罪处罚；行为人以转贷牟利为目的，打算归还信贷资金本息的，则应按本罪定罪处罚。

（六）妨害信用卡管理罪

妨害信用卡管理罪，是指明知是伪造的或者空白的信用卡而持有、运输，或者非法持有他人信用卡，数量较大的，或者骗领信用卡，出售、购买、为他人提供伪造的或者骗领的信用卡的行为。

本罪是《刑法修正案（五）》通过第1条增设《刑法》第177条之一的犯罪。

1. 妨害信用卡管理罪的构成

侵犯的客体是国家的信用卡管理制度。本罪的客观方面具体包括以下行为方式：一是持有运输数量较大的、伪造的或者空白的信用卡；二是非法持有数量较大的他人的信用卡；三是使用虚假的身份证明骗领信用卡；四是出售、购买、为他人提供伪造的信用卡或者以虚假身份证明骗领信用卡。上述四种行为只要具备其中之一，即可构成本罪。

2. 妨害信用卡管理罪的认定

注意：本罪为选择性罪名，既包含妨害行为（持有、运输、出售、购买、非法提供、骗领）的选择，也包含对象（伪造的信用卡、他人信用卡）的选择，行为人只要实施一种行为侵害一种对象即可以成立本罪；行为人实施了两种以上行为，侵害两种对象的，仍为一罪，不实行并罚。

3. 妨害信用卡管理罪的处罚

根据《刑法》第177条之1第1款、第3款的规定，犯本罪的，处3年以下有期徒刑或者拘役，并处或者单处1万元以上10万元以下罚金；数量巨大或者有其他严重情节的，处3年以上10年以下有期徒刑，并处2万元以上20万元以下罚金。银行或其他金融机构工作人员利用职务上的便利犯本罪的，从重处罚。

【重点】 妨害信用卡管理罪和诈骗罪

本罪和诈骗罪都属于具有诈骗行为才能成立的犯罪，且在主观方面都要求有非法占有的目的。但是，诈骗罪在犯罪构成要件方面要求一定的数额才构成刑事犯罪，而妨害信用卡管理罪并无数额方面的限制。

【难点】 妨害信用卡管理罪和信用卡诈骗罪

本罪和信用卡诈骗罪在主体、主观方面等都有相同之处。而且两个罪名的犯罪对象均是信用卡。但是本罪为行为犯，而信用卡诈骗罪为结果犯。而且两者的犯罪客观要件也不相同。

按照信用卡诈骗罪的规定，只有使用信用卡进行诈骗并达到一定金额才构成犯罪，即如果金额较小，则不构成犯罪。但在妨害信用卡管理罪的规定中，并不一定要达到一定的金额，而只要有可以认定为妨害信用卡管理的事实发生，即可认定为犯罪。

【疑难法条解析】

《中华人民共和国刑法修正案（五）》

一、在《刑法》第177条后增加一条，作为第177条之一："有下列情形之一，妨害信用卡管理的，处3年以下有期徒刑或者拘役，并处或者单处1万元以上10万元以下罚金；数量巨大或者有其他严重情节的，处3年以上10年以下有期徒刑，并处2万元以上20万元以下罚金：

（一）明知是伪造的信用卡而持有、运输的，或者明知是伪造的空白信用卡而持有、运输，数量较大的；（二）非法持有他人信用卡，数量较大的；（三）使用虚假的身份证明骗领信用卡的；（四）出售、购买、为他人提供伪造的信用卡或者以虚假的身份证明骗领的信用卡的。

窃取、收买或者非法提供他人信用卡信息资料的，依照前款规定处罚。

银行或者其他金融机构的工作人员利用职务上的便利，犯第二款罪的，从重处罚。”

（1）所谓伪造的信用卡，一是指从表现形式到具体内容完全模仿真实的信用卡，按照真实信用卡的图案、版块、模式及磁条密码完全地去非法制造一个新的信用卡；二是指在真实的信用卡基础上进行伪造，比如随意涂改真实信息、伪造信息，或在空白的信用卡上输入其他用户的真实信息或输入虚假信息。以上两种情形均属于伪造的信用卡。修正前的《刑法》只对使用伪造信用卡的犯罪作出了规定，但对于持有、运输伪造信用卡则缺乏具体而详细的规定。修正案填补了这一空白，为打击此类有组织、有计划的信用卡犯罪提供了法律依据，从而也加大了对这方面犯罪行为的打击力度。

（2）所谓明知，是指行为人知道或者应当知道其实施相应行为的信用卡是伪造的。如何认定其确系明知，不能单凭行为人的陈述，还应当结合其实施的具体行为、所造成的后果、其行为表现出来的主观意愿等进行综合判断和认定。

（3）银行或者其他金融机构的工作人员利用职务上的便利，犯第 2 款罪的，从重处罚。银行或者其他金融机构的工作人员在日常工作中，时常有机会接触到大量的持卡人的基本资料，加上工作人员素质有高有低，一旦发生信息外泄的情况，对持卡人以及发卡行来说都是巨大的损失。所以，此项规定是制裁银行或者其他金融机构的工作人员妨害信用卡管理犯罪的重要依据。

（七）洗钱罪

洗钱罪，是指明知是毒品犯罪、黑社会性质的组织犯罪、恐怖活动犯罪、走私犯罪、贪污贿赂犯罪、破坏金融管理秩序犯罪、金融诈骗犯罪的违法所得及其产生的收益，而以各种方法掩饰、隐瞒其来源和性质的行为。

洗钱罪的构成包括以下四个方面：

（1）本罪侵犯的客体是复杂客体，即行为人既侵犯了金融秩序，又侵犯了社会经济管理秩序，还侵犯了国家正常的金融管理活动及外汇管理的相关规定。

（2）本罪的客观方面具体表现为以下五种方式：①提供资金账户。提供资金账户，既可以是将自己在金融机构开设的账户提供给有关的犯罪分子，也可以是为有关的犯罪分子开立新的账户，如金融机构为有关犯罪分子开设账户。②协助将财产转换为现金或金融票据。这是指为有关的犯罪分子将其通过特定犯罪所得的赃物转换为现金或金融票据提供便利条件的行为。如行为人将犯罪分子通过特定犯罪所获得的赃物予以购买，或者是介绍给他人购买；或者是通过拍卖、典当等方式将犯罪分子所得实物变为现金；或者是通过一定的渠道使有关犯罪分子通过特定犯罪所得的财产变为股票、债券、汇票、本票、支票等。③通过转账或者其他结算方式协助资金转移。这是指通过转账、委托付款等结账方式将有关犯罪分子通过特定犯罪所获得的资金转移到其他账户，使犯罪所得混入合法财产之中。④协助将资金汇往境外。这是指享有将资金调往境外权利的个人或者企业为有关犯罪分子提供帮助将犯罪所得资金汇往境外。⑤以其他方法掩饰、隐瞒有关犯罪的违法所得及其产生收益的来源和性质。这是指上述四种方法之外的为有关犯罪分子掩饰、隐瞒违法所得及其产生的收益的来源和性质的行为。如帮助犯罪分子将犯罪所得携带出境；将犯罪分子所得现金或者实物作为投资纳入自己开办的公司、企业等。

(3)本罪的主体是一般主体，自然人和单位均可以成为本罪的主体。

(4)本罪的主观方面是故意。

【重点】 洗钱罪与掩饰、隐瞒犯罪所得、犯罪所得收益罪

从洗钱罪的犯罪构成来看，洗钱罪其实是特殊类型的隐瞒犯罪所得、犯罪所得收益罪，但两罪也有明显的区别：

(1)首先，两罪的犯罪主体略有不同，自然人和法人都可以成为洗钱罪的犯罪主体，而后者的犯罪主体仅有自然人。(2)洗钱罪在主观方面明知本犯在犯罪类型上比掩饰、隐瞒犯罪所得、犯罪所得受益罪更具体，因此证明标准也更高，给司法实践中的认定带来了难度。(3)两罪侵犯的客体明显不同，洗钱罪侵犯的客体不仅有社会管理秩序，更主要的是国家金融管理秩序，因此洗钱罪在掩饰、隐瞒行为特征方面主要是通过存入金融机构、投资企业或市场上流通等手段使犯罪所得和收益合法化，后者的客观表现要比洗钱罪宽泛得多。(4)由于社会危害程度不同，洗钱罪的量刑要比后者重，最高刑可达 10 年，后者的最高刑为 7 年。

【重点】 洗钱罪与窝藏、转移、收购、销售赃物罪

本法第 312 条规定的窝藏、转移、收购、销售赃物罪，与本条规定的洗钱罪，两者都属于连累犯的范畴，即行为人明知是犯罪分子的违法所得，仍事后给予了犯罪分子某种帮助，因此，两者存在着很大的联系。但是，从具体犯罪构成要件而言，两者也存在着以下几方面的区别：

(1)侵犯的客体不同。前者侵犯的是双重客体，其中主要客体是金融管理秩序，从而该罪被归类在“破坏社会主义市场经济秩序罪”中，后者侵犯的是单一客体，即社会管理秩序。

(2)行为的对象不同。前者特指毒品犯罪、黑社会性质的组织犯罪、走私犯罪等七类犯罪的违法所得及其产生的收益，后者泛指一切犯罪的所得赃物。

(3)行为方式不同。前者是指通过某类中介机构来隐瞒和掩饰违法所得及其收益的性质和来源，后者则包括窝藏、转移、收购或代为销售赃物四种行为。

【疑难法条解析】 《刑法》第 191 条　明知是毒品犯罪、黑社会性质的组织犯罪、恐怖活动犯罪、走私犯罪、贪污贿赂犯罪、破坏金融管理秩序犯罪、金融诈骗犯罪的所得及其产生的收益，为掩饰、隐瞒其来源和性质，有下列行为之一的，没收实施以上犯罪的所得及其产生的收益，处 5 年以下有期徒刑或者拘役，并处或者单处洗钱数额 5%以上 20%以下罚金；情节严重的，处 5 年以上 10 年以下有期徒刑，并处洗钱数额 5%以上 20%以下罚金：

(一)提供资金账户的；(二)协助将财产转换为现金、金融票据、有价证券的；(三)通过转账或者其他结算方式协助资金转移的；(四)协助将资金汇往境外的；(五)以其他方法掩饰、隐瞒犯罪所得及其收益的来源和性质的。

单位犯前款罪的，对单位判处罚金，并对其直接负责的主管人员和其他直接责任人员处 5 年以下有期徒刑或者拘役；情节严重的，处 5 年以上 10 年以下有期徒刑。

为进一步加强打击洗钱犯罪的力度，依法惩治洗钱，掩饰、隐瞒犯罪所得、犯罪所得收益，资助恐怖活动等犯罪活动，最高人民法院于 2009 年 11 月 11 日起施行《关于审理洗钱等刑事案件具体应用法律若干问题的解释》，有关规定如下：

第 1 条：关于“明知”的认定：《刑法》第 191 条、第 312 条规定的“明知”，应当结合被告人的认知能力，接触他人犯罪所得及其收益的情况，犯罪所得及其收益的种类、数额，犯罪所得

及其收益的转换、转移方式以及被告人的供述等主、客观因素进行认定。

具有下列情形之一的，可以认定被告人明知系犯罪所得及其收益，但有证据证明确实不知道的除外：

(一)知道他人从事犯罪活动，协助转换或者转移财物的；(二)没有正当理由，通过非法途径协助转换或者转移财物的；(三)没有正当理由，以明显低于市场的价格收购财物的；(四)没有正当理由，协助转换或者转移财物，收取明显高于市场的“手续费”的；(五)没有正当理由，协助他人将巨额现金散存于多个银行账户或者在不同银行账户之间频繁划转的；(六)协助近亲属或者其他关系密切的人转换或者转移与其职业或者财产状况明显不符的财物的；(七)其他可以认定行为人明知的情形。

被告人将《刑法》第191条规定的某一上游犯罪的犯罪所得及其收益误认为《刑法》第191条规定的上游犯罪范围内的其他犯罪所得及其收益的，不影响《刑法》第191条规定的“明知”的认定。

第4条：《刑法》第191条、第312条、第349条规定的犯罪，应当以上游犯罪事实成立为认定前提。上游犯罪尚未依法裁判，但查证属实的，不影响《刑法》第191条、第312条、第349条规定的犯罪的审判。

上游犯罪事实可以确认，因行为人死亡等原因依法不予追究刑事责任的，不影响《刑法》第191条、第312条、第349条规定的犯罪的认定。

上游犯罪事实可以确认，依法以其他罪名定罪处罚的，不影响《刑法》第191条、第312条、第349条规定的犯罪的认定。

(八)集资诈骗罪

集资诈骗罪，是指以非法占有为目的，使用诈骗方法非法集资，数额较大的行为。

1. 集资诈骗罪的构成

本罪的客体是国家的集资管理制度和公私财产所有权。客观方面表现为使用诈骗方法非法集资，数额较大的行为。

2. 集资诈骗罪的认定

本罪与非罪的界限。区别本罪与非罪的界限应把握以下两点：一是行为人主观上是否具有非法占有的目的。以非法占有为目的的非法集资的，可构成本罪；反之，不能构成犯罪。如有的公司、企业为了发展生产或者在资金周转不过来的情况下违反国家规定进行集资，但并不想占有集资款，而是按约给予了回报，并准备在一定期限后归还集资款，对于这种情况就不能按犯罪论处。二是数额是否较大。数额较大者，构成本罪；否则，不构成犯罪。

【重点】 集资诈骗罪与非法吸收公众存款罪

本罪与非法吸收公众存款罪都是故意犯罪，都具有非法集资的性质，主体都包括自然人和单位。二者的区别关键在于：本罪主观上以非法占有为目的，而后者则不具有非法占有的目的。此外，二者的客体不完全相同。本罪除了侵犯国家的集资管理制度外，还侵犯他人财产所有权，而后者则不存在着侵犯他人财产所有权的问题。

(九)贷款诈骗罪

贷款诈骗罪，是指以非法占有为目的，用虚构事实和隐瞒事实真相的方法，骗取银行和其他金融机构的贷款，数额较大的行为。

1. 贷款诈骗罪的构成

(1)本罪的客体是国家关于金融机构的贷款的管理制度和金融机构对所贷资金的所有权。

(2)本罪的客观方面表现为用虚构事实和隐瞒事实真相的方法骗取银行或者其他金融机构的贷款，数额较大的行为。

贷款诈骗的具体行为方式有：①编造引进

资金、项目等虚假理由骗取银行或者其他金融机构的贷款。②使用虚假的经济合同骗取贷款的。③使用虚假的证明文件骗取贷款的。④使用虚假的产权证明作担保骗取贷款的。所谓产权证明,是指能够证明行为人对房屋、土地等不动产或者汽车、货币、可即时兑付的票据等动产享有所有权的书面文件。⑤以其他方法诈骗贷款的。所谓其他方法,是指上述四种方法以外的方法。

实施上述行为之一或者同时实施几种或全部行为的,即具备了本罪客观方面的基本条件,但并不意味着已构成犯罪。构成贷款诈骗罪还必须是骗取的贷款的数额较大。根据2010年5月7日最高人民检察院、公安部《关于公安机关管辖的刑事案件立案追诉标准的规定(二)》的规定,贷款诈骗立案追诉的起点是2万元。

(3)本罪的主体只能是自然人。对于单位十分明显地以非法占有为目的,利用签订、履行借款合同诈骗银行或者其他金融机构贷款,符合《刑法》第224条规定的合同诈骗罪特征的,应当以合同诈骗罪定罪处罚。

(4)本罪的主观方面是故意,即故意实施贷款诈骗行为,行为人的目的是非法占有公私财物。

2. 贷款诈骗罪的认定

(1)本罪与非罪的界限。关于本罪与非罪的界限,主要涉及以下两个方面:

①本罪与借贷纠纷的界限。司法实践中,取得金融机构贷款的方法可分为两种:一种是符合贷款的条件,通过合法的手续取得贷款;另一种是不具备贷款的条件而通过欺骗手段获取贷款。2001年1月21日,最高人民法院发布的《全国法院审理金融犯罪案件工作座谈会纪要》(以下简称《纪要》)规定:“对于合法取得贷款后,没有按规定的用途使用贷款,到期没有归还贷款的,不能以贷款诈骗罪定罪处罚;对于确有证据证明行为人不具有非法占有的目的,因不具备贷款的条件而采取了欺骗手段获取贷款,案发时有能力履行还贷义务,或者案发时不能归还贷款是因为意志以外的原因,如因经营不善、被骗、市场风险等,不应以贷款诈骗罪定罪处罚。”根据这一规定,合法取得贷款未按规定用途使用到期没有归还的一律按借贷纠纷来处理。反之,如果行为人主观上具有非法占有的目的,则应认定为贷款诈骗罪,而不能按借贷纠纷处理。认定行为人主观上是否具有非法占有的目的,应该考察贷款时的偿还能力、贷款后行为人的具体表现等情况。根据《纪要》的规定,具有下列情形之一的,可以认定行为人具有非法占有的目的:其一,明知没有归还能力而大量骗贷的;其二,骗取贷款后逃跑的;其三,肆意挥霍骗取贷款的;其四,使用骗取的贷款进行违法犯罪活动的;其五,骗取贷款后抽逃、转移资金,隐匿财产,以逃避偿还贷款的;其六,隐匿、销毁账目,或者搞假破产、假倒闭,以逃避返还贷款的。②本罪与一般贷款诈骗违法行为的界限。这就是看贷款诈骗的数额是否达到了较大的标准,达到较大标准的,构成贷款诈骗罪;否则,属于贷款诈骗的一般违法行为。

(2)正确处理金融机构内外人员相互勾结骗取贷款的案件。司法实践中,金融机构的工作人员与社会上的其他人员相互勾结,以贷款的形式骗取本人所经手、管理的资金的案件时有发生。对于这类案件,应按照贪污罪或者职务侵占罪的共同犯罪定罪处罚。即如果金融机构的工作人员具有国家工作人员身份,那就按贪污罪的共同犯罪处理;如果金融机构的工作人员不具有国家工作人员身份,则应按职务侵占罪的共同犯罪处理。

(3)正确认定金融机构工作人员冒名贷款行为的性质。司法实践中,冒名贷款主要有以下两种形式:①盗名贷款。即金融机构工作人员利用自己的职务之便，在他人不知道的情况下，使用其名义将款贷出的行为。②假名贷款。即金融机构的工作人员利用职务之便，编造根本不存在的假人名、假单位将款贷出的行为。对于上述冒名贷款的两种行为，应该具体情况具体分析，作出不同的处理。如果行为人冒名贷款是为了本人或者供他人使用，符合挪用公款罪或者挪用资金罪的，应按挪用公款罪或者挪用资金罪定罪处罚；如果行为人是想通过这种冒名贷款的方式非法占有自己经手、管理的资金，则应按贪污罪或者职务侵占罪定罪处罚。

【难点】 贷款诈骗罪与诈骗罪

(1)犯罪对象不同。本罪的对象仅是指银行等金融机构的贷款，受害人是银行或其他金融机构；而诈骗罪的对象既包括货币，也包括财物，受害人不仅指银行或其他金融机构，其范围比贷款诈骗罪广泛得多。

(2)发生的领域不同。本罪发生在金融领域进行贷款的过程中；而诈骗罪的领域范围则极为广泛，可以涉及任何领域，自然也包括金融领域在内。

(3)侵害的客体不同。本罪不仅会对国家、公众贷款的所有权造成侵害，同时亦侵害了国家有关金融信贷的管理制度，其属于复杂客体；而诈骗罪的客体则是公私财物的所有权。

(4)客观行为的表现方式不完全相同。两者行为的本质特征虽然都是虚构事实或隐瞒真相，但本罪所使用的方法却是围绕骗取贷款进行的，所使用的具体方法都是与贷款所需的文件有关，如虚构引进资金、项目，使用虚假的经济合同等就是如此；而诈骗罪的行为方式更多样化，有时仅凭其三寸不烂之舌便可达到骗取他人财物的目的。

(5)犯罪的起点额不同。本罪认定为犯罪的起点数额一般是2万元；而诈骗罪的起点数额一般是在3 000元左右。

【疑难法条解析】 《刑法》第193条 有下列情形之一，以非法占有为目的，诈骗银行或者其他金融机构的贷款，数额较大的，处5年以下有期徒刑或者拘役，并处2万元以上20万元以下罚金；数额巨大或者有其他严重情节的，处5年以上10年以下有期徒刑，并处5万元以上50万元以下罚金；数额特别巨大或者有其他特别严重情节的，处10年以上有期徒刑或者无期徒刑，并处5万元以上50万元以下罚金或者没收财产：(一)编造引进资金、项目等虚假理由的；(二)使用虚假的经济合同的；(三)使用虚假的证明文件的；(四)使用虚假的产权证明作担保或者超出抵押物价值重复担保的；(五)以其他方法诈骗贷款的。

(1)所谓情节严重，是指数额巨大或者有其他严重情节的情况。其中数额巨大，根据前述《追诉标准(二)》的规定，是指贷款诈骗数额在2万元以上的。其他严重情节，则是指下列情节之一者：①为骗取贷款，向银行或者金融机构的工作人员行贿，数额较大的；②挥霍贷款，或者用贷款进行违法活动，致使贷款到期无法偿还的；③隐匿贷款去向，贷款期限届满后，拒不偿还的；④提供虚假的担保申请贷款，贷款期限届满后，拒不偿还的；⑤假冒他人名义申请贷款，贷款期限届满后，拒不偿还的。

(2)所谓情节特别严重，是指诈骗贷款数额特别巨大或者有其他特别严重的情节。参照1996年最高人民法院《关于审理诈骗案件具体应用法律的若干问题的解释》，前者即数额特别巨大，是指贷款诈骗数额在20万元以上的。后者即其他特别严重情节，是指下列情节之一者：①为骗取贷款，向银行或者金融机构的工作人员行贿，数额巨大的；②携带贷款逃跑的；③使用贷款进行犯罪活动的。

(十)信用卡诈骗罪

信用卡诈骗罪，是指以非法占有为目的，

隐瞒与信用卡相关的事实真相或者恶意透支，骗取他人财物，数额较大的行为。

1. 信用卡诈骗罪的构成

本罪的客体是信用卡管理制度和公私财产所有权。客观方面表现为隐瞒与信用卡相关的事实真相或者恶意透支，骗取他人财物，数额较大的行为。

信用卡诈骗的具体行为方式有：(1)使用伪造的信用卡，或者使用以虚假的身份证明骗领的信用卡。(2)使用作废的信用卡。(3)冒用他人信用卡(“冒用他人信用卡”，包括以下情形：a. 拾得他人信用卡并使用的；b. 骗取他人信用卡并使用的；c. 窃取、收买、骗取或者以其他非法方式获取他人信用卡信息资料，并通过互联网、通信终端等使用的；d. 其他冒用他人信用卡的情形)。(4)恶意透支(恶意透支，是指持卡人以非法占有为目的，超过规定限额或者规定期限透支，并且经发卡银行催收后仍不归还的行为)。

2. 信用卡诈骗罪的认定

(1)罪与非罪的界限。区别本罪与非罪的界限，一是从诈骗的数额上看。进行信用卡诈骗，数额较大的构成犯罪；数额没有达到较大标准的，则属于一般诈骗违法行为。二是从行为人的主观目的上看。有的行为本身就说明行为人主观上具有非法占有的目的，如故意使用伪造的信用卡、作废的信用卡进行消费，其行为本身表明行为人具有非法占有的目的，因此，任何人实施了这些行为，且数额较大，即构成犯罪。

(2)一罪与数罪的界限。

①先伪造信用卡而后又使用伪造的信用卡诈骗财物的，既构成伪造金融票证罪，也构成本罪，但因两个行为之间存在着手段与目的的牵连关系，因此，应按从一重处罚的原则以信用卡诈骗罪一罪定罪并从重处罚；行为人既实施了使用自己伪造的信用卡骗取财物的行为，同时也实施了出售其伪造的信用卡的行为，则按本罪与伪造金融票证罪实行数罪并罚。

②行为人在申领信用卡时伪造单位证明、公章、身份证，在骗得信用卡后大肆进行恶意透支，这种情况既构成伪造国家机关公文、证件、印章罪或者伪造公司、企业、事业单位、人民团体印章罪或者伪造居民身份证罪，也构成本罪，对此，也应按照处理牵连犯的原则以其中的一个重罪定罪并从重处罚，而不能实行数罪并罚。

【疑难法条解析】 《刑法》第 196 条第 3 款：“盗窃并使用信用卡的，依照本法第 264 条的规定定罪处罚。”

关于“盗窃并使用信用卡”的定性。根据这一规定，盗窃并使用信用卡的，按盗窃罪定罪处罚。这里所讲的盗窃并使用信用卡，是指盗窃信用卡后为实现信用卡自身的财产价值而使用，如果使用行为不是为了实现信用卡自身固有的财产价值，而是用盗窃所得的信用卡作为资信证明骗取他人的信任从事经济活动，不能构成盗窃罪，构成诈骗罪的，按诈骗罪定罪处罚。

(十一)保险诈骗罪

保险诈骗罪，是指投保人、被保险人或者受益人虚构事实或者隐瞒事实真相，骗取保险金，数额较大的行为。

1. 保险诈骗罪的构成

本罪的客体是复杂客体，即金融秩序和公共财产所有权。客观方面表现为虚构事实或者隐瞒事实真相，骗取保险金，数额较大的行为。

2. 保险诈骗罪的认定

(1)罪与非罪的界限。区分本罪与非罪的界限关键看行为人骗取财物的数额是否达到了较大的标准。数额达到较大的标准，构成本罪；数额尚未达到较大的标准，则属于保险诈骗的一般违法行为。

(2)一罪与数罪的界限。在司法实践中，对下列情况应按数罪实行并罚：一是为了骗取保险金，故意放火焚烧投保的财产，危害公共安全的，按本罪和放火罪实行数罪并罚。二是为骗取保险金杀害、伤害被保险人的，对此，应根据情况按本罪与故意杀人罪或者本罪与故意伤害罪实行数罪并罚。对于为了骗取保险金而伪造公文、印章的，按牵连犯以本罪从重处罚。

【疑难法条解析】《刑法》第183条："保险公司的工作人员利用职务上的便利，故意编造未曾发生的保险事故进行虚假理赔，骗取保险金归自己所有的，依照本法第271条的规定定罪处罚。国有保险公司工作人员和国有保险公司委派到非国有保险公司从事公务的人员有前款行为的，依照本法第382条、第383条的规定定罪处罚。"

本罪的主体是特殊主体，即只能由投保人、被保险人和受益人三种人构成。保险公司的工作人员利用职务上的便利，故意编造未曾发生的保险事故进行虚假理赔，骗取保险金归自己所有的，应认定为职务侵占罪。国有保险公司工作人员和国有保险公司委派到非国有保险公司从事公务的人员有前款行为的，则认定为贪污罪。

(十二)假冒注册商标罪

假冒注册商标罪，是指未经注册商标所有人的许可，在同一种商品上使用与其注册商标相同的商标，情节严重的行为。

1. 假冒注册商标罪的构成

本罪的客体是国家对商标的管理制度和他人注册商标的专用权。客观方面表现为未经注册商标所有人许可，在同一种商品上使用与其注册商标相同的商标，情节严重的行为。

2. 假冒注册商标罪的认定

(1)罪与非罪的界限。区分本罪与非罪的界限从两个方面着手：一是看行为人是否有假冒他人注册商标的故意。对于不知道是他人已经注册的商标而在同一种商品上使用的行为，由于其不具备本罪的故意，因而不能按犯罪处理。二是看情节是否严重。假冒商标，情节严重的，构成犯罪；情节不严重的，则属于一般违法行为。

(2)一罪与数罪的界限。生产、销售伪劣商品的行为人，往往在自己生产、销售的伪劣商品上使用他人已经注册的商标，以次充好、以劣充优，此种情况属于牵连犯，对此应按生产、销售伪劣商品的有关犯罪定罪并从重处罚，而不是按本罪与生产、销售伪劣商品的犯罪实行数罪并罚。

(十三)侵犯商业秘密罪

侵犯商业秘密罪，是指侵犯商业秘密权利人的商业秘密，对其造成重大损失的行为。

1. 侵犯商业秘密罪的构成

本罪的客体是商业秘密所有权人的秘密权。客观方面表现为侵犯商业秘密权利人的商业秘密，对其造成重大损失的行为。侵犯商业秘密的行为方式有：其一，以盗窃、利诱、胁迫或者其他不正当手段获取权利人的商业秘密的；其二，披露、使用或者允许他人使用以前项手段获取的权利人的商业秘密的；其三，违反约定或者违反权利人有关保守商业秘密的要求，披露、使用或者允许他人使用其所掌握的商业秘密的；其四，明知或者应知他人实施了前述三种行为的第三人，而获取、使用或者披露他人商业秘密的。

2. 侵犯商业秘密罪的认定

在认定侵犯商业秘密罪时应注意区分罪与非罪的界限。区分它们之间的界限关键看侵犯他人商业秘密的行为是否造成了权利人的严重损失，造成重大损失者，构成犯罪；否则，不构成犯罪。

（十四）损害商业信誉、商品声誉罪

损害商业信誉、商品声誉罪，是指捏造并散布虚伪事实，损害他人的商业信誉、商品声誉，给他人造成重大损失或者有其他严重情节的行为。

1. 损害商业信誉、商品声誉罪的构成

本罪的客体是商业秘密所有权人的秘密权。客观方面表现为侵犯商业秘密权利人的商业秘密，对其造成重大损失的行为。

2. 损害商业信誉、商品声誉罪的认定

（1）罪与非罪的界限。区分本罪与非罪的界限，首先要区分合法与违法的界限。新闻工作人员对一些违反商业道德的行为，予以披露、曝光、批评，一些消费者通过正当途径反映生产者、经营者的商品质量或服务问题，都属于合法行为，不能将其与损害商业信誉、商品声誉的行为混为一谈。其次要区分一般违法与犯罪的界限。关键看行为人损害他人商业信誉、商品声誉的行为是否造成他人的重大损失或者具有其他严重情节。造成他人的重大损失或者具有其他严重情节的，构成犯罪；反之，则属于一般违法行为。

（2）一罪与数罪的界限。利用信息网络实施诽谤、寻衅滋事、敲诈勒索、非法经营犯罪，同时又构成损害商业信誉、商品声誉罪的，依照处罚较重的规定定罪处罚。

【难点】 损害商业信誉、商品声誉罪与诽谤罪

本罪与诽谤罪在客观上都捏造并散布了虚假事实，主观上都是故意，主体都是一般主体，并且都要求情节严重。二者的区别表现在：（1）客体不同。本罪的客体是国家对市场秩序的管理制度和他人的商业信誉，而诽谤罪的客体则是他人的人格罪、名誉权。（2）对象不完全相同。本罪的对象包括个人和单位，而诽谤罪的对象仅限于个人。（3）主体不尽相同。本罪的主体既可以是自然人，也可以是单位，而诽谤罪的主体则只能是自然人。（4）故意的内容不同。本罪故意的内容是损害他人的商业信誉、商品声誉，而诽谤罪的故意内容则是损害他人的人格和名誉。

（十五）虚假广告罪

虚假广告罪，是指广告主、广告经营者、广告发布者违反国家规定，利用广告对商品或者服务做虚假宣传，情节严重的行为。

1. 虚假广告罪的构成

本罪的客体是国家对广告的管理制度、市场竞争秩序以及消费者的合法权益。客观方面表现为违反国家广告管理法规，利用广告对商业或服务做虚假宣传，情节严重的行为。

2. 虚假广告罪的认定

罪与非罪的界限。区分本罪与虚假广告一般违法行为的界限在于情节是否严重。情节严重的，构成犯罪；情节尚未达到严重程度的，属于虚假广告一般违法行为。对于虚假广告一般违法行为，由工商管理部门给予行政处罚。

【难点】 虚假广告罪与损害商业信誉、商品声誉罪

二者的客体都是市场秩序，主观罪过形式都是故意。二者的区别表现在：①主体不同。本罪的主体是特殊主体，后者的主体是一般主体。②犯罪故意的形式有所不同。本罪因主体不同而犯罪。故意可分为直接故意和间接故意，而后者则只能是直接故意。对实践中以虚假广告方式损害人的商业信誉、商品声誉的应区分不同情况作不同的处理。如果该虚假广告的内容主要是损害他人商业信誉、商品声誉的，按损害商业信誉、商品声誉罪处理；如果该广告的内容主要是弄虚作假、欺骗用户或消费者的，按本罪论处；如果广告中虚假宣传自己的商业信誉、商品声誉的内容与损害他人商业信誉、商品声誉的内容相当，则按本罪处理。

（十六）合同诈骗罪

合同诈骗罪，是指以非法占有为目的，在签订、履行合同过程中，以虚构事实或隐瞒事实真相的方法，骗取对方当事人的财物，数额较大的行为。

1. 合同诈骗罪的构成

本罪的客体是复杂客体，即国家对经济合同的管理秩序和公私财物所有权。本罪的对象是公私财物。客观方面表现为在签订、履行合同中，骗取对方当事人的财物，数额较大的行为。

2. 合同诈骗罪的认定

罪与非罪的界限。本罪与非罪的界限一般情况下并不难区分，难以区分的是合同诈骗罪与经济合同纠纷的界限。总的来讲，二者之间的根本区别在于行为人是否具有非法占有的目的，具有非法占有目的的，构成本罪；否则，属于经济合同纠纷。

判断行为人是否具有非法占有的目的，要在综合考察以下客观情况的基础上加以确定：第一，审查行为人主体资格，也就是审查主体的身份是否真实。第二，考察行为人在签订合同时履行合同的能力。第三，行为人有无履行合同的积极行为。第四，考察未履行合同的原因。第五，考察行为人在对方当事人履行或者部分履行合同后的表现。

【难点】　合同诈骗罪与票据诈骗罪

本罪与票据诈骗罪都属于诈骗犯罪的范畴，二者在主观上都具有非法占有他人财物的目的，客观上都实施了骗取他人财物的行为，并且本罪中以伪造、变造的票据作担保，签订、履行合同，骗取他人财物与票据诈骗罪中的明知是伪造、变造的票据而使用的表现形式，具有重合之处。对于以伪造、变造的票据作担保，签订合同，骗取他人财物的行为，应按法规竞合犯适用特别法优于普通法的原则处理。《刑法》第224条的规定相对于第194条的规定而言，应该说前者是特别法，后者是普通法，一般情况下，对上述行为按本罪处罚。

（十七）强迫交易罪

强迫交易罪，是指自然人或者单位，以暴力、胁迫手段强迫他人购买商品、强迫他人出卖商品、强迫他人提供服务或者强迫他人接受服务，情节严重的行为。

1. 强迫交易罪的构成

（1）本罪的客体是自愿平等交易的市场秩序和交易相对方的合法权益。

（2）本罪在客观方面表现为以暴力、威胁手段强买强卖商品、强迫他人提供服务或者强迫他人接受服务，情节严重的行为。

所谓暴力，是指对被强迫人的人身或财产实行强制或打击，如殴打、捆绑、抱住、围困、伤害或者砸毁其财物等；所谓威胁，是指对被害人实行精神强制，以加害其人身、毁坏其财物、揭露其隐私、破坏其名誉、加害其亲属等相要挟。

违背他人意志，强迫他人与己或者第三人交易是本罪的本质特征。所谓违背他人意志，是指他人不想向其购买商品而强迫其购买，他人不愿出卖商品而强迫其出卖，他人不肯提供服务强迫其提供，他人不愿意接受服务则强迫其接受。

（3）本罪主体为一般主体。凡达到刑事责任年龄且具备刑事责任能力的自然人均能构成本罪，依本节第231条的规定，单位也能构成本罪。单位犯本罪的，实行两罚制，即对单位判处罚金，对其直接负责的主管人员和其他直接责任人员依本条规定追究刑事责任。

（4）本罪在主观方面表现为直接故意，间接故意与过失不构成本罪。

2. 强迫交易罪的认定

（1）强迫交易罪与一般违法行为的界限

强迫交易行为属一种扰乱市场管理秩序的违法行为，这种行为在商品交易或服务交易中并不鲜见。因此，本法为了不使打击面过大，而规定了强行商品交易行为必须达到情节严重的程度才能构成犯罪。所谓情节严重，应当包括以下几点：①促成不公平交易，非法获利数额较大的；②多次强迫交易的；③社会影响恶劣的；④给被害人及家庭引起较为严重后果的；⑤强迫交易严重扰乱市场的；⑥二人以上共同实施强迫交易的。行为人用轻微的威胁手段进行强买强卖，强迫他人接受或提供服务，行为很有节制、获利很有限的，情节显著轻微、危害不大的，属于一般违法行为，不能认为是犯罪。

(2)强迫交易罪的“交易中”之条件的认定

本罪必须发生在商品交易或服务交易中，行为人与被害人之间有交易事实存在，虽然这种不平等交易是一方强求另一方接受的交易。如果没有这种交易存在，行为人以非法占有为目的，当场使用暴力、胁迫或其他方法，强行立即劫取财物的，应当认定为是抢劫行为，而不构成强迫交易罪。

(3)一罪与数罪的界限

强迫交易罪在实施过程中，因行为人的暴力可能致人伤亡。如果致人伤亡的，尽管在强迫交易罪与伤害(包括故意与过失)、杀人(故意与过失)罪之间有牵连关系，但是不应当以牵连犯处罚原则处理，而应当分别定罪量刑，以数罪并罚的原则处罚。理由主要在于，强迫交易罪的法定最高刑为有期徒刑3年，法定刑期是较低的，可见其中没有包含牵连他罪并以一罪处断的刑期。也就是说，如果遇到牵连他罪而以强迫交易处罚时，其3年的最高刑吸收不了他罪之刑，因而如以一罪处断将罚不消罪，依罪刑相适应原则，应当对此种情况作数罪并罚处理。

3. 强迫交易罪的处罚

根据《刑法》第226条与第231条的规定，犯本罪的，处3年以下有期徒刑或者拘役，并处或者单处罚金。单位犯本罪的，对单位判处罚金，并对其直接负责的主管人员和其他直接责任人员，依照上述规定处罚。

【重点】 强迫交易罪和抢劫罪

强迫交易罪的法益主要是自愿、平等交易的市场秩序，而抢劫罪的法益是财产与人身权利；本罪的法定刑低，且情节严重才构成犯罪，抢劫罪的法定刑高，且不以情节严重为要件。这是区分本罪与抢劫罪所必须把握的两个关键点。首先，由于本罪属于破坏市场秩序的犯罪，故只有在经营或交易活动中才可能发生。其次，本罪的暴力、胁迫的内容与程度应当低于抢劫罪。即暴力的内容不得达到轻伤程度(否则与故意伤害罪不协调)，暴力、胁迫的程度不得达到抢劫与敲诈勒索的程度。最后，本罪虽然可能表现为强迫他人以不公平价格买卖商品、提供或者接受服务，但这里的“不公平价格”也只能略高于公平价格。如果以暴力、胁迫为手段，以商品交易为借口侵犯财产的，则应认定为抢劫或敲诈勒索等罪。

三、案例分析

【案例一】

被告人刁文有于2001年注册成立了北京阳光一佰生物技术开发有限公司(以下简称阳光一佰公司)，系公司的实际生产经营负责人。2010年以来，被告单位阳光一佰公司从被告人谭国民处以600元/公斤的价格购进生产保健食品的原料。该原料系被告人谭国民从被告人尹立新处以250元/公斤的价格购进后进行加工。阳光一佰公司购进原料后加工制作成用于辅助降血糖的保健食品阳光一佰牌山芪参胶囊，以每盒100元左右的价格销售至扬州市广陵区金福海保健品店及全国多个地区。被告人杨立峰具体负责生产，被告人钟立檬、王海龙负责销售。2012年5月至9月，销往上海、湖南、北京等地的山芪参胶囊分别被检测出含有盐酸丁二胍，食品药品监督管理部门将检测结果告知阳光一佰公司及习文有。被告人习文有在得知检测结果后随即告知被告人谭国民、尹立新，被告人习文有明知其所生产、销售的保健品中含有盐酸丁二胍后，仍然继续向被告人谭国民、尹立新购买原料，组织杨立峰、钟立檬、王海龙等人生产山芪参胶囊并销售。被告人谭国民、尹立新在得知检测结果后继续向被告人习文有销售该原料。

盐酸丁二胍是丁二胍的盐酸盐。目前盐酸丁二胍未获得国务院药品监督管理部门批准生产或进口，不得作为药物在我国生产、销售和使用。从2012年8月底至2013年1月案发，阳光一佰公司生产、销售金额达800余万元。其中，习文有、尹立新、谭国民参与生产、销售的含有盐酸丁二胍的山芪参胶囊金额达800余万元；杨立峰参与生产的含有盐酸丁二胍的山芪参胶囊金额达800余万元；钟立檬、王海龙参与销售的含有盐酸丁二胍的山芪参胶囊金额达40余万元。

案例来源：最高人民法院指导案例第70号。

【问题聚焦】

1.《中华人民共和国刑法》第144条规定的“有毒、有害的非食品原料”应当如何认定？

2. 该案中的共犯关系如何？

【法律剖析】

盐酸丁二胍系在我国未获得药品监督管理部门批准生产或进口，不得作为药品在我国生产、销售和使用的化学物质；其亦非食品添加剂。盐酸丁二胍也不属于最高人民法院、最高人民检察院《关于办理危害食品安全刑事案件适用法律若干问题的解释》（简称《解释》）第20条第2、第3项规定的物质。根据扬州大学医学院葛晓群教授出具的专家意见和南京医科大学司法鉴定所的鉴定意见证明，盐酸丁二胍与《解释》第20条第2项《保健食品中可能非法添加的物质名单》中的其他降糖类西药（盐酸二甲双胍、盐酸苯乙双胍）具有同等属性和同等危害。长期服用添加有盐酸丁二胍的“阳光一佰牌山芪参胶囊”有对人体产生毒副作用的风险，影响人体健康甚至危害生命。因此，对盐酸丁二胍应当依照《解释》第20条第4项、第21条的规定，认定为《刑法》第144条规定的“有毒、有害的非食品原料”。

被告单位阳光一佰公司、被告人习文有作为阳光一佰公司生产、销售山芪参胶囊的直接负责的主管人员，被告人杨立峰、钟立檬、王海龙作为阳光一佰公司生产、销售山芪参胶囊的直接责任人员，明知阳光一佰公司生产、销售的保健食品山芪参胶囊中含有国家禁止添加的盐酸丁二胍成分，仍然进行生产、销售；被告人尹立新、谭国民明知其提供的含有国家禁止添加的盐酸丁二胍的原料被被告人习文有用于生产保健食品山芪参胶囊并进行销售，仍然向习文有提供该种原料，因此，上述单位和被告人均依法构成生产、销售有毒、有害食品罪。其中，被告单位阳光一佰公司，被告人习文有、尹立新、谭国民的行为构成生产、销售有毒、有害食品罪。被告人杨立峰的行为构成生产有毒、有害食品罪；被告人钟立檬、王海龙的行为均已构成销售有毒、有害食品罪。

尹立新、谭国民与阳光一佰公司共同故意实施犯罪，系共同犯罪，尹立新、谭国民系提供有毒、有害原料用于生产、销售有毒、有害食品的帮助犯，其在共同犯罪中均系从犯。习文有与杨立峰、钟立檬、王海龙共同故意实施犯罪，系共同犯罪。杨立峰、钟立檬、王海龙系受习文有指使实施生产、销售有毒、有害食品的犯罪行为，均系从犯。习文有在共同犯罪中起主要作用，系主犯。

【法条链接】

《中华人民共和国刑法》

第144条　在生产、销售的食品中掺入有毒、有害的非食品原料的，或者销售明知掺有有毒、有害的非食品原料的食品的，处5年以下有期徒刑，并处罚金；对人体健康造成严重危害或者有其他严重情节的，处5年以上10年以下有期徒刑，并处罚金；致人死亡或者有其他特别严重情节的，依照本法第141条的规定处罚。

最高人民法院、最高人民检察院《关于办理危害食品安全刑事案件适用法律若干问题的解释》

第20条　下列物质应当认定为“有毒、有害的非食品原料”：(一)法律、法规禁止在食品生产经营活动中添加、使用的物质；(二)国务院有关部门公布的《食品中可能违法添加的非食用物质名单》《保健食品中可能非法添加的物质名单》上的物质；(三)国务院有关部门公告禁止使用的农药、兽药以及其他有毒、有害物质；(四)其他危害人体健康的物质。

第21条　“足以造成严重食物中毒事故或者其他严重食源性疾病”“有毒、有害非食品原料”难以确定的，司法机关可以根据检验报告并结合专家意见等相关材料进行认定。必要时，人民法院可以依法通知有关专家出庭作出说明。

【案例二】

“SΛMSUNG”是三星电子株式会社在中国注册的商标，该商标有效期至2021年7月27日；三星(中国)投资有限公司是三星电子株式会社在中国投资设立，并经三星电子株式会社特别授权负责三星电子株式会社名下商标、专利、著作权等知识产权管理和法律事务的公司。2013年11月，被告人郭明升通过网络中介购买店主为“汪亮”、账号为play2011－1985的淘宝店铺，并改名为“三星数码专柜”，在未经三星(中国)投资有限公司授权许可的情况下，从深圳市华强北远望数码城、深圳福田区通天地手机市场批发假冒的三星I8552手机裸机及配件进行组装，并通过“三星数码专柜”在淘宝网上以“正品行货”进行宣传、销售。被告人郭明锋负责该网店的客服工作及客服人员的管理，被告人孙淑标负责假冒的三星I8552手机裸机及配件的进货、包装及联系快递公司发货。至2014年6月，该网店共计组装、销售假冒三星I8552手机20 000余部，非法经营额2 000余万元，非法获利200余万元。

案例来源：最高人民法院指导案例第87号。

【问题聚焦】

1. 行为人在未经三星(中国)投资有限公司授权许可的情况下，批发假冒的三星手机裸机及配件进行组装，并以“正品行货”在淘宝店上宣传、销售的行为，构成何种犯罪？为什么？

2. 该案中的共犯关系如何？

【法律剖析】

被告人郭明升、郭明锋、孙淑标在未经“SΛMSUNG”商标注册人授权许可的情况下，购进假冒“SΛMSUNG”注册商标的手机裸机及配件，组装假冒“SΛMSUNG”注册商标的手机，并通过网店对外以“正品行货”销售，属于未经注册商标所有人许可在同一种商品上使用与其相同的商标的行为，非法经营数额达2 000余万元，非法获利200余万元，属情节特别严重，其行为构成假冒注册商标罪。被告人郭明升、郭明锋、孙淑标系共同犯罪，被告人郭明升起主要作用，是主犯；被告人郭明锋、孙淑标在共同犯罪中起辅助作用，是从犯，依法可以从轻处罚。

【法条链接】

《中华人民共和国刑法》

第213条　未经注册商标所有人许可，在同一种商品上使用与其注册商标相同的商标，情节严重的,处3年以下有期徒刑或者拘役,并处或者单处罚金;情节特别严重的,处3年以上7年以下有期徒刑,并处罚金。

【案例三】

2012年7月29日,被告人王新明使用伪造的户口本、身份证,冒充房主即王新明之父的身份,在北京市石景山区链家房地产经纪有限公司古城公园店,以出售该区古城路28号楼一处房屋为由,与被害人徐某签订房屋买卖合同,约定购房款为100万元,并当场收取徐某定金1万元。同年8月12日,王新明又收取徐某支付的购房首付款29万元,并约定余款过户后给付。后双方在办理房产过户手续时,王新明的虚假身份被石景山区住建委工作人员发现,余款未取得。2013年4月23日,王新明被公安机关查获。次日,王新明的亲属将赃款退还被害人徐某,被害人徐某对王新明表示谅解。

北京市石景山区人民法院经审理于2013年8月23日作出(2013)石刑初字第239号刑事判决,认为被告人王新明的行为已构成合同诈骗罪,数额巨大,同时鉴于其如实供述犯罪事实,在亲属帮助下退赔全部赃款,取得了被害人的谅解,依法对其从轻处罚。公诉机关北京市石景山区人民检察院指控罪名成立,但认为数额特别巨大且系犯罪未遂有误,予以更正。遂认定被告人王新明犯合同诈骗罪,判处有期徒刑6年,并处罚金人民币6 000元。宣判后,公诉机关提出抗诉,认为犯罪数额应为100万元,数额特别巨大,而原判未评价70万元未遂,仅依据既遂30万元认定犯罪数额巨大,系适用法律错误。北京市人民检察院第一分院的支持抗诉意见与此一致。王新明以原判量刑过重为由提出上诉,在法院审理过程中又申请撤回上诉。北京市第一中级人民法院经审理于2013年12月2日作出(2013)一中刑终字第4134号刑事裁定:准许上诉人王新明撤回上诉,维持原判。

案例来源:最高人民法院指导案例第62号。

【问题聚焦】

1. 行为人以非法占有为目的,冒用他人名义签订合同的行为构成何种犯罪?为什么?

2. 在数额犯中,犯罪既遂与未遂并存时如何量刑?

【法律剖析】

王新明以非法占有为目的,冒用他人名义签订合同,其行为已构成合同诈骗罪。一审判决事实清楚,证据确实、充分,定性准确,审判程序合法,但未评价未遂70万元的犯罪事实不当,予以纠正。根据刑法及司法解释的有关规定,考虑王新明合同诈骗既遂30万元,未遂70万元但可对该部分减轻处罚,王新明如实供述犯罪事实,退赔全部赃款取得被害人的谅解等因素,原判量刑在法定刑幅度之内,且抗诉机关亦未对量刑提出异议,故应予维持。北京市石景山区人民检察院的抗诉意见及北京市人民检察院第一分院的支持抗诉意见,酌予采纳。鉴于二审期间王新明申请撤诉,撤回上诉的申请符合法律规定,故二审法院裁定依法准许撤回上诉,维持原判。

对于数额犯中犯罪行为既遂与未遂并存且均构成犯罪的情况,在确定全案适用的法定刑幅度时,先就未遂部分进行是否减轻处罚的评价,确定未遂部分所对应的法定刑幅度,再与既遂部分对应的法定刑幅度比较,确定全案适用的法定刑幅度。如果既遂部分对应的法定刑幅度较重或者二者相同的,应当以既遂部分对应的法定刑幅度确定全案适用的法定刑幅度,将包括未遂部分在内的其他情节作为确定量刑起点的调节要素进而确定基准刑。如果未遂部分对应的法定刑幅度较重的,应当以未遂部分对应的法定刑幅度确定全案适用的法定刑幅度，将包括既遂部分在内的其他情节，连同未遂部分的未遂情节一并作为量刑起点的调节要素进而确定基准刑。

本案中，王新明的合同诈骗犯罪行为既遂部分为30万元，根据司法解释及北京市的具体执行标准，对应的法定刑幅度为有期徒刑3年以上10年以下；未遂部分为70万元，结合本案的具体情况，应当对该未遂部分减一档处罚，未遂部分法定刑幅度应为有期徒刑3年以上10年以下，与既遂部分30万元对应的法定刑幅度相同。因此，以合同诈骗既遂30万元的基本犯罪事实确定对王新明适用的法定刑幅度为有期徒刑3年以上10年以下，将未遂部分70万元的犯罪事实，连同其如实供述犯罪事实、退赔全部赃款、取得被害人谅解等一并作为量刑情节，故对王新明从轻处罚，判处有期徒刑6年，并处罚金人民币6万元。

【法条链接】

《中华人民共和国刑法》

第23条　已经着手实行犯罪，由于犯罪分子意志以外的原因而未得逞的，是犯罪未遂。对于未遂犯，可以比照既遂犯从轻或者减轻处罚。

第224条　有下列情形之一，以非法占有为目的，在签订、履行合同过程中，骗取对方当事人财物，数额较大的，处3年以下有期徒刑或者拘役，并处或者单处罚金；数额巨大或者有其他严重情节的，处3年以上10年以下有期徒刑，并处罚金；数额特别巨大或者有其他特别严重情节的，处10年以上有期徒刑或者无期徒刑，并处罚金或者没收财产：

（一）以虚构的单位或者冒用他人名义签订合同的；

（二）以伪造、变造、作废的票据或者其他虚假的产权证明作担保的；

（三）没有实际履行能力，以先履行小额合同或者部分履行合同的方法，诱骗对方当事人继续签订和履行合同的；

（四）收受对方当事人给付的货物、货款、预付款或者担保财产后逃匿的；

（五）以其他方法骗取对方当事人财物的。

最高人民法院、最高人民检察院《关于办理诈骗刑事案件具体应用法律若干问题的解释》

第6条　诈骗既有既遂，又有未遂，分别达到不同量刑幅度的，依照处罚较重的规定处罚；达到同一量刑幅度的，以诈骗罪既遂处罚。

四、全真题演练

（一）单选题

1. 甲企业为了参加今年的全国财务评比，想搞个虚假的会计财务证明文件。某会计师事务所（国有企业）人员收受甲企业的财物，为甲企业提供了虚假的会计财务证明文件，造成了严重的后果。那么该会计师事务所人员犯了（　　）。

A. 提供虚假证明文件罪

B. 受贿罪

C. 提供虚假证明文件罪和受贿罪

D. 提供虚假证明文件罪和受贿罪择一重罪处断

2. 2002年10月，甲从事传销或者变相传销活动，扰乱市场秩序，情节严重。甲的行为应（　　）。

A. 属于销售伪劣产品罪

B. 属于非法经营罪

C. 属于强迫交易罪

D. 不构成犯罪

3. 根据我国《刑法》的规定，以非法占有为目的，在签订履行合同的过程中，骗取对方当事人的财物，数额较大的构成合同诈骗罪。下列哪种行为不符合上述条件，不构成合同诈骗罪？（　　）

A. 某甲未经卢某同意用卢某名义签订合同

B. 某乙为取得对方当事人的信任，要求自己在审计事务所工作的同学杨某为自己出具一份产权证明作担保

C. 某丙在签订合同后，携带对方当事人给付的2 000元定金逃匿

D. 某丁借用其他单位的公章和合同文本签订合同

4. 甲实施了刑法侵犯著作权的行为，又销售该侵权复制品，违法所得数额巨大。甲的行为应属于(　　)。

A. 侵犯著作权罪

B. 销售侵权复制品罪

C. 侵犯著作权罪和销售侵权复制品罪数罪并罚

D. 侵犯著作权罪和销售侵权复制品罪择一重罪处罚

5. 假冒注册商标罪在客观方面表现为未经注册商标所有人许可，在什么情况下是非法使用商标的行为？(　　)

A. 在同一种商品上使用与其注册商标相似的商标

B. 在同一种商品上使用与其注册商标相同的商标

C. 在类似商品上使用与其注册商标相似的商标

D. 在类似商品上使用与其注册商标相同的商标

6. 张某是一家出售艺术品商店的老板。一日受朋友之托，代售一幅署名徐悲鸿的画作。张某经鉴定后确认是赝品。但碍于情面，仍代为售出。对于张某的行为应如何认定？(　　)

A. 构成侵犯著作权罪

B. 构成销售侵权复制品罪

C. 既构成了侵犯著作权罪，又构成销售侵权复制品罪

D. 不构成犯罪

7. 邱某与其父在家搞个体经营，开业数月，经营额为 3 万余元，应纳税额2 200余元。税务所 25 次开出纳税通知单，催其纳税。由于逾期不交，税务机关对其加收滞纳金2 000余元，合计4 000余元。税务机关多次派人催缴，邱拒绝缴纳。为维护国家税收法规的严肃性，市税务机关干部王某前往催收税款。邱某不但抗拒不缴，而且侮骂王某。王某据理力争，邱某上前对王某拳打脚踢，致使王某身受重伤。对邱某的行为应如何认定？(　　)

A. 抗税罪

B. 抗税罪与故意伤害罪

C. 故意伤害罪

D. 妨害公务罪

8. 某企业因产品出口得到国家出口退税款 300 万元，后因产品质量问题被国外客商退货 1/3。该企业隐瞒这一事实且未补缴应缴的税款 100 万元。该企业的行为构成何种犯罪？(　　)

A. 骗取出口退税罪

B. 逃避追缴欠税罪

C. 偷税罪

D. 虚开用于骗取出口退税、抵扣税款发票罪

9.(2005 年司法考试卷 2 第 94 题)甲公司拥有某项独家技术每年为公司带来 100 万元利润，故对该技术严加保密。乙公司经理丙为获得该技术，带人将甲公司技术员丁在其回家路上强行拦截并推入丙的汽车，对丁说如果他提供该技术资料就给他 2 万元，如果不提供就将他嫖娼之事公之于众。丁同意配合。次日丁向丙提供了该技术资料，并获得 2 万元报酬。丙的行为构成(　　)。

A. 强迫交易罪　　B. 敲诈勒索罪

C. 绑架罪　　D. 侵犯商业秘密罪

（二）多选题

1. 下列关于扰乱电信市场的行为的说法，正确的是哪些项？（　　）

A. 扰乱电信市场管理秩序，情节严重的，以非法经营罪定罪处罚

B. 国有电信企业的工作人员，滥用职权，造成国有企业严重损失或破产，给国家利益造成损失的，以徇私舞弊罪定罪处罚

C. 将电信卡非法充值和使用，造成电信资费损失数额较大的，以盗窃罪定罪处罚

D. 以虚假、冒用的身份证件办理入网手续并使用移动电话，造成电信资费损失数额较大的，以诈骗罪定罪处罚

2. 下列所列情形中，哪些构成生产、销售伪劣产品罪？（　　）

A. 王某开办的地下药厂生产脚气灵软膏，售出后获利 5 万元，经鉴定该药属于假药，对治疗脚气病根本没有疗效

B. 个体食品店老板秦某为贪便宜长期进货销售不符合卫生标准的“远香”牌火腿肠，获利 5 万元。经查，该火腿肠虽不符合卫生标准，但不会对人体健康造成严重损害

C. 某私营企业原来生产的驱蚊剂效果明显，很受欢迎。后来为了多赚钱，老板葛某让工人掺杂使假，生产不合格产品出售，违法所得达 8 万元

D. 某企业生产的电热毯，质量不符合人身财产安全的国家标准，先后造成 5 名消费者触电身亡

3. 某私营企业老板甲某让另一企业为自己虚开了 4 张增值税发票后，自己又仿造了 10 张，分别卖给了另外几家私营企业。那么，甲某的行为已经构成何罪？（　　）

A. 虚开增值税专用发票罪

B. 伪造增值税专用发票罪

C. 出售伪造的增值税专用发票罪

D. 伪造、出售伪造的增值税专用发票罪

4. 雷某为购买正式书号用于出版淫秽录像带，找某音像出版社负责人任某帮忙。雷向任谎称自己想制作商业宣传片，需要一个书号，并提出付给出版社 1 万元“书号费”。任某同意，但要求雷给自己 2 万元好处费，雷某声称盈利后会考虑。任某随后指示有关部门立即办理。雷某拿到该书号出版了淫秽录像带，发行数量极大、影响极坏。雷牟利后给任某 2 万元好处费，任某收下。关于本案，下列哪些说法是错误的？（　　）

A. 雷某与任某的行为构成为他人提供书号出版淫秽书刊罪的共犯

B. 雷某的行为构成传播淫秽物品罪，任某的行为构成为他人提供书号出版淫秽书刊罪

C. 雷某的行为构成出版淫秽物品牟利罪，任某的行为构成出版淫秽物品牟利罪的共犯

D. 雷某与任某的行为构成非法经营罪的共犯

5. 行为人明知是伪造的增值税发票而加以购买，并出售牟利的，行为人的行为不构成下列哪些罪？（　　）

A. 购买伪造的增值税专用发票罪

B. 出售伪造的增值税专用发票罪

C. 购买伪造的增值税专用发票罪与出售伪造的增值税专用发票罪实行数罪并罚

D. 购买伪造的增值税专用发票罪与出售伪造的增值税专用发票罪择一重罪处罚

6. 姜某使用伪造、变造的金融票据，在签订履行合同的过程中，骗取对方当事人的信任，并骗得其财物，数额较大。下述关于对姜

某的行为认定的表述，哪些是不正确的？（　　）

A. 金融票据诈骗罪

B. 合同诈骗罪

C. 金融票据诈骗罪与合同诈骗罪实行数罪并罚

D. 金融票据诈骗罪与合同诈骗罪择一重罪处罚

7. 根据有关司法解释，倒卖车票罪的从重处罚情节包括（　　）。

A. 铁路职工倒卖车票

B. 铁路职工与其他人员勾结倒卖车票

C. 组织倒卖车票的首要分子

D. 曾因倒卖车票受过处罚

8. 甲通过金融诈骗的方法非法获取资金，造成数额较大，不能归还，甲具有下列情形之一，就可以认定甲具有非法占有的目的：（　　）。

A. 明知没有归还能力而大量骗取资金

B. 肆意挥霍骗取的资金

C. 使用骗取的资金进行违法犯罪活动

D. 非法获取资金后逃跑

9.（2014年司法考试卷2第58题）关于生产、销售伪劣商品罪，下列哪些判决是正确的？（　　）

A. 甲销售的假药无批准文号，但颇有疗效，销售金额达500万元，如按销售假药罪处理会导致处罚较轻，法院以销售伪劣产品罪定罪处罚

B. 甲明知病死猪肉有害，仍将大量收购的病死猪肉，冒充合格猪肉在市场上销售。法院以销售有毒、有害食品罪定罪处罚

C. 甲明知贮存的苹果上使用了禁用农药，仍将苹果批发给零售商。法院以销售有毒、有害食品罪定罪处罚

D. 甲以为是劣药而销售，但实际上销售了假药，且对人体健康造成严重危害。法院以销售劣药罪定罪处罚

（三）名词解释

1. 走私普通货物、物品罪

2. 单位人员受贿罪

3. 持有、使用假币罪

4. 非法吸收公众存款罪

5. 妨害信用卡管理罪

6. 对外国公职人员、国际公共组织官员行贿罪

（四）简答题

1. 简述妨害信用卡管理罪的客观要件。

2. 简述洗钱罪的主要上游犯罪。

3. 简述"盗窃并使用信用卡"的定性。

4. 简述假冒注册商标罪的客观要件。

5. 简述损害商业信誉、商品声誉罪与诽谤罪的区别。

6. 简述强迫交易罪的客观要件。

（五）论述题

1. 论述生产、销售伪劣产品罪的概念和构成。

2. 论述信用卡诈骗罪的客观方面。

五、深度拓展

【拓展一】　生产、销售伪劣产品罪的未遂

伪劣产品尚未销售或者销售金额没有达到5万元的，能否认定为生产、销售伪劣产品罪的未遂犯？肯定说认为，只要销售者购入了伪劣产品，如果将来销售后的金额可能达到5万元，即使并没有销售的也构成犯罪未遂。否定说认为，只有销售金额达到5万元，才可能构成本罪；销售金额没有达到5万元的，不应以本罪的未遂犯论处。

2001年4月9日最高人民法院、最高人民检察院《关于办理生产、销售伪劣商品刑事案件具体应用法律若干问题的解释》第2条第2款指出："伪劣商品尚未销售，货值金额达到

《刑法》第140条规定的销售金额3倍以上的，以生产、销售伪劣产品罪（未遂）定罪处罚。”这一规定在肯定说与否定说之间有所折中，其思路大体是：“销售金额5万元以上”不是犯罪成立要件，只是犯罪既遂要件；但并非任何犯罪的未遂都应处罚，只有情节严重的未遂才处罚；伪劣产品尚未销售，但货值金额达到《刑法》第140条规定的销售金额3倍以上的，应认为情节严重，宜追究刑事责任。

【拓展二】 使用假币罪与盗窃罪的关系

在此讨论的问题是，行为人使用真实有效的信用卡或存折，通过ATM成功存入假币，然后从其他ATM中取出真币的行为，应当如何处理？本书观点是，行为人通过ATM存入假币的行为构成使用假币罪，其后从ATM上取出真币的行为构成盗窃罪。第一，ATM是供存款人存款、取款的机器，在此时由此人存入的现金，在彼时就被他人取走或者被银行利用。所以，将假币存入ATM完全属于将假币作为真币置于流通的使用行为。第二，行为人在存入假币时，旨在使自己的银行债权增加。在此意义上说，行为人是将假币作为手段使自己获得银行债权。但是，即使行为人完全放弃债权，其将假币置于流通的行为，也侵害了货币的公共信用，具有值得科处刑罚的违法性。退一步说，即使行为人用某种办法将假币置于ATM，而自己不获得债权，该行为也因为侵害了货币的公共信用，而值得科处刑罚。第三，通过存入假币而获取银行债权的行为，与后面的从ATM中取出真币的行为，所指向的对象不同（前者为财产性利益，后者为货币），所以，不能因为行为人之前非法获取了银行债权，就否认后面从ATM取款的行为成立盗窃罪。第四，存入假币行为侵害的是货币的公共信用，从ATM中取出真币的行为侵害的是银行财产。行为人明显实施了两个行为，具有两个故意，而且二者之间并不存在所谓类型性的牵连关系，也不属于其他应当以一罪论处的情形，故应数罪并罚。

【拓展三】 贷款诈骗罪与骗取贷款罪的关系

贷款诈骗罪与骗取贷款罪存在特别关系。使用欺骗方法获取金融机构贷款的，均构成骗取贷款罪，但是，如果行为人具有非法占有目的，则应认定为贷款诈骗罪。在判断具有非法占有目的时，除考察行为手段外，还需要考察以下因素：取得贷款后是否按照贷款用途使用；是否使用贷款进行违法犯罪活动；是否携款潜逃；到期后是否积极准备偿还贷款等。对于具有下列情形之一的，应认定为具有非法占有目的：(1)假冒他人名义贷款的；(2)贷款后携款潜逃的；(3)未将贷款按贷款用途使用，而是用于挥霍致使贷款无法偿还的；(4)改变贷款用途，将贷款用于高风险经济活动造成重大经济损失，致使无法偿还贷款的；(5)为谋取不正当利益，改变贷款用途，造成重大经济损失，致使无法偿还贷款的；(6)使用贷款进行违法犯罪活动的；(7)隐匿贷款去向，到期后拒不偿还的；等等。对于不能证明行为人具有非法占有目的的，不能以贷款诈骗罪论处。例如，因不具备贷款的条件而采取了欺骗手段获取贷款，案发时有能力履行还款义务，或者案发时不能归还贷款是因为意志以外的原因，如因经营不善、被骗、市场风险等，只能认定为骗取贷款罪。此外，对于合法取得贷款后，没有按规定的用途使用贷款，到期没有归还贷款的，既不能以贷款诈骗罪论处，也不能以骗取贷款罪论处。

第十八章

侵犯公民人身权利、民主权利罪

一、知识结构图

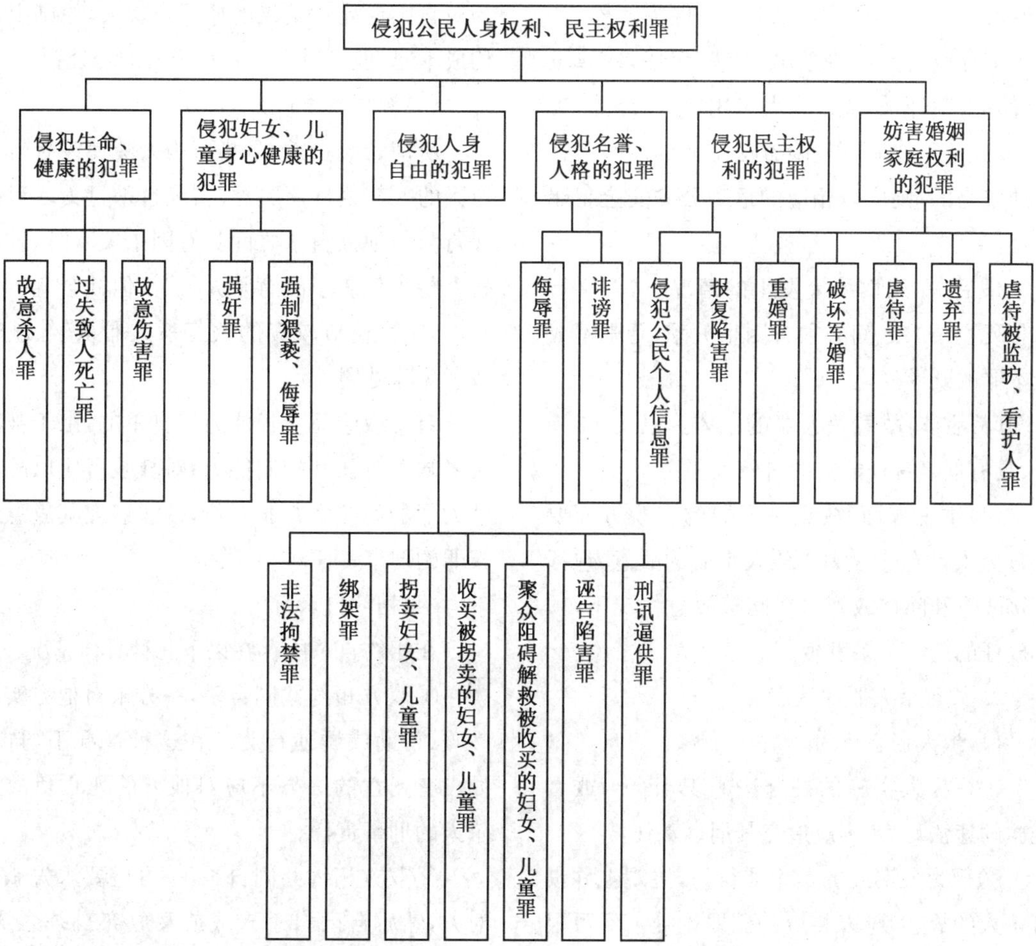

二、重难点归纳

(一)故意杀人罪

故意杀人罪是指故意非法剥夺他人生命的行为。

1. 故意杀人罪的构成

(1)客体:故意杀人罪的客体是他人的生命权利。本罪的对象只能是有生命的自然人。

(2)客观方面:故意杀人罪的客观方面表现为非法剥夺他人生命的行为。

首先,这种剥夺他人生命的行为必须是非法的。

其次,要有剥夺他人生命的行为。行为方式既可以表现为作为,也可以表现为不作为。对于剥夺他人生命的方式、方法、手段,法律虽然没有限制,但如果行为人采用放火、爆炸、决水、投放危险物质等危险方法杀人而同时危害公共安全的,则应以相应的危害公共安全犯罪论处。

最后,在死亡结果发生的情况下,杀害行为与死亡结果之间必须有因果关系,否则不成立本罪的既遂。

(3)主体:故意杀人罪的主体为已满14周岁、具有刑事责任能力的自然人。

(4)主观方面:故意杀人罪的主观方面要求行为人具有非法剥夺他人生命的故意,包括直接故意和间接故意。在间接故意情况下,须有放任的死亡结果发生。

2. 故意杀人罪的认定

(1)致人自杀行为。

①行为人实施的是合法的正当行为或者轻微的违法行为,不应追究其刑事责任。

②行为人实施的是犯罪行为,主观上并没有杀人的故意,应以相应的犯罪论处。但可根据具体情况,将引起自杀作为所定之罪的一个从重处罚情节,或将引起他人自杀这一事实可作为定罪与否的情节。

③行为人具有致他人死亡的故意,并凭借权势或以暴力、胁迫、诱骗等手段促使他人自杀,由于行为人主观上具有杀人故意,客观上又实施了与死亡有因果关系的行为,实质上是一种借刀杀人的行为,应以本罪论处。

(2)帮助自杀行为。

帮助自杀,在实践中主要有两种情况:

一是他人已有自杀意图,行为人仅对其在精神上加以鼓励。这种情况下,行为人的行为对自杀者死亡结果的原因力小,危害也不大,可以不追究其故意杀人的刑事责任。

二是他人已有自杀意图,行为人应其请求在物质上提供帮助。这种情况下,行为人的行为对自杀者死亡结果的原因力较大,原则上应构成本罪,但可对帮助者从轻或减轻处罚。

(3)教唆自杀行为。

所谓教唆自杀,是指行为人唆使没有自杀意图的人产生自杀决意,实施自杀行为。当教唆行为与他人自杀之间具有因果关系时,教唆自杀行为仍属于故意杀人行为,但社会危害性较小,应按情节较轻的故意杀人罪从轻、减轻或者免除处罚。

对于教唆无责任能力人自杀的,由于被教唆者缺乏辨认和控制能力,对教唆者应以故意杀人罪的间接实行犯对待,依法追究其故意杀人罪的刑事责任。

(4)相约自杀行为。

在相约自杀中存在以下几种具体情况:

①双方相约共同自杀,一方未对他方实施教唆、帮助或诱使行为。在这种情况下,自杀而没有死亡的一方不应对他方的死亡负故意杀人的刑事责任。

②双方相约共同自杀,一方应要求先杀死对方,然后自己自杀未成或又放弃自杀念头。这种情况本质上是一种承诺(受嘱托)杀人的行为,应按故意杀人罪论处,但在量刑时可从轻考虑。

③双方相约共同自杀，一方为自杀提供条件，另一方利用此条件自杀身死，而提供条件者自杀未死。提供条件者的行为从性质上讲是一种帮助自杀的行为，可依照帮助自杀的原则处理。

④诱使他人相约共同自杀，而自己自杀未能成功。此种行为性质上是教唆自杀，按教唆自杀从宽处理。

⑤一方诱骗对方相约共同自杀，而行为人根本没有自杀的意图。在被诱骗者自杀死亡的情况下，对诱骗者应以故意杀人罪定性。

(5)受嘱托杀人行为及“安乐死”问题。

受嘱托杀人，也称为“得承诺杀人”，是指行为人受已有自杀意图者的嘱托而直接将他人杀死的行为。这种情况下，行为人直接实施杀人行为，构成故意杀人罪，但由于是应已有自杀意图者所求，在处罚时可考虑从轻。

“安乐死”在本质上也是一种受嘱托杀人行为，在目前立法尚未承认“安乐死”的情况下，对实践中的“安乐死”案件，仍应按故意杀人罪定性，但可根据具体情况免除或减轻处罚。

(6)“间接杀人”行为。

行为人教唆未达到法定刑事责任年龄或不具有刑事责任能力的精神病人实施杀害他人的行为，这种情况下，未达到法定刑事责任年龄或不具有刑事责任能力的精神病人，事实上是教唆者的杀人“工具”，教唆者在理论上称为“间接正犯”，应视为是由他本人实行故意杀人行为，构成故意杀人罪。

3. 致人死亡的认定

致人死亡的认定大体有以下三种情况：

(1)按结果加重犯处理，判处较重的法定刑。通常是原犯罪本身法定刑就比较高。

(2)转化犯，按故意杀人罪处理。通常是因为原犯罪本身包含暴力因素，但法定刑比较低。

(3)数罪并罚，以原犯罪与杀人罪数罪并罚。通常是犯罪既遂后基于新的故意而杀人。

(二)过失致人死亡罪

过失致人死亡罪是指因过失致使他人死亡的行为。

过失致人死亡罪的构成：

(1)客体：过失致人死亡罪的客体为他人的生命权利。

(2)客观方面：过失致人死亡罪的客观方面表现为过失致人死亡的行为。

首先，致人死亡的行为主要是指在日常生活中，对他人的生命安全缺乏应有的关注，因作为或者不作为行为致使他人死亡。

其次，构成本罪必须有死亡结果发生。

再次，过失行为与死亡结果之间必须具有刑法意义上的因果关系。

最后，被害人或其他人有无过错，不影响本罪的成立，但在决定刑事责任时应当予以考虑。

(3)主体：过失致人死亡罪的主体为已满16周岁、具有刑事责任能力的自然人。

(4)主观方面：过失致人死亡罪的主观方面表现为过失，包括疏忽大意的过失和过于自信的过失。

(三)故意伤害罪

故意伤害罪是指故意非法损害他人身体健康的行为。

故意伤害罪的构成：

(1)客体：故意伤害罪的客体是他人的身体健康权。所谓身体健康权，主要是指己身之外的自然人对于保持其肢体、器官、组织的完整和正常机能的权利。犯罪对象必须是他人，但军人在作战时自伤身体以逃避履行军事义务的，可构成战时自伤罪。

(2)客观方面：表现为非法损害他人身体健康的行为。

首先，损害他人的身体健康的行为必须是

非法的。属于合法行为而损害他人身体健康的,如正当防卫,不构成犯罪。

其次,必须具有损害他人身体健康的行为。

最后,需要注意的是,刑法中针对他人身体而实施的犯罪有多种,而且也多使用暴力并对他人身体健康造成一定程度的损害,但在法律没有明文规定的情况下,即使在实施该类犯罪中因为暴力伤害了他人身体健康的,也不能以故意伤害罪论处。

(3)主体:对于故意伤害致人重伤或死亡的,主体为已满14周岁、具有刑事责任能力的自然人。对于致人轻伤害的,主体为已满16周岁、具有刑事责任能力的自然人。

(4)主观方面:是非法伤害他人身体健康的故意。但需注意的是,在间接故意伤害的情况下,只能是放任对他人身体健康损害结果的发生,而不能放任死亡结果的发生,否则,应构成故意杀人罪。

【难点辨析】

1. 故意伤害罪与殴打行为

故意伤害罪的伤害,是指损害他人肢体、器官、组织的完整和正常机能的行为。而所谓殴打,是指造成人体暂时性的疼痛,但不损害人体健康的行为。由于并不破坏他人的肢体、器官、组织的完整和正常机能,所以,殴打行为造成的损害并不是伤害罪意义上对人体健康的损害,不能构成故意伤害罪。但如采取殴打方式造成身体健康损害结果,特别是在发生死亡结果的情况下,应分析,是采用殴打方式行伤害之实,还是因过失造成重伤或致人死亡,或者对结果的发生主观上无罪过。不能因殴打是有意实施的,就认为只能构成故意伤害罪。

2. 故意伤害致人死亡与过失致人死亡罪

(1)相同点:客观上都造成了他人死亡的结果,主观上都没有剥夺他人生命的故意。

(2)不同点:区分二者的关键在于主观上有无伤害的故意。故意伤害致人死亡的,行为人主观上具有伤害的故意,但对死亡的结果是过失,属于复杂罪过;而过失致人死亡的行为人主观上只对死亡结果有过失,主观上并无伤害的故意。

3. 故意伤害罪与故意杀人罪(未遂)

(1)相同点:客观上都造成伤害的结果。

(2)不同点:关键在于行为人的故意内容不同。故意伤害的故意内容,是非法损害他人身体健康,并无剥夺他人生命的故意内容;而故意杀人未遂故意的内容,是非法剥夺他人的生命,虽然在客观上呈现的是损害他人健康的结果,但这是由于行为人意志以外的原因,而未造成死亡的结果,不能因此而改变行为人非法剥夺他人生命的故意内容。

4. 故意伤害致人死亡与故意杀人罪(既遂)

(1)相同点:主观上都是出于故意,在客观上都发生了死亡的结果。

(2)不同点:关键在于故意的内容不同。故意伤害致死的只具有损害他人身体健康的故意,对死亡结果的发生主观上是出于过失;而故意杀人在主观上具有非法剥夺他人生命的故意内容。

5. 故意伤害罪与故意杀人罪

(1)相同点:都可能致人死亡,如故意伤害致死与故意杀人既遂;也都可能不致人死亡,如故意伤害与杀人未遂。

(2)不同点:故意的内容不同。故意伤害罪是基于伤害的故意,故意杀人是基于杀人的故意。因此有杀人故意的,即使未死也定故意杀人罪;只有伤害他人的故意,即使导致他人死亡,也只定故意伤害罪。

(3)故意内容的判断方法:通过客观因素进行判断。

①使用的手段、工具如果极可能致命,如

用枪击、刀杀，一般认定为有杀人的故意；反之，如果使用的手段、工具一般不致命，如用拳头打、棍棒打，一般认定为伤害的故意。

②打击的部位极可能致命，如用重物猛击脑袋或用刀刺心脏，一般判断为有杀人故意；反之，如果打击的部位不致命的，一般认定为伤害的故意。

③如果行为人自身的意思不明确，动辄行凶的，出现什么结果定什么罪。

④因民间纠纷打架打死人的多定故意伤害，特别是在有些情况下，如积极抢救，即使死了也定故意伤害致死。

（四）强奸罪

强奸罪是指以暴力、胁迫或者其他手段，违背妇女意志，强行与妇女性交，或者故意与不满14周岁的幼女发生性关系的行为。

1. 强奸罪的构成

（1）客体：女性的性自由权利和幼女的身心健康权利。需要注意的是：

首先，本罪的对象是妇女和幼女。此外，《刑法修正案（九）》废除了《刑法》第360条第2款规定的嫖宿幼女罪，因而今后对于明知是幼女而嫖宿的行为，应以强奸罪论处。

其次，愿意发生性行为的权利是对具有责任能力、精神健全的妇女而言的，如果是不满14周岁的幼女或者精神病患者，则不问其是否有同意性行为的意思表示，均以违反其意志论。

最后，妇女的性自由权利和幼女的身心健康权利是只有妇女和幼女在生命存续时才享有的权利。因此，实践中奸淫妇女、幼女尸体的行为则构成侮辱尸体罪，但如果行为人在妇女、幼女生前已着手实施强奸的暴力手段而致妇女、幼女死亡，又奸淫妇女、幼女尸体的，仍构成强奸罪。

（2）客观方面：表现为以暴力、胁迫或其他手段，违背妇女意志，强行与之性交，或者与不满14周岁的幼女发生性关系的行为。

在犯罪对象为不满14周岁的幼女时，只要与幼女发生了性关系，无论幼女同意与否，均符合本罪的客观方面的要件。

（3）主体：已满14周岁并具有刑事责任能力的男性。通说认为女性不能单独构成本罪的实行犯，但可以成为本罪的教唆犯和帮助犯。

（4）主观方面：直接故意，并且具有违背女性意志，强行与之发生性交的故意内容。与幼女发生性交构成强奸罪要求行为人明知对方是不满14周岁的幼女。①

2. 强奸罪的认定

（1）强奸罪与通奸的界限。

通奸，是指有配偶的男女之间以及有配偶的男女一方与他人之间，基于情感、生理需要自愿发生的婚外性行为。因为通奸并不违背妇女的意志，也不使用暴力等手段，不构成本罪。如果男女双方先是通奸，后女方不愿继续保持性关系，男方仍纠缠强行实施性行为的，以强奸罪论处。对第一次性行为违背妇女意志，但女方并未告发并继续多次自愿与该男子发生性行为，一般不再定强奸罪。但是，如果后来的多次性行为是妇女受到行为人的威胁、恫吓所致，则应对行为人以强奸罪论处。对男方霸占女方，迫使其忍辱从奸的，也应以强奸罪论处。

（2）已满14周岁不满16周岁的男性与幼女发生性行为的处理。

已满14周岁不满16周岁的人偶尔与幼女

① 2013年10月23日最高人民法院、最高人民检察院、公安部、司法部《关于依法惩治性侵害未成年人犯罪的意见》第19条规定，知道或者应当知道对方是不满14周岁的幼女，而实施奸淫等性侵害行为的，应当认定行为人“明知”对方是幼女；对于不满12周岁的被害人实施奸淫等性侵害行为的，应当认定行为人“明知”对方是幼女；对于已满12周岁不满14周岁的被害人，从其身体发育状况、言谈举止、衣着特征、生活作息规律等观察可能是幼女，而实施奸淫等性侵害行为的，应当认定行为人“明知”对方是幼女。

发生性行为,情节轻微、未造成严重后果的,不认为是犯罪。因此在认定时应注意:①行为人若使用暴力、胁迫或其他强制手段与幼女发生性行为的,无论情节是否严重,均应以强奸罪论处。②若双方为自愿发生性关系,且情节轻微,尚未造成严重后果的,可不以强奸罪论处;若情节恶劣,后果严重的,可认定为强奸罪,如奸淫多名幼女或造成多名幼女性器官严重损害等。③对既实施强奸妇女行为又实施了奸淫幼女行为的,按强奸罪从重处罚,不实行数罪并罚。

(3)使用胁迫手段的强奸与双方基于互相利用发生性行为的界限。

实践中对于利用教养关系,以及利用从属关系或利用职权、封建迷信等迫使被害人就范从而实施奸淫行为的,应认定为违背其意志,属利用胁迫手段,应构成强奸罪。对于行为人利用职权上的优越条件、以某种精神或物质利益引诱女方,女方为谋取某种利益,或者接受引诱,或者基于互相利用自愿与之发生性行为的,即使男方在此后欺骗了女方,也不能定强奸罪。

(4)与精神病人或痴呆患者发生性行为的认定。

首先,须查清以下基本事实:①精神病人或痴呆(精神发育不全)患者病情的轻重以及意识能力和控制能力的程度。②行为人是否明知女性是不能辨认和控制自己的行为的。

其次,在此基础上分以下情况处理:①如果间歇性精神病人正处在精神正常期、精神发育不全的轻度患者并未完全丧失辨认和控制自己行为的能力,只要性行为不是违背其意志,就不能定为强奸罪。②无论患者病情的轻重以及意识能力和控制能力的程度的强弱,只要以暴力、胁迫等手段,应认定为强奸罪。③虽然是确实得到患者同意而与之性交的,但明知是丧失辨认和控制自己行为能力的痴呆、精神病患者的,构成强奸罪。④确实不知是痴呆或精神病患者,在得到其同意,甚至受到病患者的性挑逗的情况下,与之发生了性行为,行为人主观上缺乏违背女性意志,强行与其性交的目的,不能认定为强奸罪。

(5)本罪既遂与未遂。

通说认为,强奸既遂与否应以插入说,即两性性器官的结合为标准。但由于强奸行为针对不同被害对象的心理、生理条件,所以,一般认为,针对已满14周岁妇女的强奸,既遂与否以插入说为宜,针对不满14周岁的幼女,则采取接触说,即以两性性器官发生接触为既遂。

(五)强制猥亵、侮辱罪

强制猥亵、侮辱罪是指以暴力、胁迫或者其他方法,强制猥亵他人或者侮辱妇女的行为。

强制猥亵、侮辱罪的构成:

(1)客体:强制猥亵、侮辱罪的客体是他人的人格尊严和人身自由权利。强制猥亵的对象包括男性和女性,但只限于已满14周岁的人;猥亵不满14周岁的男女儿童的,构成猥亵儿童罪。强制侮辱的对象只能是妇女。

(2)客观方面:强制猥亵、侮辱罪的客观方面表现为以暴力、胁迫或者其他手段,强制猥亵他人或者侮辱妇女的行为。行为人的暴力、胁迫或其他手段在现实中是否具有压制被害人反抗的效果,不影响本罪的认定。

所谓猥亵,是指除奸淫以外的能够满足性欲和性刺激的有伤风化,损害他人性心理、性观念,有碍其身心健康的性侵犯行为。

所谓侮辱妇女,是指实施具有挑衅性有损妇女人格或者损害其性观念、性心理的行为。行为是否具有侮辱性质,应当以妇女自己的感受,即是否违背其意志以及客观行为是否具有强制性为判断的标准。

(3)主体:强制猥亵、侮辱罪的主体是已满

16 周岁、具有刑事责任能力的自然人。

(4)主观方面:强制猥亵、侮辱罪在主观方面是直接故意。

【难点辨析】

强制猥亵、侮辱罪与强奸罪(未遂)

(1)主观故意的内容不同。强制猥亵、侮辱罪排除以与妇女发生性交行为为目的;强奸罪(未遂)是以与妇女发生性交行为为目的。

(2)客观方面的行为不完全相同。强制猥亵、侮辱罪是实施性交行为以外的猥亵、侮辱行为;强奸罪(未遂)则是对妇女实施性交行为,因意志以外的原因(含行为人自身原因)而致性交行为未能完成。

(3)犯罪主体的范围不完全相同。强制猥亵、侮辱罪的主体要求年满 16 周岁,实行犯既可以是男子,也可以是妇女;强奸罪的主体要求年满 14 周岁,实行犯只能是男子。

(4)侵犯客体不同与对象不完全相同。强制猥亵、侮辱罪侵犯的是他人的人格、名誉权利,侮辱的对象仅限于女性,猥亵的对象可以是男性或女性,不包括不满 14 周岁儿童;强奸罪侵犯的客体是妇女的不可侵犯的权利或者幼女的身心健康。侵害对象限于女性,包括成年妇女、少女以及不满 14 周岁的幼女。

(六)非法拘禁罪

非法拘禁罪是指非法拘禁他人或者以其他方法非法剥夺他人人身自由的行为。

1. 非法拘禁罪的构成

(1)客体:非法拘禁罪的客体是他人的人身自由权利,即他人根据自己的意愿自由支配自己身体活动的权利。非法拘禁罪的对象是所有依法享有人身自由权利的他人。

(2)客观方面:非法拘禁罪的客观方面表现为以拘禁或者其他强制方法非法剥夺他人人身自由的行为。非法拘禁具有非法性和强制性。

非法拘禁罪属于继续犯,拘禁的不法行为和他人失去自由的状态在一定时间内处于持续的不间断状态。拘禁时间的长短对犯罪的成立没有影响,是量刑的情节。

(3)主体:非法拘禁罪的主体为已满 16 周岁、具有刑事责任能力的自然人。

(4)主观方面:非法拘禁罪的主观方面是故意,并且具有非法剥夺他人人身自由的目的。

2. 非法拘禁罪的认定

(1)罪与非罪的界限。

非法拘禁罪属于继续犯,只要行为人以剥夺他人人身自由为目的,非法拘禁他人,不论时间长短,都是本罪既遂。时间的长短可作为一个量刑情节加以考虑,但如果非法拘禁时间过于短暂,情节显著轻微,没有造成多大危害的,不应以犯罪论处。

为索取债务非法扣押、拘禁他人的,依照非法拘禁罪论处,同时,索取的债务不以是否受法律保护为条件。

(2)罪数问题。

国家机关工作人员利用职权进行报复陷害,非法拘禁他人的,属于想象竞合犯,应当从一重从重处罚。

如果非法拘禁行为与其他犯罪存在牵连关系,除刑法有明文规定的外,应从一重罪处断,一般不实行并罚;反之,应实行并罚。如:在拐卖妇女、儿童过程中实施非法拘禁行为的,应根据牵连犯原则,以拐卖妇女、儿童罪从重处罚;但收买妇女、儿童后,为防止被收买的妇女、儿童逃走而将其拘禁的,应实行数罪并罚。

(七)绑架罪

绑架罪是指以勒索财物为目的绑架他人,或者绑架他人作为人质的行为。

1. 绑架罪的构成

(1)客体:绑架罪的客体是复杂客体,包括他人的人身自由权利,健康、生命权利及公私财产所有权利。人身权利是绑架罪客体的主要方面。

(2)客观方面:绑架罪的客观方面表现为使用暴力、胁迫或者其他手段劫持他人的行为。以勒索财物为目的偷盗婴幼儿的,构成绑架罪。

根据《刑法》的规定,绑架的具体行为可以有两种情况:一是以勒索财物为目的绑架他人为人质;二是出于非勒索财物目的绑架他人为人质(但是,不包括为索取债务绑架他人为人质的情况)。因此,绑架的本质在于非法控制他人人身,并将他人作为人质。

绑架罪在实施过程中对人质的非法拘禁,是绑架的当然结果,不另行定罪实行并罚。

行为人在绑架过程中,又以暴力、胁迫等手段当场劫取被害人财物,构成犯罪的,择一重罪处罚。

(3)主体:绑架罪的主体为已满16周岁、具有刑事责任能力的自然人。

(4)主观方面:绑架罪的主观方面是直接故意。根据《刑法》规定,绑架罪的故意内容有二:一是以勒索财物为目的;二是除勒索财物或者出卖为目的以外,以获取其他利益为目的,可以是为了满足政治目的,也可能是为其他利益,但都不影响绑架罪的成立。

2. 绑架罪的认定

(1)本罪的既遂和未遂。

通说认为,本罪的客观行为是单一行为而非双重行为,因而本罪的既遂和未遂,应以绑架行为是否达到实际控制人质,将其置于自己实际支配之下为标准。已经实际控制人质的,是既遂。虽实施暴力、胁迫、麻醉等绑架行为,但未构成对人质人身实际控制的,是未遂。已实际控制人质后又自动放人的不构成犯罪中止。

(2)在绑架勒索过程中,故意杀害被绑架人的,只定绑架罪一罪,而不认定为数罪。在绑架妇女的过程中强奸的,数罪并罚。

(3)已满14周岁不满16周岁的未成年人绑架并杀害人质的,应当追究其故意杀人行为的刑事责任,按故意杀人罪定罪处罚。

(4)犯绑架罪,杀害被绑架人的,或者故意伤害被绑架人,致人重伤、死亡的,处无期徒刑或者死刑(《刑法修正案(九)》)。

【难点辨析】

绑架罪与非法拘禁罪

(1)相同点

绑架罪与非法拘禁罪在形式上都剥夺了他人的人身自由。非法拘禁也可以绑架的手段实施。

(2)不同点

①主观方面不同。绑架罪是以勒索财物为目的,或者是除勒索财物或者出卖为目的以外,以获取其他利益为目的;非法拘禁罪是以非法剥夺人身自由为目的。

②客观方面不同。绑架罪一般既有绑架的行为,又有勒索财物或者要求其他利益的行为,剥夺人身自由是绑架的当然结果;而非法拘禁罪一般只具有非法剥夺人身自由的行为,除因索取债务的情况外,既无勒索财物的行为,也无要求其他利益的行为。

③客体不完全相同。绑架罪既存在复杂客体的情况,也存在单一客体的情况;而非法拘禁罪是单一客体。

(八)拐卖妇女、儿童罪

拐卖妇女、儿童罪是指以出卖为目的,拐骗、绑架、收买、贩卖、接送、中转妇女、儿童的行为。

1. 拐卖妇女、儿童罪的构成

(1)客体:拐卖妇女、儿童罪的客体是人身权利中人身不受买卖的权利。本罪的对象是妇女和儿童。

(2)客观方面:拐卖妇女、儿童罪的客观方面表现为实施拐骗、绑架、收买、贩卖、接送、中转妇女、儿童的行为。实施上述任一行为即符合本罪客观方面的要件。拐卖行为是否“违背被害人意志”，不影响本罪的论处。即使实践中，妇女、儿童自愿被卖也不能免除拐卖者的刑事责任，但在量刑时可考虑从轻。

(3)主体：拐卖妇女、儿童罪的主体是已满16周岁、具有刑事责任能力的自然人。

(4)主观方面：拐卖妇女、儿童罪的主观方面是直接故意，且具有出卖的目的。

2. 拐卖妇女、儿童罪的认定

(1)拐卖妇女、儿童罪与绑架罪的界限

①相同点：两者在客观上有相同之处，如绑架罪可以绑架妇女、儿童或偷盗婴幼儿；绑架罪中也具有为获取财物而实施的勒索行为。拐卖妇女、儿童罪也可以绑架为手段。

②不同点：第一，主观目的不同。本罪是以出卖为目的；而绑架罪是以勒索财物为目的或者除勒索财物目的以外，以获取其他利益为目的。第二，犯罪对象不同。本罪的对象仅限于妇女和儿童；而绑架罪的对象可以是任何人。第三，犯罪客体不完全相同。本罪属于单一客体；而绑架罪既存在复杂客体的情况，也存在单一客体的情况。第四，获取的利益及方式不同。本罪是将妇女、儿童出卖获取钱财；而绑架罪是向人质的亲属或利害关系人或有关机关要挟，可为钱财，也可为其他利益。

(2)拐卖妇女、儿童罪与拐骗儿童罪的界限

二者侵犯的都是人身权利，都可以儿童为对象，也都能采用欺骗手段。区别的关键在于：拐卖妇女、儿童罪是以出卖为目的，而拐骗儿童罪不以出卖为目的，一般是为了供自己或他人收养、奴役。偷盗不满14周岁的儿童自己养构成拐骗儿童罪，拐骗儿童又出卖的转定拐卖儿童罪。

(3)罪数问题

行为人在拐卖妇女、儿童的过程中同时实施了其他犯罪的，应根据《刑法》有关规定区别不同情况：①在拐卖过程中因殴打、捆绑等行为过失致伤害、死亡结果发生的，应以本罪论处。②因被害人反抗等原因而故意将被害人杀死或实施伤害的，应以故意杀人罪或故意伤害罪与本罪实行数罪并罚。③奸淫（包括强奸）被拐卖的妇女或诱骗、强迫其卖淫的，应以本罪论处。

3. 拐卖妇女、儿童罪的处罚

注意：处10年以上有期徒刑或无期徒刑，情节特别严重的处死刑的八种情形：(1)拐卖妇女、儿童集团的首要分子；(2)拐卖妇女、儿童3人以上的；(3)奸淫被拐卖的妇女的；(4)诱骗、强迫被拐卖的妇女卖淫或者将被拐卖的妇女卖给他人迫使其卖淫的；(5)以出卖为目的，使用暴力、胁迫或者麻醉方法绑架妇女、儿童的；(6)以出卖为目的，偷盗婴幼儿的；(7)造成被拐卖的妇女、儿童或者其亲属重伤、死亡或者其他严重后果的（注意：不得是故意杀害）；(8)将妇女、儿童卖往境外的。

(九)收买被拐卖的妇女、儿童罪

收买被拐卖的妇女、儿童罪，是指不以出卖为目的，收买被拐卖的妇女、儿童的行为。

1. 收买被拐卖的妇女、儿童罪的构成

(1)客体：收买被拐卖的妇女、儿童罪的客体是人身权利中人身不受买卖的权利。

(2)客观方面：收买被拐卖的妇女、儿童罪的客观方面表现为收买被拐卖的妇女、儿童的行为。本罪是结果犯，只有买到被拐卖的妇女、儿童才构成本罪既遂。是否违背被收买人的意志，不影响本罪的成立。

(3)主体：收买被拐卖的妇女、儿童罪的主体是已满16周岁、具有刑事责任能力的自然人。

(4)主观方面：收买被拐卖的妇女、儿童罪的主观方面是直接故意，并要求明知收买的对象是被拐卖的妇女、儿童，动机如何不影响

认定。

2. 收买被拐卖的妇女、儿童罪的认定

(1)收买被拐卖的妇女、儿童罪要求不以出卖为目的,否则认定为拐卖妇女、儿童罪。收买被拐卖的妇女、儿童又出卖的,定拐卖妇女、儿童罪。

(2)收买被拐卖的妇女,强行与其发生性关系的,或者非法剥夺、限制被拐卖妇女、儿童的人身自由,或者有伤害、侮辱等犯罪行为的,应以本罪和相应的有关犯罪实行数罪并罚。

(3)收买被拐卖的妇女、儿童,对被买儿童没有虐待行为,不阻碍对其进行解救的,可以从轻处罚;按照被买妇女的意愿,不阻碍其返回原居住地的,可以从轻或者减轻处罚(《刑法修正案(九)》)。

(十)聚众阻碍解救被收买的妇女、儿童罪

聚众阻碍解救被收买的妇女、儿童罪是指纠集众人,阻碍国家机关工作人员解救被收买的妇女、儿童的行为。

1. 聚众阻碍解救被收买的妇女、儿童罪的构成

(1)客体:聚众阻碍解救被收买的妇女、儿童罪的客体为被收买妇女、儿童的人身权利和国家机关的公务活动。本罪的对象必须是正在执行解救被收买的妇女、儿童任务的国家机关工作人员。

(2)客观方面:聚众阻碍解救被收买的妇女、儿童罪的客观方面表现为纠集众人阻碍国家机关工作人员解救被收买的妇女、儿童的行为。

(3)主体:聚众阻碍解救被收买的妇女、儿童罪的主体是已满 16 周岁、具有刑事责任能力的自然人,但必须是聚众阻碍解救活动中的首要分子,即策划、组织或指挥者。其是否亲自到场指挥不影响本罪的认定。

(4)主观方面:聚众阻碍解救被收买的妇女、儿童罪的主观方面是直接故意,并且应明知阻碍的对象是正在实行解救国家工作人员。

2. 聚众阻碍解救被收买的妇女、儿童罪的认定

(1)必须是非暴力聚众阻碍国家机关工作人员解救被收买的妇女、儿童的行为。采用暴力、威胁方法阻碍国家机关工作人员解救被收买的妇女、儿童的,定妨害公务罪。

(2)必须是聚众,否则不构成本罪。没有聚众,但使用了暴力妨碍解救的,可构成妨碍公务罪。

(3)必须是阻碍国家机关工作人员解救,阻碍其他人解救的可定故意伤害或其他犯罪。

(4)必须是首要分子。其他参与者使用暴力、威胁方法的,定妨害公务罪。

(5)阻碍解救的对象必须是被收买的妇女、儿童,而非被拐卖的,否则定拐卖妇女、儿童罪的共犯。

(十一)诬告陷害罪

诬告陷害罪是指捏造犯罪事实诬陷他人,意图使他人受刑事追究,情节严重的行为。

1. 诬告陷害罪的构成

(1)客体:诬告陷害罪的客体为他人的人身权利和司法机关的正常活动。

(2)客观方面:诬告陷害罪的客观方面表现为捏造犯罪事实,进行告发,情节严重的行为。

①必须有捏造他人犯罪事实的行为。如果告发的是真实的犯罪事实,即使在情节上有所夸大,亦属检举失实,不能构成诬告陷害罪。

②捏造的必须是犯罪事实。如果捏造他人生活隐私等事实,情节严重的,可构成诽谤罪。

③必须有告发的行为。告发的方式不影响本罪的成立。

④必须有特定的诬告对象。但并不要求明确指出被诬告者的姓名,只要从诬告的内容中能推断出是谁,即应当认为诬告的是特定对

象。诬告陷害罪是行为犯，只要行为人实施了捏造犯罪事实，进行告发的行为，就构成诬告陷害罪的既遂。

⑤必须是情节严重的，才能构成本罪。

(3)主体：诬告陷害罪的主体是已满16周岁、具有刑事责任能力的自然人。

(4)主观方面：诬告陷害罪的主观方面是直接故意，并具有使他人受到刑事追究的目的。

2. 诬告陷害罪的认定

(1)罪与非罪的界限

①诬告陷害罪与错告、检举失实的界限。二者的区别在于，后者主观上不具有陷害他人的目的，客观上不具有捏造犯罪事实的行为。

②诬告陷害罪与一般诬告陷害行为的界限。二者的界限，主要视情节是否严重。诬告陷害他人，情节严重的，构成诬告陷害罪；情节不严重的，不构成犯罪，属于一般诬告陷害行为。

(2)罪数问题

为诬告他人、实施其他犯罪，然后进行告发，诬陷他人的，应以数罪论处。如果只实施了其他犯罪，但还未来得及告发，只能以所构成的犯罪论处，意图诬陷他人应作为量刑情节。

(十二)刑讯逼供罪

刑讯逼供罪是指司法工作人员对犯罪嫌疑人、被告人使用肉刑或者变相肉刑，逼取口供的行为。

1. 刑讯逼供罪的构成

(1)客体：刑讯逼供罪的客体是复杂客体，既包括公民的人身权利，也包括司法机关的正常活动。对象为犯罪嫌疑人、被告人，而不能仅仅是涉嫌违法者。

(2)客观方面：刑讯逼供罪的客观方面表现为使用肉刑或变相肉刑逼取犯罪嫌疑人或被告人口供的行为。

(3)主体：刑讯逼供罪的主体只能是司法工作人员(侦查人员、检察人员、审判人员、监狱管理人员)。治安联防队员、保安不构成本罪。行为人刑讯逼供致人伤残、死亡的，依照故意伤害罪、故意杀人罪从重处罚。非国家司法工作人员私设公堂，对他人刑讯逼供的，不构成本罪，可以构成非法拘禁罪、故意伤害罪、故意杀人罪等。

(4)主观方面：刑讯逼供罪的主观方面是直接故意，且以逼取口供为目的。如果出于其他目的，如泄愤报复等，对被告人或犯罪嫌疑人施以肉刑或变相肉刑，构成犯罪的，以相应的罪论处，不构成本罪。

2. 刑讯逼供罪的认定

对实际工作中由于业务素质低，政策观念不强，办案中采用一些轻微逼供的手段，情节显著轻微，危害不大的，可不以犯罪论处。此外，仅仅采取诱供、指名问供方法而没有刑讯逼供手段的，也不能构成刑讯逼供罪。

【难点辨析】

1. 刑讯逼供罪与非法拘禁罪

(1)相同点

二者同属于侵犯人身权利的犯罪；都可以使用暴力等非法手段；主观上都是故意的。

(2)不同点

①侵犯的客体不尽一致。刑讯逼供罪既侵犯人身权利，也侵犯到司法机关的正常活动；而非法拘禁罪只侵犯他人的人身自由的权利。

②客观方面的条件不同。刑讯逼供罪是借司法机关及其司法人员职责、权力而实施的；而非法拘禁罪对此没有特别的要求。此外，刑讯逼供罪的实施必须使用肉刑或变相肉刑；而非法拘禁罪是否使用暴力等不影响犯罪成立。

③主体不同。刑讯逼供罪的主体是具有侦查、检察、审判、监管职责的司法工作人员；

而非法拘禁罪的主体是一般主体。

④主观目的不同。刑讯逼供罪的犯罪目的在于逼取口供；而非法拘禁罪的犯罪目的在于剥夺他人的人身自由。

2. 刑讯逼供罪与暴力取证罪

(1)相同点

暴力取证罪是指司法工作人员使用暴力逼取证人证言的行为。二者的客体相同，主体都是司法工作人员，在客观方面都可实施暴力行为。

(2)不同点

①对象不同。刑讯逼供罪的对象是犯罪嫌疑人或被告人；暴力取证罪的对象为证人。

②主观目的不同。刑讯逼供罪的主观目的是逼取口供；暴力取证罪的主观目的是逼取证人证言。

③行为方式不完全相同。刑讯逼供罪既可采取暴力方式，也可采取非暴力方式；暴力取证罪只能采取暴力方式。

④行为的场合条件不同。刑讯逼供罪只能发生在刑事诉讼中；暴力取证罪既可发生在刑事诉讼中，也可发生在民事、行政诉讼中。

(十三)侮辱罪

侮辱罪是指以暴力或者其他方法公然贬低他人人格，破坏他人名誉，情节严重的行为。

1. 侮辱罪的构成

(1)客体：侮辱罪的客体是他人的人格尊严和名誉权。所谓他人，是指自身以外的自然人。如果侮辱的只是已去世人的人格、名誉，不能以本罪论处。犯罪对象必须是特定的自然人，不包括国家机关、企事业单位和人民团体等组织。

(2)客观方面：侮辱罪的客观要件表现为以暴力或其他方法公然贬低他人人格，破坏他人名誉，情节严重的行为。

①必须有侮辱他人的行为。

②侮辱他人的行为必须是公然进行的。

③侮辱行为必须是针对特定的人。如果在公众场合，无具体目标，无特定侵害对象而实施有损他人人格、名誉的行为，情节严重的应以寻衅滋事罪论处，而不构成侮辱罪。

④必须达到情节严重的程度。即侮辱手段恶劣、动机卑鄙、造成恶劣的社会影响，或者引起严重的后果(如引起被害人自杀、精神失常)等。

(3)主体：侮辱罪的主体为已满16周岁、具有刑事责任能力的自然人。

(4)主观方面：侮辱罪的主观方面是直接故意，并具有贬低他人人格、破坏他人名誉的目的。过失而损坏他人人格、名誉的，不能构成本罪。

2. 侮辱罪的处罚

侮辱罪属于“亲告罪”，即告诉才处理的犯罪，但是严重危害社会秩序和国家利益的除外。有权告诉之人，除被害人本人外，还应包括其近亲属、监护人。

【难点辨析】

1. 侮辱罪与强制猥亵、侮辱罪

(1)相同点

二者都具有破坏他人名誉、贬低他人人格的性质，都可以暴力方法实施，主观上都是直接故意，都是一般主体。

(2)不同点

①动机不同。侮辱罪是为了贬低他人人格、损害他人名誉；而强制猥亵、侮辱罪是为了满足性刺激。

②方式不同。侮辱罪必须采用公开的方式，即公然侮辱；但强制猥亵、侮辱罪并无此要求，私下强制猥亵行为也能构成强制猥亵、侮辱罪。

2. 亲告罪与自诉罪

(1)亲告罪即刑法上“告诉才处理”的案件。告诉才处理是指只有被害人或其法定代理人提出控告和起诉，人民法院才予受理的案件。如果被害人因受强制、威胁无法告诉的，人民检察院和被害人的近亲属也可以告诉。

(2)亲告罪的范围：侮辱罪(《刑法》第246条)、诽谤罪(《刑法》第246条)、暴力干涉婚姻自由罪(《刑法》第257条)、虐待罪(《刑法》第260条)、侵占罪(《刑法》第270条)。其中，侮辱行为、诽谤行为严重危害社会秩序和国家利益的，暴力干涉婚姻自由致被害人死亡的，虐待致被害人重伤、死亡的，不受告诉才处理的限制。侵占罪在任何情况下都是亲告罪。

(3)刑事诉讼法上的“自诉”案件范围：①告诉才处理的案件，即刑法上的亲告罪。②被害人有证据证明的轻微刑事案件，包括：故意伤害案(轻伤)，重婚案，遗弃案，妨害通信自由案，非法侵入他人住宅案，生产销售伪劣商品案(严重危害社会秩序和国家利益的除外)，侵犯知识产权案(严重危害社会秩序和国家利益的除外)，属于《刑法》分则第四章、第五章规定的，对被告人可能判处3年以下有期徒刑刑罚的其他轻微刑事案件。③公诉转自诉的案件。即被害人有证据证明对被告人侵犯自己人身、财产权利的行为应当依法追究刑事责任，而公安机关或者人民检察院不予追究被告人刑事责任的案件。

(十四)诽谤罪

诽谤罪是指故意捏造并散布某种事实，损坏他人人格，破坏他人名誉，情节严重的行为。

1. 诽谤罪的构成

(1)客体：诽谤罪的客体是他人的人格尊严和名誉权。诽谤罪的犯罪对象必须是特定的自然人，不包括国家机关、企事业单位和人民团体等组织。

(2)客观方面：诽谤罪的客观方面表现为捏造并散布某种事实，损坏他人人格，破坏他人名誉的行为。

①诽谤行为必须符合以下条件：第一，必须捏造破坏他人名誉、贬低他人人格的事实。如果并非是捏造的而是客观存在的或者略有夸张的事实，则不构成本罪，但可构成侮辱罪。第二，必须散布所捏造的事实。

②诽谤行为必须是针对特定的人。所谓特定的人，就是说被诽谤的必须是具体的人。至于是否当着被害人的面，是否指名道姓，不影响认定。

③必须是情节严重的。

(3)主体：诽谤罪的主体是已满16周岁、具有刑事责任能力的自然人。

(4)主观方面：诽谤罪的主观方面是直接故意，并具有贬低他人人格、破坏他人名誉的目的。因过失误信谣言并加以散布或者批评失实而损坏他人人格、名誉的，不构成诽谤罪。

2. 诽谤罪的认定

构成诽谤罪须满足以下几点：①捏造并散布的事实，是否具有诽谤性质。②诽谤行为是否针对特定的对象，虽捏造并散布某种事实，但不是针对特定对象的，不构成犯罪。③诽谤的情节是否严重。但是，明知是捏造的损害他人名誉的事实，在信息网络上散布，情节恶劣的，以“捏造事实诽谤他人”论。

3. 诽谤罪的处罚

诽谤罪属于“亲告罪”，即告诉才处理的犯罪，但是严重危害社会秩序和国家利益的除外。有权告诉之人，除被害人本人外，还应包括其近亲属、监护人。

【难点辨析】

1. 诽谤罪与诬告陷害罪

(1)相同点：二者实施的都是捏造事实的行为。

(2)不同点：

①犯罪的直接客体不同。诽谤罪的客体是他人的人格和名誉权；而诬告陷害罪的客体是他人的人身权利和司法机关的正常活动。

②捏造的内容和行为的方式不同。诽谤罪是捏造并散布足以损害他人人格和名誉的

虚假事实；而诬告陷害罪表现为捏造犯罪事实并向有关机关进行告发。

③犯罪目的不同。诽谤罪是为了损害他人的人格和名誉；而诬告陷害罪是为了使他人受刑事处分。

2. 诽谤罪与侮辱罪

①诽谤罪的客观行为不可能用暴力方法，而侮辱罪的方法可以用暴力方法。

②诽谤罪的诽谤，必须是捏造并散布有损他人人格、名誉的事实，且法律没有以公然实施为条件，而侮辱罪必须是以公然实施侮辱行为，破坏他人名誉，贬低他人人格，但并不捏造有损他人名誉的事实。

(十五)侵犯公民个人信息罪

侵犯公民个人信息罪是指违反国家有关规定，向他人出售或者提供公民个人信息，窃取或者以其他方法非法获取公民个人信息，情节严重的行为。

1. 侵犯公民个人信息罪的构成

(1)客体：侵犯公民个人信息罪的客体是公民个人的信息自由和安全。对象是公民个人信息，即以电子或者其他方式记录的能够单独或者与其他信息结合识别特定自然人身份或者反映特定自然人活动情况的各种信息。

(2)客观方面：侵犯公民个人信息罪的客观方面表现为行为人实施了以下两类行为之一：①向他人出售或者非法提供公民个人信息；②窃取或者以其他方法非法获取公民个人信息。以上两种行为构成本罪，均须具备情节严重的要素。

(3)主体：侵犯公民个人信息罪的主体为已满16周岁、具有刑事责任能力的自然人。

(4)主观方面：侵犯公民个人信息罪的主观方面为故意。

2. 违反国家有关规定，将在履行职责或者提供服务过程中获得的公民个人信息，出售或者提供给他人的，依照本罪从重处罚

(十六)报复陷害罪

报复陷害罪是指国家机关工作人员，滥用职权、假公济私，对控告人、申诉人、批评人、举报人实行报复陷害的行为。

1. 报复陷害罪的构成

(1)客体：报复陷害罪的客体是公民的控告权、申诉权、批评权、举报权和国家机关的正常活动。

(2)客观方面：报复陷害罪的客观方面表现为滥用职权、假公济私，对控告人、申诉人、批评人、检举人实行报复陷害的行为。

①必须是滥用职权、假公济私。

②必须实施报复陷害行为。即利用国家赋予的权利和国家权力，以泄私愤，使被害人在社会政治待遇、经济利益、人身权利、民主权利等方面遭到损害。

③必须针对控告人、申诉人、批评人、检举人实施。

(3)主体：报复陷害罪的主体是国家机关工作人员。

(4)主观方面：报复陷害罪的主观方面是直接故意，且具有报复陷害他人的目的。

2. 报复陷害罪的认定

如果国家机关工作人员由于业务水平不高，工作方法简单或者由于过失给控告人、申诉人、批评人、举报人造成一定损害的，不构成本罪。

【难点辨析】

报复陷害罪与诬告陷害罪的区别：

(1)相同点：二者都有陷害他人行为，主观上都是故意的。

(2)不同点：

①对象不同。报复陷害罪的对象必须是与自己有利害关系的控告人；而诬告陷害罪的对象是任何人。

②客观行为不同。报复陷害罪是以利用职权或国家权力为前提条件；而诬告陷害罪是

捏造他人犯罪事实，进行告发。国家工作人员如果利用职权诬陷他人的，要从重处罚。

③手段、方法不同。报复陷害罪的手段，既可以用捏造事实（不能是犯罪事实）的方式进行报复，也可以利用客观存在的某种对被害人不利的事实进行报复；而诬告陷害罪必须以捏造犯罪事实的方式进行。

④犯罪主体不同。报复陷害罪的主体只能是国家机关工作人员；而诬告陷害罪的主体是一般主体。

⑤犯罪目的不同。报复陷害罪是以泄私愤报复他人为目的；而诬告陷害罪则以使他人受刑事处分为目的。

（十七）重婚罪

重婚罪，是指有配偶而与他人结婚或者明知他人有配偶而与之结婚的行为。

1. 重婚罪的构成

(1)客体：重婚罪的客体是一夫一妻制的婚姻关系。

(2)客观方面：重婚罪的客观方面表现为有配偶而与他人结婚或者明知他人有配偶而与之结婚的行为。包括两种情况：①有配偶者又与他人登记结婚，相婚者明知他人有配偶而与之登记结婚。②有配偶者又与他人建立事实婚姻关系，相婚者明知他人有配偶而与之建立事实婚姻关系。

(3)主体：重婚罪的主体是已满16周岁、具有刑事责任能力的自然人。但由于本罪具有对合（偶）性，单个人不能构成，因此，本罪主体为两种人：一是重婚者，即有配偶而在其婚姻关系存续期间又与他人结婚的人；二是相婚者，即本人无配偶，但明知他人有配偶而与之结婚的人，不明知者不构成本罪。

(4)主观方面：重婚罪的主观方面是直接故意，具体表现为：①有配偶的人明知自己有配偶而与他人结婚。如果行为人基于某些合理的依据，认为自己的配偶已死亡而与第三人结婚的，不构成本罪。②无配偶的人明知他人有配偶而与其结婚。如果无配偶的人受到有配偶的人的欺骗，误认为对方没有配偶而与其结婚的，无配偶的人不构成本罪，而由有配偶的人单独构成重婚罪。

2. 重婚罪的认定

因遭受自然灾害外流，迫于生存而重婚的；因配偶外出长期下落不明，迫于家庭生活困难又与他人结婚的；被拐卖后再婚的；因强迫、包办婚姻或者婚后受虐待外逃而又与他人结婚的等，由于都是受客观条件所迫而重婚，不以重婚罪论。

3. 重婚罪与同居行为的界限

同居既可以是双方有配偶的人或一方有配偶与另一方无配偶同居，也可以是双方都无配偶的人同居。前者事实上是一种长期与他人的婚外性行为，如果不以夫妻名义同居，属于一般姘居行为，不构成重婚罪；如果是以夫妻名义长期同居，成立事实婚姻，可构成重婚罪。后者不属于婚姻法调整的范围，如果以夫妻名义长期同居，成立事实婚姻的，可令其补办结婚登记手续，不构成重婚罪。

（十八）破坏军婚罪

破坏军婚罪，是指明知是现役军人的配偶而与之同居或者结婚的行为。

破坏军婚罪的构成：

(1)客体：破坏军婚罪的客体为现役军人的婚姻关系。复员退伍军人、转业军人、人民警察以及在部队、人民武装警察部队中工作，但无军籍的工作人员不属于现役军人。

(2)客观方面：破坏军婚罪的客观方面表现为明知是现役军人的配偶而与之结婚或者同居的行为。破坏军婚的行为包括两种情况：一是与现役军人的配偶结婚。既包括登记结婚，也包括成立事实婚姻关系。二是与现役军人的配偶同居。只要有与现役军人的配偶结婚或者同居行为即符合本罪的客观要件。

(3)主体:破坏军婚罪的主体是已满16周岁、具有刑事责任能力的自然人。可以是男性,也可以是女性;可以是现役军人,也可以是非现役军人。

(4)主观方面:破坏军婚罪的主观方面只能由故意构成,即明知对方是现役军人的配偶而与之同居或者结婚。如果不明知,不构成本罪。

【难点辨析】

破坏军婚罪与重婚罪:

(1)客体不同。破坏军婚罪的客体是现役军人的婚姻关系;重婚罪的客体为普通公民的婚姻关系。

(2)对象不同。破坏军婚罪的对象只限于现役军人的配偶;而重婚罪的对象是现役军人配偶之外的其他人。

(3)客观要件不完全相同。破坏军婚罪表现为与现役军人的配偶同居或者结婚的行为;重婚罪表现为有配偶而与他人结婚或者明知他人有配偶而与之结婚的行为。

(4)处罚的主体范围不同。破坏军婚罪中,军人配偶不是本罪的主体;而重婚罪中双方都可构成犯罪。

(十九)虐待罪

虐待罪,是指经常以打骂、冻饿、禁闭、有病不予治疗、强迫过度劳动或限制人身自由、凌辱人格等方法,对共同生活的家庭成员进行肉体上、精神上的摧残和折磨,情节恶劣的行为。

1. 虐待罪的构成

(1)客体:虐待罪的客体是复杂客体,既包括共同生活的家庭成员在家庭生活中的平等权利,又包括其人身权利。对象是共同生活的家庭成员。不具有亲属关系,即使在一起共同生活,如同居关系,也不能成为本罪的对象。

(2)客观方面:虐待罪的客观方面表现为经常对家庭成员进行虐待的行为。

①虐待行为可概括为肉体上与精神上的摧残、折磨两个方面。前者如殴打、冻饿、禁闭、捆绑、强迫过度劳动、有病不予治疗等;后者如侮辱、咒骂、讽刺、不让参加社会活动等。两种虐待手段既可能同时使用,也可能单独使用或交替使用。

②虐待行为的方式既可表现为作为,也可表现为不作为,但不可能是纯粹的不作为。如有病不予治疗、不提供饮食的行为,可能构成遗弃罪。

③虐待行为必须具有经常性、持续性、一贯性的特点。这个特点一方面使虐待行为对被害人的法益构成了严重侵犯,另一方面使虐待行为区别于伤害、杀人等行为。偶尔打骂、冻饿的行为,不属于本罪中的虐待行为。

④虐待行为所造成的结果是使被害人身心遭受摧残,甚至重伤、死亡,但这种结果是日积月累逐渐造成的。

(3)主体:虐待罪的主体为特殊主体,只能是与被虐待人共同生活在一个家庭之中,具有亲属关系的成员。

(4)主观方面:虐待罪的主观方面只能是直接故意。

2. 虐待罪的认定

(1)虐待行为与非虐待行为的界限

虐待行为在主观上是有意识地对被害人进行肉体上与精神上的摧残、折磨的,因此,如因教育方法简单粗暴或家庭矛盾而致的动辄打骂的行为,并非故意摧残家庭成员身心健康的行为,不能视同于虐待行为进而以犯罪论处。

(2)"情节恶劣"

虐待罪必须是虐待行为达到"情节恶劣"才能构成,一般认定情节恶劣与否要从虐待的手段、持续的时间、对象、结果、社会影响、行为人的动机等方面进行综合评价。

3. 虐待罪的处罚

如果行为人故意致使被虐待人重伤、死亡的，应以故意伤害罪、故意杀人罪论处。除因虐待"致使被害人重伤、死亡"的以外，犯本罪的，告诉的才处理，但被害人没有能力告诉，或者因受到强制、威吓无法告诉的除外。

（二十）遗弃罪

遗弃罪是指对于年老、年幼、患病或者其他没有独立生活能力的人，负有扶养义务而拒绝扶养，情节恶劣的行为。

1. 遗弃罪的构成

(1)客体：遗弃罪的客体是被遗弃人受扶养的权利。对象是年老、年幼、患病或其他没有独立生活能力的家庭成员。

(2)客观方面：遗弃罪的客观方面表现为对年老、年幼、患病或其他没有独立生活能力的家庭成员，应当扶养而拒绝扶养的行为。遗弃行为，必须情节恶劣的，才构成犯罪。

(3)主体：遗弃罪的主体是特殊主体，即必须是对被遗弃人负有法律上的扶养义务、具有扶养能力的自然人。抚养义务是广义的，包括扶养义务、赡养义务和抚养义务。

(4)主观方面：遗弃罪的主观方面为直接故意。

2. 虽有遗弃的行为，但经过教育能够履行扶养义务，或者遗弃的情节尚未达到恶劣、严重程度的，不应当以犯罪论处

【难点辨析】

1. 遗弃罪与虐待罪

(1)相同点：二者都属于侵犯家庭成员的犯罪，客观上虐待行为中可以有遗弃的情节，都以情节恶劣为构成要件。

(2)不同点：

①犯罪对象不同。遗弃罪的对象是家庭成员中年老、年幼、患病或者其他没有独立生活能力的人；而虐待罪的对象是家庭中成员，至于是否年老、年幼、患病或者其他没有独立生活能力，在所不问。

②客观方面的条件和表现不同。遗弃罪以负有扶养义务能够履行而不履行为前提条件，行为表现为不作为形式；而虐待罪在客观上表现为长期地、经常地摧残、折磨家庭成员，既可表现为作为，也可表现为不作为。

③犯罪目的不同。遗弃罪在主观上以逃避履行扶养义务为目的；而虐待罪的主观目的是为使被害人在肉体上、精神上遭受痛苦。

2. 遗弃罪与故意杀人罪

(1)主观方面的故意内容不同。遗弃罪的行为人并不希望或放任被害人死亡的结果发生，只是不愿履行扶养义务；而故意杀人罪的行为人则是希望或放任受害人死亡后果的发生。

(2)客观方面不同。遗弃罪在客观上表现为不履行扶养义务的不作为；而故意杀人罪的行为既可以是作为，也可以是不作为。

（二十一）虐待被监护、看护人罪

虐待被监护、看护人罪是指对未成年人、老年人、患病的人、残疾人等负有监护、看护职责的人虐待被监护、看护的人，情节恶劣的行为。

虐待被监护、看护人罪的构成：

(1)客体：虐待被监护、看护人罪的客体为被监护、看护人的人身权利。

(2)客观方面：虐待被监护、看护人罪的客观方面表现为行为人采用各种手段对被其监护或者看护的未成年人、老年人、患病的人、残疾人等人员实行虐待。构成本罪，需要达到情节恶劣的程度。

(3)主体：虐待被监护、看护人罪的主体为特殊主体，即对未成年人、老年人、患病的人、残疾人等负有监护、看护职责的人和单位。

(4)主观方面：虐待被监护、看护人罪的主观方面只能是故意。

三、案例分析

【案例一】

张静与张丽敏均在浙江省慈溪市务工，二人共同租住于慈溪市周巷镇城中村傅家兴二弄14号102室。2012年8月13日1时许，张静用手机上网时发现一条“用绳子勒脖子会让人产生快感”的信息，决定与张丽敏尝试一下，并准备了裙带作为勒颈工具。随后，张静与张丽敏面对面躺在床上，张静将裙带缠系在张丽敏的颈部，用双手牵拉裙带的两端勒颈。其间，张丽敏挣扎、呼救。两人的亲友、邻居等人闻声而至，在外敲窗询问，张静答称张丽敏在说梦话。后张静发现张丽敏已窒息死亡，遂割腕自杀，未果。当日8时许，张静苏醒后报警求救，经民警询问，其交代了自己的犯罪事实。

浙江省宁波市人民检察院以被告人张静犯故意杀人罪，向宁波市中级人民法院提起公诉。宁波市中级人民法院认为，张静用裙带勒张丽敏颈部，且在张丽敏呼救时依然勒颈，放任张丽敏死亡结果的发生，其行为构成故意杀人罪，判处有期徒刑七年。

一审宣判后，被告人张静以定性不当为由，向浙江省高级人民法院提起上诉。浙江省高级人民法院经公开审理认为，原判认定的事实清楚，证据确实、充分，定罪和适用法律正确，量刑适当，审判程序合法，遂裁定驳回上诉，维持原判。

本案例选自《刑事审判参考》(总第101辑)[第1045号]。

【问题聚焦】

如何认定玩“危险游戏”致人死亡案件中行为人的主观心态?

【法律剖析】

本案中对于被告人张静主观心态的认定，应结合在案证据、游戏本身的危险程度、日常生活经验等综合分析判断：

其一，游戏进行前，被告人张静对其行为所面临的高度危险是明知的。张静和被害人相约进行勒颈游戏，虽出于追求刺激、快感的本意，但用绳索、衣带勒颈具有高度的危险性，可致人死亡，是人所共知的常识。张静作为一个正常的成年人，不存在对此种情况认识上的障碍，而理应对此有充分认识。

其二，游戏进行时，张静对其行为的现实危险性是明知的。游戏进行中，被害人有强烈反抗、挣扎和呼救行为，如此大力度张静是完全可以感知的，也足以促使张静作出理性的判断。因此，此时张静应当明知自己的勒颈行为已经给被害人带来了无法承受的痛苦和生命危险。

其三，被告人张静放任了危害结果的发生。根据上述分析，张静无论是游戏前对勒颈行为可能面临的危险，还是游戏中对勒颈的现实危险性，都是明知的。在此情况下，张静是否放弃继续勒颈，表明了其对危害结果发生的主观心态。而在被害人已经出现挣扎、呼救等激烈的异常反应的情况下，张静以所谓使被害人体验快感的时间更久些为由，不但没有松手解开缠在被害人颈部的裙带，而且持续用力使被害人较长时间处于呼吸不畅的状态，最终导致被害人机械性窒息死亡。由此可见，张静在追求让被害人产生“快感”的同时，放任了被害人死亡结果的发生，其主观上更符合间接故意犯罪的特征。

此外，当被告人张静发现被害人死亡后，确实存在恐惧、后悔、愧疚等复杂心理，并自杀未果，这种犯罪后的心理变化与行为表现，对于认定其作案时放任被害人死亡结果发生的主观心态和行为性质也有一定作用。

综上，本案被告人张静原本出于玩乐、追求刺激的心态与被害人相约进行具有一定人身危险性的游戏，但在游戏过程中不顾被害人激烈挣扎、呼救等异常反应，仍继续进行游戏，放任被害人死亡结果的发生，其行为构成(间接)故意杀人罪。鉴于本案的杀人情节与一般的严重暴力犯罪相比具有一定的特殊性，同时，被告人具有自首情节，并积极向被害人的亲属赔偿经济损失且获得谅解，法院依法对其减轻处罚是适当的。

【法条链接】

《中华人民共和国刑法》

第 232 条　故意杀人的，处死刑、无期徒刑或者 10 年以上有期徒刑；情节较轻的，处 3 年以上 10 年以下有期徒刑。

【案例二】

蔡晓青因怀疑徐某在陆丰市东海镇金碣路 32 号其“格仔店”服装店试衣服时偷了一件衣服，于 2013 年 12 月 2 日 18 时许将徐某在该店的视频截图配上“穿花花衣服的是小偷”等字幕后，上传到其新浪微博上，并以求“人肉搜索”等方式对徐某进行侮辱。同月 4 日，徐某因不堪受辱在陆丰市东海镇茫洋河跳河自杀。

广东省陆丰市人民检察院以被告人蔡晓青犯侮辱罪，向陆丰市人民法院提起公诉。陆丰市人民法院认为，被告人蔡晓青因怀疑徐某偷衣服将视频截图配上“穿花花衣服的是小偷”等字幕后，上传到其新浪微博上，公然对他人进行侮辱，致徐某因不堪受辱跳河自杀，情节严重，其行为构成侮辱罪，判处被告人蔡晓青有期徒刑一年。

一审宣判后，被告人蔡晓青不服，向汕尾市中级人民法院提起上诉。汕尾市中级人民法院经审理认为，一审判决认定的事实清楚，证据确实、充分，适用法律正确，审判程序合法，量刑适当，遂裁定驳回上诉，维持原判。

本案例选自《刑事审判参考》(总第 101 辑)[第 1046 号]。

【问题聚焦】

1. 如何认定“人肉搜索”致人自杀死亡的行为性质？

2. 如何认定侮辱罪中“严重危害社会秩序和国家利益”提起公诉的情形？

【法律剖析】

(一)如何认定“人肉搜索”致人自杀死亡的行为性质

1. 因被害人死亡无法查清被告人是否实施捏造、虚构事实行为的，不能构成诽谤罪。根据《刑法》第 246 条的规定，侮辱罪是指使用暴力或者以其他方法，公然贬损他人人格，破坏他人名誉，情节严重的行为；诽谤罪是指故意捏造并散布虚构的事实，足以贬损他人人格，破坏他人名誉，情节严重的行为。侮辱罪和诽谤罪最重要的区别在于，诽谤是捏造并散布有损于他人名誉权的虚假事实来对他人的人格进行侵犯，而侮辱是利用当事人的某种情况，公然地对他人人格进行损害，并未限定必须是真实的情况。本案中，由于徐某已逝，无法查清其是否有盗窃行为，不能认定蔡晓青有捏造、虚构事实的行为，故不构成诽谤罪。

2. 发微博要求“人肉搜索”的行为侵犯他人名誉权，属于侮辱行为。侮辱罪侵犯的客体为公民的名誉权，侮辱的方法有使用暴力、使用言词、使用图像文字等。就本案来看，被告人蔡晓青把被害人徐某购物的视频监控截图发到微博上，且明确指明徐某是小偷并要求“人肉搜索”。这种方式利用了互联网这一新兴媒体，虽然与传统方式不同，但本质上仍属于公然侮辱他人人格的行为。

3. 本案中，被告人的侮辱行为与被害人的死亡结果具有刑法上的因果关系。虽然现有证据只能说明蔡晓青的行为和被害人徐某的自杀结果在时间上有先后关系，无法直接证明二者存在刑法上的因果关系。但从蔡晓青的行为来看，其不仅发布微博求人肉，还附上徐某购物时的多张监控视频截图。该微博发出仅一个多小时，徐某的个人信息即被曝光，网络上对徐某的各种批评甚至辱骂开始蔓延，使徐某对未来生活产生极端恐惧，最终导致了自杀身亡的严重后果，故蔡晓青发微博的行为与徐某的自杀具有刑法上的因果关系。

4. 被告人侮辱他人的行为达到“情节严重”的程度。根据刑法规定，只有情节严重的侮辱行为才构成侮辱罪。本案中，被害人徐某不堪“人肉搜索”受辱而跳河自杀身亡，属于因公然侮辱他人致自杀身亡的情形，属“情节严重”。

（二）如何认定侮辱罪中“严重危害社会秩序和国家利益”提起公诉的情形

1. 依照《刑法》第246条的规定，犯侮辱罪“告诉的才处理，但是严重危害社会秩序和国家利益的除外”。之所以规定侮辱罪要告诉才处理，主要是考虑到侮辱行为大多发生在家庭成员、邻居、同事之间或者日常生活之中，属于人民内部矛盾，且社会危害性不是很大，多数场合下可以通过调解等缓和方式来解决。此外，被害人可能不愿意让更多的人知道自己受到侮辱的事实，如果采用刑事制裁的方法解决反而会产生不好的效果。但如果属于严重危害社会秩序和国家利益的情形，则应当由检察机关提起公诉。

刑法所规定的“严重危害社会秩序和国家利益”主要是指侮辱、诽谤行为造成被害人精神失常或者自杀的；侮辱、诽谤党和国家领导人、外国元首、外交代表，严重损害国家形象或者造成恶劣的国际影响等情形。“严重危害社会秩序和国家利益”中的社会秩序和国家利益，不是特指危害结果或者特定对象，而应当将其视为一个综合性的标准，扩展到从侮辱的手段、方法、内容和主观目的等角度来进行全面考量。结合全案的案情、危害后果和情节等进行整体分析，综合判断是否达到了“严重危害社会秩序和国家利益”的程度。

2.“严重危害社会秩序”和“国家利益”两者是否必须同时具备？一般来说，刑法典分则条文在两个要素之间使用“和”字时，并不一定表明同时具备的关系，而是需要从实质上进行考察，综合作出判断。如《刑法》第251条规定：“国家机关工作人员非法剥夺公民的宗教信仰自由和侵犯少数民族风俗习惯，情节严重的，处2年以下有期徒刑或者拘役。”该条中的“和”字表示的就是一种选择关系而非并列关系。不论国家机关工作人员非法剥夺公民的宗教信仰自由抑或是侵犯少数民族风俗习惯，只要具备其中之一，情节严重，都构成犯罪。同理，《刑法》第246条第二款中的“严重危害社会秩序和国家利益”，两者不必同时具备，只要具备其一即可。

因此，本案中，被告人蔡晓青在新浪微博这一主流网络媒体上发布微博对被害人徐某进行侮辱，引发网友对徐某的谩骂，使得徐某的社会评价明显降低，最终导致徐某不堪受辱自杀身亡的严重后果，而该后果又引发社会广泛的关注和讨论，严重危害了互联网的安全与管理秩序，属于严重危害社会秩序的情形，应当由检察机关提起公诉。

【法条链接】

《中华人民共和国刑法》

第246条　以暴力或者其他方法公然侮辱他人或者捏造事实诽谤他人，情节严重的，处3年以下有期徒刑、拘役、管制或者剥夺政治权利。

前款罪，告诉的才处理，但是严重危害社会秩序和国家利益的除外。

通过信息网络实施第一款规定的行为，被害人向人民法院告诉，但提供证据确有困难的，人民法院可以要求公安机关提供协助。

四、全真题演练

（一）单选题

1. 周某因在其姐姐家开办的养殖场打工备受照顾，一直存有报恩之心。当她得知不会生育的姐姐想抱养一男孩时，便一口答应由她负责抱养之事。某日下午，周某来到某县人民医院，以其表妹要来生小孩为由，事先住进了某病房。次日下午，同病房的一孕妇产下一男婴。次日深夜，周某趁同病房的人熟睡之机，偷偷将该男婴抱走，后又回到病房贼喊捉贼。对周某的行为应认定为（　　）。

A. 拐卖儿童罪　　B. 偷盗婴儿罪

C. 拐骗儿童罪　　D. 无罪

2. 卢某欠下于某巨额赌债。于某在多次索要未果后，便产生了扣押卢某寄养在其父母家的儿子（9 个月大）作人质的恶念。某日，于某邀约亲友四人到卢父家强行入室，用卢父家的一件毛衣将卢某的儿子包着抢走作人质。因包得过紧，致使卢某的儿子窒息死亡。于某的行为构成何罪？（　　）

A. 非法拘禁罪

B. 绑架罪

C. 过失致人死亡罪

D.（间接）故意杀人罪

3. 甲某在得知自己失窃的皮包是由其所认识的李某入室窃取后，十分生气，为了达到报复李某的目的，遂找到张某让其向公安机关证明其放在皮包中的人民币数额为 10 万元，是自己向张某所借。张某遂向公安机关作了假证。经查证，甲的包中只有 1 万元被乙盗窃。甲某的行为应（　　）。

A. 构成伪证罪

B. 构成诬告陷害罪

C. 不作犯罪处理

D. 构成妨害作证罪

4. 赵某系某派出所民警，因多次向某师范学校学生张某求爱遭拒绝，遂对张怀恨在心。其后，张所在学校发生失窃案件，赵利用负责案件查处工作之机，故意散布张某有重大嫌疑的舆论，并捏造事实，以张某有重大嫌疑为由，将张拘留。后因盗窃案件的犯罪人落网，张某才得以幸免受到刑事追究。本案中，赵某构成（　　）。

A. 报复陷害罪　　B. 诬告陷害罪

C. 徇私枉法罪　　D. 侮辱罪

5. 甲男（15 岁）与乙女（13 岁）在同一所中学上学，二人在参加校文体活动时相识并成为好友，关系日渐密切。某日，二人在公园发生性关系时被发现。据甲交代，二人还曾在自己家中发生过一次性关系。甲、乙均表示是双方自愿。乙的家长要求追究甲的刑事责任。经调查，二人确属自愿且未造成其他严重后果。甲的行为（　　）。

A. 构成奸淫幼女罪

B. 构成强奸罪

C. 情节显著轻微、危害不大，不认为是犯罪

D. 构成猥亵儿童罪

6. 甲为某地公安局干警，为了尽快侦破案件，对犯罪嫌疑人乙实施刑讯逼供行为，导致乙当场死亡，甲的行为性质属于（　　）。

A. 故意杀人罪

B. 刑讯逼供罪

C. 刑讯逼供罪和过失致人死亡罪并罚

D. 行政违法行为

7. 某甲强奸同村女青年某乙后，怕某乙告发，即用砖头将某乙砸死，抛尸枯井。后被人发现，某甲被查获，对其行为应如何处理？（　　）

A. 故意杀人罪

B. 强奸罪

C. 构成强奸罪，且属于“致使被害人重伤、死亡或者造成其他严重后果的”这一

从重处罚的范围

D. 构成强奸罪、故意杀人罪,应实行数罪并罚

8. 甲男现年 15 周岁,得知丙欠其朋友乙5 000元赌债,因此,在乙不知的情况下,私自将丙捆绑起来。丙反抗,于是甲男使用暴力将丙打成残废。甲的行为性质属于(　　)。

A. 无罪

B. 非法拘禁罪

C. 故意伤害罪

D. 非法拘禁罪与故意伤害罪并罚

9.(2011 年司法考试卷 2 第 14 题)关于故意伤害罪与组织出卖人体器官罪,下列哪一选项是正确的?(　　)

A. 非法经营尸体器官买卖的,成立组织出卖人体器官罪

B. 医生明知是未成年人,虽征得其同意而摘取其器官的,成立故意伤害罪

C. 组织他人出卖人体器官并不从中牟利的,不成立组织出卖人体器官罪

D. 组织者出卖一个肾脏获 15 万元,欺骗提供者说只卖了 5 万元的,应认定为故意伤害罪

10.(2012 年司法考试卷 2 第 17 题)关于侵犯人身权利罪的论述,下列哪一选项是错误的?(　　)

A. 强行与卖淫幼女发生性关系,事后给幼女 500 元的,构成强奸罪

B. 使用暴力强迫单位职工以外的其他人员在采石场劳动的,构成强迫劳动罪

C. 雇用 16 周岁未成年人从事高空、井下作业的,构成雇用童工从事危重劳动罪

D. 收留流浪儿童后,因儿童不听话将其出卖的,构成拐卖儿童罪

(二)多选题

1. 甲某承租一大酒店,某日对其酒店服务员乙某谎称丙某欠债不还,令其从学校绑架丙某之子作为人质,讨还债务。乙某遵命绑来丙某之子。后甲某又指使丁某打电话向丙某勒索 50 万元。丁知道事实真相,却仍然打出勒索电话。当甲某再次要丁某打勒索电话时,丁某拒绝。人质(7 岁)被扣押 63 小时,双手腕软组织挫伤,轻度脱水。本题中,(　　)。

A. 甲某、丁某构成绑架罪,乙某构成非法拘禁罪

B. 甲某、乙某、丁某构成绑架罪

C. 甲某、乙某、丁某均犯罪既遂

D. 甲某、乙某犯罪未遂,丁某犯罪中止

2. 继父甲长期虐待其女乙,将乙折磨得皮包骨头,精神恍惚。一日,甲又无故殴打乙,乙有所反抗。甲拿起一根筷子向乙眼睛刺去,当场使乙一只眼睛失明,甲的行为构成何罪?(　　)

A. 只构成虐待罪

B. 致人重伤是虐待罪加重情节

C. 虐待罪

D. 故意伤害罪

3. 下列情况不能以故意杀人罪定罪处罚的是(　　)。

A. 抢劫致人死亡的

B. 故意实施放火、决水、爆炸、投放危险物质等危害公共安全的行为致人死亡的

C. 犯组织他人偷越国(边)境罪,并对被组织人有杀害犯罪行为的

D. 犯组织他人偷越国(边)境罪,并造成被组织人死亡的

4. 行为人的下列行为中哪些不构成故意伤害罪?(　　)

A. 军人甲在战时用手枪将自己的脚打伤

B. 小李对正在行凶的不法侵害人反击将侵害人打伤

C. 民警乙在执行公务过程中将无视开枪示警的逃犯击伤致残

D. 流氓丙在打群架的过程中将丁打成重伤

5. 下列哪些情形按故意伤害罪、故意杀人罪定罪处罚？（　　）

A. 绑架他人后未勒索到财物将人质杀害的

B. 聚众斗殴，致人重伤、死亡的

C. 聚众打、砸、抢，致人伤残、死亡的

D. 暴力逼取证人证言，致人伤残、死亡的

6. 下列行为中，哪些属于侵犯公民人身权利、民主权利的犯罪？（　　）

A. 煽动民族仇恨、民族歧视罪

B. 虐待被监管人罪

C. 聚众阻碍解救被收买的妇女、儿童罪

D. 打击报复证人罪

7. 有拐卖妇女、儿童的下列行为之一且情节特别严重的，哪些法定最高刑可处死刑？（　　）

A. 拐卖妇女、儿童 2 人以上的

B. 以出卖为目的，偷盗婴幼儿的

C. 将妇女、儿童卖往境外的

D. 奸淫被拐卖的妇女的

8.（2008 年司法考试卷 2 第 61 题）关于侵犯人身权利犯罪的说法，下列哪些选项是错误的？（　　）

A. 私营矿主甲以限制人身自由的方法强迫农民工从事危重矿井作业，并雇用打手对农民工进行殴打，致多人伤残。甲的行为构成非法拘禁罪与故意伤害罪，应当实行并罚

B. 砖窑主乙长期非法雇用多名不满 16 周岁的未成年人从事超强度体力劳动，并严重忽视生产作业安全，致使一名未成年人因堆砌的成品砖倒塌而被砸死。对乙的行为应以雇用童工从事危重劳动罪从重处罚

C. 丙以介绍高薪工作的名义从外地将多名成年男性农民工骗至砖窑主王某的砖窑场，以每人1 000元的价格卖给王某从事强迫劳动。由于《刑法》仅规定了拐卖妇女、儿童罪，所以，对于丙的行为，无法以犯罪论处

D. 拘留所的监管人员对被监管人进行体罚虐待，致人死亡的，以故意杀人罪论处，不实行数罪并罚

9.（2007 年司法考试卷 2 第 12 题）关于强奸罪及相关犯罪的判断，下列选项正确的是（　　）。

A. 甲欲强奸某妇女遭到激烈反抗，一怒之下卡住该妇女喉咙，致其死亡后实施奸淫行为。甲的行为构成强奸罪的结果加重犯

B. 乙为迫使妇女王某卖淫而将王某强奸，对乙的行为应以强奸罪与强迫卖淫罪实行数罪并罚

C. 丙在组织他人偷越国(边)境过程中，强奸了被组织的妇女李某。丙的行为虽然触犯了组织他人偷越国(边)境罪与强奸罪，但只能以组织他人偷越国(边)境罪定罪量刑

D. 丁在拐卖妇女的过程中，强行奸淫了该妇女。丁的行为虽然触犯了拐卖妇女罪与强奸罪，但根据刑法规定，只能以拐卖妇女罪定罪量刑

（三）名词解释

1. 拐卖妇女、儿童罪

2. 诬告陷害罪

3. 刑讯逼供罪

4. 报复陷害罪

5. 强制猥亵、侮辱妇女罪

6. 虐待被监护、看护人罪

（四）简答题

1. A、B 事先约定共同杀死甲、乙两人。杀死之后，B 偶然发现路人丙目击了犯罪过程，于

是在A不知情的情况下单独追上正在逃跑的丙，并对其胸开枪，丙应声倒下。A赶到之前，丙已经死亡。在A、B把丙的尸体与甲、乙放在一起并准备丢弃时，丙喉咙突然发出咕噜声（咕噜声仅为死亡初期的一种生理现象，但足以使一般人误认存在生命），A以为丙仍活着，又在丙头部补了一枪。

问：A的行为罪责为何？B的行为罪责如何？A、B是否成立共同犯罪？

2. 简述绑架罪的构成特征。

3. 简述拐卖妇女、儿童罪的构成特征。

4. 简述重婚罪的构成特征。

5. 简述破坏选举罪的构成特征。

（五）论述题

1. 试述故意杀人罪的构成特征与认定。

2. 试述诬告陷害罪的构成特征。

五、深度拓展

【拓展一】 受嘱托杀人行为及“安乐死”问题

受嘱托杀人，也称为“得承诺杀人”，是指受已有自杀意图者的嘱托而直接将他人杀死的行为。从广义上来讲，这也是一种帮助自杀行为，但与帮助自杀的不同在于行为人是直接实施了杀人行为，而不是对嘱托者本人的自杀行为给予帮助。这种受嘱托杀人行为构成故意杀人罪，不过，由于是应自杀者所求才实施的行为，在处罚时可考虑从轻。

“安乐死”在本质上也是一种受嘱托杀人的行为。实施积极的安乐死的行为，不阻却违法性，应以故意杀人罪论处。所谓安乐死，通常是指为免除患有不治之症、濒临死亡的患者的痛苦，受患者嘱托而使其无痛苦地死亡。安乐死分为不作为的安乐死和作为的安乐死。不作为的安乐死（消极的安乐死），是指对濒临死亡的患者，经其同意不再采取治疗措施（包括撤除人工的生命维持装置）任其死亡的安乐死。这种行为不成立故意杀人罪。作为的安乐死包括三种情况：一是没有缩短患者生命的安乐死（本来的安乐死、真正的安乐死），这种行为不成立犯罪。二是具有缩短生命危险的安乐死（间接安乐死）。这种行为虽然具有缩短患者生命的危险，但事实上没有缩短患者生命，也不成立故意杀人罪。三是作为缩短患者生命手段的安乐死（积极的安乐死），即为了免除患者的痛苦，而提前结束其生命的方法。现在，世界上只有个别国家对积极的安乐死实行了非犯罪化。在我国，救死扶伤是公民的道义责任，是医务人员的职业责任。对生命垂危、痛不欲生的患者，应尽量给予医务上的治疗和精神上的安慰，以减轻其痛苦。人为地提前结束患者生命的行为，还难以得到一般国民的认同；即使被害人同意，这种杀人行为也是对他人生命的侵害。特别是在法律对实行积极的安乐死的条件、方法、程序等没有明确规定的情况下，实行积极的安乐死所产生的其他一系列后果不堪设想。概言之，在法律未允许实行积极安乐死的情况下，实行积极安乐死的行为，仍然构成故意杀人罪；既不能认为这种行为不符合故意杀人罪的犯罪构成，也不宜以《刑法》第13条的但书为根据宣告无罪。当然，量刑时可以从宽处罚（也可能认定为“情节较轻”的故意杀人罪，并且从轻处罚）。①

【拓展二】 绑架罪的实行行为问题

根据《刑法》第239条的规定，“以勒索财物为目的绑架他人的，或者绑架他人作为人质的”，是绑架罪。显然，前者是后者的一种情形，即使没有前一句表述，对其描述的行为也可以认定为“绑架他人作为人质”。争论的问题是，绑架罪的构成要件行为即实行行为，是单一行为还是复合行为。所谓单一行为，是指

① 张明楷：《刑法学》（第五版）（下），法律出版社2016年第5版，第848页。

使用暴力、胁迫等强制方法劫持或以实力控制他人。所谓复合行为，是指除上述行为之外，还必须向第三者勒索财物或者提出其他不法要求。根据单一行为说，绑架犯以实力控制他人后，就成立绑架罪的既遂。绑架犯在以实际控制他人后又主动释放被害人的，不成立中止犯；根据复合行为说，只有当绑架犯向第三者勒索财物或者提出其他不法要求后，甚至取得了财产或者侵害了第三者的自主权等法益后，才成立绑架罪的既遂。绑架犯控制他人后又主动释放的，成立绑架罪的中止犯。不难看出，单一行为与复合行为之争，主要涉及的是绑架罪的犯罪形态之争。

我国刑法理论通说认为，犯罪既遂是以行为符合刑法规定的具体犯罪构成要件为标准的。根据《刑法》第 239 条的规定，在绑架罪的客观要件中，并未规定必须在客观上具备实施勒索财物或强取其他利益的行为，"以勒索财物为目的"的规定，表明的是实施绑架的主观要件。绑架罪的结果是使他人的行动自由、身体安全受到侵害，而不要求使第三者遭受财产损害或者其他损失。因此我们认为，绑架罪的实行行为是单一行为而非复合行为。绑架罪的既遂与未遂，应以绑架行为是否达到实际控制人质，将其置于自己实际支配之下为标准。[①]已经实际控制人质的，即使行为人没有提出勒索财物或者其他不法要求，或者虽然提出了勒索财物等不法要求但没有实现的，也成立绑架既遂。

① 高铭暄、马克昌：《刑法学》，北京大学出版社、高等教育出版社 2016 年第 7 版，第 471 页。

第十九章

侵犯财产罪

一、知识结构图

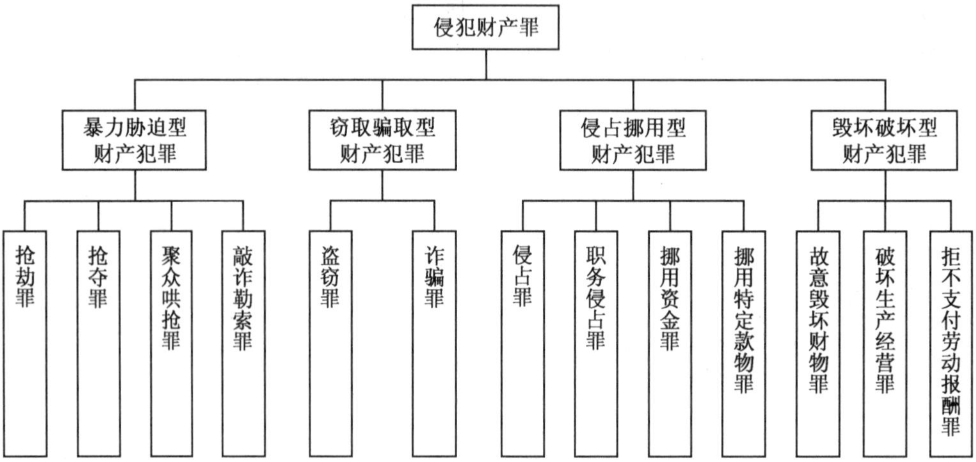

二、重难点归纳

（一）抢劫罪

抢劫罪，是指以非法占有为目的，使用暴力、胁迫或者其他方法，当场强行劫取公私财物的行为。

1. 抢劫罪的构成

（1）本罪的客体是公私财产权利和他人的人身权利。

【重点】 抢劫罪以获取公私财物为目的，借助暴力、胁迫或者其他方法，因此本罪侵犯的客体除了公私财产权利，也必然包括他人的人身权利。

（2）本罪的客观方面表现为实施暴力、胁迫或者其他方法，当场劫取财物的行为。

【重点】 所谓暴力方法，是指对人身体实施具有攻击性的打击或者其他强暴手段，意在排除被害人的抵抗，使得被害人不敢反抗或者失去反抗能力，夺取或者迫使被害人当场交出财物的手段。

所谓胁迫方法，是指对被害人以当场将要实施暴力相威胁，使被害人精神上感到恐惧而不敢反抗，不得不当场交出财物或不敢阻止其夺取财物的行为。抢劫行为发生时，行为人对物使用暴力，意图使被害人精神上感到恐惧而不敢反抗，此时，此种暴力行为应当属于胁迫。

所谓其他方法，是指采取暴力、胁迫以外的，使被害人处于不知反抗或丧失反抗能力的方法，如用酒灌醉、用药物麻醉等，对人身的危害并不明显。其他方法只能是对财物的持有者本人实施；如果被害者是由于自己的原因，或者某种意外而处于不知、不能反抗的状态，行为人利用这种状态而乘机掠走财物，则不构成本罪。

(3)本罪的主体是已满 14 周岁、具有刑事责任能力的自然人。

(4)本罪的主观方面表现为直接故意，即以非法占有财物为目的。

2. 抢劫罪的认定

【难点】 转化型抢劫的适用条件

《刑法》第 269 条规定，犯盗窃、诈骗、抢夺罪，为窝藏赃物、抗拒抓捕或者毁灭罪证而当场使用暴力或者以暴力相威胁的，依照本法第 263 条的规定定罪处罚。理论上，此罪为转化型抢劫罪。

构成转化型抢劫罪，需符合以下三个要件：

(1)实施了盗窃、诈骗、抢夺罪之一，而不能是其他犯罪。只要行为人着手实行盗窃、诈骗、抢夺行为，不管既遂还是未遂，也不论行为人取得财物数额大小，均存在转化为抢劫罪的可能。①

(2)当场使用暴力或者以暴力相威胁。所谓"当场"，是行为人实施盗窃、诈骗、抢夺犯罪当时所在的场所，或者行为人刚一离开即被发觉跟踪抓捕的过程中。但当场实施暴力或暴力威胁，应当是在着手实施盗窃、诈骗、抢夺行为之后，如果是着手之前由于遇到阻力而立即使用暴力、胁迫等方法夺取财物，则应适用《刑法》第 263 条。"暴力或者以暴力相威胁"与《刑法》第 263 条中"暴力""胁迫"含义相同。

(3)转化型抢劫罪适用的主观条件是行为人实施暴力或以暴力相威胁的目的是为窝藏赃物、抗拒抓捕或者毁灭罪证。如果出于其他目的，则应以相应犯罪论处，不构成本罪。

【难点】 抢劫罪与敲诈勒索罪中的威胁

(1)威胁实施的方法不同。抢劫罪的胁迫必须是面对被害人直接实施；敲诈勒索罪的威胁可以当着被害人的面实施，也可以通过书信或第三者转达。

(2)威胁内容不同。抢劫罪威胁的内容是以实施暴力为限；敲诈勒索罪的威胁内容广泛，除实施暴力外，还可包括毁坏名誉、破坏财产，且威胁内容不以违法为限。

(3)威胁的程度不同。被害人在抢劫罪的威胁面前毫无选择的余地；被害人在敲诈勒索罪的威胁面前尚有选择的余地。

【难点】 抢劫罪与绑架罪的区分

抢劫罪属于侵犯财产罪，行为人主观上以非法占有他人财物为目的，以暴力、胁迫或者其他方法，当场强行劫取财物的行为。绑架罪是侵害他人人身自由权利的犯罪，是指采用暴力、胁迫或者其他方法，强行将他人劫持，控制被绑架人的人身自由，然后以杀害、伤害被绑架人为内容或者以给付钱财方恢复被绑架人自由为条件，威胁被绑架人的亲属或者其他相关第三人，在一定期限内交出一定财物的行为。两者之间的区别在于：第一，主观方面不尽相同。抢劫罪中，行为人一般出于非法占有他人财物的故意实施抢劫行为；绑架罪中，行为人既可能为勒索他人财物而实施绑架行为，

---

① 根据 2005 年 6 月 8 日最高人民法院《关于审理抢劫、抢夺刑事案件适用法律若干问题的意见》第 5 条规定，行为人未达到"数额较大"，但具有下列情节之一的，可依照《刑法》第 269 条的规定，以抢劫罪定罪处罚：A. 盗窃、诈骗、抢夺接近"数额较大"标准的；B. 入户或在公共交通工具上盗窃、诈骗、抢夺后在户外或交通工具外实施上述行为的；C. 使用暴力致人轻微伤以上后果的；D. 使用凶器或以凶器相威胁的；E. 具有其他严重情节的。

也可能出于其他非经济目的实施绑架行为。第二，行为手段不尽相同。抢劫罪表现为行为人劫取财物一般应在同一时间、同一地点，具有"当场性"；绑架罪中表现为行为人以杀害、伤害等方式向被绑架人的亲属或其他人或者单位发出威胁，索取赎金或提出其他非法要求，劫取财物一般不具有"当场性"。由此可见，绑架罪不同于抢劫罪的关键点在于，使用暴力等手段劫持他人作为人质，并以此要挟、迫使相关的第三人交付财物。应注意的是：第一，人质是相对于第三人而言的一个概念，绑架中的勒索财物，只能向被绑架人以外的第三人提出，否则无从谈起以被绑架人为人质的问题；第二，所勒索财物与人质存在直接的交换对应关系，即通常所谓的拿钱赎人；第三，绑架具有行为复合性和时空间隔性特征。完整的绑架行为，需由劫持绑架人质和向第三人勒索财物两个行为复合构成。

（二）抢夺罪

抢夺罪，是指以非法占有为目的，不使用人身强制方法，公然夺取数额较大的公私财物，或者多次抢夺公私财物的行为。

1. 抢夺罪的构成

（1）本罪的客体是公私财物的所有权。

（2）本罪的客观方面是不使用人身强制方法，公然夺取数额较大的财物或者多次抢夺公私财物的行为。所谓不使用人身强制方法，是指不采取暴力、胁迫等使被害人不敢反抗、不能反抗的方法，例如乘人不备而夺取财物。所谓公然夺取，是指采取了可以使被害人能够立即发觉的方式，公开夺取被害人的财物。所谓多次抢夺①是指一年内抢夺三次以上②，且不必考虑抢夺的数额。

（3）本罪的主体是一般主体，年满16周岁的自然人即可构成本罪。

（4）本罪的主观方面是故意。

2. 抢夺罪的认定

飞车抢夺行为，即行为人骑摩托车猛力夺取行人财物并迅速逃走的情形。对于该行为如何处理，一般认为，应根据抢夺罪与抢劫罪各自的特征分别解决这类案件的定性：（1）如果行为人一下子就抢走了财物，或者未抢走财物就开车逃离，应以抢夺罪论处；（2）如果行为人在抢夺时，用力过猛，造成他人倒地死亡或伤害，则应作为抢夺罪的从重情节在量刑上从重处罚；（3）如果行为人抢夺财物时被害人不撒手，利用机动车辆行进的力量强行拖拽，而致被害人倒地死亡的，应认为是抢夺过程中遇反抗而转化为直接以暴力作为手段取得财物，很明显，应认定为抢劫罪；（4）采取飞车行抢的方式作案，但其主观故意及客观行为却已超出了抢夺罪的范畴。比如，行为人驾驶车辆逼挤被害人或者将被害人逼至空旷区域，使其产生精神上的恐惧，不敢反抗，当场劫取财物的；或者驾驶机动车、非机动车辆，撞击或强行逼倒被害人以排除其反抗，乘机夺取财物的；或者驾驶车辆强抢财物时，因被害人不放手而借助高速行驶的机动车产生的冲力，采取强拉硬拽方法使被害人不能抗拒或无力抗拒而劫取财物的，等等。在上述情形中，行为人的暴力行为不仅指向被害人的财物，还直接指向被害人人身，对其产生人身上和精神上的强制，使其不敢、不能或无法反抗，从而劫取被害人财物，不但严重侵害了公私财物所有权，还同时侵害了被害人的人身权益，其行为完全符合抢劫罪的构成要件，应以抢劫罪定罪处罚。

【难点】《刑法》第267条第2款规定：携带凶器抢夺的，按抢劫罪论处。

根据2000年11月17日最高人民法院《关于审理抢劫、抢夺刑事案件适用法律若干问题的意见》规定，所谓"携带凶器抢夺"，是指行为

① "多次抢夺"为《刑法修正案（九）》新增内容。

② 2013年11月11日最高人民法院、最高人民检察院《关于办理抢夺刑事案件适用法律若干问题的解释》第2条的规定。

人随身携带枪支、爆炸物、管制刀具等国家禁止个人携带的器械进行抢夺或者为了实施犯罪而携带其他器械进行抢夺的行为。

(1)要明确凶器的范围。

所谓凶器，是指在性质上或者用法上足以杀伤他人的器物。凶器必须是用于杀伤他人的器械，与犯罪工具不是等同概念，故仅具有毁坏物品的特性而不具有杀伤他人机能的器械，不属于凶器。凶器分为性质上的凶器与用法上的凶器。性质上的凶器，是指枪支、弹药、爆炸物、管制刀具等本身用于杀伤他人的器械。这些凶器具有杀伤力，甚至是专为杀、伤人而制造，国家禁止个人携带。性质上的凶器无疑属于《刑法》第267条第2款规定的凶器。用法上的凶器，是指从使用的方法看，可能用于杀伤他人的器械。这些器械通常用于日常生活或生产，不是用于侵害人身，行为人却将其用于抢夺等犯罪活动。根据司法解释的精神，行为人随身携带第二类器械进行抢夺，有证据证明该器械确实不是为了实施犯罪准备的，不以抢劫罪定罪。故是否属于凶器，一定要结合具体案情查明行为人携带的目的是否用于抢夺活动，综合器械的杀伤机能的高低、器械供杀伤他人使用的盖然性程度等加以认定，不可一概而论。

(2)要正确认定所携带的凶器在抢夺过程中是否发挥作用。

"携带"大致可以分为三种情况。一是显示型携带。即行为人为进行违法犯罪活动，不仅携带具有杀伤性的器具，而且在抢夺财物时以各种方式暴露或者暗示其携带该武器，并能为被害人所感知。在这种情况下，已经对被害人起到胁迫作用，是抢劫罪构成的暴力威胁要件之一。显示自己携带凶器进行抢夺的行为，本身完全符合普通抢劫罪的构成要件，这种行为比当场扬言进行暴力威胁的抢劫行为，在危害程度上有过之而无不及，应当直接适用《刑法》第263条的规定定罪处罚。二是使用型携带。即行为人携带凶器抢夺后，在逃跑过程中为窝藏赃物、抗拒抓捕或者毁灭罪证而当场使用暴力或者以暴力相威胁。携带凶器应具有随时可能使用或当场能够及时使用的特点，即具有随时使用的可能性，而且在逃跑的过程中确实进行了暴力使用，只有在这种情况下，才能认定为转化型抢劫。根据司法解释的精神，使用型携带更强调携带凶器抢夺的现实使用性，而不是潜在的使用可能性。三是隐藏型携带。如果行为人仅仅持有可能成为凶器的器具，但其主观上没有利用该器具胁迫他人的意图，或者非法携带枪支、匕首等管制刀具，但在抢夺时藏而不露，被害人也未感知其存在的，则不应以抢劫罪论处，因为行为人此时携带的器具对抢夺行为没有起到任何实质性作用。行为人在携带凶器而又没有使用凶器的情况下抢夺他人财物的，不应成立转化型抢劫。

(三)盗窃罪

盗窃罪是指以非法占有为目的，秘密窃取公私财物数额较大或者多次盗窃、入户盗窃、携带凶器盗窃、扒窃公私财物的行为。

1. 盗窃罪的构成

(1)本罪的客体是公私财产权利。本罪的对象是动产和可与不动产相分离的财物，具体是以各种形态表现的公私财物，但不包括刑法已有特别规定的对象，如枪支、弹药、公文、证件、印章、重要技术成果、林木等。

(2)本罪的客观方面表现为秘密窃取数额较大的公私财物，或者多次盗窃、入户盗窃、携带凶器盗窃、扒窃公私财物的行为。

所谓秘密窃取，是指行为人主观上自认为采用的是不使被害人发觉的方法取得并且占有公私财物的行为。数额较大中的数额是指被盗窃财物的直接损失。根据2013年最高人民法院、最高人民检察院《关于办理盗窃刑事案件适用法律若干问题的解释》(以下简称《盗窃案件司法解释》)规定,个人盗窃公私财物价值人民币1 000元至3 000元以上的,为“数额较大”。

现行立法中,对于一些特殊的盗窃行为,即使达不到数额较大的条件,也构成盗窃罪。这些行为包括:①多次盗窃。多次的认定标准为“两年内盗窃三次以上的”。②入户盗窃。根据1999年《全国法院维护农村稳定刑事审判工作座谈会纪要》,“户”是指家庭及其成员与外界相对隔离的生活场所。③携带凶器盗窃。根据2013年《盗窃案件司法解释》第3条第3款规定,“携带凶器盗窃”是指携带枪支、爆炸物、管制刀具等国家禁止个人携带的器械盗窃,或者为了实施违法犯罪携带其他足以危害他人人身安全的器械盗窃的。④扒窃。扒窃是指在公共场所或者公共交通工具上(随机地)窃取他人随身携带的财物。

(3)本罪的主体是已满16周岁具有刑事责任能力的自然人。

(4)本罪的主观方面是直接故意,并具有非法占有的目的。

2. 盗窃罪的认定

【难点】 既遂与未遂的界限

在我国,主要有失控说、控制说、失控加控制说三种观点。失控说主张,凡是盗窃行为使财产所有人或保管人丧失了对财物的控制的,即为盗窃既遂;反之为未遂。控制说主张,凡是盗窃犯已实际控制财物的,即为盗窃既遂;反之为未遂。失控加控制说则主张,凡被盗财物已脱离财物所有人或保管人的控制并且已实际置于行为人控制之下的,即为盗窃既遂;反之为未遂。对于一般财物的盗窃,以失控加控制说为标准,对于某些特殊财物的盗窃则以控制说为标准。

(四)诈骗罪

诈骗罪,是指以非法占有为目的,用虚构事实或者隐瞒真相的方法,骗取数额较大的公私财物的行为。

1. 诈骗罪的构成

(1)本罪的客体是公私财产所有权,对象是公私财物。公私财物应当包括财产性利益。[①]

(2)本罪的客观方面表现为用虚构事实或者隐瞒真相的方法,骗取数额较大的公私财物的行为。

【重点】 欺骗方法,主要表现为虚构事实和隐瞒事实真相。所谓虚构事实,是指捏造客观上并不存在的事实。所谓隐瞒真相,是指掩盖客观上存在的事实,至于掩盖的是部分事实还是全部事实,不影响认定。实践中也存在既捏造事实也掩盖事实的情况。由于虚构事实或者隐瞒真相,可使被害人产生错觉、受到蒙蔽,骗取被害人的信任。所以,从表面上看,被害人是“自愿地”将财物交付给行为人的,但这并不是被害人真实意愿的表现。交付财物是当场进行的,或者是事后进行,不影响犯罪的成立。至于欺骗被害人的手段多种多样,可以是口头编造谎言,也可以利用伪造的信件、证件,如为骗取被害人信任而伪造公文印章,盗窃公文、印章、证件使用,或者假冒国家工作人员身份实施等。但需要注意,在刑法中使用欺骗性质手段骗取财物还有多种犯罪,只要刑法另有规定,应按照刑法规定的犯罪处罚,不构成本罪。如果诈骗的手段行为触犯其他罪名的,为牵连犯,按照牵连犯的原则处理。根据2011年4月8日最高人民法院、最高人民检察院《关于办理诈骗刑事案件具体应用法律若干问题的解释》第8条的规定,冒充国家机关工作人员进行诈骗,同时构成诈骗罪和招摇撞骗罪的,依照处罚较重的规定定罪处罚。

骗取数额较大的财物。数额是指造成被害人财产的实际损失。实施诈骗,没有造成财

① 关于财物是否仅限于有体物,详见张明楷著,《刑法学》(第五版),第932～936页。

产损失的，应为诈骗罪的犯罪未遂，也应当定罪处罚。关于“数额较大”的规定，详见前述司法解释第 1 条和第 3 条。

(3)本罪的主体是已满 16 周岁具有刑事责任能力的自然人。

(4)本罪的主观方面是直接故意，并具有非法占有公私财物的目的。

2. 诈骗罪的认定

实践中对行为人伪造单据、合同，并提起诉讼，欺骗法院并借法院之判决而非法占有他人财物的案件的处理，理论上还有不同的认识。最高人民检察院法律政策研究室 2002 年 10 月 24 日《关于通过伪造证据骗取法院民事裁判占有他人财物的行为如何适用法律问题的答复》中指出，“以非法占有为目的，通过伪造证据骗取法院民事裁判占有他人财物的行为所侵害的主要是人民法院正常的审判活动可以由人民法院依照民事诉讼法的有关规定作出处理，不宜以诈骗罪追究行为人的刑事责任。如果行为人伪造证据时，实施了伪造公司、企事业单位、人民团体印章的行为，构成犯罪的，应当依照《刑法》第 280 条第 2 款的规定，以伪造公司、企事业单位、人民团体印章罪追究刑事责任；如果行为人有指使他人作伪证行为，构成犯罪的，应当依照《刑法》第 307 条第 1 款的规定，以妨害作证罪追究刑事责任”。即这类行为不构成本罪。

【难点】 敲诈勒索罪与诈骗罪的区分

敲诈勒索罪，是指以不法所有为目的，对他人实行威胁，索取数额较大的公私财物的行为。敲诈勒索罪的基本结构是：行为人以不法所有的目的对他人实行威胁——对方产生恐惧心理——对方基于恐惧心理做出处分财产的决定——行为人取得财产。而诈骗罪，是指以不法所有为目的，使用虚构事实或者隐瞒真相的方法，骗取数额较大的公私财物的行为。诈骗罪的基本构造为：行为人以不法所有为目的实施欺诈行为——对方产生错误认识——对方基于错误认识处分财产——行为人取得财产——被害人受到财产上的损害。

这两种犯罪有以下不同：

(1)二者行为特征不同。诈骗罪是以骗为特征，完全以假象蒙蔽被害人；敲诈勒索行为虽然也可能含有欺骗的成分，却以威胁或要挟的内容为特征。

(2)二者造成被害人交出财物的心理状态不同。在诈骗罪中，被害人在受骗后，“自愿”交出财物或出让其他合法权益；而敲诈勒索行为则是通过造成被害人精神上的恐惧，出于无奈，被迫交出财物或出让其他财产性利益。

(五)侵占罪

侵占罪，是指以非法占有为目的，将代为保管的他人财物或者将他人的遗忘物、埋藏物非法占为已有，数额较大，拒不退还或者拒不交出的行为。

1. 侵占罪的构成

(1)本罪的客体是公私财产所有权。本罪的对象是他人的财物。

(2)本罪的客观方面表现为将代为保管的他人财物或者将他人的遗忘物、埋藏物非法占有、数额较大，拒不退还或拒不交出的行为：①侵占行为的前提在于行为人已经持有他人的财物。这是区别于盗窃、抢劫、诈骗等罪的特征。所谓已经持有他人的财物，有两种情形：一是代为保管他人的财物；二是拾得或发现他人的遗忘物或者挖掘出他人的埋藏物而持有。②将他人的财物非法占为已有。具体方法主要有：一是实施处分行为。即将自己持有他人之物，视为自己之物而加以处分，可以是为法律上的处分行为，也可以是事实上的处分行为。前者如抵押、买卖等，后者如消费或送给他人。二是易持有为所有之行为。即使财物的所有人丧失其所有权。③对代管的他人财物拒不退还，对他人的遗忘物、埋藏物拒不交出。所谓拒不退还，是指经权利人要求退还而拒绝退还。所谓拒不交出，是指对他人的遗忘物、埋藏物在明确权利人之后，经有关机关要求交出而拒绝交出。④行为人所侵占财物的数额较大。

(3)本罪的主体是已满16周岁、具有刑事责任能力的自然人。

(4)本罪的主观方面是直接故意，并具有非法占有的目的，动机如何不影响本罪成立。

2. 侵占罪的认定

根据《刑法》规定，“拒不退还”、“拒不交出”是构成侵占罪的一个必要条件，行为人退还或交出，即不构成犯罪；反之，拒绝退还或交出，即构成侵占罪既遂。所以，这个条件既是区别罪与非罪的界限，又是确定犯罪既遂的标准。由于该条件形成要么是既遂，要么不构成犯罪，就使得侵占罪几乎不可能形成未遂形态。因此，当行为人非法占有他人财物，经所有权人要求其退还或交出而拒绝退还或交出时，才能构成犯罪，也就是本罪的既遂。

【难点】 侵占罪与职务侵占罪

职务侵占罪和侵占罪都是以财物为对象的犯罪，都侵犯了他人财物的所有权。主观上都是具有非法占有的目的，客观上都具有变合法持有为非法占有的特点，但两者的区别是明显的。首先，犯罪主体不同。职务侵占罪的主体只能是公司、企业或其他单位中主管、管理、经手本单位财物的人员，而后者的主体是持有他人财物的人员。其次，犯罪的客观表现不同。职务侵占罪是利用职务上主管、管理、经手本单位财物的便利，行为人只要实施了非法占为已有的行为即可构成犯罪，不以拒不交出或拒不退还为必要条件。而侵占罪无须利用职务上的便利，在实施了非法占为已有的行为后，还必须以拒不退还或拒不交出为犯罪成立的必要要件。最后，犯罪对象不同。职务侵占罪的犯罪对象只能为单位财物，而侵占罪的犯罪对象则包括行为人代管的他人财物，也包括他人的遗忘物和埋藏物。

(六)挪用资金罪

挪用资金罪，是指公司、企业或者其他单位中的人员，利用职务上的便利，挪用本单位资金归个人使用或者借贷给他人，数额较大、超过3个月未还的，或者数额较大、进行营利活动的，或者进行非法活动的行为。

挪用资金罪的构成：

(1)本罪的客体是复杂客体，即公私财产所有权和财经管理制度。

(2)犯罪对象是行为人所在单位的资金。本罪的客观方面表现为行为人利用职务上的便利，挪用本单位资金归个人使用或者借贷给他人，并符合法定条件的行为。

(3)本罪的主体是特殊主体，即只能是公司、企业或者其他单位中的非国家工作人员。

(4)本罪主观方面是直接故意，犯罪的目的是非法暂时取得本单位资金的使用权，即行为人是准备以后归还的，动机如何不影响本罪成立。

【难点】 挪用资金罪与挪用特定款物罪

挪用资金罪与挪用特定款物罪的主要区别是：(1)客体与对象不完全相同。前者的客体是公司、企业或者其他单位的财产所有权和财经管理制度，对象必须是本单位的资金；后者的客体是公共财物所有权和特定款物专款专用的财经管理制度，对象必须是用于救灾、抢险、防汛、优抚、扶贫、移民和救济款物。(2)挪用的用途不同。前者挪用资金限于归个人使用或者借贷给他人使用；后者是将所挪用的特定款物改变原特定用途，但仍为公用。(3)客观方面的条件不完全相同。前者未明确规定要求的结果；后者限定为情节严重，致使国家和人民群众利益遭受重大损害的，才构成犯罪。(4)主体不同。前者的主体是公司、企业或者其他单位中不具有国家工作人员身份的人；后者的主体则为掌管、经手救灾、抢险、防汛、优抚、扶贫、移民、救济款物的直接责任人员。

三、案例分析

【案例一】

2010 年 6 月 1 日，被告人郑必玲骗取被害人金某 195 元后，获悉金某的建设银行网银账户内有305 000余元存款且无每日支付限额，遂电话告知被告人臧进泉，预谋合伙作案。臧进泉赶至网吧后，以尚未看到金某付款成功的记录为由，发送给金某一个交易金额标注为 1 元而实际植入了支付305 000元的计算机程序的虚假链接，谎称金某点击该 1 元支付链接后，其即可查看到付款成功的记录。金某在诱导下点击了该虚假链接，其建设银行网银账户中的305 000元随即通过臧进泉预设的计算机程序，经上海快钱信息服务有限公司的平台支付到臧进泉提前在福州海都阳光信息科技有限公司注册的“kissal23”账户中。臧进泉使用其中的116 863元购买大量的游戏点卡，并在“小泉先生哦”的淘宝网店上出售套现。案发后，公安机关追回赃款187 126.31元发还被害人。

2010 年 5 月至 6 月间，被告人臧进泉、郑必玲、刘涛分别以虚假身份开设无货可供的淘宝网店铺，并以低价吸引买家。三被告人事先在网游网站注册一账户，并对该账户预设充值程序，充值金额为买家欲支付的金额，后将该充值程序代码植入一个虚假淘宝网链接中。与买家商谈好商品价格后，三被告人各自以方便买家购物为由，将该虚假淘宝网链接通过阿里旺旺聊天工具发送给买家。买家误以为是淘宝网链接而点击该链接进行购物、付款，并认为所付货款会汇入支付宝公司为担保交易而设立的公用账户，但该货款实际通过预设程序转入网游网站在支付宝公司的私人账户，再转入被告人事先在网游网站注册的充值账户中。三被告人获取买家货款后，在网游网站购买游戏点卡、腾讯 Q 币等，然后将其按事先约定统一放在臧进泉的“小泉先生哦”的淘宝网店铺上出售套现，所得款均汇入臧进泉的工商银行卡中，由臧进泉按照获利额以约定方式分配。

被告人臧进泉、郑必玲、刘涛经预谋后，先后到江苏省苏州市、无锡市、昆山市等地网吧采用上述手段作案。臧进泉诈骗22 000元，获利5 000余元；郑必玲诈骗获利5 000余元；刘涛诈骗获利12 000余元。

案例来源：最高人民法院指导案例第 27 号。

【问题聚焦】

1. 行为人利用信息网络，诱骗他人点击虚假链接而实际通过预先植入的计算机程序窃取财物构成何种犯罪？为什么？

2. 虚构可供交易的商品或者服务，欺骗他人点击付款链接而骗取财物构成何种犯罪？为什么？

【法律剖析】

盗窃是指以非法占有为目的，秘密窃取公私财物的行为；诈骗是指以非法占有为目的，采用虚构事实或者隐瞒真相的方法，骗取公私财物的行为。

对既采取秘密窃取手段又采取欺骗手段非法占有财物行为的定性，应从行为人采取主要手段和被害人有无处分财物意识方面区分盗窃与诈骗。如果行为人获取财物时起决定性作用的手段是秘密窃取，诈骗行为只是为盗窃创造条件或作掩护，被害人也没有“自愿”交付财物的，就应当认定为盗窃；如果行为人获取财物时起决定性作用的手段是诈骗，被害人基于错误认识而“自愿”交付财物，盗窃行为只是辅助手段的，就应当认定为诈骗。

在信息网络情形下，行为人利用信息网

络，诱骗他人点击虚假链接而实际上通过预先植入的计算机程序窃取他人财物构成犯罪的，应当以盗窃罪定罪处罚；行为人虚构可供交易的商品或者服务，欺骗他人为支付货款点击付款链接而获取财物构成犯罪的，应当以诈骗罪定罪处罚。

本案中，被告人臧进泉、郑必玲使用预设计算机程序并植入的方法，秘密窃取他人网上银行账户内巨额钱款，其行为均已构成盗窃罪。臧进泉、郑必玲和被告人刘涛以非法占有为目的，通过开设虚假的网络店铺和利用伪造的购物链接骗取他人数额较大的货款，其行为均已构成诈骗罪。对臧进泉、郑必玲所犯数罪，应依法并罚。

【法条链接】

《中华人民共和国刑法》

第264条　盗窃公私财物，数额较大的，或者多次盗窃，入户盗窃，携带凶器盗窃、扒窃的，处3年以下有期徒刑、拘役或者管制，并处或者单处罚金；数额巨大或者有其他严重情节的，处3年以上10年以下有期徒刑，并处罚金；数额特别巨大或者有其他特别严重情节的，处10年以上有期徒刑或者无期徒刑，并处罚金或者没收财产。

第266条　诈骗公私财物，数额较大的，处3年以下有期徒刑、拘役或者管制，并处或者单处罚金；数额巨大或者有其他严重情节的，处3年以上10年以下有期徒刑，并处罚金；数额特别巨大或者有其他特别严重情节的，处10年以上有期徒刑或者无期徒刑，并处罚金或者没收财产。本法另有规定的，依照规定。

【案例二】

上诉人(原被告人)：金海亮、钟志安、李俊

广东省广州市中级人民法院经审理查明：广州大道中嘉诚公寓附近的公交站，常有一伙男青年在此抢夺或抢劫他人财物，广州市越秀公安分局便衣大队派出警力进行伏击。2007年7月5日21时50分许，当一辆280路公交车停靠该站上下客时，被告人金海亮即上车并趁被害人林沛能不备抢去其手机(价值人民币687元)，同案被告人李俊则假装投币上车，阻挡车门关闭，使被告人金海亮得手后顺利从前门下车逃跑。当被告人金海亮携赃意欲跑向在公交车前方驾驶摩托车予以接应的被告人钟志安时，在此跟踪伏击的陈世豪等四名便衣警察立即亮明身份并上前抓捕，被告人金海亮见状即转身跑向马路对面，陈世豪紧追其后。在马路中间绿化带处，陈世豪追上并抓住金海亮，随即两人扭打在一起。在扭打中，金海亮猛地摔打，挣脱逃跑，陈世豪则随身紧追意欲抓捕，但在闪入广州大道由南往北方向快车道时，陈世豪被路过的一辆小车撞伤(经抢救无效死亡)。被告人金海亮则将抢得的手机弃置路旁继续逃跑，随即被警察和群众抓获。被告人李俊和钟志安也被伏击的警察当场抓获。

广东省广州市中级人民法院认为，被告人金海亮、钟志安、李俊无视国家法律，以非法占有为目的，趁人不备，公然夺取他人财物，数额较大。被告人金海亮为抗拒抓捕而当场使用暴力，其行为已构成抢劫罪，被告人钟志安、李俊的行为均构成抢夺罪。被告人李俊归案后协助公安机关抓获了同案人，有立功表现，依法可从轻处罚。依照《中华人民共和国刑法》第267条第1款、第269条、第263条、第68条第1款、第52条、第51条，最高人民法院《关于审理抢夺刑事案件具体应用法律若干问题的解释》第1条第(1)1项，最高人民法院《关于处理自首和立功具体应用法律若干问题的解释》第5条之规定，判决：被告人金海亮犯抢劫罪，判处有期徒刑8年，并处罚金人民币3 000元；被告人钟志安犯抢夺罪，判处有期徒刑2年，并处罚金人民币2 000元；被告人李俊犯抢夺罪，判处有期徒刑1年，并处罚金人民币1 000

元。

案例来源:《人民法院案例选》2008 年第 3 辑。

【问题聚焦】

1. 转化型抢劫罪应如何认定?

2. 抢劫过程中致使第三人死亡是否属于抢劫罪加重处罚情节中的抢劫致人死亡?

【法律剖析】

犯盗窃、诈骗、抢夺罪,为窝藏赃物、抗拒抓捕或者毁灭罪证而当场使用暴力或者以暴力相威胁的,属于转化型抢劫。

本案中,被告人金海亮以非法占有为目的,趁人不备,公然夺取他人财物,数额较大,构成抢夺罪。被告人金海亮为抗拒抓捕而当场使用暴力,其行为构成转化型抢劫罪。

《刑法》第 263 条第(5)5 项规定的致人重伤、死亡是指犯罪人在实施抢劫过程中,因使用暴力直接导致被害人重伤或死亡。主要有三种情况:(1)在实施抢劫过程中,为排除被害人的反抗,故意先重伤他人,然后当场将其财物夺走;(2)在实施抢劫过程中,为排除被害人的反抗,故意重伤他人以夺取财物,使其受伤致死;(3)在实施抢劫过程中,为排除被害人的反抗,故意将其杀死,然后劫取财物。该项所规定的犯罪对象有其特定性和专门指向——均是遭受抢劫的被害人,发生的加重结果均是被害人重伤或者死亡,而犯罪人的行为与加重结果之间有刑法上的因果关系。在本案中,陈世豪并非该起抢劫罪的犯罪对象,陈的死亡不属于《刑法》第 263 条第(5)项规定的加重结果,而是伴随着这起抢劫刑事案件而发生的一起交通事故的结果。金海亮的抢夺行为与林沛能财产的丧失之间存在必然的因果关系,同时也因金海亮使用暴力拒捕符合刑法上拟制的转化要件,其抢夺行为随之转化为抢劫罪,但金海亮的犯罪行为与陈世豪的死亡不存在刑法上的因果关系。综上,陈世豪意外身亡并不属于抢劫中致人死亡的加重情节。

【法条链接】

《中华人民共和国刑法》

第 263 条 以暴力、胁迫或者其他方法抢劫公私财物的,处 3 年以上 10 年以下有期徒刑,并处罚金;有下列情形之一的,处 10 年以上有期徒刑、无期徒刑或者死刑,并处罚金或者没收财产:

(一)入户抢劫的;

(二)在公共交通工具上抢劫的;

(三)抢劫银行或者其他金融机构的;

(四)多次抢劫或者抢劫数额巨大的;

(五)抢劫致人重伤、死亡的;

(六)冒充军警人员抢劫的;

(七)持枪抢劫的;

(八)抢劫军用物资或者抢险、救灾、救济物资的。

第 269 条 犯盗窃、诈骗、抢夺罪,为窝藏赃物、抗拒抓捕或者毁灭罪证而当场使用暴力或者以暴力相威胁的,依照本法第 263 条。

四、全真题演练

(一)单选题

1. 周某对冯某的一块名表垂涎已久。一日,周某骗冯某说要给其介绍对象,让冯某请自己喝酒,趁机将冯某灌醉,然后走到一僻静胡同,将其手表捋下拿走。现问,周某的行为符合下列哪一选项的犯罪特征?( )

A. 诈骗罪　　B. 盗窃罪

C. 侵占罪　　D. 抢劫罪

2. 某甲晚上在街上看到一老人手上提一只包(包内有现金1 000元),独自行走。甲就冲上前去,一把夺过老人的包就跑,因夺包时用力过猛,将老人带倒在地,老人摔成重伤,甲构成何罪?( )

A. 抢劫罪

B. 抢夺罪

C. 抢夺罪，但从重处罚

D. 抢夺罪和过失致人重伤罪

3. 甲、乙、丙三人预谋抢劫某商场。他们一块商议了抢劫计划，并准备了火药枪、匕首等抢劫作案的工具。某日，他们三人按照预定计划来到商场，由甲、乙两人进入商场抢劫货款，丙驾车在商场门口等候接应。甲、乙进入商场后，发现一收银员正在点数货款，趁其不备一把抓过逃出商场。丙待甲、乙两人上车后立即驾车逃走。三人行为构成何罪？（　　）

A. 抢夺罪

B. 抢劫罪

C. 抢劫罪（既遂）和抢夺罪（既遂）

D. 抢劫罪（预备）和抢夺罪（既遂）

4.（2007 年司法考试卷二第 7 题）张某出于报复动机将赵某打成重伤，发现赵某丧失知觉后，临时起意拿走了赵某的钱包，钱包里有 1 万元现金，张某将其占为己有。关于张某取财行为的定性，下列哪一选项是正确的？（　　）

A. 构成抢劫罪　　B. 构成抢夺罪

C. 构成盗窃罪　　D. 构成侵占罪

5.（2004 年司法考试卷二第 11 题）陈某在商场金店发现柜台内放有一条重 12 克、价值 1 600元的纯金项链，与自己所戴的镀金项链样式相同。陈某以挑选金项链为名，乘售货员不注意，用自己的镀金项链调换了上述纯金项链。陈某的行为（　　）。

A. 构成盗窃罪

B. 构成诈骗罪

C. 构成诈骗罪与盗窃罪的想象竞合犯

D. 构成诈骗罪与盗窃罪

6. 犯罪嫌疑人张某，男，27 岁，汽车驾驶员。2004 年 12 月，某个体汽车运输户聘用张某为自己的东风大货车驾驶员从事建筑工地土石方运输。同年 12 月 25 日晚，张某因赌博欠账，便产生将东风大货车变卖还账的念头。同月 27 日，张某将车以35 000元的价格卖给他人还完赌账后携款外逃，后被抓获。张某的行为构成（　　）。

A. 侵占罪　　B. 职务侵占罪

C. 盗窃罪　　D. 诈骗罪

7. 外资保险公司的工作人员甲某利用职务上的便利，故意编造未曾发生的保险事故进行虚假理赔，骗取保险金 10 万元归己所有，甲某的行为构成何罪？（　　）

A. 贪污罪　　B. 保险诈骗罪

C. 诈骗罪　　D. 职务侵占罪

8. 甲某因驾车违章受到行政处罚，遂对执行罚款的交警乙某怀恨在心。于是甲某在 15 天内连续数次将乙某家的窗户打破，并砸毁乙某及其妻子的摩托车，造成直接损失8 000余元。甲某的行为构成（　　）。

A. 妨害公务罪

B. 故意毁坏财物罪

C. 报复陷害罪

D. 破坏生产经营罪

9.（2011 年司法考试卷 2 第 16 题）关于盗窃罪的理解，下列哪一选项是正确的？（　　）

A. 扒窃成立盗窃罪的，以携带凶器为前提

B. 扒窃仅限于窃取他人衣服口袋内体积较小的财物

C. 扒窃时无论窃取数额大小，即使窃得一张白纸，也成立盗窃罪既遂

D. 入户盗窃成立盗窃罪的，既不要求数额较大，也不要求多次盗窃

（二）多选题

1. 甲某（19 周岁）和乙某（17 周岁）合伙盗窃邻村丙某家的耕牛。甲某在门外望风，乙某进牛棚牵牛。由于乙某不小心弄出响声，被丙某发现。甲某听到丙某的吆喝声，不等乙即逃走。丙某手持木棍紧追乙某，乙某为了逃避丙某的抓捕，掏出随身携带的水果刀朝丙某身上

捅了一刀后逃走。甲某逃到村头刚好遇见巡逻的民警。民警见甲某形迹可疑，即将其带回问话，甲某如实将其和乙某合谋盗窃的情况向民警作了交代。关于本案，下列哪些说法是正确的？（　　）

A. 甲某的行为构成盗窃罪

B. 对甲某应当认定为自首

C. 乙某的行为构成抢劫罪

D. 对乙某应当从轻或者减轻处罚

2. 下列哪些行为属于《刑法》第263条第3项规定的“抢劫银行或者其他金融机构”？（　　）

A. 抢劫银行或者其他金融机构的经营资金、有价证券和客户的资金等

B. 抢劫正在使用中的银行或者其他金融机构的运钞车的

C. 抢劫银行办公用品的

D. 抢劫银行的职员乘用的交通工具的

3. 下列哪些行为应认定为抢劫罪一罪？（　　）

A. 甲将仇人杀死后，取走其身上的5 000元现金

B. 甲持刀拦路行抢，故意将受害人杀死后取走其财物

C. 甲在抢劫过程中为压制被害人的反抗，故意将被害人杀死，取走其财物

D. 甲实行抢劫罪后，为防止受害人报案，将其杀死

4.（2006年司法考试卷二第15题）下列哪种行为不构成敲诈勒索罪？（　　）

A. 甲到乙的餐馆吃饭，在食物中发现一只苍蝇，遂以向消费者协会投诉为由进行威胁，索要精神损失费3 000元。乙迫于无奈付给甲3 000元

B. 甲到乙的餐馆吃饭，偷偷在食物中投放一只事先准备好的苍蝇，然后以砸烂桌椅进行威胁，索要精神损失费3 000元。乙迫于无奈付给甲3 000元

C. 甲捡到乙的手机及身份证等财物后，给乙打电话，索要3 000元，并称若不付钱就不还手机及身份证等物。乙迫于无奈，付给甲3 000元现金赎回手机及身份证等财物

D. 甲妻与乙通奸，甲获知后十分生气，将乙暴打一顿，乙主动写下一张赔偿精神损失费2万元的欠条。事后，甲持乙的欠条向其索要2万元，并称若乙不从，就向法院起诉乙

5. 下列选项中哪些盗窃行为并不以盗窃罪论处，而是按其他犯罪定罪量刑？（　　）

A. 盗窃他人财物，为抗拒抓捕而当场使用暴力或者以暴力相威胁

B. 盗窃信用卡并使用

C. 盗窃珍贵文物的

D. 盗窃商业秘密，给商业秘密权利人造成重大损失的

6. 甲某意图窃取国家珍贵文物，一天晚上潜入博物馆正窃取时被当场抓获。以下对甲某的行为定性错误的有（　　）。

A. 甲某未窃得财物，其行为不构成犯罪

B. 甲某的行为应以盗窃罪（未遂）定罪处罚

C. 对甲某应当按其意图盗窃文物的价值确定其盗窃数额

D. 甲某的行为应以盗窃文物罪定罪处罚

7. 关于盗窃罪的认定，下列结论哪些是正确的？（　　）

A. 甲因饮酒过量醉卧街头。乙向围观群众声称甲系其好友，将甲扶于无人之处，掏走甲身上一千余元离去。乙的行为构成盗窃罪

B. 甲与乙在火车上相识，下车后同到一饭馆就餐。乙殷勤劝酒，将甲灌醉，掏走甲身上一千余元离去。乙的行为构成

盗窃罪

C. 甲去一餐馆吃晚饭，时值该餐馆打烊，服务员已下班离去，只有老板乙在清账理财。在甲的再三要求之下，乙无奈亲自下厨准备饭菜。甲趁机将厨房门反锁，致乙欲出不能，只能从递菜窗口眼看着甲打开柜台抽屉拿走一千余元离去。甲的行为构成盗窃罪

D. 甲在街头出售报纸时发现乙与一摊主因买东西发生纠纷，其携带的箱子(内有贵重物品)放在身旁的地上，便提起该箱子悄悄溜走。乙发现后紧追不舍。为摆脱乙的追赶，甲将手中剩余的几张报纸卷成一团扔向乙，击中乙脸，乙受惊吓几乎滑倒。随之又追，终于抓住甲

8. 甲将头痛粉冒充海洛因欺骗乙，让乙出卖“海洛因”，然后二人均分所得款项。乙出卖后获款6 000元，但在未来得及分赃时，被公安机关查获。关于本案，下列哪些说法是正确的？(　　)

A. 甲与乙构成贩卖毒品罪的共犯

B. 甲的行为构成诈骗罪

C. 甲属于间接正犯

D. 甲的行为属于犯罪未遂

9. (2013年司法考试卷2第60题)甲潜入他人房间欲盗窃，忽见床上坐起一老妪，哀求其不要拿她的东西。甲不理睬而继续翻找，拿走一条银项链(价值400元)。关于本案的分析，下列哪些选项是正确的？(　　)

A. 甲并未采取足以压制老妪反抗的方法取得财物，不构成抢劫罪

B. 如认为区分盗窃罪与抢夺罪的关键在于是秘密取得财物还是公然取得财物，则甲的行为属于抢夺行为；如甲作案时携带了凶器，则对甲应以抢劫罪论处

C. 如采取B选项的观点，因甲作案时未携带凶器，也未秘密窃取财物，又不符合抢夺罪“数额较大”的要件，无法以侵犯财产罪追究甲的刑事责任

D. 如认为盗窃行为并不限于秘密窃取，则甲的行为属于入户盗窃，可按盗窃罪追究甲的刑事责任

(三)名词解释

1. 抢夺罪

2. 敲诈勒索罪

3. (武汉大学2009年考研真题)职务侵占罪

4. 挪用特定款物罪

5. (武汉大学1998年考研真题)破坏生产经营罪

6. 拒不支付劳动报酬罪

(四)简答题

1. 简述转化型抢劫罪的条件。

2. 简述敲诈勒索罪与抢劫罪的异同。

3. 简述侵占罪的客观方面。

4. (武汉大学2003年考研真题)简述抢劫罪暴力的上下限。

5. 简述挪用资金罪与挪用特定款物罪的区别。

(五)论述题

1. (武汉大学2009年考研真题)论述“携带凶器抢夺”的认定。

2. 如何理解盗窃罪中的“数额较大”和“多次盗窃”。

五、深度拓展

【拓展一】 利用诈骗手段进行盗窃行为的定性

在涉及行为人通过诈骗手段进行盗窃时，行为人是构成盗窃罪还是诈骗罪就显得难以

区分。清华大学张明楷教授认为[①]：处分行为的有无，划定了诈骗罪与盗窃罪的界限。被害人处分财物时是诈骗罪而不是盗窃罪；被害人没有处分财物时，即行为人夺取财物时是盗窃罪。诈骗罪与盗窃罪处于这样一种相互排斥的关系，不存在同一行为同时成立诈骗罪与盗窃罪，二者属于观念竞合关系的情况。因此，正确理解和认定"处分行为"，是区分盗窃罪与诈骗罪的关键。

首先，诈骗罪的受骗人的处分行为，必须是基于认识错误，而认识错误的产生或维持是由于行为人的欺骗行为。处分行为意味着将财产转移给行为人或第三者占有，即由行为人或第三者事实上支配财产。至于受骗人是否已经转移给行为人或第三者占有，一方面，要根据社会的一般观念判断，即在当时的情况下，社会的一般观念是否认为受骗人已经将财产转移给行为人或第三者进行事实上的支配或控制；另一方面，受骗人是否具有将财产转移给行为人或第三者支配或控制的意思。

其次，处分行为并不要求受骗人将财物的所有权处分给行为人，所以不要求受骗人具有转移所有权的意思。例如，甲没有返还的意图，却隐瞒真相向乙借用轿车，乙将轿车交付给甲后，甲开车潜逃。乙只有转移占有的意思，但甲的行为依然成立诈骗罪。在财产关系日益复杂的情况下，财产的单纯占有者乃至占有辅助者，都可能处分(交付)财产。例如，丙将自己的财物委托给乙保管，其间，丙给乙打电话，声称第二天派丁取回自己的财产。偷听了电话的甲第二天前往乙处，声称自己是丙派去的丁，乙将自己占有而归丙所有的财物交付给甲。处分财产的乙并不享有所有权，只是事实上占有了财产，但这并不影响甲的行为成立诈骗罪。所以，即使不是财产的所有人，也完全可能因为认识错误等原因而处分财产。

再次，在受骗人与被害人为同一人的情况下，受骗人只能处分自己占有的财产，而不可能处分自己没有占有的财产。至于受骗人是否对该财产享有所有权，则不影响诈骗罪的成立。

最后，在受骗人与被害人不是同一人的情况下，只要受骗人事实上具有处分被害人财产的权限，或者处于可以处分被害人财产的地位，对方的行为也成立诈骗罪。一方面，如果受骗人不具有处分财产的权限与地位，就不能认定其转移财产的行为属于诈骗罪的处分行为；另一方面，如果受骗人没有处分财产的权限与地位，行为人的行为便完全符合盗窃罪间接正犯的特征。受骗人是否具有处分被害人财产的权限或地位，成为区分诈骗罪与盗窃罪间接正犯的一个关键。至于受骗人事实上是否具有这种权限或地位，应通过考察受骗人是否为被害人财物的辅助占有者、受骗人转移财物的行为(排除被骗的因素)是否得到社会一般观念的认可、受骗人是否经常为被害人转移财产等因素作出判断。

【拓展二】 财物是否包括虚拟财产

虚拟财产属于刑法上的财物。第一，虚拟财产是他人可以管理的东西。众所周知，虚拟财产的管理可能性主要是通过账户实现的。一个人只要注册了账户，就可以将自己购买的或者通过其他途径获得的虚拟财产存入该账户，形成对该虚拟财产的支配与控制。换言之，账户既是存放虚拟财产的仓库，也是主体占有、管理虚拟财产的标志。事实上，人们对虚拟财产的管理可能性，不只是事务的管理可能性，而是接近物理上的管理可能性。第二，虚拟财产具有转移可能性。文化部2010年6月3日发布的《网络游戏管理暂行办法》也指出："'网络游戏虚拟货币'是指由网络游戏经

① 张明楷：《如何区分盗窃罪和诈骗罪》，载顾军：《侵财犯罪的理论与实践》，法律出版社2008年版，第18页。

营单位发行，网络游戏用户使用法定货币按一定比例直接或者间接购买，存在于游戏程序之外，以电磁记录方式存储于服务器内，并以特定数字单位表现的虚拟兑换工具。”正是因为虚拟财产具有转移可能性，才使得虚拟财产成为侵害的对象。第三，虚拟财产具有使用价值。例如，Q币可以供人们用于电话充值或者购买网络产品，游戏币可以供人们用于购买游戏产品或者玩游戏，游戏装备本身也能供人们玩游戏。再如，游戏装备以及网络游戏中的角色不仅可以满足玩家的精神需求，而且可以通过游戏过程使游戏装备升位或者通过升级攻关来提高自己的等级获得游戏装备。夫妻离婚时双方都争着要游戏装备而不要房产的案件表明，对于游戏玩家来说，虚拟财产的价值可能重于现实生活中的财产价值。另一方面，虚拟财产的有偿转让已经成为普遍现象，所以，虚拟财产事实上具有客观价位（交换价值）。

将虚拟财产解释为刑法上的财物，并非类推解释。第一，我国刑法没有区分财物与财产性利益，只有一个“财物”的概念。概念越抽象，外延越宽泛，况且，“财物”这一概念并不是狭义的有体物与财产性利益的简单相加，而是可以包括一切值得刑法保护的财产。所以，将虚拟财产解释为财物在德国、日本可能是类推解释，但在中国则不一定是类推解释。第二，将虚拟财产解释为财物可以得到《刑法》第265条、第367条的印证。以后者为例，网络或者计算机信息系统中的淫秽影片不可能拿到现实生活中来，否则就看不见、摸不着，但仍然属于淫秽“物品”。既然如此，当然也可以认为虚拟货币、游戏装备等属于网络“物品”。第三，在日常生活中一直存在无体物的概念，既然如此，将虚拟财产解释为财物，不会侵犯国民的预测可能性。况且，虚拟财产的概念已经家喻户晓，将虚拟财产解释为财物，就完全能够被国民接受。即使在虚拟财产的产生之初将其认定为财物可能属于类推解释，但时至今日，这样的解释已经不再是类推解释。

当然，承认虚拟财产是刑法上的财物，并不意味着任何虚拟产品都是刑法上的财物。虚拟财产的类型很多，如网络游戏的虚拟财产（如游戏账号、武器装备、角色属性、身份、等级、宠物等）、虚拟货币（如Q币、百度币、U币等）、网络账号（如QQ号、E-mail账号、BBS论坛账号、微博账号等）以及域名等。我们没有必要定义虚拟财产的概念，只要在个案中判断行为人所侵害的虚拟财产是否具有管理可能性、转移可能性与价值性即可。如果得出肯定结论，就将其认定为财物；否则，即使被公认为虚拟财产，也不能认定为刑法上的财物。例如，普通的QQ号码、E-mail账号虽然具有管理可能性与转移可能性，但不具有价值性，故不能认定为刑法上的财物。所以，并不是任何虚拟产品都是刑法上的财物。本书也只是认为，具备财物特征的虚拟财产，才是刑法上的财物。

总之，作为财产罪对象的财物，包括具有价值与管理、转移可能性的一切有体物、无体物与财产性利益。财产罪中的财产包括公共财产与公民私人所有的财产。根据《刑法》第91条的规定，公共财产包括国有财产、劳动群众集体所有的财产、用于扶贫和其他公益事业的社会捐助或者专项基金的财产。此外，在国家机关、国有公司、企业、集体企业和人民团体管理、使用或者运输中的私人财产，以公共财产论。根据《刑法》第92条的规定，公民私人所有的财物，包括公民的合法收入、储蓄、房屋和其他生活资料，依法归个人、家庭所有的生产资料，个体户和私营企业的合法财产，依法归个人所有的股份、股票、债券和其他财产。

第二十章

妨害社会管理秩序罪

一、知识结构图

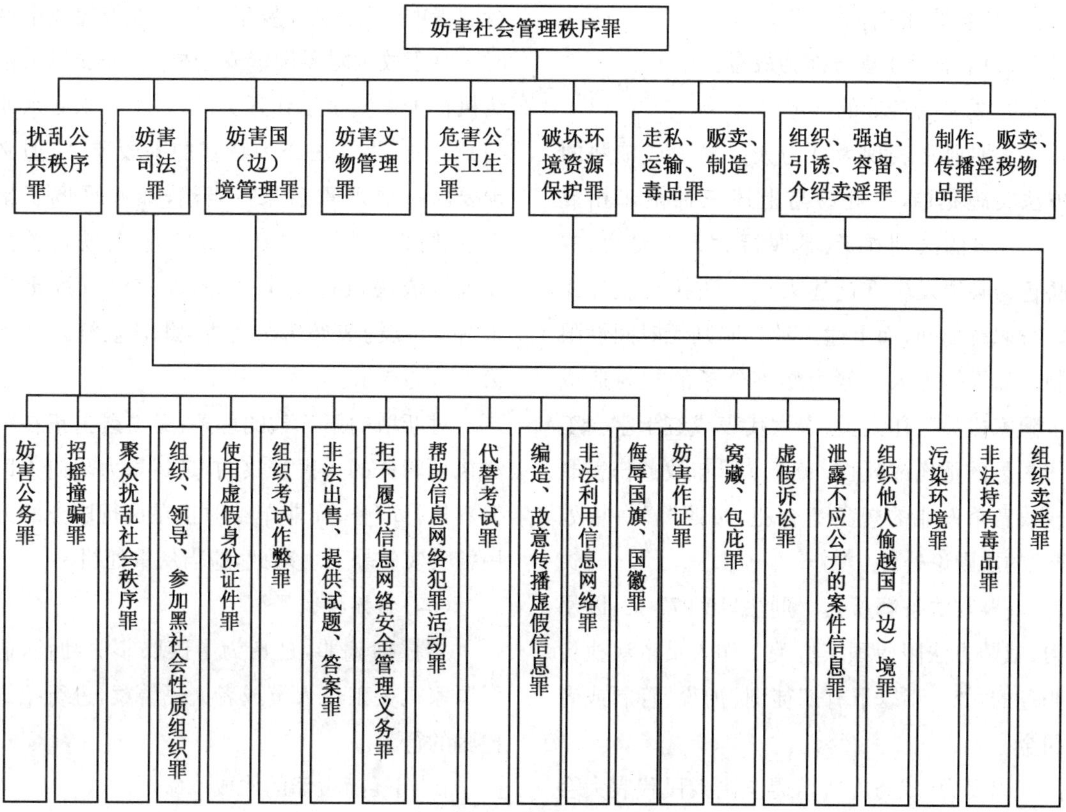

二、重难点归纳

(一)妨害公务罪

妨害公务罪，是指用暴力、威胁的方法，阻碍国家工作人员、人大代表依法执行职务，红十字会工作人员依法履行职责，或者故意阻碍国家安全机关、公安机关依法执行国家安全工作任务，虽未使用暴力、威胁方法，但造成严重后果的行为。

1. 妨害公务罪的构成

(1)本罪的客体是国家机关、人民代表大会、红十字会、国家安全机关以及公安机关的公务活动。

(2)本罪的客观方面表现为行为人以暴力、威胁的方法阻碍国家机关工作人员、人大代表依法执行职务;或者在自然灾害或者突发事件中,以暴力、威胁方法阻碍红十字会工作人员依法履行职责;或者虽未使用暴力、威胁的方法,但故意阻碍国家安全机关、公安机关依法执行国家安全工作任务,造成严重后果的行为。

(3)本罪的主体为一般主体。

(4)本罪的主观方面为故意。

2. 妨害公务罪的认定

本罪通常表现为行为人以暴力或威胁的方法实施犯罪,因此易与上述三种犯罪相混淆。二者的区别在于:本罪行为人的暴力、威胁行为必须发生在前述人员依法执行职务或履行职责期间,而上述三种犯罪则无时间性限制。如果行为人以暴力妨害公务的行为造成了国家机关工作人员、人大代表或红十字会工作人员的重伤或死亡,属于本罪与故意伤害罪或故意杀人罪的想象竞合犯,按照“择一重处断”的原则论处。

【疑难法条解析】《刑法》第 277 条:以暴力、威胁方法阻碍国家机关工作人员依法执行职务的,处 3 年以下有期徒刑、拘役、管制或者罚金。

以暴力、威胁方法阻碍全国人民代表大会和地方各级人民代表大会代表依法执行代表职务的,依照前款的规定处罚。

在自然灾害和突发事件中,以暴力、威胁方法阻碍红十字会工作人员依法履行职责的,依照第一款的规定处罚。

故意阻碍国家安全机关、公安机关依法执行国家安全工作任务,未使用暴力、威胁方法,造成严重后果的,依照第 1 款的规定处罚。

《刑法修正案(九)》新增了第 5 款:“暴力袭击正在依法执行职务的人民警察的,依照第一款的规定从重处罚。”

该条规定了妨害公务罪,典型的妨害公务罪是以暴力、威胁的方法阻碍国家机关工作人员依法执行职务的行为。本条第 2～4 款规定的是特殊情形的妨害公务行为。本罪的对象是正在依法执行职务的国家机关工作人员,还包括人大代表、红十字会工作人员。如果是以暴力、威胁方法阻碍人大代表执行职务,如果是以暴力、威胁方法阻碍红十字会工作人员履行职责的,必须是在发生自然灾害或突发事件时。对于故意阻碍国家安全机关、公安机关依法执行国家安全工作任务的,并不要求必须使用暴力、威胁方法作为特定的手段要件,但必须要求造成严重后果。当然,如果采取了暴力、威胁方法阻碍国家安全机关、公安机关工作人员依法执行安全任务,即使没有严重后果,也可以构成妨害公务罪,此时就符合本条第 1 款的要求。

对新增的第 5 款的理解:暴力袭击正在依法执行职务的人民警察的,是指暴力阻碍人民警察执行职务,而非单纯对正在执行职务的人民警察实施暴力。对此,应当从重处罚。

(二)招摇撞骗罪

招摇撞骗罪,是指为了谋取非法利益,假冒国家机关工作人员或者人民警察,进行招摇撞骗的行为。

1. 招摇撞骗罪的构成

(1)本罪的客体还存在一定争议,但我们认为本罪侵犯的客体为复杂客体,“主要客体是国家机关的威信及其对社会的管理秩序,其次要客体是公共利益和公民、法人及其他组织的合法权益”。

(2)本罪的客观方面表现为行为人实施了

冒充国家机关工作人员和人民警察进行招摇撞骗的行为。行为人必须冒充国家机关工作人员和人民警察的身份或职务，而且行为人必须实施招摇撞骗的行为。准确理解冒充国家机关工作人员和人民警察的身份或职务与骗取非法利益之间的客观联系是认定本罪的关键。

(3)本罪的主体为一般主体，即已满 16 周岁且具有刑事责任能力的自然人。

(4)本罪的主观方面为直接故意，且具有骗取某种非法利益的目的。

2. 招摇撞骗罪的认定

司法实践中，由于行为人犯罪目的的具体内容不同，所采取的手段或结果往往同时触犯不同罪名。如为了冒充国家机关工作人员招摇撞骗而伪造、变造、盗窃国家机关公文、证件、印章的，其方法行为同时触犯伪造、变造、盗窃国家机关公文、证件、印章罪；冒充国家机关工作人员招摇撞骗，又以胁迫手段强奸妇女的，其结果行为同时触犯强奸罪等。这种情况均应以牵连犯“择一重处断”的原则处理。

冒充人民警察招摇撞骗的，依照本罪从重处罚。

【难点辨析】 招摇撞骗罪与诈骗罪

本罪与诈骗罪的犯罪手段都是“骗”，但两者有明显的区别：(1)侵犯的客体不同。本罪侵犯的客体是国家机关的正常活动；诈骗罪侵犯的客体则是公私财产所有权。(2)犯罪手段不同。本罪的行为方式只能是冒充国家机关工作人员或人民警察行骗；而诈骗罪的行为手段则是多种多样的，不限于冒充有特定身份的人员行骗。(3)成立犯罪的标准不同。本罪是行为犯，没有诈骗所得财物数额的要求，只要行为人实施了冒充国家机关工作人员或人民警察招摇撞骗的行为，原则上便构成犯罪；而诈骗罪是数额犯，诈骗所得财物数额较大的，才构成诈骗罪。如果行为人冒充国家机关工作人员实施诈骗犯罪的，属于法条竞合的情况，按法条竞合犯的处罚原则追究刑事责任。

(三)聚众扰乱社会秩序罪

聚众扰乱社会秩序罪，是指聚众扰乱社会秩序，情节严重，致使工作、生产、营业或教学、科研、医疗无法进行，造成严重损失的行为。

聚众扰乱社会秩序罪的构成：

(1)本罪的客体是社会秩序，不包括党政机关的工作秩序。行为人实施了聚众扰乱社会秩序且情节严重的行为，并且造成了严重损失。

(2)本罪的主体是一般主体，但仅限于“聚众”的首要分子和积极参加者。

(3)本罪的主观方面为故意。

【难点辨析】 聚众扰乱社会秩序罪与破坏生产经营罪

二者的相似之处在于都破坏了正常的生产经营且造成了一定的经济损失，但二者的主要区别在于：(1)犯罪的性质不同。本罪属于妨害社会管理秩序罪范畴，而后者则属于侵犯财产罪的范畴。(2)客观方面表现不同。本罪表现为聚众扰乱生产经营秩序的行为，而后者则表现为毁坏机器设备、残害耕畜或者以其他方法破坏生产经营的行为。(3)故意内容不同。虽然二者都是直接故意，但本罪对目的、动机没有特别要求，而后者则要求必须是出于泄愤报复或者其他个人目的。(4)犯罪主体不同。本罪是聚合性犯罪，只能由首要分子和其他积极参加者构成；而后者则由一般主体构成，可以单个人实施，也可以两人以上共同实施。(5)犯罪成立的标准不同。本罪是结果犯，即必须是行为人的行为致使生产经营无法进行、造成严重损失、情节严重的结果；而后者是行为犯，只要行为人实施了破坏生产经营的行为，就构成犯罪。

【难点辨析】 几种聚众犯罪的处罚

本章第一节扰乱社会秩序罪中规定了几

个典型的聚众犯罪，包括聚众扰乱社会秩序罪，聚众冲击国家机关罪，聚众扰乱公共场所秩序、交通秩序罪，聚众斗殴罪，以及聚众淫乱罪。对于聚众扰乱社会秩序罪、聚众冲击国家机关罪不仅处罚首要分子也处罚积极参加者，而聚众淫乱罪不仅处罚首要分子还处罚多次参加者。聚众扰乱公共场所秩序、交通秩序罪仅追究首要分子的刑事责任。

【疑难法条解析】《刑法》第 290 条：聚众扰乱社会秩序，情节严重，致使工作、生产、营业和教学、科研、医疗无法进行，造成严重损失的，对首要分子，处 3 年以上 7 年以下有期徒刑；对其他积极参加的，处 3 年以下有期徒刑、拘役、管制或者剥夺政治权利。

注：该条款经《刑法修正案（九）》修改，在原条文的基础上新增了“医疗”。

（四）组织、领导、参加黑社会性质组织罪

组织、领导、参加黑社会性质组织罪，是指组织、领导或者参加以暴力、威胁或者其他手段，有组织地进行违法犯罪活动，称霸一方，为非作恶，欺压、残害群众，严重破坏经济、社会生活秩序的黑社会性质组织的行为。

1. 组织、领导、参加黑社会性质组织的构成

（1）本罪的客体是复杂客体，既侵犯了经济、社会生活秩序，同时又侵犯了公民的人身权利。

（2）本罪的客观方面表现为行为人实施了组织、领导、参加黑社会性质组织的行为。

（3）本罪的主体为一般主体，即已满 16 周岁且具有刑事责任能力的自然人。

（4）本罪的主观方面为故意，即行为人怀着明确的意图组织或领导黑社会性质组织，或者明知是黑社会性质组织而参加。

2. 组织、领导、参加黑社会性质组织的认定

对于黑社会性质组织的认定，应当根据 2002 年全国人大常委会《关于刑法第二百九十四条第一款的解释》来认定，即应当同时具备以下特征：组织结构上形成了较稳定的犯罪组织，人数较多，有明确的组织者、领导者，骨干成员基本固定。经济上有组织地通过违法犯罪活动或者其他手段获取经济利益，具有一定的经济实力，以支持该组织的活动。行为方式上，以暴力胁迫或者其他手段，有组织地多次进行违法犯罪活动，为非作恶，欺压、残害群众。在影响上，通过实施违法犯罪活动，或者利用国家工作人员的包庇或者纵容，称霸一方，在一定区域或者行业内，形成非法控制或者重大影响，严重破坏经济、社会生活秩序。

有关黑社会性质组织犯罪的罪数，根据《刑法》第 294 条第 3 款的规定，组织、领导、参加黑社会性质组织罪和入境发展黑社会组织罪，又利用黑社会性质组织实施其他犯罪的应当数罪并罚。

另外，要注意包庇黑社会性质组织罪的行为方式包括通风报信，隐匿、毁灭证据，阻止他人作证或指使他人作伪证，提供财物帮助逃匿，阻挠其他国家机关工作人员依法查禁等。因此需要注意国家工作人员实施上述行为的，不能以包庇罪、妨害作证罪、窝藏罪、帮助犯罪分子逃避处罚罪、妨害公务罪等处理，而不能认定为包庇黑社会性质组织罪。

【疑难法条解析】《刑法》第 294 条第 1 款：组织、领导黑社会性质组织的，处 7 年以上有期徒刑，并处没收财产；积极参加的，处 3 年以上 7 年以下有期徒刑，可以并处或者没收财产；其他积极参加的，处 3 年以下有期徒刑、拘役、管制或者剥夺政治权利，可以并处罚金。该条款经《刑法修正案（九）》修改，原条文表述为：“组织、领导和积极参加以暴力、威胁或者其他手段，有组织地进行违法犯罪活动，称霸一方，为非作恶，欺压、残害群众，严重破坏经济、社会生活秩序的黑社会性质组织的，处 3

年以上10年以下有期徒刑；其他参加的，处3年以下有期徒刑、拘役、管制或者剥夺政治权利。”

（五）使用虚假身份证件罪

使用虚假身份证件罪，是指行为人在依照国家规定应当提供真实身份的活动中，使用伪造、变造的居民身份证、护照、驾驶证等虚假身份证件的行为。

使用虚假证件罪的构成：

（1）本罪的客体是社会公共信用，及行为人使用伪造、变造的居民身份证、护照、驾驶证等虚假身份证件会对社会诚实信用秩序带来破坏。

（2）本罪的客观方面。本罪在客观方面表现为在依照国家规定应当提供真实身份的活动中，使用伪造、变造的居民身份证、护照、驾驶证等虚假身份证件的行为。

本罪的犯罪对象是居民身份证、护照、驾驶证等虚假身份证件。此处，应当注意对“虚假身份证件”的理解，《刑法修正案（九）》采用了列举加兜底的立法模式，在身份证、护照、驾驶证后又用了“等依法可以用于证明身份的证件”进行概括性规定，目的在于严密刑事法网。因此，我们认为，对“依法可以用于证明身份的证件”应当作限制解释，即仅限于记载的个人信息量和社会公信力与居民身份证、护照、驾驶证相当的证件。

（3）本罪的主体是一般主体，即年满16周岁具有刑事责任能力的自然人。

（4）本罪的主观方面是故意。

【难点辨析】

1. 本罪与伪造、变造、买卖身份证件罪的界限

本罪属于伪造、变造、买卖身份证件罪的下游犯罪，因为现实中有可以使用的市场存在，所以会滋生伪造、变造、买卖的行为。

两罪的关键区别在于客观方面不同。本罪在客观方面表现为使用伪造、变造的居民身份证、护照、驾驶证等虚假身份证件的行为；而伪造、变造、买卖身份证件罪在客观方面表现为伪造、变造、买卖居民身份证、护照、驾驶证等依法可以用于证明身份的证件的行为。如果行为人为了使用而伪造、变造、买卖居民身份证、护照、驾驶证等身份证件的，既构成本罪，又构成伪造、变造、买卖身份证件罪，属于牵连行为，应当按照牵连犯的处断原则，从一重罪论处。

2. 本罪与其他相关犯罪的界限

行为人使用虚假身份证件，往往具有其他非法目的，例如，为了诈骗他人财物而使用伪造、变造的居民身份证与他人签订合同；为了偷越国境，使用伪造、变造的护照等。行为人的行为可能既成立本罪，又构成其他犯罪，此时，应当按照牵连犯的处断原则，依照处罚较重的规定定罪处罚。

（六）组织考试作弊罪

组织考试作弊罪，是指在法律规定的国家考试中，组织作弊的，为他人提供作弊器材或者其他帮助的，向他人非法出售或者提供试题、答案的，以及代替他人或者让他人代替自己参加考试等破坏考试秩序的行为规定为犯罪。

组织考试作弊罪是《刑法修正案（九）》新设罪名。我国《刑法》第284条之一第1款规定：在法律规定的国家考试中，组织作弊的，处3年以下有期徒刑或者拘役，并处或者单处罚金；情节严重的，处3年以上7年以下有期徒刑，并处罚金。

组织考试作弊罪的构成：

（1）本罪的客体为复杂客体，包括国家对考试组织的管理秩序和他人公平参与考试的权利。

（2）本罪的客观方面表现为在法律规定的国家考试中组织作弊的行为。

所谓“法律规定的考试”，是指由国家颁布的法律中所规定的，由国家相关主管部门确定实施，由经批准的实施考试的机构承办，面向社会公众统一进行的各种考试，包括中考、高考、研究生入学考试等学业考试，计算机等级考试、全国英语等级考试等社会证书类考试，司法职业资格考试、证券师从业资格考试等资格类考试，国家公务员招录考试等。

所谓“组织”，是指倡导、发起、策划、安排他人进行作弊的行为，组织的对象不限于考生，还可以包括考生家长、教师等。

所谓“作弊”，即违反公平、公正原则，通过不正当途径参加考试，或在考试过程中在考试不允许的范围内寻求或者试图寻求答案的行为。

根据《国家教育考试违规处理办法》第6条的规定，考生违背考试公平、公正原则，在考试过程中有下列行为之一的，应当认定为考试作弊：

①携带与考试内容相关的材料或者存储与考试内容相关资料的电子设备参加考试的；

②抄袭或者协助他人抄袭试题答案或者与考试内容相关的资料的；

③抢夺、窃取他人试卷、答卷或者胁迫他人为自己抄袭提供方便的；

④携带具有发送或者接收信息功能的设备的；

⑤由他人冒名代替参加考试的；

⑥故意销毁试卷、答卷或者考试材料的；

⑦在答卷上填写与本人身份不符的姓名、考号等信息的；

⑧传、接物品或者交换试卷、答卷、草稿纸的；

⑨其他以不正当手段获得或者试图获得试题答案、考试成绩的行为。

(3)本罪的主体是一般主体，即年满16周岁、具备刑事责任能力的自然人。本罪仅处罚组织考生作弊的组织者，不处罚参与作弊的考生。

(4)本罪的主观方面是故意。

(七)非法出售、提供试题、答案罪

非法出售、提供试题、答案罪是《刑法修正案(九)》新设罪名。

其含义是指：为实施考试作弊行为，向他人非法出售或者提供法律规定的国家考试的试题、答案的行为。

非法出售、提供试题、答案罪的构成：

1. 犯罪客体

本罪所侵犯的客体为复杂客体，包括国家对考试组织的管理秩序和他人公平参与考试的权利。

2. 客观方面

本罪的客观方面表现为向他人非法出售或者提供法律规定的国家考试的试题、答案的行为。

首先，行为人实施的是非法出售或者提供行为。行为人可以以牟利为目的，向他人提供试题和答案，与他人进行金钱交易，也可以不以牟利为目的，出于其他目的，向他人提供试题和答案。

其次，必须是第304条第1款所规定的“法律规定的国家考试”。

最后，行为人提供的必须是试题、答案，行为人可以是出售或提供试题或答案，也可以是既出售或提供试题，也出售或提供答案。

3. 犯罪主体

本罪的主体为一般主体，即年满16周岁、具备刑事责任能力的自然人。

4. 主观方面

本罪的主观方面为故意，需明知自己提供的是法律规定的国家考试的试题、答案，犯罪目的在于实施考试作弊行为。

【难点辨析】 非法出售、提供考试试题、答案罪与故意泄露国家秘密罪的界限由于法律规定的国家考试的试题、答案，多属于国家秘密。向他人出售、提供这些试题、答案，即泄露国家秘密的行为。那么非法出售、提供考试试题、答案罪与故意泄露国家秘密罪如何区分？

故意泄露国家秘密罪，是指违反保守国家秘密法的规定，故意泄露国家秘密，情节严重的行为。

在客体上，本罪侵犯的是国家的考试管理秩序以及考生公平参加考试的权利，故意泄露国家秘密罪侵犯的是国家的保密制度；客观方面，本罪表现为向他人非法出售、提供的行为即可，故意泄露国家秘密罪表现为口头的、书面的，或提供给他人阅读，或非法复制或窃取。

行为人非法出售、提供考试试题、答案，同时触犯非法出售、提供考试试题、答案罪与故意泄露国家秘密罪，属于想象竞合，应择一重罪处断。

(八)拒不履行信息网络安全管理义务罪

本罪是《刑法修正案(九)》第二十八条新增加的罪名。拒不履行信息网络安全管理义务罪，是指网络服务提供者不履行法律、行政法规规定的信息网络安全管理义务，经监管部门责令采取改正措施而拒不改正，致使违法信息大量传播、或用户信息泄露并造成严重后果、或刑事案件证据灭失情节严重、或有其他严重情节的行为。

本罪的构成：

(1)本罪客体是有关国家网络安全的管理制度。

(2)客观方面。本罪客观方面表现在三个方面：一是行为违法，即网络服务提供者不履行法律、行政法规规定的信息网络安全管理义务。二是拒不改正，即经监管部门责令采取改正措施而拒不改正。三是产生后果，即导致了违法信息大量传播、或用户信息泄露并造成严重后果、或刑事案件证据灭失情节严重、或有其他严重情节的后果的产生。

(3)本罪主体为特殊主体。即年满16周岁、具有刑事责任能力的网络服务提供者，单位也可构成本罪。

(4)本罪在主观方面只能由故意构成，过失不构成本罪。

【难点解析】

本罪是结果犯，但何为结果中的“致使违法信息大量传播”“严重后果”“情节严重”和“其他严重情节”，目前没有明确的规定，有待于法律或司法解释作出界定；犯本罪同时又构成其他犯罪的，依照处罚较重的规定定罪处罚，不实行数罪并罚。

(九)帮助信息网络犯罪活动罪

帮助信息网络犯罪活动罪，是指明知他人利用信息网络实施犯罪，为其犯罪提供互联网接入、服务器托管、网络存储、通信传输等技术支持，或者提供广告推广、支付结算等帮助，情节严重的行为。本罪是《刑法修正案(九)》第二十九条新增加的罪名。

本罪的构成：

(1)客体：本罪侵犯的客体是有关国家网络安全的管理制度。

(2)客观方面：本罪客观方面表现在明知他人利用信息网络实施犯罪，为其犯罪提供互联网接入、服务器托管、网络存储、通信传输等技术支持，或者提供广告推广、支付结算等帮助，情节严重的行为。

(3)主体：一般主体，即年满16周岁具有刑事责任能力的自然人，单位也可构成本罪。

(4)主观方面：只能由故意构成，过失不构成本罪。

【难点解析】

(1)为他人犯罪提供互联网技术支持的行为依然是帮助行为，其成立犯罪以正犯实施犯罪行为为前提。

(2)教唆他人实施上述帮助行为的,不成立教唆犯,仅成立帮助犯;单纯帮助他人实施帮助行为,而没有对正犯结果起作用的,不受处罚。

(3)对于实施本罪的行为人,不得依照《刑法》总则第27条的规定从轻、减轻或者免除处罚,只能依据本罪的法定刑处罚。

(十)代替考试罪

代替考试罪,是指代替他人或让他人代替自己参加法律规定的国家考试的行为。本罪是《刑法修正案(九)》增加的罪名。

本罪的构成:

(1)客体:代替考试罪侵犯的客体为复杂客体,侵犯了国家对考试组织的管理秩序和他人公平参与考试的权利。

(2)客观方面:代替考试罪的客观方面表现为代替他人或者让他人代替自己参加法律所规定的国家考试的行为。"代替他人",是指冒名顶替应当参加考试的人去参加考试。"让他人代替自己",是指指使他人冒名顶替自己去参加自己应当参加的考试。此处所参加的考试,必须是《刑法》第284条之一第1款中所规定的法律规定的相关国家考试。法律规定的国家考试,如职称考试、驾驶证考试、研究生考试、高考、司法考试、会计师考试、公务员考试等。

(3)主体:一般主体,即年满16周岁、具备刑事责任能力的人。具体而言,本罪主体包括两种人:一是应试者;二是替考者,即平常所说的"枪手"。被组织起来进行作弊的替考者虽不能成为《刑法》第284条之一第1款组织考试作弊罪的犯罪主体,但是能够成为本罪的处罚对象。

(4)主观方面:故意,过失不构成本罪。

【难点解析】

本罪属于对向犯,即应试者和替考者。"替考"是一种冒充身份代替他人参加考试,弄虚作假的行为。"替考"行为破坏了考试的公平竞技规则,严重影响考试的公平性,与考试的宗旨和功能相违背,严重违反了国家相关考试管理制度。考试作弊也属于一种社会不正之风,严重破坏了社会公平诚信的基本原则,使国家教育考试制度形同虚设,属于一种严重的妨害社会管理秩序的行为,必须坚决杜绝和予以严惩。

以往对于考试作弊,最多只能依法给予一定的行政处罚,不足以形成有效打击和震慑的效果。颁布的《刑法修正案(九)》将"替考"等考试作弊行为作为犯罪规定到刑法之中以起到震慑作用。

(十一)编造、故意传播虚假恐怖信息罪

编造、故意传播虚假恐怖信息罪是指编造爆炸威胁、生物威胁、放射威胁等恐怖信息,或者明知是编造的恐怖信息而故意传播,严重扰乱社会秩序的行为。本罪是《刑法修正案(九)》增加的罪名。

本罪的构成:

(1)客体:本罪所侵害的客体为社会秩序,包括机关、企事业单位、人民团体等单位的工作、生产、营业、教学、科研等秩序,公共场所、交通秩序,以及人民群众正常的工作、生活秩序。

(2)客观方面:本罪在客观方面表现为编造爆炸威胁、生化威胁、放射威胁等恐怖信息,或者传播编造的恐怖信息,严重扰乱社会秩序的行为,必须具有编造、传播之一的行为。所谓编造,是指毫无根据的、无中生有凭空捏造、胡编乱造。其结果是产生虚假的即不存在、不真实、与事实不符的信息。所谓传播,是指采取各种方式将恐怖信息广泛加以宣扬、散布、扩散,以让公众知道。如只是在个别亲友之间加以议论,没有广泛散布、宣扬的,则不能构成本罪。至于编造、传播方式,可多种多样。

(3)主体:一般主体,即年满16周岁、具有刑事责任能力的自然人。

(4)主观方面:必须出于故意,即为了扰乱社会秩序,明知没有爆炸威胁、生化威胁、放射威胁等恐怖威胁,却加以编造,或者明知是编造的虚假恐怖信息而加以传播。过失不能构成本罪。

【难点辨析】 本罪与投放虚假危险物质罪

本罪与投放虚假危险物质罪的界限。本罪与后罪在主体、主观方面犯的客体等方面有相同或类似之处。

二者的区别是:

(1)主观故意的内容不同。本罪的主观故意内容为明知编造、传播的是虚假恐怖信息而仍决意为之;后罪的主观故意内容却表现为明知是虚假的危险物质而决意投放。

(2)行为方式不同。前罪表现为编造爆炸威胁、生化威胁、放射威胁等恐怖信息,或者故意传播编造的恐怖信息;后罪的行为方式表现为投放虚假的爆炸性、毒害性、放射性、传染病病原体等危险物质。

(3)犯罪对象不同。本罪的对象为虚假的恐怖信息;后罪的对象则为虚假的危险物质。

行为人如果投放虚假的爆炸性、毒害性、放射性、传染病病原体等危险物质后,再编造成为恐怖信息传播出去,后面的编造和传播行为乃为前面的投放虚假危险物质的自然结果,属事后不可罚行为,应以后罪投放虚假危险物质罪定罪处罚。但是,行为人投放虚假危险物质之后,不是进行编造恐怖信息或传播,而是编造另外的虚假恐怖信息或者传播编造另外的虚假恐怖信息,由于后行为与前行为并不存在必要的按一罪处罚的关系,两者都构成犯罪的,则应以本罪与后罪实行并罚,不能以一罪论处。

【难点辨析】 本罪与编造并传播信息罪

本罪与编造并传播证券、期货交易虚假信息罪的界限。后罪是指编造并且传播影响证券、期货交易的虚假信息,扰乱证券、期货交易市场,造成严重后果的行为。

二者的区别主要有:

(1)主体不同。本罪主体为自然人,单位不能构成其罪;后罪主体却既包括自然人,又包括单位。

(2)主观故意内容不同。本罪的主观故意内容为明知编造或传播的是虚假的恐怖信息,为了扰乱社会秩序而仍决意为之;后罪的主观故意内容却为明知编造并传播的是虚假的证券、期货交易信息,为扰乱证券、期货交易秩序而仍决意为之。

(3)行为方式不同。本罪的行为方式为编造或传播虚假恐怖信息的行为。编造虚假恐怖信息和传播虚假恐怖信息两个行为只要具有其中之一,即可构成本罪;后罪的行为方式则表现为编造并且传播影响证券、期货交易的虚假信息。编造行为和传播行为必须同时具备,才能构成其罪。只有其中之一的,不能以犯罪论处。

(4)定罪情节不同。本罪的定罪情节为严重扰乱社会秩序,并不要求造成严重后果,造成严重后果乃量刑情节,非定罪情节;对后罪而言,造成严重后果乃定罪情节,未造成严重后果就不能构成其罪。

(5)犯罪对象不同。本罪的对象为虚假的爆炸威胁、生化威胁、放射威胁等恐怖信息,后罪的对象则为虚假的影响证券、期货交易的信息。

(6)侵害的客体范围不同。本罪所侵害的客体为社会秩序,包括社会各方面的秩序;后者则为特定的证券、期货交易秩序,为前者即社会秩序所包含。行为人如果针对证券、期货交易市场编造且传播虚假的恐怖信息,如称恐怖分子会针对证券、期货市场的计算机系统发动病毒攻击,扰乱证券、期货交易市场,并且造成严重后果的，既触犯本罪，又触犯后罪，属想象竞合；应择重罪以本罪治罪科刑，不实行并罚。

【难点辨析】 本罪与聚众扰乱社会秩序罪

本罪与聚众扰乱社会秩序罪的界限。聚众扰乱社会秩序罪，是指聚众扰乱社会秩序，情节严重，致使工作、生产、营业和教学、科研无法进行，造成严重损失的行为。二者之间的区别是：

(1)主观故意内容不同。后罪在主观上表现为聚众实施各种扰乱社会秩序的行为；本罪在主观上表现为明知编造或传播的为虚假恐怖信息仍决意为之。

(2)行为方式不同。后罪的行为方式为聚众采取各种方法扰乱社会秩序，方法多种多样；本罪的行为方式则为编造恐怖信息或者传播编造的恐怖信息以扰乱社会秩序。

(3)定罪情节不同。后罪的定罪情节为情节严重，并且造成严重后果的；未造成严重后果的，则不能构成其罪。本罪的定罪情节则为严重扰乱社会秩序，不以造成严重后果为构成其罪的必要，造成严重后果乃重罪情节，不属定罪情节。

(4)侵害的客体不同。后罪所侵害的客体为机关、企事业单位、人民团体等单位的工作、生产、营业及教学、科研秩序，为社会秩序的一部分；后者则为包括前者在内的一切社会秩序。

行为人如果采取编造爆炸威胁、生化威胁、放射威胁等恐怖信息，或者以传播明知是编造的恐怖信息的方法聚众扰乱社会秩序，情节严重，致使工作、生产、营业和教学、科研无法进行，造成严重后果的，既触犯本罪，又触犯聚众扰乱社会秩序罪，属牵连犯，应择重罪以本罪定罪处罚。

(十二)妨害作证罪

妨害作证罪，是指以暴力、威胁、贿买等方法阻止证人作证或者指使他人作伪证的行为。

妨害作证罪的构成：

(1)本罪的客体是司法机关在诉讼中的正常活动和公民依法作证的权利。

(2)本罪的客观方面是以暴力、威胁、贿买等方法阻止证人作证或者指使他人作伪证的行为。通常发生于刑事诉讼、民事诉讼或行政诉讼等一切诉讼活动中。

所谓暴力，是指使用殴打、绑架等人身强制的方法，使证人不敢作证或者使他人作伪证；所谓威胁，是指以杀害、伤害证人及其近亲属，毁坏其财产，揭露其隐私等方法相威胁，迫使证人不敢、不愿作证或者促使他人作伪证；所谓贿买，是指以金钱、财物或其他利益进行收买、利诱，使证人不愿作证或者促使他人作伪证。此外，还有使用暴力、威胁、贿买以外的其他方法阻止证人作证或指使他人作伪证，如用药物方法致使证人丧失作证能力。为阻止证人作证，故意杀害、伤害、非法拘禁证人的，或者在刑事诉讼中给予鉴定人、记录人、翻译人数额较大的财物，贿买其利用职务上的便利作伪证的，既构成本罪，又分别构成故意杀人罪、故意伤害罪、非法拘禁罪或行贿罪，这种情形属于牵连犯，应从一重处断，不应进行数罪并罚。

(3)本罪的主体是一般主体。

(4)本罪的主观方面是故意。

【难点辨析】 妨害作证罪与帮助毁灭、伪造证据罪

首先，二者发生的时空条件相同，既包括在刑事诉讼中，又包括在民事、行政等案件的诉讼活动过程中。其次，两者不同点在于，前者的妨害作证罪的犯罪行为针对的对象是证人，采用暴力、威胁、贿买等方法使证人不能作证、不敢作证或不愿作证。妨害他人作证的具

体行为方式有两种：阻止证人作证和指使证人作伪证；而帮助毁灭、伪造证据罪的行为针对的对象是证据，既包括刑事诉讼证据，也包括民事、行政等诉讼证据。当事人本人毁灭、伪造证据的行为可能作为一种事后不可罚的行为，而不构成犯罪，但帮助当事人毁灭、伪造证据的行为则可以构成本罪。

（十三）窝藏、包庇罪

窝藏、包庇罪，是指明知是犯罪的人而为其提供隐藏处所、财物，帮助其逃匿或者作假证明进行包庇的行为。

窝藏、包庇罪的构成：

（1）本罪的客体是司法机关的正常活动。

（2）本罪在客观方面表现为窝藏或包庇犯罪的人这两种行为。

（3）本罪的主体是已满 16 周岁且具有刑事责任能力的自然人。

（4）本罪在主观方面为故意，即行为人明知是犯罪的人而予以窝藏、包庇。明知的内容仅以对象可能是犯罪的人为限，并不要求确知其犯罪的性质和危害程度等。

【难点辨析】 窝藏、包庇罪与伪证罪

两者在提供虚假证明这一点上是相同的，但也有明显的区别：(1)犯罪主体不同。前罪的主体是一般主体，而后罪的主体仅限于刑事诉讼中的证人、鉴定人、翻译人、记录人四种。(2)行为发生的时间不同。前罪没有时间限制，而后罪只能发生在刑事诉讼过程中。(3)行为对象不同。前罪的对象包括已决犯和未决犯，而后罪的对象只能是未决犯。(4)行为方式不同。前罪是为犯罪的人提供隐藏处所、财物，帮助其逃匿或者作假证明的行为包庇，而后罪则是行为人对案件有重要关系的情节作虚假的证明、鉴定、记录或者翻译。(5)主观目的不同。前罪的目的是使犯罪分子逃避法律制裁，而后罪的目的则既包括隐匿罪证以使犯罪分子逃避法律制裁，还包括陷害他人使无罪者受到刑事追究。

（十四）虚假诉讼罪

虚假诉讼罪，是指为谋取不正当利益，以捏造的事实提起民事诉讼，妨害司法秩序或者严重侵害他人合法权益的行为。本罪是《刑法修正案（九）》增加的罪名。

本罪的构成要件：

（1）本罪的客体是司法机关在诉讼中的正常活动和第三者的合法权益，而不是诉讼相对方的权益。因为虚假诉讼的合谋者是非法利益的共同体，其侵害的对象不可能是相对方，只能是第三者。

（2）本罪的客观方面表现为民事诉讼的双方当事人恶意串通，合谋编制虚假事实和证据向法院提起诉讼，利用法院的审判权、执行权，非法侵占或损害国家、集体、公民的财产或权益的诉讼行为。

（3）本罪的主体是一般主体，自然人和单位都可以。

（4）本罪的主观方面是故意。

【难点解析】

构成虚假诉讼罪需要具备妨害司法秩序或者严重侵犯他人合法权益的后果

1. 虚假诉讼罪是结果犯，不是行为犯。

不仅要有捏造事实提起民事诉讼的行为，还要有“妨害司法秩序或者严重侵犯他人合法权益”的后果。“妨害司法秩序”，主要是指无端挑起诉讼，导致司法机关多次进行审理，或者调查取证，耗费了大量的司法资源，甚至导致人民法院作出错误裁判；“严重侵害他人合法权益”，一般是指造成对方当事人为了应诉而花费巨额诉讼费、律师费、鉴定费等，或者对方当事人因错误判决而造成生产经营困难、破产等。

2. 以侵犯他人财产权益为目的的虚假诉讼行为同时构成其他犯罪的，应从一重罪从重处断。

根据修正后《刑法》第307条之1第3款、第4款的规定，有虚假诉讼行为，非法占有他人财产或者逃避合法债务，又构成其他犯罪的，依照处罚较重的规定定罪从重处罚。较为常见的是，公司、企业或者其他单位的人员利用职务便利，进行虚假诉讼，侵吞本单位财产。这类案件多发生在企业改制和经营过程中，目前查处的主要有公司、企业负责人合谋虚构工资或者虚构债务，以及建筑公司分公司经理与材料供应商合谋虚构材料款等案件。这些案件完全符合虚假诉讼罪的构成特征，但由于公司、企业或者其他单位人员的身份，同时构成职务侵占罪，应当从一重罪处断。

此外，国家工作人员利用职务便利，进行虚假诉讼，侵吞公款的，或者国有公司、企业或者其他国有单位中从事公务的人员和国有公司、企业或者其他国有单位委派到非国有公司、企业以及其他单位从事公务的人员利用职务便利，进行虚假诉讼，侵吞本单位财产。这些案件完全符合虚假诉讼罪的构成特征，但由于相关人员的特殊主体身份，同时构成贪污罪，应当从一重罪处断。

(十五)泄露不应公开的案件信息罪

泄露不应公开的案件信息罪，是指司法工作人员、辩护人、诉讼代理人或者其他诉讼参与人，泄露依法不公开审理的案件中不应当公开的信息，造成信息公开传播或者其他严重后果的行为。本罪是《刑法修正案(九)》第三十六条新增加的罪名。

本罪的构成要件：

(1)本罪的客体是复杂客体，既侵害了国家司法机关的正常诉讼活动和国家司法权的正常行使，又侵害了当事人的相关合法权益。

(2)本罪的客观方面表现为司法工作人员、辩护人、诉讼代理人或者其他诉讼参与人，泄露依法不公开审理的案件中不应当公开的信息，造成信息公开传播或者其他严重后果的行为。主要有四层含义：一是主体的特定性。只限于司法工作人员、辩护人、诉讼代理人或者其他诉讼参与人。二是对象的特定性。只限于依法不公开审理的案件中。三是内容的特定性。只限于不应当公开的信息。四是后果的特定性。只限于造成不应当公开的信息公开传播或者其他严重后果。以上四个要件必须同时具备，方可构成本罪。

(3)本罪的主体：特殊主体，即年满16周岁且具备刑事责任能力的司法工作人员、辩护人、诉讼代理人或者其他诉讼参与人。

(4)本罪的主观方面是故意，过失不构成本罪。

(十六)组织他人偷越国(边)境罪

组织他人偷越国(边)境罪，是指违反国(边)境管理法规，领导、策划、指挥他人偷越国(边)境或者在首要分子的指挥下实施拉拢、引诱、介绍他人偷越国(边)境等的行为。

组织他人偷越国(边)境罪的构成：

(1)本罪的客体是指国家对出入国(边)境的管理秩序。

(2)本罪在客观方面表现为违反国(边)境管理法规，非法组织他人偷越国(边)境的行为。

(3)本罪的主体是已满16周岁且具有刑事责任能力的自然人。单位不构成本罪。

(4)本罪在主观方面为直接故意，行为人通常具有营利的目的，但也有例外。无论出于何种动机、目的，均不影响本罪的成立。

【疑难法条解析】《刑法》第318条　组织他人偷越国(边)境的，处2年以上7年以下有期徒刑，并处罚金；有下列情形之一的，处7年以上有期徒刑或者无期徒刑，并处罚金或者没收财产：

(一)组织他人偷越国(边)境集团的首要分子；(二)多次组织他人偷越国(边)境或者组织他人偷越国(边)境人数众多的；(三)造成被

组织人重伤、死亡的;(四)剥夺或者限制被组织人人身自由的;(五)以暴力、威胁方法抗拒检查的;(六)违法所得数额巨大的;(七)有其他特别严重情节的。

犯前款罪,对被组织人有杀害、伤害、强奸、拐卖等犯罪行为,或者对检查人员有杀害、伤害等犯罪行为的,依照数罪并罚的规定处罚。

组织他人偷越国(边)境罪的组织行为通常会包括运送被组织者非法出入国(边)境的行为,此时直接定组织他人偷越国(边)境罪即可。在组织他人偷越国(边)境的过程中,行为人又非法剥夺或者限制被组织者人身自由的,依法作为本罪的情节加重犯处理,而不再定非法拘禁罪。在组织、运送他人偷越国(边)境的过程中,以暴力、威胁方法抗拒有关部门检查的,依法作为情节加重犯处理,不另定妨害公务罪。在组织、运送他人偷越国(边)境的过程中,行为人对被组织者有杀害、伤害、强奸、拐卖等犯罪行为,或者对检查人员有杀害、伤害犯罪行为的,应依照数罪并罚的规定处罚,即以本罪与故意杀人或故意伤害或强奸罪或拐卖妇女、儿童罪实行并罚。在组织、运送的过程中,过失造成被组织的人重伤、死亡的,则应依本罪的结果加重犯处理,而不另定过失致人死亡罪、过失致人重伤罪。

(十七)污染环境罪

污染环境罪是指违反防治环境污染的法律规定,造成环境污染,后果严重,依照法律应受到刑事处罚的行为。该罪具体的内容包括违反国家规定,排放有害物质。

本罪的构成要件:

1. 本罪的客体是国家防治环境污染的管理制度。本罪的对象为危险废物,具体包括放射性废物、含传染病病原体的废物、有毒物质或者其他危险废物。

2. 本罪的客观方面表现为违反国家规定,向土地、水体、大气排放、倾倒或者处置有放射性的废物、含传染病病原体的废物、有毒物质或其他危险废物,造成环境污染,致使公私财产遭受重大损失或者人身伤亡的严重后果的行为。具体包括以下三个方面:

(1)实施本罪必须违反国家规定。

这是指违反全国人大及其常务委员会制定的有关环境保护方面的法律,以及国务院制定的相关行政法规、行政措施、发布的决定或命令。这些法律、法规主要包括《环境保护法》《大气污染防治法》《水污染防治法》《海洋环境保护法》《固体废物污染环境防治法》等法律,以及《放射防护条例》《工业"三废"排放试行标准》等一系列专门法规。

(2)实施排放、倾倒和处置行为。

排放是指把各种危险废物排入土地、水体、大气的行为,包括泵出、溢出、泄出、喷出、倒出等;倾倒是指通过船舶、航空器、平台或者其他载运工具,向土地、水体、大气倾卸危险废物的行为;处置是指以焚烧、填埋或其他改变危险废物属性的方式处理危险废物或者将其置于特定场所或者设施并不再取回的行为。

(3)必须造成了环境污染,致使公私财产遭受重大损失或者人身伤亡的严重后果。

本罪属结果犯,行为人非法排放、倾倒、处置危险废物的行为是否构成犯罪,应对其行为所造成的后果加以认定,如该行为造成严重后果,则以本罪论;否则不能以犯罪论处。至于"严重后果"的标准是什么,有待进一步作出解释。可参照国家环境保护局1987年9月10日发布的《报告环境污染与破坏事故的暂行办法》规定以及国务院1989年3月29日公布的《特别重大事故调查程序暂行规定》。

3. 本罪的主体:一般主体,即凡是达到刑事责任年龄且具有刑事责任能力的人,均可构成本罪。单位可以成为本罪主体。

4. 本罪的主观方面是过失。这种过失是

指行为人对造成环境污染，致公私财产遭受重大损失或者人身伤亡严重后果的心理态度而言的，行为人对这种事故及严重后果本应预见，但由于疏忽大意而没有预见；或者虽已预见到但轻信能够避免。至于行为人对违反国家规定排放、倾倒、处置危险废物这一行为本身常常是有意为之，但这并不影响本罪的过失犯罪性质。

【难点解析】 区分重大环境污染事故罪与环境监管失职罪

两罪同属结果犯的范畴，都是由于其行为造成了重大环境污染事故，致使严重后果的发生，且主观上都含有过失的罪过形式，个别情况下也存在着故意形态，但主要是间接故意。两罪的主要区别是：

1. 客体不同。本罪客体是国家环境保护和环境污染防治的管理制度，属于破坏环境资源的犯罪；而后罪侵犯的客体则为国家对环境保护工作的正常管理活动，属于渎职犯罪。

2. 客观方面不同。本罪表现为违反国家规定，向土地、水体、大气排放危险废物，严重污染环境；而环境监管失职罪表现为环境保护部门的国家机关工作人员的严重不负责任，从而造成重大环境污染事故，这种严重不负责任主要体现为滥用职权和玩忽职守、不尽职责的行为。

3. 主体不同。本罪的主体既可以是自然人，也可以是单位。自然人作为本罪的主体没有限制条件；而后罪的主体是特殊主体，即负责环境保护监管职责的国家机关工作人员，单位不构成该罪主体。

(十八)非法持有毒品罪

非法持有毒品罪，是指明知是鸦片、海洛因、甲基苯丙胺或者其他毒品，而非法持有且数量较大的行为。非法：只有生产、管理、运输、使用精神药品或麻醉药品的单位才有权利控制毒品，其他单位或者个人掌握、控制毒品都属于非法。

本罪的构成要件：

1. 本罪的客体是国家对毒品的管制和他人的身体健康。本罪的对象为毒品，即本法第357条所规定的鸦片、海洛因、甲基苯丙胺(冰毒)、吗啡、大麻、可卡因以及国务院规定管制的其他能够使人形成瘾癖的麻醉药品和精神药品。

2. 本罪的客观方面表现为非法持有数量较大的毒品。

所谓持有毒品，是指行为人持有毒品时，没有合法的根据；或者说，行为人持有毒品，不是基于法律、法令、法规的规定或允许。如果行为人合法持有毒品，则不构成犯罪，即依法生产、使用、研究毒品的人持有毒品时，是正当行为，不构成犯罪。如医生因病人病情的需要，为使用毒品而持有的，经过有权机关批准从事毒品管理职业的，经过有权机关批准制造毒品后持有毒品或依法运输毒品的，都是合法行为，不构成非法持有毒品罪。

3. 本罪的主体：一般主体，即具有刑事责任能力的自然人均可成为本罪主体。

4. 本罪的主观方面是为故意。即行为人明知是国家禁止非法持有的毒品而故意持有。如果行为人确实不知道自己持有的是毒品，则不构成本罪。

【难点解析】

(1)本罪与走私、贩卖、运输、制造毒品罪及窝藏毒品罪的界限

行为人实施走私、贩卖、运输、制造、窝藏毒品的行为都是以非法持有为前提的。在司法实践中，有证据能够证实已构成走私、贩卖、运输、制造、窝藏毒品罪中的任何一种罪，即以该罪论处，而不应再定非法持有毒品罪。在犯罪分子拒不供认，又无证据认定构成走私、贩卖、运输、制造、窝藏毒品罪中任何一种罪的情况下，才能认定其构成非法持有毒品罪。另

外，还须注意的是，构成非法持有毒品罪有法定的数量标准，达不到法定标准的只能按违法处理。然而，走私、贩卖、运输、制造、窝藏毒品罪只要有行为即构成犯罪，无需毒品数量达到较大。

(2)本罪与盗窃、抢夺、抢劫罪的界限

行为人在实施盗窃、抢夺、抢劫他人财物时附带获取毒品的，如果在来不及清理赃物或不知犯罪所得中有毒品的，应按盗窃罪或抢夺罪或抢劫罪定罪处罚；如果明知获取的赃物中有毒品而非法持有的，应按盗窃罪或抢夺罪或抢劫罪和非法持有毒品罪实行数罪并罚。如果事先明知他人有毒品，而实施盗窃、抢夺、抢劫行为得手后又非法持有的，应以非法持有毒品罪认定。总之，根据其法律特征划清一罪与数罪的界限。

(3)从犯罪嫌疑人身上搜出的毒品属于运输毒品还是非法持有毒品

刑法中运输毒品行为是与走私、贩卖、制造毒品行为排列规定在一起，供选择适用的罪名，其社会危害性也应当与其他三种行为的危害性相当，因此处罚才能一致。只有当运输毒品成为走私、贩卖、制造毒品一个必不可少的中间环节时，也就是说，缺少运输毒品就无法实施走私、贩卖、制造毒品时，运输毒品才具有与走私、贩卖、制造毒品相当的危害性，才可以同罚。而出于其他目的运输毒品时，比如出于吸食、窝藏目的而移动毒品，其行为的社会危害性显然要低于走私、贩卖、制造毒品的危害性，不能认定为运输毒品罪。如果将运输的范围任意扩大，就会出现将无罪变为有罪、轻罪变成重罪的现象。勿将动态持有毒品等同于运输毒品。

(十九)组织卖淫罪

组织卖淫罪，是指以招募、雇用、引诱、容留等手段，纠集、控制多人从事卖淫的行为。根据《中华人民共和国刑法》第358条的规定，组织卖淫罪是指以招募、雇用、强迫、引诱、容留等手段，控制他人从事卖淫活动的行为。

本罪的构成要件：

1. 本罪的客体是社会治安管理秩序、他人的人身权利和社会道德风尚。本罪的对象为他人，即包括男性和女性。

2. 本罪的客观方面表现为行为人实施了组织、策划、指挥他人卖淫的行为。

3. 本罪的主体：一般主体，即具有刑事责任能力的自然人。

4. 本罪的主观方面是为故意。即行为人明知自己是在实施组织他人进行卖淫活动的行为，并且明知这种组织行为会造成危害社会的结果，而希望或者放任这种结果的发生。

【难点解析】 与强迫卖淫罪的区别

(1)侵犯的客体不同。组织卖淫罪侵犯的是社会道德风尚及社会治安管理秩序；而强迫卖淫罪除侵犯社会道德风尚及社会治安管理秩序外，还包括他人的人身权利。

(2)实施行为的内容不同。组织卖淫的行为，是指以招募、雇用、引诱、容留的手段，控制多人从事卖淫活动，不违背受害人意志；而强迫卖淫罪的行为人采用暴力、胁迫等强制手段，违背卖淫者的意志。

(3)故意的内容不同。组织卖淫罪的行为人主观上具有组织多人卖淫的故意；而强迫卖淫罪行为人主观上是强迫他人卖淫的故意。

三、案例分析

【案例】

2015年12月26日，2016年全国硕士研究生考试上海东华大学考点内，监考人员在核对考生身份信息时，发现参考的考生“余某”的相貌与其提供的身份证照片不相符，便将此情况通知了学校考务办并进行核实。在上午场的考试结束后，当监考老师再次质疑“余某”的身份时，忐忑不安的李某因无法说清“余某”的基本情况，承认自己是替考的“枪手”。上海市黄浦区人民法院对沪上首例代替考试罪案件作出一审判决，被告人李某被判处拘役2个月，缓刑2个月，并处罚金5 000元。

本案例选自人民法院报官网，载 http://rmfyb.chinacourt.org/paper/html/2017-07/22/node_2.html。

【问题聚焦】

代替考试罪的认定问题。

【法律剖析】

首先，从客观行为上看，李某代替他人参加全国硕士生考试，而该考试属于法律所规定的国家考试，因而李某的行为符合代替考试罪的行为要件；其次，李某代替考试的行为侵犯了国家对考试组织的管理秩序和他人公平参与考试的权利；再次，李某代替考试的行为在主观上具有故意，所以李某构成代替考试罪，应当依法判处。

【法条链接】

《中华人民共和国刑法》

第284条之一　在法律规定的国家考试中，组织作弊的，处3年以下有期徒刑或者拘役，并处或者单处罚金；情节严重的，处3年以上7年以下有期徒刑，并处罚金。

为他人实施前款犯罪提供作弊器材或者其他帮助的，依照前款的规定处罚。

为实施考试作弊行为，向他人非法出售或者提供第一款规定的考试的试题、答案的，依照第一款的规定处罚。

代替他人或者让他人代替自己参加第一款规定的考试的，处拘役或者管制，并处或者单处罚金。

四、全真题演练

(一)单选题

1. 下列属于刑法执行过程中容易产生的犯罪行为，其中判断正确的有：(　　)。

A. 虐待被监管人罪的犯罪对象，既可以是刑事案件中的已决犯，也可以是刑事案件中的未决犯，但不能是行政案件中的行政拘留人员、劳动教养人员

B. 拒不执行判决、裁定罪的主体，只能是具有执行法院生效判决、裁定义务的自然人，而不能是单位。人民法院为依法执行仲裁裁决所作的裁定也属于该条规定的裁定

C. 脱逃罪的犯罪主体，只能是刑事案件中的已决犯，不能是刑事案件中的未决犯

D. 破坏监管秩序罪的犯罪主体，既可以是刑事案件中的已决犯，也可以是刑事案件中的未决犯

2. 黄某以开办个体旅馆作掩护，组织大批妇女进行卖淫，以牟取暴利。某日，公安机关扫黄办欲搜查该旅馆，公安人员方某立即向黄某通报这一情况，致使不少卖淫女在搜查前已纷纷逃离，但公安机关仍以惊人的速度抓获10名卖淫女和嫖客。方某的行为构成(　　)。

A. 协助组织卖淫罪

B. 组织卖淫罪(共犯)

C. 帮助犯罪分子逃避处罚罪

D. 包庇罪

3. (2004年司法考试卷二第6题)甲，15周岁，系我国某边镇中学生。甲和乙一起上学，在路上捡到一手提包。打开后，发现内有1 000元钱和4小袋白粉末。甲说：“这袋上有中文‘海洛因’和英文‘heroin’及‘50g’的字样。我在电视上看过，这东西就是白粉，我们把它卖了，还能发一笔财。”二人遂将4袋白粉均分。甲先将一袋白粉卖与他人，后在学校组织去邻国旅游时，携带另一袋白粉并在境外出售。甲的行为(　　)。

A. 构成走私毒品罪

B. 构成非法持有毒品罪

C. 构成贩卖毒品罪

D. 构成走私、贩卖毒品罪

4. 某镇医院医生贾某在为患者输血时不按规定从县血站提取，而是习惯于直接从献血者身上采血后输给患者。住院病人于某因输了贾某采集的不符合国家规定的血液发生不良反应死亡。贾某的行为构成（　　）。

A. 非法采集、供应血液罪

B. 采集、供应血液事故罪

C. 医疗事故罪

D. 过失致人死亡罪

5. 律师王某在代理一起民事诉讼案件时，编造了一份对自己代理的一方当事人有利的虚假证言，指使证人李某背熟以后向法庭陈述，致使本该败诉的己方当事人因此而胜诉。王某的行为构成（　　）。

A. 伪证罪

B. 诉讼代理人妨害作证罪

C. 妨害作证罪

D. 帮助伪造证据罪

6. 甲利用到外国旅游的机会，为了自用，从不法分子手中购买了手枪1支、子弹60发，然后经过伪装将其邮寄回国内。后来甲得知乙欲抢银行，想得到一支枪，就与乙协商，以5 000元将其手枪出租给乙使用。乙使用该手枪抢劫某银行，随后被抓获。对甲的行为应（　　）。

A. 以买卖、邮寄枪支、弹药罪与抢劫罪并罚

B. 以买卖、邮寄枪支、弹药罪与非法出租枪支罪并罚

C. 以走私武器、弹药罪与抢劫罪并罚

D. 以走私武器、弹药罪，非法出租枪支罪，抢劫罪并罚

7. 渔民尹某在得知村民马某利用出海捕鱼之机，在公海处直接从国外走私船上购买甲基苯丙胺（冰毒）制剂而暴富的消息后，主动找到马某“取经”，获悉了国外走私船经常出没海区的情况。一周后，尹某即以出海为由驾船外出，在找到毒品走私船正在交易过程中，被海关缉毒队查获。尹某先是令其弟拿出私自购买的一支半自动步枪向缉私船射击。其后，为逃避抓捕，尹又驾驶船只猛撞缉私船，致使缉私人员掉入海中失踪。经查，此笔走私冰毒价值达45万元。对于尹某暴力抗拒检查的行为，（　　）。

A. 以走私毒品罪和妨害公务罪实行数罪并罚

B. 以走私普通货物、物品罪和妨害公务罪实行数罪并罚

C. 只成立走私毒品罪一罪，但应从重处罚

D. 以走私普通毒品罪和故意杀人罪实行数罪并罚

8.（2003年司法考试卷二第8题）李某多次尾随盗伐林木人员，将其砍倒但尚未运走的林木偷偷运走，销赃获利数千元。此外，他还盗伐了他人自留地、责任田等地边田坎种植的零星树木5个多立方米。对李某的上述行为应当（　　）。

A. 以盗伐林木罪定罪处罚

B. 以盗窃罪定罪处罚

C. 以盗伐林木罪和盗窃罪定罪，实行数罪并罚

D. 以盗伐林木罪、盗窃罪和销售赃物罪定罪，实行数罪并罚

9.（2016年司法考试卷2第19题）下列哪一行为应以妨害公务罪论处？（　　）

A. 甲与傅某相互斗殴，警察处理完毕后让各自回家。傅某当即离开，甲认为警察的处理不公平，朝警察小腿踢一脚后逃走

B. 乙夜间入户盗窃时，发现户主戴某是警察，窃得财物后正要离开时被戴某发

现。为摆脱抓捕，乙对戴某使用暴力致其轻微伤

C. 丙为使其弟逃跑，将前来实施行政拘留的警察打倒在地，其弟顺利逃走

D. 丁在组织他人偷越国(边)境的过程中以暴力方法抗拒警察检查

(二)多选题

1. 下列哪些情形应以破坏计算机信息系统罪论处？(　　)

A. 甲采用密码破解手段，非法进入国家尖端科学技术领域的计算机信息系统，窃取国家机密

B. 乙因与单位领导存在矛盾，即擅自对单位在计算机中存储的数据和应用程序进行修改操作，给单位的生产经营管理造成严重的混乱

C. 丙通过破解密码的手段，进入某银行计算机信息系统，为其朋友的银行卡增加存款额 10 万元

D. 丁为了显示自己在计算机技术方面的本事，设计出一种计算机病毒，并通过互联网进行传播，影响计算机系统正常运行，造成严重后果

2. 苏某(女)是某医学院三年级的学生，在医院实习期间，受朋友之托，为楚某(女)做节育复通手术。因缺乏临床经验，对突然发生的大出血束手无策，致使楚某因失血过多死亡。苏某的行为不构成(　　)。

A. 医疗责任事故罪

B. 非法行医罪

C. 非法进行节育手术罪

D. 过失致人死亡罪

3. 公司领导甲曾批评过下属乙，乙怀恨在心，蓄意报复。一天，乙将设备生产线上的贵重金属拧下，偷放在甲的办公桌里。由于设备生产线无法运行，造成经济损失 100 余万元。公安机关侦查案件时，乙又提出甲应列为怀疑对象，公安机关从甲办公室发现“赃物”后，将甲拘留。乙的行为构成(　　)。

A. 诽谤罪

B. 诬告陷害罪

C. 破坏生产经营罪

D. 报复陷害罪

4. 夏某系个体商贩，某日曾与其一起服过刑的刘某找到他，拿出 4 万元的现金让夏某为其保管。当夏问“是什么钱?”时，刘某做了一个“偷”的手势，让其不要多问。半个月后，刘某取走 2 万元，数日后交给夏某一个塑料口袋，说是“白面”(毒品)，找到买主就取走。刘某被公安机关查获。按其交代，公安人员从夏某处起获毒品和剩余的 1 万元。夏某的行为触犯(　　)。

A. 窝赃罪

B. 非法持有毒品罪

C. 窝藏毒品罪

D. 包庇毒品犯罪分子罪

5. 下列行为中，构成拒不执行判决、裁定罪的有(　　)。

A. 被执行人隐藏、转移、故意毁损财产或者无偿转让财产、以明显不合理的低价转让财产，妨碍判决、裁定执行的

B. 国家机关工作人员与被执行人、担保人、协助执行义务人通谋，利用国家机关工作人员的职权妨害执行，致使判决、裁定无法执行，但未收受贿赂或滥用职权的

C. 协助执行义务人接到人民法院协助执行通知书后，拒不协助执行，致使判决、裁定无法执行的

D. 担保人或者被执行人隐藏、转移、故意毁损或者转让已向人民法院提供担保的财产，妨碍判决、裁定执行的

6. 王某担任辩护人时，编造了一份隐匿罪证的虚假证言，交给被告人陈小二的父亲陈

某，让其劝说证人李某背熟后向法庭陈述，并给李某5 000元好处费。陈某照此办理。李某收受5 000元后，向法庭作了伪证，致使陈小二被无罪释放。后陈某给陈小二 10 万美元，让其逃往国外。关于本案，下列哪些选项是错误的？（　　）

A. 王某的行为构成辩护人妨害作证罪

B. 陈某劝说李某作伪证的行为构成妨害作证罪的教唆犯

C. 李某构成辩护人妨害作证罪的帮助犯

D. 陈某让陈小二逃往国外的行为构成脱逃罪的共犯

7. 甲、乙均为吸毒人员，且关系密切。乙因买不到毒品，多次让甲将自己吸食的毒品转让几克给乙，甲每次均以购买价转让毒品给乙，未从中牟利。关于本案，下列哪些选项是错误的？（　　）

A. 贩卖毒品罪必须以营利为目的，故甲的行为不成立贩卖毒品罪

B. 贩卖毒品罪以获利为要件，故甲的行为不成立贩卖毒品罪

C. 甲属于无偿转让毒品，不属于贩卖毒品，故不成立贩卖毒品罪

D. 甲只是帮助乙吸食毒品，《刑法》没有将吸食毒品规定为犯罪，故甲不成立犯罪

8.（2004 年司法考试卷二第 58 题）下列哪些人可以成为脱逃罪的主体？（　　）

A. 被判处管制的犯罪分子

B. 依法被关押的罪犯

C. 依法被关押的被告人

D. 依法被关押但尚无充分证据证明有罪的犯罪嫌疑人

9.（2016 年司法考试卷 2 第 60 题）2016 年 4 月，甲利用乙提供的作弊器材，安排大学生丙在地方公务员考试中代替自己参加考试。但丙考试成绩不佳，甲未能进入复试。关于本案，下列哪些选项是正确的？（　　）

A. 甲组织他人考试作弊，应以组织考试作弊罪论处

B. 乙为他人考试作弊提供作弊器材，应按组织考试作弊罪论处

C. 丙考试成绩虽不佳，仍构成代替考试罪

D. 甲让丙代替自己参加考试，构成代替考试罪

10.（2015 年司法考试卷 2 第 58 题）甲在公园游玩时遇见仇人胡某，顿生杀死胡某的念头，便欺骗随行的朋友乙、丙说：“我们追逐胡某，让他出洋相。”三人捡起木棒追逐胡某，致公园秩序严重混乱。将胡某追到公园后门偏僻处后，乙、丙因故离开。随后甲追上胡某，用木棒重击其头部，致其死亡。关于本案，下列哪些选项是正确的？（　　）

A. 甲触犯故意杀人罪与寻衅滋事罪

B. 乙、丙的追逐行为是否构成寻衅滋事罪，与该行为能否产生救助胡某的义务是不同的问题

C. 乙、丙的追逐行为使胡某处于孤立无援的境地，但无法预见甲会杀害胡某，不成立过失致人死亡罪

D. 乙、丙属寻衅滋事致人死亡，应从重处罚

（三）名词解释

1. 妨害公务罪

2. 赌博罪

3.（武汉大学 2008 年考研真题）掩饰、隐瞒犯罪所得、犯罪所得收益

4. 脱逃罪

5. 重大环境污染事故罪

6.（华东政法大学 2017 年考研真题）虚假诉讼罪

（四）简答题

1. 简述招摇撞骗罪与诈骗罪。

2. 简述寻衅滋事罪与聚众扰乱社会秩序

罪的区别。

3. 简述非法行医罪与医疗事故罪的区别。

4. 简述非法持有毒品罪的客观方面。

5. 简述引诱、容留、介绍卖淫罪与强迫卖淫罪的区别。

6. 简述拒不履行信息网络安全管理义务罪的客观要件。

(五)论述题

1. 试论述传授犯罪方法罪与教唆犯罪的区别。

2.(武汉大学 2004 年考研真题)试论述伪证罪。

五、深度拓展

【拓展一】 盗伐林木罪与滥伐林木罪问题

对于这两个罪名的掌握,主要是结合最高人民法院 2000 年 11 月 17 日《关于审理破坏森林资源刑事案件具体应用法律若干问题的解释》理解。该解释第 5 条第 2 款规定,林木权属争议一方在林木权属确权之前,擅自砍伐树林或其他林木,数量较大的,以滥伐林木罪论处。第 9 条规定:将国家、集体、他人所有并已经伐倒的树木窃为己有,或者偷砍他人房前屋后、自留地种植的零星树木,数额较大的,以盗窃罪论。第 13 条规定,对于伪造、变造、买卖林木采伐许可证、木材运输许可证的,以第 280 条的伪造、变造、买卖国家机关公文证件罪论处,对于买卖进出口证明书等经营许可证的,同时触犯非法经营罪与伪造、变造、买卖国家机关公文证件罪的,以重罪论处。另外,还需要注意的是,擅自砍伐本单位或本人承包经营管理的森林或林木的,以盗伐林木罪论处。未经批准,任意采伐本单位所有或本人所有的森林或其他林木的,以滥伐林木罪论处。可见,即使行为人对自己享有所有权的森林、林木滥砍滥伐的,也构成犯罪。

【拓展二】 毒品犯罪中的再犯问题

根据《刑法》第 356 条的规定,因走私、贩卖、运输、制造、非法持有毒品罪被判过刑,又犯本节规定的毒品犯罪,即并不限于上述五种毒品犯罪,只要是本节所规定的毒品犯罪,应从重处罚。要注意这里的特殊再犯制度与累犯有很大区别。这里的再犯制度,前后两罪的范围是有明确限制的,但是前后两罪所判刑罚种类、中间时间间隔等都没有限制。

第二十一章

危害国防利益罪

一、知识结构图

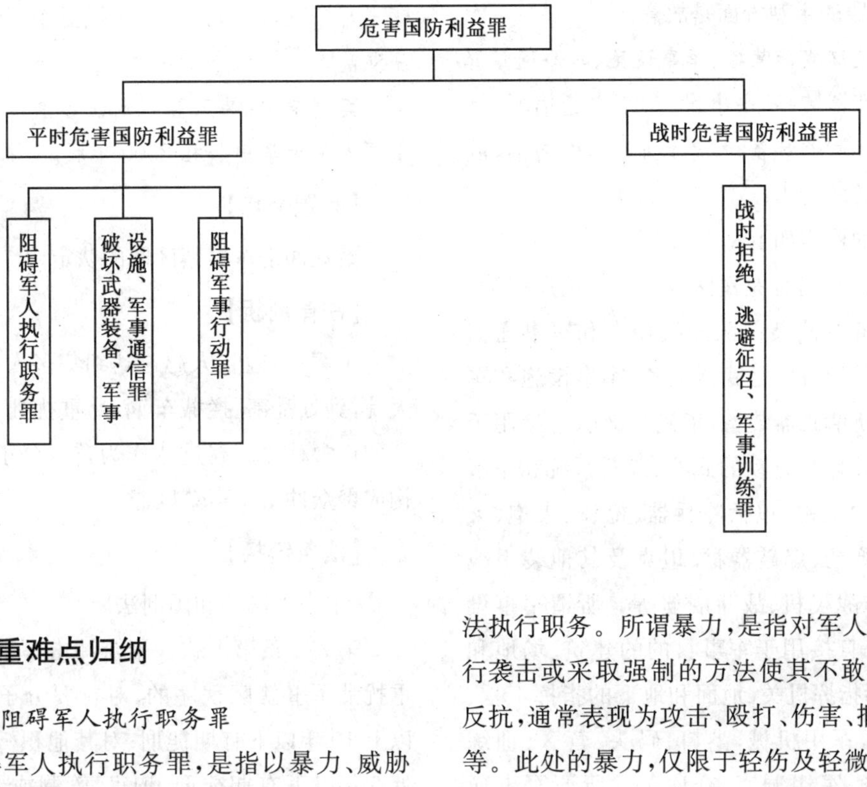

二、重难点归纳

(一)阻碍军人执行职务罪

阻碍军人执行职务罪,是指以暴力、威胁方法,阻碍军人依法执行职务的行为。

本罪的构成如下:

1. 本罪的客体是军人依法执行职务的活动。

2. 本罪的客观方面表现为:一是行为方法的特定性,即以暴力、威胁的方法阻碍军人依法执行职务。所谓暴力,是指对军人的人身进行袭击或采取强制的方法使其不敢或者不能反抗,通常表现为攻击、殴打、伤害、捆绑、拘禁等。此处的暴力,仅限于轻伤及轻微伤害。如果暴力行为致使军人重伤或者死亡的,超出了本罪的构成要件的预定范围,属于想象竞合犯,应以《刑法》第 232 条规定的故意杀人罪或第 234 条规定的故意伤害罪认定。所谓威胁,是指以侵害人身、侵害财产、毁损名誉等相威胁、恫吓,进行精神强制,逼迫军人屈服而不敢履行职务。二是对象的特殊性，即必须是针对现役军人。所谓现役军人，是指中国人民解放军的现役军官、文职干部、士兵及具有军籍的学员和中国人民警察部队的现役警官、文职干部、士兵及具有军籍的学员。执行军事任务的预备役人员和其他人员，以军人论。已经复员、退伍的军人，由于他们不再履行军事职责，故不属于本罪侵害对象的范围。三是时空的限制性，侵害发生时必须是军人正在依法履行职务活动时。如果军人尚未开始履行职务或者职务已经履行完毕，均不属于本罪的范围。

3. 本罪的主体为已满16周岁且具有刑事责任能力的自然人。

4. 本罪的主观方面是故意。

(二)破坏武器装备、军事设施、军事通信罪

破坏武器装备、军事设施、军事通信罪，是指故意破坏武器装备、军事设施、军事通信，危害国防利益的行为。

本罪的构成如下：

1. 本罪的客体是军队战斗力的物质保障，即国家防务及武装部队的战斗力和军事通信能力。本罪的对象是武器装备、军事设施和军事通信。所谓武器装备，指武装部队直接用于实施和保障作战行动的武器、武器系统和军事技术器材的统称，包括冷兵器、枪械、火炮、火箭、导弹、弹药、爆破器材、坦克及其他装甲战斗车辆、作战飞机、战斗舰艇等。所谓军事设施，指国家直接用于军事目的的建筑、场地和设施，包括指挥机关，地面和地下的指挥工程、作战工程，军用机械，港口、码头、营区、训练场、试验场，军用洞库、仓库等。所谓军事通信，指军队运用各种通信手段，为实施指挥和武器控制而进行的信息传递，通常的手段有无线电通信、有线电通信、光通信、运动通信、简易信号通信等。

2. 本罪的客观方面表现为破坏武器装备、军事设施、军事通信的行为。

3. 本罪的主体是年满16周岁且具有刑事责任能力的自然人，包括军人和非军人。

4. 本罪的主观方面是故意。

三、案例分析

【案例一】

1998年6月3日，赵进达在百货大楼内寻衅滋事时，被武警战士王琦等3人制止。6月10日，赵进达在经过某部武警中队门口时，发现王琦正在站岗。赵进达立即回到住处纠集朋友张浩、郑宏等12人来到中队门前，而此时王琦已经换岗。赵进达遂率领12人强行闯入军队大院，到处乱窜。赵进达和郑宏还拦住一辆军车不让其开出大门，造成整个部队院内秩序混乱。

案例来源：韩玉胜：《刑法各论案例分析》，中国人民大学出版社2000年版。

【问题聚焦】

聚众冲击军事禁区罪的认定。

【法律剖析】

本案中，被告人赵进达纠集多人冲入部队大院，到处乱窜，拦截车辆，严重扰乱了军事禁区的正常秩序。赵进达作为首要分子，其行为构成聚众冲击军事禁区罪。

【法条链接】

《中华人民共和国刑法》

第371条第1款　聚众冲击军事禁区，严重扰乱军事禁区秩序的，对首要分子，处5年以上10年以下有期徒刑；对其他积极参加的，处5年以下有期徒刑、拘役、管制或者剥夺政治权利。

【案例二】

1998年3月，向明伪造了某部队的公文、证件、印章，并购置了军服，自称是某部“上校”军官，来到某市。向明以为“军办企业”招工为

名同该市劳动局取得了联系，经劳动局批准后向全市发出公告，称拟招收男工50名，并要求报名者每人交纳体检费100元。公告发出后一周内，有200多人踊跃报名。向明在收到体检费后携款逃走。

案例来源：韩玉胜：《刑法各论案例分析》，中国人民大学出版社2000年版。

【问题聚焦】

冒充军人招摇撞骗罪的认定。

【法律剖析】

本案中，被告人向明冒充军人诈骗钱财，由于骗取的钱财属于数额较大的范围，直接以冒充军人招摇撞骗罪定罪处罚即可。需要指出的是，被告人向明伪造武装部队的公文、证件、印章和非法购买军服的行为也符合伪造武装部队的公文、证件、印章罪和非法买卖军用标志罪的构成要件，与招摇撞骗行为属于牵连犯的关系，适用从一重罪处断的原则。就本案而言，由于其伪造武装部队的公文、证件、印章和非法买卖军用标志的行为适用基本量刑幅度即可，因此本案可以冒充军人招摇撞骗罪对被告人向明定罪处罚。

【法条链接】

《中华人民共和国刑法》

第372条　冒充军人招摇撞骗的，处3年以下有期徒刑、拘役、管制或者剥夺政治权利；情节严重的，处3年以上10年以下有期徒刑。

四、全真题演练

(一)单选题

1. 长期经商的甲多次对张某说："现在当兵真没意思，将来转业也不好安排工作，你不如早点逃离部队，下海挣钱。"张某听后有些动心，终于有一天趁值夜班之机逃离部队，致使军队重要军事行动无法完成。甲的行为构成(　　)。

A. 煽动军人逃离部队罪

B. 逃离部队罪的教唆犯

C. 战时造谣扰乱军心罪

D. 不构成犯罪

2. 下列关于危害国防利益罪的说法，正确的是(　　)。

A. 孟某，一村民。某日，一军用车队路过其村庄时，将其一只鸡压死。车队当即进行了赔偿，但孟某仍提出无理要求。部队领导向其反复解释是在执行军事演习任务，孟某仍死死拉住车门，导致车队无法通行，道路被阻塞。孟某应成立阻碍军人执行职务罪

B. 丁某，某私营企业主。某日，一男青年来该厂应聘保安，丁见其身材健壮遂同意接收。一周后，丁得知该青年为正在服役的战士，因认为训练任务太苦而从部队逃出，但丁某仍将其继续留用，长达半年。丁某不构成犯罪

C. 崔某，某街道办事处工作人员。征兵期间接受他人礼物，在政审过程中，隐瞒了3位青年曾因打架而受到治安拘留的情况，致使3人全部应征入伍。入伍后，一人因盗窃枪支而被追究刑事责任。崔某构成接送不合格兵员罪

D. 林某，某服装加工厂厂长。看到许多年轻人喜欢穿武警部队作训服，即组织生产了300套服装，在厂里销售部门销售，林某构成非法生产、买卖警用装备罪

3. 甲某自称是某空军飞行学校的少校教官，负责招收飞行员的工作。一些人不明真相，纷纷请其吃喝并送礼，希望其能招收自己的孩子当飞行员。某日，甲某又身着军装，拦住一位妇女，声称需要检查是否携带毒品。搜到该妇女一个钱包，内装数额较大的现金。甲某诈称这是贩毒资金，必须予以没收。该女争

辩，欲夺回自己的钱包。甲某挥拳将其打倒在地，扬长而去。甲某构成(　　)。

A. 招摇撞骗罪和抢劫罪

B. 冒充军人招摇撞骗罪和抢劫罪

C. 只成立冒充军人招摇撞骗罪一罪

D. 构成抢夺罪

4. 某乙(现役军人)在依法执行军事职务的过程中，被某甲以暴力的手段拘禁在家中，并将其捆绑以阻碍某乙离开，使某乙不能完成上级交代的军事任务。某甲的行为应认定为(　　)。

A. 阻碍军人执行职务罪

B. 阻碍军事行动罪

C. 妨害公务罪

D. 非法拘禁罪

5. 村民李某，为了泄愤报复，多次破坏武装部队的军事飞机场的灯塔。由于被及时发现并抢修，并没有造成严重后果。对李某的行为应认定为(　　)。

A. 破坏交通设施罪

B. 破坏军事设施罪

C. 阻碍军事行动罪

D. 破坏生产经营罪

6. 张某利用民众对解放军的爱戴和信任，冒充解放军某部指导员，实施诈骗行为，非法获得财物价值约2 000元。对张某的行为定(　　)。

A. 诈骗罪

B. 招摇撞骗罪

C. 冒充军人招摇撞骗罪

D. 滥用职权罪

7. 非战争期间，鞠某由于思夫心切，多次给在部队服役的丈夫尚某写信，鼓动尚某逃离部队回家。对鞠某的行为应认定为(　　)。

A. 煽动军人逃离部队罪

B. 阻碍军人执行职务罪

C. 战时拒绝、逃避服役罪

D. 不构成犯罪

(二)多选题

1. 下列可以成为伪造、变造、买卖武装部队公文、证件、印章罪的犯罪对象有(　　)。

A. 武装部队车辆行驶证

B. 车辆驾驶证

C. 武装部队车辆号牌

D. 车辆监理印章

2. 下列犯罪中哪些犯罪的主体为特殊主体？(　　)

A. 战时造谣扰乱军心罪

B. 战时拒绝军事征用罪

C. 战时拒绝、故意延误军事订货罪

D. 战时拒绝、逃避征召、军事训练罪

3. 阻碍军人执行职务罪和妨害公务罪的区别是(　　)。

A. 主体不同

B. 犯罪对象不同

C. 犯罪主观内容不同

D. 侵害客体不同

4. 盗窃、抢夺武器装备、军用物资罪与盗窃、抢夺枪支弹药爆炸犯罪的主要区别是(　　)。

A. 犯罪客体不同　　B. 犯罪对象不同

C. 犯罪主体不同　　D. 犯罪目的不同

5. 下列说法正确的是(　　)。

A. 冒充军人使用伪造、变造的武装部队车辆车牌，造成恶劣影响，按照冒充军人招摇撞骗罪和非法生产军用标志罪并罚

B. 使用盗窃的武装部队车辆号牌，骗免养路费、通行费等各种规费，数额较大的，按照盗窃罪从重处罚

C. 使用伪造、变造、盗窃的武装部队车辆号牌，不缴或者少缴应纳的车辆购置税、车辆使用税等税款，偷税数额占应纳税额的10%以上，且偷税数额在1

万元以上的，按照偷税罪论处

D. 伪造、变造武装部队车辆号牌或者买卖伪造、变造的武装部队车辆号牌，情节严重的，按照非法生产、买卖军用标志罪论处

6. 故意提供不合格武器装备、军事设备与生产、销售伪劣产品罪的区别在于(　　)。

A. 前者是具体罪名，后者不是具体罪名

B. 犯罪对象不同。前者的犯罪对象是武器装备和军事设施，后者则是一般的商品

C. 犯罪的客观表现形式不同。前者的行为表现形式没有后者那么宽泛

D. 犯罪主体不同。前者的犯罪主体只能是生产武器装备的单位和个人，是特定的；后者的犯罪主体则是一般的商品生产者、销售者

7. 赵某盗窃某部队正在使用的通信设备上的零件，卖后得款10 000元，造成该机器停止工作近30个小时。赵某的行为(　　)。

A. 只构成破坏军事通信罪

B. 同时触犯盗窃罪和破坏军事通信罪

C. 属于牵连犯，从一重罪处决

D. 属于想象竞合犯，从一重罪处罚

8. 冒充人招摇撞骗罪和招摇撞骗罪的区别在于(　　)。

A. 犯罪的主观方面不同

B. 犯罪主体不同

C. 冒充的对象不同

D. 侵犯的客体不同

(三)名词解释

1. 危害国防利益罪

2. 战时故意提供虚假敌情罪

3. 雇用逃离部队军人罪

4. 煽动军人逃离部队罪

5. 聚众冲击军事禁区罪

(四)简答题

1. 简述阻碍军人执行职务罪的客观方面。

2. 如何理解故意提供不合格武器装备、军事设施罪中的“不合格”和“提供”。

3. 简述聚众扰乱军事管理区秩序罪的客观方面。

4. 简述冒充军人招摇撞骗罪的客观方面。

5. 简述战时拒绝、逃避服役罪的概念及犯罪构成。

(五)论述题

1. 试论战时拒绝军事征用罪的客观方面。

2. 论阻碍军人执行职务罪与妨碍公务罪的区别。

五、深度拓展

【拓展】 冒充军人招摇撞骗罪与诈骗罪的比较

(1)冒充军人招摇撞骗罪，是指以谋取非法利益为目的，冒充军人招摇撞骗的行为。本罪的客体是军队的声誉及其正常活动。诈骗罪(《刑法》第266条)是指以非法占有为目的，用虚构事实或者隐瞒真相的方法，骗取数额较大的公私财物的行为。

(2)这两种犯罪都表现为欺骗行为，而且冒充军人招摇撞骗罪也可以如诈骗罪那样骗取财物，因而容易混淆。这两种犯罪的区别主要表现在：

①侵害的客体不同。冒充军人招摇撞骗罪侵犯的客体主要是武装力量的威信及其正常活动；而诈骗罪侵犯的客体仅限于公私财产权利。

②行为手段不同。冒充军人招摇撞骗罪的手段只限于冒充军人的身份或职称进行诈骗；诈骗罪的手段并无此限制，而可以利用任何虚构事实、隐瞒真相的手段和方式进行。

③犯罪的主观目的有所不同。诈骗罪的犯罪目的，是希望非法占有公私财物；而冒充

军人招摇撞骗罪的犯罪目的，是追求非法利益，其目的较诈骗罪广泛一些，它可以包括非法占有的公私财物，也可以包括其他非法利益。

④构成犯罪有无数额限制的不同。法律要求，只有诈骗数额较大的公私财物，才可构成诈骗罪；而对冒充军人招摇撞骗罪的构成并无数额较大的要求，这是因为，这种犯罪未必一定表现为诈骗财物，而有可能是骗取其他非法利益，其严重的社会危害性，首先集中地表现为由特定的犯罪手段所决定的、对武装力量的威信和正常活动的破坏。

第二十二章

贪污贿赂罪

一、知识结构图

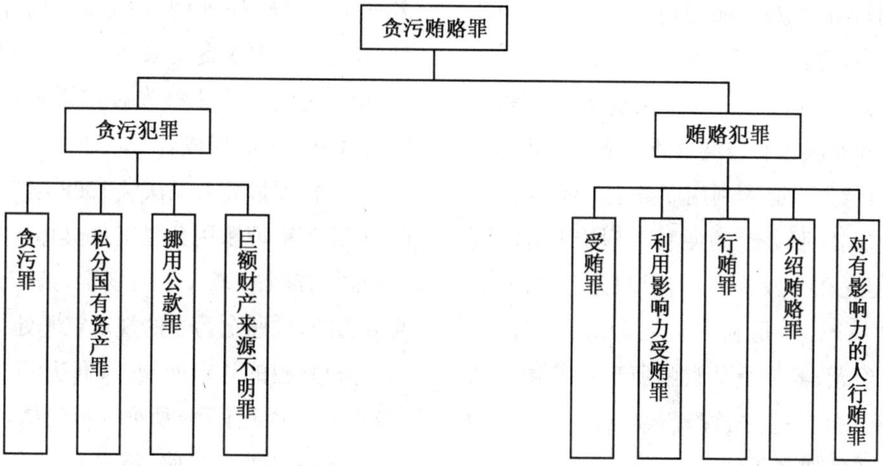

二、重难点归纳

(一)(2009、2000年武汉大学考研真题,2008年司法考试卷二第18题)贪污罪

贪污罪,是指国家工作人员或者受国家机关、国有公司、企事业单位、人民团体委托管理、经营国有财产的人员,利用职务上的便利,侵吞、窃取、骗取或者以其他手段非法占有公共财物的行为。

1. 贪污罪的构成

(1)本罪的客体是复杂客体,既侵犯了国家工作人员职务行为的廉洁性,又侵犯了公共财产的所有权,其中前者是本罪的主要客体。职务行为的廉洁性,是指职务活动的内在规定性,它要求国家工作人员依据法律和有关制度规定承担国家赋予的特定义务,正确行使国家赋予的特定权力。

本罪的犯罪对象主要是公共财物,还包括应交公的礼物和混合制经济组织中的财物。根据《刑法》第91条第1款的规定,公共财物是指:①国有财产;②劳动群众集体所有的财产;③用于扶贫和其他公益事业的社会捐助或专项资金的财产。此外,根据该条第2款的规定,在国家机关、国有公司、企事业单位和人民团体管理、使用或者运输中的私人财产，以公共财产论。

根据《刑法》第 271 条第 2 款的规定，国有公司、企业或者其他国有单位中从事公务的人员和国有公司、企业或者其他国有单位委派到非国有公司、企业以及其他单位从事公务的人员，利用职务上的便利，将本单位财物非法占为己有，数额较大的，依照贪污罪的规定定罪处罚。因此，无论是国有、集体还是股份制、中外合资经营的企业，只要其法人财产中包含公共财产的成分，国家工作人员以侵吞、窃取、骗取或者其他手段将本单位财物非法占为己有，即应依照本罪定罪处罚。

(2)本罪的客观方面表现为行为人利用职务上的便利，侵吞、窃取、骗取或者以其他手段非法占有公共财物的行为。在这里利用职务上的便利和非法占有公共财物二者缺一不可。

第一，行为人必须利用职务上的便利。

对于“利用职务上的便利”，理论上有不同的理解，但现在一般认为，利用职务上的便利，包括两种情况：一是利用自己职务范围内主管、管理、经营、经手公共财物所形成的便利条件；二是利用自己受托管理、经营国有财产的职务所形成的便利条件。

第二，行为人必须侵吞、窃取、骗取或者以其他手段非法占有公共财物。

根据《刑法》第 394 条的规定，国家工作人员在国内公务活动或者对外交往中接受礼物，依照国家规定应当交公而不交公，数额较大的，以贪污罪论处。

(3)本罪的主体是特殊主体。具体包括两类人员：一类是国家工作人员；另一类是受国家机关、国有公司、企事业单位、人民团体委托管理、经营国有财产的人员。

(4)本罪的主观方面是故意，而且具有非法占有公共财物的目的，过失不构成犯罪。

2. 贪污罪的认定

(1)罪与非罪的界限。①贪污罪与违反财经纪律行为的界限。在实践中，有些单位以各种名义滥发奖金、福利补助费，“集体私分”数量较小的公款公物，这是属于违反财经纪律的行为，不宜按犯罪处理。②贪污罪与一般贪污行为的界限。区分二者的关键：一是考察贪污的数额，二是考察其情节。根据《刑法》第 383 条以及 2016 年 4 月 18 日最高人民法院、最高人民检察院《关于办理贪污贿赂刑事案件适用法律若干问题的解释》的规定，个人贪污 3 万元以上的，构成犯罪；贪污不满 1 万元的，一般不构成犯罪，情节严重的，则构成犯罪。

(2)根据《刑法》第 383 条第 2 款的规定，对多次贪污未经处理的，按照累计贪污数额处罚。这里的“多次贪污未经处理”，是指由于某种原因，贪污行为未被发现或者虽已被发现，但未给予刑事处罚或者行政处理的情况。

(3)根据最高人民法院 1998 年 5 月 9 日施行的《关于审理挪用公款案件具体应用法律若干问题的解释》第 6 条的规定，携带挪用的公款潜逃的，按照贪污罪的规定定罪处罚。

(4)共犯的认定问题。《刑法》第 382 条第 3 款的规定，与前两款所列人员勾结，伙同贪污的，以共犯论处。据此，不具有国家工作人员身份的人员与具有国家工作人员身份的人员相勾结，利用具有国家工作人员身份的人员职务上的便利，共同非法占有本单位财物的，按本罪的共犯处理。

【难点辨析】 贪污罪与盗窃罪、诈骗罪

贪污罪与盗窃罪、诈骗罪主观上都是故意，并且都以非法占有为目的，贪污罪在客观方面也可以采用窃取、骗取的手段。其主要区别是：其一，犯罪客体和对象不同。贪污罪的客体是复杂客体，即国家工作人员职务行为的廉洁性和公共财产所有权，对象仅限于公共财物，而盗窃罪、诈骗罪的客体是简单客体，即公私财物所有权，对象是公私财物。其二，犯罪

客观方面不尽相同。贪污罪的窃取、骗取是利用职务上的便利进行的,与行为人的职务密不可分,而盗窃罪、诈骗罪的窃取、骗取则不存在利用职务上的便利问题。其三,犯罪主体不同。贪污罪的主体是特殊主体,即国家工作人员和受委托管理、经营国有财产的人员,而盗窃罪、诈骗罪的主体是一般主体。

【难点辨析】 贪污罪和私分国有资产罪、私分罚没财物罪

贪污罪与后二者在犯罪主体、犯罪主观方面和犯罪对象上都相同,其主要不同点是犯罪行为不同。贪污罪是利用职务之便,侵吞、窃取、骗取或者以其他手段非法占有公共财物的行为;而后二者是违反国家规定,以单位的名义将国有资产、罚没财物集体私分给个人的行为。

【难点辨析】 贪污罪与职务侵占罪

贪污罪与职务侵占罪在主观方面都是故意,并且以非法占有为目的,客观上都是以利用职务上的便利为必备内容。其主要区别为:一是犯罪主体不同。贪污罪的主体是国家工作人员和受委托管理、经营国有财产的人员,而后者的主体是公司、企业或其他单位中不具有国家工作人员身份的工作人员。二是犯罪客体与对象不同。贪污罪的客体是复杂客体,即国家工作人员职务行为的廉洁性和公共财产的所有权,对象是包括国有财产在内的公共财物;后者的客体是简单客体,即单位财物的所有权,对象可以是公共财产,也可以是私营企业、合资企业、合作企业中的非公有财产。

【疑难法条解析】 《刑法》第93条:本法所称国家工作人员,是指国家机关中从事公务的人员。

国有公司、企事业单位、人民团体中从事公务的人员和国家机关、国有公司、企事业单位委派到非国有公司、企事业单位、社会团体从事公务的人员,以及其他依照法律从事公务的人员,以国家工作人员论。

国家工作人员具体包括两类人员:

一类是国家工作人员。根据《刑法》第93条的规定,国家工作人员包括:(1)国家机关中从事公务的人员,包括各级国家权力机关、行政机关、审判机关、检察机关和军事机关中从事公务的人员。此外,参照《中华人民共和国公务员法》进行管理的各级党委、政协机关中从事公务的人员,也应当视为国家机关工作人员。(2)国有公司、企事业单位、人民团体中从事公务的人员。其中,国有公司指财产属于国家所有的公司,包括国有独资公司、两个以上国有企业组成的有限责任公司、股份有限公司;国有企业指财产属于国家所有的从事生产、经营活动的企业;国有事业单位指国家投资兴办管理的科研、教育、文化、卫生、体育、新闻、广播、出版等单位;人民团体指各民主党派、各级工会、共青团、妇联等群众性组织。(3)国家机关、国有公司、企事业单位委派到非国有公司、企事业单位、社会团体中从事公务的人员。(4)其他依照法律从事公务的人员。这是指依照法律规定选举或者任命产生,从事某项公共事务管理的人员,如被依法选出的在人民法院履行职务的人民陪审员、履行特定手续被人民检察院聘任的特邀检察员。根据2000年4月29日全国人民代表大会常务委员会《关于〈中华人民共和国刑法〉第93条第2款的解释》,村民委员会等村基层组织人员协助人民政府从事下列行政管理工作,属于《刑法》第93条第2款规定的"其他依照法律从事公务的人员",村民委员会等村基层组织人员协助人民政府从事下列行政管理工作时,属于"其他依照法律从事公务的人员":①救灾、抢险、防汛、优抚、扶贫、移民、救济款物的管理;②社会捐助公益事业款物的管理;③国有土地的经营和管理;④土地征用补偿费用的管理;⑤代征、代缴税款;⑥ 有关计划生育、户籍、征兵工

作;⑦ 协助人民政府从事的其他行政管理工作。这些人员从事上述规定的公务,利用职务上的便利,非法占有公共财物的,构成本罪。

另一类是受国家机关、国有公司、企事业单位、人民团体委托管理、经营国有资产的人员,主要是指以承包、租赁等方式,管理、经营其承包、租赁的国有单位或者其中的一个部门的国有财产的人员。

(二)(武汉大学2005年考研真题名词解释题)私分国有资产罪

私分国有资产罪,是指国家机关、国有公司、企事业单位、人民团体,违反国家规定,以单位名义将国有资产私分给个人,数额较大的行为。

1. 私分国有资产罪的构成

(1)本罪的客体是国家对国有资产的所有权及廉政建设制度。犯罪对象是国有资产,而且是具有可移性、可分性的国有资产。所谓国有资产,是指属于国家所有的财产,即国家依法取得和认定的,或者国家以各种形式对企业投资和投资收益、国家向行政事业单位拨款等形成的资产。国有资产以外的财产不能成为本罪的犯罪对象。

(2)本罪在客观方面表现为违反国家规定,以单位名义将国有资产集体私分给个人,数额较大的行为。

(3)本罪的主体是特殊主体。至于是单位还是自然人,刑法理论界有争议。我们认为,本罪是纯正的单位犯罪,只是处罚上采用单罚制,仅处罚单位直接负责的主管人员和直接责任人员。

(4)本罪在主观方面是故意,即明知是国有资产,仍有意违反国家规定,以单位名义进行私分。至于动机如何不影响本罪的成立。

2. 私分国有资产罪的认定

私分国有资产罪与非罪的界限要把握三个方面的问题:(1)数额问题。私分国有资产必须达到数额较大,才能构成犯罪。如果没有达到数额较大的标准,可由相应的主管部门按照国家有关规定处理,不构成犯罪。(2)分产品代替发工资问题。实践中,有些国有企业因为经济效益不好,发不出工资,即将本单位产品代替工资发给职工。这是亏损企业应付工资支付的一种临时办法,与违反国家规定的私分国有资产性质不同,不应按犯罪处理。(3)打击面问题。本罪的主体是特殊主体,只限于直接负责的主管人员和直接责任人员。据此,不仅对单位的一般职工不能追究刑事责任,对没有参与决策、未起主要作用的单位负责人,也不宜追究刑事责任。当然,分得财物因是国有资产,应当退还。

【难点辨析】 私分国有资产罪与贪污罪

二者的主要区别是:

(1)犯罪对象不同。私分国有资产罪的犯罪对象仅限于国有资产;贪污罪的犯罪对象是公共财产,不仅包括国有财产,还包括其他公共财产。

(2)犯罪主体不同。私分国有资产罪的主体仅限于国有单位;贪污罪的主体是国家工作人员,不仅包括国有单位从事公务的人员,还包括其他准国家工作人员。

(3)行为表现不同。私分国有资产罪表现为以单位名义私分国有资产,获得财物的人是单位所有员工或者大多数员工,具有一定的公开性;贪污罪是行为人采用窃取、骗取等手段将公共财产据为己有,具有一定的隐蔽性。

(4)主观方面不同。私分国有资产罪作为单位犯罪,虽然形式上是单位直接负责的主管人员或者单位参与决策的领导的共同意志,但实质上是单位的意志;贪污罪中行为人非法占有公共财产是个人意志。

【疑难法条解析】 《刑法》第396条:国家机关、国有公司、企事业单位、人民团体违反国家规定,以单位名义将国有资产集体私分给个人，数额较大的，对其直接负责的主管人员和其他直接责任人员，处 3 年以下有期徒刑或者拘役，并处或者单处罚金；数额巨大的，处 3 年以上 7 年以下有期徒刑，并处罚金。

违反国家规定，以单位名义将国有资产集体私分给个人，数额较大的行为的成立，具体包括三个条件：(1)违反国家规定。所谓违反国家规定，是指违反全国人民代表大会及其常委会和国务院有关使用、管理和保护国有资产的法律、行政法规。(2)以单位的名义将国有资产集体私分给个人。这是指由单位负责人或者单位决策机构集体讨论决定，将国有资产私分给单位所有职工，至少是单位大多数职工。(3)数额较大。关于判定数额较大的标准，刑法理论界有总数额标准和人均数额标准两种主张。我们认为，应采用双重标准。根据 1999 年最高人民检察院《关于人民检察院直接受理立案侦查案件立案标准的规定(试行)》，数额较大一般是私分国有资产累计数额在 10 万元以上。

(三)(2006 年司法考试卷二第 64 题)挪用公款罪

挪用公款罪，是指国家工作人员利用职务上的便利，挪用公款归个人使用，进行非法活动，或者挪用公款数额较大、进行营利活动，或者挪用公款数额较大、超过 3 个月未还的行为。

1. 挪用公款罪的构成

(1)本罪的客体是复杂客体，即国家工作人员职务行为的廉洁性和对公款的占有、使用收益权。犯罪对象是公款，即公共财产中呈货币或者有价证券形态的那一部分，其中包括人民币、外国货币、支票、股票、国库券、债券等有价证券。后者直接代表一定数额的货币，是证券形式的货币财产。根据《刑法》第 384 条第 2 款的规定，挪用用于救灾、抢险、防汛、优抚、扶贫、移民、救济款物归个人使用的，从重处罚。按照这一规定，本罪的犯罪对象并不完全限于公款，还包括用于上述目的的特定物。但是，除了上述特定物而外的一般公物，不属于本罪的犯罪对象。

(2)本罪在客观方面表现为行为人利用职务上的便利，挪用公款归个人使用，数额较大的行为。所谓利用职务上的便利，是指行为人利用本人职务所形成的主管、经手公款的便利条件，其中既包括利用本人直接经手、管理公款的便利条件，也包括行为人因其职务关系而具有的调拨、支配、使用公款的便利条件。根据 2002 年 4 月 28 日全国人大常委会关于《中华人民共和国刑法》第 384 条第 1 款的解释，有下列情形之一的，属于挪用公款归个人使用：①将公款供本人、亲友或者其他自然人使用的；②以个人名义将公款供其他单位使用的；③个人决定以单位名义将公款供其他单位使用，谋取个人利益的。

挪用公款归个人使用有三种表现形式：

一是挪用公款进行非法活动。根据最高人民法院 1998 年 4 月 29 日颁布的《关于审理挪用公款案件具体应用法律若干问题的解释》以及 2016 年 4 月 18 日最高人民法院、最高人民检察院《关于办理贪污贿赂刑事案件适用法律若干问题的解释》，非法活动是指进行走私、赌博等活动。危害程度和性质相似的违法活动自然包括在内，此种情况不受“数额较大”和挪用时间的限制，以挪用公款 3 万元为追究刑事责任的数额起点。

二是挪用公款进行营利活动，数额较大。这里所说的营利活动，即国家法律所允许的经营性活动，包括开工厂、办商店、炒股票、购买国债、用于集资或者存入银行获取利息等，否则，其行为就属“非法活动”的范畴。营利活动本身具有合法性，这是该种类型的挪用公款罪与前一类型的根本区别。如果行为人将挪用的公款用于返还本人或他人在过去的经营活动中所欠的债务，应视为挪用公款进行营利活动，至于行为人在实际营利活动中是否获利，甚至亏本经营，均不影响本罪的认定。这种挪用行为构成犯罪，不受挪用时间和是否归还的限制，但法律明确规定必须挪用数额较大。根据前述司法解释，以挪用公款5万元为追究刑事责任的数额较大的起点。

三是挪用公款数额较大，超过3个月未还。这是指挪用公款用于自己或者他人的合法生活消费或者其他非经营性支出，如偿还债务(因经营活动而欠的债务除外)、购置家具、修缮房屋、支付医药费等。如果挪用公款归个人使用数额较大，超过3个月未还，即构成本罪。但根据前述司法解释，在案发前即被司法机关、所在单位或有关部门发现之前全部归还本金的，可以从轻处罚或者免除处罚，给国家、集体造成利息损失的应予追缴。挪用公款数额巨大，超过3个月，案发前全部归还的，可以酌情从轻处罚。多次挪用公款不还，挪用公款数额累计计算；多次挪用公款，并以后次挪用的公款归还前次挪用的公款，挪用公款数额以案发时未还的实际数额认定。

(3)本罪的主体是特殊主体，即国家工作人员。至于受国家机关、国有公司、企事业单位、人民团体的委托管理、经营国有财产的人员可否成为本罪的主体问题，刑法理论界有不同认识，通说认为以上人员不能构成本罪的主体。因为受国有单位委托管理、经营国有财产的人员属于非国家工作人员，与依照法律从事公务的准国家工作人员在性质上迥然有别，而且刑法只明确规定这类人员可以成为贪污罪的主体，却没有规定可以成为挪用公款罪的主体，已经表明了立法者的态度。

(4)本罪在主观方面是故意，即明知是公款而有意违反有关规定予以挪用，目的是非法取得公款的使用权。挪用公款给他人使用，如果挪用人明知使用人用于营利活动或者非法活动的，应当认定为挪用人挪用公款进行营利活动或者非法活动。

2. 挪用公款罪的认定

本罪与合法借贷行为的界限。

本罪根据其行为表现形式，可以分为三种类型，即非法活动型、营利活动型和超期未还型。要划清二者之间的界限，行为人是否办理了借贷审批手续，固然是个重要的判断要素，但更重要的是要结合本罪的不同类型具体分析，区别对待。首先，对于非法活动型，既然是挪用公款归个人使用进行非法活动，这就决定了行为人不可能是合法借贷。即使行为人办理了借贷审批手续，也是欺骗所致。其次，对于超期未还型，由于行为人挪用公款归个人使用是正当需要，其挪用用途具有合法性，因此存在与合法借贷行为划清界限的余地。只要行为人经过单位领导审批，并办理了借贷手续，应视为债权债务关系，不能按挪用公款罪处理。最后，对于营利活动型。这种类型的挪用公款罪比较复杂，在理论上也有不同看法。一般而言，经营性活动本身应具有合法性，但是将公款借出用于个人挣钱牟利，在本质上仍是违法的，是否构成犯罪，仍应以上述司法解释为根据。

【难点辨析】 挪用公款罪与贪污罪

二者在犯罪客体、主观故意和利用职务上的便利等方面有相同和相似之处，其主要区别是：其一，犯罪的客体不完全相同。二者虽然都侵犯了公款的所有权，但具体来说前者侵犯的是公款所有权中的占有、使用、收益权；后者侵犯的是公款的所有权整体。其二，犯罪对象的范围不同。前者的对象原则上是公款，也包括用于救灾、抢险、防汛、优抚、扶贫、移民、救济的特定款物；后者的对象既包括公款，也包括其他公物。其三，行为方式不同。前者从性质上说是暂时占有、使用公款；后者是采取侵吞、窃取、骗取或者非法手段非法将公共财物占为已有。其四,犯罪的目的不同。前者以暂时占有、使用公款为目的;后者则以永久性不法所有为目的。

【难点辨析】 挪用公款罪与挪用特定款物罪

二者在行为方式上表现为挪用,在主观要件、犯罪对象等方面也有许多相同和相似之处。当挪用的对象均为救灾、抢险、防汛等特定款物时,其主要区别是:其一,客观方面表现不同。前者是行为人利用职务上的便利,实施挪用公款归个人使用的行为;后者是行为人利用职务或者工作上的便利,实施挪用特定款物,情节严重,致使国家和人民利益遭受重大损失的行为。其二,挪用的用途不同。前者是公款私用;后者是公款公用。其三,犯罪的主体不同。前者的主体是国家工作人员,国有公司、企事业单位或其他经手、管理国家财物的人员;后者的主体主要是经手、管理国家救灾、救济款物的财会人员或有权调拨特定的7项款物的人员。其四,主观方面不同。挪用公款的目的是归个人使用或借给他人使用;挪用特定款物的目的是归单位使用。如果挪用特定款物归个人使用的,应按挪用公款罪论处。

【难点辨析】 挪用公款罪与挪用资金罪

二者在主观和客观方面有许多相同和相似之处。主观方面都是故意,并且都有使用资金的目的;客观方面都是利用职务上的便利进行的。其主要区别是:其一,犯罪的客体和对象不同。挪用公款罪的客体是复杂客体,既侵犯了国家工作人员职务行为的廉洁性,也侵犯了公共财产的所有权,犯罪的对象是公款(也包括特定公物);挪用资金罪的客体是简单客体,即侵犯了单位资金的所有权,犯罪的对象是非国有单位的资金。其二,客观方面不同。前者的行为表现仅限于挪用公款归个人使用;后者不但表现为挪用本单位资金归个人使用,还包括借贷给他人。其三,犯罪主体不同。挪用公款罪的主体只能是国家工作人员,如果是受国有公司、企业或者其他国有单位委派到非国有公司、企业以及其他单位从事公务的人员挪用本单位资金的,以挪用公款罪定罪处罚;挪用资金罪的主体是除国家工作人员以外的公司、企业及其他单位的人员。

【疑难法条解析】 《刑法》第384条规定,国家工作人员利用职务上的便利,挪用公款归个人使用,进行非法活动的,或者挪用公款数额较大、进行营利活动的,或者挪用公款数额较大、超过3个月未还的,是挪用公款罪,处5年以下有期徒刑或者拘役;情节严重的,处5年以上有期徒刑。挪用公款数额巨大、不退还的,处10年以上有期徒刑或者无期徒刑。

挪用用于救灾、抢险、防汛、优抚、扶贫、移民、救济款物归个人使用的,从重处罚。

根据《刑法》第384条第1款的规定,犯本罪的,处5年以下有期徒刑或者拘役;情节严重的,处5年以上有期徒刑。挪用公款数额巨大、不退还的,处10年以上有期徒刑或者无期徒刑。根据2016年4月18日《司法解释》第5条的规定,挪用公款归个人使用,进行非法活动,数额在300元以上的,应当认定为“数额巨大”。具有下列情形之一的,应当认定为“情节严重”:①挪用公款数额在100万元以上的;②挪用救灾、抢险、防汛、优抚、扶贫、移民、救济特定款物,数额在50万元以上不满100万元的;③挪用公款不退还,数额在50万元以上不满100万元的;④其他严重的情节。同时,第6条规定,挪用公款归个人使用,进行营利活动或者超过3个月未还,数额在500万元以上的,应当认定为“数额巨大”。具有下列情形之一的,应当认定为“情节严重”:①挪用公款数额在200万元以上的;②挪用救灾、抢险、防汛、优抚、扶贫、移民、救济特定款物,数额在100万元以上不满200万元的;③挪用公款不退还,数额在100万元以上不满200万元的;④其他严重的情节。这里的不退还,依照前述1998年4月29日《司法解释》,是指因客观原因在一审宣判前不能退还的。多次挪用公款不还,挪用公款的数额累计计算;多次挪用公款,并以后次挪用的公款归还前次挪用的公款,挪用公款数额以案发时未还的实际数额认定。

根据《刑法》第384条第2款的规定,挪用用于救灾、抢险、防汛、优抚、扶贫、移民、救济款物归个人使用的,从重处罚。

根据前述1998年4月29日《司法解释》第8条的规定,挪用公款给他人使用,使用人与挪用人共谋,指使或者参与策划取得挪用款的,以挪用公款罪的共犯定罪处罚。这里的使用人既包括挪用人以外其他国家工作人员,也包括非国家工作人员。

(四)巨额财产来源不明罪

巨额财产来源不明罪,是指国家工作人员的财产或者支出明显超过合法收入,且差额巨大,经责令说明来源,本人不能说明其来源合法的行为。

1. 巨额财产来源不明罪的构成

(1)本罪的客体是国家工作人员职务行为的廉洁性。关于本罪的客体,我们认为,法律规定本罪的目的主要是为了维护国家工作人员职务行为的廉洁。从立法的原意考虑,本罪的客体是国家工作人员职务行为的廉洁性比较妥当。犯罪对象是行为人本人不能说明其合法来源的巨额财产。

(2)本罪在客观方面表现为行为人不能说明其明显超过合法收入的财产来源是合法的行为,具体包括两个方面的内容:一是财产和支出明显超过合法收入,且差额巨大。这里所说的财产,是行为人实际拥有的财物,包括现金、有价证券以及其他物品。至于差额的标准,根据1999年9月16日最高人民检察院《关于人民检察院直接受理立案侦查案件立案标准的规定(试行)》为30万元以上。二是行为人不能说明明显超过其合法收入的巨额财产的合法来源。这里的不能说明,包括:①行为人拒不说明财产来源;②行为人无法说明财产的具体来源;③行为人所说的财产来源经司法机关查证并不属实;④行为人所说的财产来源因线索不具体等原因,司法机关无法查实,但能排除存在来源合法的可能性和合理性。

(3)本罪的主体是特殊主体,仅限于国家工作人员。

(4)本罪在主观方面是故意。

2. 巨额财产来源不明罪的认定

在认定犯罪的过程中,应根据不同的具体情况加以考察:第一,行为人拥有巨额财产,但不能说明合法来源,应认定为本罪;第二,行为人拥有巨额财产,并且说明了合法来源,不能认定为犯罪;行为人说明的是非法来源,且经查证属实的,按其行为的性质定罪处罚。

(1)如何计算非法所得的数额的问题。

国家工作人员的合法收入是计算非法所得的基础。国家工作人员的合法收入,应当包括国家工作人员的工资、奖金、国家发放的各种补贴、本人的其他劳动收入、亲友的馈赠和依法继承的财产。非法所得数额应以国家工作人员的财产或者支出与其合法收入的差额部分计算。计算非法所得时,应将合法收入部分扣除,只计算差额部分。如果行为人能够说明财产的来源是合法的,并经查证属实的,应作为本人的合法收入;如果行为人不能说明财产的来源是合法的,则应减去其合法收入的差额部分,即视为非法所得,其行为构成巨额财产来源不明罪。

(2)巨额财产来源不明罪与贪污罪、受贿罪的界限。

巨额财产来源不明罪与贪污罪和受贿罪有着密切的联系,很多巨额财产来源不明就是没有被查明证实的贪污罪和受贿罪。但巨额财产来源不明罪作为一个独立的罪名有着自己的犯罪构成。首先,贪污罪和受贿罪的犯罪主体的范围要比巨额财产来源不明罪大一些,除国家机关工作人员,还包括国有公司、企事业单位其他经手、管理公共财产的人员和其他依法从事公务的人员。在犯罪的客观方面,巨额财产来源不明罪只要求行为人拥有超过合法收入的巨额财产,而且行为人不能说明、司法机关又不能查明其来源的即可。也就是说,行为人拥有的来源不明的巨额财产既可能来自贪污、受贿,也可能来自走私、贩毒、盗窃、诈骗等行为,这些都不影响构成巨额财产来源不明罪。

(五)(2007年司法考试卷二第65题)受贿罪

受贿罪,是指国家工作人员利用职务上的便利,索取他人财物,或者非法收受他人财物,为他人谋取利益的行为。

1. 受贿罪的构成

(1)本罪的客体是国家工作人员职务行为的廉洁性。

本罪的犯罪对象是贿赂。贿赂是指行为人索取或者收受的他人财物。根据2016年4月18日最高人民法院、最高人民检察院《关于办理贪污贿赂刑事案件适用法律的若干解释》第12条的规定,贿赂犯罪中的"财物",包括货币、物品和财产性利益。财产性利益包括可以折算为货币的物质利益如房屋装修、债务免除等,以及需要支付货币的其他利益如会员服务、旅游等。后者的犯罪数额,以实际支付或者应当支付的数额计算。

(2)本罪在客观方面表现为利用职务上的便利,索取他人财物,或者非法收受他人财物并为他人谋利益的行为。

①利用职务上的便利。利用职务上的便利,是指利用本人职务范围内的权力,即自己职务上主管、负责或者承办某项公共事务的职权及其所形成的便利条件。

②索取、收受他人财物。所谓索取他人财物,是指行为人利用职务上的便利,主动向他人索要或勒索并收取财物。所谓收受他人财物,是指行为人以许诺或者实际实施为他人谋利益为条件,被动地接受对方给付自己的财物。

③为他人谋取利益。所谓为他人谋取利益,是指受贿人为他谋求取得某种特定利益。根据2016年4月18日最高人民法院、最高人民检察院《关于办理贪污贿赂刑事案件适用法律的若干解释》第13条的规定,具有下列情形之一的,应当认定为"为他人谋取利益":A. 实际或者承诺为他人谋取利益的;B. 明知他人有具体请托事项的;C. 履职时未被请托,但事后基于该履职事由收受他人财物的。国家工作人员索取、收受具有上下级关系的下属或者具有行政管理关系的被管理人员的财物价值三万元以上,可能影响职权行使的,视为承诺为他人谋取利益。由此可以看出,为他人谋取利益,不能仅限于为他人谋取到利益,只要许诺为他人谋取利益即可。至于这种许诺是明示的还是默许的,可以不问。

(3)本罪的主体是特殊主体,即国家工作人员。根据前述2016年4月18日《司法解释》,村民委员会等村基层组织人员从事法律规定的公务,利用职务上的便利,索取或者非法收受他人财物,构成受贿罪。

(4)本罪在主观方面是故意,而且只能是直接故意,即行为人明知其利用职务上的便利,索取他人财物或者非法收受他人财物并为他人谋取利益的行为会损害国家工作人员职务行为的廉洁性,仍然决意而为。

2.(武汉大学2004年考研真题)斡旋受贿及其构成条件

《刑法》第388条规定,国家工作人员利用本人职权或者地位形成的便利条件,通过其他工作人员职务上的行为,为请托人谋取不正当利益,索取或者收受请托人财物的,以受贿论处。这就是理论上所说的斡旋受贿或间接受贿,其客观方面表现为利用本人职权或者地位形成的便利条件,通过其他国家工作人员职务上的行为,为请托人谋取不正当利益,索取或者收受请托人财物的行为。

斡旋受贿的行为特征是:其一,利用本人职权或者地位形成的便利条件,也就是间接利用职务之便。这里所说的本人职权,是指在行为人职务范围内,并能对其他国家工作人员形成制约或者施加影响的权力,其中不包括直接利用本人掌握的职权。所谓地位,是指行为人所在的能对其他国家工作人员形成制约或者施加影响的领导岗位,或者在领导身边工作或负有特定职责并从事公务活动的工作岗位。无论是利用本人职权还是利用本人地位形成的便利条件,都是源于本人的职务。如果行为人利用自己与其他国家工作人员的亲友关系,则不属于斡旋受贿行为。其二,为请托人谋取不正当利益。这是受贿人用于同请托人进行权钱交易、权物交易的条件。如果说索取贿赂形式的一般受贿罪,不要求行为人为他人谋取利益;收受贿赂形式的一般受贿罪,虽要求行为人为他人谋取利益,但不问谋取的是合法利益还是非法利益的话,则斡旋受贿罪的要求必须是为请托人谋取不正当利益。应当如何理解不正当利益,国内理论界是有分歧意见的。我们认为,所谓不正当利益,是指根据法律、法规和有关政策不应当得到的利益。利益的正当与否取决于其性质本身,而不取决于取得利益的手段。如果是请托人依法应当或者可能得到,但限于一定的条件而无法得到,或者暂时未能得到的利益,不属于不正当利益。即使采用送钱送物的手段得到了,也不应当视为不正当利益。其三,通过其他国家工作人员的职务行为,为请托人谋取不正当利益。这里的职务行为,是指其他国家工作人员实施的职权范围内的行为。通过其他国家工作人员的职务行为是以行为人利用职务之便为前提和基础的,同时又是行为人利用本人职权或者地位形成的便利条件的一种表现形式。其四,索取或者收受请托人财物。在斡旋受贿罪中,行为人取得贿赂的形式也有两种:索贿和收受。与一般受贿罪不同的是,斡旋受贿罪中,无论是索取贿赂的形式还是收受贿赂的形式,均以为请托人谋取不正当利益为必要条件。

3. 受贿罪的认定

(1)经济往来中受贿罪的认定。《刑法》第385条第2款规定,国家工作人员在经济往来中违反国家规定,收受各种名义的回扣、手续费,归个人所有的,以受贿论处。所谓违反国家规定,是指违反全国人大及其常务委员会制定的法律,国务院制定的行政法规规定的行政措施、发布的决定和命令。因收受回扣、手续费而构成受贿罪的,在构成条件上与受贿罪有所不同,即其一,必须是国家工作人员;其二,必须是在经济往来中;其三,必须是违反国家有关规定;其四,必须是收受的回扣、手续费归个人所有。

(2)本罪与接受亲友馈赠的界限。亲朋好友之间礼尚往来,有时伴有物品馈赠,这是联络感情的正当行为。受贿罪中的收受他人财物与接受亲友馈赠在表面上颇为相似,但在法律性质上存在着根本性区别。要划清两者之间的界限,首先要看行为人接受亲友的财物是否利用职务上的便利为亲友谋取利益。但不能仅限于此,还要结合考虑双方之间亲友情谊的发展程度,收受财物的数额是否正常,接受财物的目的、方式等诸因素,不能一概而论。如果行为人利用自己的职权,为亲友谋取利益,并收受了亲友的部分财物,但双方之间亲友情谊发展几十年,经济交往数额较大,其收受财物的数额与经济交往的数额大体相当,那就不宜认定为受贿。

(3)本罪与取得合法报酬的界限。在法

律、政策允许的范围内，利用自己的知识、技术和劳动，为其他单位或个人承揽业务、提供咨询或者进行其他服务，从中获得劳动报酬的，是合法收入，不属于受贿。即使略有瑕疵，如并非完全利用业余时间，在领取劳动报酬时没有签真名等，也不宜按受贿处理。但是，实践中有些贿赂是以辛苦费、酬谢费、劳务费的名义出现的，实际上并没有付出劳动，是借取得劳动报酬之名行受贿之实。所以，划清受贿罪与取得合法报酬的界限，关键要看行为人是否利用职务上的便利为他人谋取利益。此外，还要结合分析行为人是否付出了必要的劳动，因为没有必要的劳动其合法报酬即无从谈起。

【难点辨析】　（*武汉大学 2008 年考研真题名词辨析题*）受贿罪与非国家工作人员受贿罪

受贿罪，是指国家工作人员利用职务上的便利，索取他人财物，或者非法收受他人财物，为他人谋取利益的行为。

非国家工作人员受贿罪，是指公司、企业或者其他单位的工作人员利用职务上的便利，索取他人财物或者非法收受他人财物，为他人谋取利益，数额较大的行为。

二者在主观方面都是故意，在客观方面均有利用职务上的便利索取或者非法收受他人财物的行为。其主要区别是：其一，犯罪客体不同。前者侵犯的客体是国家工作人员职务行为的廉洁性，后者侵犯的客体是公司、企业、其他单位人员职务的廉洁性和公司、企业、其他单位的正常管理秩序。其二，客观方面有所不同。受贿罪的索贿不以为他人谋取利益为要件，只有收受贿赂的受贿形式必须以为他人谋取利益为必备要件；后者则无论是索取贿赂还是收受贿赂，均以为他人谋取利益为必备要件。其三，犯罪主体不同。前者的主体是国家工作人员；后者的主体是非国有公司、企业、其他单位中没有国家工作人员身份的人员，即非国家工作人员。

【难点辨析】　（*武汉大学 2003 年考研真题*）贪污罪和贿赂罪

贿赂罪与贪污罪的界限。贿赂罪与贪污罪都是特殊主体，主观方面均为故意。其主要区别是：其一，主体范围不同。贿赂罪的主体只限于国家工作人员；贪污罪的主体除了国家工作人员外，还包括非国家工作人员中受国有单位委托管理、经营国有财产的人员。其二，犯罪客体和对象不同。贿赂罪侵犯的客体是简单客体，即国家工作人员职务行为的廉洁性。犯罪对象是贿赂，即他人的财物，其中既可以是私人所有的财物，也可以是公共财物。贪污罪侵犯的客体是复杂客体，即国家工作人员职务行为的廉洁性和公共财物的所有权，犯罪对象仅限于公共财产。其三，客观表现形式不同。贿赂罪一般表现为行为人利用职务上的便利，索取他人财物，或者非法收受他人财物并为他人谋取利益的行为；贪污罪表现为行为人利用职务上的便利，使用侵吞、窃取、骗取或者其他手段非法占有公共财物的行为。而且在利用职务上的便利的含义上也不尽相同。前者的职务范围较广，既包括直接利用本人的职权，也包括利用与职务有关的便利条件；后者的职务范围较窄，一般仅限于直接利用本人的职权。其四，犯罪目的不同。贿赂罪的目的在于获取他人的贿赂；贪污罪的目的在于非法占有公共财物。

【难点辨析】　受贿罪与敲诈勒索罪

二者难区分的是受贿罪与敲诈勒索罪在索贿形式上的界限。两罪之间除了主体、客体不同外，关键在于客观方面的区别。敲诈勒索罪表现为行为人单纯使用威胁、要挟的手段迫使被害人交付财物；受贿罪表现为行为人利用职务上的便利，主动向请托人索要或勒索财物。国家工作人员使用威胁、要挟手段向请托人敲诈勒索财物的定性，在目前的情况下，如果符合受贿罪的数额或情节要求，仍然应当按照受贿罪定罪处罚。

【难点辨析】 受贿罪与非国家工作人员受贿罪

二者在主观方面都是故意，在客观方面均有利用职务上的便利索取或者非法收受他人财物的行为。其主要区别是：其一，犯罪客体不同。前者侵犯的客体是国家工作人员职务行为的廉洁性，后者侵犯的客体是公司、企业、其他单位人员职务的廉洁性和公司、企业、其他单位的正常管理秩序。其二，客观方面有所不同。本罪的索贿不以为他人谋取利益为要件，只有收受贿赂的形式必须以为他人谋取利益为必备要件；后者则无论是索取贿赂还是收受贿赂，均以为他人谋取利益为必备要件。其三，犯罪主体不同。前者的主体是国家工作人员；后者的主体是非国有公司、企业、其他单位中没有国家工作人员身份的人员。

【疑难法条解析】 《刑法》第 385 条：国家工作人员利用职务上的便利，索取他人财物的，或者非法收受他人财物，为他人谋取利益的，是受贿罪。

国家工作人员在经济往来中违反国家规定，收受各种名义的回扣、手续费，归个人所有的，以受贿论处。

从受贿罪的客观行为来看，有两种具体表现形式：①行为人利用职务上的便利，向他人索取财物。②行为人利用职务上的便利，收受他人贿赂而为他人谋取利益的行为。

本法将贿赂的内容限定为财物，财物是指具有价值的，可以管理的有体物、无体物以及财产性利益。能够转移占有的有体物与无体物，属于财物自不待言，但财产性利益也应包括在内。因为财产性利益可以通过金钱估价，而且许多财产性利益的价值超出了一般物品的经济价值，没有理由将财产性利益排除在财物之外。受贿罪是以权换利的肮脏交易，将能够转移占有与使用的财产性利益解释为财物，完全符合受贿罪的本质。至于非财产性利益，则不属于财物。虽然从受贿罪的实质以及国外的刑法立法与司法实践上看，贿赂可能包括非物质性利益，但我国实行的宽严相济的刑事政策，这就决定了要将受贿的认定控制在适当的范围内。将非财产性利益视为贿赂，则扩大了受贿罪的处罚范围。因此，目前还不适宜将非财产性利益作为贿赂。

【疑难法条解析】 《刑法》第 386 条：对犯受贿罪的，根据受贿所得数额及情节，依照本法第 383 条的规定处罚。索贿的从重处罚。

对于罪与非罪的认定应该依据《刑法》第 385 条的有关规定及结合 1999 年 8 月 6 日《最高人民检察院直接受理侦查案件立案标准的规定》和相关的司法解释予以认定，刑法任何其他条款都不具有对受贿罪认定的效力。因此，在有多次受贿行为的情况下，如果每次受贿的金额均达不到成立受贿罪的立案标准，则依据《刑法》第 385 条及相关司法解释规定，不应以受贿罪论处。对于有部分达到了立案标准，部分没有达到的，达到的部分成立受贿罪，没有达到的部分不成立受贿罪，不能够简单地照搬《刑法》第 383 条第 2 款的规定以累计相加处理。

（六）利用影响力受贿罪

《最高人民法院、最高人民检察院公布关于执行〈中华人民共和国刑法〉确定罪名的补充规定（四）》，根据《中华人民共和国刑法修正案（七）》的规定，确定了组织、领导传销活动罪，出售、非法提供公民个人信息罪，利用影响力受贿罪等新罪名。从 2009 年 10 月 16 日开始，国家工作人员或者其近亲属以及其他与其关系密切的人，利用国家工作人员职权或者地位形成的便利条件受贿的，司法机关将使用“利用影响力受贿罪”定罪处罚。

利用影响力受贿罪是指国家工作人员的

近亲属或者其他与该国家工作人员关系密切的人，通过该国家工作人员职务上的行为，或者利用该国家工作人员职权或者地位形成的便利条件，通过其他国家工作人员职务上的行为，为请托人谋取不正当利益，索取请托人财物或者收受请托人财物，数额较大或者有其他较重情节的行为。

离职的国家工作人员或者其近亲属以及其他与其关系密切的人，利用该离职的国家工作人员原职权或者地位形成的便利条件实施前款行为的，依照前款的规定定罪处罚。

(七)行贿罪

行贿罪，是指行为人为谋取不正当利益，给予国家工作人员以财物的行为。本罪的犯罪构成如下：

(1)本罪的客体是国家工作人员职务行为的廉洁性。犯罪对象仅限于国家工作人员。

(2)本罪在客观方面表现为行为人给予国家工作人员以财物的行为。行贿分为两种情形：一是行为人主动给予受贿人以财物。在这种情况下，无论行贿人意图谋取的不正当利益是否实现，均不影响行贿罪的成立，即使是受贿人实际上并未实施为其谋取不正当利益的行为，也可以构成行贿罪。二是行为人被勒索被动地给予受贿人以财物。根据《刑法》第389条第3款的规定，因被勒索给予国家工作人员以财物，没有获得不正当利益的，不是行贿。只有行为人实际获取了不正当利益，才能构成行贿罪。另外，《刑法》第389条第2款规定，在经济往来中，违反国家规定，给予国家工作人员以财物，数额较大的，或者违反国家规定，给予国家工作人员以各种名义的回扣、手续费的，以行贿论处。对于这种行贿，并不要求必须具备以谋取不正当利益为目的，只要具有本条款规定的行为，即构成行贿。

(3)本罪的主体是一般主体，凡已满16周岁且具有刑事责任能力的自然人均可成为本罪的主体。

(4)本罪在主观方面是直接故意，且具有谋取不正当利益的目的。所谓不正当利益，是指违反法律、法规、国家政策和国务院各部门规章规定的利益，以及要求国家工作人员或者有关单位提供违反法律、法规、国家政策以及各部门制定的规章规定的帮助或者方便条件。理论界对此尚存争论。

【疑难法条解析】《刑法》第389条：为谋取不正当利益，给予国家工作人员以财物的，是行贿罪。

在经济往来中，违反国家规定，给予国家工作人员以财物，数额较大的，或者违反国家规定，给予国家工作人员以各种名义的回扣、手续费的，以行贿论处。

因被勒索给予国家工作人员以财物，没有获得不正当利益的，不是行贿。

《刑法》第389条第1款明确了行贿犯罪的概念，是行贿罪的正条，适用于一般的行贿犯罪，其关键的要件是“为谋取不正当利益”。我们认为不管发生在经济领域还是政治领域，或者社会管理活动中，只要具有“为谋取不正当利益”的目的而行贿，就可以使用本条规定。第2款规定的是在经济往来中的行贿犯罪，也称“经济行贿”，是行贿犯罪的特殊条款，我们认为该款主要解决经济领域中所特有的“回扣、手续费”问题，其关键的构成要件是“违反国家规定”。该条第3款是前两款的除外条款，无论是否符合第1、2款的构成要件，只要有第3款所列的除外情况，一律不以行贿罪论处。

【疑难法条解析】《刑法》第390条：对犯行贿罪的，处5年以下有期徒刑或者拘役，并处罚金；因行贿谋取不正当利益，情节严重的，或者使国家利益遭受重大损失的，处5年以上10年以下有期徒刑，并处罚金；情节特别严重的，或者使国家利益遭受特别重大损失的，处

10年以上有期徒刑或者无期徒刑，并处罚金或者没收财产。

行贿人在被追诉前主动交代行贿行为的，可以从轻或者减轻处罚。其中，犯罪较轻的，对侦破重大案件起关键作用的，或者有重大立功表现的，可以减轻或者免除处罚。

(1)关于情节严重、情节特别严重的标准。根据2016年4月18日《司法解释》的规定，犯行贿罪，具有下列情形之一的，应当认定为“情节严重”：①行贿数额在100万元以上不满500万元的；②行贿数额在50万元以上不满100万元，并具有向3人以上行贿；将违法所得用于行贿；通过行贿谋取职务提拔、调整；向负有食品、药品、安全生产、环境保护等监督管理职责的国家工作人员行贿，实施非法活动；向司法工作人员行贿，影响司法公正的等5种情形之一的；③其他严重的情节。为谋取不正当利益，向国家工作人员行贿，造成经济损失数额在100万元以上不满500万元的，应当认定为“使国家利益遭受重大损失”。

同时，犯行贿罪，具有下列情形之一的，应当认定为“情节特别严重”：①行贿数额在500万元以上的；②行贿数额在250万元以上不满500万元，并具有向3人以上行贿；将违法所得用于行贿；通过行贿谋取职务提拔、调整；向负有食品、药品、安全生产、环境保护等监督管理职责的国家工作人员行贿，实施非法活动；向司法工作人员行贿，影响司法公正的等5种情形之一的；③其他特别严重的情节。为谋取不正当利益，向国家工作人员行贿，造成经济损失数额在500万元以上的，应当认定为“使国家利益遭受特别重大损失”。

(2)行贿人在被追诉前主动交代行贿行为的，可以从轻或者减轻处罚。这是对行贿人自首的特别规定。关于自首，《刑法》第67条规定，对于自首的犯罪分子，可以从轻或者减轻处罚。其中，犯罪较轻的，可以免除处罚。鉴于贿赂犯罪具有很大的隐蔽性，取证难度较大而行贿与受贿又是对应的、密切联系在一起的，行贿人主动交代行贿行为实际上是对受贿人的揭发检举，属于立功表现。因此，为了分化瓦解犯罪分子，严厉打击受贿犯罪，落实惩办与宽大相结合的政策，《刑法》第390条第2款规定，行贿人在被追诉前主动交代行贿行为的，可以从轻或者减轻处罚。其中，犯罪较轻的，对侦破重大案件起关键作用的，或者有重大立功表现的，可以减轻或者免除处罚。这是对行贿人自首的特别规定，是对我国自首制度的重要补充。

【疑难法条解析】《刑法》第393条，单位行贿向行贿罪的转化：单位行贿的，但行贿所得的非法利益归个人所有的，转化为(个人)行贿罪。

(1)实践中适用本条时，要注意如果单位没有行贿的故意，而是因被勒索被迫给予国家机关、国有公司、企事业单位中从事公务的人员和国家机关、国有公司、企事业单位委派到非国有公司、企事业单位、社会团体中从事公务的人员以财物的，不能认定为单位行贿。另外，在追究单位行贿罪的刑事责任时，应注意对因行贿而进行违法犯罪活动进而构成其他犯罪的，依照数罪并罚的规定处理。

犯本罪的，对单位判处罚金；对单位直接负责的主管人员和其他直接责任人员，处5年以下有期徒刑或拘役，因行贿取得的违法所得归个人所有的，依照《刑法》第389条、第390条规定的行贿罪定罪量刑。

(2)单位行贿是由单位集体研究决定或者由其负责人决定以单位名义实施，获取的不正当利益也归单位所有。如果在单位行贿犯罪中，直接负责的主管人员和其他直接责任人员将单位行贿所取得的非法利益中饱私囊，归个人所有的，根据本条规定，应对直接负责的主管人员和其他直接责任人员按照第389条、第

390 条规定的个人行贿罪处罚，即犯行贿罪的，处 5 年以下有期徒刑或者拘役，并处罚金；因行贿谋取不正当利益，情节严重的，或者使国家利益遭受重大损失的，处 5 年以上 10 年以下有期徒刑，并处罚金；情节特别严重的，或者使国家利益遭受特别重大损失的，处 10 年以上有期徒刑或者无期徒刑，并处罚金或者没收财产。

（八）介绍贿赂罪

介绍贿赂罪，是指向国家工作人员介绍贿赂，情节严重的行为。本罪的犯罪对象只能是国家工作人员。向国家工作人员介绍贿赂，即在行贿人与国家工作人员之间进行引见、沟通、撮合，促使行贿与受贿得以实现。介绍贿赂通常表现为两种形式：一是受行贿人之托，为其物色行贿对象，疏通行贿渠道，引荐受贿人，转达行贿的信息，为行贿人转交贿赂物，向受贿人转达行贿人的要求等；二是按照受贿人的意图，为其物色行贿人，居间介绍。根据前述《立案标准》，情节严重是指：(1)介绍个人向国家工作人员行贿，数额在 2 万元以上的；介绍单位向国家工作人员行贿，数额在 20 万元以上的；(2)介绍贿赂不满上述标准，但具有下列情形之一的：①为使行贿人获得非法利益而介绍贿赂的；②3 次以上或者为 3 人以上介绍贿赂的；③向党政领导、司法工作人员、行政执法人员介绍贿赂的；④致使国家或者社会利益遭受重大损失的。本罪的主体是一般主体，且仅限于自然人，不包括单位。本罪的主观方面是故意。至于行为人出于何种动机，是否因介绍贿赂从行贿方或者受贿方得到某种利益，不影响本罪的成立。

（九）对有影响力的人行贿罪

《刑法》第 390 条之一：为谋取不正当利益，向国家工作人员的近亲属或者其他与该国家工作人员关系密切的人，或者向离职的国家工作人员或者其近亲属以及其他与其关系密切的人行贿的，处 3 年以下有期徒刑或者拘役，并处罚金；情节严重的，或者使国家利益遭受重大损失的，处 3 年以上 7 年以下有期徒刑，并处罚金；情节特别严重的，或者使国家利益遭受特别重大损失的，处 7 年以上 10 年以下有期徒刑，并处罚金。

单位犯前款罪的，对单位判处罚金，并对其直接负责的主管人员和其他直接责任人员，处 3 年以下有期徒刑或者拘役，并处罚金。

1. 本罪的犯罪构成

(1)本罪的客体是国家工作人员的廉洁性。行贿的对象必须是国家工作人员的近亲属或者其他与该国家工作人员关系密切的人，或者向离职的国家工作人员或者其近亲属以及其他与其关系密切的人。

(2)客观方面表现为行为人为谋取不正当利益，向国家工作人员的近亲属或者其他与该国家工作人员关系密切的人，或者向离职的国家工作人员或者其近亲属以及其他与其关系密切的人行贿的行为。因被勒索给予上述人员以财物，没有获得不正当利益的，不构成本罪。

所谓谋取不正当利益，包括两个方面：一是非法利益，即违反法律、法规、国家政策和国务院各部门规章规定所取得的利益。二是要求国家工作人员或者有关单位提供违反法律、法规、国家政策和国务院各部门规章规定的帮助或方便条件所取得的利益。

所谓国家工作人员，是指国家机关中从事公务的人员。国有公司、企事业单位、人民团体中从事公务的人员和国家机关、国有公司、企事业单位委派到非国有公司、企事业单位、社会团体从事公务的人员，以及其他依照法律从事公务的人员，以国家工作人员论。

所谓近亲属，是指与国家工作人员（离职的国家工作人员）有夫、妻、父、母、子、女、同胞兄弟姐妹关系的人。

所谓关系密切的人，法律本身并没有界定其内涵和外延，具体的适用范围有待于相关的法律和司法解释作出明确的规定。一般是指与国家工作人员（离职的国家工作人员）基于血缘产生的除了近亲属之外的其他亲属关系；基于学习、工作产生的同学、师生、校友、同事关系；基于地缘产生的同乡关系；基于感情产生的朋友、恋人、情人关系；基于利益产生的客户、共同投资人、合同、债权债务关系；基于其他关系产生的互相信任、相互借助的其他关系人。

(3)本罪的主体为一般主体，即凡是达到刑事责任年龄具有刑事责任能力的人，均可构成本罪。单位也能成为本罪的主体。

(4)本罪主观方面表现为故意，而且是直接故意。

2. 对有影响力的人行贿罪立案标准

本罪的立案标准目前没有明确的法律规定，可以参照2016年4月18日最高人民法院、最高人民检察院《关于办理贪污贿赂刑事案件适用法律若干问题的解释》对行贿罪的最新规定：

(1)行贿数额在3万元以上的；

(2)行贿数额在1万元以上不满3万元的，同时构成下列情节的：

①向3人以上行贿的；

②将违法所得用于行贿的；

③通过行贿谋取职务提拔、调整的；

④向负有食品、药品、安全生产、环境保护等监督管理职责的国家工作人员行贿，实施非法活动的；

⑤向司法工作人员行贿，影响司法公正的；

⑥造成经济损失数额在50万元以上不满100万元的。

三、案例分析

【案例】

万某被检察机关指控犯有下列罪行：1998年6月，万某伪造盖有中华人民共和国商务部公章的批文；1998年底，万某持该伪造的批文到某木材加工厂谎称其能联系出口香港的木材业务，然后以虚构的香港某集团的名义与该木材厂签订了500万吨木材的购销合同，收取合同定金50万元后即不见踪影，一直潜逃外地，直至2000年3月才被公安机关抓获归案。万某在接受审讯中，如实交代了以下犯罪事实：万某曾说服在某国有银行营业所工作的业务员甲、乙二人，在甲、乙二人值班时万某前去营业厅假扮抢劫，然后共同分赃，甲、乙同意。某日，在只有甲、乙二人值班时，万某冲进营业厅，用仿真手枪指向甲、乙。甲、乙假装害怕，并将预先准备好的100万元放入万某的提包中，之后万某、甲、乙三人平均分赃。万某还提供了甲、乙可能隐匿的地点。根据此线索，司法机关顺利地将甲、乙二人抓获归案。

案例来源：今明教育在线《刑法案例选》，www.jmedu.com.cn/download/fx2008/刑法学.doc。

【问题聚焦】

根据上述案例，分析万某、甲、乙的刑事责任。

【法律剖析】

(1)万某触犯伪造国家机关公文罪、合同诈骗罪，由于两罪之间存在牵连关系，不需要数罪并罚，应择一重罪按照合同诈骗罪定罪处罚。

(2)万某、甲、乙共同构成贪污罪。万某曾说服在某国有银行营业所工作的业务员甲、乙二人，在甲、乙二人值班时万某前去营业厅假扮抢劫，然后共同分赃。根据《刑法》第382条的规定，国家工作人员利用职务上的便利，侵吞、窃取、骗取或者以其他手段非法占有公共财物的，是贪污罪。与国家工作人员勾结，伙同贪污的，以共犯论处。万某与甲、乙勾结，伙同贪污，应以贪污罪追究此三人的刑事责任。

(3)万某就贪污犯罪有自首和立功的法定从宽情节。根据刑法关于自首的规定，共同犯罪案件中的犯罪嫌疑人、被告人和正在服刑的罪犯，除如实供述自己的罪行之外，还要供述其同案犯的主要犯罪事实，才能认定为自首。可见，万某对于贪污犯罪可以成立特别自首。另外，万某提供了甲、乙可能隐匿的地点。根据此线索，司法机关顺利地将甲、乙二人抓获归案。由于三人贪污的数额特别巨大，属于重大案件，因此万某构成了重大立功。对于自首后又有重大立功表现的犯罪分子，根据刑法的规定，应当减轻或者免除处罚。

【法条链接】

《中华人民共和国刑法》

第 67 条　犯罪以后自动投案，如实供述自己的罪行的，是自首。对于自首的犯罪分子，可以从轻或者减轻处罚。其中，犯罪较轻的，可以免除处罚。

第 68 条　犯罪分子有揭发他人犯罪行为，查证属实的，或者提供重要线索，从而得以侦破其他案件等立功表现的，可以从轻或者减轻处罚；有重大立功表现的，可以减轻或者免除处罚。

第 224 条　有下列情形之一，以非法占有为目的，在签订、履行合同过程中，骗取对方当事人财物，数额较大的，处 3 年以下有期徒刑或者拘役，并处或者单处罚金；数额巨大或者有其他严重情节的，处 3 年以上 10 年以下有期徒刑，并处罚金；数额特别巨大或者有其他特别严重情节的，处 10 年以上有期徒刑或者无期徒刑，并处罚金或者没收财产：

(一)以虚构的单位或者冒用他人名义签订合同的；(二)以伪造、变造、作废的票据或者其他虚假的产权证明作担保的；(三)没有实际履行能力，以先履行小额合同或者部分履行合同的方法，诱骗对方当事人继续签订和履行合同的；(四)收受对方当事人给付的货物、货款、预付款或者担保财产后逃匿的；(五)以其他方法骗取对方当事人财物的。

第 280 条　伪造、变造、买卖或者盗窃、抢夺、毁灭国家机关的公文、证件、印章的，处 3 年以下有期徒刑、拘役、管制或者剥夺政治权利，并处罚金；情节严重的，处 3 年以上 10 年以下有期徒刑，并处罚金。

伪造公司、企事业单位、人民团体的印章的，处 3 年以下有期徒刑、拘役、管制或者剥夺政治权利，并处罚金。

伪造、变造、买卖居民身份证、护照、社会保障卡、驾驶证等依法可以用于证明身份的证件的，处 3 年以下有期徒刑、拘役、管制或者剥夺政治权利，并处罚金；情节严重的，处 3 年以上 7 年以下有期徒刑，并处罚金。

第 382 条　国家工作人员利用职务上的便利，侵吞、窃取、骗取或者以其他手段非法占有公共财物的，是贪污罪。

受国家机关、国有公司、企事业单位、人民团体委托管理、经营国有财产的人员，利用职务上的便利，侵吞、窃取、骗取或者以其他手段非法占有国有财物的，以贪污论。

与前两款所列人员勾结，伙同贪污的，以共犯论处。

四、全真题演练

(一)单选题

1. 乙某是派出所的一个值班警察，一次在值班时将过路群众拾到上交的5 000元钱据为己有，请问乙某的行为构成何罪？(　　)

A. 盗窃罪　　B. 滥用职权罪

C. 职务侵占罪　　D. 贪污罪

2. 某司法机关违反国家规定，将应当上缴国家的罚没财物，以单位名义集体私分给个人。普通人员每人分得1 000元，但是 3 个单位负责人每人分得 4 万元。单位负责人构成

(　　)。

A. 私分国有资产罪

B. 贪污罪

C. 私分罚没财物罪

D. 挪用公款罪

3. 国有公司A与外资公司B共同投资成立C公司。A公司派甲去C公司做副总，主管财务。C公司在社会上招聘乙做财务主管。某日，乙告诉甲C公司账外有50万元人民币，并建议把账抹平后各得25万元，甲点头同意。后二人各得25万元。对甲、乙如何定罪？(　　)

A. 甲定贪污罪，乙定职务侵占罪

B. 甲、乙定贪污罪的共犯

C. 甲、乙定职务侵占罪的共犯

D. 甲不是帮助犯

4. 甲因经商手头缺乏流动资金10万元，遂向在某国有企业任经理的朋友乙说：自己妻子患重病，急需钱治疗，需借钱10万元，要求其帮忙。于是乙从企业的流动资金中拿出10万元借给甲。甲经商获利，2个月后将钱如数归还，乙将钱归账。对乙的行为应如何处理？(　　)

A. 构成挪用公款罪

B. 构成挪用资金罪

C. 构成挪用特定款物罪

D. 不构成犯罪

5. 甲系某市交通局局长，利用职务上的便利，大肆收受他人财物，并为他人谋利，经检察机关侦查，查明了其主要实施的以下行为，请在根据事实和法律作出判断的基础上，选出其中不正确的说法。(　　)

A. 请托人李某之子高考落榜，李找到甲帮忙疏通市教委负责人，适逢教委负责人要为其亲戚一走私汽车入户，二人一拍即合，李子随被录取。事后，李送甲1万元。对于此笔事实应认定成立受贿罪

B. 请托人乙，为减免养路费找甲帮忙，甲安排下属办妥，乙送上1万元。对于此笔事实应认定成立受贿罪

C. 交通局与香港人林某合资开办汽车整容公司。请托人丙因购房需甲帮忙，甲遂与整容公司负责人商量，将款借予丙使用，丙事后送甲1万元。对于此笔事实应成立受贿罪

D. 丁通过朋友认识甲，觉得今后可能有求于甲，遂以甲子考上大学贺喜为由，送上1万元。至案发，甲未为丁谋取任何利益，对于此笔事实应认定成立受贿罪

6. 陈某系某省副省长，在对外交往中得到许多贵重礼品。陈某对其他礼品不感兴趣，对各国名表情有独钟。陈某将五块名表隐瞒下来，放在自己的办公室里。之后，陈某命司机小吴将手表取出，送给小吴一块，其余四块分送其他朋友。陈某的行为构成何罪？(　　)

A. 侵占罪　　B. 职务侵占罪

C. 贪污罪　　D. 盗窃罪

7. 闫某是某国有企业的厂长，张某是闫某的秘书。在上任1年内，闫某先后接受送来的贿赂10万多元，其中有5万元是通过张某介绍来的人送的，闫某将其中2万元送给张某作酬劳费。张某后来赌钱欠别人一大笔赌债，于是找到闫某，说："给我点钱花，否则我就告你。"闫某很害怕，于是给了张某1.5万元。但是事过不久，张某又找闫某要钱。闫某说手头没钱，张某要求其将工会活动的部分经费借给自己先用一用，1个月后保证偿还。闫某就把自己保管的工会活动经费1万元给了张某。1个月后，闫某被告发。根据以上情况，请回答下列问题。闫某接受贿赂的行为，构成什么罪？(　　)

A. 受贿罪　　B. 职务侵占罪

C. 单位受贿罪　　D. 贪污罪

8. 陈某原系某乡某村村民委员会主任。在某厂征用村里土地时，利用职务上的便利，利用作废收款收据等手段套取征地补偿费 9 万元，据为己有。陈某的行为如何认定？（　　）

A. 陈某构成侵占罪

B. 陈某构成贪污罪

C. 陈某构成诈骗罪

D. 陈某构成职务侵占罪

9. 蔡某是某国有银行办事处负责人，利用职务之便，收取储户存入的委托贷款 60 余万元不入账，归个人用于经营汽车运输、赌博、炒股以及购买房子等。贷款期满后，蔡某采取自制取款凭条透支储户存款的手段归还了上述 60 余万元的委托贷款，致使银行库款与账面不符，出现 60 余万元的亏空。为了对付上级的财务检查，蔡某找到李某，请李某以个人名义与办事处签订了一份虚假的 60 万元贷款合同，用以冲抵该 60 万元的亏空。在财务检查时，会计从账面上发现办事处尚有李某的 60 万元贷款没有收回，督促蔡某收回该笔贷款，案发。蔡某的行为如何认定？（　　）

A. 蔡某构成贪污罪，贪污金额 120 万元

B. 蔡某构成贪污罪和挪用公款罪，犯罪金额各 60 万元

C. 蔡某构成挪用公款罪，挪用公款 120 万元

D. 蔡某构成挪用公款罪，挪用公款 60 万元

（二）多选题

1. 某事业单位负责人甲决定以单位名义将本单位资金 150 余万元贷给另一公司，所得高利息归本单位所有。甲虽未牟取个人利益，但最终使本金无法收回。关于该行为的定性，下列哪几种是可以排除的？（　　）

A. 挪用公款罪

B. 挪用资金罪

C. 违法发放贷款罪

D. 高利转贷罪

2. 甲为使其弟乙逃脱处罚，送给正在审理乙涉嫌非法拘禁一案的合议庭审判长丙 5 万元。在审判委员会上，丙试图为乙开脱罪责，但未能得逞，于是丙将收受的 5 万元退还给甲。甲经过思想斗争，到司法机关主动交代了自己向丙行贿的行为。关于本案的处理，下列哪些说法是正确的？（　　）

A. 对甲的行为应以行贿罪论处

B. 对丙的行为应当认定为受贿中止

C. 对甲应当适用刑法总则关于自首的处罚规定

D. 对甲可以减轻处罚或免除处罚

3. 甲的女儿 2003 年参加高考，没有达到某大学录取线。甲委托该高校所在市的教委副主任乙向该大学主管招生的副校长丙打招呼，甲还交付给乙 2 万元现金，其中 1 万元用于酬谢乙，另 1 万元请乙转交给丙。乙向丙打了招呼，并将 1 万元转交给丙。丙收下 1 万元，并答应尽量帮忙，但仍然没有录取甲的女儿。一个月后，丙的妻子丁知道此事后，对丙说：“你没有帮人家办事，不能收这 1 万元，还是退给人家吧。”丙同意后，丁将 1 万元退给甲。关于本案，下列哪些说法是错误的？（　　）

A. 乙的行为成立不当得利与介绍贿赂罪

B. 丙没有利用职务上的便利为他人牟取利益，所以不成立受贿罪

C. 丙在未能为他人牟取利益之后退还了财物，所以不成立受贿罪

D. 丁将 1 万元贿赂退给甲而不移交司法机关，构成帮助毁灭证据罪

4. 某国税稽查局对某电缆厂的偷税案件进行查处。该厂厂长甲送给国税稽查局局长乙 3 万元，要求给予关照。乙收钱后，将某电缆厂已涉嫌构成偷税罪的案件仅以罚款了事。

次年8月，上级主管部门清理税务违法案件。为避免电缆厂偷税案件移交司法机关处理，乙私自更改数据，隐瞒事实，使该案未移交司法机关。对乙应以何罪论处？(　　)

A. 受贿罪

B. 滥用职权罪

C. 帮助犯罪分子逃避处罚罪

D. 徇私舞弊不移交刑事案件罪

5. 以下属于以贪污罪论处的情况有(　　)。

A. 国家工作人员在国内公务活动或在对外交往中收受礼物，应交公的不交公，占为己有的

B. 王某受市政府的委派到一家中型私营企业，利用职务之便，将企业的财产占为己有

C. 李某是某公立小学学校的校长，利用职务之便侵吞学校财物

D. 张某作为邮电工作人员，利用职务之便，私开信件，盗窃财物

6. 某国有A公司总经理甲某，明知乙某提供的报关单、提货单、发票及业务合同全是伪造和变造的，仍以A公司的名义，代理B公司与香港C公司签订虚假进口化工原料合同共15份，并在M银行购汇共计60亿港元。A公司从中共收取代理费600万元人民币。此外，甲某有20万美元的收入，明显超过其合法收入，并不能说明其合法来源。甲某还指使公司出纳丙某提取公司购汇业务款30万元私分，其中甲某分得18万元，丙某分得12万元。甲某的行为如何认定？(　　)

A. A公司犯骗购外汇罪，对A公司应当判处罚金，对甲某应当以骗购外汇罪追究刑事责任

B. 甲某构成巨额财产来源不明罪

C. 甲某构成贪污罪

D. 对甲某应当以骗购外汇罪、巨额财产来源不明罪、贪污罪，数罪并罚

7. 甲系某市国有博物馆的馆长。某日，市政府领导带某国有博物馆代表团来参观。甲当即决定将本馆收藏的一件战国时期的青铜奔马赠送给市政府，作为新落成的市政府办公大楼的装饰；同时，将一件国家禁止出口的珍贵文物赠送给该外国博物馆代表团。另外，甲还偷偷将本馆的一件珍贵文物据为己有。甲的行为构成(　　)。

A. 贪污罪

B. 私赠文物藏品罪

C. 非法向外国人赠送珍贵文物罪

D. 盗窃珍贵文物罪

8. 下列行为人所谋取的利益，哪些是行贿罪中的“不正当利益”？(　　)

A. 甲向某国有公司负责人米某送2万元，希望能承包该公司正在发包的一项建筑工程

B. 乙向某高校招生人员刘某送2万元，希望刘某在招生时对其已经进入该高校投档线的女儿优先录取

C. 丙向某法院国家赔偿委员会委员高某送2万元，希望高某按照国家赔偿法的规定处理自己的赔偿申请

D. 丁向某医院药剂科长程某送2万元，希望程某在质量、价格相同的条件下优先采购丁所在单位生产的药品

9.(2016年司法考试卷2第62题)关于贿赂犯罪的认定，下列哪些选项是正确的？(　　)

A. 甲是公立高校普通任课教师，在学校委派其招生时，利用职务便利收受考生家长10万元。甲成立受贿罪

B. 乙是国有医院副院长，收受医药代表10万元，承诺为病人开处方时多开相关药品。乙成立非国家工作人员受贿罪

C. 丙是村委会主任，在村集体企业招投标

过程中，利用职务收受他人财物 10 万元，为其谋利。丙成立非国家工作人员受贿罪

D. 丁为国有公司临时工，与本公司办理采购业务的副总经理相勾结，收受 10 万元回扣，归二人所有。丁构成受贿罪

（三）名词解释

1. 单位受贿罪

2. 私分罚没财物罪

3. 介绍贿赂罪

4. 利用影响力受贿罪

5. 对有影响力的人行贿罪

（四）简答题

1. 简述私分国有资产罪的概念及犯罪构成。

2. 什么是斡旋受贿？其成立条件有哪些？

3. 简述职务侵占罪与贪污罪的区别。

4. 简述巨额财产来源不明罪的认定。

5. 简述贪污罪的概念及犯罪构成。

（五）论述题

1. 试论述挪用公款罪的认定。

2. 试论述刑法中关于贪污罪主体法人规定及与受贿罪主体法人的异同点。

五、深度拓展

【拓展】 国家工作人员的本质特征

根据《刑法》第 93 条的规定，国家工作人员的概念，既不同于国家行政法中的国家公务员的概念，也不同于党和国家的组织、人事部门所界定的国家干部概念，那么关于国家工作人员的本质特征是什么，我国刑法学界对此有不同的看法。目前，关于国家工作人员的本质特征，主要有以下几种观点：

第一，身份说。认为国家工作人员犯罪是一种职务性犯罪，所以国家工作人员应当具有国家工作人员身份或以国家工作人员论的资格身份，这是其公务的前提，如干部身份、公务员身份等。不具有特定的身份，就不是国家工作人员。

第二，公务说。即认为国家工作人员的本质特征在于从事公务，主张在确定行为人是否为国家工作人员时，应以是否从事公务来界定。无论行为人是否具有国家工作人员的身份，只要是依法从事公务者，即应视为是国家工作人员。

第三，财产说。在一些经济和渎职犯罪中，区分行为人的行为是国家工作人员实施的渎职犯罪，还是普通的刑事犯罪，主要看行为人侵犯的是国有财产还是非国有财产。如果行为人侵犯的是非国有财产，包括合资企业的财产，行为人的行为就不构成特定的犯罪，如贪污罪、挪用公款罪等。该观点仅是某几类犯罪的共同特征，而不是所有国家工作人员犯罪的共同特征。

第四，综合说。无论是从理论上还是从司法实践上来看，片面地强调“身份说”或“公务说”，都难免有失偏颇。因为国家工作人员的本质特征不是由某一因素所决定的，而是由几个因素构成的，只有同时具备了法定要素，才能成为国家工作人员。一般地说，刑法中的国家工作人员具有如下特征：其一，具有一定的资格身份；其二，必须是依法从事公务。这是刑法关于国家工作人员规定的本质特征，是构成国家工作人员或以国家工作人员论的核心因素，历次对刑法的修改、补充、解释均对此加以强调。因此，只有这些条件都同时具备，才能视为国家工作人员。

实际上，无论是国际工作人员还是准国家工作人员，都具有一个共同的特征，即他们都必须是从事公务的人员。因此，公务说是目前的通说。①

① 周振想：《公务犯罪研究综述》，法律出版社 2005 年版，第 109 页。

第二十三章

渎职罪

一、知识结构图

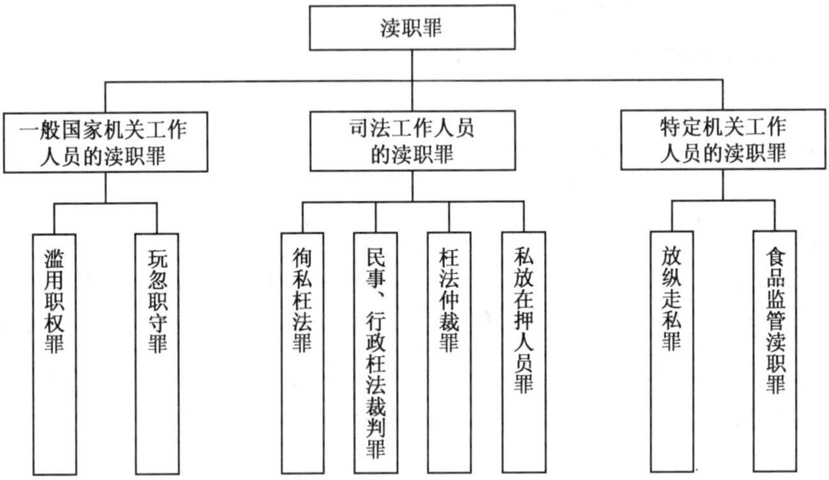

二、重难点归纳

(一)(武汉大学2004年考研真题名词解释题)滥用职权罪

滥用职权罪,是指国家机关工作人员滥用职权,致使公共财产、国家和人民利益遭受重大损失的行为。

1. 滥用职权罪的构成

(1)本罪的客体是国家机关的正常管理活动,即各级各类国家机关对经济、文化等社会生活各领域所进行的各种管理活动。

(2)本罪在客观方面表现为超越职权,违法决定、处理其无权决定、处理的事项,或者违反规定处理公务,并使公共财产、国家和人民利益遭受重大损失。

(3)本罪的主体是特殊主体,只有具有国家机关工作人员身份的人才能构成。非国家机关工作人员滥用职权,致使公共财产、国家和人民利益遭受重大损失,构成其他犯罪的,按其他罪处理,不成立本罪。

(4)本罪在主观方面是故意,可以是直接故意,也可以是间接故意。但从司法实务来看,滥用职权者对危害结果持间接故意的情况比较多。至于行为人滥用职权是为自己利益或他人利益,或者为其他目的,不影响本罪的成立。

2. 滥用职权罪的认定

区分滥用职权罪与非罪的关键有以下几点:首先,看行为人是否滥用职权,包括是否不正当行使职权,是否超越职权。不正当行使职权或者超越职权的,可能构成犯罪;反之,则不能构成犯罪。其次,看滥用职权行为是否造成重大损失,因为本罪是结果犯,只有给公共财产、国家和人民利益造成重大损失的,才能构成本罪;反之,不构成本罪。

【难点辨析】 滥用职权罪与其他滥用职权罪的界限

在《刑法》分则第九章除规定滥用职权罪这个一般条款外,还规定一些滥用职权犯罪的特别条款。而且《刑法》第 397 条明文规定,本法另有规定的,依规定。这是法条竞合现象,根据特别法条优于普通法条的原则,应按照特别条款处理。因此,对于《刑法》第 397 条规定以外的滥用职权犯罪行为,应按具体条文规定定罪处罚。如《刑法》第 399 条规定了徇私枉法罪,民事、行政枉法裁判罪,实际上也是一种滥用职权行为,行为人的行为同时触犯《刑法》第 397 条和第 399 条,但应按第 399 条定罪处罚,而不能按第 397 条定罪处罚。

国家机关工作人员与他人共谋,既利用其职务行为帮助他人实施其他犯罪,又以非职务行为与他人共同实施该其他犯罪行为,同时构成滥用职权罪和其他犯罪的共犯的,由于具有两个行为,造成两个法益侵害结果,应当实行数罪并罚。国家机关工作人员因索取或者收受贿赂而滥用职权,致使公共财产、国家和人民利益遭受重大损失的,应当将受贿罪与滥用职权罪实行数罪并罚。

【难点辨析】 滥用职权罪与贪污罪的界限

滥用职权罪与贪污罪虽然都是属国家工作人员渎职犯罪,但是两者是性质完全不同的犯罪。一般来说,二者的区别是比较明显的。其一,就主观方面而言,滥用职权虽然也可能是故意的,但并非是直接故意,而是间接故意,且不具有非法占有公共财物的目的。其二,就客观方面而言,贪污罪主体单独犯贪污罪,是利用职务便利采用侵吞、窃取、骗取或者其他手段占有国有财物,表现为积极的作为形式,其后果并不涉及人身伤亡与否的问题;而滥用职权罪,既可以表现为作为,也可以表现为不作为,其后果不仅会使公共财产遭受损失,而且也会造成重大伤亡或恶劣的政治影响。在实际案例中,行为人的行为在客观上都使公共财产遭受了重大损失,且都利用了职务上的便利,或者违反职责规定滥用职权,究竟构成贪污罪还是滥用职权罪,关键要看行为人的主观方面。如果行为人主观上是出于直接故意,具有与他人相互勾结非法占有公共财物的目的,则应认定与他人共同贪污;如果行为人主观上不是出于直接故意,不具有与他人相互勾结非法占有公共财物的目的,则难以认定与他人共同贪污,不构成贪污罪。①

【疑难法条解析】 《刑法》第 397 条　国家机关工作人员滥用职权或者玩忽职守,致使公共财产、国家和人民利益遭受重大损失的,处 3 年以下有期徒刑或者拘役;情节特别严重的,处 3 年以上 7 年以下有期徒刑。本法另有规定的,依照规定。

国家机关工作人员徇私舞弊,犯前款罪的,处 5 年以下有期徒刑或者拘役;情节特别严重的,处 5 年以上 10 年以下有期徒刑。本法另有规定的,依照规定。

(1)本条关于滥用职权罪的规定属于普通法条。此外,本法还规定了其他一些特殊的滥用职权的犯罪即特别法条。国家机关工作人

① 刘生荣、但伟:《腐败七罪刑法精要》,中国方正出版社 2001 年版,第 320～321 页。

员滥用职权的行为触犯特别法条时，也可能同时触犯本条的普通法条。在这种情况下，应按照特别法条优于普通法条的原则认定犯罪，即认定为特别法条规定的犯罪，而不认定为滥用职权罪。

(2)行为人接受他人的贿赂后又滥用职权给他人谋取利益并致使公共财产、国家和人民的利益遭受重大损失的，则同时触犯滥用职权罪与受贿罪。这时，滥用职权为他人谋取利益的行为只不过是受贿得以实现的条件，因此，只要能构成受贿罪，滥用职权的行为不再具有独立的意义，对之应以受贿罪从重论处。如果收受的贿赂不大，不能构成受贿罪的，则应依滥用职权罪治罪，而不能不以犯罪论处，从而轻纵犯罪。

(3)《最高人民法院、最高人民检察院关于办理妨害预防、控制突发传染病疫情等灾害的刑事案件具体应用法律若干问题的解释》第15条：

在预防、控制突发传染病疫情等灾害的工作中，负有组织、协调、指挥、灾害调查、控制、医疗救治、信息传递、交通运输、物资保障等职责的国家机关工作人员，滥用职权或者玩忽职守，致使公共财产、国家和人民利益遭受重大损失的，依照《刑法》第397条的规定，以滥用职权罪或者玩忽职守罪定罪处罚。

(二)(2007年司法考试卷二第20题)玩忽职守罪

玩忽职守罪是指国家机关工作人员严重不负责任，不履行或不认真履行职责，致使公共财产、国家和人民利益遭受重大损失的行为。

1. 玩忽职守罪的构成

(1)本罪的客体是国家机关的正常管理活动，即本罪的客体是国家机关对社会的正常管理职能。

(2)本罪在客观方面的主要表现有以下几种情况：①不履行职责，指行为人有能力且有条件履行自己应尽的职责，而不履行或不正确履行。②擅离职守，指行为人在执行职务期间，违背其职责义务而擅自离开自己工作岗位的行为，如对工作不闻不问，不落实，不检查等。③未尽职责，是指行为人虽然有履行职责的行为，但并未完全履行职责的情况。

(3)本罪的主体为特殊主体。一般而言，只有具有国家机关工作人员身份的人才能成为本罪的主体。

(4)本罪的主观方面为过失，即应当预见到自己玩忽职守的行为可能发生使公共财产、国家和人民利益遭受重大损失的危害结果，但因疏于大意而没预见，或者已经预见而轻信能够避免的心理态度。

2. 玩忽职守罪的认定

(1)本罪与一般玩忽职守行为的界限。

二者区别的关键就在于是否给公共财产、国家和人民利益造成重大损失。如果造成重大损失的，则应按玩忽职守罪定罪处刑；否则，就不能按犯罪处理。

(2)本罪与工作失败、工作失误的界限。

工作失败是由于人类对于自然规律认识的有限性所致，行为人主观上往往并无过错；工作失误是行为人因为业务水平与工作能力不足，在基于完成任务的“积极”心态下实施行为，但造成了危害社会的后果，对这种情况不宜按犯罪处理。

【难点辨析】（武汉大学2005年考研真题名词辨析题）玩忽职守罪与滥用职权罪

玩忽职守罪，是指国家机关工作人员严重不负责任，不履行或不认真履行职责，致使公共财产、国家和人民利益遭受重大损失的行为。滥用职权罪是我国1997年修订刑法时从玩忽职守罪中分离出来而增设的罪名。滥用职权罪，是指国家机关工作人员滥用职权，致使公共财产、国家和人民利益遭受重大损失的行为。

关于二者的关系,理论上存在不同观点。有人认为,滥用职权罪是故意犯罪,玩忽职守罪既可以是故意犯罪也可以是过失犯罪;有人认为,滥用职权罪与玩忽职守罪均可以由故意与过失构成,区别在于客观表现形式是滥用职权还是玩忽职守;还有人认为,对于滥用职权罪与玩忽职守罪,应当从行为表现形式、主观责任内容等多方面考虑。

本书认为,两者的区别在于:玩忽职守罪的行为方式多为不作为,而滥用职权的行为方式一般是作为。玩忽职守罪表现为不履行或不正当履行职责的行为,滥用职权罪主要是过度的或任意超出其正当权限范围。玩忽职守罪的主观方面为过失,而滥用职权罪的主观方面为故意。

【难点辨析】 玩忽职守罪与危害公共安全罪中有关责任事故罪

危害公共安全罪中有关责任事故犯罪,如工程重大安全事故罪,与玩忽职守罪较为相似,因此有必要予以区分。玩忽职守罪与它的区别在于:首先,从客体来看,玩忽职守罪的客体是国家机关的正常管理活动,而后者侵犯的是公共安全。其次,从犯罪的客观方面来看,玩忽职守罪一般发生在对社会公共事务的管理活动中,而后者往往发生在各种生产、作业过程中。最后,从犯罪主体上来看,玩忽职守罪的主体只能是国家机关工作人员,后者的主体既可以是国家机关工作人员,也可以是一般国家工作人员,或其他责任人员。

(三)(2009年司法考试卷二第65题,2007年武汉大学考研真题名词解释题,2005年武汉大学考研真题简答题)徇私枉法罪

徇私枉法罪,是指司法工作人员徇私枉法、徇情枉法,对明知是无罪的人而使他受追诉、对明知是有罪的人而故意包庇不使他受追诉,或者在刑事审判活动中故意违背事实和法律作枉法裁判的行为。本罪的构成如下:

(1)本罪的客体是国家司法机关的正常活动和国家的刑事司法公正。因为本罪只是涉及刑事诉讼中的枉法行为,所以犯罪客体也应该为刑事司法公正,而不包括民事、行政司法公正。

(2)本罪在客观方面表现为对明知是无罪的人而使他受追诉、对明知是有罪的人而故意包庇不使他受追诉,或者在刑事审判活动中故意违背事实和法律作枉法裁判的行为。

(3)本罪的主体为司法工作人员。根据《刑法》第94条的规定,这里的司法工作人员是指有侦查、检察、审判、监管职责的工作人员。帮助司法工作人员行使追诉权的专业技术人员,也可以构成本罪。

(4)本罪的主观方面只能是故意,且只能是直接故意,还必须有徇情、徇私的动机。因过失造成无罪者受追诉或者有罪者不受追诉的,不构成本罪。徇情、徇私仅是犯罪动机,属于主观超过要素,并不要求客观上真的为本人或他人谋取利益。

【难点辨析】 徇私枉法罪与窝藏、包庇罪,妨害作证罪,帮助毁灭、伪造证据罪

由于徇私枉法罪中的行为也可能伪造、隐匿、毁灭证据,篡改有罪之人的有罪供述,这与窝藏、包庇罪,妨害作证罪,帮助毁灭、伪造证据罪等有相似之处。但二者存在以下区别:首先,客体不同。徇私枉法罪的客体为司法机关的正常活动与司法公正,但后三罪的客体均为妨害社会管理秩序中的司法秩序。其次,客观表现不同。在徇私枉法罪中,行为人实施的行为与职务有关,而后三罪的行为与行为人职务无关。如果司法机关的工作人员在职务活动以外实施了帮助毁灭、伪造证据及窝藏、包庇行为的,则不再按徇私枉法罪处理,而应按妨害作证罪,帮助毁灭、伪造证据罪处理。如果司法工作人员在职务活动中实施了毁灭、伪造

证据或窝藏、包庇行为的，属于一行为触犯数个罪名，应从一重罪处断。再次，主体不同。徇私枉法罪的主体仅为司法工作人员，而后三罪的主体为一般主体。

徇私枉法罪与司法工作人员实施的帮助毁灭、伪造证据罪的关系较为复杂，因为司法工作人员完全可能以毁灭、伪造证据的方式实施枉法行为。徇私枉法罪的行为主体应限于具体承办案件和指示、指挥承办案件的司法工作人员，因此，未具体承办案件和指示、指挥承办案件的司法工作人员，帮助当事人毁灭、伪造证据罪的，应认定为帮助毁灭、伪造证据罪。具体承办案件和指示、指挥承办案件的司法工作人员通过毁灭、伪造证据的方法实施枉法行为的，同时触犯了徇私枉法罪与帮助毁灭、伪造证据罪，属于想象竞合犯，应从一重罪处罚，即以徇私枉法罪定罪处罚。

【难点辨析】 徇私枉法罪与诬告陷害罪

诬告陷害罪是捏造犯罪事实，向司法机关或有关单位告发，意图使他人受刑事追究，情节严重的行为。这与徇私枉法罪中“对明知是无罪的人而使他受追诉”有相似之处。但二者存在着关键的区别：首先，客体不同。徇私枉法罪的客体是司法机关的正常活动与司法公正，而诬告陷害罪的客体是公民的人身权利。其次，客观方面不同。徇私枉法罪是行为人利用职权实施的徇私枉法、徇情枉法行为；而诬告陷害罪中，不需要行为人利用职权的问题。再次，两罪的主体不同。前者的主体为司法机关工作人员，后者的主体为一般主体。只要是具有责任能力的人都可以成为徇私枉法罪的主体。

【难点辨析】 关于“徇私”概念的争论

对渎职犯罪中的“徇私”概念，理论上有两种不同的观点。一种观点认为，徇私仅指徇个人私情、私利，即徇一己之私；私情、私利与单位利益相对应，徇单位之私不能理解为徇私。另一种观点认为，徇私不仅仅包括个人之私，而且包括徇单位、集体之私。

从字面理解“徇私”，则第一种观点是正确的。“私”只能是一己之私，如果将“徇单位之私”“徇集体之私”也纳入“徇私”的范围，则明显超过了对“徇私”概念的正常理解范围，而使“徇私”概念失去确定外延，从而违反罪刑法定原则。但是，从另一方面看，为了“徇单位”之私而枉法裁判的社会危害性也非常严重，严重侵犯了职务行为的公正性和廉洁性。所以，问题的关键不是“徇私”概念的字面含义，而是“徇单位之私”是否应当处罚。对于一些单纯的“徇单位之私”而无涉任何“个人利益”的行为，不能理解为“徇私”；而那些名义上“徇单位之私”，实际上还包含了“个人私利”的行为，则仍然属于“徇私”的范畴。也就是说，对于“徇私”的理解仍然应当按照第一种观点，即只要是徇一己之私的行为都应当认定为徇私枉法罪予以处罚，“徇单位之私”也只有在其同时徇一己私利时才能认定为本罪。

【疑难法条解析】 《刑法》第 399 条 司法工作人员徇私枉法、徇情枉法，对明知是无罪的人而使他受追诉、对明知是有罪的人而故意包庇不使他受追诉，或者在刑事审判活动中故意违背事实和法律作枉法裁判的，处 5 年以下有期徒刑或者拘役；情节严重的，处 5 年以上 10 年以下有期徒刑；情节特别严重的，处 10 年以上有期徒刑。

(1)情节严重，一般是指犯罪动机、手段恶劣，造成了严重的政治影响和其他严重危害后果等。情节特别严重，主要是指犯罪动机、手段十分恶劣，因被冤枉追诉、判刑致使被害人的人身、精神受到严重损害或者死亡，因包庇重大案犯，使其逍遥法外并继续为非作歹，引起社会公愤等情况。

(2)依本条第 4 款的规定，司法工作人员贪赃枉法，犯本罪，同时又构成受贿罪的，依照处罚较重的规定定罪处罚。

(四)民事、行政枉法裁判罪

民事、行政枉法裁判罪，是指审判人员在民事、行政审判活动中，故意违背事实和法律作枉法裁判，情节严重的行为。

1. 民事、行政枉法裁判罪的构成

本罪在《刑法修正案(六)》得以确立，具有如下构成要件：

(1)本罪的客体是国家司法机关的正常活动与司法公正。

(2)本罪在客观方面表现为：首先，枉法裁判行为必须发生在民事、行政审判活动中。其次，行为人违背事实和法律作枉法裁判。行为表现方式多样，如在民事、行政审判活动中违反程序，篡改、隐瞒、销毁证据，故意曲解、违背法律，以及伪造、隐匿、毁灭证据或伪造法律文书等。此外，要求枉法裁判行为必须达到情节严重。

(3)本罪的主体为从事民事、行政审判的司法工作人员及其主管人员。司法机关的其他工作人员利用自己和民事、行政审判人员及其主管人员的关系，致使民事、行政审判人员实施枉法裁判行为的，应按照本罪的共犯处理。

(4)本罪的主观方面必须是故意，明知其行为违背事实和法律会造成枉法裁判的结果，却故意实施这种行为。过失不可能成立本罪。

2. 民事、行政枉法裁判罪的认定

区分本罪与非罪的关键在于枉法裁判行为是否情节严重，如果情节显著轻微，危害不大的，不认为是犯罪。

【难点辨析】　民事、行政枉法裁判罪与徇私枉法罪

两罪的区别在于：首先，客体不同。民事、行政枉法裁判罪的客体是民事、行政审判正常活动和民事、行政审判的公正；而徇私枉法罪侵犯的客体是正常的刑事司法活动和刑事司法公正。其次，客观方面不同。民事、行政枉法裁判罪只能发生在人民法院的审判过程中，而徇私枉法罪可以发生在刑事司法的各个阶段，既可以发生在立案侦查、审查起诉阶段，也可以发生在审判阶段。再次，行为针对的对象不同。前者所针对的是民事、行政诉讼的当事人，后者所指向的是一般公民与刑事案件的犯罪嫌疑人或被告人。最后，民事、行政枉法裁判罪要求情节严重，而徇私枉法罪不要求情节严重。

【难点辨析】　民事、行政枉法裁判罪与受贿罪

犯本罪的司法工作人员往往在实施这些行为的过程中有收受他人财物的现象，根据《刑法》第 399 条第 4 款的规定，犯本罪的行为人，在实施行为的过程中收受贿赂，如果未达到受贿罪的立案标准，只能算是一般受贿行为。因此，不按受贿罪处理，而按本罪定罪处罚。如果受贿行为达到或超过受贿罪的立案标准，则属于一行为触犯数个罪名的情况，择其重罪论处，而不能一概按受贿罪定罪处罚。

(五)枉法仲裁罪

枉法仲裁罪是指依法承担仲裁职责的人员，在仲裁活动中故意违背事实和法律作枉法裁决，情节严重的行为。

1. 枉法仲裁罪的构成

(1)枉法仲裁罪侵犯的客体是我国仲裁机构正常的仲裁活动和仲裁当事人的合法权益。

(2)枉法仲裁罪的客观方面表现为在仲裁活动中故意违背事实和法律作枉法裁决，情节严重的行为。

(3)枉法仲裁罪的主体是依法承担仲裁职责的人员。

(4)枉法仲裁罪的主观方面只能是故意。

2. 枉法仲裁罪的认定

枉法仲裁罪与非罪的界限。对于枉法仲裁罪与非罪的界限，在司法实践中应当重点把

握对枉法仲裁情节是否严重的认定。在最高人民法院和最高人民检察院没有对此作出司法解释以前，在司法实践中可以参照目前司法解释中对于民事、行政枉法裁判罪以及滥用职权罪情节严重的判断标准予以掌握。一般来说，应当理解为包括枉法仲裁致使公民、法人或者其他组织重大财产损失，引起当事人及其家属自杀、伤残、精神失常，伪造有关材料、证据以及造成企业倒闭，群众上访等影响社会稳定的严重后果等情形。同时，应当注意把握刑法的谦抑原则，对于情节并不严重的枉法仲裁行为，如枉法仲裁未造成当事人严重损失，行为人并没有从枉法仲裁中牟取私利等情形，应当不作为犯罪处理，避免情节严重这一定罪情节的虚置。

（六）私放在押人员罪

私放在押人员罪是指司法工作人员私放在押（包括在羁押场所和押解途中）的犯罪嫌疑人、被告人或者罪犯的行为。

1. 私放在押人员罪的构成

（1）本罪的客体是司法机关对犯罪嫌疑人、被告人或者罪犯的监管制度。

（2）本罪在客观方面表现为：首先，私放的对象应是被关押犯罪嫌疑人、被告人或者罪犯。犯罪嫌疑人，是指在人民检察院向人民法院提起公诉以前，将正处在侦查、起诉阶段的涉嫌犯罪的人称为犯罪嫌疑人；当人民检察院将犯罪嫌疑人起诉到人民法院以后，便称作被告人。前两者都不是罪犯。根据《刑事诉讼法》第12条之规定，未经人民法院依法判决，对任何人都不得确定有罪。因此，罪犯是已决犯，即被人民法院定罪判刑的人。其次，羁押人员利用职务上的便利放走在押人员。羁押的场所包括监狱、看守所、拘留所，押解途中，狱外作业场所等。

（3）本罪的主体为负有监管在押人员职责的司法工作人员，包括公安机关、国家安全机关、检察机关、审判机关的工作人员及其他负有押解职责的工作人员。但从司法实践来看，主要是那些在监狱、看守所、拘留所及其他劳动改造场所负有监管职责的司法工作人员。此外，还包括那些负责监所看守的武警人员。

（4）本罪的主观方面为故意，即明知是在押的犯罪嫌疑人、被告人或罪犯，而非法将其放走，对罪犯的脱逃持希望或者放任态度。

2. 私放在押人员罪的认定

本罪与脱逃罪共犯的界限。二者的关键区别在于：首先，主体不同。本罪的主体只能是特殊主体，即负有在押看管职责的司法工作人员，而脱逃罪的共犯是一般主体，只要是具有刑事责任能力的人都可以成为本罪的主体。其次，本罪的行为人需要利用自己职务上的便利；而脱逃罪的共犯一般不利用职务上的便利。当然，司法工作人员不利用自己职务上的便利帮助在押人犯脱逃的，同样可以构成脱逃罪的共犯。

【难点辨析】 私放在押人员罪与徇私枉法罪

二者的区别在于：实施私放在押人员罪需要利用职务上的便利；而徇私枉法罪通常通过伪造、篡改证据，伪造文书，故意曲解法律等方式，为犯罪分子“洗清”罪责或者给无辜者妄加罪名。侦查、起诉、审判人员利用职务上的便利，徇私枉法，对明知是有罪的人而故意包庇不使他受追诉或者故意宣告无罪，致使罪犯被释放的，应认定为徇私枉法罪。监管人员通过伪造释放证、无罪判决书等释放在押人员的，成立私放在押人员罪。侦查、检察、审判人员，对明知是正在且应继续羁押的犯罪嫌疑人、被告人，枉法采取取保候审措施的，应认定为徇私枉法罪。监管人员擅自对在押人员实行取保候审的，应认定为私放在押人员罪。

（七）食品监管渎职罪

食品监管渎职罪是指负有食品安全监督

管理职责的国家机关工作人员，滥用职权或者玩忽职守，导致发生重大食品安全事故或者造成其他严重后果的行为。本罪的犯罪构成如下：

1. 食品监管渎职罪的构成

(1)本罪侵犯的客体是食品安全监管制度。

(2)本罪的客观方面表现为滥用职权或者玩忽职守，导致发生重大食品安全事故或造成其他严重后果。

(3)本罪的主体是特殊主体，即负有食品安全监督管理职责的国家机关工作人员。

(4)本罪的主观方面既包括故意，也包括过失。

2. 食品监管渎职罪的认定

根据“两高”2013 年 5 月 2 日《关于办理危害食品安全刑事案件适用法律若干问题的解释》，负有食品安全监督管理职责的国家机关工作人员，滥用职权或者玩忽职守，导致发生重大食品安全事故或者造成其他严重后果，同时构成食品监管渎职罪和徇私舞弊不移交刑事案件罪、商检徇私舞弊罪、动植物检疫徇私舞弊罪、放纵制售伪劣商品犯罪行为罪等其他渎职犯罪的，依照处罚较重的规定定罪处罚。负有食品安全监督管理职责的国家机关工作人员滥用职权或者玩忽职守，不构成食品监管渎职罪，但构成前款规定的其他渎职犯罪的，依照该其他犯罪定罪处罚。负有食品安全监督管理职责的国家机关工作人员与他人共谋，利用其职务行为帮助他人实施危害食品安全犯罪行为，同时构成渎职犯罪和危害食品安全犯罪共犯的，依照处罚较重的规定定罪处罚。此外，负有食品安全监督管理职责的国家机关工作人员，滥用职权，向生产、销售有毒、有害食品的犯罪分子通风报信，帮助逃避处罚的，应当认定为食品监管渎职罪。负有食品安全监督管理职责的国家机关工作人员，滥用职权或玩忽职守，导致重大食品安全事故或者造成其他严重后果的，应当认定为食品监管渎职罪。在渎职过程中受贿的，应当以食品监管渎职罪和受贿罪实行数罪并罚。

(八)放纵走私罪

放纵走私罪是指海关工作人员徇私舞弊，放纵走私，情节严重的行为。本罪的犯罪构成如下：

(1)本罪侵犯的客体是海关法及其相关法律、行政法规及其海关缉私的正常管理和工作秩序。

(2)本罪在客观方面的行为方式可以是隐瞒真相、虚构事实、篡改材料、伪造证据，也可以对走私行为佯装不知、放弃职守等。此外，本罪必须要求情节严重，才能构成犯罪。根据立案标准，具有下列情形之一的，属于“情节严重”：①放纵走私犯罪的；②因放纵走私致使国家应收税额损失累计达 10 万元以上的；③放纵走私行为 3 次以上的；④放纵走私行为，具有索取或者收受贿赂情节的；⑤其他情节严重的情形。

(3)本罪的主体为特殊主体，即只可能是海关工作人员。

(4)本罪的主观方面只能是故意，且具有徇私动机。只要行为人明知是走私而放纵，排除了因为事实不清、政策界限不明等因素导致过失放纵走私，就可以认定为“徇私”。过失不构成本罪。

三、案例分析

【案例】

被告人：王某，男，36 岁，甲市公安局禁毒科科长。

被告人：赵某，男，39 岁，乙市公安局副局长。

被告人：司某，男，29 岁，无业。

被告人：张某，男，42 岁，某洗浴中心经理。

王某平时嗜赌。2001年6月的某一天，王某在和张某等人赌博时，一下子输给张某20 000元。王某当时无钱付账，张某遂提出用王某的枪作“抵押”，等王某还清赌债后再把枪还给他。王某表示同意并将枪交给张某。其后，张某向他人炫耀王某“抵押”给他的手枪，经他人举报，王某案发。

另经查：2000年1月某日，甲市公安局刑警在甲市一废弃的工厂厂房内抓获犯罪嫌疑人司某，当场从司某身上收缴海洛因30克。司某被带回公安局后，有关承办人员向被告人王某汇报了司某涉嫌犯罪的情况。司某被抓后的当晚，其家人找到了在乙市任公安局副局长的亲戚赵某，要赵某帮忙。司某的家人说，只要能不让司某蹲大狱，无论花多少钱，都可以出。赵某闻听此言，答应一试。司某家人遂拿出1万元现金，对赵某说，这1万元中的5 000元给你，另外5 000元给王某，此只是订金，事成之后更有重谢。后赵某听后考虑了一会说，三日后让司某家人带上5万元现金到局里交罚款。三日后，司某家人到甲市公安局缴纳了5万元罚款，甲市公安局遂于当天将司某释放。

案例来源：律政文化编著，《刑法学配套辅导》，中国方正出版社2006年9月第一版。

【问题聚焦】

(1)王某将手枪“抵押”给张某的行为是否构成犯罪？若构成犯罪，则构成何罪？

(2)赵某的行为构成何罪？

(3)司某一案中王某的行为如何定性？

【法律剖析】

(1)王某将手枪“抵押”给张某的行为构成非法出借枪支罪。根据刑法相关规定和《最高人民检察院关于将公务用枪用作借债质押的行为如何适用法律问题的批复》，依法配备公务用枪的人员，违反法律规定，将公务用枪用作借债质押物，使枪支处于非依法持枪人的控制、使用之下，严重危害公共安全，是《刑法》第128条第2款所规定的非法出借枪支行为的一种形式，应以非法出借枪支罪追究刑事责任；对接受枪支质押的人员，构成犯罪的，根据《刑法》第128条第1款的规定，应以非法持有枪支罪追究其刑事责任。本案中，王某身为甲市公安局禁毒科科长，属于依法配备公务用枪的人员，却违反法律规定，将公务用枪用作欠债质押物，使枪支处于非依法持枪人张某的控制之下，故应以非法出借枪支罪追究刑事责任。

(2)赵某的行为构成受贿罪。根据《刑法》第388条的规定，国家工作人员利用本人职权或者地位形成的便利条件，通过其他国家工作人员职务上的行为，为请托人谋取不正当利益，索取请托人财物或者收受请托人财物的，以受贿论处。这是关于斡旋受贿的规定。在本案中，赵某利用自己担任乙市公安局副局长所形成的便利条件，收受犯罪嫌疑人司某家人钱财时，将甲市公安局办案人员王某约出，为司某逃脱法律制裁说情，致使甲市公安局将司某释放，属于利用本人职权或者地位形成的便利条件，通过其他国家工作人员职务上的行为，为请托人谋取不正当利益，收受请托人财物的行为，在刑法理论上属于“斡旋受贿”，根据刑法的规定，应当以受贿罪论处。

(3)司某一案中王某的行为构成徇私枉法罪。公安人员在打击刑事犯罪活动时，其身份是司法工作人员，而不是行政执法人员。因此，王某在明知司某为犯罪嫌疑人的情况下，徇私枉法，将司某释放，构成的是徇私枉法罪，而不是徇私舞弊不移交刑事案件罪。另外，根据《刑法》第399条第4款的规定，司法工作人员收受贿赂，徇私枉法，同时又构成受贿罪的，依照处罚较重的规定定罪处罚，而不是数罪并罚。就本案而言，王某受贿刚达到起刑点，而其徇私枉法的行为却已经导致罪行严重的犯罪嫌疑人被无罪释放，因而其徇私枉法行为应当受到更重的处罚，故最后应当以徇私枉法罪对王某定罪处罚。

【法条链接】

《中华人民共和国刑法》

第128条　违反枪支管理规定，非法持有、私藏枪支、弹药的，处3年以下有期徒刑、拘役或者管制；情节严重的，处3年以上7年以下有期徒刑。

依法配备公务用枪的人员，非法出租、出借枪支的，依照前款的规定处罚。

第388条　国家工作人员利用本人职权或者地位形成的便利条件，通过其他国家工作人员职务上的行为，为请托人谋取不正当利益，索取请托人财物或者收受请托人财物的，以受贿论处。

第399条　司法工作人员徇私枉法、徇情枉法，对明知是无罪的人而使他受追诉、对明知是有罪的人而故意包庇不使他受追诉，或者在刑事审判活动中故意违背事实和法律作枉法裁判的，处5年以下有期徒刑或者拘役；情节严重的，处5年以上10年以下有期徒刑；情节特别严重的，处10年以上有期徒刑。

在民事、行政审判活动中故意违背事实和法律作枉法裁判，情节严重的，处5年以下有期徒刑或者拘役；情节特别严重的，处5年以上10年以下有期徒刑。

在执行判决、裁定活动中，严重不负责任或者滥用职权，不依法采取诉讼保全措施、不履行法定执行职责，或者违法采取诉讼保全措施、强制执行措施，致使当事人或者其他人的利益遭受重大损失的，处5年以下有期徒刑或者拘役；致使当事人或者其他人的利益遭受特别重大损失的，处5年以上10年以下有期徒刑。

司法工作人员收受贿赂，有前三款行为的，同时又构成本法第385条规定之罪的，依照处罚较重的规定定罪处罚。

四、全真题演练

(一)单选题

1. 国有工厂采购员甲，经人介绍于2000年赴某公司采购钢材。该公司热情接待，专人陪甲游山玩水，甲欣然接受，将考察对方履行能力的任务忘得干净，在一次酒酣耳热之际，签下合同。事后发现该公司根本无履行能力，其负责人借机骗取合同预付款，后携款潜逃。甲所在工厂损失近80多万元。甲的行为(　　)。

A. 属于玩忽职守罪

B. 属于签订合同失职被骗罪

C. 属于国家机关工作人员签订合同失职罪

D. 不构成犯罪

2. 贾仁于2003年5月某晚将一名女青年强奸后杀害。贾仁的父母亲发现后，马上动员贾仁去公安局自首，贾仁不肯去。于是贾父在家看好贾仁，贾母去公安局报告。到了公安局，贾母恰遇在公安局任副局长的亲戚吴友，贾母即把情况向吴友说明。吴友说："杀人要偿命，自首也要坐一辈子牢，不如逃掉，逃过20年就没事了。"贾母听了吴友的话就打消了自首的念头，回家让贾仁逃跑。吴友的行为构成(　　)。

A. 徇私舞弊不移交刑事案件罪

B. 窝藏罪

C. 徇私枉法罪

D. 帮助犯罪分子逃避处罚罪

3. 监管人员贾某因与罪犯徐某曾是朋友。徐某一有机会就对贾某说要出去走走，还会回来，央求贾某放他出去几天。贾某经不住徐某的哀求，就擅自把徐某暂放出监，嘱托其过些天再回来。徐某出去从事非法经营犯罪活动后又回到监内。贾某的行为构成(　　)。

A. 私放在押人员罪

B. 非法经营罪

C. 私放在押人员罪和非法经营罪

D. 不构成犯罪,可按政纪处理

4. 甲系某派出所所长。一日,甲接到群众举报,称某黑社会性质组织的老大要率众弟兄与另一犯罪团伙械斗。甲听后认为该老大平时对自己毕恭毕敬,不可能在自己的辖区械斗,遂未采取措施。数日后,械斗发生,双方数十人受伤。对甲的行为,应如何处罚?( )

A. 以包庇、纵容黑社会性质组织罪处罚

B. 以玩忽职守罪处罚

C. 以滥用职权罪处罚

D. 不构成犯罪

5. 李某在郊外杀了人,心里很害怕,就回来偷偷地告诉了担任县检察院副检察长的表叔张某。张某说:“杀了人要判处死刑,即使自首也要关押一辈子,还不如跑掉。”于是李某就跑到外省某地隐姓埋名,后来案发被逮,供出了张某的行为。按照《刑法》的规定,张某的行为已经构成( )。

A. 徇私枉法罪

B. 帮助犯罪分子逃避处罚罪

C. 窝藏罪

D. 徇私舞弊不移交刑事案件罪

6. 阻碍解救被拐卖、绑架妇女、儿童罪,是指( )利用职权阻碍解救被拐卖、绑架的妇女、儿童的行为。

A. 负有解救职责的国家机关工作人员

B. 负有解救职责的国家工作人员

C. 国家机关工作人员

D. 国家工作人员

7. 商检失职罪与动植物检疫失职罪的区别在于( )。

A. 犯罪客体不同

B. 客观方面不同

C. 犯罪对象不同

D. 犯罪主体不同

8. 税务稽查员甲发现A公司欠税80万元,便私下与A公司有关人员联系,要求对方汇10万元到自己存折上以了结此事。A公司将10万元汇到甲的存折上后,甲利用职务上的便利为A公司免交80万元税款办理了手续。对甲的行为应如何处理?( )

A. 认定为徇私舞弊不征、少征税款罪,从重处罚

B. 认定为受贿罪,从重处罚

C. 认定为徇私舞弊不征、少征税款罪与受贿罪的竞合,从一重罪处罚

D. 认定为徇私舞弊不征、少征税款罪与受贿罪,实行并罚

(二)多选题

1. 派出所所长陈某在“追逃”专项斗争中,为得到表彰,在网上通缉了7名仅违反治安管理处罚条例并且已受过治安处罚的人员。虽然陈某通知本派出所人员不要“抓获”这7名人员,但仍有5名人员被外地公安机关“抓获”后关押。关于陈某的行为性质,下列哪些说法是错误的?( )

A. 陈某的行为构成滥用职权罪

B. 陈某的行为构成玩忽职守罪

C. 陈某的行为构成非法拘禁罪

D. 陈某的行为不构成犯罪

2. 下列哪些表述是正确的?( )

A. 司法工作人员在刑事诉讼中因受贿而枉法追诉、裁判的,应该实行受贿罪与徇私枉法罪数罪并罚

B. 在民事、行政审判中负有审判职责的工作人员,故意违背事实和法律作枉法裁判,只有情节严重,才构成犯罪

C. 司法工作人员在刑事诉讼中利用伪造、毁灭证据的方法进行枉法裁判的,构成徇私枉法罪

D. 民事、行政审判中负有审判职责的工

作人员因收受贿赂而枉法裁判的，构成受贿罪与枉法裁判罪从重罪处罚

3. 以下说法中，正确的有哪些？（　　）

A. 帮助犯罪分子逃避处罚罪与徇私枉法罪的区别之一是，前者发生在诉讼之前，后者发生在诉讼之后

B. 徇私舞弊、少征税款罪的犯罪主体是税务机关人员

C. 故意泄露国家秘密，情节严重的，才构成犯罪

D. 徇私枉法罪和民事、行政枉法裁判罪有性质上的本质区别

4. 放纵制售伪劣商品犯罪行为罪的“情节严重”包括（　　）。

A. 放纵生产、销售假药或者有毒有害食品犯罪行为的

B. 放纵依法可能判处 2 年有期徒刑以上刑罚的生产、销售伪劣商品犯罪行为的

C. 对三个以上有生产、销售伪劣商品犯罪行为的单位或者个人不履行追究职责的

D. 致使国家和利益遭受重大损失或者造成恶劣影响的

5. 王某是某市进出口税收管理分局局长，明知按照规定，自当年 5 月 31 日后不得再受理上一年度的退税业务，而仍指使下级受理 A 单位上年的退税业务，同时将申报退税的时间倒签到当年 5 月 31 日以前。王某的情妇孙某拿来一份伪造的某有限公司出口羊绒衫的退税资料，让王某帮助办理出口退税。王某虽然发现资料可疑，但碍于与孙某的关系，即令作出批准退税的决定，致使国家 170 万元的退税款被骗。王某构成（　　）。

A. 滥用职权罪

B. 徇私舞弊出口退税罪

C. 骗取出口退税罪(共犯)

D. 玩忽职守罪

6. 李某在郊外杀了人，心里很害怕，就回来偷偷地告诉了担任县检察院副检察长的表叔张某。张某说：“杀了人要判处死刑，即使自首也要关押一辈子，还不如跑掉。”于是李某就跑到外省某地隐姓埋名，后来案发被逮，供出了张某的行为。按照《刑法》的规定，张某的行为不构成下列哪些犯罪？（　　）

A. 徇私枉法罪

B. 帮助犯罪分子逃避处罚罪

C. 窝藏罪

D. 徇私舞弊不移交刑事案件罪

7. 某国税稽查局对某电缆厂的偷税案件进行查处。该厂厂长甲送给国税稽查局局长乙 3 万元，要求给予关照。乙收钱后，将某电缆厂已涉嫌构成偷税罪的案件仅以罚款了事。次年 8 月，上级主管部门清理税务违法案件。为避免电缆厂偷税案件移交司法机关处理，乙私自更改数据，隐瞒事实，使该案未移交司法机关。对乙应以何罪论处？（　　）

A. 受贿罪

B. 滥用职权罪

C. 帮助犯罪分子逃避处罚罪

D. 徇私舞弊不移交刑事案件罪

8. 私放在押人员罪的犯罪对象是在押的（　　）。

A. 犯罪嫌疑人　　　　B. 被告人

C. 罪犯　　　　　　　D. 劳教人员

(三)名词解释

1. 故意泄露国家秘密罪

2. 私放在押人员罪

3. 徇私舞弊不移交刑事案件罪

4. 放纵走私罪

5. 帮助犯罪分子逃避处罚罪

6. 食品监管渎职罪

(四)简答题

1. 简述民事、行政枉法裁判罪与徇私枉法

罪的区别。

2. 简述私放在押人员罪与徇私枉法罪的区别。

3. 简述不解救被拐卖、绑架妇女、儿童罪和阻碍解救被拐卖、绑架妇女、儿童罪的区别。

4. 简述徇私枉法罪与诬告陷害罪的区别。

5. 简述私放在押人员罪与脱逃罪的区别。

(五)论述题

1. 试论述滥用职权罪。

2. 试论述玩忽职守罪。

五、深度拓展

【拓展】 正确把握玩忽职守罪的刑罚

根据刑法的规定,决定玩忽职守罪社会危害性的两个基本因素是重大损失的数额和犯罪的情节。重大损失的数额是玩忽职守罪诸因素中的基本情节之一。它与该罪犯罪事实中的其他犯罪情节一起决定着玩忽职守罪的社会危害程度。在有形的、物质性的重大损失中,数额是犯罪情节的主要内涵。数额的大小,是衡量玩忽职守犯罪的社会危害程度、反映主观恶性大小的尺度。它不仅具有决定玩忽职守行为性质的意义,而且具有规定玩忽职守罪刑罚轻重的作用。我国司法解释有相关规定,立案时确已造成的经济损失包括直接经济损失和间接经济损失,在一定情况下可以根据行为人所弥补的损失做出予以从轻处理的决定,比如行为人或其亲属、工作单位以及主管部门帮忙挽回经济损失。

当然,必须指出,数额并不是玩忽职守罪的唯一情节。这是由玩忽职守重大损失内容的复杂性决定的。所以在司法实践中认定玩忽职守罪时,不能唯数额论,不能忽视其他犯罪情节的作用和影响。玩忽职守罪的犯罪情节,是影响其刑事责任的重要因素之一。在认定玩忽职守罪的犯罪情节,从而决定对其使用刑罚时都应从以下几个方面考察:(1)重大损失的程度。(2)违反规章制度的心理态度。(3)主观罪过的性质。(4)造成重大损失之后的表现。(5)其他有关情节。总之,无论是认定本罪时还是确定刑罚时,应当全面考察,综合分析案件的主客观具体事实情况,充分发挥刑罚有效惩处玩忽职守犯罪的作用。根据相关司法解释我们也可以看出,实践中对于玩忽职守罪的认定也不是唯数额论,而是包括其他严重情节。例如,根据《最高人民检察院关于渎职侵权犯罪案件立案标准的规定》(二)玩忽职守案(第397条)的规定,涉嫌下列情形之一的,应予立案:

(1)造成死亡1人以上,或者重伤3人以上,或者重伤2人、轻伤4人以上,或者重伤1人、轻伤7人以上,或者轻伤10人以上的;

(2)导致20人以上严重中毒的;

(3)造成个人财产直接经济损失15万元以上,或者直接经济损失不满15万元,但间接经济损失75万元以上的;

(4)造成公共财产或者法人、其他组织财产直接经济损失30万元以上,或者直接经济损失不满30万元,但间接经济损失150万元以上的;

(5)虽未达到3、4两项数额标准,但3、4两项合计直接经济损失30万元以上,或者合计直接经济损失不满30万元,但合计间接经济损失150万元以上的;

(6)造成公司、企业等单位停业、停产1年以上,或者破产的;

(7)海关、外汇管理部门的工作人员严重不负责任,造成100万美元以上外汇被骗购或者逃汇1 000万美元以上的;

(8)严重损害国家声誉,或者造成恶劣的社会影响的;

(9)其他致使公共财产、国家和人民利益遭受重大损失的情形。

第二十四章

军人违反职责罪

一、知识结构图

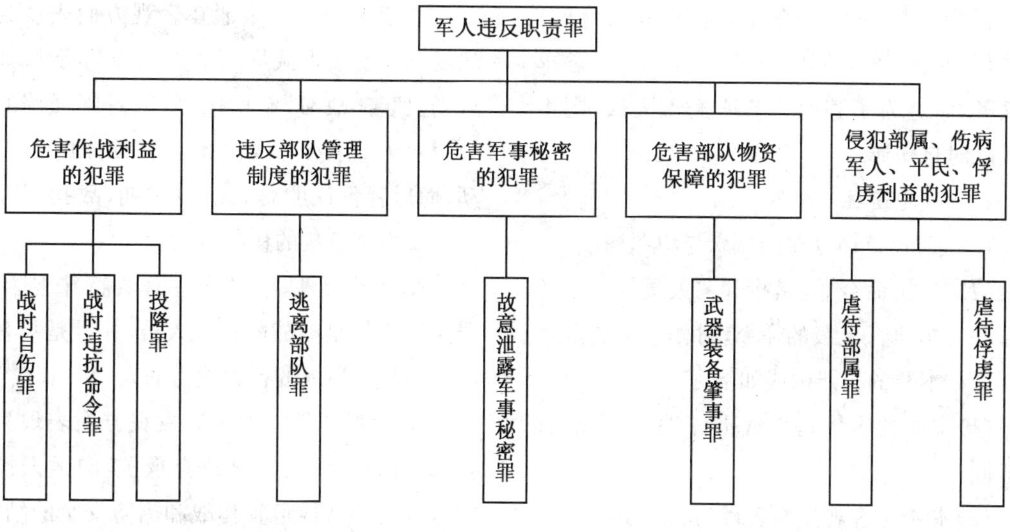

二、重难点归纳

(一)(2004年司法考试卷二第84题)战时自伤罪

1. 战时自伤罪的概念与犯罪构成

战时自伤罪是指军人在战时为了逃避履行军事义务,故意伤害自己身体的行为。

战时是指国家宣布进入战争状态、部队受领作战任务或者遭敌突然袭击时。部队在执行戒严任务或者处置突发性暴力事件时,以战时论处。本罪的构成要件如下:

(1)客体要件。本罪侵犯的客体是部队的作战利益和军人战时履行军事义务的秩序。

(2)客观要件。本罪在客观方面表现为战时自伤身体的行为。自伤身体指有意识地伤害自己的身体。自伤身体的行为必须发生在战时。

(3)本罪的主体为特殊主体,即本法第450条所称的军人。

(4)主观要件。本罪在主观方面表现为故意,并具有逃避军事义务的目的。

逃避军事义务,具有特定的范围。一般都

是指逃避作战或者作战保障行为等，既包括作战义务，也包括战前应急训练、战场救护、火线运输保障等。"逃避军事义务"一词的限制，使本罪有了明确的犯意表示，不至于同因走火而过失误伤自己身体的行为相混淆。

因此，如果行为人的自伤行为不是为了逃避军事义务，而是为了骗取荣誉或者其他目的，则不构成战时自伤罪。

2. 战时自伤罪的认定

一是切实查明行为人是自伤还是误伤。误伤是行为人因过失而伤害自己的身体，这与战时自伤罪是故意伤害自己身体的主观特征不符，因此不能以战时自伤罪追究刑事责任。二是行为人是否具有逃避军事义务的目的。如果行为人自伤身体的目的不是为了逃避军事义务，而是为了骗取荣誉或掩盖失误，则不构成战时自伤罪。

（二）战时违抗命令罪

1. 战时违抗命令罪的概念与犯罪构成

战时违抗命令罪，是指部属人员战时故意违背并抗拒执行上级的命令，对作战造成危害的行为。本罪的犯罪构成如下：

（1）本罪的客体是作战指挥秩序（本节各罪皆同）。

（2）本罪在客观方面表现为：首先，违抗命令的行为必须发生在战时才能构成犯罪。其次，必须有违抗作战命令的行为，主要表现为三种情况：一是拒不执行作战命令，二是拖延或迟缓执行作战命令，三是实施不符合作战命令的行为。最后，必须对作战造成危害的结果。

（3）本罪的主体是军人。根据《内务条令》的规定，首长有权对部属下达命令，因此，在违抗命令的行为人与该命令的发布人之间，行政职务上必须有隶属关系。

（4）本罪的主观方面是故意。

2. 战时违抗命令罪的认定

注意区分战时违抗命令罪与违纪行为的界限，战时违抗命令当然也是违反军纪的行为，但违反军纪的行为并非都能构成本罪。战时虽有违抗命令的行为，但情节轻微，未对作战造成危害的，以及非战时违抗命令的行为，不构成本罪，可按军纪处罚。

（三）投降罪

投降罪是指军人在战场上，因畏惧战斗、贪生怕死而自动放下武器，投降敌人的行为。本罪的成立要求行为人必须出于贪生怕死的动机。本罪的犯罪构成如下：

1. 客体要件。本罪侵犯的客体是军人参战秩序和国防安全秩序。

2. 客观要件。本罪在客观方面表现为在战场上自动放下武器向敌人投降的行为。"在战场上"与"战时"有所区别，前者则强调的是敌我双方直接交战，彼此互有具体的作战行动，而后者仅说明是在战争时期，敌我双方不一定发生了直接的作战行动。

3. 主体要件。本罪的主体为特殊主体，本罪主体必须是参战的军职人员，并且是具有使用武器打击敌人的行为能力的人。

4. 主观要件。本罪在主观方面表现为故意，即行为人明知自己放弃抵抗，向敌人投降的行为将会造成危害作战和国防安全的结果，却希望或者放任这种危害结果发生。

（四）逃离部队罪

逃离部队罪是指违反兵役法规，逃离部队，情节严重的行为。本罪的犯罪构成如下：

1. 本罪的客体是国家的兵役制度。

2. 本罪的客观方面表现为违反兵役法规，逃离部队，情节严重的行为。这里的违反兵役法规，是指违反我国刑法、国防法、兵役法及其他涉及兵役方面的法律规定。逃离部队，是指为逃避服役而擅自离开部队或者逾期拒不归队。本罪要求"情节严重"，参照《立案标准》的规定，是指具有下列情形之一的：逃离部队持续时间达3个月以上或者累计时间达6个月以上的；担负重要职责的人员逃离部队的；策动三人以上或者胁迫他人逃离部队的；在执行重要任务期间逃离部队的；有其他情节严重行为的。

3. 本罪的主体是现役军人。

4. 本罪的主观方面表现为故意。这里的故意，是指明知是逃离部队的行为而有意实施的主观心理状态。

(五)故意泄露军事秘密罪

1. 故意泄露军事秘密罪的概念与犯罪构成

故意泄露军事秘密罪，是指违反保守国家秘密法规，故意泄露军事秘密，情节严重的行为。本罪的犯罪构成如下：

(1)本罪的客体是军事保密制度。本罪的对象是军事秘密，是指在一定时间内只限一定范围的人员知悉，不能对外公开并直接关系到国防和军队安全与利益的事项。

(2)本罪的客观方面表现为故意泄露军事秘密的行为，其表现方式是多种多样的，包括口头泄密、书面泄密以及在高科技条件下进行计算机网络泄密。不论哪种形式，只要能让无关人员知悉军事秘密的内容，均属泄露军事秘密的行为。本罪要求情节严重，所谓情节严重，一般是指利用军事秘密牟取利益；军事机要人员泄露秘密；泄露重要军事秘密，因泄露军事秘密给国家造成重大损失等。

(3)本罪的主体是军人，既包括对军事秘密负有特殊保密义务的军人，如机要、通信、保密人员等，也包括了解军事秘密的普通军人。

(4)本罪的主观方面是故意。

2. 故意泄露军事秘密罪的认定

认定本罪，要注意区分本罪与泄漏国家秘密罪。本罪的秘密仅限于军事秘密，而后罪的秘密是包括军事秘密在内的国家秘密；本罪的主体是军职人员，而后罪的主体是国家机关工作人员。因此，对符合本罪构成要件的，应以本罪论处。另外，故意将国家军事秘密泄露给境外机构、组织、人员的，则构成《刑法》第431条为境外非法提供军事秘密罪。

(六)武器装备肇事罪

1. 武器装备肇事罪的概念与犯罪构成

武器装备肇事罪，是指违反武器装备使用规定，情节严重，因而发生责任事故，致人重伤、死亡或者造成其他严重后果的行为。本罪的犯罪构成如下：

(1)本罪的客体是部队武器装备的使用秩序。所谓武器装备，是指部队用于实施和保障作战行动的武器、武器系统和军事技术准备。

(2)本罪的客观方面表现为违反武器装备使用规定，情节严重，因而发生责任事故，致人重伤、死亡或者造成其他严重后果的行为。使用规定，是指中央军委、各总部、各军兵种根据各种武器装备的用途和技术性能制定和颁发的，关于武器装备的日常维护保养、保管、检查及使用的规定，以及各种武器装备的操作规程和安全规范等。责任事故，是指因行为人违反规章制度，违背职责规定而造成的事故。其他严重后果，包括武器装备的毁损，重大财产损失，因武器装备肇事而引起的爆炸、火灾、大面积污染等。

(3)本罪的主体是军人。从司法实践看，主要是武器装备的操作使用人员。

(4)本罪的主观方面是过失。

2. 武器装备肇事罪的认定

(1)正确区分罪与非罪的界限。行为虽然违反了武器装备使用规定，但情节不严重，没有造成重大事故的，不构成本罪；行为虽然造成了重大事故，但行为人主观上没有过失的，也不成立本罪。

(2)正确区分此罪与彼罪的界限。军职人员在执勤、训练、作战时使用、操作武器装备，或者在管理、维修、保养武器装备的过程中，违反武器装备使用规定和操作规程，情节严重，因而发生重大责任事故，致人重伤、死亡或者造成其他严重后果的，以武器装备肇事罪论处；凡违反枪支、弹药管理使用规定，私自携带枪支、弹药外出，因玩弄而造成走火或者爆炸，致人重伤、死亡或者使公私财产遭受重大损失的，分别以过失致人重伤罪、过失致人死亡罪或者过失爆炸罪论处；军职人员驾驶军用装备车辆，违反武器装备使用规定和操作规程，情节严重，因而发生重大责任事故，致人重伤、死亡或者造成其他严重后果的，即使同时违反交通运输规章制度，也应当以武器装备肇事罪论处；如果仅因违反交通运输规章制度而发生重大事故，致人重伤、死亡或者使公私财产遭受重大损失的，则以交通肇事罪论处；行为人违反武器装备使用规定，故意使用武器杀害、伤害他人的，应以故意杀人罪、故意伤害罪论处。

（七）虐待部属罪

1. 虐待部属罪的概念与犯罪构成

虐待部属罪，是指处于领导地位的军职人员，滥用职权，虐待部属，情节恶劣，致人重伤或者造成其他严重后果的行为。本罪的犯罪构成如下：

(1)本罪的客体是我军官兵一致的上下级关系和部属的人身权利。

(2)本罪的客观方面表现为军职人员滥用职权，对部属进行虐待，情节恶劣，因而致人重伤或造成其他严重后果的行为。所谓滥用职权，是指超越职责范围，不正当地使用职权。

(3)本罪的主体是部队中的各级首长和有指挥权的人员。

(4)本罪的主观方面是故意。

2. 虐待部属罪的认定

(1)正确区分罪与非罪的界限。首先，应将虐待部属罪与严格要求部属但方法不当的行为相区别。前者是虐待行为，后者只是方法不当的严格要求行为；前者具有虐待故意，后者不具有该故意；前者情节恶劣并造成严重后果，后者不具有恶劣情形与严重后果。其次，应将虐待部属罪与一般的虐待部属的行为相区别，关键是看情节是否恶劣，是否造成严重后果。

(2)正确处理本罪与其他犯罪的关系。虐待部属罪与故意伤害、故意杀人、强奸、强制猥亵妇女、报复陷害等罪不是对立关系，虐待部属的行为完全可能同时触犯故意伤害、故意杀人等罪。如果一个行为同时触犯数个罪名，属于想象竞合，从一重罪处罚；如果数行为触犯数个罪名的，则应实行并罚。

（八）虐待俘虏罪

虐待俘虏罪，是指虐待俘虏，情节恶劣的行为。本罪的犯罪构成如下：

1. 本罪的客体是俘虏管理秩序。

2. 本罪侵犯的对象必须是俘虏，即在作战中被我方俘获的敌方武装人员及其他为武装部队服务的人员。

本罪的虐待行为，一般表现为不人道的生活待遇，打骂、体罚、折磨及施以其他酷刑，强迫从事危险性和屈辱性的工作或者从事超体力的活动，摧残其身体等行为。随意杀死俘虏的行为属于严重侵害俘虏人身权利的犯罪，不应以本罪论处。所谓情节恶劣，是指指挥人员带头虐待俘虏；多次虐待屡教不改的；虐待俘虏的手段特别恶劣；虐待危重病、伤俘虏；由于虐待俘虏造成俘虏自杀等。虐待俘虏的行为既可以发生在战时，也可以发生在战后。

3. 本罪的主体是军人。在司法实践中，多为负有看押、管理俘虏职责的军人。

4. 本罪的主观方面是故意。

（九）罪名变更

1. 非法生产、买卖武装部队制式服装罪

《刑法修正案(七)》第 12 条对“非法生产、买卖军用标志罪”作出修正，专门打击非法生产、买卖武装部队制式服装的犯罪行为，故罪名确定为“非法生产、买卖武装部队制式服装罪”，相应取消原罪名。《最高人民法院、最高人民检察院公布关于执行〈中华人民共和国刑法〉确定罪名的补充规定(四)》根据《中华人民共和国刑法修正案(七)》的规定，确定了第375条第2款非法生产、买卖武装部队制式服装罪的新罪名。

非法生产、买卖武装部队制式服装罪是指非法生产、买卖武装部队制式服装，情节严重的行为。

2. 阻碍执行军事职务罪

《刑法修正案(九)》将《刑法》第426条阻碍执行军事职务罪修改为：“以暴力、威胁方法，阻碍指挥人员或者值班、值勤人员执行职务的，处5年以下有期徒刑或者拘役；情节严重的，处5年以上10年以下有期徒刑；情节特别严重的，处10年以上有期徒刑或者无期徒刑。战时从重处罚。”取消了阻碍执行军事职务罪的死刑规定，将刑格设置由两个量刑档次调整为三个量刑档次。

3. 战时造谣惑众罪

《刑法修正案(九)》将《刑法》第433条战时造谣惑众罪修改为：“战时造谣惑众，动摇军心的，处3年以下有期徒刑；情节严重的，处3年以上10年以下有期徒刑；情节特别严重的，处10年以上有期徒刑或者无期徒刑。”取消了战时造谣惑众罪的“死刑”规定，删除了原来“勾结敌人造谣惑众，动摇军心的，处10年以上有期徒刑或者无期徒刑”的规定。

三、案例分析

【案例】

被告人王某，某部勤务连代理连长。战士刘某因体弱多病，军事训练成绩较差，被告人王某便对其百般刁难，稍不遂意，就厉声辱骂，并多次拳打脚踢。1999年4月3日凌晨，刘某在全营组织的5公里越野赛上掉队。王某认为刘某影响了连里的荣誉和自己以后的进步，极为恼火，于当日下午将刘某关进连队一间狭小的储存室里，不给饭吃和水喝，直到5日下午3时才放出来，前后达49小时之久，使其在精神上、身体上遭受严重的摧残。

案例来源：赵秉志：《刑法教学案例》，法律出版社2004年版。

【问题聚焦】

对王某行为的认定问题。

【法律剖析】

根据《刑法》第443条的规定，虐待部属罪，是指滥用职权，虐待部属，情节恶劣，致人重伤或者造成其他严重后果的行为。根据《刑法》第238条的规定，非法拘禁罪，是指非法拘禁他人或者以其他方法非法剥夺他人人身自由的行为，两罪在犯罪构成特征上的联系与区别如下：

联系：(1)犯罪客体有包含关系。两罪都侵害了他人的人身权利。(2)犯罪客观方面的行为手段有交叉。两罪都可以非法拘禁的方法实施。(3)犯罪主观方面均为故意。

区别：(1)犯罪客体不完全相同。虐待部属罪侵害的是复杂客体，既侵害了部属的人身权利，也侵害了我军官兵一致的上下级关系。非法拘禁罪侵害的是公民的人身权利，具体而言是行动自由的权利。(2)犯罪对象不同。虐待部属的犯罪对象仅限于行为人的部属。而非法拘禁罪的犯罪对象可以是任意的他人。(3)犯罪行为手段不完全相同。虐待部属罪的行为手段为虐待，表现为采取殴打、体罚、恐吓、冻饿、有病不让治疗等有损身心健康的手段折磨、摧残部属。非法拘禁罪的行为手段表现为使他人无法离开一定的住所，即他人的活动自由完全被控制在一定的空间范围内，并持续一定的时间。非法拘禁不以实施殴打、侮辱等虐待行为为必要。(4)犯罪形态不同。虐待部属罪属结果犯，以“情节恶劣，致人重伤或者造成其他严重后果”为构成要件。而非法拘禁罪是行为犯，殴打、侮辱、致人重伤或死亡只是量刑从重情节或者加重构成要件。(5)犯罪主体不同。虐待部属罪的犯罪主体是部队中的各级首长和其他有权指挥他人的人员，属于军人违反职责罪中的特殊主体。非法拘禁罪的犯罪主体是一般主体，年满 16 周岁且有刑事责任能力的自然人均能构成。

在案例中被告人身为代理连长，与被害人刘某有直接指挥与被指挥关系，在较长时间内持续地对刘某进行辱骂、殴打，直至升级到非法关押，且使刘某精神上、身体上遭受严重摧残，已属“情节恶劣，造成严重后果”，符合虐待部属罪的构成要件。但是作为行为人虐待部属行为之一部分的非法拘禁行为已可单独构成犯罪。这属于牵连犯，手段行为构成非法拘禁罪，目的行为构成虐待部属罪，应按择一重罪原则处断。按非法拘禁罪论处，只能在 3 年以下有期徒刑、拘役、管制或者剥夺政治权利幅度内处刑，而按虐待部属罪应在 5 年以下有期徒刑或者拘役幅度内处刑。后罪的法定最高刑高于前者。所以对被告人王某应以虐待部属罪定罪处罚。

【法条链接】

《中华人民共和国刑法》

第 238 条　非法拘禁他人或者以其他方法非法剥夺他人人身自由的，处 3 年以下有期徒刑、拘役、管制或者剥夺政治权利。具有殴打、侮辱情节的，从重处罚。

第 443 条　滥用职权，虐待部属，情节恶劣，致人重伤或者造成其他严重后果的，处 5 年以下有期徒刑或者拘役；致人死亡的，处 5 年以上有期徒刑。

四、全真题演练

(一)单选题

1. 甲为某部队干部，在战争中，三次枪杀俘虏。第一次，两个民兵押一名投降俘虏走过甲身边，甲催俘虏快走，俘虏说走不动，甲当场将俘虏枪杀；第二次，又将一名负伤的俘虏枪杀；在另一次战斗中，甲抓获一名俘虏，因俘虏回答不出问题，甲又将其枪杀。甲的行为构成什么犯罪？(　　)

A. 虐待俘虏罪

B. 滥用职权罪

C. 军人执行职务罪

D. 以上都不对

2. 某部队供应班战士李某，平时纪律松弛，一次骑自行车带人被值勤人员发现将车扣留。李对此极为不满，想强行将自行车推走而与值勤人员争吵、扭打，其间吃点亏，便跑到伙房偷了一把菜刀藏在身上，回到营房门口再次想把自己的车推走，当值勤战士不同意推走时，便拿出菜刀乱砍，致值勤战士轻伤。对李某的行为应定何罪？(　　)

A. 阻碍军人执行职务罪

B. 阻碍执行军事职务罪

C. 故意伤害罪

D. 妨害公务罪

3. 孙某系解放军某部军械库的司库员，一日趁值班的机会盗出军用皮大衣、皮鞋等价值 3 000多元的军用物品。孙某的行为构成何罪？(　　)

A. 盗窃军用物资罪

B. 贪污罪

C. 盗窃罪

D. 玩忽军事职守罪

4. 下列说法正确的是(　　)。

A. 军职罪的主体是中国人民解放军的现役军官、文职干部、士兵及具有军籍的学员和中国人民武装警察部队的现役警官、文职干部、士兵及具有军籍的学员以及执行军事任务的预备役人员和其他人员

B. 战时自伤罪在主观方面表现为间接故意

C. 战时缓刑后视为原刑罚已经执行完毕

D. 拒不救援友邻部队罪的主体既可以是自然人，也可以是单位

5. 甲某是入伍多年的老兵，与乙某是老朋友。乙某的儿子丙很爱玩枪，于是甲乘自己休假之日私自携带枪支外出去乙家。甲与丙开玩笑，将枪口对准丙吓唬他，并趁丙不注意取下实弹匣，本以为不会出危险，就扣动了扳机。可是因为枪膛内还留下一发子弹，导致丙当场受枪击死亡。对甲的行为应如何认定？(　　)

A. 武器装备肇事罪

B. 疏忽大意过失致人死亡罪

C. 过于自信过失致人死亡罪

D. 间接故意杀人罪

6. 解放军某部指导员张某奉命带领六名战士，携带武器在海上执行押运军用物资的任务，船行途中，遭到匪船的围追袭击。匪徒对其宣称，缴枪投降，留下船上物资，即放他们走，否则死路一条。张某因此命令所有战士放下枪支，不予抵抗。后匪徒将船上的物资洗劫一空，并将张某和六名战士一并带走。张某在船行时，趁匪徒不备，只身跳海逃亡。张某的行为如何认定？(　　)

A. 构成投降罪

B. 构成投敌叛变罪

C. 构成脱逃罪

D. 构成战时临阵脱逃罪

(二)多选题

1. 根据我国刑法的规定，军人违反职责罪的犯罪主体包括(　　)。

A. 中国人民解放军的现役军官、文职干部、士兵及具有军籍的学员

B. 预备役人员

C. 中国人民武装警察部队的现役警官、文职干部及具有军籍的学员

D. 执行军事任务的预备役人员和其他人员

2. 根据我国刑法的规定，军人违反职责罪中的战时是指(　　)。

A. 国家宣布进入战争状态时

B. 部队受领作战任务时

C. 部队遭敌突然袭击时

D. 部队处置突发性暴力事件时

3. 在以下何种情况下，军人自伤身体，逃避军事义务的，应以战时自伤罪论处？(　　)

A. 国家宣布进入战争状态

B. 部队受领作战任务

C. 部队遭敌突然袭击

D. 部队执行戒严任务或者处置突发性暴力事件时

4. 下列选项中，属于军人违反职责罪的有(　　)。

A. 战时拒绝、逃避征召、军事训练罪

B. 战时造谣扰乱军心罪

C. 战时违抗命令罪

D. 战时拒不救治伤病军人罪

5. 以下说法正确的是(　　)。

A. 执行军事任务的预备役人员，也可以成为军人违反职责罪的主体

B. 某军人在战时将非法获取的军事秘密故意泄露给外国记者，应以非法获取军事秘密罪和故意泄露军人秘密罪实行数罪并罚

C. 拒不救援友邻部队罪的主体既可以是自然人，也可以是单位

D. 战时违抗命令罪是指战时故意违背抗拒上级的命令，对作战造成危害的行为

6. 军人叛逃罪与逃离部队罪的主要区别在于(　　)。

A. 侵犯的客体不同

B. 行为的客观方面不同

C. 主体不同

D. 主观方面不同

7. 下列人员不构成战时拒不救治伤病军人罪的有(　　)。

A. 某军指导员

B. 红十字会工作人员

C. 地方某医院医生

D. 战地医院医务人员

8. 某部队排长甲在一次战斗中率领一排士兵,被敌人包围几天几夜,处境艰难。甲派了两名战士与敌方谈判,但均被扣留,后甲率军突围不成,弹尽粮绝。最后甲率领所属人员投降,则对甲的行为,说法错误的是(　　)。

A. 投敌叛变罪

B. 军人叛逃罪

C. 投降罪

D. 不构成犯罪

(三)名词解释

1. 军人违反职责罪

2. 战时违抗命令罪

3. 虐待部属罪

4. 非法获取军事秘密罪

5. 为境外窃取、刺探、收买,非法提供军事秘密罪

(四)简答题

1. 简述军人叛逃罪的概念和犯罪构成。

2. 简述战时违抗命令罪的概念和构成。

3. 简述私放俘虏罪的概念及构成。

4. 简述投降罪的概念和犯罪构成。

5. 简述盗窃、抢夺武器装备、军用物资罪。

(五)论述题

1. 论述军人叛逃罪的犯罪构成及认定。

2. 论述泄露军事秘密罪的概念、构成及其与间谍罪的区别。

五、深度拓展

【拓展】“军人”的认定

军人是指中国人民解放军的现役军官、文职干部、士兵及具有军籍的学员,中国人民武装警察部队的现役警官、文职干部、士兵及具有军籍的学员,以及执行军事任务的预备役人员和其他人员。

除此之外的其他人员不能成为军人违反职责罪的主体,也不能适用军人违反职责罪一章的规定。应当注意的是,如果上述人员在服役期间犯了军人违反职责罪,而在退役之后才被发现的,只要未过法律规定的追究其刑事责任的时效,仍应当按照军人违反职责罪追究刑事责任。如果上述人员在服役之前犯罪,而在服役期间被发现,不应当按照军人违反职责罪追究刑事责任,而应当按照刑法其他规定追究刑事责任。

综合测试题

综合测试题(一)

一、单项选择题

1.(2009年司法考试卷二第3题)关于正当防卫,下列哪一选项是错误的?( )

A. 制服不法侵害人后,又对其实施加害行为,成立故意犯罪

B. 抢劫犯使用暴力取得财物后,对抢劫犯立即进行追击的,由于不法侵害尚未结束,属于合法行为

C. 动物被饲主唆使侵害他人的,其侵害属于不法侵害;但动物对人的自发侵害,不是不法侵害

D. 基于过失而实施的侵害行为,不是不法侵害

2.(2009年司法考试卷二第4题)甲遭乙追杀,情急之下夺过丙的摩托车骑上就跑,丙被摔骨折。乙开车继续追杀,甲为逃命飞身跳下疾驶的摩托车奔入树林,丙价值1万元的摩托车被毁。关于甲行为的说法,下列哪一选项是正确的?( )

A. 属于正当防卫

B. 属于紧急避险

C. 构成抢夺罪

D. 构成故意伤害罪、故意毁坏财物罪

3.(2009年司法考试卷二第5题)甲因父仇欲重伤乙,将乙推倒在地举刀便砍,乙慌忙抵挡喊着说:“是丙逼我把你家老汉推下粪池的,不信去问丁。”甲信以为真,遂松开乙,乙趁机逃走。关于本案,下列哪一选项是正确的?( )

A. 甲不成立故意伤害罪

B. 甲成立故意伤害罪中止

C. 甲的行为具有正当性

D. 甲成立故意伤害罪未遂(不能犯)

4.(2009年司法考试卷二第6题)关于教唆犯,下列哪一选项是正确的?( )

A. 甲唆使不满16周岁的乙强奸妇女丙,但乙只是抢夺了丙的财物一万元后即离开现场,甲应成立强奸罪、抢夺罪的教唆犯

B. 教唆犯不可能是实行犯,但可能是帮助犯

C. 教唆他人吸食、注射毒品的,成立吸食、注射毒品罪的教唆犯

D. 有的教唆犯是主犯,但所有的帮助犯都是从犯

5.(2011年司法考试卷二第8题)经被害人承诺的行为要排除犯罪的成立,至少符合下列4个条件:

①被害人对被侵害的________具有处分权限;

②被害人对所承诺的________的意义、范围具有理解能力;

③承诺出于被害人的________意志;

④被害人必须有________的承诺。

下列哪一选项与题干空格内容相匹配?

(　　)

A. 法益、事项、现实、真实

B. 事项、法益、现实、真实

C. 事项、法益、真实、现实

D. 法益、事项、真实、现实

6.(2016年司法考试卷二第12题)甲对拆迁不满,在高速公路中间车道用树枝点燃一个焰高约20厘米的火堆,将其分成两堆后离开。火堆很快就被通行车辆轧灭。关于本案,下列哪一选项是正确的?(　　)

A. 甲的行为成立放火罪

B. 甲的行为成立以危险方法危害公共安全罪

C. 若认为甲的行为不成立放火罪,那么其行为也不可能成立以危险方法危害公共安全罪

D. 行为危害公共安全,但不构成放火、决水、爆炸等犯罪的,应以危险方法危害公共安全罪论处

7.(2016年司法考试卷二第14题)甲急需20万元从事养殖,向农村信用社贷款时被信用社主任乙告知,一个身份证只能贷款5万元,再借几个身份证可多贷。甲用自己的名义贷款5万元,另借用4个身份证贷款20万元,但由于经营不善,不能归还本息。关于本案,下列哪一选项是正确的?(　　)

A. 甲构成贷款诈骗罪,乙不构成犯罪

B. 甲构成骗取贷款罪,乙不构成犯罪

C. 甲构成骗取贷款罪,乙构成违法发放贷款罪

D. 甲不构成骗取贷款罪,乙构成违法发放贷款罪

8.(2015年司法考试卷二第19题)菜贩刘某将蔬菜装入袋中,放在居民小区路旁长条桌上,写明"每袋20元,请将钱放在铁盒内"。然后,刘某去3公里外的市场卖菜。小区理发店的店员经常好奇地出来看看是否有人偷菜。甲数次公开拿走蔬菜时假装往铁盒里放钱。关于甲的行为定性(不考虑数额),下列哪一选项是正确的?(　　)

A. 甲乘人不备,公然拿走刘某所有的蔬菜,构成抢夺罪

B. 蔬菜为经常出来查看的店员占有,甲构成盗窃罪

C. 甲假装放钱而实际未放钱,属诈骗行为,构成诈骗罪

D. 刘某虽距现场3公里,但仍占有蔬菜,甲构成盗窃罪

9.(2016年司法考试卷二第16题)贾某在路边将马某打倒在地,劫取其财物。离开时贾某为报复马某之前的反抗,往其胸口轻踢了一脚,不料造成马某心脏骤停死亡。设定贾某对马某的死亡具有过失,下列哪一分析是正确的?(　　)

A. 贾某踢马某一脚,是抢劫行为的延续,构成抢劫致人死亡

B. 贾某踢马某一脚,成立事后抢劫,构成抢劫致人死亡

C. 贾某构成抢劫罪的基本犯,应与过失致人死亡罪数罪并罚

D. 贾某构成抢劫罪的基本犯与故意伤害(致死)罪的想象竞合犯

10.(2016年司法考试卷二第21题)国家工作人员甲听到有人敲门,开门后有人扔进一只包就跑。甲发现包内有20万元现金,推测是有求于自己职务行为的乙送的。甲打电话问乙时被告知"不要问是谁送的,收下就是了"(事实上是乙安排丙送的),并重复了前几天的请托事项。甲虽不能确定是乙送的,但还是允诺为乙谋取利益。关于本案,下列哪一选项是正确的?(　　)

A. 甲没有主动索取、收受财物,不构成受贿罪

B. 甲没有受贿的直接故意,间接故意不可

能构成受贿罪，故甲不构成受贿罪

C. 甲允诺为乙谋取利益与收受20万元现金之间无因果关系，故不构成受贿罪

D. 即使认为甲不构成受贿罪，乙与丙也构成行贿罪

二、多项选择题

1.(2015年司法考试卷二第52题)关于不作为犯罪，下列哪些选项是正确的？(　　)

A. 儿童在公共游泳池溺水时，其父甲、救生员乙均故意不救助。甲、乙均成立不作为犯罪

B. 在离婚诉讼期间，丈夫误认为自己无义务救助落水的妻子，致妻子溺水身亡的，成立过失的不作为犯罪

C. 甲在火灾之际能救出母亲，但为救出女友而未救出母亲。如无排除犯罪的事由，甲构成不作为犯罪

D. 甲向乙的咖啡投毒，看到乙喝了几口后将咖啡递给丙。因担心罪行败露，甲未阻止丙喝咖啡，导致乙、丙均死亡。甲对乙是作为犯罪，对丙是不作为犯罪

2.(2016年司法考试卷二第53题)关于犯罪未遂的认定，下列哪些选项是正确的？(　　)

A. 甲以杀人故意将郝某推下过街天桥，见郝某十分痛苦，便拦下出租车将郝某送往医院。但郝某未受致命伤，即便不送医院也不会死亡。甲属于犯罪未遂

B. 乙持刀拦路抢劫周某。周某说："把刀放下，我给你钱。"乙信以为真，收起刀子，伸手要钱。周某乘乙不备，一脚踢倒乙后逃跑。乙属于犯罪未遂

C. 丙见商场橱柜展示有几枚金锭(30万元/枚)，打开玻璃门拿起一枚就跑，其实是值300元的仿制品，真金锭仍在。丙属于犯罪未遂

D. 丁资助林某从事危害国家安全的犯罪活动，但林某尚未实施相关犯罪活动即被抓获。丁属于资助危害国家安全犯罪活动罪未遂

3.(2016年司法考试卷二第54题)关于罪数，下列哪些选项是正确的(不考虑数额或情节)？(　　)

A. 甲使用变造的货币购买商品，触犯使用假币罪与诈骗罪，构成想象竞合犯

B. 乙走私毒品，又走私假币构成犯罪的，以走私毒品罪和走私假币罪实行数罪并罚

C. 丙先后三次侵入军人家中盗窃军人制服，后身穿军人制服招摇撞骗。对丙应按牵连犯从一重罪处罚

D. 丁明知黄某在网上开设赌场，仍为其提供互联网接入服务。丁触犯开设赌场罪与帮助信息网络犯罪活动罪，构成想象竞合犯

4.(2015年司法考试卷二第57题)甲和女友乙在网吧上网时，捡到一张背后写有密码的银行卡。甲持卡去ATM机取款，前两次取出5 000元。在准备再次取款时，乙走过来说："注意，别出事"，甲答："马上就好"。甲又分两次共取出6 000元，并将该6 000元递给乙。乙接过钱后站了一会儿说："我走了，小心点。"甲接着又取出7 000元。关于本案，下列哪些选项是正确的？(　　)

A. 甲拾得他人银行卡并在ATM机上使用，根据司法解释，成立信用卡诈骗罪

B. 对甲前两次取出5 000元的行为，乙不负刑事责任

C. 乙接过甲取出的6 000元，构成掩饰、隐瞒犯罪所得罪

D. 乙虽未持银行卡取款，也构成犯罪，犯

罪数额是1.3万元

5.(2016年司法考试卷二第57题)关于生产、销售伪劣商品罪,下列哪些选项是正确的?(　　)

A. 甲既生产、销售劣药,对人体健康造成严重危害,同时又生产、销售假药的,应实行数罪并罚

B. 乙为提高猪肉的瘦肉率,在饲料中添加“瘦肉精”。由于生猪本身不是食品,故乙不构成生产有毒、有害食品罪

C. 丙销售不符合安全标准的饼干,足以造成严重食物中毒事故,但销售金额仅有500元。对丙应以销售不符合安全标准的食品罪论处

D. 丁明知香肠不符合安全标准,足以造成严重食源性疾患,但误以为没有毒害而销售,事实上香肠中掺有有毒的非食品原料。对丁应以销售不符合安全标准的食品罪论处

6.(2014年司法考试卷二第59题)甲为要回30万元赌债,将乙扣押,但2天后乙仍无还款意思。甲等5人将乙押到一处山崖上,对乙说:“3天内让你家人送钱来,如今天不答应,就摔死你。”乙勉强说只有能力还5万元。甲刚说完“一分都不能少”,乙便跳崖。众人慌忙下山找乙,发现乙已坠亡。关于甲的行为定性,下列哪些选项是错误的?(　　)

A. 属于绑架致使被绑架人死亡

B. 属于抢劫致人死亡

C. 属于不作为的故意杀人

D. 成立非法拘禁,但不属于非法拘禁致人死亡

7.(2016年司法考试卷二第62题)关于贿赂犯罪的认定,下列哪些选项是正确的?(　　)

A. 甲是公立高校普通任课教师,在学校委派其招生时,利用职务便利收受考生家长10万元。甲成立受贿罪

B. 乙是国有医院副院长,收受医药代表10万元,承诺为病人开处方时多开相关药品。乙成立非国家工作人员受贿罪

C. 丙是村委会主任,在村集体企业招投标过程中,利用职务收受他人财物10万元,为其谋利。丙成立非国家工作人员受贿罪

D. 丁为国有公司临时工,与本公司办理采购业务的副总经理相勾结,收受10万元回扣归二人所有。丁构成受贿罪

8.(2015年司法考试卷二第63题)下列哪些行为触犯诈骗罪(不考虑数额)?(　　)

A. 甲对李某家的保姆说:“李某现在使用的手提电脑是我的,你还给我吧。”保姆信以为真,将电脑交给甲

B. 甲对持有外币的乙说:“你手上拿的是假币,得扔掉,否则要坐牢。”乙将外币扔掉,甲乘机将外币捡走

C. 甲为灾民募捐,一般人捐款几百元。富商经过募捐地点时,甲称:“不少人都捐一二万元,您多捐点吧。”富商信以为真,捐款2万元

D. 乙窃取摩托车,准备骑走。甲觉其可疑,装成摩托车主人的样子说:“你想把我的车骑走啊?”乙弃车逃走,甲将摩托车据为己有

9.(2014年司法考试卷二第63题)丙实施抢劫犯罪后,分管公安工作的副县长甲滥用职权,让侦办此案的警察乙想办法使丙无罪。乙明知丙有罪,但为徇私情,采取毁灭证据的手段使丙未受追诉。关于本案的分析,下列哪些选项是正确的?(　　)

A. 因甲是国家机关工作人员,故甲是滥用职权罪的实行犯

B. 因甲居于领导地位,故甲是徇私枉法罪

的间接正犯

C. 因甲实施了两个实行行为，故应实行数罪并罚

D. 乙的行为同时触犯徇私枉法罪与帮助毁灭证据罪、滥用职权罪，但因只有一个行为，应以徇私枉法罪论处

10.（2016年司法考试卷二第61题）关于毒品犯罪，下列哪些选项是正确的？（　　）

A. 甲无牟利目的，为江某代购仅用于吸食的毒品，达到非法持有毒品罪的数量标准。对甲应以非法持有毒品罪定罪

B. 乙为蒋某代购仅用于吸食的毒品，在交通费等必要开销之外收取了若干"劳务费"。对乙应以贩卖毒品罪论处

C. 丙与曾某互不知情，受雇于同一雇主，各自运输海洛因500克。丙将海洛因从一地运往另一地后，按雇主吩咐交给曾某，曾某再运往第三地。丙应对运输1 000克海洛因负责

D. 丁盗窃他人200克毒品后，将该毒品出卖。对丁应以盗窃罪和贩卖毒品罪实行数罪并罚

三、不定项选择题

（一）

郑某等人多次预谋通过爆炸抢劫银行运钞车。为方便跟踪运钞车，郑某等人于2012年4月6日杀害一车主，将其面包车开走（事实一）。后郑某等人制作了爆炸装置，并多次开面包车跟踪某银行运钞车，了解运钞车到某储蓄所收款的情况。郑某等人摸清运钞车情况后，于同年6月8日将面包车推下山崖（事实二）。同年6月11日，郑某等人将放有爆炸装置的自行车停于储蓄所门前。当运钞车停在该所门前押款人员下车提押款时（当时附近没有行人），郑某遥控引爆爆炸装置，致2人死亡、4人重伤（均为运钞人员），运钞车中的230万元人民币被劫走（事实三）。

请回答第1—3题。

1.（2014年司法考试卷二第86题）关于事实一（假定具有非法占有目的），下列选项正确的是（　　）。

A. 抢劫致人死亡包括以非法占有为目的故意杀害他人后立即劫取财物的情形

B. 如认为抢劫致人死亡仅限于过失致人死亡，则对事实一只能认定为故意杀人罪与盗窃罪（如否认死者占有，则成立侵占罪），实行并罚

C. 事实一同时触犯故意杀人罪与抢劫罪

D. 事实一虽是为抢劫运钞车服务的，但依然成立独立的犯罪，应适用"抢劫致人死亡"的规定

2.（2014年司法考试卷二第87题）关于事实二的判断，下列选项正确的是（　　）。

A. 非法占有目的包括排除意思与利用意思

B. 对抢劫罪中的非法占有目的应与盗窃罪中的非法占有目的作相同理解

C. 郑某等人在利用面包车后毁坏面包车的行为，不影响非法占有目的的认定

D. 郑某等人事后毁坏面包车的行为属于不可罚的事后行为

3.（2014年司法考试卷二第88题）关于事实三的判断，下列选项正确的是（　　）。

A. 虽然当时附近没有行人，郑某等人的行为仍触犯爆炸罪

B. 触犯爆炸罪与故意杀人罪的行为只有一个，属于想象竞合

C. 爆炸行为也可成为抢劫罪的手段行为

D. 对事实三应适用"抢劫致人重伤、死亡"的规定

（二）

朱某系某县民政局副局长，率县福利企业

年检小组到同学黄某任厂长的电气厂年检时，明知该厂的材料有虚假、残疾员工未达法定人数，但朱某以该材料为准，使其顺利通过年检。为此，电气厂享受了不应享受的退税优惠政策，获取退税300万元。黄某动用关系，帮朱某升任民政局局长。检察院在调查朱某时发现，朱某有100万元财产明显超过合法收入，但其拒绝说明来源。在审查起诉阶段，朱某交代100万元系在澳门赌场所赢，经查证属实。

请回答第4—6题。

4.（2015年司法考试卷二第89题）关于朱某帮助电气厂通过年检的行为，下列说法正确的是（　　）。

A. 其行为与国家损失300万元税收之间存在因果关系

B. 属滥用职权，构成滥用职权罪

C. 属徇私舞弊，使国家税收遭受损失，同时构成徇私舞弊不征、少征税款罪

D. 事后虽获得了利益（升任局长），但不构成受贿罪

5.（2015年司法考试卷二第90题）关于朱某100万元财产的来源，下列分析正确的是（　　）。

A. 其财产、支出明显超过合法收入，这是巨额财产来源不明罪的实行行为

B. 在审查起诉阶段已说明100万元的来源，故不能以巨额财产来源不明罪提起公诉

C. 在澳门赌博，数额特别巨大，构成赌博罪

D. 作为国家工作人员，在澳门赌博，应依属人管辖原则追究其赌博的刑事责任

6.（2015年司法考试卷二第91题）关于黄某使电气厂获取300万元退税的定性，下列分析错误的是（　　）。

A. 具有逃税性质，触犯逃税罪

B. 具有诈骗属性，触犯诈骗罪

C. 成立逃税罪与提供虚假证明文件罪，应数罪并罚

D. 属单位犯罪，应对电气厂判处罚金，并对黄某判处相应的刑罚

（三）

（事实一）甲是A公司（国有房地产公司）领导，因私人事务欠蔡某600万元。蔡某让甲还钱，甲提议以A公司在售的商品房偿还债务，蔡某同意。甲遂将公司一套价值600万元的商品房过户给蔡某，并在公司财务账目上记下自己欠公司600万元。三个月后，甲将账做平，至案发时亦未归还欠款。

（事实二）A公司有工程项目招标。为让和自己关系好的私营公司老板程某中标，甲刻意安排另外两家公司与程某一起参与竞标。甲让这两家公司和程某分别制作工程预算和标书，但各方约定，若这两家公司中标，就将工程转包给程某。程某最终在A公司预算范围内以最优报价中标。为感谢甲，程某花5 000元购买仿制古董赠予甲。甲以为是价值20万元的真品，欣然接受。

（事实三）甲曾因公务为A公司垫付各种费用5万元，但由于票据超期，无法报销。为挽回损失，甲指使知情的程某虚构与A公司的劳务合同并虚开发票。甲在合同上加盖公司公章后，找公司财务套取“劳务费”5万元。

请回答第7—10题。

7.（2016年司法考试卷二第89题）关于事实一的分析，下列选项正确的是（　　）。

A. 甲将商品房过户给蔡某的行为构成贪污罪

B. 甲将商品房过户给蔡某的行为构成挪用公款罪

C. 甲虚假平账，不再归还600万元，构成贪污罪

D. 甲侵占公司600万元，应与挪用公款罪数罪并罚

8.(2016年司法考试卷二第90题)关于事实二的分析,下列选项正确的是( )。

A. 程某虽与其他公司串通参与投标,但不构成串通投标罪

B. 甲安排程某与他人串通投标,构成串通投标罪的教唆犯

C. 程某以行贿的意思向甲赠送仿制古董,构成行贿罪既遂

D. 甲以受贿的意思收下程某的仿制古董,构成受贿罪既遂

9.(2016年司法考试卷二第91题)关于事实三的分析,下列选项错误的是( )。

A. 甲以非法手段骗取国有公司的财产,构成诈骗罪

B. 甲具有非法占有公共财物的目的,构成贪污罪

C. 程某协助甲对公司财务人员进行欺骗,构成诈骗罪与贪污罪的想象竞合犯

D. 程某并非国家工作人员,但帮助国家工作人员贪污,构成贪污罪的帮助犯

10.(2009年司法考试卷二第94题)甲为某国有企业出纳,为竞争公司财务部主任职位欲向公司副总经理乙行贿。甲通过涂改账目等手段从公司提走20万元,委托总经理办公室秘书丙将15万元交给乙,并要丙在转交该款时一定为自己提升一事向乙“美言几句”。乙收下该款。八天后,乙将收受钱款一事报告了公司总经理,并将15万元交到公司纪检部门。

一个月后,甲得知公司委任其他人担任财务部主任,恼羞成怒找到乙说:“还我15万元,我去把公司钱款补上。你还必须付我10万元精神损害赔偿,否则我就将你告到检察院。”乙反复向甲说明钱已上交不能退还,但甲并不相信。数日后,甲携带一桶汽油闯入乙办公室纵火,导致室内空调等财物被烧毁。关于甲得知财务部主任由他人担任后实施的行为,下列选项错误的是( )。

A. 甲的行为只构成放火罪

B. 甲索要10万元“精神损害赔偿”的行为不构成敲诈勒索罪

C. 甲的行为是敲诈勒索罪与放火罪的想象竞合犯

D. 甲的行为是敲诈勒索罪与放火罪的吸收犯

四、名词解释

1.(中国政法大学2017年考研真题)间接故意

2.(华东政法大学2017年考研真题)罪刑相当原则

3.(华东政法大学2017年考研真题)虚假诉讼罪

4.(中国政法大学2017年考研真题)假想防卫

5.(中国政法大学2017年考研真题)简单罪状

五、简答题

1.(中国政法大学2017年考研真题)简述不作为犯罪构成要件。

2.(中南财经政法大学2017年考研真题)简述假释的概念及我国假释的条件。

3.(中南财经政法大学2017年考研真题)简述正当防卫和紧急避险的界限。

4.(华东政法大学2017年考研真题)简述保险诈骗罪的表现形式。

5.(华东政法大学2017年考研真题)简述《刑法修正案(九)》对于考试作弊行为的有关规定。

六、论述题

1.(吉林大学2017年考研真题)论我国刑法的空间效力。

2.(华东政法大学2017年考研真题)论一般累犯和特别累犯的区别。

七、案例分析题

(2015年司法考试卷四第2题)案情:高某(男)与钱某(女)在网上相识,后发展为网恋关系。其间,钱某知晓了高某一些隐情,并以开店缺钱为由,骗取了高某20万元现金。

见面后,高某对钱某的相貌大失所望,相处不久更感到她性格古怪,便决定断绝关系。但钱某百般纠缠,最后竟以公开隐情相要挟,要求高某给予500万元补偿费。高某假意筹钱,实际打算除掉钱某。

随后,高某找到密友夏某和认识钱某的宗某,共谋将钱某诱骗至湖边小屋,先将其掐昏,然后扔入湖中溺死。事后,高某给夏某、宗某各20万元作为酬劳。

按照事前分工,宗某发微信将钱某诱骗到湖边小屋。但宗某得知钱某到达后害怕出事后被抓,给高某打电话说:"我不想继续参与了。一日网恋十日恩,你也别杀她了。"高某大怒说:"你太不义气啦,算了,别管我了!"宗某又随即打钱某电话,打算让其离开小屋,但钱某手机关机未通。

高某、夏某到达小屋后,高某寻机抱住钱某,夏某掐钱某脖子。待钱某不能挣扎后,二人均误以为钱某已昏迷(实际上已经死亡),便准备给钱某身上绑上石块将其扔入湖中溺死。此时,夏某也突然反悔,对高某说:"算了吧,教训她一下就行了。"高某说:"好吧,没你事了,你走吧!"夏某离开后,高某在钱某身上绑石块时,发现钱某已死亡。为了湮灭证据,高某将钱某尸体扔入湖中。

高某回到小屋时,发现了钱某的LV手提包(价值5万元),包内有5 000元现金、身份证和一张储蓄卡,高某将现金据为己有。

三天后,高某将LV提包送给前女友尹某。尹某发现提包不是新的,也没有包装,问:"是偷来的还是骗来的?"高某说:"不要问包从哪里来。我这里还有一张储蓄卡和身份证,身份证上的人很像你,你拿着卡和身份证到银行柜台取钱后,钱全部归你。"尹某虽然不知道全部真相,但能猜到包与卡都可能是高某犯罪所得,但由于爱财还是收下了手提包,并冒充钱某从银行柜台取出了该储蓄卡中的2万元。

请根据《刑法》相关规定与刑法原理分析高某、夏某、宗某和尹某的刑事责任(要求着重说明理由,并可以同时答出不同观点和理由)。

综合测试题(二)

一、单项选择题

1.(2008年司法考试卷二第7题)甲、乙夫妇因8岁的儿子严重残疾,生活完全不能自理而非常痛苦。一天,甲往儿子要喝的牛奶里放入“毒鼠强”时被乙看到,乙说:“这是毒药吧,你给他喝呀?”见甲不说话,乙叹了口气后就走开了。毒死儿子后,甲、乙二人一起掩埋尸体并对外人说儿子因病而死。关于甲、乙行为的定性,下列哪一选项是正确的?( )

A. 甲与乙构成故意杀人的共同犯罪

B. 甲构成故意杀人罪,乙构成包庇罪

C. 甲构成故意杀人罪,乙构成遗弃罪

D. 甲构成故意杀人罪,乙无罪

2.(2008年司法考试卷二第15题)甲趁在路上行走的妇女乙不注意之际,将乙价值12 000元的项链一把抓走,然后逃跑。跑了50米之后,甲以为乙的项链根本不值钱,就转身回来,跑到乙跟前,打了乙两耳光,并说“出来混,也不知道戴条好项链”,然后将项链扔给乙。对甲的行为,应当如何定性?( )

A. 抢夺罪(未遂)

B. 抢夺罪(中止)

C. 抢夺罪(既遂)

D. 抢劫罪(转化型抢劫)

3.(2016年司法考试卷二第2题)关于因果关系的认定,下列哪一选项是正确的?( )

A. 甲重伤,王某致其昏迷。乞丐目睹一切,在甲离开后取走王某的财物。甲的行为与王某的财产损失有因果关系

B. 乙纠集他人持凶器砍杀李某,将李某逼至江边,李某无奈跳江被淹死。乙的行为与李某的死亡无因果关系

C. 丙酒后开车被查。交警指挥丙停车不当,致石某的车撞上丙车,石某身亡。丙的行为与石某死亡无因果关系

D. 丁敲诈勒索陈某。陈某给丁汇款时,误将3万元汇到另一诈骗犯账户中。丁的行为与陈某的财产损失无因果关系

4.(2014年司法考试卷二第9题)甲架好枪支准备杀乙,见已患绝症的乙踉跄走来,顿觉可怜,认为已无杀害必要。甲收起枪支,但不小心触动扳机,乙中弹死亡。关于甲的行为定性,下列哪一选项是正确的?( )

A. 仅构成故意杀人罪(既遂)

B. 仅构成过失致人死亡罪

C. 构成故意杀人罪(中止)、过失致人死亡罪

D. 构成故意杀人罪(未遂)、过失致人死亡罪

5.(2015年司法考试卷二第17题)李某乘正在遛狗的老妇人王某不备,抢下王某装有4 000元现金的手包就跑。王某让名贵的宠物狗追咬李某。李某见状,在距王某50米处转身将狗踢死后逃离。王某眼见一切,因激愤致心脏病发作而亡。关于本案,下列哪一选项是正确的?( )

A. 李某将狗踢死,属事后抢劫中的暴力行为

B. 李某将狗踢死,属对王某以暴力相威胁

C. 李某的行为满足事后抢劫的当场性要件

D. 对李某的行为应整体上评价为抢劫罪

6.(2015年司法考试卷二第9题)15周岁的甲非法侵入某尖端科技研究所的计算机信息系统,18周岁的乙对此知情,仍应甲的要求

为其编写侵入程序。关于本案,下列哪一选项是错误的?(　　)

A. 如认为责任年龄、责任能力不是共同犯罪的成立条件,则甲、乙成立共犯

B. 如认为甲、乙成立共犯,则乙成立非法侵入计算机信息系统罪的从犯

C. 不管甲、乙是否成立共犯,都不能认为乙成立非法侵入计算机信息系统罪的间接正犯

D. 由于甲不负刑事责任,对乙应按非法侵入计算机信息系统罪的片面共犯论处

7.(2015年司法考试卷二第16题)甲以伤害故意砍乙两刀,随即心生杀意又砍两刀,但四刀中只有一刀砍中乙并致其死亡,且无法查明由前后四刀中的哪一刀造成死亡。关于本案,下列哪一选项是正确的?(　　)

A. 不管是哪一刀造成致命伤,都应认定为一个故意杀人罪既遂

B. 不管是哪一刀造成致命伤,只能分别认定为故意伤害罪既遂与故意杀人罪未遂

C. 根据日常生活经验,应推定是后两刀中的一刀造成致命伤,故应认定为故意伤害罪未遂与故意杀人罪既遂

D. 根据存疑时有利于被告人的原则,虽可分别认定为故意伤害罪未遂与故意杀人罪未遂,但杀人与伤害不是对立关系,故可按故意伤害(致死)罪处理本案

8.(2016年司法考试卷二第13题)陈某欲制造火车出轨事故,破坏轨道时将螺栓砸飞,击中在附近玩耍的幼童,致其死亡。陈某的行为被及时发现,未造成火车倾覆、毁坏事故。关于陈某的行为性质,下列哪一选项是正确的?(　　)

A. 构成破坏交通设施罪的结果加重犯

B. 构成破坏交通设施罪的基本犯与故意杀人罪的想象竞合犯

C. 构成破坏交通设施罪的基本犯与过失致人死亡罪的想象竞合犯

D. 构成破坏交通设施罪的结果加重犯与过失致人死亡罪的想象竞合犯

9.(2014年司法考试卷二第19题)乙购物后,将购物小票随手扔在超市门口。甲捡到小票,立即拦住乙说:“你怎么把我购买的东西拿走?”乙莫名其妙,甲便向乙出示小票,两人发生争执。适逢交警丙路过,乙请丙判断是非,丙让乙将商品还给甲,有口难辩的乙只好照办。关于本案的分析(不考虑数额),下列哪一选项是错误的?(　　)

A. 如认为交警丙没有处分权限,则甲的行为不成立诈骗罪

B. 如认为盗窃必须表现为秘密窃取,则甲的行为不成立盗窃罪

C. 如认为抢夺必须表现为乘人不备公然夺取,则甲的行为不成立抢夺罪

D. 甲虽未实施恐吓行为,但如乙心生恐惧而交出商品的,甲的行为构成敲诈勒索罪

10.(2014年司法考试卷二第21题)交警甲和无业人员乙勾结,让乙告知超载司机“只交罚款一半的钱,即可优先通行”;司机交钱后,乙将交钱司机的车号报给甲,由在高速路口执勤的甲放行。二人利用此法共得32万元,乙留下10万元,余款归甲。关于本案的分析,下列哪一选项是错误的?(　　)

A. 甲、乙构成受贿罪共犯

B. 甲、乙构成贪污罪共犯

C. 甲、乙构成滥用职权罪共犯

D. 乙的受贿数额是32万元

二、多项选择题

1.(2016年司法考试卷二第52题)甲、乙

共同对丙实施严重伤害行为时，甲误打中乙致乙重伤，丙乘机逃走。关于本案，下列哪些选项是正确的？（ ）

A. 甲的行为属打击错误，按照具体符合说，成立故意伤害罪既遂

B. 甲的行为属对象错误，按照法定符合说，成立故意伤害罪既遂

C. 甲误打中乙属偶然防卫，但对丙成立故意伤害罪未遂

D. 不管甲是打击错误、对象错误还是偶然防卫，乙都不可能成立故意伤害罪既遂

2.（2014年司法考试卷二第54题）下列哪些选项中甲属于犯罪未遂？（ ）

A. 甲让行贿人乙以乙的名义办理银行卡，存入50万元，乙将银行卡及密码交给甲。甲用该卡时，忘记密码，不好意思再问乙。后乙得知甲被免职，将该卡挂失取回50万元

B. 甲、乙共谋傍晚杀丙，甲向乙讲解了杀害丙的具体方法。傍晚乙如约到达现场，但甲却未去。乙按照甲的方法杀死丙

C. 乙欲盗窃汽车，让甲将用于盗窃汽车的钥匙放在乙的信箱。甲同意，但错将钥匙放入丙的信箱，后乙用其他方法将车盗走

D. 甲、乙共同杀害丙，以为丙已死，甲随即离开现场。一个小时后，乙在清理现场时发现丙未死，持刀杀死丙

3.（2015年司法考试卷二第55题）关于故意与违法性的认识，下列哪些选项是正确的？（ ）

A. 甲误以为买卖黄金的行为构成非法经营罪，仍买卖黄金，但事实上该行为不违反《刑法》。甲有犯罪故意，成立犯罪未遂

B. 甲误以为自己盗窃枪支的行为仅成立盗窃罪。甲对《刑法》规定存在认识错误，因而无盗窃枪支罪的犯罪故意，对甲的量刑不能重于盗窃罪

C. 甲拘禁吸毒的陈某数日。甲认识到其行为剥夺了陈某的自由，但误以为《刑法》不禁止普通公民实施强制戒毒行为。甲有犯罪故意，应以非法拘禁罪追究刑事责任

D. 甲知道自己的行为有害，但不知是否违反《刑法》，遂请教中学语文教师乙，被告知不违法后，甲实施了该行为。但事实上《刑法》禁止该行为。乙的回答不影响甲成立故意犯罪

4.（2015年司法考试卷二第62题）甲与乙（女）2012年开始同居，生有一子丙。甲、乙虽未办理结婚登记，但以夫妻名义同居，周围群众公认二人是夫妻。对甲的行为，下列哪些分析是正确的？（ ）

A. 甲长期虐待乙，构成虐待罪

B. 甲伤害丙（致丙轻伤）时，乙不阻止的，乙构成不作为的故意伤害罪

C. 甲如与丁（女）领取结婚证后，不再与乙同居，也不抚养丙的，可能构成遗弃罪

D. 甲如与丁领取结婚证后，不再与乙同居，某日采用暴力强行与乙性交的，构成强奸罪

5.（2016年司法考试卷二第54题）关于罪数，下列哪些选项是正确的（不考虑数额或情节）？（ ）

A. 甲使用变造的货币购买商品，触犯使用假币罪与诈骗罪，构成想象竞合犯

B. 乙走私毒品，又走私假币构成犯罪的，以走私毒品罪和走私假币罪实行数罪并罚

C. 丙先后三次侵入军人家中盗窃军人制服，后身穿军人制服招摇撞骗。对丙

应按牵连犯从一重罪处罚

D. 丁明知黄某在网上开设赌场，仍为其提供互联网接入服务。丁触犯开设赌场罪与帮助信息网络犯罪活动罪，构成想象竞合犯

6.（2016年司法考试卷二第58题）关于侵犯公民人身权利罪的认定，下列哪些选项是正确的？（　　）

A. 甲征得17周岁的夏某同意，摘其一个肾脏后卖给他人，所获3万元全部交给夏某。甲的行为构成故意伤害罪

B. 乙将自己1岁的女儿出卖，获利6万元用于赌博。对乙出卖女儿的行为，应以遗弃罪追究刑事责任

C. 丙为索债将吴某绑于地下室。吴某挣脱后，驾车离开途中发生交通事故死亡。丙的行为不属于非法拘禁致人死亡罪

D. 丁和朋友为寻求刺激，在大街上追逐、拦截两位女生。丁的行为构成强制侮辱罪

7.（2015年司法考试卷二第60题）关于追诉时效，下列哪些选项是正确的？（　　）

A. 甲犯劫持航空器罪，即便经过30年，也可能被追诉

B. 乙于2013年1月10日挪用公款5万元用于结婚，2013年7月10日归还。对乙的追诉期限应从2013年1月10日起计算

C. 丙于2000年故意轻伤李某，直到2008年李某才报案，但公安机关未立案。2014年，丙因他事被抓。不能追诉丙故意伤害的刑事责任

D. 丁与王某共同实施合同诈骗犯罪。在合同诈骗罪的追诉期届满前，王某单独实施抢夺罪。对丁合同诈骗罪的追诉时效，应从王某犯抢夺罪之日起计算

8.（2014年司法考试卷二第61题）甲的下列哪些行为成立帮助毁灭证据罪（不考虑情节）？（　　）

A. 甲、乙共同盗窃了丙的财物。为防止公安人员提取指纹，甲在丙报案前擦掉了两人留在现场的指纹

B. 甲、乙是好友。乙的重大贪污罪行被丙发现。甲是丙的上司，为防止丙作证，乙将丙派往境外工作

C. 甲得知乙放火致人死亡后未清理现场痕迹，便劝说乙回到现场毁灭证据

D. 甲经过犯罪嫌疑人乙的同意，毁灭了对乙有利的无罪证据

9.（2014年司法考试卷二第62题）根据《刑法》与司法解释的规定，国家工作人员挪用公款进行营利活动、数额达到1万元或者挪用公款进行非法活动、数额达到5 000元的，以挪用公款罪论处。国家工作人员甲利用职务便利挪用公款1.2万元，将8 000元用于购买股票、4 000元用于赌博，在1个月内归还1.2万元。关于本案的分析，下列哪些选项是错误的？（　　）

A. 对挪用公款的行为，应按用途区分行为的性质与罪数；甲实施了两个挪用行为，对两个行为不能综合评价，甲的行为不成立挪用公款罪

B. 甲虽只实施了一个挪用公款行为，但由于既未达到挪用公款进行营利活动的数额要求，也未达到挪用公款进行非法活动的数额要求，故不构成挪用公款罪

C. 国家工作人员购买股票属于非法活动，故应认定甲属于挪用公款1.2万元进行非法活动，甲的行为成立挪用公款罪

D. 可将赌博行为评价为营利活动，认定

甲属于挪用公款1.2万元进行营利活动，故甲的行为成立挪用公款罪

10.（2016年司法考试卷二第63题）关于渎职犯罪，下列哪些选项是正确的？（　　）

A. 县财政局副局长秦某工作时擅离办公室，其他办公室人员操作电炉不当，触电身亡并引发大火将办公楼烧毁。秦某触犯玩忽职守罪

B. 县卫计局执法监督大队队长武某，未能发现何某在足疗店内非法开诊所行医，该诊所开张三天即造成一患者死亡。武某触犯玩忽职守罪

C. 负责建房审批工作的干部柳某，徇情为拆迁范围内违规修建的房屋补办了建设许可证，房主凭此获得补偿款90万元。柳某触犯滥用职权罪

D. 县长郑某擅自允许未经环境评估的水电工程开工，导致该县水域内濒危野生鱼类全部灭绝。郑某触犯滥用职权罪

三、不定项选择题

（一）

（事实一）甲将私家车借给无驾照的乙使用。乙夜间驾车与其叔丙出行，途中遇刘某过马路，不慎将其撞成重伤，车辆亦受损。丙下车查看情况，对乙谎称自己留下打电话叫救护车，让乙赶紧将车开走。乙离去后，丙将刘某藏匿在草丛中离开。刘某因错过抢救时机身亡。

（事实二）为逃避刑事责任，乙找到有驾照的丁，让丁去公安机关“自首”，谎称案发当晚是丁驾车。丁照办。公安机关找甲取证时，甲想到若说是乙造成事故，自己作为被保险人就无法从保险公司获得车损赔偿，便谎称当晚将车借给了丁。

（事实三）后甲找到在私营保险公司当定损员的朋友陈某，告知其真相，请求其帮忙向保险公司申请赔偿。陈某遂向保险公司报告说是丁驾车造成事故，并隐瞒其他不利于甲的事实。甲顺利获得7万元保险赔偿。

请回答第1—3题（2016年司法考试试卷二第86—88题）。

1. 关于事实一的分析，下列选项正确的是（　　）。

A. 乙交通肇事后逃逸致刘某死亡，构成交通肇事逃逸致人死亡

B. 乙交通肇事且致使刘某死亡，构成交通肇事罪与过失致人死亡罪，数罪并罚

C. 丙与乙都应对刘某的死亡负责，构成交通肇事罪的共同正犯

D. 丙将刘某藏匿致使其错过抢救时机身亡，构成故意杀人罪

2. 关于事实二的分析，下列选项错误的是（　　）。

A. 伪证罪与包庇罪是相互排斥的关系，甲不可能既构成伪证罪又构成包庇罪

B. 甲的主观目的在于骗取保险金，没有妨害司法的故意，不构成妨害司法罪

C. 乙唆使丁代替自己承担交通肇事的责任，就此构成教唆犯

D. 丁的“自首”行为干扰了司法机关的正常活动，触犯包庇罪

3. 关于事实三的分析，下列选项正确的是（　　）。

A. 甲对发生的保险事故编造虚假原因，骗取保险金，触犯保险诈骗罪

B. 甲既触犯保险诈骗罪，又触犯诈骗罪，由于两罪性质不同，应数罪并罚

C. 陈某未将保险金据为己有，因欠缺非法占有目的不构成职务侵占罪

D. 陈某与甲密切配合，骗取保险金，两人构成保险诈骗罪的共犯

（二）

甲送给国有收费站站长吴某3万元，与其约定：甲在高速公路另开出口帮货车司机逃费，吴某想办法让人对此不予查处，所得由二人分成。后甲组织数十人，锯断高速公路一侧隔离栏、填平隔离沟(恢复原状需3万元)，形成一条出口。路过的很多货车司机知道经过收费站要收300元，而给甲100元即可绕过收费站继续前行。甲以此方式共得款30万元，但骗吴某仅得20万元，并按此数额分成。

请回答第4—6题(2015年司法考试试卷二第86—88题)。

4. 关于甲锯断高速公路隔离栏的定性，下列分析正确的是(　　)。

A. 任意损毁公私财物，情节严重，应以寻衅滋事罪论处

B. 聚众锯断高速公路隔离栏，成立聚众扰乱交通秩序罪

C. 锯断隔离栏的行为，即使得到吴某的同意，也构成故意毁坏财物罪

D. 锯断隔离栏属破坏交通设施，在危及交通安全时，还触犯破坏交通设施罪

5. 关于甲非法获利的定性，下列分析正确的是(　　)。

A. 擅自经营收费站收费业务，数额巨大，构成非法经营罪

B. 即使收钱时冒充国有收费站工作人员，也不构成招摇撞骗罪

C. 未使收费站工作人员基于认识错误免收司机过路费，不构成诈骗罪

D. 骗吴某仅得20万元的行为，构成隐瞒犯罪所得罪

6. 围绕吴某的行为，下列论述正确的是(　　)。

A. 利用职务上的便利侵吞本应由收费站收取的费用，成立贪污罪

B. 贪污数额为30万元

C. 收取甲3万元，利用职务便利为甲谋利益，成立受贿罪

D. 贪污罪与受贿罪成立牵连犯，应从一重罪处断

(三)

甲在强制戒毒所戒毒时，无法抗拒毒瘾，设法逃出戒毒所。甲径直到毒贩陈某家，以赊账方式买了少量毒品过瘾。后甲逃往乡下，告知朋友乙详情，请乙收留。乙让甲住下(事实一)。甲对陈某的毒品动起了歪脑筋，探知陈某将毒品藏在厨房灶膛内。某夜，甲先用毒包子毒死陈某的2条看门狗(价值6 000元)，然后翻进陈某院墙，从厨房灶膛拿走陈某50克纯冰毒(事实二)。甲拿出40克冰毒，让乙将40克冰毒和80克其他物质混合，冒充120克纯冰毒卖出(事实三)。

请回答第7—9题(2014年司法考试试卷二第89—91题)。

7. 关于事实一，下列选项正确的是(　　)。

A. 甲是依法被关押的人员，其逃出戒毒所的行为构成脱逃罪

B. 甲购买少量毒品是为了自吸，购买毒品的行为不构成犯罪

C. 陈某出卖毒品给甲，虽未收款，仍属于贩卖毒品既遂

D. 乙收留甲的行为构成窝藏罪

8. 关于事实二的判断，下列选项正确的是(　　)。

A. 甲翻墙入院从厨房取走毒品的行为，属于入户盗窃

B. 甲进入陈某厨房的行为触犯非法侵入住宅罪

C. 甲毒死陈某看门狗的行为是盗窃预备与故意毁坏财物罪的想象竞合

D. 对甲盗窃50克冰毒的行为，应以盗窃罪论处，根据盗窃情节轻重量刑

9. 关于事实三的判断，下列选项正确的是

(   )。

A. 甲让乙卖出冰毒应定性为甲事后处理所盗赃物，对此不应追究甲的刑事责任

B. 乙将40克冰毒掺杂、冒充120克纯冰毒卖出的行为，符合诈骗罪的构成要件

C. 甲、乙既成立诈骗罪的共犯，又成立贩卖毒品罪的共犯

D. 乙在冰毒中掺杂使假，不构成制造毒品罪

四、名词解释

1.（华东政法大学2017年考研真题）不作为

2.（华东政法大学2017年考研真题）意外事件

3.（中国政法大学2017年考研真题）行贿罪

4.（华东政法大学2017年考研真题）转化型抢劫

5.（吉林大学2017年考研真题）犯罪中止与犯罪未遂

五、简答题

1.（华东政法大学2017年考研真题）简述罪刑法定原则的派生原则。

2.（中南财经政法大学2017年考研真题）简述间接故意的概念、特征及类型。

3.（西北政法大学2017年考研真题）简述紧急避险的成立条件。

4.（中南财经政法大学2017年考研真题）简述寻衅滋事罪的客观行为方式。

5.（中国政法大学2017年考研真题）简述侵犯公民个人信息罪的概念与构成要件。

六、论述题

1.（华东政法大学2017年考研真题）论犯罪预备、犯罪未遂、犯罪中止的异同。

2.（吉林大学2017年考研真题）论虚假诉讼罪。

七、案例分析题

（2016年司法考试卷四第2题）赵某与钱某原本是好友，赵某受钱某之托，为钱某保管一幅名画（价值800万元）达3年之久。某日，钱某来赵某家取画时，赵某要求钱某支付10万元保管费，钱某不同意。赵某突然起了杀意，为使名画不被钱某取回进而据为己有，用花瓶猛砸钱某的头部，钱某头部受重伤后昏倒，不省人事。赵某以为钱某已经死亡。刚好此时，赵某的朋友孙某来访。赵某向孙某说：“我摊上大事了”，要求孙某和自己一起将钱某的尸体埋在野外，孙某同意。

二人一起将钱某抬至汽车的后座，由赵某开车，孙某坐在钱某身边。开车期间，赵某不断地说“真不该一时冲动”，“悔之晚矣”。其间，孙某感觉钱某身体动了一下，仔细察看，发现钱某并没有死。但是，孙某未将此事告诉赵某。到野外后，赵某一人挖坑并将钱某埋入地下（致钱某窒息身亡），孙某一直站在旁边没做什么，只是反复催促赵某动作快一点。

一个月后，孙某对赵某说：“你做了一件对不起朋友的事，我也做了一件对不起朋友的事。你将那幅名画给我，否则向公安机关揭发你的杀人罪行。”三日后，赵某将一幅赝品（价值8 000元）交给孙某。孙某误以为是真品，以600万元的价格卖给李某。李某发现自己购买了赝品，向公安机关告发孙某，导致案发。

1. 关于赵某杀害钱某以便将名画据为己有这一事实，可能存在哪几种处理意见？各自的理由是什么？

2. 关于赵某以为钱某已经死亡，为毁灭罪证而将钱某活埋导致其窒息死亡这一事实，可能存在哪几种主要处理意见？各自的理由是

什么？

3. 孙某对钱某的死亡构成何罪(说明理由)？是成立间接正犯还是成立帮助犯(从犯)？

4. 孙某向赵某索要名画的行为构成何罪(说明理由)？关于法定刑的适用与犯罪形态的认定，可能存在哪几种观点？

5. 孙某将赝品出卖给李某的行为是否构成犯罪？为什么？

综合案例题

【案例一】

李某(15 岁)与张某(19 岁)是好朋友,二人为了过瘾、兜风,曾偷开他人汽车,但后将车送回。一次,偷开他人车辆之后,二人因醉酒并在争夺方向盘时,将一骑自行车的老大爷撞成重伤。二人心里害怕,不敢回家,开车逃到外地,不慎将车丢失。但是很快就将身上的钱花光,于是二人商量如何能弄到钱花。翌日,二人在路上看见杨某挎着一个精致小包,于是猛地将包夺走。杨某猝不及防而摔倒,但是爬起来之后,继续追赶,二人遂对杨某拳打脚踢,造成杨某小腿骨折。李某与张某内心十分惶恐,后来与家人联系,被家人带到公安局投案自首,并对以上事实供认不讳。

本案例选自北京万国学校一线授课老师编订:《2007 年国家司法考试新航向系列最后冲刺模拟试题》,人民法院出版社 2007 年版。

【问题聚焦】

李某和张某的行为是否构成犯罪,应如何定罪量刑?

【法律剖析】

(1)李某与张某的共同行为

①根据《最高人民法院关于审理盗窃案件具体应用法律若干问题的解释》第 12 条第(4)项,李某与张某为了过瘾偷开他人车辆,将车辆送回的行为不构成犯罪。

②李某和张某抢夺杨某的包之后,又对杨某拳打脚踢,其行为构成抢劫罪,属于由抢夺转化而成的抢劫罪。

③根据《最高人民法院关于自首和立功具体应用法律若干问题的解释》第 1 条第(1)项的规定,并非出于犯罪嫌疑人主动,而是经亲友规劝、陪同投案的也应当视为自动投案。二人自动投案后,对事实供认不讳,构成自首,可以从轻或者减轻处罚。

(2)李某的行为认定

①李某对将老大爷撞伤的行为和将其车丢失的行为不负刑事责任,因为李某未满 16 周岁。

②根据《刑法》第 17 条规定,已满 14 周岁不满 16 周岁的人,犯故意杀人、故意伤害致人重伤或者死亡、强奸、抢劫、贩卖毒品、放火、爆炸、投毒罪的,应当负刑事责任。对于抢劫罪,由于李某已满 14 周岁,应当负刑事责任,对车辆的丢失不负刑事责任。根据该条第 3 款的规定,已满 14 周岁不满 18 周岁的人犯罪,应当从轻或减轻处罚。

(3)张某的行为认定

①根据《最高人民法院关于审理交通肇事刑事案件具体适用法律若干问题的解释》第 2 条的规定,交通肇事致一人以上重伤,负事故全部或主要责任,并有下列情形之一的,以交通肇事罪定罪处罚:a. 酒后、吸食毒品后驾驶机动车辆的;b. 无驾驶资格驾驶机动车辆的;……因此,将老大爷撞伤的行为构成交通肇事罪。

②根据《最高人民法院关于审理盗窃案件具体应用法律若干问题的解释》第 12 条,多次偷开车辆后,又将车丢失的,以盗窃罪定罪处罚。

③对张某应当以交通肇事罪、盗窃罪、抢

劫罪数罪并罚。

【法条链接】

《中华人民共和国刑法》

第 17 条　已满 16 周岁的人犯罪，应当负刑事责任。

已满 14 周岁不满 16 周岁的人，犯故意杀人、故意伤害致人重伤或者死亡、强奸、抢劫、贩卖毒品、放火、爆炸、投毒罪的，应当负刑事责任。

已满 14 周岁不满 18 周岁的人犯罪，应当从轻或减轻处罚。

因不满 16 周岁不予刑事处罚的，责令他的家长或者监护人加以管教；在必要的时候，也可以由政府收容教养。

第 67 条第 1 款　犯罪以后自动投案，如实供述自己的罪行的，是自首。对于自首的犯罪分子，可以从轻或者减轻处罚。其中，犯罪较轻的，可以免除处罚。

第 269 条　犯盗窃、诈骗、抢夺罪，为窝藏赃物、抗拒抓捕或者毁灭罪证而当场使用暴力或者以暴力相威胁的，依照本法第 263 条的规定定罪处罚。

《最高人民法院关于审理盗窃案件具体应用法律若干问题的解释》

第 12 条第(4)项　为练习开车、游乐等目的，多次偷开机动车辆，并将机动车辆丢失的，以盗窃罪定罪处罚；在偷开机动车辆过程中发生交通肇事构成犯罪，又构成其他罪的，应当以交通肇事罪和其他罪实行数罪并罚；偷开机动车辆造成车辆损坏的，按照《刑法》第 275 条的规定定罪处罚；偶尔偷开机动车辆，情节轻微的，可以不认为是犯罪。

《最高人民法院关于自首和立功具体应用法律若干问题的解释》

第 1 条第(1)项　并非出于犯罪嫌疑人主动，而是经亲友规劝、陪同投案的；公安机关通知犯罪嫌疑人的亲友，或者亲友主动报案后，将犯罪嫌疑人送去投案的，也应当视为自动投案。

《最高人民法院关于审理交通肇事刑事案件具体适用法律若干问题的解释》

第 2 条　交通肇事致 1 人以上重伤，负事故全部或主要责任，并有下列情形之一的，以交通肇事罪定罪处罚：(一)酒后、吸食毒品后驾驶机动车辆的；(二)无驾驶资格驾驶机动车辆的；(三)明知是安全装置不全或者安全机件失灵的机动车辆而驾驶的；(四)明知是无牌证或者已报废的机动车辆而驾驶的；(五)严重超载驾驶的；(六)为逃避法律追究逃离事故现场的。

【案例二】

1987 年 7 月，王某因实施暴力强奸而被人民法院依法以强奸罪判处有期徒刑 15 年。后其服刑表现不错，1999 年 7 月被假释。2001 年 3 月的一天，王某盗窃一辆汽车(价值 8 万元)而未被发现。2003 年 4 月，王某因参与以传播“非典”相威胁敲诈某市多所高校钱财的行为而被逮捕，其后交代了自己在假释考验期限内盗窃汽车的行为。

本案例来源于中顾常年顾问网：《法律经典案例》，http://news.9ask.cn/cngw/rmzt/200910/256164.html，最后访问日期：2017 年 7 月 30 日。

【问题聚焦】

(1)对王某适用假释是否合法？为什么？

(2)对王某是否还需要撤销假释？为什么？

(3)对王某上述盗窃行为应如何处理？

(4)对王某上述敲诈高校钱财的行为应如何处理？

(5)对王某最后的刑罚应当如何确定？

(6)假设王某在假释考验期间并没有实施

新的犯罪行为，而表现正常。2003年4月，其因参与以传播“非典”相威胁敲诈某市多所高校钱财行为而被逮捕，在侦查羁押期间发现王某其实真实姓名为“汪某”，因为在1981年的元月份曾经实施了一起重大恶性爆炸案件，公安机关在全省发布通缉令而成为被通缉重大犯罪嫌疑人，为了逃避侦查而改名为“王某”。请问：在此种情形下对其依法如何处理？为什么？

【法律剖析】

(1)对王某适用是合法的。因为对王某暴力强奸行为定罪量刑的活动发生在1997年刑法实施之前，根据刑法时间效力(“从旧兼从轻”原则)，对该暴力犯是可以适用假释的。(根据1997年最高人民法院《关于刑法时间效力问题的若干规定》第8条)。

(2)需要撤销假释。因为其在假释期间又犯了新罪，根据《刑法》第86条第1款的规定，应当撤销假释(犯新罪的时间有限定即假释考验期间内，但发现该新罪的时间原则上并无时间限定)。

(3)该盗窃罪发现的时候并没有超过追诉时效，故应当定罪处罚，但同时要考虑王某对该盗窃罪有自首表现，依法可以从轻或者减轻处罚。

(4)王某利用传播“非典”敲诈高校钱财构成敲诈勒索罪，而且是在假释期满后不久，构成累犯，依法从重处罚。

(5)撤销假释后，将强奸罪剩余的3年有期徒刑同盗窃罪、敲诈勒索罪实行并罚，其中，对盗窃罪要考虑因自首而依法从轻或减轻处罚，但对敲诈勒索要考虑属于累犯而依法从重处罚。

(6)在此情形下依然应当追究其爆炸罪的刑事责任。因为该犯罪行为已经被司法机关采取强制措施，而犯罪嫌疑人王某逃避侦查的，依法不受追诉时效期限的限制。此时，应以爆炸罪同敲诈勒索罪实行并罚(因为爆炸罪属于漏罪而且不是在假释考验期限内发生，故假释不能撤销)。

【法条链接】

《中华人民共和国刑法》

第12条　中华人民共和国成立以后本法施行以前的行为，如果当时的法律不认为是犯罪的，适用当时的法律；如果当时的法律认为是犯罪的，依照本法总则第四章第八节的规定应当追诉的，按照当时的法律追究刑事责任，但是如果本法不认为是犯罪或者处刑较轻的，适用本法。

本法施行以前，依照当时的法律已经作出生效判决，继续有效。

第65条　被判处有期徒刑以上刑罚的犯罪分子，刑罚执行完毕或者赦免以后，在5年以内再犯应当判处有期徒刑以上刑罚之罪的，是累犯，应当从重处罚，但是过失犯罪和不满18周岁的人犯罪的除外。

前款规定的期限，对于被假释的犯罪分子，从假释期满之日起计算。

第67条　犯罪以后自动投案，如实供述自己的罪行的，是自首。对于自首的犯罪分子，可以从轻或者减轻处罚。其中，犯罪较轻的，可以免除处罚。

被采取强制措施的犯罪嫌疑人、被告人和正在服刑的罪犯，如实供述司法机关还未掌握的本人其他罪行的，以自首论。

犯罪嫌疑人员不具有前两款规定的自首情节，但是如何供述自己罪行的，可以从轻处罚；因其如实供述自己罪行的，避免特别严重后果发生的，可以减轻处罚。

第81条　被判处有期徒刑的犯罪分子，执行原判刑期1/2以上；被判处无期徒刑的犯罪分子，实际执行13年以上，如果认真遵守监规，接受教育改造，确有悔改表现，没有再犯罪的危险的，可以假释。如果有特殊情况，经最高人民法院核准，可以不受上述执行刑期的限制。

对累犯以及因故意杀人、强奸、抢劫、绑架、放火、爆炸、投放危险物质或者有组织的暴力性犯罪被判处10年以上有期徒刑、无期徒刑的犯罪分子，不得假释。

对犯罪分子决定假释时，应当考虑其假释后对所居住社区的影响。

第86条　被假释的犯罪分子，在假释考验期限内犯新罪，应当撤销假释，依照本法第71条的规定实行数罪并罚。

在假释考验期限内，发现被假释的犯罪分子在判决宣告以前还有其他罪没有判决的，应当撤销假释，依照本法第70条的规定实行数罪并罚。

被假释的犯罪分子，在假释考验期限内，有违反法律、行政法规或者国务院有关部门关于假释的监督管理规定的行为，尚未构成新的犯罪的，应当依照法定程序撤销假释，收监执行未执行完毕的刑罚。

第88条　在人民检察院、公安机关、国家安全机关立案侦查或者在人民法院受理案件以后，逃避侦查或者审判的，不受追诉期限的限制。

被害人在追诉期限内提出控告，人民法院、人民检察院、公安机关应当立案而不予立案的，不受追诉期限的限制。

【案例三】

姜某于10月21日在商场闲逛时，正好遇到在门市部任售货员的高中同学金某。姜某看货架上摆满了高档电器，遂起盗窃之心。姜某对金某说："没想到这儿东西还挺多！"金某漫不经心地说："还行！"当晚，姜某到金家，密谋盗窃某商场门市的电器一事。金某开始不太同意，后来在姜某的鼓动下终于同意了，并让姜某上心点，准备充分点。第四天晚12点多，姜某、金某撬开商场后，偷得电器数十件，价值3万余元。在逃离现场时，金某为破坏现场，从柜台里拿出一个电炉插上，并在上面扔了一个纸箱子。在逃跑的路上，金某说："我把电炉插上了。"姜未吱声，事后才知道电炉是为了放火。当夜，该商场被火烧毁。

本案例来源于精品学习网，http://www.51edu.com/zhiye/2008/1216/article_158621.html，最后访问日期：2017年7月30日。

【问题聚焦】

(1)姜某构成什么罪？金某构成什么罪？两人之间有无属于共同犯罪的行为？

(2)如果当时姜某看金某将电炉插上，并问金某："干吗？"金某回答："破坏现场呀！"姜某夸道："还是你老兄厉害。"接着两人离开现场，大火烧毁了该门市部，此时，姜某与金某的行为如何定性？

(3)如果金某在插电炉时，姜某并不知道，只是站在商场大门处等姜某出来。此时，正巧该门市部主任到市场有事，看见姜某站在该市场门口，身边一大堆电器且商场的后门半开着，便查问姜某："你在这儿干什么？"姜某很害怕，操起事先准备好的铁棍朝商场主任头上砸去，主任当即倒地。后经查验，主任为重度脑震荡。金某放火后与姜某匆匆带着赃物逃离了现场。综观全案，姜某、金某各构成什么罪？

【法律剖析】

(1)姜某的行为构成盗窃罪。金某构成盗窃罪和放火罪。姜某和金某为盗窃的共同故意，并共同实施了盗窃电器的行为，因而是共同犯盗窃罪。而金某在放火时，并没有与姜某商量，他们之间没有共同的放火犯罪故意，而且姜某也没有实施放火行为，所以姜某不能构成放火罪的共犯。

(2)姜某、金某应构成共同犯罪，构成共同放火罪和共同盗窃罪。因为二人有共同的犯罪故意,并且有协同一致的犯罪行为。

(3)姜某构成抢劫罪,金某构成盗窃罪和放火罪。

【法条链接】

《中华人民共和国刑法》

第25条　共同犯罪是指二人以上共同故意犯罪。

二人以上共同过失犯罪,不以共同犯罪论处;应当负刑事责任的,按照他们所犯的罪分别处罚。

第114条　放火,决水,爆炸,投放毒害性、放射性、传染病病原体等物质或者以其他危险方法危害公共安全,尚未造成严重后果的,处3年以上10年以下有期徒刑。

第263条　以暴力、胁迫或者其他方法抢劫公私财物的,处3年以上10年以下有期徒刑,并处罚金;有下列情形之一的,处10年以上有期徒刑、无期徒刑或者死刑,并处罚金或者没收财产:

(一)入户抢劫的;(二)在公共交通工具上抢劫的;(三)抢劫银行或者其他金融机构的;(四)多次抢劫或者抢劫数额巨大的;(五)抢劫致人重伤、死亡的;(六)冒充军警人员抢劫的;(七)持枪抢劫的;(八)抢劫军用物资或者抢险、救灾、救济物资的。

第264条　盗窃公私财物,数额较大或者多次盗窃,入户盗窃,携带凶器盗窃、扒窃的,处3年以下有期徒刑、拘役或者管制,并处或者单处罚金;数额巨大或者有其他严重情节的,处3年以上10年以下有期徒刑,并处罚金;数额特别巨大或者有其他特别严重情节的,处10年以上有期徒刑或者无期徒刑,并处罚金或者没收财产。

【案例四】

被告人李某,男,32岁,某单位汽车司机。被告人李某于2002年8月17日上午11时,同装卸工刘某、王某三人驾驶解放大卡车由某乡向市里送货。车超速行驶,当开到某乡政府的十字路口时,将前方同方向骑车的季某、韩某连人带车撞出20多米,造成两人重伤(后因抢救不及时,于送医院途中死亡)。被告人见撞人后,为了逃避罪责,非但不停车抢救被害人、保护肇事现场、听候处理,反而继续加速行驶逃跑。一出租车司机看到此情景后,驾车追赶,并示意其立即停车,但李某对此根本不予理会。当跑出大约3公里到市郊一农贸市场附近时,路上的人很多。被告人为摆脱该出租车,只顾逃跑,看到人多也不采取减速等措施,又把路边一骑车带着小孩的母女俩撞出12米多,小孩当即死亡,妇女撞成重伤,同时还撞伤在路边赶集的两位老人(重伤),后被公安机关在路口设卡堵截。

本案例来源于中国颍上网:《法制天地》,http://bbs.ahys.gov.cn/viewthread.php? tid=456533,最后访问日期:2017年7月30日。

【问题聚焦】

(1)被告人李某违章高速行驶将季某、韩某撞死的行为如何定性?

(2)被告人李某第二次高速行驶,连续撞死、撞伤他人的行为应如何论处?

(3)如李某在第一次撞人以后,正在犹豫是否应停车救人,而同车的装卸工刘某却极力让李某赶紧逃离现场,则刘某的行为是否构成犯罪?应当如何论处?

(4)假如李某第一次撞人后将季某、韩某搬到车上,行驶一段路程后见四周无人又将该二人搬下车,放到一个僻静的小树林里。后来,该二人因得不到救治而死亡。那么对李某的行为应当如何论处?

【法律剖析】

(1)李某并没有主观上的故意,属于过失

犯罪，应构成交通肇事罪。

(2)李某明知自己行为的危害性，为了逃避罪责，在农贸市场附近人数众多的情况下，仍然没有采取减速等措施，以致冲撞人群，造成重大的伤亡事故，主观恶性极大，应以危险的方法危害公共安全罪定罪量刑。

(3)根据最高人民法院于2000年11月15日颁布的《关于审理交通肇事刑事案件具体应用法律若干问题的解释》第5条第2款的规定：交通肇事后，单位主管人员、机动车辆所有人、承包人或者乘车人指使肇事人逃逸，致使被害人因得不到救助而死亡的，以交通肇事罪的共犯论处。刘某作为乘车人，在事故发生后，劝使李某逃离现场，致使被害人死亡，对刘某应当以交通肇事罪的共犯论处。

(4)这里是两个犯意、两个行为。前者应处以交通肇事罪，后来又将伤者移至偏僻的小树林，对伤者死亡后果持放任的态度，构成故意杀人罪，对李某应以交通肇事罪与故意杀人罪并罚。

【法条链接】

《中华人民共和国刑法》

第14条　明知自己的行为会发生危害社会的结果，并且希望或者放任这种结果发生，因而构成犯罪的，是故意犯罪。

故意犯罪，应当负刑事责任。

第15条　应当预见自己的行为可能发生危害社会的结果，因为疏忽大意而没有预见，或者已经预见而轻信能够避免，以致发生这种结果的，是过失犯罪。

过失犯罪，法律有规定的才负刑事责任。

第25条　共同犯罪是指二人以上共同故意犯罪。

二人以上共同过失犯罪，不以共同犯罪论处；应当负刑事责任的，按照他们所犯的罪分别处罚。

第133条　违反交通运输管理法规，因而发生重大事故，致人重伤、死亡或者使公私财产遭受重大损失的，处3年以下有期徒刑或者拘役；交通运输肇事后逃逸或者有其他特别恶劣情节的，处3年以上7年以下有期徒刑；因逃逸致人死亡的，处7年以上有期徒刑。

第232条　故意杀人的，处死刑、无期徒刑或者10年以上有期徒刑；情节较轻的，处3年以上10年以下有期徒刑。

最高人民法院2000年11月15日《关于审理交通肇事刑事案件具体应用法律若干问题的解释》

第5条　“因逃逸致人死亡”，是指行为人在交通肇事后为逃避法律追究而逃跑，致使被害人因得不到救助而死亡的情形。

交通肇事后，单位主管人员、机动车辆所有人、承包人或者乘车人指使肇事人逃逸，致使被害人因得不到救助而死亡的，以交通肇事罪的共犯论处。

【案例五】

曾经在某化工厂工作的甲辞职后，为销售自己组织生产的产品，于2000年1月成立了“A市汽车节能用油经销公司”。该公司以其生产的重油膨化剂在掺水使用时可以节油20%以上为由骗取购货方信任，销售其伪劣产品，先后向多家单位销售重油膨化剂100余吨，违法所得近400万元。经查，甲所在公司所售产品根本达不到其许诺的基本使用性能，热值低，发热量随着掺水量的增加而成比例下降，无节油效果。

此外，司法机关还查明：甲开办的A市汽车节能用油经销公司于2001年12月底缴纳税款50万元后，编造虚假材料骗取出口退税款120万元。

案例来源：法律教育网，载 http://www.chinalawedu.com/news/2004_8/5/0946439251.html，最后访问日期：2017年7月21日。

【问题聚焦】

(1)A市汽车节能用油经销公司的行为构成生产销售伪劣产品罪还是诈骗罪?

(2)A市汽车节能用油经销公司骗取出口退税款的行为应如何处理?

(3)本案属于单位犯罪还是自然人甲犯罪?

【法律剖析】

(1)A市汽车节能用油经销公司的行为构成生产销售伪劣产品罪。

根据《刑法》第140条的规定,生产、销售伪劣产品罪,是指在产品中掺杂、掺假,以假充真,以次充好或者以不合格产品冒充合格产品的行为。所有的伪劣产品,都是不符合产品质量标准的产品。A市汽车节能用油经销公司生产的重油膨化剂在没有国家标准、行业标准和地方标准时,应达到其许诺的使用性能,但其生产、销售的产品未达到其许诺的基本使用性能,应成立犯罪。在本案中,虽然该公司的行为有欺骗的成分存在,但是由于有基本的交易事实,其所销售的产品有一定的热值、有一定的发热量,所以从本质上看与诈骗罪中虚构交易事实、骗取财物的规定并不完全符合,所以不成立诈骗罪。

(2)A市汽车节能用油经销公司骗取出口退税款的行为应区别处理:根据《刑法》第204条第2款的规定,纳税人缴纳税款后,采取假报出口或者其他欺骗方法,骗取所缴纳的税款的,依照偷税罪定罪处罚;骗取出口退税款超过所缴纳的税款的,超过部分依照骗取出口退税罪定罪处罚。A市汽车节能用油经销公司于2001年12月底缴纳税款50万元后,编造虚假材料骗取出口退税款120万元,在这120万元中,50万元属于偷税罪的犯罪数额,其余70万元成立骗取出口退税罪。

(3)本案属于自然人甲,而不是单位犯罪。根据最高人民法院的有关司法解释:个人为进行违法犯罪活动而设立的公司、企事业单位实施犯罪的,或者公司、企事业单位设立后,以实施犯罪为主要活动的,不以单位犯罪论处。甲为销售自己组织生产的产品,于2000年1月成立了"A市汽车节能用油经销公司",该公司设立后,以实施生产、销售伪劣产品,骗取出口退税等犯罪为主要活动,所以不属于单位犯罪,而是甲个人犯罪。

【法条链接】

《中华人民共和国刑法》

第140条　生产者、销售者在产品中掺杂、掺假,以假充真,以次充好或者以不合格产品冒充合格产品,销售金额5万元以上不满20万元的,处2年以下有期徒刑或者拘役,并处或者单处销售金额50%以上2倍以下罚金;销售金额20万元以上不满50万元的,处2年以上7年以下有期徒刑,并处销售金额50%以上2倍以下罚金;销售金额50万元以上不满200万元的,处7年以上有期徒刑,并处销售金额50%以上2倍以下罚金;销售金额200万元以上的,处15年有期徒刑或者无期徒刑,并处销售金额50%以上2倍以下罚金或者没收财产。

第204条　以假报出口或者其他欺骗手段,骗取国家出口退税款,数额较大的,处5年以下有期徒刑或者拘役,并处骗取税款1倍以上5倍以下罚金;数额巨大或者有其他严重情节的,处5年以上10年以下有期徒刑,并处骗取税款1倍以上5倍以下罚金;数额特别巨大或者有其他特别严重情节的,处10年以上有期徒刑或者无期徒刑,并处骗取税款1倍以上5倍以下罚金或者没收财产。

纳税人缴纳税款后,采取前款规定的欺骗方法,骗取所缴纳的税款的,依照本法第201条的规定定罪处罚;骗取税款超过所缴纳的税款部分,依照前款的规定处罚。

最高人民法院《关于审理单位犯罪案件具

体应用法律有关问题的解释》

第二条　个人为进行违法犯罪活动而设立的公司、企事业单位实施犯罪的，或者公司、企事业单位设立后，以实施犯罪为主要活动的，不以单位犯罪论处。

【案例六】

2001年3月13日下午，陈某因曾揭发他人违法行为，被两名加害人报复砍伤。陈某逃跑过程中，两加害人仍不罢休，持刀追赶陈。途中，陈某多次拦车欲乘，均遭出租车司机拒载。当两加害人即将追上时，适逢一中年妇女丁某骑摩托车(价值9 000元)缓速行驶，陈某当即哀求丁某将自己带走，但也遭拒绝。眼见两加害人已经逼近，情急之下，陈某一手抓住摩托车，一手将丁某推下摩托车(丁某倒地，但未受伤害)，骑车逃走。陈某骑车至安全地方(离原地约2公里)停歇一会儿后，才想到摩托车怎么处理。陈某将摩托车尾部工具箱的锁撬开，发现内有现金3 000元和一张未到期的定期存单(面额2万元)。陈某顿生贪欲，将2 000元现金和存单据为已有，并将摩托车推至山下摔坏。几日后，陈某使用伪造的身份证在到期之前将存单中的2万元取出。此后逃往外地。

本案例选自：河南文中律师网，载 http://www.zzlvshi.cn/showarticle.asp? id = 830&sort=%CB%BE%B7%A8%BF%BC%CA%D4，最后访问日期：2018年7月22日。

【问题聚焦】

试分析陈某上述各行为的性质，并说明理由。

【法律剖析】

(1)陈某将丁某推下摩托车然后骑车逃走的行为属于紧急避险。陈某为了使本人的人身权利免受正在发生的危险，不得已给丁某造成损害，但该损害没有超过必要限度给丁某造成不应有的损害。

(2)陈某将丁某的3 000元现金和存折据为己有，以及使用伪造的身份证冒领存单中存款的行为构成盗窃罪。理由是：陈某见财起意，产生了非法占有的目的，具备盗窃罪的主观要件；陈某撬开工具箱取财的行为，具备秘密窃取数额较大财物的客观要件，侵犯了他人的财产权，因此构成盗窃罪。陈某夺取摩托车的行为虽然属于紧急避险，不构成犯罪，但是这不排斥他窃取工具箱内财物具有犯罪的性质。又摩托车虽然在陈某的控制下，但工具箱内的财物被认为仍在车主丁某的控制之下，陈某"破封"取财，仍具有盗窃的性质而非侵占行为。陈某使用伪造的身份证冒领存单中存款的行为，具有诈骗的性质。但是鉴于这一行为是其盗窃行为的后续行为，具有牵连性质，不必作为独立的犯罪定罪处罚。

(3)陈某将摩托车故意推下山崖的行为构成故意毁坏财物罪。故意毁坏财物罪是指故意毁坏公私财物，数额较大或者有其他严重情节的行为。题中陈某故意将丁某的摩托车推下山崖致其毁损，因而构成故意毁损财物罪。

【法条链接】

《中华人民共和国刑法》

第21条　为了使国家、公共利益、本人或者他人的人身、财产和其他权利免受正在发生的危险，不得已采取的紧急避险行为，造成损害的，不负刑事责任。

紧急避险超过必要限度造成不应有的损害的，应当负刑事责任，但是应当减轻或者免除处罚。

第一款中关于避免本人危险的规定，不适用于职务上、业务上负有特定责任的人。

第264条　盗窃公私财物，数额较大的，或者多次盗窃、入户盗窃、携带凶器盗窃、扒窃的，处三年以下有期徒刑、拘役或者管制，并处或者单处罚金；数额巨大或者有其他严重情节的，处3年以上10年以下有期徒刑，并处罚金；数额特别巨大或者有其他特别严重情节的，处十年以上有期徒刑或者无期徒刑，并处罚金或者没收财产。

第275条　故意毁坏公私财物，数额较大或者有其他严重情节的，处3年以下有期徒刑、拘役或者罚金；数额巨大或者有其他特别严重情节的，处3年以上7年以下有期徒刑。

【案例七】

国有化工厂车间主任甲与副厂长乙（均为国家工作人员）共谋，在车间的某贵重零件仍能使用时，利用职务之便，制造该零件报废，需向五金厂（非国有企业）购买的假象（该零件价格为26万元），以便非法占有货款。甲将实情告知五金厂负责人丙，嘱丙接到订单后，只向化工厂寄出供货单、发票而不需要实际供货，等五金厂收到化工厂的货款后，丙再将26万元货款汇至乙的个人账户。

丙为使五金厂能长期向化工厂供货，便提前将五金厂的26万元现金汇至乙的个人账户。乙随即让事后知情的妻子丁去银行取出26万元现金，并让丁将其中的13万元送给甲。3天后，化工厂会计准备按照乙的指示将26万元汇给五金厂时，因有人举报而未汇出。甲、乙见事情败露，主动向检察院投案，如实交代了上述罪行，并将26万元上交检察院。

此外，甲还向检察院揭发乙的其他犯罪事实：乙利用职务之便，长期以明显高于市场的价格向其远房亲戚戊经营的原料公司采购商品，使化工厂损失近300万元；戊为了使乙长期关照原料公司，让乙的妻子丁未出资却享有原料公司10%的股份（乙、丁均知情），虽未进行股权转让登记，但已分给红利58万元，每次分红都是丁去原料公司领取现金。

（2014年司法考试卷四第2题）

【问题聚焦】

请分析甲、乙、丙、丁、戊的刑事责任（包括犯罪性质、犯罪形态、共同犯罪、数罪并罚与法定量刑情节）。

【法律剖析】

甲、乙利用职务上的便利实施了贪污行为，虽然客观上获得了26万元，构成贪污罪，但该26万元不是化工厂的财产，没有给化工厂造成实际损失；甲、乙也不可能贪污五金厂的财物，所以，对甲、乙的贪污行为只能认定为贪污未遂。甲、乙犯贪污罪后自首，可以从轻或者减轻处罚。甲揭发了乙为亲友非法牟利罪与受贿罪的犯罪事实，构成立功，可以从轻或者减轻处罚。

乙长期以明显高于市场的价格向其远房亲戚戊经营的原料公司采购商品，使化工厂损失近300万元的行为构成为亲友非法牟利罪。乙以妻子丁的名义在原料公司享有10%的股份分得红利58万元的行为，符合受贿罪的构成要件，成立受贿罪。对于为亲友非法牟利罪与受贿罪以及上述贪污罪，应当实行数罪并罚。

丙将五金厂的26万元挪用出来汇给乙的个人账户，不是为了个人使用，也不是为了谋取个人利益，不能认定为挪用资金罪。但是，丙明知甲、乙二人实施贪污行为，客观上也帮助甲、乙实施了贪污行为，所以，丙构成贪污罪的共犯（从犯）。

丁将26万元取出的行为，不构成掩饰、隐瞒犯罪所得罪，因为该26万元不是贪污犯罪所得，也不是其他犯罪所得。丁也不成立贪污罪的共犯，因为丁取出26万元时该26万元不是贪污犯罪所得。丁将其中的13万元送给甲，既不是帮助分赃，也不是行贿，因而不成立犯罪。丁对自己名义的干股知情，并领取贿赂款，构成受贿罪的共犯（从犯）。

戊作为回报让乙的妻子丁未出资却享有原料公司10%的股份，虽未进行股权转让登记，但让丁分得红利58万元的行为，是为了谋取不正当利益，构成行贿罪。

【法条链接】

《中华人民共和国刑法》

第25条　共同犯罪是指二人以上共同故意犯罪。

二人以上共同过失犯罪，不以共同犯罪论处；应当负刑事责任的，按照他们所犯的罪分别处罚。

第27条　在共同犯罪中起次要或者辅助作用的，是从犯。

对于从犯，应当从轻、减轻处罚或者免除处罚。

第67条　犯罪以后自动投案，如实供述自己的罪行的，是自首。对于自首的犯罪分子，可以从轻或者减轻处罚。其中，犯罪较轻的，可以免除处罚。

第68条　犯罪分子有揭发他人犯罪行为，查证属实的，或者提供重要线索，从而得以侦破其他案件等立功表现的，可以从轻或者减轻处罚；有重大立功表现的，可以减轻或者免除处罚。

被采取强制措施的犯罪嫌疑人、被告人和正在服刑的罪犯，如实供述司法机关还未掌握的本人其他罪行的，以自首论。

犯罪嫌疑人虽不具有前两款规定的自首情节，但是如实供述自己罪行的，可以从轻处罚；因其如实供述自己罪行，避免特别严重后果发生的，可以减轻处罚。

第166条　国有公司、企事业单位的工作人员，利用职务便利，有下列情形之一，使国家利益遭受重大损失的，处3年以下有期徒刑或者拘役，并处或者单处罚金；致使国家利益遭受特别重大损失的，处3年以上7年以下有期徒刑，并处罚金：

(一)将本单位的盈利业务交由自己的亲友进行经营的；

(二)以明显高于市场的价格向自己的亲友经营管理的单位采购商品或者以明显低于市场的价格向自己的亲友经营管理的单位销售商品的；

(三)向自己的亲友经营管理的单位采购不合格商品的。

第382条　国家工作人员利用职务上的便利，侵吞、窃取、骗取或者以其他手段非法占有公共财物的，是贪污罪。

受国家机关、国有公司、企事业单位、人民团体委托管理、经营国有财产的人员，利用职务上的便利，侵吞、窃取、骗取或者以其他手段非法占有国有财物的，以贪污论。

与前两款所列人员勾结，伙同贪污的，以共犯论处。

第385条　国家工作人员利用职务上的便利，索取他人财物的，或者非法收受他人财物，为他人谋取利益的，是受贿罪。

国家工作人员在经济往来中违反国家规定，收受各种名义的回扣、手续费，归个人所有的，以受贿论处。

第389条　为谋取不正当利益，给予国家工作人员以财物的，是行贿罪。

在经济往来中，违反国家规定，给予国家工作人员以财物，数额较大的，或者违反国家规定，给予国家工作人员以各种名义的回扣、手续费的，以行贿论处。

因被勒索给予国家工作人员以财物，没有获得不正当利益的，不是行贿。

【案例八】

甲与余某有一面之交，知其孤身一人。某日凌晨，甲携匕首到余家盗窃，物色一段时间后，未发现可盗财物。此时，熟睡中的余某偶然大动作翻身，且口中念念有词。甲怕被余某

认出,用匕首刺死余某,仓皇逃离。(事实一)

逃跑中,因身上有血迹,甲被便衣警察程某盘查。程某上前拽住甲的衣领,试图将其带走。甲怀疑遇上劫匪,与程某扭打。甲的朋友乙开黑车经过此地,见状停车,和甲一起殴打程某。程某边退边说:“你们不要乱来,我是警察。”甲对乙说:“别听他的,假警察该打。”程某被打倒摔成轻伤。(事实二)

司机谢某见甲、乙打人后驾车逃离,对乙车紧追。甲让乙提高车速并走“蛇”形,以防谢某超车。汽车开出2公里后,乙慌乱中操作不当,车辆失控撞向路中间的水泥隔离墩。谢某刹车不及撞上乙车受重伤。赶来的警察将甲、乙抓获。(事实三)

在甲、乙被起诉后,甲父丙为使甲获得轻判,四处托人,得知丁的表兄刘某是法院刑庭庭长,遂托丁将15万元转交刘某。丁给刘某送15万元时,遭到刘某坚决拒绝。(事实四)

丁告知丙事情办不成,但仅退还丙5万元,其余10万元用于自己炒股。在甲被定罪判刑后,无论丙如何要求,丁均拒绝退还余款10万元。丙向法院自诉丁犯有侵占罪。(事实五)

(2013年司法考试卷四第2题)

【问题聚焦】

(1)就事实一,对甲的行为应当如何定性?

(2)就事实二,对甲、乙的行为应当如何定性?

(3)就事实三,甲、乙是否应当对谢某造成重伤的结果负责?

(4)就事实四,丁是否构成介绍贿赂罪?是否构成行贿罪(共犯)?是否构成利用影响力受贿罪?

(5)就事实五,有人认为丁构成侵占罪,有人认为丁不构成侵占罪。你赞成哪一观点?

【法律剖析】

1. 甲携带凶器盗窃、入户盗窃,应当成立盗窃罪。如暴力行为不是作为压制财物占有人反抗的手段而使用的,只能视情况单独定罪。在盗窃过程中,为窝藏赃物、抗拒抓捕、毁灭罪证而使用暴力的,才能定抢劫罪。甲并非出于上述目的,因而不应认定为抢劫罪。在本案中,被害人并未发现罪犯的盗窃行为,也未反抗;甲也未在杀害被害人后再取得财物,故对甲的行为应以盗窃罪和故意杀人罪并罚,不能对甲定抢劫罪。

2. 甲、乙的行为系假想防卫。假想防卫视情况成立过失犯罪或意外事件。在本案中,甲、乙在程某明确告知是警察的情况下,仍然对被害人使用暴力,主观上有过失。但是,过失行为只有在造成重伤结果的场合,才构成犯罪。甲、乙仅造成轻伤结果,因此,对于事实二,甲、乙均无罪。

3. 在被告人高速驾车走“蛇”形与被害人重伤之间,介入被害人的过失行为(如对车速的控制不当等)。谢某的重伤与甲、乙的行为之间,仅有条件关系,从规范判断的角度看,是谢某自己驾驶的汽车对乙车追尾所造成,该结果不应当由甲、乙负责。

4. ①丁没有在丙与法官刘某之间牵线搭桥,没有促成行贿受贿事实的介绍行为,不构成介绍贿赂罪。

②丁接受丙的委托,帮助丙实施行贿行为,构成行贿罪(未遂)共犯。

③丁客观上并未索取或者收受他人财物,主观上并无收受财物的意思,不构成利用影响力受贿罪。

5. (1)构成。理由:①丁将代为保管的他人财物非法占为己有,数额较大,拒不退还,完全符合侵占罪的犯罪构成。②无论丙对10万元是否具有返还请求权,10万元都是不属于丁的财物,因此该财物属于“他人财物”。③虽然民法不保护非法的委托关系,但刑法的目的不是确认财产的所有权,而是打击侵犯财产的犯罪行为，如果不处罚侵占代为保管的非法财物的行为，将可能使大批侵占赃款、赃物的行为无罪化，这并不合适。

(2)不构成。理由：①10万元为贿赂款，丙没有返还请求权，该财物已经不属于丙，因此，丁没有侵占“他人的财物”。②该财产在丁的实际控制下，不能认为其已经属于国家财产，故该财产不属于代为保管的“他人财物”。据此，不能认为丁虽未侵占丙的财物但侵占了国家财产。③如认定为侵占罪，会得出民法上丙没有返还请求权，但刑法上认为其有返还请求权的结论，刑法和民法对相同问题会得出不同结论，法秩序的统一性会受到破坏。

【法条链接】

《中华人民共和国刑法》

第264条　盗窃公私财物，数额较大的，或者多次盗窃、入户盗窃、携带凶器盗窃、扒窃的，处3年以下有期徒刑、拘役或者管制，并处或者单处罚金；数额巨大或者有其他严重情节的，处3年以上10年以下有期徒刑，并处罚金；数额特别巨大或者有其他特别严重情节的，处10年以上有期徒刑或者无期徒刑，并处罚金或者没收财产。

第269条　犯盗窃、诈骗、抢夺罪，为窝藏赃物、抗拒抓捕或者毁灭罪证而当场使用暴力或者以暴力相威胁的，依照本法第263条的规定定罪处罚。

第20条　为了使国家、公共利益，本人或者他人的人身、财产和其他权利免受正在进行的不法侵害，而采取的制止不法侵害的行为，对不法侵害人造成损害的，属于正当防卫，不负刑事责任。

正当防卫明显超过必要限度造成重大损害的，应当负刑事责任，但是应当减轻或者免除处罚。

对正在进行行凶、杀人、抢劫、强奸、绑架以及其他严重危及人身安全的暴力犯罪，采取防卫行为，造成不法侵害人伤亡的，不属于防卫过当，不负刑事责任。

第392条　向国家工作人员介绍贿赂，情节严重的，处3年以下有期徒刑或者拘役，并处罚金。

介绍贿赂人在被追诉前主动交代介绍贿赂行为的，可以减轻处罚或者免除处罚。

第388条　国家工作人员利用本人职权或者地位形成的便利条件，通过其他国家工作人员职务上的行为，为请托人谋取不正当利益，索取请托人财物或者收受请托人财物的，以受贿论处。

第388条之一　国家工作人员的近亲属或者其他与该国家工作人员关系密切的人，通过该国家工作人员职务上的行为，或者利用该国家工作人员职权或者地位形成的便利条件，通过其他国家工作人员职务上的行为，为请托人谋取不正当利益，索取请托人财物或者收受请托人财物，数额较大或者有其他较重情节的，处3年以下有期徒刑或者拘役，并处罚金；数额巨大或者有其他严重情节的，处3年以上7年以下有期徒刑，并处罚金；数额特别巨大或者有其他特别严重情节的，处7年以上有期徒刑，并处罚金或者没收财产。

离职的国家工作人员或者其近亲属以及其他与其关系密切的人，利用该离职的国家工作人员原职权或者地位形成的便利条件实施前款行为的，依照前款的规定定罪处罚。

第389条　谋取不正当利益，给予国家工作人员以财物的，是行贿罪。

在经济往来中，违反国家规定，给予国家工作人员以财物，数额较大的，或者违反国家规定，给予国家工作人员以各种名义的回扣、手续费的，以行贿论处。

因被勒索给予国家工作人员以财物，没有获得不正当利益的，不是行贿。

第270条　将代为保管的他人财物非法

占为己有，数额较大，拒不退还的，处 2 年以下有期徒刑、拘役或者罚金；数额巨大或者有其他严重情节的，处 2 年以上 5 年以下有期徒刑，并处罚金。

将他人的遗忘物或者埋藏物非法占为己有，数额较大，拒不交出的，依照前款的规定处罚。

本条罪，告诉的才处理。

参考答案

第一章 刑法概说

一、单项选择题

1. D。【解析】 刑法的保护管辖原则指即使犯罪行为人不为该国公民，犯罪行为也不在该国领域内发生，但该犯罪是在该国领域外针对该国或者其公民实施的犯罪，则依保护管辖原则，该国仍可依该国刑法对犯罪人进行追究。

2. D。【解析】 1997 年新刑法规定："对于累犯以及杀人、爆炸、抢劫、强奸、绑架等暴力性犯罪被判处 10 年以上有期徒刑、无期徒刑的犯罪分子，不得假释"。但是，旧刑法中没有这样的规定。对本案例的判断应遵循从旧兼从轻的原则，排除运用新刑法。

3. B。【解析】《刑法》第 6 条第 2 款规定："凡在中华人民共和国船舶或者航空器内犯罪的，也适用本法。"如果是在国际列车上犯罪，参照最高人民法院《刑事诉讼法解释》第 10 条的规定，按照双边协议协商解决。因此，国际列车上发生的案件也可能适用我国刑法。

4. D。【解析】 张某和李某的行为是通奸行为，并不是我国刑法中明文规定的犯罪行为，刑法中也并未规定通奸罪，因此，不应当对其定罪处罚，故答案为 D。

5. D。【解析】 我国刑法有三个基本原则：第一，罪刑法定原则；第二，适用刑法人人平等原则；第三，罪刑相适应原则。罪刑相适应原则的含义包括刑罚应与实际犯罪行为相适应和刑罚应与犯罪人的刑事责任相适应这两部分内容。

6. C。【解析】 本题涉及刑法的适用范围。我国采用混合原则。A 项错误在于还包括除外情况如外交豁免；B 项无除外情况；D 项将犯罪结果地和发生地择一原则误认为是普遍管辖原则。

7. D。【解析】《刑法》第 4 条规定，对任何人犯罪，在适用法律上一律平等。不允许任何人有超越法律的特权。本题中王某和李某共同故意抢劫，具有相同的犯罪情节，法院应当同罪同罚。该法院在定罪时遵循了平等原则，而在量刑上依身份和地位不同实施了不平等原则。这一做法是明显违背刑法面前人人平等原则的。

8. C。【解析】 罪刑法定的要求有排斥习惯法、禁止类推、刑法无溯及力（或称事后法的禁止）、禁止绝对的不确定刑、明确性原则、实体的适当原则。明确性原则要求刑罚法规对犯罪构成要件的规定必须明确，而规范的构成要件要素，是需要填空的构成要件要素，不符合明确性原则的要求。D 项不正确。明确性原则要求刑罚法规对犯罪构成要件的规定必须明确，而规范的构成要件要素是需要填空的构成要件要素，不符合明确性原则的要求，D 项不正确。选项中只有 C 项符合，故正确答案为 C 选项。

9. B。【解析】《刑法》第 17 条第 3 款规定，已满 14 周岁不满 18 周岁的人犯罪，应当从轻或者减轻处罚。2011 年 5 月 1 日《刑法修正案（八）》开始生效。本案可适用。A 项错误。根据《刑法》第 49 条第一款的规定：犯罪的时候不满十八周岁的人，不适用死刑，故 C 项错误。

二、多项选择题

1. ABD。【解析】 详见《刑法》第11、90条。根据《刑法》第90条规定，只有自治区或省的人民代表大会才有权对刑法作出变通或补充规定，但要报请全国人民代表大会常务委员会批准施行。

2. BC。【解析】《刑法》第96条：本法所称违反国家规定，是指违反全国人民代表大会及其常务委员会制定的法律和决定，国务院制定的行政法规、规定的行政措施、发布的决定和命令。

3. BCD。【解析】 依据《刑法》第7条第1款，本案金某属于我国公民，在外国犯强奸罪、强奸未遂罪，按照我国《刑法》第236条规定，法定最低刑为3年以上有期徒刑。所以，我国司法机关对金某在我领域外实施的犯罪有刑事管辖权，应当适用我国刑法。

4. ABD。【解析】 本题涉及从旧兼从轻原则。从旧兼从轻原则针对的是新刑法生效之前未决之案。新刑法施行前，依照旧刑法已经作出的生效判决，继续有效。

5. ABD。【解析】 根据《刑法》第6条，荷兰籍留学生托马斯的犯罪行为发生在我国境内，根据刑法空间效力的属地管辖原则，其行为应适用我国刑法，故本题正确答案为ABD。

6. ABD。【解析】 罪刑法定原则是刑法基本原则之一，这一原则要求犯罪和刑罚都应由法律明文规定，定罪量刑都必须以刑法条文为依据，并且法无明文规定不可以类推适用。

7. ABD。【解析】 参阅我国《刑法》第2条。

8. AD。【解析】 对于国际犯罪，实行"或引渡或起诉"的原则。

三、名词解释

1. 从外形上或名称上看不是刑法，但其内容却规定了犯罪及其刑事责任或刑罚处罚的法律条款，各种附属刑法均属之。

2. 在刑法同意条款的后段对前段内容表示相反、例外、限制和补充的意思的情形。

3. 指考虑立法精神，结合刑法制定的理由、沿革、当时的背景、刑法原理，以逻辑推理的方法，对刑法规定的含义所作的解释。

4. 刑罚的轻重与犯罪行为的社会危害性程度和犯罪分子应承担的刑事责任的大小相适应。

5. 以保护各国的共同利益为出发点，主张只要实施犯罪，任何国家都可以适用本国刑法，而不问犯罪地在何国领域，行为人是何国公民，也不问侵害何国利益。

四、简答题

1. 以刑法外形表现的情况为标准：形式刑法与实质刑法。

(1)形式刑法：从外形上或名称上一看便知其为刑法的法律，刑法典、刑法修正案和单行刑法均属之；如《中华人民共和国刑法修正案》(以下简称《刑法修正案》)，从名称上即可知其为刑法，所以是形式刑法。形式刑法，由于均以规定犯罪、刑事责任或刑罚为内容，又称为单一刑法。

(2)实质刑法：从外形上或名称上看不是刑法，但其内容却规定了犯罪及其刑事责任或刑罚处罚的法律条款，各种附属刑法均属之。

2. 根据解释效力的强弱，刑法解释可以分为立法解释、司法解释和学理解释。

(1)立法解释：由立法机关所作的解释。通常认为立法解释包括三种情况：一是在刑法立法中所作的解释性规定；二是法律的起草说明或修订说明中所作的解释；三是在刑法施行的过程中，立法机关对发生歧义的规定所作的解释。

(2)司法解释：由国家司法机关所作的解释。在我国，有权对刑法进行司法解释的机关是最高人民法院和最高人民检察院。

(3)学理解释：由国家宣传机构、社会组织、教学科研单位或者专家学者从学理上对刑法规定的含义所作的解释。

3. 罪刑法定原则在我国刑法立法上的体现

(1)我国刑法采取成文法而排斥习惯法，习惯法不是我国刑法的渊源，1997年《刑法》对罪刑法定原则的表述，不仅要求犯罪法定化，而且要求刑罚法定化。

(2)1997 年修订的《刑法》对各种犯罪进一步作了明确、具体的规定，取消了关于类推制度的规定。在这个问题上，我国刑法与罪刑法定原则的禁止类推的派生原则也完全相符合。

(3)我国刑法关于溯及力问题上采取从旧兼从轻原则，即原则上适用旧法，但新法不认为是犯罪或者处刑较轻的，适用新法，这是符合罪刑法定原则的。

(4)我国立法机关对明确性原则相当重视。

(5)我国《刑法》第 13 条明文规定了犯罪的定义，同时规定“但是情节显著轻微危害不大的，不认为是犯罪”，为我们判断犯罪的规定是否适当提供了科学的标准。残酷的刑罚与我国刑法的性质完全不能相容，因而在我国刑法中没有也不可能存在。罪刑的相当已作为我国刑法的基本原则在刑法中明文加以规定。

4. 适用刑法人人平等原则的适用内容有：

(1)在定罪上平等：行为符合刑法规定的某一犯罪，不论行为人的出身、地位、财产状况如何，都应依照法律条文的规定平等地定罪，不能由于身份和地位的不同，离开刑法的规定而出入人罪，绝不允许拥有某种权力的人，以权压法，逃避应有的制裁。

(2)在量刑上平等：犯有同样罪行的人，依据相同的量刑标准判处刑罚，不得在法律之外因行为人的出身、地位、财产状况等的不同而减轻或加重处罚。

(3)在行刑上平等：判处同样刑罚的人，应当依法受到相同的待遇，不得在法律之外因出身、地位、财产状况等的不同而受到优待或苛待。

5. 我国刑法对刑法的适用所作的特别规定有：

(1)对享有外交特权和豁免权的外国人的刑事责任的特别规定(见《刑法》第 11 条)。

(2)香港和澳门特别行政区基本法中的特别规定。依“一国两制”的原则，香港和澳门施行各自特区的刑法，全国性的刑法在其特区没有效力；台湾地区与祖国大陆和平统一后，依“一国两制”的原则，仍将继续施行其本地区的刑法，全国性刑法在该地区同样没有效力。

(3)民族自治地方所制定的普通或者补充的规定(见《刑法》第 90 条)。

(4)国家立法机关制定的特别刑法规定。根据社会情况的变化，为了惩治新的社会危害行为，国家立法机关会在刑法典之外，制定特别刑法。根据特别法优于普通法的原则适用。

五、论述题

1. 罪刑法定原则，即什么行为是犯罪和对这种行为处以何种刑罚，必须预先由法律明文规定的原则。

罪刑法定原则的内容或者说派生原则，经过学者的长期研究，被认为主要有以下六项：

(1)排斥习惯法：即刑法的渊源只能是由立法机关通过的成文法，法院不能以习惯法对行为人定罪判刑，而只能以规定犯罪和刑罚的成文法作为定罪判刑的依据。

(2)禁止类推：类推是对刑法没有明文规定的犯罪的行为，比照分则中同它最相类似的条文定罪判刑的制度。有悖于罪刑法定原则，可能导致法官随意适用法律，侵害公民的自由权利。

(3)刑法无溯及效力：不允许根据行为后施行的刑法处罚刑法施行前的行为。后来西方学者根据“有利于被告”的原则，主张新法重于旧法时，无溯及力；新法轻于旧法时，则有溯及力。

(4)禁止绝对的不确定刑：绝对的不确定刑，指法律未明文规定确定的刑罚，由于这种情况违反罪刑法定原则而被禁止。包括两种情况：一是刑种和刑量法律均没有加以规定；二是只规定刑种而没有规定刑量。

(5)明确性原则：要求立法者立法时用语必须明确易懂，避免含糊笼统。

(6)实体的适当原则：刑法规定的犯罪和刑罚都应认为适当的原则，包括如下两方面的内容：一是犯罪规定的适当,二是刑罚规定的适当,包括残酷刑罚的禁止和罪刑的相当。

2. 刑法的空间效力(刑法的地域效力和刑法对人的效力):法在什么地域内对什么人适用。它解决的是国家刑事管辖权的范围问题。

关于刑法的空间效力的标准,主要有以下五种:

(1)领土原则(属地主义):以维护国家主权原则为出发点,主张凡在本国领域内犯罪的,都适用本国刑法,而不问行为人与被害人的国籍如何;反之,不适用本国刑法。

(2)国籍原则(属人主义):以本国公民有忠诚于本国法律的义务为出发点,主张只要是本国公民犯罪的,都适用本国刑法,而不问行为人的行为是在国内还是在国外;反之,不适用本国刑法。

(3)自卫原则(保护主义):以保护本国利益为出发点,主张凡是侵害本国国家或公民利益的犯罪,都适用本国刑法,而不问行为人是本国人或外国人,也不问犯罪地是在国内或在国外。

(4)普遍管辖原则(普遍原则或世界主义):以保护各国的共同利益为出发点,主张只要实施犯罪,任何国家都可以适用本国刑法,而不问犯罪地在何国领域,行为人是何国公民,也不问侵害何国利益。

(5)综合原则(为折中主义):兼采以上诸说之长,以领土原则为基础,以国籍原则、自卫原则、普遍管辖原则为补充。

我国刑法关于刑法适用范围的规定,采用的是综合原则。

第二章　犯罪概说

一、单项选择题

1. B。【解析】 刑事违法性是主客观的统一,即只有达到刑事责任年龄、具有刑事责任能力的人,在罪过心理支配下实施的侵犯合法权益的行为,才能具有刑事违法性。

2. D。【解析】 行为只有具有应受刑罚处罚性,才能构成犯罪。《关于禁毒的决定》明文规定“禁止吸食、注射毒品”,但是它没有对该行为规定刑罚处罚,故该行为不构成犯罪。

3. C。【解析】 我国刑法对犯罪的定义是形式与实质的统一。

4. A。【解析】 严重的社会危害性是一行为成为犯罪的根本依据,也是刑罚与其他处罚不同的根本原因。

5. A。【解析】 依照法律应当受刑罚处罚是犯罪的法律特征,也是我国刑法所规定的。

6. D。【解析】 行为的社会危害性及其程度,不只是由行为客观上所造成的损害来评价的,还包括行为人的主观方面的要件。

7. A。【解析】 身份犯,指在犯罪构成上犯罪主体被限定于具有一定身份的人才能构成的犯罪。上述选项中只有滥用职权罪限于国家机关工作人员才能构成,是特殊主体。

8. A。【解析】 国事犯罪与普通犯罪系以行为是否危害国家的主权、政权、社会制度和安全为标准所作的分类。

二、多项选择题

1. BC。【解析】 本题是对身份犯的考查,四个选项所列罪名中侵犯少数民族风俗习惯罪和暴力取证罪是我国刑法上的身份犯。

2. BD。【解析】 甲的行为属于采用迷信手段意欲达到其犯罪目的的做法,属于手段不能情况,不符合我国刑法的规定,不构成犯罪。

3. ABC。【解析】 参见教材关于犯罪的分类。

4. ABC。【解析】 犯罪有几个基本特征,我国刑法学界认识不一,但通说认为,犯罪具有三个基本特征:严重的社会危害性、刑事违法性、应受刑罚惩罚性。

5. ABCD。【解析】 所谓刑事违法性,指违反刑法条文中所包含的刑法规范。这里所说的刑法规范,体现在各种刑事法律之中,不仅体现在作为刑法典的《中华人民共和国刑法》中,而且体现在单行刑法和附属刑法中。同时,这里所说的刑法规范,不限于刑法分则的规范,也包括刑法总则的规范。

6. AB。【解析】 法定犯指并不违反社会伦理,而由于行政取缔的目的,根据法律的禁止才被认为构成犯罪。

7. AB。【解析】 以在犯罪构成上犯罪主体是否限定于特定身份为标准,犯罪可分为身份犯与非身份犯。

8. AD。【解析】 犯罪的理论分类:以犯罪行为是否违反社会伦理为标准,分为自然犯与法定犯;以行为实施的地点或时间与犯罪结果发生的地点或时间是否有间隔为标准,分为隔离犯与非隔离犯。

三、名词解释

1. 无须等待法律规定,由于其性质上违反社会伦理而被认为犯罪者。由于其具有违反社会伦理的性质,其社会危害性易于为人们所认识。

2. 在犯罪构成上犯罪主体被限定于具有一定身份的人才能构成的犯罪。

3. 刑法明文规定需要被害人的告诉才处理的犯罪。我国刑法规定的亲告罪有侮辱罪、诽谤罪、暴力干涉婚姻自由罪、虐待罪。

4. 刑法分则规定的在基本犯的基础上具有加重情节并加重刑罚的犯罪。

5. 违反刑法条文中所包含的刑法规范,也可以说是行为符合刑法规定的犯罪构成。

四、简答题

1. 以行为实施的地点或时间与犯罪结果发生的地点或时间是否有间隔为标准:隔离犯与非隔离犯。

(1)隔离犯,指行为实施的地点或时间与犯罪结果发生的地点或时间存在间隔的犯罪。隔离犯又可分为隔地犯与隔时犯。隔地犯,指行为人实施的行为与作为犯罪构成要件的结果发生于不同地点的犯罪;隔时犯,指行为人实施的行为与作为犯罪构成要件的结果发生于不同时间的犯罪。

(2)非隔离犯,指行为实施的地点或时间与犯罪结果发生的地点或时间相同的犯罪。

2. 犯罪具有如下三个基本特征:

(1)严重的社会危害性指行为对刑法所保护的社会关系造成实际危害或现实威胁的特征。行为具有严重的社会危害性是犯罪的本质特征。

(2)刑事违法性,指违反刑法条文中所包含的刑法规范,也可以说是行为符合刑法规定的犯罪构成。

(3)应受刑罚处罚性,指行为具有应当受到刑罚处罚的性质,是对具有严重社会危害性和刑事违法性的行为的评价。

3. 刑事违法性与违法既有联系又有区别。二者的联系在于:刑事违法性也是违法,是违法的种类之一。二者的区别在于:违法的外延比较广泛,既包括刑事违法,也包括行政违法、民事违法等。例如,对违反治安管理的人打骂,是行政违法;子女对父母不尽赡养义务,是民事违法等。这些违法均不构成犯罪,在这个意义上常常将违法与犯罪加以区别。只有行为具有刑事违法性,才构成犯罪。所以犯罪的法律特征,只能是刑事违法性,而不是一般的违法性。

4. 我国刑事法律明文规定的亲告罪有侮辱罪、诽谤罪、暴力干涉婚姻自由罪、虐待罪。《刑法》第 98 条后段规定:“如果被害人因受强制、威胁无法告诉的,人民检察院和被害人的近亲属也可以告诉。”《刑法》第 246 条规定的侮辱罪、诽谤罪,第 257 条第 1 款规定的暴力干涉婚姻自由罪,第 260 条第 1 款规定的虐待罪,都是亲告罪。

5. 我国《刑法》第 13 条列举的可能遭受侵害的社会关系有:(1)国家主权、领土完整和安全,人民民主专政的政权和社会主义制度;(2)社会秩序和经济秩序;(3)国有财产或者劳动群众集体所有的财产、公民私人所有的财产;(4)公民的人身权利、民主权利和其他权利;(5)其他社会关系。

五、论述题

1. 犯罪的实质定义,指仅仅从犯罪的本质特征上给犯罪下定义,而不涉及犯罪的法律特征。1922年,《苏俄刑法典》第6条采用了这种定义,但没有阐明犯罪的法律特征,不能明确判断某种行为是否构成犯罪,在司法实践中缺乏可操作性。

西方国家刑法典没有从实质上给犯罪下定义,但西方刑法学者却有人提出过犯罪的实质定义。这种定义从人类的道德感情角度出发给犯罪下定义,既没有揭示犯罪的阶级本质,又回避了犯罪的法律特征,将犯罪与道德联系在一起,有欠妥当。

鉴于此,犯罪的定义应该把它的实质内容和法律特征都涵盖进来,进行形式和实质的统一,我国《刑法》第13条给犯罪下了一个实质与形式相统一的定义。

2. 严重的社会危害性:行为对刑法所保护的社会关系造成实际危害或现实威胁的特征,行为具有严重的社会危害性是犯罪的本质特征。一个人的行为,如果对社会没有危害,或者对社会的危害程度轻微,就不可能构成犯罪。只有行为的社会危害性达到严重程度,才可能构成犯罪。

行为的社会危害性是行为的主客观要素的统一:行为的社会危害性及其程度,不只是由行为客观上所造成的损害来评价的,还包括行为人的主观方面的要件。造成客观损害结果的行为,是受人的主观因素即意识和意志支配的,它表现了人的主观恶性,是主观见之于客观的东西。

行为的社会危害性及其程度,是与社会的政治经济形势紧密相连的,某种行为在一定形势下具有严重的社会危害性,因而被规定为犯罪;而在另一种形势下,可能丧失其严重的社会危害性而不再规定为犯罪。相反的情况在社会生活中同样存在,即某种行为原来没有社会危害性或社会危害性不严重,由于形势的变化会随之变得具有严重的社会危害性而作为犯罪加以规定。

第三章 犯罪构成

一、单项选择题

1. C。【解析】 本案中护士对婴儿的死亡是既不希望也不放任,因而选项A、B是错误的。由于题中并没有给出护士轻信可以避免危害结果发生的条件,因而不属于过于自信过失。护士甲作为一个专业人员,对其行为的危险性应该能够预见到,但是由于疏忽大意而没有预见到,所以其主观罪过应为疏忽大意的过失。

2. D。【解析】 《刑法》第18条第2款规定,间歇性精神病人在精神正常的时候犯罪,应当负刑事责任。本题中,某甲喝酒时精神病并未发作,因喝醉酒而伤害他人,实施伤害行为之后精神病才发作,这不影响其承担刑事责任。

3. C。【解析】 本题涉及刑事责任能力。尚未完全丧失辨认能力和控制能力的精神病人为限制行为能力人,间隔精神病人在正常时为完全刑事责任能力人,醉酒的人为完全刑事责任能力人。

4. A。【解析】 《刑法》第19条规定:又聋又哑的人或者盲人犯罪的,可以从轻、减轻或者免除处罚。

5. B。【解析】 本题涉及不作为。有作为义务的人不作为才构成不作为犯罪,如本案甲因先前行为而有了作为义务;丙无作为义务,而又不与甲有共同犯罪意图,丙不构成犯罪。

6. A。【解析】 见《刑法》第17条、第25条第1款。本题中,严某虽然参与了盗窃行为,并在其中起到了主要作用,但是,由于严某不满14周岁,属于无刑事责任年龄,其行为不具有犯罪的性质,更谈不上与李某构成共同犯罪。因此,严某与李某的盗窃行为不构成盗窃罪的共同犯罪，严某不承担刑事责任。而李某已满18周岁，具有完全刑事责任能力，应对其盗窃行为独立承担刑事责任。故答案为A。

7. B。【解析】 我国刑法分则根据犯罪所侵犯的同类客体把犯罪分为十大类。同类客体是某一类犯罪所共同侵犯的某一类社会关系，或者说某一类犯罪所共同侵犯的社会关系的某一方面或某一部分。

8. C。【解析】 刑事责任产生于犯罪，是犯罪引起的必然后果。刑事责任是刑罚的先导，它与刑罚的联系主要体现在以下几方面：(1)刑事责任的存在决定刑罚适用的现实可能性；(2)刑事责任的大小是判处刑罚轻重的标准；(3)刑罚是刑事责任的主要体现形式，刑事责任主要是通过刑罚来实现的。

二、多项选择题

1. ABCD。【解析】 法律上的认识错误，是指行为人对自己行为的法律性质有不正确的理解。具体说，有以下几种情况：(1)某行为在刑法上并不认为是犯罪，而行为人误认为是犯罪。(2)行为人认为自己的行为不构成犯罪，但实际上是刑法所禁止的犯罪行为。(3)行为人对自己的犯罪行为在犯罪性质和刑罚轻重上有不正确的认识。

2. ABCD。【解析】 本题中黄某意图杀张某，却把替张某值班的李某烧死，属对象认识错误，即误把甲对象当成乙对象加以侵害。如甲对象和乙对象都体现了相同的社会关系，则不影响犯罪既遂的成立，即推定为人对错误的对象也成立直接故意。本题中黄某对张某的死亡是直接故意，那么就可以推定其对李某的死亡也是直接故意，因此四个选项都不正确。

3. AB。【解析】 刑事责任年龄应当按行为人行为时的实足年龄计算，应为生日过后的第二天。

4. AD。【解析】 依我国《刑法》规定，单位犯罪主体限定于公司、企事业单位、机关、团体。单位犯罪早在17世纪英国的《刑法》中就有规定，我国1987年1月22日第六届全国人大常委会第19次会议通过的《中华人民共和国海关法》，首次对单位犯罪作了规定。1997年，《刑法》首次在我国的刑法典中规定了单位犯罪。刑法分则规定的涉及单位犯罪的罪名多达125个，但单位不能成为侵犯公民人身权利民主权利罪的主体。刑法中强迫职工劳动罪和雇用童工从事危险劳动罪规定了单位可以构成侵犯公民人身权利的犯罪主体。

5. BD。【解析】 刑事责任年龄，见《刑法》第17条。

6. AD。【解析】 《刑法》第240条、第262条只规定了拐卖妇女儿童罪、拐骗儿童罪，因此，已满14周岁的男童，难以成立犯罪，拐骗14周岁的未成年人，并不以“牟利”为前提，只要造成其脱离家庭或监护人的法律后果即可，因此B项构成犯罪。若以出卖为目的，偷盗婴幼儿的，成立拐卖儿童罪。

7. ABCD。【解析】 A正确，与前“条件”无关的后条件直接导致结果发生，且即使没有前“条件”也将发生结果时，前“条件”与结果之间没有因果关系。B正确，此种因果关系形式为，两个行为前后连接导致危害结果的发生。C正确，在因果关系发展进程中，如果由于介入第三者的行为或者特殊自然事实导致了结果发生，则前行为与结果之间的因果关系便中断。D正确，钟某的行为是由于丁的杀人行为所引起，并从属于丁的杀人行为，所以钟的死亡与丁的杀人行为之间存在因果关系。

8. ABD。【解析】 A正确，甲某伤害村主任高某的行为不属于盗窃罪转化为抢劫罪过程中所必须要求的“当场”使用暴力的情节，在时间上与盗窃罪相隔断，在空间上也不属于直接侵害财产的现场(盗窃的现场在胡某的家里)，所以不能转化为抢劫罪，两个罪应实行数罪并罚。B正确，乙某一行为触犯两罪，属想象竞合犯，不数罪并罚。C错误，丙“顺势踹了李某一脚”，不构成“当场使用暴力”,不转化为抢劫罪。D正确,丁的行为已不属于“乘人不备公然夺取”,而是符合抢劫罪构成要件。

9.CD。【解析】 选项C正确。在行为人的行为介入了第三者或被害人的行为而导致结果发生的场合,要判断某种结果是否是行为人的行为所造成时,应当考虑行为人的行为导致结果发生的可能性的大小、介入情况的异常性大小以及介入情况对结果发生作用的大小。在本案中,甲将乙撞翻在马路上,使其处在一种高度危险的环境中,其后乙的行为并非异常因素,不中断因果关系,因此,甲的行为与丙的死亡之间有因果关系。选项D正确。电梯门受外力挤压变形开启是行为人造成的,即虽然介入了中间因素,但该因素是由前行为引起的,认为前行为与后结果之间的因果关系没有中断。

三、名词解释

1. 基本的犯罪构成,指刑法分则条文就某一犯罪的既遂状态所规定的犯罪构成。基本的犯罪构成一般是刑法分则或单行刑法所规定的既遂犯和单独犯的犯罪构成,但也有少数条款规定两个或两个以上行为人犯罪的犯罪构成。

2. 规范的要件,指该犯罪构成要件是否存在,需要由法官根据特定的社会文化和法律进行评价后才能确定的要件。

3. 犯罪的直接客体,指某一具体犯罪行为所直接侵犯的客体,也就是某一具体犯罪行为所直接侵犯的某种具体的社会关系。

4. 结果加重犯,指实施基本的犯罪构成要件的行为,发生基本犯罪构成要件以外的重结果,对该重结果规定更重刑罚的犯罪。

5. 预谋故意,是指行为人在实施犯罪行为之前的一段时间就已经形成犯罪故意心理的情况。

四、简答题

1. 以犯罪构成中行为的社会危害性程度为标准:普通的犯罪构成与派生的犯罪构成。

(1)普通的犯罪构成,也可称为原始的犯罪构成,指刑法条文对具有通常社会危害程度的行为所规定的犯罪构成。

(2)派生的犯罪构成,指以普通的犯罪构成为基础,由于具有严重或较轻社会危害程度的情节而从普通的犯罪中分化出来的犯罪构成。它包括严重的犯罪构成和减轻的犯罪构成。

①严重的犯罪构成指由于犯罪主体、犯罪情节或危害结果不同,行为的社会危害性因而增大,相应地规定加重刑罚或从重处罚的犯罪构成。

②减轻的犯罪构成指由于犯罪情节较轻,行为的社会危害程度因而较小,相应地规定减轻刑罚的犯罪构成。

2. 不作为犯特定义务的根据或者来源,通常认为有以下几种:

(1)法律明文规定的义务;(2)行为人职务上或业务上要求履行的义务;(3)行为人先行行为产生的义务;(4)行为人实施的法律行为(合同行为、自愿承担行为)引起的义务。

3. 根据结果在犯罪中的情况,犯罪可以表现为以下形态:

(1)行为犯,指仅以一定的行为为犯罪构成的要件,而不以结果的发生为犯罪构成要件的犯罪。

(2)结果犯,指以发生一定的危害结果为犯罪构成要件的犯罪。

(3)结果加重犯,指实施基本的犯罪构成的要件的行为,发生基本犯罪构成要件以外的重结果,对该重结果规定更重刑罚的犯罪。

(4)实害犯,又称侵害犯,指以实施的行为对刑法所保护的客体造成实际的损害为犯罪构成要件的犯罪。

(5)危险犯,根据作为犯罪构成要件的行为所造成的危险程度的不同,理论上又分为具体危险犯与抽象危险犯。具体危险犯,指实施的行为对刑法所保护的客体造成具体危险状态为犯罪构成要件的犯罪。具体危险状态,在刑法条文中有明文作出具体的规定。抽象危险犯,指以实施的行为对刑法所保护的客体造成抽象危险状态为犯罪构成要件的犯罪。

4. 以危害结果是否对犯罪对象、犯罪直接客体造成现实的损害为标准可将其分为实害结果与危险结果。

(1)实害结果，指危害行为对犯罪对象、犯罪直接客体所造成的现实的损害。

(2)危险结果，指危害行为使犯罪对象、犯罪直接客体处于足以发生实害结果的危险状态。

5. 我国刑法从若干角度规定了各种特殊主体：

(1)特定公职人员：国家工作人员、国家机关工作人员、司法工作人员、邮政工作人员、国有公司、企业负责人和军人等；(2)从事特定职业人员：枪支合法制造企业、销售企业的直接责任人员、金融工作人员和承担资产评估、验资、会计、审计、法律服务等职责的中介组织的人员等；(3)具有其他特定身份的人员：男人、证人、鉴定人、记录人、翻译人以及与被害人在一个家庭内共同生活负有扶养、赡养义务的人等。

五、论述题

1. (1)研究犯罪客体除能够揭示犯罪的本质外，还具有如下意义：有助于建立刑法分则的科学体系；有助于分清此罪与彼罪的界限；有助于正确裁量刑罚。

(2)我国刑法分则对犯罪客体的规定，采取了多种多样的方式：

①条文明确揭示犯罪客体。例如《刑法》第105条规定的颠覆国家政权罪，条文提示其犯罪客体为“国家政权”和“社会主义制度”。②条文规定犯罪客体的物质表现，通过该物质表现显示犯罪客体。③条文规定违反某项法规为构成要件，通过该项法规表明犯罪客体。④条文揭示犯罪行为的特征，通过该行为特征表明犯罪客体。⑤刑事立法还有用其他方法表明犯罪客体的。

2. 行为是犯罪构成中的必备要件，在犯罪构成中具有特别重要的意义。但什么是行为，在刑法理论上存在各种学说，概括起来，主要有以下几种：

(1)因果的行为论，是在19世纪兴起的自然科学思想影响下形成的，第二次世界大战前成为德国通说的理论。根据此说，所谓行为，是基于意思在外界惹起的因果的物理的过程。这种见解的行为概念的特征有二：一是“有意性”，即行为必须是基于现实的意思决定；二是“知觉可能性”，即行为是完全能够被感觉知觉的存在，从而行为被理解为物理意义的运动和静止及由此而惹起的外界的变动。

此说被认为存在如下缺点：一是只注重意思的因果性，而忽略形成此因果过程的目的性，其所阐述的行为，不过是盲目的因果过程，并不能真正了解行为的实质。二是对不作为不能作出合理的解释。

(2)目的的行为论，是20世纪30年代由德国刑法学者威尔哲尔(Welzel)首先提出的。这种理论把人的行为的本质作为目的的追求活动来把握，从而在行为中不可避免地包含意思内容，目的性则是行为的核心。

目的的行为论也受到一些批评。因为目的的行为概念，对于故意犯虽然能够提供恰当的说明，但用来说明过失犯的行为就有困难。

(3)社会的行为论，出现于20世纪30年代，由德国学者修密特(E. Schmidt)所提出，现在在德国成为最有力的行为论。这种理论认为，为了正确地理解行为，不能只从自然的、物理的方面来理解，而必须从社会的意义上来把握，以行为对于社会的价值作为立论的依据。

社会的行为论，从社会立论，有助于揭露行为的本质，且能克服自然主义行为论与目的行为论的不足，因而目前这种学说为很多西方学者所赞同，但它也受到一些刑法学家的批评。批评者指出：①人的态度的社会意义是多层次的、变动的，作为违法、有责的评价对象，太不确定。②所谓“具有社会意义”，具体是怎样的情况并不明确，这就使行为概念暧昧。

(4)人格的行为论，为日本著名刑法学者团藤重光所提倡，主张刑法上的行为是行为者人格的主体的现实化的身体动静。他在其《刑法纲要总论》中作了具体阐述。

人格的行为论受到较多学者的批评，他们指出：①此说提出“人格”这一难以捉摸的观念，使行为的“实质”的具体的把握变得困难。②什么是人格态度的“主体的”现实化并不明确，给行为概念下定义，自然也不明确。此说由于存在许多问题，因而表示赞成的学者不多。

第四章　排除犯罪的事由

一、单项选择题

1. A。【解析】《刑法》第 20 条规定了正当防卫制度，其适用的对象条件是正在进行的不法侵害，至于这种不法侵害是来自什么样人的侵害，法律并没有限定。所以，对于精神病人的不法侵害，也可以成为防卫的对象，符合正当防卫的基本特征。

2. D。【解析】本题涉及紧急避险。紧急避险不适用负有责任的人员，本案中张某系公安人员，责任就是制止犯罪，其不履行法定义务，构成不作为犯罪。

3. D。【解析】《刑法》第 20 条，李某的行为是典型的防卫挑拨。

4. A。【解析】依《刑法》第 20 条可知，甲的行为为正当防卫。

5. D。【解析】前三项均为正确描述；最后一项中，甲的行为构成故意伤害罪，因为其拔刀扎乙的行为在其本人看来是为了反抗警察的抓赌，不存在过失的情况。

6. C。【解析】在财产性违法犯罪情况下，行为虽然已经既遂，但在现场还来得及挽回损失的，应当认为不法侵害尚未结束，可以实行正当防卫。换言之，被当场发现并同时受到追捕的财产性违法犯罪的侵害行为，一直延续到不法侵害人将其所取得的财物藏匿至安全场所为止；在此之前，追捕者可以使用强力将财物取回。

7. D。【解析】A 项中拐卖儿童行为中的被害人是赵某，其本身没有对拐卖进行承诺，由此甲的行为构成拐卖儿童罪，A 错误，不当选。B 项中，发生火灾，乙的行为即是基于推定的钱某的承诺的行为，因此乙不成立非法侵入住宅罪，B 的说法错误，不当选。C 项中，孙某处分的是自己的法益，且没有超过范围，符合被害人承诺的要件，因此构成犯罪的排除事由；丙的行为不构成非法拘禁罪，C 的说法错误，不当选。D 项中，李某虽然同意丁砍掉他的小手指，但是没有同意丁砍掉他的大拇指，丁的行为超过了承诺的范围，成立故意伤害罪，D 的说法正确，当选。

8. C。【解析】放火毁损自己所有的财物但危害公共安全的，不属于排除犯罪的事由。

9. C。【解析】根据《刑法》第 20 条第 2 款的规定，正当防卫超过必要限度造成重大损害的，是防卫过当。防卫过当符合正当防卫的前四项条件，即防卫起因、防卫对象、防卫意图和防卫时间，只是在限度上超出了必要的限度。本题中甲对乙的防卫在致乙重伤之后并没有终局，而是导致了乙在重伤之后的死亡，针对乙的重伤，甲还在正当防卫的限度内，但是对乙的死亡，显然已经超出了此限度，故 C 项正确。

二、多项选择题

1. BCD。【解析】行为人对过当行为造成的重大损害一般是过失的，但也不排除间接故意的心态。

2. ABC。【解析】本题涉及正当防卫。A 项属事前防卫，B 项属防卫挑拨，C 项属假想防卫。

3. CD。【解析】本案中，张某被人拉住后，没有回头看就误认为是窃贼的同伙，他根本就没有面临着现实存在的不法侵害，只是误认为不法侵害，所以实施所谓的防卫行为，属于假想防卫。没有回头看就用砖头砸，没有履行必要的注意义务就想当然地认为是窃贼的同伙，所以属于疏忽大意的过失，应当成立过失伤害罪，而不属于意外事件。

4. ABC。【解析】 A项中警察的行为应当属于执行职务的行为，不属于紧急避险。B项船长负有特定职责，他不得弃船逃跑，所以其行为也不构成紧急避险。C项中甲打死狼狗的行为，也不符合紧急避险的构成要件。D项中船长为了避免轮船倾覆而采取的损害另外一种较小利益的行为成立紧急避险。

5. BC。【解析】 正当防卫行为只要足以制止不法侵害行为就可以，不一定要造成不法侵害人伤亡的后果。第20条第3款规定的是防卫限度的最高限制条件，低于这个条件的，当然可以成立正当防卫，所以A项说法错误；实施正当防卫必须是在不法侵害正在进行，不能事前或事后防卫。《刑法》第20条第3款规定的特殊正当防卫同样要符合正当防卫的时间条件，所以D项说法错误。

6. ABCD。【解析】《刑法》第21条规定：为了使国家、公共利益，本人或者他人的人身、财产和其他权利免受正在发生的危险，不得已采取的紧急避险行为，造成损害的，不负刑事责任，紧急避险超过必要限度造成不应有的损害的，应当负刑事责任，但是应当减轻或者免除处罚。

7. ACD。【解析】 见《刑法》第21条：为了使国家、公共利益，本人或者他人的人身、财产和其他权利免受正在发生的危险，不得已采取的紧急避险行为，造成损害的，不负刑事责任。紧急避险超过必要限度造成不应有的损害的，应当负刑事责任，但是应当减轻或者免除处罚。第一款中关于避免本人危险的规定，不适用于职务上、业务上负有特定责任的人。

8. CD。【解析】 本题考点是无限防卫权。根据我国《刑法》第20条第3款的规定，对正在进行行凶、杀人、抢劫、强奸、绑架以及其他严重危及人身安全的暴力犯罪，采取防卫行为，造成不法侵害人伤亡的，不属于防卫过当，不负刑事责任。故选CD。

三、名词解释

1. 指为了使国家、公共利益，本人或者他人的人身、财产和其他权利免受正在进行的不法侵害，对不法侵害人所实施的制止其不法侵害且没有明显超过必要限度的损害行为。

2. 指为了使国家、公共利益，本人或者他人的人身和其他权利免受正在发生的危险，不得已实施的损害另一个较小合法利益的行为。

3. 指合法权益受到侵害的人，依靠自己的力量及时恢复权益，以防止其权益今后难以恢复的情况。

4. 指为了侵害对方，故意挑动引起对方对自己的侵害，然后借口正当防卫加害于对方的行为。

5. 指行为人的行为虽然在客观上造成了一定的损害结果，似乎符合某些犯罪的客观构成要件，但实际上没有犯罪的社会危害性，并不符合犯罪构成，依法不成立犯罪的客观情况。

四、简答题

1. 正当防卫，是指为了保护国家、公共利益，本人或者他人的人身、财产和其他权利免受正在进行的不法侵害，采取对不法侵害人造成或者可能造成损害的方法，制止不法侵害的行为。构成要件有五个方面：防卫起因；防卫时机；防卫动机；防卫对象；防卫限度。

2. 避险过当必须具备以下条件：第一，必须具备紧急避险的起因、时机、动机、对象和必要性条件，唯独不具备其限度条件。第二，必须是超过了必要限度造成不应有的损害，即造成的损害大于或等于所避免的损害。需指出的是，避险过当并不仅仅是超过必要限度的部分的过当，而是由于超过必要限度导致整个行为过当。第三，必须在主观上有罪过。即明知损害的合法利益大于保全的合法利益，仍然实施损害行为，或虽不知损害的合法利益大于保全的合法利益，但也应当知道，由于疏忽大意而不知。如果不知也不应当知道其损害的合法利益大于保全的合法利益，就是意外事件。

3.(1)危险的来源不同。正当防卫的起因条件是他人的不法侵害，而紧急避险的起因条件是一种危险，包括自然灾害等非人为的损害。

(2)损害程度的限度不同。正当防卫所造成的损害可以大于或等于所要保护的利益，而紧急避险所造成的损害不能等于更不能大于所要保护的利益。

(3)对行为的限制不同。紧急避险要求必须是不得已的，没有其他更好的办法而采取的。而正当防卫则无此要求。

(4)行为针对的对象不同 。正当防卫要求打击的对象只能是不法侵害者本人，而紧急避险则可以是无辜的第三者，二者损害的对象是有原则区别的。

4.(1)防卫挑拨，指为了侵害对方，故意挑动引起对方对自己的侵害，然后借口正当防卫加害于对方的行为。在此，行为人主观上不具备防卫动机的正当性，不属于正当防卫，而是故意的违法犯罪行为。

(2)相互斗殴，指双方在侵害对方身体的意图的支配下相互打斗的行为。在此，斗殴双方都不存在正当防卫的正当性动机，不成立正当防卫。不过，当斗殴的一方已经停止而另一方继续施以严重的身体侵害行为的，或者，一方在暴力和伤害程度较低的斗殴中突然使用明显升级的暴力手段且对另一方的身体健康构成严重威胁甚至危及生命的，应允许对此实施正当防卫。

(3)偶然防卫，指行为人故意对他人实施犯罪行为时，巧遇对方正在进行可以成为正当防卫起因的不法侵害，其行为客观上制止了他人的不法侵害的情况。其不符合正当防卫动机的正当性要求，因而不是正当防卫。

5.(1)不法侵害是对合法利益的侵袭和损害；(2)不法侵害是无合法根据的侵袭和损害；(3)不法侵害是已现实发生的侵袭和损害。

五、论述题

1. 除了正当防卫和紧急避险之外，排除犯罪的事由还有一些其他的情况，主要有以下种类：(1)依照法律的行为；(2)执行命令的行为；(3)正当业务的行为；(4)经权利人承诺的行为；(5)自救行为；(6)自损行为。

2.《刑法》第 20 条第 3 款规定："对正在进行行凶、杀人、抢劫、强奸、绑架以及其他严重危及人身安全的暴力犯罪，采取防卫行为，造成不法侵害人伤亡的，不属于防卫过当，不负刑事责任。"这就是所谓的特殊防卫，又称无过当防卫。

它必须服从正当防卫的基本条件，这就是防卫起因、防卫时机、防卫动机、防卫对象，缺少的只是防卫限度。特殊防卫的无限度，也是在有限的范围之内的，具体地说，只有针对行凶、杀人、抢劫、强奸、绑架以及其他严重危及人身安全的暴力犯罪，才能适用无限度的特殊防卫。其中，杀人、抢劫、强奸和绑架都是刑法分则中的具体罪名，但必须是实施了暴力或以暴力相威胁而严重危及人身安全的行为。以麻醉实施的抢劫、以揭发隐私相威胁的强奸等非暴力性的犯罪，不属于上述规定罪名之列。

第五章　故意犯罪过程中的犯罪形态

一、单项选择题

1. D.【解析】 犯罪中止的处罚参照《刑法》第 24 条。本题中张某持刀闯入女友钱某家中，企图伤害王某，这说明张某已经开始着手实施犯罪。但在犯罪过程中由于王某苦苦哀求，而主动放弃犯罪，扔刀离去。这种放弃犯罪行为是在犯罪分子能完成犯罪的情况下自愿进行的，因此符合犯罪中止的条件。张某的行为并未造成损害，根据刑法的规定，应当免除刑罚。

2. B。【解析】 甲已经构成受贿的既遂，即便其并未事实上得到卡里的利益，但是受贿未要求其一定事实上享有了受贿所得利益，而且一旦犯罪进入既遂就不可能再成立未遂或预备等其他犯罪形态。

3. A。【解析】 行为人见一黑影过来，便开枪射击，是属于具体事实的认识错误，实际死亡的被害人符合故意杀人罪的要件。

4. D。【解析】 犯罪中止必须发生在"犯罪过程中"，本案中李某已经实施完犯罪行为，犯罪结果已经发生，属于犯罪既遂。

5. A。【解析】《刑法》第 23 条规定，对于未遂犯，可以比照既遂犯从轻或者减轻处罚。

6. B。【解析】《刑法》第 23 条第 1 款规定，已经着手实行犯罪，由于犯罪分子意志以外的原因而未得逞的，是犯罪未遂，可分为实行终了的未遂与未实行终了的未遂。

7. D。【解析】 盗窃罪的既遂标准原则上应是失控说，即只要被害人丧失了对自己财物的控制，不管行为人是否控制了该财物，都应当认定为盗窃既遂。因为盗窃行为是否侵害了他人财产，不是绝对取决于行为人是否控制了财产，而是取决于被害人是否丧失对自己的财产的控制。

8. C。【解析】 本题涉及犯罪未完成状态。甲虽是杀人罪实行行为的预备，但是共同杀人罪的帮助犯，应以共同犯罪的犯罪结果发生与否确定既未遂。

二、多项选择题

1. ABC。【解析】 A 选项表述的是共同犯罪中的预备情形(如为同案犯实施犯罪而预备)，B 选项的内容即是犯罪预备概念所表达的内容，因而均是正确的。在犯罪预备阶段由于停止的原因不同可能成立犯罪预备和犯罪中止两种情形，因而 C 正确。但是，应明确，这两种情形是不能并存的，成立犯罪中止，就不能成立犯罪预备，因而也就不存在同时适用中止和预备两种不同的从宽处罚原则的问题。D 选项是错误的。

2. ABC。【解析】 本题考点是犯罪预备辨析。根据《刑法》第 22 条的规定，为了犯罪，准备工具、制造条件的，是犯罪预备。上述选项中，ABC 均属于为了犯罪，准备工具、制造条件的范畴，而 D 则属于犯意表示。

3. AB。【解析】 开始实施刑法分则所规定的具体犯罪构成要件的行为时就是"着手"。

4. BC。【解析】《刑法》第 24 条规定："在犯罪过程中，自动放弃犯罪或者自动有效地防止犯罪结果发生的，是犯罪中止。对于中止犯，没有造成损害的，应当免除处罚；造成损害的，应当减轻处罚。"B、C 两项已构成犯罪既遂。其中，B 项属于犯罪既遂后返还财物的行为；C 项中的拐卖儿童罪属于行为犯，不要求将儿童卖出才构成既遂，只要行为人已实施完毕拐卖行为即可。

5. ABCD。【解析】 其中，A 是叛逃罪，C 是诬告陷害罪，D 是拐卖妇女罪，三个都属于行为犯，如：C 的诬告陷害罪，只要诬告行为完成就视为既遂，不要求犯罪人实现"使他人受刑事处罚的目的"为既遂要件。尤其应注意的是 B 项，B 的盗窃罪也是既遂。根据《盗窃司法解释》第 5 条(二)的规定以及通说，盗得未设密码的活期存折，就算既遂。

6. BC。【解析】 B 项中某甲虽然具有自动中止的主观意图，但其故意伤害的行为已经实施完毕，此时如果要达到中止，必须是有效地防止结果的发生，而甲没有做到这一点，故不属于犯罪中止，而是既遂。C 项中某甲的犯罪意图未得逞是属于其意志以外的因素造成的，故不属于犯罪中止。而 A 项属于预备阶段的犯罪中止，D 项属于已经实施了犯罪实行行为但有效地防止了结果发生的犯罪中止。

7. AC。【解析】 犯罪既遂与犯罪未遂区别的关键在于是否具备某一犯罪的全部构成要件。对于过失造成危险状态的行为，也例外地作为犯罪予以处罚，如妨害传染病防治罪。

8. AB。【解析】 张某主观上有杀害李某的意图,客观上已经着手实施了杀害李某的射击行为,只是对李某当时不在房内的情况没有认识到,而导致杀人行为未能得逞。所以,张某的行为成立故意杀人罪未遂。并且,犯罪人只需要对自己所犯罪行有达到法定程度的认识即可,并不要求与客观事实完全一致。本题中,张某虽然没有认识到李某不在屋内,但是,他对自己的犯罪行为以及实施犯罪行为所要达到的目的都有清醒的认识,因此,不妨碍其成立犯罪。

三、名词解释

1. 仅仅着手实行一定的行为,犯罪构成要件即完全具备的犯罪。

2. 直接故意犯罪的行为人为了实施某种能够引起预定危害结果的犯罪实行行为,在准备犯罪工具、制造犯罪条件的活动中,由于意志以外的原因,而未能进入实行阶段的状态。

3. 已经着手实行犯罪,由于犯罪分子意志以外的原因而未得逞。

4. 在犯罪过程中,自动放弃犯罪或者自动有效地防止犯罪结果的发生。

5. 行为人的行为不具有达到其犯罪目的的可能性,行为人的犯罪意图不可能实现。

四、简答题

1. 为了犯罪,准备工具、制造条件的,是犯罪预备。犯罪预备有以下特征:(1)主观上为了实行犯罪;(2)客观上实施了犯罪预备行为;(3)事实上未能着手实行犯罪;(4)未能着手实行犯罪是由于行为人意志以外的原因。

2. 犯意表示,是指行为人将其直接故意犯罪的意图明确表露于外部的活动。首先,犯意表示是犯罪意图的表露。犯意表示与犯罪预备的相似之处是二者都存在犯罪意图,在客观上也都有一定的表现。但是二者之间有着本质的不同:犯意表示仅仅是一种犯罪意思的流露,还没有付诸刑法规定的行为,具体地说,既没有实施犯罪的实行行为,也没有实施犯罪的预备行为,不发生对社会的危害性,故无论如何,犯意表示不是任何意义上的犯罪;而犯罪预备则是刑法规定的为犯罪实行行为准备工具、制造条件的行为,已经对社会构成了现实的威胁,具有了达到犯罪程度的社会危害性,属于犯罪行为。二者的区分是罪与非罪的界限,在实践中划清这个界限十分重要。

3. 所谓犯罪未得逞,是指行为人着手实行行为后犯罪行为没有齐备其意图实现的具体犯罪构成的全部要件。犯罪未得逞并不意味着没有发生任何危害结果,只是没有发生直接故意犯罪行为人所意图实现的结果。

4. 能犯未遂,是指行为人的行为具有达到其犯罪目的的可能性,但由于行为人意志以外的原因,而使犯罪未得逞的情况。不能犯未遂,是指行为人的行为不具有达到其犯罪目的的可能性,行为人的犯罪意图不可能实现。刑法理论上对于不能犯未遂,又分为工具不能犯未遂和对象不能犯未遂。

不能犯未遂毕竟不同于能犯未遂,二者相比,能犯未遂具有引起危害结果的现实可能性,而不能犯未遂只有引起危害结果的抽象可能性,就是说,后一种可能性的程度要低,其产生的危险更具有潜在性,相应地,社会危害性也较轻,故在处罚时也应为轻。这正是在理论上区分能犯未遂与不能犯未遂的实际意义。

5. 所谓有效地防止犯罪结果的发生,是指行为人在实行行为实施终了后,行为人追求的犯罪结果发生之前,行为人采取了防止犯罪结果发生的措施,并且有效地防止了犯罪结果的发生。首先,这种犯罪中止发生在实行行为终了后危害结果发生前。危害结果发生后行为人所做的复原或补偿不能抵消危害结果发生的事实。其次,行为人采取了防止犯罪结果发生的措施。再次,行为人采取的措施有效地防止了危害结果的发生。这包括两个方面:一方面,行为人必须采取了防止危害结果发生的一定措施;另一方面,行为人采取的措施必须实际防止了危害结果的发生。虽然行为人采取了防止危害结果发生的措施，但最终危害结果还是发生了，也不能成立犯罪中止。

五、论述题

1. 我国《刑法》第 23 条第 1 款规定："已经着手实行犯罪，由于犯罪分子意志以外的原因而未得逞的，是犯罪未遂。"

犯罪未遂的条件：(1)已经着手实行犯罪；(2)犯罪未得逞；(3)犯罪未得逞是由于犯罪人意志以外的原因。

种类：(1)实行终了的未遂与未实行终了的未遂；(2)未造成任何危害结果的未遂与造成一定危害结果的未遂；(3)能犯未遂与不能犯未遂。

2. 在犯罪过程中，自动放弃犯罪或者自动有效地防止犯罪结果的发生的，是犯罪中止。

条件：(1)中止的时间性，中止必须发生在"犯罪过程中"，即在开始实施犯罪行为之后、犯罪呈现结局之前均可中止。可以发生在犯罪预备阶段，也可以发生在犯罪实行阶段。(2)中止的自动性，成立犯罪中止，要求行为人"自动"放弃犯罪或者"自动"有效地防止犯罪结果发生。这是犯罪中止与犯罪预备、犯罪未遂在主观上的区分标志。(3)中止的客观性。(4)中止的有效性。

区别：从时间上、主观上、结果、处理上进行比较。

第六章　共同犯罪

一、单项选择题

1. D。【解析】　二人以上的共同犯罪存在实行、组织、教唆、帮助等分工时，就是复杂共同犯罪。

2. D。【解析】　本题涉及共同犯罪。某乙是共同盗窃罪的帮助犯，虽未实行盗窃，但以共同犯罪的既遂定罪。

3. D。【解析】　根据《刑法》第 29 条的规定，如果被教唆的人没有犯被教唆的罪，对于教唆犯，可以从轻或者减轻处罚。

4. C。【解析】　依据《刑法》第 358 条、240 条、156 条、320 条、322 条的规定，可知正确答案为 C。

5. D。【解析】　同时犯是指两人以上同时以各自行为侵犯同一对象，但彼此之间无意思联络的情况。即使有相同的犯罪故意，却无共同故意，构成同时犯，应只在各自实行的犯罪行为的范围内负刑事责任。从题干的交代上看，董某、陈某各自单独构成故意杀人罪，属于同时犯。只有 D 正确。

6. C。【解析】　把 A、B 合起来，便是对首要分子完整而正确的解释，故单独的 A、B 均不正确。D 也是错误的，如果一个犯罪只处罚首要分子，那么便无所谓主犯从犯。所以只有 C 才是正确答案。

7. B。【解析】　共同犯罪是两人以上共同故意犯罪，数个行为人必须有共同故意。因此乙单独构成强奸罪。《关于对为索取法律不予保护的债务非法拘禁他人行为如何定罪问题的解释》明确规定，行为人为索取高利贷、赌债等法律不予保护的债务，非法扣押、拘禁他人的，依非法拘禁罪定罪处罚。

8. C。【解析】　本题"甲、乙共谋行抢"，并没有明确说明是共谋抢劫，故不能以共同抢劫作为判断标准。甲、乙二人没有形成抢劫的共同故意，此时认定为抢夺的共同故意更合适，属于共犯中的"过限行为"，也就是说，甲属于在共同抢夺中单独使用暴力转化为抢劫罪的情况，乙没有使用暴力的共同故意，仍属抢夺罪。故本题的正确答案为 C 项。

9. D。【解析】　《刑法》第 17 条第 2 款规定："已满 14 周岁不满 16 周岁的人，犯故意杀人、故意伤害致人重伤或者死亡、强奸、抢劫、贩卖毒品、放火、爆炸、投毒罪的,应当负刑事责任。”显然,甲不满16周岁,不构成抢夺罪,A项正确,不选。共同犯罪是违法形态,从而“甲与乙构成抢夺罪的共犯”,B项正确,不选。乙不构成抢夺罪的间接正犯(间接实行犯),而是帮助犯,C项正确,不选。甲与乙共同犯罪已经既遂,不再成立任何未完成形态,D项错误,当选。

二、多项选择题

1. ABCD。【解析】 本题涉及共同犯罪。参见《刑法》第26条规定。

2. ACD。【解析】 高某得知真相后应周某的要求提供照明,是实行行为过程中形成的共同犯意,也有共同的犯罪行为,因而是共同犯罪。根据在犯罪过程中起作用的大小可知,周某是主犯,高某是从犯。

3. ABCD。【解析】 对实行犯的帮助或教唆,按照刑法理论理应认定为共同犯罪,但是刑法分则却将某些帮助行为或教唆行为单独规定为独立的罪名,这时,就不能再按照刑法总则关于共同犯罪的理论认定为共同犯罪行为。本题中A选项规定的是协助组织卖淫罪。B选项规定的是煽动颠覆国家政权罪。C选项规定的是帮助犯罪分子逃避处罚罪。D选项规定的是辩护人、诉讼代理人毁灭证据、伪造证据、妨害作证罪。因此这四种行为均不按共犯处理。

4. AD。【解析】 赵某在明知章某绑架一男孩的情况下,仍受章某指使给被害人家属打电话勒索财物,既有共同的犯罪故意,又有共同的犯罪行为,因而赵某与章某构成绑架罪的共犯。但是,王某的情况不同,王某与章某没有共同犯罪故意,也没有实施共同犯罪行为,二人不构成共同犯罪。王某在扣押他人之于索取债务的犯罪故意支配下,实施哄骗被害人出来以供章某关押的行为,根据《刑法》第238条第4款的规定构成非法拘禁罪。在共同犯罪中,一行为人仅仅自动停止了自己的犯罪行为而没有阻止整个犯罪行为的发生,是不能认定为犯罪中止的,因而赵某不构成犯罪中止。

5. BC。【解析】 本题中,甲、乙二人并无共同犯罪的故意,甲意图以假冒的毒品骗取财物,实际上构成了以非法占有为目的,采取虚构事实或隐瞒真相的方法,骗取数额较大的公私财物的诈骗罪。而乙却主观上具有贩卖毒品的故意,客观上实施了自己认为是而实际不是毒品的行为,实际是一种犯罪未遂中的因认识错误导致的对象不能犯未遂。由于二人无共同犯罪故意,因此应分别定罪,故选B、C项。此外,诈骗罪的既遂以犯罪人取得财物为标准,而不是以是否分赃为准,故甲利用乙实施的诈骗行为已经既遂。

6. CD。【解析】 见一般共同犯罪与特殊共同犯罪的划分。

7. BD。【解析】 本题中企业保管员不一定是国家工作人员,而且其不是利用职务之便侵占、窃取、骗取或以其他手段非法占有财物,故不可能构成贪污罪,所以AC不正确。

8. BD。【解析】 二人以上共同过失犯罪,不是共同犯罪。有共同行为而无共同故意不是共同犯罪。

三、名词解释

1. 两个人或者两个以上的人基于共同故意而实施犯罪。

2. 指以多人实施向着同一目标的行为为构成要件的犯罪,在我国刑法中包括聚众性共同犯罪与集团性共同犯罪两种情况。

3. 组织、领导犯罪集团进行犯罪活动的或者在共同犯罪中起主要作用的。

4. 在共同犯罪中起次要或者辅助作用的。

5. 被胁迫参加犯罪的人,即在他人的威胁下并非完全自愿地参加共同犯罪,且在共同犯罪中起较小的作用(次于从犯作用)的共同犯罪人。

四、简答题

1. (1)任意共同犯罪与必要共同犯罪

刑法分则规定的一人能够单独实施的犯罪由

二人以上共同故意实施时，就是任意共同犯罪。刑法分则明文规定必须由二人以上共同故意实施的犯罪，就是必要共同犯罪，理论上一般分为对向犯和平行犯两种。

(2)事前通谋的共同犯罪和无事前通谋的共同犯罪

在着手实行犯罪之前，各共犯人已经形成共同犯罪故意，就实行犯罪进行了策划和商议的，就是事前通谋的共同犯罪。在刚着手或实行犯罪的过程中形成共同犯罪故意的，则是事前无通谋的共同犯罪。

(3)简单的共同犯罪和复杂的共同犯罪

二人以上共同故意实行犯罪时，就是简单的共同犯罪。在这种情况下，各共犯人都是正犯，故在刑法理论上又叫共同正犯。

(4)一般的共同犯罪与特殊的共同犯罪

2.(1)主犯不仅包括首要分子，还包括两种情况：一是组织、领导犯罪集团进行犯罪的犯罪分子即首要分子；二是在共同犯罪中起主要作用的犯罪分子。首要分子以犯罪集团的存在为前提条件。没有犯罪集团，也就没有首要分子存在的空间。

(2)首要分子不一定就是主犯。首要分子既可以是主犯，也可以不是。

3. 特殊的共同犯罪，又称有组织的共同犯罪，是指各共同犯罪人之间建立起组织形式的共同犯罪。实施这类共同犯罪的组织，法律上称犯罪集团。《刑法》第26条第2款规定："三人以上为共同实施犯罪而组成的较为固定的犯罪组织，是犯罪集团。"据此，成立犯罪集团必须符合以下要求：(1)共同犯罪人在三人以上，即必须是三名以上达到刑事责任年龄、具备刑事责任能力的人才能构成犯罪集团。(2)为共同实施犯罪而组成。犯罪集团总是以实施某一种或者某几种犯罪为目的而形成的，否则便不能成为犯罪集团。(3)成立了较为固定的犯罪组织。犯罪组织即以犯罪为目标而形成的组织，而组织总是意味着其内部成员相互之间存在领导与被领导的关系。

4. 教唆犯是故意唆使他人实施犯罪的人。教唆犯的主要特征如下：

(1)从主观方面看，行为人具有教唆他人犯罪的故意。即教唆犯在主观上必须是明知自己的教唆行为会使他人产生犯罪意图而实施犯罪，并且希望或者放任这种结果发生。

(2)就客观方面讲，行为人实施了教唆他人犯罪的行为即教唆行为。

(3)就教唆对象而言，行为人所教唆的须是达到刑事责任年龄、具有刑事责任能力且没有犯罪意图的人。

5.《刑法》第27条第1款规定："在共同犯罪中起次要或者辅助作用的，是从犯。"据此，从犯由两类人构成：一类是在共同犯罪中起次要作用的犯罪分子，即对共同犯罪的形成与共同犯罪行为的实施、完成起次于主犯作用的犯罪分子；另一类是共同犯罪中起辅助作用的犯罪分子，即为共同犯罪的实行提供方便、帮助创造条件的帮助犯。

区别：从三者的定义、特征以及刑事责任上进行陈述。

五、论述题

1. 共同犯罪指两个人或者两个以上的人基于共同故意而实施犯罪的现象。

根据我国刑法的规定，成立共同犯罪的必备条件有三个：主体必须是二人以上；客观上必须有共同犯罪行为；主观上必须有共同犯罪故意。这三个条件密切联系，缺一不可。

2. 主犯。主犯包括两种情况：一是组织、领导犯罪集团进行犯罪的犯罪分子；二是在共同犯罪中起主要作用的犯罪分子。组织、领导犯罪集团进行犯罪活动的犯罪分子，即犯罪集团的首要分子。这种主犯具有以下两个特征：(1)以犯罪集团的存在为前提条件。(2)组织、领导犯罪集团进行犯罪活动。在共同犯罪中起主要作用的犯罪分子，则是指犯罪集团首要分子以外的在共同犯罪中起主要作用的犯罪分子。

犯罪集团首要分子的刑事责任。不仅应对自

己实施的犯罪负刑事责任，而且要对犯罪集团其他成员按照集团的预谋实施的犯罪承担刑事责任。当然，对犯罪集团其他成员实施的超出集团预谋的别的犯罪，不能要求首要分子负刑事责任。犯罪集团首要分子之外的主犯的刑事责任。对在犯罪集团的骨干分子以及在聚众犯罪和一般共同犯罪中起主要作用的主犯，应分为两种情况来追究刑事责任：一是组织、指挥共同犯罪的，如聚众犯罪的首要分子，应按照其组织、指挥的全部犯罪追究其责任；二是没有进行组织、指挥活动但参与实行犯罪的，对他们则应按照所参与的犯罪追究其刑事责任。

从犯。从犯由两类人构成：一类是在共同犯罪中起次要作用的犯罪分子，即对共同犯罪的形成与共同犯罪行为的实施、完成起次于主犯作用的犯罪分子；另一类是共同犯罪中起辅助作用的犯罪分子，即为共同犯罪的实行提供方便、帮助创造条件的帮助犯，其行为一般表现为为实行犯提供犯罪工具，指示犯罪地点和犯罪对象，打探和传递有利于犯罪实施和完成的信息，或事前通谋事后窝藏实行犯或为其销赃、窝赃等。从犯是相对于主犯而言的。主犯是共同犯罪中的核心人物，没有主犯就不可能成立共同犯罪。从犯通常只能依附于主犯而存在。

《刑法》第27条第2款规定："对于从犯，应当从轻、减轻处罚或者免除处罚。"

胁从犯：是被胁迫参加犯罪的人，即在他人的威胁下并非完全自愿地参加共同犯罪，且在共同犯罪中起较小的作用（次于从犯作用）的共同犯罪人。《刑法》第28条规定："对于被胁迫参加犯罪的，应当按照他的犯罪情节减轻处罚或者免除处罚。"

教唆犯：(1)从主观方面看，行为人具有教唆他人犯罪的故意。即教唆犯在主观上必须是明知自己的教唆行为会使他人产生犯罪意图而实施犯罪，并且希望或者放任这种结果发生。

(2)就客观方面讲，行为人实施了教唆他人犯罪的行为即教唆行为。

(3)就教唆对象而言，行为人所教唆的须是达到刑事责任年龄、具有刑事责任能力且没有犯罪意图的人。

"教唆他人犯罪的，应当按照他在共同犯罪中所起的作用处罚""教唆不满18周岁的人犯罪的，应当从重处罚""如果被教唆的人没有犯被教唆的罪，对于教唆犯，可以从轻或者减轻处罚"。

第七章　罪　数

一、单项选择题

1. C。【解析】 对于区分一罪与数罪的标准，通常采取犯罪构成说。即行为符合一个犯罪构成的就是一罪，行为符合数个犯罪构成的就是数罪，行为数次符合同一个犯罪构成的也是数罪。

2. C。【解析】 继续犯，也称持续犯，是指行为从着手实行到由于某种原因终止以前，一直处于持续状态的犯罪。非法拘禁罪是典型的持续犯。

3. D。【解析】 依《刑法》第240条规定，某甲的行为应当认定为拐卖妇女罪，其强奸、强迫卖淫行为都只应作为法定的从重处罚条件。此类犯罪在刑法理论上被称为结果加重犯，即指法律规定的一个犯罪行为（基本犯罪），由于发生了严重结果而加重其法定刑的情况，故D项为正确答案。

4. B。【解析】 结合犯是指数个原本独立的犯罪行为，根据刑法分则的明文规定，结合成为另一独立的新罪的情况。

5. D。【解析】 本题中杨某的行为属于牵连犯：杨某为抢劫这一目的行为，而实施了盗窃枪支这一手段行为。牵连犯应从一重罪处罚。

6. C。【解析】 牵连犯指犯罪的手段行为或者结果行为，与目的行为或者原因行为分别触犯不同罪名的情况。

7. B。【解析】 连续犯是指基于同一或概括的犯意，连续实施数个独立的犯罪行为，触犯同一罪名的形态。邢某基于杀人的故意，连续实施了两个杀人行为，构成连续犯，应认定为故意杀人罪。

8. C。【解析】 A项不属于连续犯，因为连续犯所触犯的必须是同一个罪名。B项属于包容犯。D项属于盗掘古墓葬罪的加重情形。

9. B。【解析】 从行为人只有一个犯罪故意的角度分析：甲虽然认识到自己开枪既可能只打死警察，也可能只打死警犬，但甲开枪时希望实现的结果是打死警察。因此，甲只有一个故意——杀人故意。按照主客观相一致的原理，如果甲打死了警察，对甲应当认定为故意杀人罪既遂。如果甲没有打死警察，即使他打中了警犬或者没有打中任何目标，对甲也应当认定为故意杀人罪未遂。在本案中，甲希望打死警察，并且实施了枪击行为，但因意志以外的原因未造成死亡结果，因此构成故意杀人罪(未遂)。若此处一行为造成数结果，此时应择一重罪处断，而非数罪并罚。

二、多项选择题

1. ABCD。【解析】 这些都是继续犯的基本观点。列出帮助考生理解记忆。

2. BC。【解析】 实质的一罪包括继续犯、想象竞合犯、结果加重犯；法定的一罪包括结合犯、集合犯；处断的一罪包括连续犯、吸收犯、牵连犯。

3. ABC。【解析】 A选项属于由于犯罪对象而形成的法条竞合；B选项属于由于犯罪主体而形成的法条竞合；C选项中由于犯罪手段而形成的法条竞合。其所涉及的两个罪名之间都在其构成要件的内容上发生了重合和交叉的情形。因此，属于法条竞合的是A选项、B选项和C选项。

4. AB。【解析】 结果加重犯必须要有法律的明确规定。

5. ACD。【解析】 由于吸收犯的前后行为之间存在必经阶段与当然发展之间的关系，故只能以一罪论处，而不能认定为数罪。《刑法》第171条第3款规定："伪造货币并出售或者运输伪造的货币的，依照本法第170条的规定定罪从重处罚。"而《刑法》第170条规定的是伪造货币罪。

6. ABC。【解析】 甲私藏黄金的行为是不法状态的继续，而非不法行为的继续。

7. BD。【解析】 目的与手段行为的牵连犯，从一重罪处罚。

8. ACD。【解析】 ACD为集合犯的特征。

9. ABCD。【解析】 选项A说法错误。如果在组织他人卖淫的犯罪活动中，对被组织的人有引诱、容留行为的，应作为组织卖淫罪的量刑情节予以考虑，不实行数罪并罚。

选项B说法错误。行为人绑架他人后，故意实施伤害(包括故意伤害致死)、强奸等行为的，则应实行数罪并罚。因此，此种类推判断不准确。

选项C说法错误。这里属于事后不可罚行为，盗窃得手的财物，犯罪人变卖、毁弃或使用，只要法律没有明文规定为犯罪的，都属于不可罚的事后行为，对犯罪人的行为不能重复评价。

选项D说法错误。这里的"监管人员"只有一个犯罪行为，即私放行为，按照主客观一致原则，不能认定为故意杀人罪，只成立私放在押人员罪。

三、名词解释

1. 作用于同一对象的一个犯罪行为从着手实行到行为终了犯罪行为与不法状态在一定时间内同时处于继续状态的犯罪。

2. 一个行为触犯数个罪名的犯罪形态。

3. 实施基本犯罪构成要件的行为，但由于发生了基本犯罪构成要件以外的重结果，因而刑法规定加重刑罚的犯罪形态。

4. 基于同一或者概括的犯罪故意，连续实施性质相同的独立成立犯罪的数个行为，触犯同一罪名的情况。

5. 为了一定的目的实施某种犯罪，其方法行为或结果行为又触犯其他罪名的犯罪类型。

四、简答题

1. 一般而言,我国刑法学界的通说是将一罪分为三类:一是实质的一罪,即一行为在刑法中规定为一罪或者处理时作为一罪的情况,具体包括继续犯、想象竞合犯与结果加重犯三种;二是法定的一罪,即数行为在刑法中规定为一罪的情况,具体包括结合犯与集合犯两种;三是处断的一罪,即数行为处理时作为一罪的情况,具体包括连续犯、牵连犯和吸收犯三种。

2. 状态犯,指犯罪既遂后,其实行行为所造成的不法状态处于持续之中的犯罪形态。就不法状态处于持续之中来看,状态犯与继续犯颇为相似。两者的主要区别是:

(1)继续犯的不法状态从犯罪实行那一刻即告发生,并一直存在于犯罪行为终止以前的整个犯罪过程中;状态犯的不法状态则发生于犯罪行为终止之后,其犯罪过程已经结束。

(2)继续犯是犯罪行为与不法状态同时继续;状态犯则只是不法状态的继续,而不存在犯罪行为的继续。

3. 集合犯,是指行为人以犯不定次数的同种犯罪为目的,实施了数个性质相同的犯罪行为,刑法却规定作为一罪论处的犯罪形态。现行刑法中的集合犯可分为两种情况:

(1)常业犯。即以一定的行为为常业的犯罪。就这种集合犯而言,实施一次行为的,还不能成立犯罪,只有反复实施性质相同的行为,才能构成该罪。

(2)营业犯。这是指意图以反复实施一定的行为为业的犯罪。对于营业犯来说,只要是意图以反复实施某种犯罪行为为业,即便实际上只实施了一次犯罪行为,同样可以构成本罪。

4. 一般而言,对连续犯应按照一罪处断,不实行数罪并罚。具体讲:

(1)刑法规定只有一个量刑档次,或者虽有两个量刑档次但无加重犯的量刑档次的,应按照一个罪名从重处罚。

(2)刑法对多次实施某种犯罪明文规定了重于基本犯的量刑档次的,应对符合这种情况的连续犯,依照该加重犯的量刑档次处罚。

(3)刑法对多次实施某种犯罪虽然没有明文规定相应量刑档次,但对其中"情节严重"或"情节特别严重"的情形分别规定了不同的量刑档次,在这种情况下,对连续犯应依照相对应的量刑档次处罚。

5. 接续犯,指行为人在同一时机以性质相同的数个举动接连不断地完成一个犯罪行为的形态。其主要特征有两点:

(1)在同一时机实施,即在相接近的时间或场所内侵害同一犯罪的直接客体。

(2)接连不断地实施性质相同的数个举动。这要求必须是数个举动,且数个举动必须性质相同并接连不断地实施,例如,行为人意图杀死被害人,每次下少量毒药,经多次下毒后致被害人死亡。这种情形的杀人,就是接续犯。

接续犯与继续犯的区别主要在于:接续犯是数个相同的举动组成一个犯罪行为,但没有犯罪行为和不法状态的同时继续;而继续犯则是犯罪行为和不法状态同时处于持续之中。

五、论述题

1. 想象竞合犯与法规竞合都是实施了一个行为,都是触犯了数个罪名。两者的区别在于:

(1)法规竞合时的一个行为,只是出于一个罪过,并且是产生一个结果;想象竞合犯中的一个行为,往往是数个罪过和数个结果。如开一枪打死一人,并打伤另一人,只能是想象竞合犯,而不可能是法规竞合。

(2)法规竞合,是由于法规的错综复杂规定即法律条文内容上存在着包容或部分包容关系,以致一个犯罪行为触犯数个刑法规范;想象竞合犯则是由于犯罪的事实特征所导致,即出于数个罪过或产生数个结果,以致一行为触犯数罪名。

(3)法规竞合时,一行为触犯的数个刑法规范之间存在此一规范规定的犯罪构成包容另一规范规定的犯罪构成的关系；想象竞合犯中，一行为触犯的规定数个罪名的法条不存在犯罪构成之间的包容关系。

(4)法规竞合的情况下，在竞合的数法规中，仅仅一法规可以适用于该行为，其法律适用问题，依照特别法优于普通法或重法优于轻法的原则来解决；想象竞合犯的场合，竞合的数法规均可以适用于该行为，其法律适用问题，依照“从一重处断”的原则来解决。

2. 对牵连犯如何处理，我国刑法总则没有规定。刑法理论上一般主张，对牵连犯的处理不实行数罪并罚，而应“从一重处断”，即按照数罪中最重的一个罪所规定的刑罚处理，在该最重的罪所规定的法定刑范围内酌情确定执行的刑罚。指导教材认为，这应当成为对刑法未作特别规定的牵连犯处罚的一般原则。

但是，刑法分则对某些具体犯罪的牵连犯的处理作了特别规定，规定的情况不一：有的规定从一重处断，有的规定从一重后再从重处罚，有的对牵连犯规定了独立的法定刑，还有的对牵连犯规定实行数罪并罚。对这些就如何处理牵连犯的问题刑法分则条款作了特别规定的，只能按照刑法分则有关条款的规定处理。例如，《刑法》第 198 条规定：投保人、被保险人故意造成财产损失的保险事故，骗取保险金或投保人、受益人故意造成被保险人死亡、伤残或者疾病，骗取保险金，“同时构成其他犯罪的，依照数罪并罚的规定处罚”。对这样的牵连犯就应根据刑法规定，依照保险诈骗罪和行为人所实施的方法行为构成的犯罪分别定罪，然后实行数罪并罚。

第八章　刑事责任

一、单项选择题

1. A。【解析】 应当负刑事责任的开始时间是行为人实施的行为构成犯罪的时候。

2. A。【解析】 刑事责任的确认阶段(即刑事诉讼阶段)自公安、司法机关立案侦查时起，到人民法院作出的有罪判决生效时止。

3. C。【解析】 刑事责任的实现阶段自人民法院的有罪判决生效时起，到判决所确定的刑罚和非刑罚的刑事制裁措施等执行完毕时为止。

4. C。【解析】 刑事责任的实现是整个刑事责任问题的结局和归宿，故如果没有刑事责任的实现阶段，则刑法规定刑事责任及司法机关代表国家依法追究刑事责任的活动都将失去意义。

5. A。【解析】 刑事责任的设定根据是犯罪的严重社会危害性。

6. B。【解析】 确定刑事责任的法律根据(就应不应当负刑事责任而言)是刑法规定的犯罪构成。

7. C。【解析】 确定刑事责任的事实根据是行为人实施的符合犯罪构成的实际行为。

8. A。【解析】 定罪判刑方式是实现刑事责任最基本、最常见的一种方式。

二、多项选择题

1. ABC。【解析】 刑事责任的发展阶段分为产生、发展、实现三个阶段。

2. AB。【解析】 刑事责任的实现方式包括定罪判刑方式和定罪免刑方式。

3. CD。【解析】 刑事责任的其他解决方式包括消灭处理方式和转移处理方式。

4. ABC。【解析】 通常意义上的追究刑事责任是从定罪、量刑和其他处理方式的角度而言的。

5. ABC。【解析】 不起诉不是根据我国法律的规定的行为人承担刑事责任的方式。

6. ACD。【解析】 引起刑事责任消灭的原因主要是 ACD。

7. BCD。【解析】 消灭处理方式如犯罪已过追诉时效期限、犯罪嫌疑人死亡或者被赦免等，以致使行为人的刑事责任归于消灭。

8. ABCD。【解析】 以上四种都是刑事责任的实现方式。

三、名词解释

1. 犯罪人因刑事法律的规定而应当为自己实施的犯罪行为所承受的，代表国家的司法机关以刑事处罚、非刑罚的处理或者单纯宣告有罪的方式对其行为进行否定评价的负担。

2. 刑事责任的根据，指国家基于何种前提、基础或决定因素而追究犯罪人的刑事责任，或者犯罪人是根据何种前提、基础或决定因素而承担刑事责任。

3. 刑事责任的解决，指对业已产生的刑事责任予以处理，使刑事责任得以终结。

4. 刑事责任的功能，是指刑事责任在制定刑法和惩治犯罪中所起的积极作用。

5. 刑事责任的终结包括两种情况：一是因刑事责任的实现而终结，二是因刑事责任的消灭而终结。

四、简答题

1.（1）刑事责任是刑事法律规定的一种应当承受的负担。（2）刑事责任因犯罪行为而产生。（3）刑事责任以刑事处罚、非刑罚方法的处理或单纯宣告行为有罪为内容。（4）刑事责任只能由犯罪者本人承担。（5）刑事责任由代表国家的司法机关强制犯罪者承担。

2. 刑事责任的功能，是指刑事责任在制定刑法和惩治犯罪中所起的积极作用。对刑事责任的功能，可以从刑事立法和刑事司法两个方面来加以考察：

（1）就刑事立法方面看，刑事责任是衡量对行为是否规定为犯罪和如何配置刑罚的依据。换言之，立法者是依据自己的刑事责任观念来制定刑法、确定犯罪的范围和刑罚的配置的。

（2）从司法方面讲，刑事责任是审判机关决定是否适用刑罚和如何适用刑罚的标准：第一，刑事责任是决定适用刑罚的必要前提。第二，刑事责任的大小是判处刑罚轻重的标准。

3. 刑事责任的根据包括哲学根据与法学根据：

（1）刑事责任的哲学根据。马克思主义刑法学认为，行为人在实施犯罪时所具有的相对的意志自由是刑事责任的哲学根据。

（2）刑事责任的法学根据，是指从法律制度上讲行为人承担刑事责任或者国家追究其刑事责任的决定因素。

①刑事责任的设定根据是犯罪的严重社会危害性。②确定刑事责任的法律根据（就应不应当负刑事责任而言）是刑法规定的犯罪构成。③确定刑事责任的事实根据是行为人实施的符合犯罪构成的实际行为。

可以将上述三点论述用一句话来概括，即实际的危害行为符合刑法所规定的犯罪构成是应当追究刑事责任的法学根据。

4. 刑事责任的发展可分为如下三个阶段：

（1）刑事责任的产生阶段。这一阶段始于犯罪行为实施之时，终于公安、司法机关立案之日。

（2）刑事责任的确认阶段（即刑事诉讼阶段）。自公安、司法机关立案侦查时起，到人民法院作出的有罪判决生效时止。

（3）刑事责任的实现阶段。一般而言，刑事责任的实现阶段自人民法院的有罪判决生效时起，到判决所确定的刑罚和非刑罚的刑事制裁措施等执行完毕时为止。

5. 刑事责任的实现具体包括以下几种情况：

（1）判处刑罚（含仅判处主刑、仅判处附加刑或同时判处主刑及附加刑）的，刑罚被执行完毕；

（2）宣告缓刑或者决定予以假释的，犯罪人在缓刑或假释考验期内没有再犯新罪、没有发现漏罪、没有违反监督管理规定；

（3）仅给予非刑罚的刑事制裁措施的，该制裁措施执行完毕；

（4）仅以作出有罪宣告的方式追究刑事责任的，该有罪宣告的判决发生法律效力。

五、论述题

1. 刑事责任与犯罪和刑罚分别有着直接而密切的关系，是连接犯罪与刑罚的重要纽带。

(1)区别主要表现在：

①刑事责任是一种法律责任，刑罚则是一种强制方法；②刑事责任以犯罪人应当承受刑事处罚、非刑罚方法的处理和单纯的有罪宣告为内容，刑罚则以实际剥夺犯罪人一定的权益(权力和利益)为内容；③刑事责任因实施犯罪而产生，刑罚则随法院的定罪判刑决定宣告生效而出现。

(2)二者之间的密切关系表现在：

①刑事责任的存在是适用刑罚的直接前提，无刑事责任则不能适用刑罚；②刑事责任的大小直接决定刑罚的重轻，刑事责任大的，刑罚必然重，刑事责任小的，刑罚必然轻；③刑事责任主要通过刑罚来实现，非刑罚处理方法等虽然也是刑事责任的实现方式，但由于在司法实践中适用很少而只能被视为次要的实现方式，刑罚与刑事责任的联系则是普遍的。

2. 刑事责任的解决方式分为刑事责任的实现方式与刑事责任的其他解决方式两种。

(1)刑事责任的实现方式

刑事责任的实现方式，又称刑事责任的实现方法、刑事责任的承担方式，指的是刑事责任可以通过哪些方法来实际承担。

①定罪判刑方式。即人民法院在判决中对犯罪人作出有罪宣告的同时确定对其适用相应的刑罚。这种方式是实现刑事责任最基本、最常见的一种方式。②定罪免刑方式。即人民法院在判决中对犯罪人作出有罪宣告但同时决定免除刑罚处罚。这种方式包括两种情况：一是作出宣告有罪但决定免除刑罚处罚而给予非刑罚方法之处理的判决；二是作出宣告有罪但决定免除刑罚处罚的判决。这种方式是刑事责任实现的次要、辅助的方式。

(2)刑事责任的其他解决方式

在我国，刑事责任的其他解决方式有两种：一种是消灭处理方式；另一种是转移处理方式。

①消灭处理方式。如犯罪已过追诉时效期限；犯罪嫌疑人死亡或者被赦免等，以致使行为人的刑事责任归于消灭。②转移处理方式。指对享有外交特权和豁免权的外国人的刑事责任不由我国司法机关处理，而是根据《刑法》第 11 条的规定通过外交途径予以解决。

第九章　刑罚概说

一、单项选择题

1. D。【解析】 特殊预防的对象是受刑人。

2. D。【解析】 我国刑罚的目的是预防犯罪。

3. A。【解析】 刑罚的对象是犯罪人。

4. C。【解析】 刑罚适用的主体是刑事审判部门。

5. A。【解析】 刑罚的属性是使犯罪人承受一定的被限制、剥夺的痛苦。

6. B。【解析】 刑罚由法院决定适用。

7. B。【解析】 一般预防的对象主要是有可能实施犯罪行为的人。

8. C。【解析】 为了达到刑罚的目的，必须惩罚与教育改造并重。

二、多项选择题

1. ABCD。【解析】 以上四项都是一般预防的对象。

2. ABCD。【解析】 一般预防的方式是通过刑罚的威慑、安抚、教育、鼓励作用来表现的。

3. ABCD。【解析】 一般预防通过刑罚的适当性、公开性、及时性、威慑性实现。

4. BC。【解析】 特殊预防的对象包括故意犯罪人和过失犯罪人，尚未实际实施犯罪的以及虽曾犯过罪但其刑事责任已经终结的人，不是特殊预防的对象。

5. AC。【解析】 适用刑罚的法律依据是刑法、刑事诉讼法。

6. CD。【解析】 A 是刑罚的属性，B 是刑罚的社会政治内容。

7. ABCD。【解析】 刑罚处罚涉及受刑人的自由、财产、资格、生命等重大权益。

8. AC。【解析】 我国刑罚的目的是预防犯罪，包括一般预防和特殊预防。

三、名词解释

1. 刑法规定的由国家审判机关依法对犯罪人适用的以限制或剥夺其一定权益为内容的强制性制裁方法。

2. 国家制定、适用、执行刑罚的目的，即国家的刑事立法采用刑罚作为对付犯罪现象的强制措施及其具体适用和执行预期实现的效果。

3. 通过适用刑罚对犯罪的人进行惩罚改造，预防他们重新犯罪。

4. 通过制定和对犯罪人适用刑罚，威慑、儆戒其他人，预防他们走上犯罪道路。

5. 国家创制、适用和执行刑罚所可能产生的积极的社会作用、社会效应，这意味着刑罚不仅对犯罪人产生直接的影响，而且对社会其他成员也产生直接或间接的影响。

四、简答题

1. 刑罚与其他法律制裁措施之间有着显著的不同。区别主要表现为如下几点：

(1)适用根据不同。适用刑罚的法律根据是刑事法律(包括刑法和刑事诉讼法)，事实根据主要是符合刑法规定的犯罪构成的行为即犯罪行为；适用民事处罚的法律根据是民事法律，事实根据是违反民事法律规定的行为；适用行政处罚的法律根据则是行政法律、法规，事实根据是被处罚者的行政违法行为。

(2)适用机关不同。刑罚只能由各级人民法院的刑事审判部门适用，民事处罚只能由人民法院的民事审判组织适用，行政处罚则由各级行政机关适用。

(3)适用对象不同。刑罚只能适用于犯罪人，而且这里的犯罪人必须是已被依法确定为有罪的人，对未经法律程序被认定为有罪的行为人，则无论如何都不能适用刑罚；而其他法律制裁方法则分别适用于民事、行政违法者。

(4)严厉程度不同。刑罚处罚涉及受刑人的自由、财产和资格乃至生命等重大权益，从整体而言是最严厉的强制方法；而其他法律制裁则排除对生命的剥夺，一般也不涉及剥夺自由的问题。

(5)法律效果不同。受过刑罚处罚的人，在法律上和事实上会被视为有前科的人，将在一定期限内甚至终身被禁止从事某种职业或者担任某些职务；当其重新犯罪时，可能要受到比对初犯者更严厉的处罚；而受过民事、行政处罚的人，在法律评价和法律后果上，不会产生上述不利的影响。

2. 对不同的犯罪人适用不同的刑罚，是特殊预防方式的基本要求。具体包括以下方式：

(1)对极少数罪行极其严重的犯罪人通过适用死刑立即执行的方式，彻底剥夺其重新犯罪的能力。

(2)通过对绝大多数犯罪人适用不同期限的自由刑(含管制、拘役、有期徒刑)将受刑人部分或者完全与社会隔离，从而基本保证在刑罚执行期间防止其再次危害社会。

(3)适用无期徒刑将受刑人终生与社会隔离，从而防止其再次犯罪。

(4)通过适用财产刑剥夺受刑人财产的一部分或全部，使其丧失再次犯罪的资本，同时财产的被剥夺也会使其因受到一定的教育或者感受到痛苦而抑制受刑人再次犯罪的欲念。

(5)适用剥夺政治权利刑使其在不享有特定的权利期间不能再次实施特定的犯罪，同时教育和儆戒受刑人，使其不愿或者不敢产生新的犯罪念头。

(6)通过适用驱逐出境的刑罚剥夺受刑人在我国的居留权而使其不能再次在我国犯罪。

3. 一般预防的对象不是犯罪分子,因此,其方式只能是通过对犯罪人适用刑罚这一客观事实,对其他社会成员产生心理影响。具体而言,一般预防的方式主要是通过刑罚的威慑、安抚、教育和鼓励作用来表现的:

(1)通过制定、适用和执行刑罚,威慑社会上的危险分子和不稳定分子,抑制他们的犯罪念头,使他们不敢以身试法。

(2)通过制定、适用和执行刑罚,表明国家对犯罪不能容忍,安抚犯罪被害人及其家属,以防止报复性犯罪活动的发生。

(3)通过制定、适用和执行刑罚,对广大公民进行法制教育,使他们自觉地防微杜渐,同时鼓励他们积极地同犯罪行为进行斗争。

4.(1)刑罚的内容为对受刑者一定权益的限制和剥夺。(2)刑罚的对象只能是犯罪人。(3)刑罚适用的主体只能是国家审判机关。(4)刑罚的种类及适用标准必须以刑法的明文规定为依据。(5)刑罚适用必须依照刑事诉讼程序。(6)刑罚的执行机关是特定的。

5. 刑罚的功能:(1)对犯罪人有剥夺功能、改造功能、感化功能。(2)对被害人家属有安抚功能、补偿功能。(3)对其他社会成员有威慑功能、鼓励功能、教育功能。

五、论述题

1. 尽管刑罚与犯罪以刑事责任为中介,但犯罪产生刑事责任,而刑罚是实现刑事责任的主要方式,所以,犯罪是刑罚的必要前提,刑罚是犯罪通常意义上的法律后果。因此,可以用哲学的观点将刑罚与犯罪的关系看成是一种对立统一关系。

(1)刑罚与犯罪的对立

刑罚与犯罪的对立表现在两个方面:一是从国家方面看,犯罪是侵犯合法权益的行为,是对现行统治关系、统治秩序的反抗和破坏;而刑罚是保护合法权益的武器,是对付违反现行统治关系的生存条件的行为的一种自卫手段。这种破坏与反破坏、反抗与遏制的关系,使刑罚与犯罪处于一种对立的地位。二是从犯罪人方面来看,犯罪是其为了满足自己物质上、精神上的需要而使他人遭受痛苦;刑罚则在使犯罪人因受到处罚而遭受痛苦的同时使他人感到欣慰。因此,刑罚与犯罪永远是一对不可调和的矛盾。

(2)刑罚与犯罪的统一

刑罚与犯罪的统一表现在三个方面:首先,二者起源相同。犯罪与刑罚产生于相同的条件即都是人类社会发展到一定阶段的产物。其次,二者相互依存。刑罚随犯罪的产生而产生,同时应受到刑罚的惩罚,又使得犯罪成为具有特殊意义的社会现象。最后,二者命运相同。刑罚不仅伴随着犯罪的产生而产生,而且也将伴随犯罪的消灭而消灭。二者共生共灭是不以人的意志为转移的历史规律。

2. 特殊预防和一般预防是刑罚目的的基本内容,或者说是预防犯罪的两种方式。由于特殊预防和一般预防只是基于对象的不同而作的区分,二者的目的完全一致;同时,二者所借助的手段或者途径也是基本相同的,即都有赖于刑罚的制定、裁量和执行。可见,我国刑罚的特殊预防和一般预防是紧密结合、相辅相成的,如果没有特殊预防的方式,一般预防也很难实现;而如果不考虑一般预防,预防犯罪的效果也无法达到。因此,在使用刑罚方法预防犯罪的整个过程中,都体现了特殊预防和一般预防相结合的思想。

具体而言,立法机关在规定刑罚时,通过确定恰当的刑罚种类和对每一种犯罪配置相应的刑罚来兼顾这两个预防;刑事审判和执行机关则通过刑罚的现实裁量和执行而昭示具体包含特殊预防与一般预防两个方面内容的信息,即对犯罪人而言是惩罚和教育改造的信息,而对其他人来讲则是威慑、安抚和教育的信息。

第十章 刑罚的体系和种类

一、单项选择题

1. B。【解析】 行使B选项权利必须经执行机关批准。

2. C。【解析】 根据刑法分则的规定，没收财产的适用方式只包括三种情形：与罚金选择并处、并处和可以并处。不存在单处没收财产的情形。

3. B。【解析】 根据“民事优于刑事原则”，应优先承担民事赔偿责任。

4. D。【解析】 应当予以没收的是违禁品和供犯罪所用的本人财物，而不是供犯罪所用的他人财物。

5. C。【解析】 死缓考验期内没有故意犯罪，期满之日起即自动减为无期徒刑，即使再犯新罪，也只能数罪并罚，而不能依《刑法》第50条核准其执行死刑。

6. B。【解析】 没收财产事实上是没收犯罪人合法所有并且没有用于犯罪的财产。上述只有B项符合题意，其中A项是用于犯罪的工具，C项是违禁品，D项是犯罪所得，均不属于没收财产刑的范围。

7. A。【解析】 未成年人犯罪是“应当”从轻或者减轻判处罚金，而不是“可以”。

8. A。【解析】 乙虽然故意违反监规，殴打其他犯人，致其他犯人构成轻微伤，但该行为并未构成犯罪，因此，应当在2年期满之后，减为无期徒刑；对于未成年人既不能适用死刑立即执行，也不能适用死刑缓期执行，丙虽罪行极其严重，但仍不能适用死刑；丁所犯的是过失犯罪，因此，2年期满后，应减为无期徒刑；甲在死缓期间，没有故意犯罪，虽有立功表现，但不是重大立功，因此2年期满后只能减为无期徒刑。

二、多项选择题

1. AC。【解析】 管制刑与死缓制度是我国刑法的独创制度。

2. ABCD。【解析】 犯罪时不满18周岁的未成年人和审判时怀孕的妇女，不适用死刑。审判的时候怀孕，包括人民法院审理案件的时候。

3. BD。【解析】 被判处管制的犯罪分子，由公安机关执行；在劳动中应当同工同酬。

4. ACD。【解析】 对B项，最高人民法院《关于对故意伤害、盗窃等严重破坏社会秩序的犯罪分子能否附加剥夺政治权利问题的批复》中作出了明确的规定。

5. ABCD。【解析】 没收财产以前犯罪分子所负的正当债务，需要以没收的财产偿还的，经债权人请求应当偿还。以上四项全部正确。

6. ABD。【解析】 A项是《关于审理未成年人刑事案件具体应用法律若干问题的解释》中的规定；有期徒刑和无期徒刑都是剥夺自由并且强制无偿劳动；累犯以及因杀人、爆炸、抢劫、强奸、绑架等暴力性犯罪被判处10年以上有期徒刑、无期徒刑的犯罪分子，不得假释；C项错误，应当是有期徒刑的刑期，从判决执行之日起计算；判决执行以前先行羁押的，羁押一日折抵刑期一日。

7. ABC。【解析】 对于危害国家安全的犯罪分子应当附加剥夺政治权利；被判处无期徒刑、死刑的犯罪分子，应当附加剥夺政治权利终身，对于故意杀人、强奸、放火、爆炸、投毒、抢劫等严重破坏社会秩序的犯罪分子，可以附加剥夺政治权利；《刑法》分则第296条规定非法集会、游行、示威罪可以选择单处剥夺政治权利。

8. AB。【解析】 一人犯数罪依法同时并处罚金和没收财产的，应当合并执行，但并处没收全部财产的，只执行没收财产刑；假释考验期满，没有发生法律规定撤销假释的事由，就认为原判刑罚已经执行完毕，并公开予以宣告(产生消灭刑罚的后果)，因此A、B两项表述错误。

9. ACD。【解析】 《刑法》第38条第2款规定:"判处管制,可以根据犯罪情况,同时禁止犯罪分子在执行期间从事特定活动,进入特定区域、场所,接触特定的人。"《刑法》第72条第2款规定:"宣告缓刑,可以根据犯罪情况,同时禁止犯罪分子在缓刑考验期限内从事特定活动,进入特定区域、场所,接触特定的人。"

三、名词解释

1. 指短期剥夺犯罪人的人身自由,由公安机关就近执行并对受刑人进行劳动改造的刑罚方法。

2. 指对犯罪分子判处死刑同时宣告缓期2年执行,强迫劳动,以观后效的情形。死刑缓期执行是死刑中的一种过渡性处理方法,属于死刑的一种执行制度,简称死缓制度,它是我国刑事立法的一个独创。

3. 指剥夺犯罪分子终身自由,强制其参加劳动并接受教育和改造的一种刑罚方法。无期徒刑是剥夺自由刑中最严厉的一种刑罚。

4. 指人民法院判处犯罪分子向国家缴纳一定数量金钱的刑罚方法。它主要适用于贪利性犯罪以及与财产有关的犯罪。此外也适用于一些妨害社会管理秩序的犯罪。

5. 指强制犯罪的外国人离开中国国(边)境内的刑罚方法。它既可以独立适用,也可以附加适用,因此属于附加刑的一种。

四、简答题

1.(1)对受刑人不予关押。即不是将受刑人羁押在特定的场所或者设施内,剥夺其人身自由。

(2)限制受刑人一定的人身自由(《刑法》第39的规定》)。

(3)对受刑人的限制有一定的期限。管制的期限为3个月以上2年以下。数罪并罚时,不得超过3年。管制的刑期,从判决执行之日起计算;判决执行以前先行羁押的,羁押1日折抵刑期2日。

(4)由公安机关执行并由群众予以监督。

2.(1)性质不同。拘役属于刑罚方法;而刑事拘留是刑事诉讼中的一种强制措施;民事拘留属于司法行政性质的处罚;行政拘留则属于治安行政处罚。

(2)适用的对象不同。拘役适用于罪行较轻的犯罪人;刑事拘留适用于《刑事诉讼法》第61条规定的7种情形之一的现行犯或者重大嫌疑分子;民事拘留适用于《中华人民共和国民事诉讼法》第102条规定的6种行为之一但又不构成犯罪的民事诉讼参与人或其他人;行政拘留适用于违反治安管理法规但尚未达到犯罪程度的行为人。

(3)适用机关不同。拘役和民事拘留均由人民法院适用,但拘役由人民法院的刑事审判部门适用,民事拘留由人民法院的民事审判部门适用;刑事拘留由公安机关或人民检察院适用;行政拘留则只能由公安机关适用。

(4)适用的法律依据不同。拘役依照刑法的规定适用;刑事拘留依照刑事诉讼法的规定适用;民事拘留依照民事诉讼法的规定适用;行政拘留则依照治安管理处罚法的规定适用。

3.(1)死刑适用条件的限制:死刑只适用于罪行极其严重的犯罪分子。

(2)死刑适用对象的限制:犯罪的时候不满18周岁的人和审判的时候怀孕的妇女,不适用死刑。审判的时候已满75周岁的人,不适用死刑,但以特别残忍手段致人死亡的除外。

(3)死刑适用程序的限制:①从死刑案件的管辖上进行限制。死刑案件只能由中级以上人民法院进行第一审,基层人民法院无权审理死刑案件,当然也就无权适用死刑。②从死刑核准程序上进行限制。死刑(指死刑立即执行的情况)除依法由最高人民法院判决的以外,都应当报请最高人民法院核准。死刑缓期执行的,可以由高级人民法院核准。

(4)死刑执行制度方面的限制:将死刑立即执行和死刑缓期执行确定为执行死刑的两种制度,从而在实际上减少死刑的执行期。

4.(1)应当附加于主刑而适用。根据《刑法》第56条第1款、第57条的规定,应当附加剥夺政治权利的情况有如下两种:①对危害国家安全的犯罪分子在判处主刑的同时应当附加剥夺政治权利。②对被判处死刑、无期徒刑的犯罪分子应当附加剥夺政治权利终身。

(2)可以附加于主刑而适用。根据《刑法》第56条第1款后半段的规定,对于故意杀人、强奸、放火、爆炸、投毒、抢劫等严重破坏社会秩序的犯罪分子,可以附加剥夺政治权利。此外,根据最高人民法院1998年发布的《关于对于故意伤害、盗窃等严重破坏社会秩序的犯罪分子能否附加剥夺政治权利问题的批复》,对故意伤害、盗窃等其他严重破坏社会秩序的犯罪,犯罪分子主观恶性较深、犯罪情节恶劣、罪行严重的,也可以附加剥夺政治权利。

(3)独立适用。即刑法规定将剥夺政治权利作为一种与有关主刑并列的刑罚方法,由人民法院根据犯罪的具体情况选择其中的一种予以适用。

5.(1)罚金由第一审人民法院执行。犯罪分子的财产在异地的,第一审人民法院可以委托财产所在地人民法院代为执行。

(2)根据《刑法》第53条的规定和《适用财产刑的规定》,罚金的缴纳包括4种情况:

①一次或分期缴纳;②强制缴纳;③随时缴纳;④减少或者免除缴纳。

五、论述题

1. 死刑缓期执行指对犯罪分子判处死刑同时宣告缓期2年执行,强迫劳动,以观后效的情形。死刑缓期执行是死刑中的一种过渡性处理方法,属于死刑的一种执行制度,简称死缓制度。它与死刑立即执行共同构成死刑这一刑罚方法,而不是轻于死刑的一个独立刑种。

(1)死刑缓期执行的适用条件:①适用的对象只能是应当被判处死刑的犯罪分子。②对犯罪分子不是必须立即执行死刑。

(2)死刑缓期执行的最终结果:①犯罪人在死刑缓期执行期间如果没有故意犯罪的,2年期满以后,将死缓减为无期徒刑。②受刑人在死刑缓期执行期间确有重大立功表现的,2年期满以后,将死缓减为25年有期徒刑。③犯罪分子在死刑缓期执行期间如果故意犯罪,情节恶劣的,报请最高人民法院核准后执行死刑。对于故意犯罪未执行死刑的,死刑缓期执行的期间重新计算,并报最高人民法院备案。

对被判处死刑缓期执行的累犯以及因故意杀人、强奸、抢劫、绑架、放火、爆炸、投放危险物质或者有组织的暴力性犯罪被判处死刑缓期执行的犯罪分子,人民法院根据犯罪情节等情况可以同时决定对其限制减刑。

(3)死刑缓期执行期间的计算。

我国《刑法》第51条规定:“死刑缓期执行的期间,从判决确定之日起计算。死刑缓期执行减为有期徒刑的刑期从死刑缓期执行期满之日计算。”据此,死缓判决确定以前先行羁押的时间,不能计算在死缓的考验期限之内。

2. 没收财产,是指将犯罪分子所有财产的一部分或者全部强制无偿地收归国有的刑罚方法。它是我国附加刑中唯一不能单独适用的刑种,因而属于只能适用于较严重犯罪的附加刑。

(1)根据刑法分则的规定,没收财产的适用方式有以下几种:①并处没收财产;②与罚金并列为并处的选项;③可以并处没收财产。

(2)没收财产的范围:①仅限于犯罪分子个人所有的财产,其家属所有或者应有的财产不在没收之列。②没收财产可以是没收犯罪人个人所有财产的一部分,也可以是没收其个人所有财产的全部。究竟是没收犯罪人个人所有财产的一部分还是没收其全部财产,由审判人员根据犯罪人犯罪的性质、情节等具体情况予以确定。

(3)以没收财产偿还犯罪人所负债务,必须具备以下条件:①这里的债务必须是犯罪分子在判决生效前所负他人的正当债务。②犯罪人所负的债务需要以没收的财产来偿还。③必须经债权人提出请求。

(4)没收财产的执行:①没收财产的判决,由人民法院执行;在必要的时候,可以会同公安机关执行。②根据《适用财产刑的规定》,没收财产由第一审人民法院执行。犯罪分子的财产在异地的,第一审人民法院可以委托财产所在地的人民法院代为执行。如果人民法院认为依法应当判处被告人没收财产刑的,可以在案件审理过程中决定扣押或者冻结被告人的财产。③没收财产刑的执行中如果遇到一人犯数罪依法同时并处罚金和没收财产的,应当合并执行;但并处没收全部财产的,只执行没收财产刑。

第十一章　刑罚的裁量

一、单项选择题

1. C。【解析】　根据《刑法》第62条的规定,从重处罚应当在法定刑的限度以内判处刑罚;我国刑法并没有以法定刑的"中间线"为标准区分从重处罚与从轻处罚;从重处罚是相对于既没有从重处罚情节又没有从轻处罚情节的一般情况下所应判处的刑罚而言的,所以从重处罚也不是一律判处法定最高刑。

2. A。【解析】　根据最高院《处理自首和立功具体应用法律若干问题的解释》规定,亲友主动报案后,将犯罪嫌疑人送去投案的,应当视为自动投案。其余三项则不能视为自动投案。

3. A。【解析】　根据我国刑法的规定,防卫过当的,应当减轻或者免除处罚;对于从犯,应当从轻、减轻处罚或者免除处罚;对于预备犯,可以比照既遂犯从轻、减轻处罚或者免除处罚;有重大立功表现的,可以减轻或者免除处罚。

4. D。【解析】　我国《刑法》第63条的明文规定。

5. C。【解析】　累犯是在前罪的刑罚执行完毕或者假释期满之日起5年内又犯后罪的,而不是假释之日。

6. B。【解析】　参见《刑法》第157条第2款、第294条第3款、第318条第2款以及第399条第4款。

7. B。【解析】　参见《刑法》第67条、68条的规定,对于自首且犯罪较轻的犯罪分子,可以免除处罚。

8. A。【解析】《刑法》第72条第2款规定,被宣告缓刑的犯罪分子,如果被判处附加刑,附加刑仍须进行。其余3项均表述正确。

9. D。【解析】　选项D说法错误。《刑法修正案(八)》第13条规定,将第76条修改为:对宣告缓刑的犯罪分子,在缓刑考验期限内,依法实行社区矫正,如果没有本法第77条规定的情形,缓刑考验期满,原判的刑罚就不再执行,并公开予以宣告。据此可知,在此次修改中删除了原来由公安机关考察的规定。

10. D。【解析】《刑法》第66条规定,危害国家安全犯罪、恐怖活动犯罪、黑社会性质的组织犯罪的犯罪分子,在刑罚执行完毕或者赦免以后,在任何时候再犯上述任一类罪的,都以累犯论处。

二、多项选择题

1. BCD。【解析】　A项是我国刑法中量刑情节分布所体现的总体特征;从轻处罚应当在法定刑限度以内判处刑罚,而不是在法定刑以下;从重处罚也应当在法定刑限度内判处刑罚,但并不限于在犯罪所适用刑罚幅度的中线以上判处;免除处罚并不是免除刑事责任,其刑事责任的承担是一种定罪免刑模式。

2. AB。【解析】　又聋又哑的人犯罪,可以从轻、减轻或者免除处罚;紧急避险超过必要限度造成不应有的损害的,应当负刑事责任,但是应当减轻或者免除处罚。

3. BD。【解析】　根据刑法规定,累犯不得缓刑和假释。

4. ABCD。【解析】 B项属于典型的自动投案,另外三项则属于应当视为自动投案的情形。注意:自动投案并非仅仅是向公检法投案,犯罪分子向所在单位、城乡基层组织或者其他有关负责人员投案的,也应当视为自动投案的情形。

5. ABC。【解析】 根据《刑法》第69条、70条的规定,A项应当在16年以上20年以下判处刑罚,并减去已经执行的6年;B项由于是先并后减,实际执行的刑期不会超过20年;C项属于先减后并,即20年减去2年,以18年和3年并罚,如果决定执行20年的话,则实际执行的刑期为22年;只有D项是正确的。

6. ACD。【解析】 累犯的成立时间为后罪发生在前罪执行完毕或者赦免以后五年内。被假释的犯罪分子的假释期内没有依法撤销的情形,则刑罚执行完毕。因此ACD正确。另外,被执行缓刑的犯罪分子,在缓刑考验期满后,原判刑罚实际没有执行。

7. CD。【解析】 拘役的考验期限为原判刑期以上1年以下,但是不得少于2个月,所以A项错误;被宣告缓刑的犯罪分子除了遵守有关缓刑的监督管理规定之外,还要未发现漏罪和未犯新罪,待考验期满,方能视为原判刑罚已经执行完毕。所以B项的说法错误。

8. AD。【解析】 陈某的行为属于缓刑考验期内重新犯罪,不构成累犯,应将诬告陷害罪和诈骗罪进行并罚。

9. ABCD。【解析】 《刑法修正案(八)》第10条规定,将《刑法》第69条修改为:"判决宣告以前一人犯数罪的,除判处死刑和无期徒刑的以外,应当在总和刑期以下、数刑中最高刑期以上,酌情决定执行的刑期,但是管制最高不能超过3年,拘役最高不能超过1年,有期徒刑总和刑期不满35年的,最高不能超过20年,总和刑期在35年以上的,最高不能超过25年。

10. ABCD。【解析】 缓刑是指对于被判处拘役、3年以下有期徒刑的犯罪人,根据其犯罪情节和悔罪表现,如果暂缓执行刑罚没有再犯罪的危险,对所居住社区没有重大不良影响的,就规定一定的考验期,暂缓刑罚的执行;在考验期内,如果遵守一定条件,原判刑罚就不再执行的一项制度。《刑法》第74条规定,对于累犯和犯罪集团的首要分子,不适用缓刑。《刑法》第68条规定,犯罪分子有揭发他人犯罪行为,查证属实的,或者提供重要线索,从而得以侦破其他案件等立功表现的,可以从轻或者减轻处罚;有重大立功表现的,可以减轻或者免除处罚。

三、名词解释

1. 刑法明文规定在量刑时必须予以考虑的各种犯罪事实情况。

2. 对于被判处拘役、3年以下有期徒刑的犯罪分子,根据其犯罪情节和悔罪表现,认为暂缓执行原判刑罚,确实不致再危害社会的,规定一定的考验期,暂缓其刑罚的执行;如果被判缓刑的犯罪分子在考验期内没有发生法律规定应当撤销缓刑的事由,原判刑罚就不再执行的一项制度。

3. 因故意犯罪被判处有期徒刑以上刑罚,在刑罚执行完毕或者赦免以后5年内,再犯应当判处有期徒刑以上刑罚之故意犯罪的犯罪分子。

4. 采取指犯罪分子揭发他人犯罪行为,查证属实,或者提供重要线索,从而得以侦破其他案件等情况的行为。

5. 一人所犯数罪分别定罪量刑,然后以数罪中的最高刑为基础,再加重一定的刑罚作为执行的刑罚,或者在数刑的最高刑期以上,数刑的合并刑期以下,依法酌情决定执行的刑罚。

四、简答题

1. (1)犯罪的手段;(2)犯罪的对象;(3)犯罪造成的实际危害结果;(4)犯罪的时空环境;(5)犯罪的动机;(6)犯罪后的态度;(7)犯罪人的一贯表现;(8)特殊情况(即《刑法》第63条第2款的规定。犯罪分子虽然不具有刑法规定的减轻处罚情节,但是根据案件的特殊情况,经最高人民法院核准,也可以在法定刑以下判处刑罚)。

2.(1)罪质条件:前后两个罪都是危害国家安全的犯罪。

(2)时间条件:必须是在前罪刑罚执行完毕或者赦免以后再犯罪。

(3)前罪被判处的刑罚和后罪应判处的刑罚的种类及其轻重不受限制。

3.(1)立功的主要表现为:揭发他人犯罪行为,包括共同犯罪案件中的犯罪分子揭发同案犯所参与的共同犯罪以外的其他犯罪行为,查证属实的;提供重要线索,从而得以侦破其他案件的;协助司法机关抓捕其他罪犯(包括同案犯)的;在押期间制止他人犯罪活动的等。(重大立功与检举、揭发他人的罪行、提供的线索以及协助侦破的案件等是否重大、重要有直接的关系。)

(2)立功的法律后果。

①犯罪分子有一般立功表现的,可以从轻或者减轻处罚;②犯罪分子有重大立功表现的,可以减轻或者免除处罚。

4.(1)并科原则;(2)吸收原则;(3)限制加重原则;(4)折中原则。

5.(1)成功的缓刑:即犯罪人在缓刑考验期内,没有再犯新罪,没有发现判决宣告以前还有其他罪没有判决,没有情节严重的违反有关缓刑的监督管理规定的行为,考验期满原判刑罚就不再执行。

(2)失败的缓刑:即被撤销的缓刑,其法定情形有三:

①在缓刑考验期限内再犯新罪;②在缓刑考验期限内发现漏罪;③违反法律行政法规或者国务院有关部门关于缓刑的监督规定,或者违反人民法院判决中的禁止令情节严重的。

五、论述题

1. 我国刑法数罪并罚采取的是折中原则,即以限制加重原则为主,兼采吸收原则和并科原则。

(1)我国刑法中数罪并罚原则的适用是:①吸收原则适用于判处死刑或无期徒刑以及没收全部财产刑与罚金刑同时存在的情形;②限制加重原则适用于数罪所判的刑罚为有期徒刑、拘役、管制的情形;③并科原则适用于判处附加刑的情形,包括附加刑与附加刑之间(全部没收财产刑与罚金刑除外)的并罚情形和附加刑与主刑的并罚情形。

(2)数罪并罚的具体运用:①判决宣告以前一人犯数罪,并且数罪均已被发现时,根据《刑法》第69条规定的上述数罪并罚原则予以并罚。②判决宣告以后刑罚执行完毕以前发现漏罪的,采取“先并后减”的方法。③判决宣告以后刑罚执行完毕以前又犯新罪的,采取“先减后并”的方法。④刑罚执行期间既发现有漏罪又有新罪的,一般采取“先旧后新”的方法,即先将漏罪与原判决的罪,根据《刑法》第70条规定的先并后减的方法进行并罚;然后再将新罪的刑罚与前一并罚判决所确定之执行刑的尚未执行完毕的部分,根据《刑法》第71条规定的先减后并的方法进行并罚。

2. 自首是指犯罪以后自动投案,如实供述自己的罪行的行为。被采取强制措施的犯罪嫌疑人、被告人和正在服刑的罪犯,如实供述司法机关还未掌握的本人其他罪行的,以自首论。自首分为一般自首和特别自首两种。

(1)一般自首的成立条件:①自动投案;②如实供述自己的罪行。

(2)特别自首的成立条件:①主体必须是被采取强制措施的犯罪嫌疑人、被告人和正在服刑的罪犯;②必须如实供述司法机关还未掌握的本人其他罪行。

(3)自首的法律后果:①一般自首的,可以从轻、减轻处罚;②犯罪较轻又自首的,可以免除处罚。

第十二章 刑罚执行制度

一、单项选择题

1. C。【解析】《刑法》第 85 条的明文规定。

2. A。【解析】 假释考验期限，从假释之日起计算；有期徒刑附加剥夺政治权利的刑期，从徒刑执行完毕之日或者从假释之日起计算；无期徒刑减为有期徒刑的刑期，从裁定减刑之日起计算。

3. C。【解析】 参见最高院《关于办理减刑、假释案件具体应用法律若干问题的规定》第 9 条第 2 款的规定，对死缓执行犯经过一次或几次减刑后，其实际执行的刑期不得少于 12 年(不含死缓执行的 2 年)。

4. B。【解析】 参见《刑法》第 81 条、第 84 条，ACD 均表述错误。

5. D。【解析】 剥夺政治权利应由公安机关执行。

6. D。【解析】 参见最高人民法院《关于办理减刑、假释案件具体应用法律若干问题的规定》第 6 条、第 8 条和第 9 条第 1 款，死刑缓期执行罪犯在死刑缓期执行期间，如果确有重大立功表现，2 年期满后，应减为 15 年以上 20 年以下有期徒刑。

7. B。【解析】 根据《刑法》第 86 条对假释的撤销及其处理作出的明确规定，ACD 项是正确的。另外，在假释考验期满后，发现被假释的犯罪分子在判决宣告以前还有其他没有判决的，不能撤销假释，因此 B 项错误。

8. A。【解析】 参见最高人民法院《关于办理减刑、假释案件具体应用法律若干问题的规定》第 2 条、第 3 条的规定，被判处 5 年以上有期徒刑的罪犯，一般在执行 1 年半以上方可减刑；有期徒刑犯两次减刑之间一般至少应间隔 1 年；被判处 10 年以上有期徒刑的罪犯，如果有重大立功表现的，一次减刑不得超过 3 年有期徒刑。

9. C。【解析】 被判处管制的犯罪分子也可以适用缓刑；对于减刑的次数则没有限制；被判处无期徒刑的罪犯减刑后，实际执行的刑期不能少于 13 年；只有中级以上人民法院才有权作出是否予以减刑的裁定。

10. C。【解析】 对于犯罪分子的减刑，由执行机关向中级以上人民法院提出减刑建议书。人民法院应当组成合议庭进行审理，对确有悔改或者立功事实的，裁定予以减刑。被判处有期徒刑的犯罪分子，执行原判刑期 1/2 以上才可假释；对累犯以及因故意杀人、强奸、抢劫、绑架、放火、爆炸、投放危险物质或者有组织的暴力性犯罪被判处 10 年以上有期徒刑、无期徒刑的犯罪分子，不得假释。

二、多项选择题

1. ABCDEF。【解析】 参见《刑法》第 78 条的规定。

2. BCD。【解析】 假释的适用对象是被判处无期徒刑和有期徒刑的犯罪人，而缓刑只适用于被判处拘役和 3 年以下有期徒刑的犯罪人。

3. ABC。【解析】 参见《刑法》第 86 条，只有在假释考验期内，发现被假释的犯罪分子在判决宣告以前还有其他罪没有判决的，才能撤销假释。

4. ABCD。【解析】 根据《刑法》第 78 条的明文规定，被判处管制、拘役、有期徒刑、无期徒刑的犯罪分子，都是减刑的对象。

5. BC。【解析】 参见《刑法》第 79 条、第 82 条的规定，对于犯罪分子的减刑和假释，由执行机关向中级以上人民法院提出建议书；减刑的法律文书是裁定而不是判决。

6. CD。【解析】 身患重病可以暂予监外执行或保外就医，但不符合条件的不能假释、减刑。

7. BD。【解析】 B 项错误，减刑和减轻处罚都是刑罚制度，但前者是刑法执行制度，后者则是量刑问题；D 项错误，在判决作出以前，发现犯罪嫌疑人、被告人有重大立功表现的，是可以减轻或者免除处罚，而不是“应当”。

8. ABC。【解析】 被判处10年以上有期徒刑的罪犯，如果悔改表现突出的，或者有立功表现的，一次减刑不得超过2年有期徒刑，因此，D项错误。

9. AB。【解析】 《刑法》第66条规定，危害国家安全犯罪、恐怖活动犯罪、黑社会性质的组织犯罪的犯罪分子，在刑罚执行完毕或者赦免以后，在任何时候再犯上述任一类罪的，都以累犯论处。乙被数罪并罚决定执行有期徒刑2年6个月，低于3年有期徒刑，并且题干中并未提示其属于累犯或犯罪集团的首要分子。因此，如果乙符合缓刑的条件，则可对其适用缓刑。丙违反禁止令的规定，常进入网吧，情节严重，应当撤销缓刑。丁因贪污罪被判处有期徒刑8年，遵守监规，接受教育改造，有悔改表现，无再犯危险。1年后，即使其刑罚未执行原判刑期1/2以上，但因国家科研需要，可以由最高法院核准假释，不受执行刑期的限制。

10. ABCD。【解析】 参见《刑法》第72、75、78条之规定。

三、名词解释

1. 行刑，是指法律规定的刑罚执行机关，依法将发生法律效力的刑事裁判所确定的刑罚付诸实施的刑事司法活动。

2. 刑罚执行的原则，是指刑罚执行机关在刑罚执行过程中必须遵循或依据的准则。

3. 减刑，是指对被判处管制、拘役、有期徒刑、无期徒刑的犯罪分子，根据其在刑罚执行期间的悔改或者立功表现，适当减轻其原判刑罚的制度。

4. 减刑的限度，是指犯罪人经过减刑以后，应当实际执行的最低刑期。

5. 假释，是指对于被判处有期徒刑、无期徒刑的犯罪分子，在执行一定刑期以后，确有悔改表现，不致再危害社会，因而附条件地将其提前释放的一种刑罚制度。

四、简答题

1. (1)前提条件：减刑只能适用于被判处管制、拘役、有期徒刑、无期徒刑的犯罪分子。(2)实质条件：被判处管制、拘役、有期徒刑、无期徒刑的犯罪分子，在刑罚执行期间，如果认真遵守监规，接受教育改造，确有悔改表现，或者有立功表现的，可以减刑；有重大立功表现的，应当减刑。

2. (1)对于犯罪分子的减刑，由执行机关向中级以上人民法院提出减刑建议书。(2)人民法院应当组成合议庭进行审理，对确有悔改或者立功事实的，裁定予以减刑。(3)非经法定程序不得减刑。

3. (1)原判刑罚为管制、拘役和有期徒刑的，减刑后的刑期应从原判决执行之日起计算；原判刑期已经执行的部分，应当计算在减刑后的刑期之内。(2)无期徒刑减为有期徒刑的，有期徒刑的刑期应从裁定减刑之日起计算；已经执行的刑期及判决宣告以前先行羁押的日期，不得计入减刑后的刑期之内。(3)无期徒刑减为有期徒刑以后再次减刑的，再次减刑的刑期，应从有期徒刑执行之日即无期徒刑裁定减为有期徒刑之日起计算；已执行的有期徒刑的刑期，应当计算在再次减刑后的刑期之内。

4. (1)假释的考验期：①有期徒刑假释的考验期限，为没有执行完毕的刑期；②无期徒刑的假释考验期限为10年。(2)假释的考察内容：①遵守法律、行政法规，服从监督；②按照监督机关的规定报告自己的活动情况；③遵守监督机关关于会客的规定；④离开所居住的市、县或者迁居，应当报经监督机关批准。

5. (1)在假释考验期限内再犯新罪；(2)在假释考验期限内发现漏罪；(3)违反法律、行政法规或者国务院有关部门有关假释的监督管理规定，尚未构成犯罪的。

五、论述题

1. (1)教育性原则。所谓教育性原则，是指执行刑罚应从实现特殊预防及一般预防的目的出发，对犯罪人及社会公众进行积极的教育。其具体要求是：①准确执行刑罚；②坚持惩罚与改造相结合、教育和劳动相结合的原则；③对受刑人的改造，要以教育疏导为主，以强制性的执行措施为辅；④坚持区别对待的方针，根据每个犯罪人、犯罪种类、个人情况（性格、性别、年龄文化水平）、人身危险性程度等，采取不同的教育方法。

（2）人道主义原则。在刑罚执行过程中，监狱和司法当局必须尊重犯罪人的人格，禁止使用残虐的、不人道的刑罚执行手段，把犯罪人当作人对待，关心其实际困难，注重犯人的政治、思想、道德、文化和技能教育，促使其成为自食其力的新人。

（3）个别化原则。即为了犯罪人的改善和社会复归，在刑罚执行过程中，应根据犯罪人的具体情况，给予不同的处遇，采取不同的教育改造方法。

（4）社会化原则。即在刑罚执行过程中依靠社会力量对受刑人进行帮教，使之易于重返社会。

2.（1）对象条件：假释只适用于被判处有期徒刑、无期徒刑的犯罪人（包括原判为死刑缓期执行2年后被减为无期徒刑或有期徒刑者）。

（2）实质条件：认真遵守监规，接受教育改造，确有悔改表现，不致再危害社会。

（3）限度条件：①被判处有期徒刑的犯罪人，执行原判刑期1/2以上；②被判处无期徒刑的犯罪人，实际执行13年以上；③如果有特殊情况，经最高人民法院核准，可以不受上述刑期的限制；④死刑缓期执行罪犯减为无期徒刑或者有期徒刑后，犯罪人实际执行的刑期不少于15年（不含2年考验期在内）。

（4）消极条件：①累犯不得假释；②因故意杀人、强奸、抢劫、绑架、放火、爆炸、投放危险物质或有组织的暴力性犯罪被判处10年以上有期徒刑、无期徒刑的犯罪人，不得假释。

第十三章　刑罚的消灭

一、单项选择题

1. A。【解析】《刑法》第87条第1款规定，法定最高刑不满5年有期徒刑的，追诉时效期限为5年。

2. B。【解析】《刑法》第87条第2款后半段规定，如果20年以后认为必须追诉的，须报请最高人民检察院核准。

3. B。【解析】《刑法》第89条第2款规定，在追诉期限以内又犯罪的，前罪追诉的期限从犯后罪之日起计算。

4. A。【解析】刑法规定法定最高刑为5年以上不满10年有期徒刑的，追诉时效期限为10年。在追诉期限内又犯罪的情况下，前罪的追诉时效从犯后罪之日起重新计算。

5. C。【解析】交通肇事逃逸致人死亡法定最高刑为15年，刑法规定法定最高刑为10年以上有期徒刑的，追诉时效为15年。

6. A。【解析】故意伤害他人造成轻伤后果，应当适用的法定刑幅度为“3年以下有期徒刑、拘役或者管制”，这一幅度的法定最高刑为3年。刑法规定法定最高刑为不满5年有期徒刑的，追诉时效为5年。

7. C。【解析】非法拘禁罪的追诉时效起算从犯罪行为终了之日起开始计算，即2002年5月6日。非法拘禁罪的法定最高刑不满5年，其追诉时效期限为5年。

8. C。【解析】我国的特赦效力只及于其刑不及于其罪。

二、多项选择题

1. AC。【解析】在我国，刑法条文明文规定的只有追诉时效和特赦制度。

2. BD。【解析】刑法规定，追诉时效从犯罪之日即犯罪成立之日起计算，但如果犯罪行为有连续或继续状态的，追诉时效的期限从犯罪行为终了之日起计算。

3. AB。【解析】《刑法》第 88 条明文规定追诉时效延长的两种情形。

4. BCD。【解析】 依照有关司法解释，“法定最高刑”是指具体罪行应该适用的法定刑幅度的最高刑，而不必然都是法条的最高刑。

5. CD。【解析】 我国《刑法》第 87 条规定：犯罪经过下列期限不再追诉：法定最高刑为不满 5 年有期徒刑的，经过 5 年；法定最高刑为 5 年以上不满 10 年有期徒刑的，经过 10 年；法定最高刑为 10 年以上有期徒刑的，经过 15 年；法定最高刑为无期徒刑、死刑的，经过 20 年。如果 20 年以后认为必须追诉的，须报请最高人民检察院核准。

6. ABCD。【解析】 对于何为经过 20 年必须追诉，我们一般从行为人所犯罪行的社会危害程度、社会影响程度、20 年内未犯罪的原因等多方面加以考虑。如果罪行的社会危害性极其严重，犯罪人的人身危险性特别大，案件社会影响极恶劣，经过 20 年以后仍然未被社会遗忘，犯罪人潜伏于社会伺机再犯罪，20 年后又犯罪的，都应属于经过 20 年以后必须追诉的范围。

7. ABCD。【解析】《刑法》第 89 条规定：追诉期限从犯罪之日起计算，犯罪行为有连续或者继续状态的，从犯罪行为终了之日起计算。

8. ABCD。【解析】 超过追诉时效、犯罪人死亡、告诉才处理的犯罪，有权告诉的人不予告诉，属于求刑权消灭的事由。特赦属于行刑权消灭事由。

三、名词解释

1. 由于法定的或事实的原因，致使代表国家的司法机关不能对犯罪人行使具体的刑罚权。

2. 刑法规定的，对犯罪人追究刑事责任的有效期限。在此期间内，司法机关有权追究犯罪人的刑事责任；超过了这一时限，司法机关的求刑权归于消灭。

3. 在追诉时效进行期间，因发生法律规定的事由，而使以前所经过的时效期间归于无效，法律规定的事由终了之时，时效重新开始计算。

4. 在追诉时效进行期间，因为发生法律规定的事由，而使追诉时效无限延伸的制度。

5. 国家对特定的犯罪人免除执行全部或者部分刑罚的制度。

四、简答题

1. 刑罚消灭，是指由于法定的或事实的原因，致使代表国家的司法机关不能对犯罪人行使具体的刑罚权。刑罚消灭具有以下特征：

首先，刑罚消灭是以行为人的行为构成犯罪应当适用刑罚或者正在执行刑罚为前提。

其次，刑罚消灭意味着代表国家的司法机关丧失对犯罪人行使具体的刑罚权。

最后，刑罚消灭必须基于一定的原因。

2. 特赦，是指国家对特定的犯罪人免除执行剩余全部或者部分刑罚的制度。我国的特赦具有以下特点：

第一，特赦的对象是一类或几类犯罪分子。七次特赦中除第一次包括部分反革命罪犯和普通刑事罪犯以外，其余各次所特赦的均是战争罪犯。

第二，特赦的前提是罪犯需要经过一定时间的关押和改造，并且服刑期间的表现说明其确有悔改。

第三，特赦的效果是只赦其刑，不赦其罪。即特赦的效力只是免除执行剩余的全部或部分刑罚，罪犯所犯之罪不会因特赦而消失。

第四，特赦的程序是由中共中央或者国务院的提议，经全国人大常委会审议决定，由国家主席颁布特赦令，再授权最高人民法院和高级人民法院负责执行。

3. 追诉时效的延长，是指在追诉时效进行期间，因为发生法律规定的事由，而使追诉时效无限延伸的制度。我国刑法规定了两种追诉时效延长的情况：

第一，《刑法》第 88 条第 1 款规定：“在人民检察院、公安机关、国家安全机关立案侦查或者人民法院受理案件以后,逃避侦查或者审判的,不受追诉期限的限制。”第二,《刑法》第 88 条第 2 款规定:“被害人在追诉期限内提出控告,人民法院、人民检察院、公安机关应当立案而不予立案的,不受追诉期限的限制。”

4. 追诉时效的中断,是指在追诉时效进行期间,因发生法律规定的事由,而使以前所经过的时效期间归于无效,法律规定的事由终了之时,时效重新开始计算。追诉时效停止是指在追诉时效期间,由于发生法定事由,时效期间的进行暂时停止,待法定事由消除后,追诉时效继续进行的制度。二者的区别在于:追诉时效中断是法定事由发生时,已经经过的诉讼时效归于消灭,法定事由结束后,诉讼时效重新开始计算;追诉时效停止是法定事由发生时,已经经过的追诉时效仍然有效,只是在法定事由发生时,时效暂停,当法定事由结束后,诉讼时效紧接已经进行的时效计算。

5. 大赦和特赦都属于赦免的范畴,二者的区别在于:

第一,赦免的对象不同。大赦既可针对一般犯罪也可针对特定犯罪;特赦在一般情况下针对一类或几类特定犯罪分子。

第二,赦免的效果不同。大赦既赦其罪也赦其刑;特赦只赦其刑不赦其罪。

第三,赦免的前提不同。大赦可以适用于尚未交付执行的罪犯,特赦的前提要求罪犯经过一段时期的关押改造。

五、论述题

1. 根据《刑法》第 88 条、第 89 条的规定,追诉期限的计算有以下四种情况:

(1)一般犯罪追诉期限的计算。一般犯罪从犯罪成立之日起开始计算。

(2)连续或继续犯罪追诉期限的计算。犯罪行为有连续或者继续状态的,从犯罪行为终了之日起计算。

(3)追诉时效的延长。追诉时效的延长,是指在追诉时效进行期间,因为发生法律规定的事由,而使追诉时效无限延伸的制度。我国刑法规定了两种追诉时效延长的情况:

第一,《刑法》第 88 条第 1 款规定:“在人民检察院、公安机关、国家安全机关立案侦查或者人民法院受理案件以后,逃避侦查或者审判的,不受追诉期限的限制。”第二,《刑法》第 88 条第 2 款规定:“被害人在追诉期限内提出控告,人民法院、人民检察院、公安机关应当立案而不予立案的,不受追诉期限的限制。”

(4)追诉时效的中断。追诉时效的中断,是指在追诉时效进行期间,因发生法律规定的事由,而使以前所经过的时效期间归于无效,法律规定的事由终了之时,时效重新开始计算。《刑法》第 89 条第 2 款规定:“在追诉期限以内又犯罪的,前罪追诉的期限从犯后罪之日起计算。”这表明,在追诉期限内又犯罪的,前罪的追诉期限便中断,前罪的追诉期限从后罪成立之日起重新开始计算。

2. 根据《刑法》第 87 条的规定,犯罪经过下列期限不再追诉:(1)法定最高刑为不满 5 年有期徒刑的,经过 5 年;(2)法定最高刑为 5 年以上不满 10 年有期徒刑的,经过 10 年;(3)法定最高刑为 10 年以上有期徒刑的,经过 15 年;(4)法定最高刑为无期徒刑、死刑的,经过 20 年。如果 20 年以后认为必须追诉的,须报请最高人民检察院核准。

“法定最高刑”是指具体罪行应该适用的法定刑幅度的最高刑,而不必然都是法条的最高刑。第一,行为人所犯之罪配置的法定刑,分别由几条或几款加以规定时,按照行为人的具体罪行应当适用的条或款来确定法定最高刑。第二,行为人所犯之罪配置的法定刑中同一条文规定了几个量刑幅度时,按照行为人的具体罪行应当适用的量刑幅度来确定法定最高刑。第三,行为人所犯之罪配置的法定刑只有一个量刑幅度时,则只能按该量刑幅度的最高刑确定法定最高刑。

罪行的社会危害性极其严重,犯罪人的人身危险性特别大,案件社会影响极恶劣,经过 20 年以后仍然未被社会遗忘，犯罪人潜伏于社会伺机再犯罪，20 年后又犯罪的，都应属于“经过 20 年以后必须追诉”的范围。

第十四章　罪刑各论概述

一、单项选择题

1. B。【解析】 刑法分则条文对大多数具体犯罪构成都做了详细描述。

2. D。【解析】《刑法》第 350 条具体的犯罪构成需要参照国家相关规定确定，属于空白罪状。

3. C。【解析】 单位犯罪的行为方式需要引前一款规定确定，属于引证罪状。

4. A。【解析】《刑法》第 232 条没有具体描述犯罪构成特征，属于简单罪状。

5. C。【解析】 该条款规定了有期徒刑的上下限，属于相对确定的法定刑。

6. A。【解析】 该条款的刑种及刑度均没有选择的余地，属于绝对确定的法定刑。

7. D。【解析】 该条款罚金数额上下限需根据虚假出资金额或者抽逃出资金额确定，属于浮动法定刑。

8. B。【解析】 此 11 年属于司法机关具体适用刑罚的结果，但在执行中可能存在减刑，因此不是最后实际执行的年限。

二、多项选择题

1. ABCD。【解析】 根据刑法分则条文对罪状的描述方式，可将罪状分为简单罪状、叙明罪状、引证罪状、空白罪状。

2. ABD。【解析】 以罪名的效力为标准划分为立法罪名、司法罪名、学理罪名。

3. ACD。【解析】 立法罪名，是指立法机关在刑法分则条文中明确规定的罪名。单一罪名，是指所包含的犯罪构成内容具体、单一，只能够反映出一种行为方式。具体罪名是各种具体犯罪的称谓。受贿罪符合上述罪名类型的特征。

4. BCD。【解析】 故意杀人罪是简单罪状。

5. AB。【解析】 走私制毒物品罪、逃汇罪罪状表述中都有违反国家法律的前提规定。

6. AC。【解析】 法条竞合时可按特别法优于普通法、重法优于轻法的原则处理。

7. ABD。【解析】 诈骗罪与保险诈骗罪是犯罪手段不同而形成的竞合，生产、销售伪劣产品罪与生产、销售假药罪是犯罪结果不同形成的竞合，交通肇事罪与过失致人死亡罪是因犯罪结果形成的竞合。

8. AC。【解析】 我国现行刑法中只存在少量的绝对确定法定刑，没有绝对不确定的法定刑。法定刑不同于宣告刑，法定刑是刑事立法的结果，宣告刑是刑事司法的结果。

三、名词解释

1. 分则条文对具体犯罪的基本构成特征作了具体、详细的描述。

2. 引用同一法律中的其他条款来说明和确定某一犯罪的构成特征。

3. 刑法条文没有直接、具体地描述某一具体犯罪构成的特征，但指明了确定该罪犯罪构成需要参照的法律、法规。

4. 具体犯罪的本质特征或者主要特征的高度概括。

5. 刑法分则罪刑式条文对具体犯罪所确定适用的刑罚种类和幅度。

四、简答题

1. 根据罪状对具体犯罪的描述方式，可分为简单罪状、叙明罪状、引证罪状和空白罪状。简单罪状，指条文仅简单地写出罪名，没有具体、详细地描述犯罪的基本构成特征。叙明罪状，指分则条文对具体犯罪的基本构成特征作了具体、详细的描述。引证罪状，指引用同一法律中的其他条款来说明和确定某一犯罪的构成特征。空白罪状，指刑法条文没有直接、具体地描述某一具体犯罪构成的特征，但指明了确定该罪犯罪构成需要参照的法律、法规。

2. 根据法定刑的刑种、刑度是否确定以及确定的程度为标准，我们将法定刑分为绝对确定的法定刑、绝对不确定的法定刑、相对确定的法定刑、浮动法定刑。绝对确定的法定刑，是指在条文中对某种犯罪或某种犯罪的某种情形只规定单一刑种和刑度。绝对不确定的法定刑，是指条文只规定对某种犯罪应当处以刑罚，但没有规定具体的刑种与刑度，由法官具体把握。相对确定的法定刑，是指条文对某种犯罪不仅规定了适用的具体刑种与刑度，并规定最高刑与最低刑。法官在法定刑的范围内选择适当的刑种和刑期。浮动法定刑，是指法定刑的具体期限或具体数量并不确定，而是根据一定标准来确定上限或下限，整个量刑幅度处于一种不确定的浮动状态。

3. 以犯罪所侵犯的客体为标准划分为类罪名、分类罪名与具体罪名。以罪名的效力为标准划分为立法罪名、司法罪名、学理罪名。以罪名所包含的犯罪构成内容的单复为标准划分为单一罪名、选择罪名与概括罪名。

4. 法定刑不同于宣告刑，二者区别在于：

首先，法定刑是立法活动的结果；宣告刑是司法活动的结果。

其次，法定刑着眼于某种犯罪的共性；宣告刑着眼于某一案件和具体犯罪人的个性。

再次，绝大多数法定刑表现为可供选择的刑种与刑度；宣告刑只能表现为特定的刑种与刑度。

最后，法定刑是宣告刑的依据；宣告刑是法定刑的运用。

5. 法条竞合的构成特征

(1)行为人只实施了一个犯罪行为

所谓一个犯罪行为，是指基于一个罪过而实施的一个犯罪行为。罪过的形式既可以是故意，也可以是过失。

(2)该行为同时符合数个法条规定的犯罪构成

一个犯罪行为同时所触犯的数个法条，可以包括以下三种情况：①相异刑事法律之间的不同条文。②同一刑事法律中的不同条文。③同一刑事法律中同一条文中的不同款项。

(3)数个法条之间具有一定的逻辑关系

一般认为，在我国刑法中这种法条之间的逻辑关系主要表现为包容和交叉两种形式。

五、论述题

1. 我国刑法中法条竞合的法律适用原则如下：

(1)特别法优于普通法的原则

在竞合的法条具有特别与普通之分时，依照特别法优于普通法的原则适用。这一原则可适用于以下情形：

其一，行为同时符合的普通法与特别法是不同法律。其二，行为同时符合同一法律条文内部之间的普通条款与特别条款，法律明文规定适用特殊规定。其三，行为同时符合同一法律条文内部之间的普通条款与特别条款，法律没有明文规定适用特殊规定，通常也应适用特殊规定。在普通刑法之外又制定特别刑法，往往是出于特殊目的以保护特定法益。因此，当行为既符合特别规定又符合普通规定时，即使法律没有明文规定适用特殊规定，也应适用特别法。

(2)重法优于轻法的原则

我国刑法法条竞合的法律适用原则主要表现为特别法优于普通法，但并非唯一的适用原则，在特殊情况下，应适用重法优于轻法的原则，即按照行为所触犯的法条中法定刑最重的法条定罪量刑。这一原则的适用主要出现在以下两种情形：

其一，行为同时符合同一法律条文内部之间的普通条款与特别条款，法律明文规定按重罪定罪量刑的。其二，行为同时符合同一法律条文内部之间的普通条款与特别条款，法律未明文禁止依普通条款定罪，并且适用特别条款明显量刑过轻，难以做到罪责刑相适应，按照重法优于轻法的原则论处，适用普通条款。

2. 想象竞合是一个行为触犯数个罪名的犯罪形态，与法条竞合都是一行为触犯了数罪名，二者的区别在于：

(1)法条竞合的一行为是出于一个罪过，产生一个结果；想象竞合的一行为往往是出于数个罪过，产生数个结果。(2)法条竞合是由于法条之间有一定逻辑关系导致一行为触犯数个罪名；想象竞合是由于犯罪行为的事实特征导致一行为触犯罪名，其触犯的数个法条之间不具有包容或交叉关系。(3)法条竞合的适用原则是特别法优于普通法或重法优于轻法；想象竞合的适用原则是从一重处断。

第十五章　危害国家安全罪

一、单项选择题

1. C。【解析】 参见《刑法》第112条、第111条、第109条和第108条。

2. B。【解析】 为境外窃取、刺探、收买、非法提供国家秘密、情报罪，已包含了非法获取行为，只要是为境外非法提供而实施的，不另定罪。故本题甲只能定为境外窃取、刺探、收买、非法提供国家秘密、情报一罪，以一罪处罚。

3. B。【解析】 《刑法》第104条、第110条，甲实施了间谍和武装叛乱两个独立的犯罪行为，应按两罪处理。

4. B。【解析】 《刑法》第110条规定，有下列间谍行为之一，危害国家安全的，处……(一)参加间谍组织或者接受间谍组织及其代理人的任务的；(二)为敌人指示轰炸目标的。故B正确。

5. B。【解析】 甲投机叛变构成投敌叛变罪，之后又从事间谍活动，构成间谍罪，是两个行为，应实行并罚。

6. B。【解析】 参见《刑法》第103条、105条。

7. D。【解析】 参见《刑法》第102条：勾结外国，危害中华人民共和国的主权、领土完整和安全的……与境外机构、组织、个人相勾结，犯前款罪的，依照前款的规定处罚。

8. B。【解析】 根据《刑法》第112条：战时供给敌人武器装备、军用物资资敌的，处10年以上有期徒刑或者无期徒刑；情节较轻的，处3年以上10年以下有期徒刑。

二、多项选择题

1. BCD。【解析】 根据《刑法》第109条的规定，叛逃罪的主体可以是国家机关工作人员，也可以是掌握国家秘密的国家工作人员，客观方面表现为在履行公务期间，擅离岗位，叛逃境外或者在境外叛逃的行为。本题的A项是错误的，《刑法》第109条第2款的规定，本罪的主体原则上是国家机关工作人员，但是掌握国家秘密的国家工作人员也可构成。而D项属于一种牵连犯情形。

2. ABD。【解析】 详见《刑法》第109条、110条、111条、398条。

3. ABCD。【解析】 参见《刑法》第107条。

4. ACD。【解析】 详见《刑法》第105条、109条、108条、110条。

5. ACD。【解析】 资助危害国家安全犯罪活动罪，是指境内外机构、组织或者个人资助境内组织或者个人实施背叛国家罪，分裂国家罪，煽动分裂国家罪，武装叛乱、暴乱罪，颠覆国家政权罪，煽动颠覆国家政权罪的行为。

6. BC。【解析】 详见《刑法》第102条、103条、104条和第110条。

7. ABCD。【解析】 详见《刑法》第113条。

8. CD。【解析】 本题只是某公司职工对外国生活方式的向往，采取偷越国境的方法，跑到那个国家去的行为，构成偷越国境罪须情节严重。

三、名词解释

1. 叛逃罪是指国家机关工作人员在履行公务期间，擅离岗位，叛逃境外或者在境外叛逃的行为，以及掌握国家秘密的国家工作人员叛逃境外或在境外叛逃的行为。

2. 间谍罪是指参加间谍组织，接受间谍组织及其代理人的任务，或者为敌人指示轰击目标，危害国家安全的行为。

3. 为境外窃取、刺探、收买、非法提供国家秘密、情报罪，是指为境外的机构、组织、人员窃取、刺探、收买、非法提供国家秘密、情报的行为。

4. 背叛国家罪是指勾结外国或者境外机构、组织、个人，危害中华人民共和国的主权、领土完整和安全的行为。

5. 资助危害国家安全犯罪活动罪是指境内外机构、组织或者个人资助实施背叛国家罪，分裂国家罪，煽动分裂国家罪，武装叛乱、暴乱罪，颠覆国家政权罪，煽动颠覆国家政权罪的行为。

四、简答题

1. 叛逃罪与投敌叛变罪都具有反叛祖国的性质，二者的主体都只能是中国公民。

二者的不同表现在：(1)主体的具体范围不同。叛逃罪的主体是特定的中国公民，即只能是中国国家机关工作人员和掌握国家秘密的国家机关工作人员；而投敌叛变罪的主体则可以是任何已满 16 周岁、具有刑事责任能力的中国公民。(2)客观方面的行为不同。叛逃罪的客观方面的行为表现为履行公务期间，叛逃境外和在境外叛逃两种形式。投敌叛变罪的客观方面表现为投奔敌人营垒和在被敌人抓捕、俘虏后投降变节两种形式。

2. 叛逃罪与背叛国家罪都具有出卖、叛离国家的性质，两者的主体都只能是中华人民共和国公民。

两者的不同在于：(1)主体的范围不同。虽然两者的主体都只能是中国公民，但叛逃罪的主体仅限于中国国家机关工作人员和掌握国家秘密的国家工作人员，而背叛国家罪的主体可以是任何已满 16 周岁、具有刑事责任能力的中国公民。(2)客观方面的行为表现不同。叛逃罪的客观方面表现为叛逃境外或者在境外叛逃，危害我国国家安全的行为，而背叛国家罪的客观方面表现为勾结外国或者境外机构、组织、个人，危害国家主权、领土完整和安全的行为。

3. 分裂国家罪，是指组织、策划、实施分裂国家、破坏国家统一的行为。本罪具有以下特征：(1)本罪的客体是国家的统一。(2)本罪的客观方面表现为组织、策划、实施分裂国家、破坏国家统一的行为。(3)本罪的主体为一般主体。(4)本罪的主观方面是故意，且只能是故意。

4. 两罪的区别主要表现为：

(1)主体不同。分裂国家罪的主体可以是中国人，也可以是外国人以及无国籍人；背叛国家罪的主体只能是中国公民。(2)客观方面的行为不同。分裂国家罪不具有出卖国家主权和领土完整的性质；背叛国家罪的客观方面具有出卖国家主权、领土完整和安全的性质。(3)主观故意的内容不同。分裂国家罪的故意内容是分裂国家、破坏国家的统一；背叛国家罪的故意内容是出卖国家主权、领土完整和安全。

5. 武装叛乱、暴乱罪，是指组织、策划、实施武装叛乱或者武装暴乱的行为。本罪具有以下特征：(1)本罪的客体是我国人民民主专政的政权和社会主义制度。(2)本罪的客观方面表现为组织、策划、实施武装叛乱或者暴乱的行为。(3)本罪的主体是一般主体，中国人、外国人以及无国籍人均能实施本罪。(4)本罪的主观方面为故意，且只能是故意。

五、论述题

1. 危害国家安全罪，是指故意危害中华人民共和国的主权、领土完整与安全，分裂国家，颠覆国家政权，推翻社会主义制度的行为。危害国家安全罪具有以下特征：

(1)本类罪的客体是国家安全。所谓国家安全,是指我国主权、领土完整与安全以及人民民主专政的政权和社会主义制度的安全。(2)本类罪的客观方面表现为危害中华人民共和国国家安全的行为。(3)本类罪的主体,多数是一般主体;背叛国家罪、叛逃罪的主体是特殊主体。(4)本类罪的主观方面是故意,即明知自己的行为会发生危害中华人民共和国国家安全的后果,而故意予以实施。

2. 间谍罪,是指参加间谍组织或者接受间谍组织及其代理人的任务,或者为敌人指示轰击目标,危害国家安全的行为。该罪的构成特征表现为:

(1)侵犯客体是中华人民共和国的国家安全。

(2)客观方面表现为实施如下三方面的间谍行为:一是参加间谍组织。间谍组织,是指境外或渗透于我国境内的专门进行窃取、刺探我国国家秘密或情报,或者进行其他危害我国国家安全活动的组织。参加间谍组织,是指加入间谍组织,成为其内部成员。二是接受间谍组织及其代理人的任务。接受间谍组织及其代理人的任务,是指虽未参加间谍组织但接受间谍任务,包括窃取、刺探国家秘密或情报的任务,也包括接受进行其他危害国家安全活动的任务。三是为敌人指示轰击目标。即以各种手段为敌人指引轰击我方目标的活动,轰击是否得逞不影响该罪的成立。具备上述三种间谍的行为之一的,即成立间谍罪。

(3)该罪的主体为一般主体,包括中国公民、外国人或无国籍人。

(4)主观方面表现为故意,即明知是间谍组织而有意参加,明知是间谍任务而有意接受,明知对方是敌人而向其指示轰击目标,追求危害国家安全的结果发生。

第十六章　危害公共安全罪

一、单项选择题

1. A。【解析】　危险物品肇事罪与失火罪、过失爆炸罪的区别在于,该罪的犯罪主体一般应该是从事危险品专门工作并生产、储存、运输、使用危险品的职工,而后几个罪则是普通过失犯罪,其主体是一般主体;危险物品肇事罪的客观方面也不同,危险物品肇事罪的客观方面表现为事故发生在生产、储存、运输和使用危险品的过程中,而失火罪、过失爆炸罪则可能发生在任何场合。本题不存在重大责任事故罪的情节,排除D项。

2. D。【解析】　根据《刑法》第134条规定,工厂、矿山、林场、建筑企业或其他企业、事业单位的职工,由于不服管理、违反规章制度等,因而发生重大伤亡事故或造成其他严重后果的,构成重大责任事故罪。它与破坏生产经营罪在主体和客观方面都有所不同。故D项为正确答案。

3. B。【解析】　李某的行为已经侵犯了公共安全,即多数人或者不特定人的生命、身体和财产安全,所以,应当认定为以危险方法危害公共安全罪。

4. B。【解析】　本题中,杜某因违章超速驾驶,构成交通肇事罪。后来,杜某将赵某弃之桥下致其死亡,杜某此时主观上有杀害赵某的间接故意,客观上有杀害行为(不作为),造成了赵某死亡的结果,符合故意杀人罪的构成要件,所以构成故意杀人罪。所以,本题中过失致人死亡只是对杜某量刑时的一个考虑情节。

5. B。【解析】　爆炸与决水为手段牵连,决水为目的行为:决水与破坏生产经营、故意毁坏财物,三者想象竞合,均从一重罪处断。手段行为与目的行为同样重的,则以目的行为定罪处罚。

6. D。【解析】　投放危险物质罪是危险犯,只要危害行为导致了法定危险的发生,就构成犯罪既遂。《刑法》第114条规定的法定危险是危害公共安全。而本案中李某在工厂食堂饭锅内投放毒药的行为已经危害工厂内不特定多数人的生命安全，因而构成既遂。

7. A。【解析】 非法持有枪支、弹药罪和非法储存枪支、弹药罪的主要区别在于：后者是指明知是他人非法制造、买卖、运输、邮寄的枪支、弹药而为其存放的行为；而前者是指不符合配备、配置枪支、弹药条件的人员，违反枪支管理法律、法规的规定，擅自持有枪支、弹药的行为。A选项是正确答案。

8. D。【解析】 危险犯足以造成法定危险状态即为既遂。

9. B。【解析】 甲驾车在公路转弯处高速行驶，撞翻相向行驶车辆，致工人死亡，成立交通肇事罪，A项不选。乙驾驶越野车在道路上横冲直撞，撞翻数辆他人所驾汽车，致2人死亡，成立以危险方法危害公共安全罪，B项当选。丙醉酒后驾车，刚开出10米就撞死2人，成立危险驾驶罪与交通肇事罪的想象竞合犯，须择一重罪处断，C项不选。丁在繁华路段飙车，2名老妇受到惊吓致心脏病发作死亡，成立危险驾驶罪(情节恶劣)，D项不选。

10. A。【解析】 在醉酒状态下在道路上驾驶机动车的，成立危险驾驶罪。

二、多项选择题

1. CD。【解析】 详见《刑法》第133条及交通肇事罪的司法解释。厉某交通肇事后，从将行人开始时的带去救治到遗弃，其是一个行为过程，应按交通肇事罪的司法解释的第6条定故意杀人罪。构成交通肇事罪和故意杀人罪，数罪并罚。

2. ABD。【解析】 根据最高人民法院《关于审理交通肇事刑事案件具体应用法律若干问题的解释》，行为人在交通肇事后为逃避法律追究，将被害人带离事故现场后隐藏或者遗弃，致使被害人无法得到救助而死亡或者严重残疾的，应当分别依照《刑法》第232条、第234条第2款的规定，以故意杀人罪或者故意伤害罪定罪处罚。单位主管人员、机动车辆所有人或者机动车辆承包人指使、强令他人违章驾驶造成重大交通事故，具有本解释第2条规定情形之一的，以交通肇事罪定罪处罚。D项构成铁路运营安全事故罪。

3. BC。【解析】 详见《刑法》第128条。

4. ABCD。【解析】 《刑法》第114条除规定了放火罪、决水罪、爆炸罪、投毒罪之外，还规定了以其他危险方法危害公共安全罪。其他方法应当是指使用的方法除放火、决水、爆炸、投毒之外的并与这几种方法的危险性相当、足以危害公共安全的行为。上述几种方法均属于以其他危险方法危害公共安全的行为。

5. AD。【解析】 详见《刑法》第129条。

6. ABC。【解析】 详见《刑法》第121条。

7. ABC。【解析】 《刑法》第120条(根据《刑法修正案(九)》修正)："组织、领导恐怖活动组织的，处10年以上有期徒刑或者无期徒刑，并处没收财产；积极参加的，处3年以上10年以下有期徒刑，并处罚金；其他参加的，处3年以下有期徒刑、拘役或者管制或者剥夺政治权利，可以并处罚金。犯前款罪并实施杀人、爆炸、绑架等犯罪的，依照数罪并罚的规定处罚。"本题中的行为刑法已明文规定为特定的罪名，不得再按以危险方法危害公共安全罪定罪，故D错误。

8. ABD。【解析】 破坏电力设备罪属于故意犯罪，行为方式包括作为和不作为，不作为破坏电力设备须负有特定义务；破坏的对象必须是正在使用的电力设备，包括已经交付尚未使用或暂停使用的电力设备，不包括尚未交付使用和已经废弃不用的电力设备。

9. ABCD。【解析】 如果刑法分则将一个犯罪的预备行为单独规定为犯罪，那么对新罪就不再按照总则的犯罪预备进行定罪处罚，理论上称为"预备犯正犯(实行犯)化"。

选项B正确。组织、领导、参加恐怖组织罪是指组织、领导、积极参加和参加恐怖组织活动的行为。"乙成立恐怖组织并开展培训活动"，构成组织、领导恐怖组织罪。

选项C正确。准备实施恐怖活动罪，是指为

实施恐怖活动而实施的准备物品或工具、组织培训或积极参与培训、进行联络和策划的行为。“丙、丁为实施恐怖活动准备凶器”，构成准备实施恐怖活动罪。

三、名词解释

1. 投放危险物质罪，是指故意投放毒害性、放射性、传染病病原体等物质，危害公共安全的行为。

2. 放火罪，是指故意放火焚烧公私财物，危害公共安全的行为。

3. 生产、作业重大责任事故罪，是指在生产、作业中违反有关安全管理的规定，因而发生重大伤亡事故或者造成其他严重后果的行为。

4. 非法出租、出借枪支罪，是指依法配备公务用枪的人员或者其单位，违反枪支管理规定，非法出租、出借枪支，依法配置枪支的人员或者其单位，违反枪支管理规定，非法出租、出借枪支，造成严重后果的行为。

5. 强令违章冒险作业重大事故罪，是指在生产、作业中违反有关安全管理的规定，强令他人违章冒险作业，因而发生重大伤亡事故或者造成其他严重后果的行为。

6. 宣扬恐怖主义、极端主义，煽动实施恐怖活动罪，是指实施以制作、散发宣扬恐怖主义、极端主义的图书、音频视频资料或者其他物品，或者通过讲授、发布信息等方式宣扬恐怖主义、极端主义的，或者煽动实施恐怖活动的行为。

四、简答题

1. 放火罪，是指故意放火焚烧公私财物，危害公共安全的行为。本罪具有以下特征：

(1)本罪的客体是公共安全。(2)本罪的客观方面表现为危害公共安全的放火行为。放火行为既可以表现为积极的作为，也可以表现为消极的不作为。(3)本罪的主体是一般主体，凡是已满14周岁、具有刑事责任能力的人均可以成为本罪的主体。(4)本罪的主观方面是故意。

2. 劫持航空器罪，是指以暴力、胁迫或者其他方法劫持航空器，危害公共安全的行为。本罪具有以下特征：(1)本罪的客体是航空器飞行安全。(2)本罪的客观方面表现为以暴力、胁迫或者其他方法劫持航空器的行为。(3)本罪的主体是一般主体。(4)本罪的主观方面是故意，且只能是直接故意。

3. 劫持航空器罪与破坏交通工具罪的区别表现在：

(1)犯罪目的不同。劫持航空器罪的目的是将飞机劫持到指定的地点，而后者的目的则是使飞机倾覆。(2)客观行为方式不同。劫持航空器罪是公然地采用暴力、胁迫或者其他方法劫持正在使用中的飞机；后者则通常是采用秘密方法对正在使用中的飞机进行破坏。

4. 重大责任事故罪与危险物品肇事罪的区别表现为：

(1)主体上不同。重大责任事故罪的主体是特殊主体，而危险物品肇事罪是一般主体。(2)客观方面表现不同。重大责任事故罪在客观上表现为违反有关生产、作业的规章制度，在生产、作业过程中发生重大伤亡事故或者其他严重后果的行为，而后者在客观方面表现为违反危险物品的管理规定，在生产、储存、运输、运用危险物品中发生重大事故，造成严重后果的行为。

5. 生产、作业重大责任事故罪，是指在生产、作业中违反有关安全管理的规定，因而发生重大伤亡事故或者造成其他严重后果的行为。本罪具有如下构成要件：

(1)本罪的客体是生产、作业的安全。这里所谓的“生产、作业安全”，同样包含着从事生产、作业的不特定或多数人的生命、健康的安全和重大公私财产的安全。

(2)本罪的客观方面表现为在生产、作业中违反有关安全管理的规定，因而发生重大伤亡事故或者造成其他严重后果。

如果发生重大事故，不是因客观上违章行为所造成，或者虽违章并造成一定的后果，但损失尚未达到重大伤亡事故或其他严重后果的程度，则不能以犯罪论处。

(3)本罪的主体是特殊主体，即从事生产、作业的人，详言之，指工矿、企业或者事业单位从事生产、作业的职工，既包括直接从事生产、作业的人员，也包括生产、作业的指挥人员和生产、作业的技术人员。此外，无证开采的小煤矿矿主、无照施工经营者、在押犯等在施工过程中，不服管理，违反规章制度，也可构成本罪。

(4)本罪的主观方面是过失，可以是疏忽大意或者是过于自信。即应当预见因自己的违章导致重大人身伤亡事故或者造成其他严重后果发生的可能性，因疏忽大意而没有预见，或者已经预见因自己的违章导致重大人身伤亡事故或者造成其他严重后果发生的可能性，但过于自信没有防止其发生的心理态度。所以，过失是指行为人对所造成的严重后果的心理态度而言。对注意义务的违反也可能存在“明知故犯”心态的情形，但不能因此而认为是故意犯罪。

五、论述题

1. 危害公共安全罪，是指故意或者过失地危害不特定多数人的生命健康、财产安全、重大公共财产安全以及其他公共利益安全的行为。本类罪具有以下特征：

(1)本类罪的客体是公共安全。公共安全，是指不特定多数人的生命健康、财产安全、重大公共财产和其他公共利益的安全。

(2)本类罪的客观方面表现为行为人实施了危害公共安全的行为。本类罪中的故意犯罪，只有行为对公共安全形成威胁即可构成，而本类罪中的过失犯罪，必须是已经造成了危害公共安全的后果才能构成。

(3)本类罪的主体多数是一般主体，重大飞行事故罪、交通肇事罪、重大责任事故罪等少数犯罪的主体是特殊主体。

(4)本类罪的主观方面，有的是故意，有的是过失。

2. 交通肇事罪，是指违反交通运输管理法规，因而发生重大事故，致人重伤、死亡或者使公私财产遭受重大损失的行为。该罪的构成特征表现为：

(1)该罪侵犯的客体是交通运输安全。

(2)该罪的客观方面表现为违反交通运输管理法规，因而发生重大事故，致人重伤、死亡或者使公私财产遭受重大损失的行为。所谓“违反交通运输管理法规”，是指违反为保障交通运输安全和交通运输秩序而制定的各种交通管理法律、法规和规章。该罪的行为方式可以是作为，也可以是不作为。

(3)该罪的主体是一般主体，既包括从事交通运输的人员，也包括非交通运输人员。

(4)该罪的主观方面为过失，即行为人明知自己的行为会发生危害社会的结果，因为疏忽大意而没有预见，或者虽然已经预见但轻信能够避免。

第十七章　破坏社会主义市场经济秩序罪

一、单项选择题

1. A。【解析】 该会计师事务所收受财物的行为可能构成受贿罪，但依照《刑法》第 229 条可知，该行为只能作为中介组织人员提供虚假证明文件罪的法定加重情节。故本题只有 A 项为正确答案。

2. B。【解析】 根据最高人民法院《关于情节严重的传销或者变相传销行为如何定性问题的批复》的相关规定，对于 1998 年 4 月 18 日国务院《关于禁止传销经营活动的通知》发布以后，仍然从事传销或者变相传销活动，扰乱市场秩序，情节严重的，应当依照《刑法》第 225 条第(四)项的规定，以非法经营罪定罪处罚。实施上述犯罪，同时构成刑法规定的其他犯罪的，依照处罚较重的规定定罪处罚。故选 B。

3. D。【解析】 本题中选项 A 属于冒用他人名义签订合同的行为，选项 B 属于用虚假产权证明作担保的行为，选项 C 属于收受对方当事人给付的定金后逃匿的行为，这几种行为均为合同诈骗罪的客观方面的法定表现形式。注意，D 中的借用行为和冒用行为的性质是不同的，借用可以构成民事上的连带责任关系，但不属于犯罪行为。

4. A。【解析】 根据最高人民法院《关于审理非法出版物刑事案件具体应用法律若干问题的解释》的相关规定第 5 条第 1 款的规定，实施《刑法》第 217 条规定的侵犯著作权行为，又销售该侵权复制品，违法所得数额巨大的，只定侵犯著作权罪，不实行数罪并罚。故选 A。

5. B。【解析】 依照《刑法》第 213 条及 2010 年 5 月 7 日最高人民检察院、公安部《关于公安机关管辖的刑事案件方案追诉标准的规定(二)》第 69 条，未经注册商标所有人许可，在同一种商品上使用与其注册商标相同的商标，涉嫌下列情形之一的，应予立案追诉：(一)非法经营数额在 5 万元以上或者违法所得数额在 3 万元以上的；(二)假冒两种以上注册商标，非法经营数额在 3 万元以上或者违法所得数额在 2 万元以上的；(三)其他情节严重的情形。

6. A。【解析】 本题涉及侵犯著作权罪：(四)制作、出售假冒他人署名的美术作品的。销售侵权复制品罪：以营利为目的，销售明知是本法第 217 条规定的侵权复制品，违法所得数额巨大的。B 项需要以营利为目的。

7. C。【解析】 区分抗税罪与因抗税而导致其他犯罪的界限。抗税的行为人使用暴力方法拒不缴纳税款，因暴力方法故意造成税务人员伤害或者死亡的，其暴力方法已经超出了抗税罪的范围，应当按照故意伤害罪、故意杀人罪定罪处罚。如果因暴力方法而过失造成税务人员重伤或者死亡的，仍然应当以抗税罪定罪处罚。

8. C。【解析】 依《刑法》第 204 条的规定可知，是否已缴纳税款是区别骗取出口退税罪与逃税罪的标准。缴纳税款后，再有法条中的行为就是逃税罪，否则就是骗取出口退税罪。

题中该企业因出口得到出口退税款 300 万元，后被退货 1/3，则应补交税款 100 万元，但该企业隐瞒并不补缴税款，该种行为属于上述条文中的“其他欺骗手段”，该企业所骗取的税款为 100 万元，故应根据上述条文，按照《刑法》第 201 条逃税罪的规定定罪处罚。

9. D。【解析】 甲公司的技术不属于商品、服务，不构成强迫交易罪，所以，A 不正确。丙虽然威胁丁要将嫖娼之事公之于众，但最后以 2 万元取得该技术，不具备非法占有他人财物的目的，可见，丙不构成敲诈勒索罪，所以，B 不正确。丙没有绑架丁为人质，也没有勒索财物，不构成绑架罪，所以，C 不正确。

二、多项选择题

1. ABCD。【解析】 见最高人民法院《关于审理扰乱电信市场管理秩序案件具体应用法律若干问题的解释》第 1 条、第 6 条、第 7 条及第 9 条。

2. ABC。【解析】 本题主要考查的是对生产、销售伪劣产品罪的构成特征及其认定。本题中四个选项应当说都具有一定的干扰性。A 与 B 项一方面不构成特定的商品犯罪，另一方面获得利润在 5 万元以上说明销售金额肯定也在 5 万元以上。D 项则构成第 146 条特殊之罪，属于第 146 条规定的生产、销售不符合安全标准的产品罪而非本罪。

3. AD。【解析】 虚开增值税专用发票或者虚开用于骗取出口退税、抵扣税款的其他发票，是指有为他人虚开、为自己虚开、让他人为自己虚开、介绍他人虚开行为之一的。依据《刑法》第 206 条规定，甲某让别人为自己虚开增值税专用发票，后又为他人虚开增值税专用发票的行为构成虚开增值税专用发票罪。同时甲又有伪造增值税专用发票并出售的行为，应当对甲某以虚开增值税专用发票罪和伪造、出售伪造的增值税专用发票罪，数罪并罚。

4. ABCD。【解析】 A项错，雷某的行为不构成为他人提供书号出版淫秽书刊罪。B项错，雷某的行为构成出版淫秽物品牟利罪，而不是构成传播淫秽物品罪。C项错，任某主观方面是过失，行为人没有出版淫秽书刊的故意和牟利的目的。如果明知他人用于出版淫秽书刊而提供书号的，应当以出版淫秽物品牟利罪的共犯论处。D项错，非法经营罪是违反国家有关经营的限制性规定进行非法经营活动，而淫秽物品是国家所禁止经营的，故不成立非法经营罪。

5. ACD。【解析】 根据《刑法》第208条第2款之规定，如果行为人非法购买增值税专用发票或者购买伪造的增值税专用发票又虚开或者出售的，则不再定非法购买增值税专用发票、购买伪造的增值税专用发票罪，而应当按照虚开增值税专用发票，用于骗取出口退税抵扣税款发票罪，伪造、出售伪造的增值税专用发票罪，非法出售增值税专用发票罪定罪处罚。

6. ACD。【解析】 根据《刑法》第224条之规定，“伪造、变造、作废的票据或者其他虚假的产权证明作担保的”是合同诈骗罪法定客观行为之一，应以合同诈骗罪定罪处罚，不得与金融票据诈骗罪并罚，也不宜从一重罪处罚。

7. ABC。【解析】 本题考点是倒卖车票罪的从重处罚情节。根据最高人民法院《关于审理倒卖车票刑事案件有关问题的解释》，对于铁路职工倒卖车票或者与其他人员勾结倒卖车票；组织倒卖车票的首要分子；曾因倒卖车票受过治安处罚两次以上或者被劳动教养一次以上，两年内又倒卖车票，构成倒卖车票罪的，依法从重处罚。故选ABC。

8. ABCD。【解析】 本题考点是金融诈骗罪中非法占有目的的认定。在司法实践中，认定是否具有非法占有为目的，应当坚持主客观相一致的原则。对于行为人通过诈骗的方法非法获取资金，造成数额较大，资金不能归还，并具有下列情形之一的，可以认定为具有非法占有的目的：(1)明知没有归还能力而大量骗取资金的；(2)非法获取资金后逃跑的；(3)肆意挥霍骗取资金的；(4)使用骗取的资金进行违法犯罪活动的；(5)抽逃、转移资金，隐匿财产，以逃避返还资金的；(6)隐匿、销毁账目，或者搞假破产、假倒闭，以逃避返还资金的；(7)其他非法占有资金、拒不返还的行为。但对于有证据证明行为人不具有非法占有目的的，不能单纯以财产不能归还就按金融诈骗罪处罚。故选ABCD。

9. ACD。【解析】 在本案中，甲明知病死猪肉有害，仍将大量收购的病死猪肉冒充合格猪肉在市场上销售，并未掺入有毒、有害物质而是该猪肉不符合食品安全标准，应以生产、销售不符合安全标准的食品罪定罪。

三、名词解释

1. 走私普通货物、物品罪，是指违反海关法规，逃避海关监管，运输、携带、邮寄除武器、弹药、核材料、假币、贵重金属、珍贵动物及其制品、珍稀植物及其制品、淫秽物品以外的货物、物品进出境，偷逃应缴税额5万元以上的行为。

2. 单位人员受贿罪，是指公司、企业或者其他单位的工作人员利用职务上的便利，索取他人财物或者非法收受他人财物，为他人谋取利益，数额较大的行为。

3. 持有、使用假币罪，是指明知是伪造的货币而持有、使用，数额较大的行为。本罪在客观方面表现为持有、使用数额较大的假币的行为。

4. 非法吸收公众存款罪，是指非法吸收公众存款或者变相吸收公众存款，扰乱金融秩序的行为。本罪的客观方面表现为非法吸收或者变相吸收公众存款的行为。

5. 妨害信用卡管理罪，是指明知是伪造的或者空白的信用卡而持有、运输，或者非法持有他人信用卡，数量较大的，或者使用虚假的身份证明骗领信用卡的，出售、购买、为他人提供伪造的或者以虚假的身份证明骗领的信用卡的行为。

6. 对外国公职人员、国际公共组织官员行贿罪是指为谋取不正当商业利益，给予外国公职人员或者国际公共组织官员以财物的行为。

四、简答题

1. 本罪的客观方面具体包括以下行为方式：一是持有、运输数量较大的伪造的或者空白的信用卡；二是非法持有数量较大的他人的信用卡；三是使用虚假的身份证明骗领信用卡；四是出售、购买、为他人提供伪造的信用卡或者以虚假身份证明骗领信用卡。上述四种行为只要具备其中之一，即可构成本罪。

2. 毒品犯罪、黑社会性质的组织犯罪、恐怖活动犯罪、走私犯罪、贪污贿赂犯罪、破坏金融管理秩序犯罪、金融诈骗犯罪等。

3.《刑法》第196条第3款规定："盗窃并使用信用卡的，依照本法第264条的规定定罪处罚。"根据这一规定，盗窃并使用信用卡的，按盗窃罪定罪处罚。这里所讲的盗窃并使用信用卡，是指盗窃信用卡后为实现信用卡自身的财产价值而使用，如果使用行为不是为了实现信用卡自身固有的财产价值，而是用盗窃所得的信用卡作为资信证明骗取他人的信任从事经济活动，不能构成盗窃罪，构成诈骗罪的，按诈骗罪定罪处罚。

4.(1)在商品上使用了他人的注册商标。使用他人未经注册的商标的，不能构成本罪。(2)在同一种商品上使用他人的注册商标。在不同种商品上使用他人注册商标的，不构成犯罪。根据商标法的规定，同一种商品，是指名称相同的商品，或名称虽不相同但所指的商品是相同的商品。(3)使用他人注册商标未经商标所有人许可。如果在同一种商品上使用他人的注册商标是经过他人同意的，不能构成犯罪。(4)情节严重。

5. 本罪与诽谤罪在客观上都捏造并散布了虚假事实，主观上都是故意，主体都是一般主体，并且都要求情节严重。二者的区别表现在：(1)客体不同。本罪的客体是国家对市场秩序的管理制度和他人的商业信誉，而诽谤罪的客体则是他人的人格权、名誉权。(2)对象不完全相同。本罪的对象包括个人和单位，而诽谤罪的对象仅限于个人。(3)主体不尽相同。本罪的主体既可以是自然人，也可以是单位，而诽谤罪的主体则只能是自然人。(4)故意的内容不同。本罪故意的内容是损害他人的商业信誉、商品声誉，而诽谤罪的故意内容则是损害他人的人格和名誉。

6. 本罪的客观要件是以暴力、威胁手段强买强卖商品、强迫他人提供服务或者强迫他人接受服务，情节严重的行为表现为：强买强卖商品；强迫他人提供或者接受服务；强迫他人参与或者退出投标、拍卖；强迫他人转让或者收购公司、企业的股份、债券或者其他资产；强迫他人参与或者退出特定的经营活动。

五、论述题

1. 生产、销售伪劣产品罪，是指生产者、销售者在产品中掺杂、掺假，以假充真，以次充好或者以不合格产品冒充合格产品，销售金额达5万元以上的行为。本罪具有如下构成要件：

(1)本罪的客体是复杂客体，即本罪既侵犯国家对产品质量的管理制度，也侵犯消费者的合法权益，还侵犯产品市场管理秩序。因为任何生产、销售伪劣产品的行为，都是违反产品质量法的，从而也就侵犯了根据产品质量法所确立的产品质量管理制度。又由于任何产品都是用于消费的，所以生产、销售伪劣产品的行为必然侵害或者威胁消费者的正当权益。再者，伪劣产品流入市场，必然对产品的市场管理秩序造成破坏，因而产品的市场管理秩序也是本罪的客体之一。

(2)本罪的客观方面表现为生产者、销售者在产品中掺杂、掺假，以假充真，以次充好或者以不合格产品冒充合格产品，销售金额在5万元以上的行为。具体包括以下两个方面的内容：

首先，有掺杂、掺假，以假充真，以次充好或者以不合格产品冒充合格产品的行为。具体包括四种情况：一是掺杂、掺假。所谓掺杂、掺假，是指在产品中掺入杂质或者异物，致使产品质量不符合国家法律、法规或者产品明示质量标准规定的质量要求，降低、失去应有使用性能的行为。二是以假充真。所谓以假充真，根据2001年4月9日最高人民法院、最高人民检察院《关于办理生产、销售伪劣商品刑事案件具体应用法律若干问题的解释》的规定，是指以不具有某种使用性能的产品冒充具有该种使用性能的产品的行为。三是以次充好。以次充好，是指以低等级、低档次产品冒充高等级、高档次产品，或者以残次、废旧零配件组合、拼装后冒充正品或者新产品的行为。四是以不合格产品冒充合格的产品。所谓以不合格产品冒充合格产品，是指以不符合《中华人民共和国产品质量法》规定的质量要求的产品冒充符合上述规定的质量要求的产品。下列产品属于不合格产品：①存在危及人身、财产安全的不合理危险的产品；②有保障人体健康，人身、财产安全的国家标准、行业标准，而不符合国家标准、行业标准的产品；③不具备产品的使用性能又不对产品所存在的使用性能的瑕疵作出说明的产品；④不符合在产品或者包装上注明采用的产品标准的产品；⑤不符合以产品说明、实物样品等方式表明的质量状况的产品。

其次，销售金额达到5万元。所谓销售金额，最高人民法院和最高人民检察院的上述司法解释第2条第1款指出："是指生产者、销售者销售伪劣产品后所得和应得全部违法收入。"只要销售金额达到5万元以上的，就构成本罪的既遂。根据上述司法解释的规定，伪劣产品尚未销售，货值金额达到5万元3倍以上的，以本罪（未遂）定罪处罚。关于生产后尚未销售的伪劣产品的货值金额的认定问题，上述司法解释指出：以违法生产、销售的伪劣产品的标价计算；没有标价的，按照同类合格产品的市场中间价格计算。

（3）本罪的主体是一般主体，既可以是已满16周岁具有刑事责任能力的自然人，也可以是任何单位。

（4）本罪的主观方面是故意，且只能是直接故意，其故意的具体内容是行为人明知自己生产、销售伪劣产品的行为会发生危害国家产品质量管理制度、消费者的正当消费权益以及产品市场管理秩序的结果，并且希望这种结果的发生。本罪不是目的犯，以牟取非法利益为目的不是本罪主观方面的必备要件。

2. 信用卡诈骗罪，是指以非法占有为目的，隐瞒与信用卡相关的事实真相或者恶意透支，骗取他人财物，数额较大的行为。

本罪的客观方面表现为隐瞒与信用卡相关的事实真相或者恶意透支，骗取他人财物，数额较大的行为。其具体的行为方式是：

（1）使用伪造的信用卡，骗取他人财物。伪造的信用卡，是指仿照真实有效的信用卡，使用各种方法制作的假信用卡。具体情形有两种：一是依照信用卡的质地、模式、版块、图样及磁条密码非法制作的信用卡；二是在真实信用卡的基础上进行伪造而制作的信用卡。

（2）使用作废的信用卡，骗取他人财物。使用作废的信用卡，是指使用因法定原因失去效用的信用卡。根据规定，作废的信用卡主要有三种：其一，信用卡超过有效使用期限而自动失效。一般信用卡都规定了有效使用期限，超过期限的信用卡为无效信用卡。其二，信用卡持卡人在信用卡有效期间内停止使用，将信用卡退回发卡机构并办理退卡手续，此时该信用卡有效期虽未过，但已办理退卡手续，因而属作废的信用卡。其三，因挂失而使信用卡失效。发卡机构都规定了信用卡挂失制度，以防止信用卡被盗或者丢失后给持卡人造成经济损失。信用卡一经挂失即失去效用。使用上述任何一种失效的信用卡骗取他人财物，均可构成信用卡诈骗罪。使用作废的信用卡的主体，通常是持卡人本人，非持卡人明知他人的信用卡是作废的信用卡而仍以他人的名义使用，也属于使用作废的信用卡的行为。

（3）冒用他人的信用卡，骗取公私财物。冒用他人信用卡，是指非持卡人以持卡人的名义使用信用卡骗取财物或者接受服务。冒用他人的信用卡，通常是指冒用他人有效的信用卡，如果行为人不知他人的信用卡是作废的信用卡而予以冒用的，也属于冒用他人的信用卡的行为。

(4)恶意透支，骗取他人财物。恶意透支，是指持卡人以非法占有为目的，超过规定限额或者规定期限透支，并且经发卡银行催收仍不归还的行为。实践中，恶意透支主要有两种表现形式：一是持卡人以非法占有为目的，在短时间内持卡在不同的特约商户、网点频繁使用、取现，每次使用、取现的金额都在银行规定的限额内，积少成多，造成大量透支，然后携款潜逃，使银行无法追回透支。另一种形式是持卡人在申领信用卡时就弄虚作假，私刻公章，伪造保函、证明，伪造身份证或使用他人身份证件等，骗取银行工作人员信任后，办理了信用卡，然后进行大量透支。超过规定限额，是指超过信用卡章程和领用信用卡协议明确规定的透支限额。透支期限，根据透支是否超过限额而有所不同。

本罪的客观方面除了必须具备上述具体信用卡诈骗行为之一外，还必须是行为人骗取了数额较大的公私财物。根据《追诉标准》的规定，实施信用卡诈骗，数额在5 000元以上的，应予追诉。

第十八章　侵犯公民人身权利、民主权利罪

一、单项选择题

1. C。【解析】 拐骗儿童罪的手段主要表现为蒙骗、利诱，但偷盗、抢夺甚至抢劫婴幼儿的行为也可构成本罪。

2. A。【解析】 为了索取债务包括高利贷、赌债等非法债务，非法扣押、拘禁他人的，构成非法拘禁罪；在非法拘禁过程中过失致人死亡的，仍然成立非法拘禁罪。

3. D。【解析】 甲不构成伪证罪，因其不符合主体要件要求；甲不构成诬告陷害罪，因其尽管捏造了部分犯罪事实，并未实施告发的行为，不符合该罪客观要件要求；甲的行为符合《刑法》第307 条所规定的指使他人作伪证的行为，应成立妨害作证罪。

4. C。【解析】 本题中行为人不符合报复陷害罪和侮辱罪的特征，可直接排除两罪的成立。赵某因系直接办理刑事案件的司法工作人员，应以徇私枉法罪论处。

5. C。【解析】 根据最高人民法院《关于审理强奸案件有关问题的解释》，对于已满 14 周岁不满 16 周岁的人，与幼女发生性关系构成犯罪的，依照《刑法》第 17 条、第 236 条第 2 款的规定，以强奸罪定罪处罚；对于与幼女发生性关系，情节轻微、尚未造成严重后果的，不认为是犯罪。

6. A。【解析】 参见《刑法》第 247 条司法工作人员对犯罪嫌疑人、被告人实行刑讯逼供或者使用暴力逼取证人证言的，处 3 年以下有期徒刑或者拘役。致人伤残、死亡的，依照本法第 234 条(故意伤害)、第 232 条(故意杀人)的规定定罪从重处罚。

7. D。【解析】 某甲是在强奸行为实施完成之后，又产生了杀害被害人的犯罪故意，即为了杀人灭口，其杀人的行为应单独构成犯罪，对此，应当以强奸罪与故意杀人罪实行并罚。本题C项的干扰在于，强奸罪实施完成之后，又临时起意，杀害被害人的，不属于《刑法》第 236 条所规定的“致使被害人重伤、死亡或者造成其他严重后果的”这一强奸罪从重处罚的情形，因为这一情形必须是发生在强奸犯罪的过程中。

8. C。【解析】 根据最高人民法院的司法解释，为索取债务(包括合法和非法债务)而绑架他人的，定非法拘禁罪。但是根据《刑法》第 238 条第 3 款规定，使用暴力致人伤残、死亡的，依照本法第 234 条(故意伤害)、第 232 条(故意杀人)的规定定罪处罚。

9. B。【解析】 《刑法修正案(八)》第 37 条第 2 款规定，未经本人同意摘取其器官，或者摘取不满 18 周岁的人的器官，或者强迫、欺骗他人捐献器官的，依照本法第 234 条(故意伤害罪)、第 232

条(故意杀人罪)的规定定罪处罚。

10. C。【解析】 强行与卖淫幼女发生性关系，事后给幼女 500 元的，构成强奸罪，A 项正确，不选。使用暴力强迫单位职工以外的其他人员在采石场劳动的，构成强迫劳动罪(无论被害人是否属自己职工)，B 项正确，不选。雇用 16 周岁未成年人从事高空、井下作业的，不构成雇用童工从事危重劳动罪(无罪)，C 项错误，当选。收留流浪儿童后，因儿童不听话将其出卖的，构成拐卖儿童罪，D 项正确，不选。

二、多项选择题

1. AC。【解析】 根据最高法院的司法解释，为索取高利贷、赌债等法律不予保护的债务而非法扣押、拘禁他人的，以非法拘禁罪论处。绑架罪的法益是被绑架人本来的生活场所的安全和人身权利，而以勒索财物为目的只是主观的超过要素，因此，甲、丁已经既遂。非法拘禁罪的法益是他人的现实的人身自由，因此，乙也既遂。

2. CD。【解析】 《刑法》第 260 条：虐待家庭成员，情节恶劣的，处 2 年以下有期徒刑、拘役或者管制。犯前款罪，致使被害人重伤、死亡的，处 2 年以上 7 年以下有期徒刑。第一款罪，告诉的才处理。依此，甲已经构成虐待罪，关键在于其故意伤害的行为是否单独定罪。此处应当明确，该条第 2 款规定的致使被害人重伤、死亡的应为虐待间接导致重伤或死亡，并非是一次故意伤害而致，如一次伤害已构成犯罪应单独定罪，因而应当单独定故意伤害罪。

3. ABD。【解析】 《刑法》第 263 条：“以暴力、胁迫或者其他方法抢劫公私财物的，……救济物资的。”抢劫致人重伤、死亡的属于抢劫罪的法定加重结果，不再以故意伤害罪、故意杀人罪论处。行为人采取放火、爆炸、投放危险物质或者其他危害公共安全的方法剥夺被害人的生命，这种情况下，即使行为人是为了追求某一特定的犯罪目的，针对某一个、某几个特定的人实施某种危害行为，但由于这种行为危及了公共的安全，可能造成不特定多数人的伤亡或者公私财产的重大损失，通常应定危害公共安全的犯罪。《刑法》第 318 条规定：“组织他人偷越国(边)境的，……依照数罪并罚的规定处罚。”组织他人偷越国(边)境造成被组织人重伤、死亡的，属于组织他人偷越国(边)境罪的法定加重结果。而对被组织人有杀害犯罪行为的，应数罪并罚。

4. ABC。【解析】 A 属于战时自伤罪；B 属于行使无过当防卫权；C 属于执行公务的正当行为；D 属于聚众斗殴致人重伤，应定故意伤害罪。

5. BCD。【解析】 《刑法》第 289 条规定：“聚众‘打砸抢’，致人伤残、死亡的，依照本法第 234 条、232 条的故意伤害罪、故意杀人罪定罪处罚。毁坏或者抢走公私财物的，除判令退赔外，对首要分子，依照本法第 263 条的规定定罪处罚。”

6. ABC。【解析】 见《刑法》第 242 条、第 248 条、第 249 条、第 308 条。打击报复证人罪属于妨害社会管理秩序罪中妨害司法罪中的犯罪。

7. BCD。【解析】 《刑法》第 240 条规定的拐卖妇女儿童罪中的可判处死刑的情节包括：(1)拐卖妇女、儿童集团的首要分子；(2)拐卖妇女、儿童 3 人以上的；(3)以出卖为目的，偷盗婴幼儿的；(4)奸淫被拐卖的妇女的；(5)将妇女、儿童卖往境外的等。

8. ABC。【解析】 参照《刑法》第 244 条、第 248 条之规定。

9. BD。【解析】 《刑法修正案(九)》规定，强迫卖淫过程中强奸妇女的，应当数罪并罚；《刑法》第 240 条第 1 款第(3)项规定了拐卖妇女、儿童罪中的一种加重情形，即“奸淫被拐卖妇女的”。

三、名词解释

1. 拐卖妇女、儿童罪，是指以出卖为目的，拐骗、绑架、收买、贩卖、接送、中转妇女、儿童的行为。

2. 诬告陷害罪，是指捏造犯罪事实诬陷他人，意图使他人受刑事追究，情节严重的行为。

3. 刑讯逼供罪，是指司法工作人员对犯罪嫌疑人、被告人使用肉刑或者变相肉刑，逼取口供的行为。

4. 报复陷害罪，是指国家机关工作人员，滥用职权、假公济私，对控告人、申诉人、批评人、举报人实行报复陷害的行为。

5. 强制猥亵、侮辱妇女罪，是指以暴力、胁迫或者其他手段，违背妇女意志，强制猥亵、侮辱妇女的行为。

6. 虐待被监护、看护人罪，是指负有监护、看护职责的人或单位虐待被监护、看护的未成年人、老年人、患病的人、残疾人等，情节恶劣的行为。

四、简答题

1. (1)首先，A 与 B 对于甲、乙的死亡成立故意杀人罪(既遂)的共犯；其次，对于丙的死亡，A 事后才认知，不存在共同故意，也不存在共同行为，不成立故意杀人罪(既遂)共犯；再次，A 误以为丙还活着补枪的行为，因为一般人也认为丙有生命，所以构成故意杀人罪。但由于客观上仅存在尸体，所以仅成立未遂；又，该行为在客观上还符合故意毁坏尸体罪的客观要件，但由于 A 缺乏故意毁坏尸体罪的故意，不成立故意毁坏尸体罪；最后，A 在同一场合连续杀人，成立故意杀人罪的连续犯。

(2)首先，B 与 A 对于甲、乙的死亡成立故意杀人罪(既遂)的共犯；其次，B 杀死丙的行为属于直接正犯，成立单独犯罪；最后，B 在同一场合连续杀人，成立故意杀人罪的连续犯。

(3)A 与 B 对于甲、乙的死亡成立故意杀人罪(既遂)的共犯，但对于丙的死亡缺乏共同故意，不成立共同犯罪。A 补枪的行为也非共同行为，不成立共犯。

2. 绑架罪，是指以勒索财物为目的绑架他人，或者绑架他人作为人质的行为。绑架罪具有以下构成特征：

(1)绑架罪的客体是他人的人身自由权利。在以勒索财物为目的绑架他人的情况下，则同时还侵犯他人的公私财产所有权利；在行为人伤害、杀害被绑架人的情况下，则还同时侵犯了他人的健康、生命权利。

(2)绑架罪的客观方面表现为，使用暴力、胁迫或者其他手段劫持他人的行为。所谓“绑架”，是指违背被害人或其法定监护人的意志，使用强制手段或其他手段将被害人掳离其原处所，置于行为人控制之下，并剥夺或者限制其人身自由的行为。

(3)绑架罪的主体为一般主体，即已满 16 周岁，具有刑事责任能力的自然人。

(4)绑架罪的主观方面，是直接故意，且具有特定的目的。根据刑法的规定，绑架罪或者是以勒索财物为目的，或者是以绑架他人作为人质为目的。

3. 拐卖妇女、儿童罪，是指以出卖为目的，拐骗、绑架、收买、贩卖、接送、中转妇女、儿童的行为。拐卖妇女、儿童罪具有如下构成特征：

(1)犯罪客体是妇女、儿童的人身自由权利与人格尊严。(2)犯罪的客观方面表现为对妇女、儿童实施拐骗、绑架、收买、贩卖、接送、中转的行为。(3)犯罪主体为一般主体。(4)犯罪的主观方面是故意，并且以出卖为目的。

4. 重婚罪，是指有配偶的人在夫妻关系存续期间又与他人建立夫妻关系，或者明知他人有配偶而与之结婚的行为。重婚罪具有如下构成特征：

(1)犯罪的客体是一夫一妻制的婚姻关系。(2)犯罪的客观方面表现为有配偶而与他人结婚，或者明知他人有配偶而与之结婚的行为。(3)犯罪的主体为两种人，即以有配偶而又与他人结婚的重婚者和尚未有配偶而与有配偶的人结婚的相婚者。(4)犯罪在主观上是故意，即表现为有配偶的人明知自己有配偶而与他人结婚，或者无配偶的人明知他人有配偶而与其结婚。

5. 破坏选举罪，是指在选举各级人民代表大会代表或者国家机关领导人员时，以暴力、威胁、欺骗、贿赂、伪造选举文件、虚报选举票数等手段，破坏选举或者妨害选民和代表自由行使选举权和被选举权，情节严重的行为。破坏选举罪具有如下构成特征：

(1)犯罪客体是公民的选举权和被选举权以及选举的正常秩序。(2)犯罪的客观方面表现为在选举各级人民代表大会和国家机关领导人员时，以暴力、威胁、欺骗、贿赂、伪造选举文件、虚报选举票数等手段，破坏选举或者妨害选民和代表自由行使选举权和被选举权，情节严重的行为。(3)犯罪主体为一般主体。(4)犯罪的主观方面为故意。

五、论述题

1. 故意杀人罪，是指故意非法剥夺他人生命的行为。本罪具有如下构成特征：

(1)本罪侵犯的客体是他人的生命权利，这是故意杀人罪区别于其他侵犯人身权利罪的最本质特征，也是本罪成为最严重的侵犯公民人身权利的根据所在。

(2)本罪在客观方面表现为非法剥夺他人生命的行为。首先，行为人必须具有剥夺他人生命的行为。故意杀人罪的行为一般表现为作为，但也有以不作为形式实施的。其次，剥夺他人生命的行为必须是非法的。这是区分合法行为与故意杀人罪的关键所在。最后，直接故意杀人罪的既遂和间接故意杀人罪的既遂，以被害人死亡为要件。但是，只有查明行为人的危害行为与被害人死亡的结果之间具有因果关系，才能断定行为人负直接故意杀人罪既遂或间接故意杀人罪罪责具有客观基础。

(3)本罪的主体为一般主体。根据《刑法》第17条第2款的规定，已满14周岁不满16周岁的人也可构成本罪。

(4)本罪在主观方面要求行为人具有非法剥夺他人生命的故意，包括直接故意和间接故意。

认定本罪时，应注意以下两个问题：

(1)致人自杀、帮人自杀行为的定性。逼迫、诱骗他人自杀，是指利用某种权力、经济或亲属关系上的优势，采取暴力、胁迫方法，故意置他人于走投无路，逼迫其自杀，或者利用被害人自身思想愚昧等弱点，采用欺骗的方法诱惑他人自杀的行为。这也是典型的借被害人之手杀被害人，应当以故意杀人罪定罪处罚。在他人决意自杀后，为其提供帮助的，构成故意杀人罪，但量刑时应适当从宽。

(2)相约自杀的案件的定性。相约自杀，是指二人以上相互约定自愿共同自杀的行为。如果相约各方面均自杀身亡的，自然不存在刑事责任问题。对于其他相约自杀的案件，则应根据具体情况分别处理：其一，如果相约对方各自实施自杀行为，其中一方死亡，另一方自杀未逞，未逞一方并不负刑事责任，不能认定未逞一方犯有故意杀人罪。其二，如果相约自杀，其中一方受嘱先杀死对方，继而自杀未逞的，应以故意杀人罪论处，但是量刑时可以从宽处罚。

2. 诬告陷害罪，是指捏造犯罪事实，向司法机关或者有关单位告发，意图使他人受刑事追究，情节严重的行为。诬告陷害罪具有如下构成特征：

(1)犯罪客体是公民的人身权利(主要是人格权和名誉权)和国家司法机关的正常活动。

(2)客观方面表现为捏造他人犯罪的事实，并向国家机关或者有关单位与人员告发，或者采取其他足以引起司法机关追究活动的行为。据此，成立诬告陷害罪，首先必须有捏造犯罪事实的行为，即捏造犯罪事实是引起刑事追究的前提条件。如果行为人只是捏造了一般的违法、违纪事实的，不能构成诬告陷害罪。至于行为人是否捏造了相应的犯罪证据，不影响犯罪的成立。其次，必须有向有关国家机关或者有关单位告发的行为。捏造犯罪事实和告发是成立诬告陷害罪的客观必备要件。实施诬告陷害行为，只有情节严重的，才构成犯罪。对情节一般的诬告行为不作犯罪处理。

(3)犯罪主体为一般主体，即达到刑事责任年龄具备刑事责任能力的自然人。对于国家机关工作人员犯诬告陷害罪的，应当从重处罚。

(4)犯罪的主观方面表现为故意，并具有使他人受到刑事追究的目的。因此，在认定诬告陷害罪时，要注意将诬告陷害行为和错告、检举失实等主观上没有陷害他人的行为区分开来。但是，应当注意，不同的动机对成立犯罪不产生影响。

第十九章　侵犯财产罪

一、单项选择题

1. D。【解析】　本题属于是利用其他方法实施的抢劫，外国刑法又称“昏醉强盗”。行为人利用将被害人灌醉的方式，使之处于不知反抗、不能反抗的状态，从而当场取得财物。如果被害人喝醉的状态与行为人无关，则行为人秘密拿走被害人的名表属于盗窃。

2. C。【解析】　本题中行为人仍应定抢夺罪一罪，但是由于其过失造成被害人重伤，符合抢夺罪加重情节，应该从重处罚。

3. B。【解析】　本题属于携带凶器抢夺，应当定抢劫罪。所谓“携带凶器抢夺”，是指行为人随身携带枪支、爆炸物、管制刀具等国家禁止个人携带的器械进行抢夺或者为了实施犯罪而携带其他器械进行抢夺的行为。

4. C。【解析】　张某最初的伤害行为并不是为取财服务的先行行为，没有必然的联系。后面拿走财物属于临时起意，此时财物所有人处于昏迷状态，并不知晓，所以张某应构成盗窃罪。

5. A。【解析】　此处张某是采取了欺骗手段，但是该欺骗手段并不是使售货员陷入了错误认识而主动交付了财物，而是使售货员不知晓，应构成盗窃罪。

6. A。【解析】　此处由于张某受聘于个体工商户，不符合职务侵占罪的主体要件。又由于张某对雇主的卡车负有保管义务，此时有将合法占有变为非法占有的特征，应当定侵占罪。

7. D。【解析】　外资保险公司工作人员利用职务之便编造保险事故骗取保险金的行为属于职务侵占。此处外资保险公司工作人员不符合贪污罪的主体要件，也不属于保险诈骗罪的主体要件。

8. B。【解析】　由于是发生在交警执法之后，不构成妨害公务罪。甲对财物的损毁达到了较大数额，此时应当构成故意损坏财物罪。

9. D。【解析】《刑法修正案（八）》第 39 条规定，将第 264 条修改为：盗窃公私财物，数额较大的，或者多次盗窃，入户盗窃，携带凶器盗窃、扒窃的，处 3 年以下有期徒刑、拘役或者管制，并处或者单处罚金；数额巨大或者有其他严重情节的，处 3 年以上 10 年以下有期徒刑，并处罚金；数额特别巨大或者有其他特别严重情节的，处 10 年以上有期徒刑或者无期徒刑，并处罚金或者没收财产。

二、多项选择题

1. ABCD。【解析】　乙在盗窃后为抗拒抓捕而实施暴力，符合转化型抢劫的条件，又由于甲已经逃走，实施暴力行为属于乙的实行过限行为，并不在盗窃罪的共同故意中。所以甲构成盗窃罪，乙构成抢劫罪。由于后来甲被盘问时主动交代了自己的犯罪行为和同案犯的行为，属于对共同犯罪的自首。乙由于只有 17 岁，属于未成年人犯罪，应当从轻或减轻处罚。

2. AB。【解析】　抢劫银行或者其他金融机构，是指抢劫银行或者其他金融机构的经营资金、有价证券和客户的资金等。抢劫正在使用中的银行或者其他金融机构的运钞车的，视为“抢劫银行或者其他金融机构”。

3. BC。【解析】　行为人杀害被害人后“临时取财”且数额较大的行为，应当以故意杀人罪和盗窃罪数罪并罚。行为人为劫取财物而先行预谋故意杀人，然后抢劫财物的，应当以抢劫罪一罪定罪处罚。行为人在抢劫财物过程中，故意重伤、杀害被害人或者因过失致被害人重伤、死亡（结果加重犯）的，只构成抢劫罪。行为人在抢劫财物后，为杀人灭口而故意杀人的，以抢劫罪和故意杀人罪实行数罪并罚。

4. ACD。【解析】 敲诈勒索罪在威胁的内容上，可以是暴力、揭发隐私、毁坏物、阻止正当权利行使等。A选项中的“威胁”其目的带有维护自身权益的正当性，所以其索要精神损失费的行为是一个民事行为。C选项，虽然不符合社会道德规范，但是也不违反法律的禁止性规定，不为罪。选项D中，乙向甲写下欠条是主动的，不具有威胁的内容，故也不构成敲诈勒索罪。选项B既有非法占有的目的，又有实质的威胁内容，符合敲诈勒索罪的犯罪构成。

5. AD。【解析】 盗窃他人财物，为抗拒抓捕而当场使用暴力或者以暴力相威胁的行为符合转化型抢劫的条件，应当按抢劫罪定罪处罚。盗窃商业秘密，给权利人造成重大损失的，应该按侵犯商业秘密罪定罪处罚。而盗窃信用卡使用的行为，仍定盗窃罪。盗窃珍贵文物的，如果情节严重，可以适用死刑，但仍定盗窃罪。

6. ACD。【解析】 盗窃既遂与未遂，既是量刑的情节，在某种意义上讲也是罪与非罪的界限，如一般盗窃而未遂的，一般不作为犯罪处罚，但如是盗窃目标巨大的，未遂的也应依法定罪处罚。本题中行为人针对的目标是珍贵文物，所以应当按盗窃罪未遂予以处罚。

7. AD。【解析】 A选项中的乙是在被害人甲醉酒不知情的时候，通过秘密的手段，窃取被害人的财物，应定性为盗窃罪。B、C选项中的行为同样是采用使被害人处于不知反抗或者不能反抗的状态的方法，应定性为抢劫罪。D选项中甲的行为属于盗窃罪的既遂。至于为摆脱乙的追赶，甲将手中剩余的几张报纸卷成一团扔向乙，击中乙脸，乙受惊吓几乎滑倒的行为，并不符合《刑法》第269条关于转化型抢劫罪的认定，构成盗窃罪而不应定性为抢劫罪。

8. BC。【解析】 甲将头痛粉冒充毒品欺骗乙，让乙贩卖毒品。甲成立诈骗罪，是间接正犯，乙实质是被利用的工具。因为缺乏共同的犯罪故意，不成立共同犯罪，甲的行为应当以诈骗罪(既遂)定罪处罚。乙误将假毒品当作真毒品贩卖获利，属于事实上的认识错误，由于行为人主观上具有贩卖毒品的故意，应当以贩卖毒品罪(未遂)定罪处罚。乙只要出卖毒品获得对方钱款，甲就构成诈骗罪既遂，因为甲是诈骗罪的间接正犯，乙取得财物就视同甲取得财物，是否完成分赃不影响犯罪既遂状态的构成。

9. ABCD。【解析】 对公开盗窃的理解。盗窃罪是采取非暴力、非胁迫的和平手段破坏他人对财物的占有，建立新的占有的过程。所以当着被害人的面，和平获取财物的，仍然可以成立盗窃罪。盗窃罪与抢夺罪的区别不在于是否公开进行(这是较旧的说法)，而在于是否有针对物品的暴力以使主人来不及反抗。对于基于违法原因进入户内盗窃的，属于“入户盗窃”，成立盗窃罪不需要以数额较大为要件。

三、名词解释

1. 以非法占有为目的，不使用人身强制方法，公然夺取数额较大的公私财物的行为。

2. 以非法占有为目的，对被害人以将要实施暴力或其他损害行为相威胁或者要挟的方法，强行索取公私财物，数额较大的行为。

3. 公司、企业或者其他单位的人员利用职务上的便利，将本单位财物占为已有，数额较大的行为。

4. 违反国家财经管理制度，挪用救灾、抢险、防汛、优抚、扶贫、移民、救济款物，情节严重，致使国家和人民群众利益遭受重大损害的行为。

5. 以泄愤报复或者其他个人目的，破坏机器设备、残害耕畜或者以其他方法破坏生产经营的行为。

6. 拒不支付劳动报酬罪，是指以转移财产、逃匿等方法逃避支付劳动者的劳动报酬或者有能力支付而不支付劳动者的劳动报酬，数额较大，经政府有关部门责令支付仍不支付的行为。

四、简答题

1. 适用条件是：(1)实施了盗窃、诈骗、抢夺罪之一，而不能是犯其他罪。在司法实践中，有的被告人实施盗窃、诈骗、抢夺行为，虽未达到“数额较大”，但为窝藏赃物、抗拒逮捕或者毁灭罪证而当场使用暴力或者以暴力相威胁，情节严重的，可按照《刑法》第153条的规定，依照《刑法》第150条的抢劫罪处罚。

(2)当场实施暴力或者以暴力相威胁。所谓当场，是指盗窃、诈骗、抢夺犯罪当时所在的场所，或者行为人刚一离开即被发觉跟踪抓捕的过程中。这是构成第269条犯罪的特定时间和空间条件。但当场实施暴力或暴力威胁，应当是在着手实施盗窃、诈骗、抢夺行为着手之后，如是着手之前由于遇到阻力而立即使用暴力、胁迫等方法夺取财物，则应适用《刑法》第263条，不存在适用第269条的可能。

(3)当场实施暴力或暴力威胁的目的是为窝藏赃物、抗拒抓捕或者毁灭罪证，这是适用第269条的主观要件。所谓窝藏赃物，是指为护住已到手的赃物不被被害人或其他人再追回；所谓抗拒抓捕，是指为抗拒公安机关或任何公民特别是失主对他的抓捕、扭送；所谓毁灭罪证，是指毁灭现场犯罪的痕迹、物品或其他物证。如果出于其他目的，则应以相应的犯罪论处，不构成本罪。

2. 本罪与抢劫罪的界限。本罪与抢劫罪有诸多相似之处：(1)犯罪客体均为复杂客体，既侵犯他人的财产权利，也侵犯人身权利；(2)客观方面都可以当场对被害人实施威胁，当场取得财物；(3)主观上都是以非法占有为目的。

两罪的区别主要是：(1)威胁实施的方法不同。本罪的威胁可以当着被害人的面，也可以通过书信或第三者转达；而抢劫的胁迫必须是面对被害人直接实施的。(2)威胁内容不同。本罪的威胁内容比较广泛，除以实施暴力相威胁外，还可以毁坏名誉、破坏财产等相威胁，而且威胁的不利行为，也不以违法为必要条件；而抢劫罪威胁的内容以实施暴力为限，如以杀害、伤害相威胁。(3)威胁的程度不同。本罪的威胁和要挟，是以后将实施暴力或其他对被害人不利的行动相威胁，被害人在威胁面前尚有选择的余地；而抢劫罪的威胁是以当场实施暴力相威胁，被害人在威胁面前毫无选择的余地。(4)索取利益的性质不同。本罪取得的可以是动产或不动产，也可以是财产性的利益；而抢劫罪获取的一般只能是动产。(5)获取利益时间不同。本罪既可以在当场取得，而绝大多数情况下是在事后取得财物；而抢劫罪只能是在当场取得。

3. 本罪客观方面的条件是：(1)侵占行为的前提在于行为人已经持有他人的财物，包括保管物、遗忘物、埋藏物。(2)将他人的财物非法占为己有。一是实施处分行为。即将自己持有他人之物，视为自己之物而加以处分，可以是法律上的处分行为，也可以是事实上的处分行为。二是易持有为所有之行为。(3)对代管的他人财物拒不退还，对他人的遗忘物、埋藏物拒不交出。所谓拒不退还，是指经权利人要求退还而拒绝退还。所谓拒不交出，是指对他人的遗忘物、埋藏物在明确权利人之后，经有关机关要求交出而拒绝交出。不能认为只要有非法占为己有的事实，就成立侵占罪。(4)行为人所侵占财物的数额较大，由于侵占行为是以非暴力的手段将他人财物非法占为己有的行为，其社会危害程度一般较轻，必须是侵占财物的数额较大。

4. 一是暴力的下限。我们认为，足以危及被害人身体健康或者生命安全的暴力肯定可以构成本罪。实施暴力的意图在于排除被害人的反抗，剥夺被害人的反抗能力，并不是一定要对被害人的身体健康或生命安全造成损害。虽然轻微的暴力不足以伤害身体，但事实上达到使被害人丧失抗拒的能力，排除了保护自己财物的可能性的，不改变行为抢劫的性质，所以，程度轻微的暴力只能作为量刑的情节。

二是暴力的上限如何理解。是否包括为非法占有他人财物而当场故意杀人。最高人民法院2001年5月26日《关于抢劫过程中故意杀人案件如何定罪问题的批复》指出：“行为人为劫取财物而预谋故意杀人，或者在劫取财物过程中，为制服被害人反抗而故意杀人的，以抢劫罪定罪处罚。行为人实施抢劫后，为灭口而故意杀人的，以抢劫罪和故意杀人罪定罪，实行数罪并罚。”该司法解释已经统一了司法实践对抢劫“致人死亡”的定性问题，也就意味着抢劫暴力的上限可以包括直接故意杀人。

5. 两罪的主要区别是：(1)客体和对象不完全相同。本罪的客体是公司、企业或者其他单位的财产所有权和财经管理制度，犯罪对象必须是本单位的资金；挪用特定款物罪的客体是公共财物的所有权和国家规定的关于特定款物专用的财经管理制度，犯罪对象必须是用于救灾、抢险、防汛、优抚、扶贫、移民、救济的款物。(2)挪用的用途不同。本罪是将挪用的资金归个人使用或者借贷给他人使用；挪用特定款物罪是将所挪用的特定款物改变原特定用途，但仍为公用。(3)客观方面的条件不完全相同。本罪法律并未明确规定要求的结果；而挪用特定款物罪，法律则明确规定只有情节严重，致使国家和人民群众利益遭受重大损害的，才构成犯罪。(4)犯罪主体不同。本罪的主体是公司、企业或者其他单位不具有国家工作人员身份的工作人员；而挪用特定款物罪的主体则是掌管、经手救灾、抢险、防汛、优抚、扶贫、移民、救济款物的直接责任人员。

五、论述题

1. 所谓凶器，是指在性质上或者用法上足以杀伤他人的器物。性质上的凶器，是指枪支、弹药、爆炸物、管制刀具等本身用于杀伤他人的器械。这些凶器具有杀伤力，甚至是专为杀、伤人而制造，国家禁止个人携带。用法上的凶器，是指从使用的方法看，可能用于杀伤他人的器械。根据司法解释的精神，行为人随身携带第二类器械进行抢夺，有证据证明该器械确实不是为了实施犯罪准备的，不以抢劫罪定罪。

认定所携带的凶器在抢夺过程中是否发挥作用。“携带”大致可以分为三种情况：一是显示型携带。即行为人为进行违法犯罪活动，不仅携带具有杀伤性的器具，而且在抢夺财物时以各种方式暴露或者暗示其携带该武器，并能为被害人所感知。在这种情况下，已经对被害人起到胁迫作用，是抢劫罪构成的暴力威胁要件之一。显示自己携带凶器进行抢夺的行为，本身完全符合普通抢劫罪的构成要件，这种行为比当场扬言进行暴力威胁的抢劫行为，在危害程度上有过之而无不及，应当直接适用《刑法》第 263 条的规定定罪处罚。二是使用型携带。即行为人携带凶器抢夺后，在逃跑过程中为窝藏赃物、抗拒抓捕或者毁灭罪证而当场使用暴力或者以暴力相威胁。携带凶器应具有随时可能使用或当场能够及时使用的特点，即具有随时使用的可能性，而且在逃跑的过程中确实进行了暴力使用，只有在这种情况下，才能认定为转化型抢劫。根据司法解释的精神，使用型携带更强调携带凶器抢夺的现实使用性，而不是潜在的使用可能性。三是隐藏型携带。如果行为人仅仅持有可能成为凶器的器具，但其主观上没有利用该器具胁迫他人的意图，或者非法携带枪支、匕首等管制刀具，但在抢夺时藏而不露，被害人也未感知其存在的，则不应以抢劫罪论处，因为行为人此时携带的器具对抢夺行为没有起到任何实质性作用。行为人在携带凶器而又没有使用凶器的情况下抢夺他人财物的，不应成立转化型抢劫。

2. 盗窃罪的客观方面表现为一是盗窃“数额较大”的公私财物；二是“多次盗窃”。

数额较大是构成本罪的重要条件，但不是唯一条件，必须考虑其他情节。根据前述司法解释，这里的盗窃数额，是指行为人窃取的公私财物的数额。盗窃公私财物虽未达到数额较大，但接近数额较大的起点，具有下列情形之一的，可以追究刑事责任：(1)以破坏性手段盗窃造成公私财产损失的；(2)盗窃残疾人、孤寡老人或者丧失劳动能力人的财物的；(3)造成严重后果或者具有其他恶劣情节的。

反之，盗窃公私财物虽已达到“数额较大”的起点，但情节轻微，并具有下列情形之一的，可不作为犯罪处理：(1)已满 16 周岁不满 18 周岁的未成年人作案的;(2)全部退赃、退赔的;(3)主动投案的;(4)被胁迫参加盗窃活动,没有分赃或者获赃较少的;(5)其他情节轻微、危害不大的。已经窃取数额较大的公私财物是犯罪既遂,在某些特定的情况下,盗窃未遂,没有窃得财物,也可构成犯罪。司法解释规定,属于盗窃未遂的,但情节严重,如以数额巨大的财物或者国家珍贵文物等为盗窃目标的,应当定罪处罚。例如,夜间潜入金融机构、文物陈列馆盗窃的,即使未遂,也应当定盗窃罪。

“多次盗窃”,根据上述司法解释,是指一年内入户盗窃或者在公共场所扒窃3次以上的行为。这里有三个条件:(1)次数上的限制。盗窃必须在3次以上,3次以上包括本数在内。(2)时间上的限制。必须是在一年以内实施的;(3)地点的限制。只限于入户盗窃和在公共场所扒窃。我们认为,“多次盗窃”的前提是数额没有达到“数额较大”,也没有达到接近“数额较大”的起点,由于行为人在不长的时间(一年)内入户或在公共场所行窃3次,说明其主观恶性较大,应作犯罪处理。但对那些具有小偷小摸恶习,虽然多次偷拿公私财物,如果情节显著轻微,则不应以“多次盗窃”论。

第二十章　妨害社会管理秩序罪

一、单项选择题

1. B。【解析】 对于A项,虐待被监管人罪的犯罪对象可以是一切被监管机关监管的人,包括已被判刑而正在服刑的已决犯、被司法机关怀疑但未判决有罪而在看守所羁押的犯罪嫌疑人与被告人,以及被行政拘留、刑事拘留、司法拘留或劳动教养的人员。对于B项,负有执行人民法院判决、裁定义务的单位直接负责的主管人员和其他直接责任人员,为了本单位的利益实施拒不执行判决、裁定的行为,造成特别严重后果的,对该主管人员和其他直接责任人员依照本条的规定,以拒不执行判决、裁定罪定罪处罚。对于C项,脱逃罪的犯罪主体既可以是已决犯,也可以是未决犯,所以C错误。对于D项,破坏监管秩序罪规定的犯罪主体为“依法被关押的罪犯”。所谓罪犯,是指经法院生效判决认定犯有罪行的人,因此D错误。

2. C。【解析】《刑法》第417条规定:“有查禁犯罪活动职责的国家机关工作人员,向犯罪分子通风报信、提供便利,帮助犯罪分子逃避处罚的,处3年以下有期徒刑或者拘役;情节严重的,处3年以上10年以下有期徒刑。”

3. C。【解析】 走私毒品的行为不属于已满14周岁不满16周岁的人承担刑事责任的范围;行为人拾到毒品后出卖的,同样成立贩卖毒品罪。

4. A。【解析】 非法采集、供应血液罪,是指违反血液制品管理法规,未经有关机构许可,擅自采集、供应血液,不符合国家规定的标准,足以危害人体健康的行为。采集、供应血液事故罪,是指经国家主管部门批准采集、供应血液的部门,不依照规定进行检测或者违背其他操作规定,严重危害他人身体健康的行为,故选A。C、D项与A、B项之间存在法条竞合,适用特殊优于一般原则。

5. C。【解析】 伪证罪的犯罪主体为“证人、鉴定人、记录人、翻译人”。伪证罪和诉讼代理人妨害作证罪依照法律的规定必须是在刑事诉讼中才能构成,所以排除A、B选项。妨害作证罪和帮助伪造证据罪的区别在于是否是帮助当事人伪造证据的行为,是否有和当事人的共同伪造证据的行为,有共同行为的,帮助者应定帮助伪造证据罪,否则定妨害作证罪。本案中王某自己编造虚假证言,指使证人作伪证,应定妨害作证罪。

6. C。【解析】 走私武器、弹药罪是指违反海关法规,逃避海关监管,非法携带、运输、邮寄武器、弹药进出国(边)境的行为。故甲构成本罪而不构成买卖、邮寄枪支、弹药罪。如果行为人明知租用、借用枪支的人是为了实施某种犯罪而租用、借用枪支,却仍然出租或者出借,则成为租用、借用枪支人所实施犯罪的共犯,应当按照共同犯罪的规定予以处罚。甲后来的行为应定抢劫罪,故选C。

7. C。【解析】 走私犯罪通常以所走私的犯罪对象的性质认定犯罪,在间接走私的情况下,也是根据"贩私"对象的不同性质,分别定走私武器、弹药罪,走私核材料罪,走私假币罪,走私文物罪等罪。如果走私上述特定物品以外的货物、物品,则认定为走私普通货物、物品罪。本罪中,行为人明知其犯罪对象属毒品仍予购买,应成立走私毒品罪。走私犯罪中的罪数问题是由《刑法》第157条第2款加以规定的。值得注意的是,此款中的罪数规定仅适用于分则第三章第二节所规定的10种具体走私犯罪,而不包括《刑法》第347条所规定的毒品走私犯罪中的以暴力抗拒检查的行为,根据《刑法》第347条的规定,对于走私毒品中抗拒检查属该罪的法定从重处罚情节,不实行数罪并罚。据此,C是正确的。根据《刑法》第157条第1款的规定,武装掩护走私的,应依相关犯罪从重处罚,即只涉及量刑问题,而不涉及定罪问题。故C项正确。

8. B。【解析】 本题主要考察了最高人民法院《关于审理破坏森林资源刑事案件具体应用法律若干问题的解释》的运用。本案中,行为人将他人所有并已经伐到的树木窃为己有的行为属于典型的盗窃罪,而其后又盗伐了他人自留地、责任田等地边田坎种植的零星树木,依据该司法解释,也应当定性为盗窃罪。

9. C。【解析】 按照《刑法》规定,暴力袭击正在依法执行职务的人民警察的,依照妨害公务罪的规定从重处罚。

二、多项选择题

1. BD。【解析】 破坏计算机信息系统罪,是指违反国家规定,对计算机信息系统功能和信息系统中存储、处理、传输的数据和应用程序进行破坏,造成计算机信息系统不能正常运行,后果严重的行为。认定破坏计算机信息系统罪应当注意的问题:本罪是采用非暴力手段,即技术手段对计算机软件进行破坏的犯罪。如采用暴力手段即物理手段对计算机硬件进行破坏的,虽然也同时破坏了计算机的信息系统,但应以故意毁坏财物罪定罪处罚。

2. ABD。【解析】 医疗责任事故罪要求其主体是医务人员。苏某是医学院的学生,尚未取得医生执业资格,故不能构成医疗责任事故罪。其擅自为他人进行节育复通手术的行为,应构成非法进行节育手术罪。非法进行节育手术罪与过失致人死亡罪、非法行医罪有法条竞合关系,应按特殊法优于普通法的原则。

3. BC。【解析】 乙故意破坏生产设备给公司造成重大损失构成了破坏生产经营罪;乙又意图通过陷害的手段使甲被追究刑事责任又构成诬告陷害罪,应当数罪并罚。

4. AC。【解析】 根据《刑法》第349条的规定,行为人明知是走私、制造、运输、贩卖毒品的犯罪分子而为其窝藏、转移、隐瞒毒品或者毒品犯罪所得赃物的行为构成窝藏、转移、隐瞒毒品、毒赃罪,明知是上述毒品犯罪分子而故意对其进行包庇,使其逃避法律制裁的行为,构成包庇毒品犯罪分子罪。在本题中,夏某明知刘某交其保管的4万元钱是偷来的而予以窝藏,构成窝赃罪。夏某明知刘某交来的是毒品而予以保管,构成《刑法》第349条规定的窝藏毒品罪。

5. BC。【解析】 根据《刑法》第313条的规定,对人民法院的判决、裁定有能力执行而拒不执行,情节严重的,是拒不执行判决、裁定罪。根据全国人大常委会《关于刑法第313条的解释》,A、D项的行为尚未达到致使判决、裁定无法执行的程度,故选BC。

6. BCD。【解析】 妨害作证罪,是指以暴力、威胁、贿买等方法阻止证人作证或者指使他人作伪证的行为。本罪不限于发生在刑事诉讼中,在民事、经济、行政等诉讼中实施本罪行为的,也成立本罪。如果辩护人在刑事诉讼中指使他人作伪证，则属于一行为触犯数法条，应以辩护人妨害作证罪论处。王某的行为构成辩护人妨害作证罪。陈某劝说李某作伪证的行为应构成妨害作证罪的实行犯，而不是教唆犯。伪证罪是指在刑事诉讼中，证人、鉴定人、记录人、翻译人对与案件有重要关系的情节，故意作虚假证明、鉴定、记录、翻译，意图陷害他人或者隐匿罪证的行为。因此，李某不是构成辩护人妨害作证罪的帮助犯，而是构成伪证罪。D项脱逃罪，是指依法被关押的罪犯、被告人、犯罪嫌疑人脱逃的行为。本罪的主体是依法被关押的罪犯(已决犯)、被告人与犯罪嫌疑人；未被关押的罪犯、被告人与犯罪嫌疑人，不是本罪主体。本题中，陈小二被无罪释放，没有被关押，不是脱逃罪的主体，因此陈某让陈小二逃往国外的行为也不构成脱逃罪的共犯。

7. ABCD。【解析】 根据刑法理论，贩卖毒品罪的构成要件是：客体——毒品；客观要件——贩卖行为；主观要件——故意；主体——一般主体。其中的“贩卖”是指在境内非法转手倒卖或者销售自行制造的毒品。贩卖毒品罪不是必须以营利为目的，只要实行了倒卖和销售的行为，即可以构成该罪，由此A的说法错误。贩卖毒品罪也不以获利为要件，B的说法错误。甲以购买价格转让毒品，实际上是倒卖，因此成立贩卖毒品罪，C的说法错误。虽然《刑法》没有将吸食毒品规定为犯罪，但是这并不影响甲贩卖毒品罪的成立。

8. BCD。【解析】 依据《刑法》第316条，脱逃罪的主体应该是依法被关押的罪犯、被告人和犯罪嫌疑人。

9. CD。【解析】 《刑法》第284条之1规定，在法律规定的国家考试中，组织作弊的，处3年以下有期徒刑或者拘役，并处或者单处罚金；情节严重的，处3年以上7年以下有期徒刑，并处罚金。为他人实施前款犯罪提供作弊器材或者其他帮助的，依照前款的规定处罚。为实施考试作弊行为，向他人非法出售或者提供第一款规定的考试的试题、答案的，依照第一款的规定处罚。代替他人或者让他人代替自己参加第一款规定的考试的，处拘役或者管制，并处或者单处罚金。

10. ABC。【解析】 选项A正确。甲等三人捡起木棒追逐胡某，致公园秩序严重混乱，因此触犯寻衅滋事罪。其后，乙、丙因故离开后，甲用木棒重击其头部，致其死亡，构成故意杀人罪。

选项B、C正确。过失犯罪的本质是应当预见自己的行为会发生危害社会的结果，但因为疏忽大意而没有预见或者已经预见但轻信能够避免。所以，只有具有预见可能性的人才能被追究刑事责任。乙、丙仅有寻衅滋事的故意，甲实施杀害行为属于过限行为，乙、丙对此不知情，也不存在阻止义务，因此，乙、丙不构成故意杀人罪或过失致人死亡罪。

三、名词解释

1. 是指用暴力、威胁的方法，阻碍国家工作人员、人大代表依法执行职务、红十字会工作人员依法履行职责，或者故意阻碍国家安全机关、公安机关依法执行国家安全工作任务虽未使用暴力、威胁方法，但造成严重后果的行为。

2. 是指以营利为目的，聚众赌博或者以赌博为业的行为。

3. 是指明知是犯罪的人而为其提供隐藏处所、财物，帮助其逃匿或者作假证明进行包庇的行为。

4. 是指依法被关押的罪犯、被告人、犯罪嫌疑人逃脱公安、司法机关的羁押和监管的行为。

5. 是指违反国家规定，向土地、水体、大气排放、倾倒或者处置有放射性的废物、含传染病病原体的废物、有毒物质或其他危险废物，造成重大环境污染事故，致使公私财产遭受重大损失或者人身伤亡的严重后果的行为。

6. 虚假诉讼罪，是指以捏造的事实提起民事诉讼，妨害司法秩序或者严重侵害他人合法权益的行为。

四、简答题

1. 招摇撞骗罪与诈骗罪的犯罪手段都是

"骗"，但两者有明显的区别：(1)侵犯的客体不同。本罪侵犯的客体是国家机关的正常活动；诈骗罪侵犯的客体则是公私财产所有权。(2)犯罪手段不同。本罪的行为方式只能是冒充国家机关工作人员或人民警察行骗；而诈骗罪的行为手段则是多种多样的，不限于冒充有特定身份的人员行骗。(3)成立犯罪的标准不同。本罪是行为犯，没有诈骗所得财物数额的要求，只要行为人实施了冒充国家机关工作人员或人民警察招摇撞骗的行为，原则上便构成犯罪；而诈骗罪是数额犯，诈骗所得财物数额较大的，才构成诈骗罪。如果行为人冒充国家机关工作人员实施诈骗犯罪的，属于法条竞合的情况，按法条竞合犯的处罚原则追究刑事责任。

2. 两者都是聚众扰乱公共秩序，犯罪主体都是聚众犯罪的首要分子和其他积极参加者，但存在如下区别：(1)直接客体的范围不同。前者侵犯的是公共秩序，而后者侵犯的只限于企事业单位、人民团体、个体经营户的工作、生产、营业和教学、科研秩序。(2)犯罪对象不同。前者的对象是相互斗殴的对方或普通群众，而后者的对象则是党政机关、企事业单位、人民团体等。(3)客观方面表现不同。前者表现为行为人实施了聚众斗殴的行为，而后者则表现为行为人实施了聚众扰乱社会秩序的行为。(4)犯罪形态不同。前者是行为犯，原则上只要行为人实施了聚众斗殴的行为，就成立犯罪；而后者是情节犯，必须是行为人的行为情节严重，致使工作、生产、营业或教学、科研无法进行，造成严重损失才构成犯罪。

3. 区别主要表现在以下四个方面：(1)主体不同。非法行医罪的主体是未取得医师执业资格的自然人或组织；而医疗事故罪的主体是医务人员，即已经卫生主管部门审核批准，取得医师执业资格而且是在执行医护职务过程中的自然人。(2)客观方面不同。我国《刑法》规定，非法行医者只有"情节严重"时才构成犯罪，而"情节严重"肯定未达到"造成就诊人死亡或者严重损害就诊人身体健康"，造成就诊人死亡或者严重损害就诊人身体健康的，是非法行医罪的加重情节；而医疗事故犯罪必须达到"造成就诊人死亡或者严重损害就诊人身体健康"的危害后果，否则不构成犯罪。(3)客体不同。非法行医罪侵犯的客体是单一客体，即就诊人的生命健康权，而医疗事故罪侵犯的客体是复杂客体，不仅包括就诊人的生命健康权，而且包含医疗单位的正常工作秩序。(4)主观方面不同。非法行医罪主观方面是故意，即明知自己无医师执业资格而非法行医。医疗事故罪的主观方面只能是过失，而非故意。若犯罪人主观上是故意，就会构成其他犯罪(如故意伤害罪、故意杀人罪等)。

4. 本罪在客观方面必须具备以下五个条件：(1)在客观上持有毒品。"持有"是一种事实上的支配，行为人与物之间有一种事实上的支配与被支配的关系。所谓非法持有毒品，是指以藏匿、携带、保管、支配等方式掌握、控制毒品。(2)行为人持有的必须是毒品，即持有鸦片、海洛因、甲基苯丙胺(冰毒)、吗啡、大麻、可卡因以及国家规定管制的其他能够使人形成瘾癖的麻醉药品和精神药品。(3)持有毒品是非法的。所谓非法，即行为人持有毒品时，没有合法的根据。(4)非法持有的毒品必须数量较大。如果非法持有毒品不是数量较大，不能以犯罪论处。(5)司法机关对毒品来源与用途的无法证实性。一般情况下，没有证据证明行为人实施了走私、贩卖、运输、制造毒品等犯罪行为的，以非法持有毒品罪定罪。

5. 两罪都是他人从事卖淫活动，但性质不同。区别的关键在于：(1)前者实施引诱、容留、介绍行为；后者是以强迫手段迫使他人卖淫。(2)前者侵犯的客体是社会风尚和社会治安管理秩序；后者主要是他人的性的不可侵犯的权利，同时也败坏社会风尚，危害社会治安，严重破坏社会管理秩序。(3)前者卖淫人员是自愿的，后者是违背卖淫者自愿的。如果在引诱中带有强迫，在强迫中辅以引诱，而他人始终不愿卖淫的，应认定为强迫卖淫罪。如果他人开始在行为人的引诱、容留、介绍下自愿卖淫，后来意志发生变化，不愿卖淫，行为人又使用强迫手段迫使其继续卖淫，应认定行为人同时构成本罪和强迫他人卖淫罪，实行数罪并罚。

6. 拒不履行信息网络安全管理义务罪，是指网络服务提供者不履行法律、行政法规规定的信息网络安全管理义务，经监管部门责令采取改正措施而拒不改正，致使违法信息大量传播、或用户信息泄露并造成严重后果、或刑事案件证据灭失情节严重、或有其他严重情节的行为。本罪的客观要件包括：一是行为违法，即网络服务提供者不履行法律、行政法规规定的信息网络安全管理义务；二是拒不改正，即经监管部门责令采取改正措施而拒不改正；三是产生后果，即导致了违法信息大量传播、或用户信息泄露并造成严重后果、或刑事案件证据灭失情节严重、或有其他严重情节的后果的产生。

五、论述题

1. 要划清本罪与教唆犯罪的界限。二者的区别在于：(1)侵犯的合法权益的性质不同。本罪侵犯的客体是确定的，即社会治安管理秩序；而教唆犯罪侵犯的客体取决于被教唆者的犯罪性质。(2)客观行为不同。本罪是行为人将自己的犯罪经验和方法传授给他人的行为；教唆犯罪是唆使他人实施犯罪的行为，即引起他人犯罪意图的行为。(3)犯罪故意的内容不同。本罪是出于传授犯罪方法的故意，无论被教唆者原来有无犯罪意图；教唆犯罪是出于唆使他人实施犯罪的故意，不要求在犯罪方法上予以传授或提示。(4)一罪与数罪的标准不同。由于本罪是独立的罪名，因此无论行为人传授了多少犯罪方法，实施了几次传授行为，只能以一罪论处；而教唆犯罪是根据其教唆罪名的不同而构成不同的犯罪，无论其教唆的对象是一人还是数人，都应数罪并罚。(5)共犯的成立不同。本罪是独立的罪名，传授人与被传授人之间不存在共犯关系；而教唆犯罪属于共同犯罪的范畴，教唆人与被教唆人之间是一种共犯关系。(6)犯罪的停止形态不同。本罪的行为人只要实行了传授犯罪方法的行为即构成犯罪既遂，没有未遂，且不要求被传授人接受、学会所传授的犯罪方法以及利用该方法去实施某种犯罪；教唆犯罪则不具有独立性，被教唆人的犯罪若停留在犯罪预备、未遂或中止状态，教唆犯应负未遂责任，被教唆人犯罪既遂，教唆犯也就承担既遂责任。(7)定罪量刑及其依据不同。本罪具有独立的罪名和法定刑，依照《刑法》第 295 条的规定依情节不同具有三个幅度的法定刑；教唆犯的罪名依教唆犯罪的性质而确定，按照其在犯罪中的不同作用分别按主犯、从犯及所教唆之罪的法定刑处罚。

2. 伪证罪，是指在刑事诉讼中，证人、鉴定人、记录人、翻译人对与案件有重要关系的情节，故意作虚假证明、鉴定、记录、翻译，意图陷害他人或隐匿罪证的行为。本罪的客体是司法机关在刑事诉讼中的正常活动。本罪的客观方面表现为在刑事诉讼过程中，证人、鉴定人、记录人、翻译人对与案件有重要关系的情节作虚假的证明、鉴定、记录、翻译的行为。具体而言，伪证行为有三个特征：(1)虚假性，即行为人必须实施了虚假的证明、鉴定、记录、翻译中的任一行为。"虚假"是指违反证人的记忆且不符合客观事实的陈述。如果违反证人的记忆但符合客观事实，对于司法活动并无妨碍，不能认定为伪证罪；如果符合证人的记忆但与客观事实不符，则因行为人没有伪证罪的故意，不可能成立伪证罪。一般而言，虚假包括两种情况：一是无中生有或夸大其词，欲使他人承担有罪或重罪之责；二是化有为无或避重就轻，欲使他人逃避罪责或受轻罪之责。(2)关联性，即虚假的证明、鉴定、记录、翻译的内容，必须是与案件有重要关系的情节相联系，只是与案件的一些次要情节相联系的，不能构成本罪。与案件有重要关系的情节，是指对案件结论有影响的情节，即对罪与非罪、重罪与轻罪具有重要关系的情节。(3)时间性，即虚假的证明、鉴定、记录、翻译行为必须发生在立案侦查后、审判终结前的过程中。对于在此之前或之后的陷害他人或包庇罪犯的行为，以及发生在非刑事诉讼中的虚假鉴定、记录、翻译行为，均不能以本罪论处。本罪的主体是特殊主体，特指刑事诉讼中的证人、鉴定人、记录人、翻译人。证人，是指知道刑事案件的全部或部分真实情况，以自己的证言作为刑事证据的人；鉴定人，是指在刑事诉讼中，应侦查机关、检察机关、审判机关的指派或聘请对刑事案件中专门性问题进行科学鉴定和判断的具有专门知识的人员；记录人，是指为案件的调查取证，询问证人、被害人或审问犯罪嫌疑人、被告人而作文图声像记录的人；翻译人，是指受公安、检察机关或人民法院的指派或聘请，为案件中的外国人、少数民族或聋哑人等诉讼参与人充当翻译的人，以及为案件中的法律文书或证据材料等有关资料做翻译的人。上述四种人在刑事诉讼中具有特定的义务，负有向司法机关如实提供案件客观情况的义务，如果他们不忠实履行该种义务，就会影响到刑事案件的正确处理。非上述四种诉讼参与人，不构成本罪。本罪的主观方面只能是直接故意，并且具有陷害他人或为他人隐匿罪证的目的。行为人明知自己的行为会发生陷害他人或者开脱罪责的结果，并且希望此结果的发生。证人记忆不清作了与事实不相符合的证明，鉴定人因技术不高作了错误鉴定，记录人因粗心大意错记漏记，翻译人因水平较低而错译漏译的，均因行为人主观上不具有陷害他人或为他人隐匿罪证的意图，而不能构成本罪。

第二十一章　危害国防利益罪

一、单项选择题

1. A。【解析】 刑法对煽动军人逃离部队的行为有特别的规定，因此，应定煽动军人逃离部队罪，而不是逃离部队罪的教唆犯。答案为A。

2. C。【解析】 本题测试的知识点是危害国防利益罪的罪名认定问题。A项中孟某的行为应成立阻碍军事行动罪；B项中丁某应成立雇用逃离部队军人罪；D项中林某应成立非法生产、买卖军用标志罪。只有C项正确。

3. B。【解析】 冒充军人招摇撞骗罪和招摇撞骗罪属法条竞合，属于特别规定。

4. A。【解析】 阻碍军人执行职务罪，是指以暴力、威胁方法阻碍军人依法执行职务的行为。阻碍军事行动罪，是指故意阻碍武装部队的军事行动，造成严重后果的行为。阻碍军人执行职务罪与妨害公务罪区分的关键是行为对象不同：前者为正在执行职务的军人，后者为军人以外的依法执行职务的国家机关工作人员。

5. B。【解析】 破坏武器装备、军事设施、军事通信罪，是指行为人出于泄愤报复或者其他个人目的，破坏武器装备、军事设施、军事通信的行为。本罪属于行为犯，构成本罪不要求情节严重或造成严重后果。本罪与破坏交通设施罪区分的关键在于犯罪客体和犯罪对象的不同。

6. C。【解析】 冒充军人招摇撞骗罪，是指以谋取非法利益为目的，冒充军人招摇撞骗的行为。招摇撞骗罪，是指以谋取非法利益为目的，冒充国家机关工作人员招摇撞骗的行为。两罪的区别主要在于冒充的对象不同。行为人冒充军人的身份或者职衔以骗取财物时，同时触犯冒充军人招摇撞骗罪和诈骗罪，属于想象竞合犯，应按从一重罪的原则定罪处罚。

7. D。【解析】 煽动军人逃离部队罪，是指煽动军人逃离部队，情节严重的行为。构成本罪必须是情节严重的。所谓“情节严重”，主要是指战时煽动军人逃离部队的；多次实施煽动行为的；煽动指挥人员或负有重要职责的人员逃离部队的；煽动多名军人逃离部队的；因煽动造成严重后果的等。

二、多项选择题

1. ABD。【解析】 根据《关于审理非法生产、买卖武装部队车辆号牌等刑事案件具体应用法律若干问题的解释》,伪造、变造、买卖武装部队车辆行驶证、车辆驾驶证、车辆监理印章,具有法定情形之一的,以伪造、变造、买卖武装部队证件、印章定罪处罚。武装部队车辆号牌属于武装部队的专用标志,伪造、变造、买卖武装部队车辆号牌,情节严重的构成非法生产、买卖军用标志罪。

2. CD。【解析】 战时造谣扰乱军心罪,是指战时造谣惑众,扰乱军心的行为。犯罪主体是一般主体。战时拒绝军事征用罪,是指战时拒绝军事征用,情节严重的行为。犯罪主体是一般主体。战时拒绝、故意延误军事订货罪,是指在战时无正当理由而拒绝或者故意延误军事订货,情节严重的行为。犯罪主体是特殊主体,即接受军事订货的供货单位。战时拒绝、逃避征召、军事训练罪,是指预备役人员在战时拒绝、逃避征召、军事训练,情节严重的行为。犯罪主体是特殊主体,即预备役人员。

3. BCD。【解析】 二者的主体都是一般主体。

4. ABC。【解析】 犯罪目的都相同。

5. CD。【解析】 根据《最高人民法院关于审理非法生产、买卖武装部队车辆号牌等刑事案件具体应用法律若干问题的解释》,伪造、变造武装部队车辆车牌或者买卖伪造、变造的武装部队车辆号牌,情节严重的,依照《刑法》第375条第2款的规定,按照非法生产、买卖军事标志罪定罪处罚。所以,D正确。该解释第3条规定使用伪造、变造、盗窃的武装部队车辆号牌,不缴或者少缴应纳的车辆购置税、车辆使用税等税款,偷税数额占应纳税额的10%以上,且偷税数额在1万元以上的,依照《刑法》第201条第1款的规定,按照偷税罪定罪处罚。故C项也正确。

6. BCD。【解析】 《刑法》第370条规定,明知是不合格的武器装备、军事设施罪而提供给武装部队的,构成故意提供不合格武器装备、军事设施罪;生产、销售伪劣产品是指《刑法》第140条规定的生产者、销售者在产品中掺杂、掺假,以假充真,以次充好或者以不合格产品冒充合格产品,销售金额5万元以上的行为,属于生产、销售伪劣商品行为的一般罪名,但也是具体罪名。

7. BD。【解析】 赵某的行为同时触犯了盗窃罪和破坏军事通信罪,属于想象竞合犯,从一重处罚。

8. BCD。【解析】 二者的区别在于冒充军人招摇撞骗罪的主体限于非军人的一般公民,招摇撞骗罪是包括军人在内的一般公民;冒充军人招摇撞骗罪冒充的对象是军人,招摇撞骗罪冒充的是国家机关工作人员;冒充军人招摇撞骗罪侵犯的客体是军人的良好信誉,招摇撞骗罪侵犯的客体是国家机关的正常活动,二者的主观方面都是故意,并且具有谋取非法利益的目的。

三、名词解释

1. 危害国防利益罪是违反国防法律、法规,拒绝或者逃避履行国防义务,危害作战和军事行动,危害国防物质基础和国防建设活动,妨害国防管理秩序,损害部队声誉,依法应受刑罚处罚的行为。其主体多为一般主体,且一般都是非军人。

2. 战时故意提供虚假敌情罪是指战时故意向武装部队提供虚假敌情,造成严重后果的行为。本罪的客体是我军的作战利益。

3. 雇用逃离部队军人罪是指明知是逃离部队的军人而雇用,情节严重的行为。所谓雇用逃离部队军人,是指让逃离部队的军人为自己或者单位劳动。

4. 煽动军人逃离部队罪是指以口头、书面等形式鼓动军人逃离部队,情节严重的行为。本罪的客体是部队的兵员管理秩序。

5. 聚众冲击军事禁区罪是指聚众冲击军事禁区,严重扰乱军事禁区秩序的行为。

四、简答题

1. 阻碍军人执行职务罪,是指以暴力、威胁方法,阻碍军人依法执行职务的行为。本罪的客体是军人依法执行职务的活动。本罪的客观方面表现为:一是行为方法的特定性,即以暴力、威胁的方法阻碍军人依法执行职务。所谓暴力，是指对军人的人身进行袭击或采取强制方法使其不敢或者不能反抗，通常表现为攻击、殴打、伤害、捆绑、拘禁等。此处的暴力，仅限于轻伤及轻微伤害；如果暴力行为致使军人重伤或者死亡的，超出了本罪的构成要件的预定范围，属于想象竞合犯，应以《刑法》第232条规定的故意杀人罪或第234条规定的故意伤害罪认定。所谓威胁，是指以侵害人身、侵害财产、毁损名誉等相威胁、恫吓，进行精神强制，逼迫军人屈服而不敢履行职务。二是对象的特殊性，即必须是针对现役军人。所谓现役军人，是指中国人民解放军的现役军官、文职干部、士兵及具有军籍的学员和中国人民警察部队的现役警官、文职干部、士兵及具有军籍的学员。执行军事任务的预备役人员和其他人员，以军人论。已经复员、退伍的军人，由于他们不再履行军事职责，故不属于本罪侵害对象的范围。三是时空的限制性，侵害发生时必须是军人正在依法履行职务活动时。如果军人尚未开始履行职务或者职务已经履行完毕，均不属于本罪的范围。

2. 所谓不合格，是指不符合规定的标准，如用于制作、建造武器装备、军事设施的原材料不合格，产品性能不符合要求，或者所建设施的外形、内部结构、坚固程度未达到规定的设计要求等。这里的"提供"是广义的，不仅包括将不合格的武器装备、军事设施交给使用单位这一最后环节，还包括在武器装备的科研、勘探、设计、建造、生产、销售、修理、验收各环节中故意提供不合格的武器装备或军事设施。至于是有偿提供还是无偿提供，均不影响本罪的成立。符合本罪构成的，又符合生产、销售伪劣产品罪的，属于法条竞合，按照特别法优于普通法的原则，应以本罪论处。

3. 本罪的客观方面表现为：一是聚众行为。所谓聚众，是指聚集多人。二是扰乱军事管理区秩序，情节严重，致使军事管理区工作无法进行，造成严重损失的行为。所谓军事管理区，是指重要的军事设施保护区。所谓情节严重，是指在军事管理区内聚众斗殴的，有打砸抢行为或者其他违法行为，尚不构成其他犯罪的，长时间扰乱军事管理区秩序的，扰乱军事管理区秩序屡教不改的。所谓造成严重损失，是指造成泄露军事秘密、恶劣的政治影响和巨大的经济损失等。

4. 本罪的客观方面表现为：一是冒充军人的行为。假冒军人身份包括三种情况：(1)非军人冒充军人；(2)级别较低的军人假冒级别较高的军人；(3)一般部门的军人假冒要害部门的军人。其行为表现为非军人身穿配有军人标志的军服或者携带、使用军人身份证件，自称为某军事单位的军官、文职干部、士兵、学员。根据2002年4月10日实施的最高人民法院《关于审理非法生产、买卖武装部队车辆号牌等刑事案件具体应用法律若干问题的解释》(以下简称《解释》)第4条的规定，冒充军人使用伪造、变造、盗窃的武装部队车辆号牌，造成恶劣影响的，以本罪认定。二是必须有招摇撞骗的行为。所谓招摇撞骗，就是假借军人的名义身份，进行骗取非法利益的活动。如假借军人的名义、身份骗取政治荣誉、职务待遇，以军人或军事单位的名义开办企业、签订合同、相干、招兵、招工骗取钱财，以军人的名义谋取其他非法利益等。

5. 战时拒绝、逃避服役罪，是指公民战时拒绝、逃避服役，情节严重的行为。犯罪构成：(1)本罪侵犯的客体是国家兵役法及其相关规定及公民保卫国家安全的义务。(2)所谓拒绝服役，是指拒不履行兵役义务。所谓逃避服役，是指以某种行为或虚假理由躲避服兵役。行为人往往以自伤身体、隐匿、假装病残逃避服役，或者雇请他人冒名顶替。所谓情节严重，是指经教育后仍然拒绝、逃避服役义务的，拒绝、逃避服役影响作战或其他重要军事任务完成的，煽动他人拒绝、逃避服役的，以暴力手段拒绝服役的等。(3)本罪的主体是依法应服兵役的公民，主要是应征公民。所谓应征公民，是指经兵役登记和初步审查符合服役条件的公民，包括男性应征公民和女性应征公民。(4)本罪的主观方面是故意。

五、论述题

1. 战时拒绝军事征用罪，是指战时拒绝军事征用，情节严重的行为。本罪在客观方面表现为战时拒绝征用，情节严重的行为。所谓军事征用，是指在战争或类似战争等紧急情况下，出于军事需要而依法有偿使用武装部队以外的其他任何单位包括机关、团体、党派、企事业单位以及个人的财物及其劳动力，包括房屋、场所、机器、设施、交通工具、粮草、药品、衣服等一切急需物品以及公民个人的劳动力。一般情况下，由执行作战任务或者其他类似任务的武装部队的指挥人员决定。县级以上人民政府，根据有关法律、法规，亦可决定进行军事征用。军事征用属于有偿征用，但这不是说在执行军事征用的当时就要给予补偿。当场无法给予补偿的，执行军事征用的单位应当给被征用人当场开具征用证明，在以后有可能时再行补偿。补偿的数额则仅限于由于军事征用造成被征用人的直接经济损失。所谓拒绝，是指拒不接受军事征用，既可以是对有关单位的征用通知置之不理，依然我行我素，经教育仍不加以改正，又可以表现为以暴力、威胁方法拒绝征用。方式如何，并不影响本罪成立，只是本罪量刑时应当考虑的情节。拒绝军事征用的行为必须发生在战时，才能构成本罪。依照本法第 451 条的规定，战时，是指国家宣布进入战争状态、部队受领作战任务或者遭敌突然袭击时。部队执行戒严任务或者处置突发性暴力事件时，以战时论。虽有拒绝军事征用行为，但不是发生在战时，亦不可能以本罪论处。根据本条规定，只有战时拒绝军事征用且情节严重的，才可构成本罪。虽在战时拒绝了军事征用，但不属于情节严重，亦不能以本罪论处。所谓情节严重，主要是指多次拒绝征用的；煽动多人拒绝征用重要急需用物品的；因其行为贻误战机的；造成作战失利的；影响军事任务完成的；造成严重伤亡后果的等。

2.（1）阻碍军人执行职务罪，是指以暴力、威胁方法阻碍军人依法执行职务的行为。妨害公务罪，是指以暴力、威胁方法阻碍国家机关工作人员、人大代表依法执行职务，或者在自然灾害中和突发事件中使用暴力、威胁方法阻碍红十字会工作人员依法履行职责，或者故意阻碍国家安全机关、公安机关依法执行国家安全工作任务，虽未使用暴力，但造成严重后果的行为。（2）两者的区别如下：①犯罪客体上：前者侵犯的客体是军人依法执行职务的权利。后者侵犯的是复杂客体，其中，国家的正常管理活动是其主要客体，国家机关工作人员、红十字会工作人员的人身权利是其随机客体。②犯罪客观方面上：前者在客观方面，表现为以暴力威胁方法阻挠、妨碍军人依法执行职务的行为。后者在客观方面表现为以下几种情形：以暴力或者威胁的方法阻碍国家机关工作人员依法执行职务的行为；以暴力、威胁方法阻碍各级人民代表大会代表执行代表职务；在自然灾害和突发事件中，以暴力、威胁方法阻碍红十字会工作人员依法履行职责；故意阻碍国家安全机关、公安机关依法执行国家安全工作任务，未使用暴力、威胁方法，但造成严重后果的。③犯罪主体上：前者的主体是非军职人员；本罪的主体为一般主体，凡达到刑事责任年龄且具备刑事责任能力的自然人均能构成本罪。④犯罪主观方面上：前者主观方面表现为故意，即明知军人依法执行公务且自己的行为会造成阻碍军人执行职务的结果，仍然放任或希望其发生；后者在主观方面表现为故意，即明知对方是正依法执行职务的国家机关工作人员、人大代表、红十字会工作人员，而故意对其实施暴力或者威胁，使其不能执行职务。

第二十二章 贪污贿赂罪

一、单项选择题

1. D。【解析】 国家机关管理中的私人财产，以公共财产论。

2. B。【解析】 本案是单位的领导利用职务之便，分得的财产与普通人分得的财产数额相差悬殊，未按一定的标准分发给所有人，应以贪污罪定罪处罚。

3. C。【解析】 此题主要区分甲、乙谁是主犯，以主犯的罪名认定甲、乙成立共犯。本案中乙提出建议和实施方法，甲表示同意，所以，应以乙为主犯，乙不是“国家工作人员”和“受委托从事公务的人员”应认定构成职务侵占罪。如果甲是主犯，应认定甲、乙构成贪污罪的共犯。

4. D。【解析】 考点是挪用公款罪的认定。参见最高人民法院《关于审理挪用公款案件具体应用法律若干问题的解释》第 2 条规定，挪用公款给他人使用，不知道使用人用公款进行营利活动或者用于非法活动，数额较大、超过 3 个月未还的，构成挪用公款罪。

5. D。【解析】 本题中，所列四种情形中，A 属斡旋受贿的情形，因为他人谋取不正当利益，应成立受贿罪；B、C 均属收取财物为他人谋利益的情形，均应成立受贿罪；D 项中，甲虽收受财物但并未为他人谋利益，且未有为他人谋利益的许诺，不构成犯罪。故 D 为错误。

6. C。【解析】 参见《刑法》第 394 条：国家工作人员在国内公务活动或者对外交往中接受礼物，依照国家规定应交公而不交公，数额较大的是贪污罪。

7. A。【解析】 参见《刑法》第 385 条：国家工作人员利用职务上的便利，索取他人财物的，或者非法收受他人财物，为他人谋取利益的，是受贿罪。国家工作人员在经济往来中违反国家规定，收受各种名义的回扣、手续费，归个人所有的，以受贿罪论处。

8. B。【解析】 根据全国人大常委会的立法解释，村民委员会成员利用在协助乡、镇人民政府执行行政管理工作时的职务便利非法占有公共财物数额较大的以贪污罪定罪处罚。

9. D。【解析】 贪污与挪用的区别，要点是“平账”还是“挂账”。另挪用“拆东墙、补西墙”的，数额不重复计算。

二、多项选择题

1. ABCD。【解析】 根据《刑法》第 384 条的规定，挪用公款罪是指国家工作人员利用职务上的便利，挪用公款归个人使用，进行非法活动，或者挪用公款数额较大，进行营利活动的，或者挪用公款数额较大超过 3 个月未还的行为，A 不符合挪用的客观表现归个人使用。B 主体不对。C 银行或者其他金融机构的工作人员违反法律、行政法规规定，向关系人以外的其他人发放贷款，主体不对。D 高利转贷罪，是指违反国家规定，以转贷牟利为目的，套取金融机构信贷资金高利转贷他人，违法所得数额较大的行为。该案用的是自由资金。

2. AD。【解析】 甲为谋取不正当利益，给予国家工作人员丙以财物的行为，构成行贿罪。《刑法》第 390 条第 2 款规定：“行贿人在被追诉前主动交代行贿行为的，可以减轻处罚或者免除处罚。”因此，对于本案中甲自首的行为，应适用该款，而不适用总则关于自首的规定。丙的受贿行为在其收受贿赂后已达到既遂，其将收受的 5 万元退还给甲的行为不影响其既遂的成立。

3. ABCD。【解析】 根据《刑法》第 388 条关于斡旋受贿的规定，A 错。至于为他人谋取的利益是否正当，所谋取的利益是否实现，不影响受贿罪的成立，B 错。丙的行为已构成受贿罪既遂，后又退还财物只能作为量刑情节考虑，C 错。侵犯的客体是司法机关的正常活动；客观方面表现为帮助当事人毁灭证据，情节严重的行为；犯罪主体是一般主体；主观方面是故意，即明知是证据而毁灭，D错。

4. AD。【解析】 乙某利用职务便利非法收受他人财物，为他人谋取利益的行为构成受贿罪，A对。B错，D对，徇私舞弊不移交刑事案件罪与滥用职权罪是特别法与普通法的法条竞合关系，行为人的行为同时触犯滥用职权罪的规定和其他有关条款规定的，应当按照特别法的规定定罪处罚。C错，帮助犯罪分子逃避处罚罪表现为有查禁犯罪活动职责的国家机关工作人员，向犯罪分子通风报信、提供便利，帮助犯罪分子逃避处罚的行为。

5. ABC。【解析】 根据《刑法》第382条、第271条的规定，ABC均为正确答案。第253条规定：邮政工作人员私自开拆或者隐匿、毁弃邮件、电报的，处2年以下有期徒刑或者拘役。犯前款罪而窃取财物的，依照本法第264条的规定定罪从重处罚。依此，D项应当定盗窃罪，而不是贪污罪。

6. ABCD。【解析】 甲某明知乙某提供的是伪造和变造的凭据，仍以本公司名义签订合同，骗购外汇60亿元，从中收取代理费，A公司构成骗购外汇罪的单位犯罪，甲某作为法定负责人员以骗购外汇罪处罚。B中甲某的20万美元的收入，明显超过其合法收入，并不能说明其合法来源，构成巨额财产来源不明罪。C中甲某指使丙某私分公司购汇业务款，构成贪污罪的共犯，不构成私分国有资产罪，后罪要求以单位名义将国有资产集体私分给个人。

7. AC。【解析】 贪污和盗窃的区别往往在于行为人是否利用了工作之便，甲作为某市国有博物馆的馆长，构成贪污罪。对于B项，私赠、出售的对象是非国有单位，市政府是国家机关，对象不符，所以甲的行为不构成私赠文物藏品罪。对于C项，非法向外国人出售、赠送珍贵文物罪，是指违反文物保护法规，将收藏的国家禁止出口的珍贵文物私自出售或者私自赠送给外国人的行为。

8. ABD。【解析】 “主动行贿”要求行为人是为自己谋取“不正当利益”。在刑法理论发展中，对行贿罪中的“不正当利益”已经有了更深层次的诠释。陈兴良、张明楷教授都认为：不应当对“谋取不正当利益”作限制解释，行贿人为获得比别人优先的竞争机会而行贿，尽管是处在同等条件下，依然可以认定为“谋取不正当利益”。

9. ABCD。【解析】 甲虽然是公立高校普通任课教师，但他是在学校委派其招生时受贿的，甲此时是代表学校履行公务的国家工作人员，因此，甲成立受贿罪而不是非国家工作人员受贿罪。乙是以医务人员的身份，利用开处方的职务便利受贿的，这种行为构成非国家工作人员受贿罪。丙虽然是村委会主任，但他不是在协助人民政府从事行政管理工作时受贿的，而是在村集体企业招投标过程中受贿的，此时，丙的身份是非国家工作人员，成立非国家工作人员受贿罪；丁为国有公司临时工，他与本公司办理采购业务的副总经理相勾结，收受10万元回扣归二人所有，在这个共同犯罪中，双方通常利用的是副总经理的职务便利，因此丁和副总经理共同构成受贿罪的共犯。

三、名词解释

1. 单位受贿罪，是指国家机关、国有公司、企事业单位、人民团体，索取、非法收受他人财物，为他人谋取利益，情节严重的行为。

2. 私分罚没财物罪，是指司法机关、行政执法机关违反国家规定，将应当上缴国家的罚没财物，以单位名义集体私分给个人的行为。

3. 介绍贿赂罪，是指向国家工作人员介绍贿赂，情节严重的行为。向国家工作人员介绍贿赂，即在行贿人与国家工作人员之间进行引见、沟通、撮合，促使行贿与受贿得以实现。

4. 国家工作人员的近亲属或者其他与该国家工作人员关系密切的人，通过该国家工作人员职务上的行为，或者利用该国家工作人员职权或者地位形成的便利条件，通过其他国家工作人员职务上的行为，为请托人谋取不正当利益，索取请托人财物或者收受请托人财物，数额较大或者有其他较重情节的行为。

5. 对有影响力的人行贿罪，是指为谋取不正当利益，向国家工作人员的近亲属或者其他与该国家工作人员关系密切的人，或者向离职的国家工作人员或者其近亲属以及其他与其关系密切的人行贿的行为。

四、简答题

1. 私分国有资产罪，是指国家机关、国有公司、企事业单位、人民团体，违反国家规定，以单位名义将国有资产私分给个人，数额较大的行为。

本罪具有如下构成要件：

(1)本罪的客体是国家对国有资产的所有权及廉政建设制度。犯罪对象是国有资产，而且是具有可移性、可分性的国有资产。

(2)本罪在客观方面表现为违反国家规定，以单位名义将国有资产集体私分给个人，数额较大的行为。具体包括三个条件：①违反国家规定。所谓违反国家规定，是指违反全国人民代表大会及其常委会和国务院有关使用、管理和保护国有资产的法律、行政法规。②以单位的名义将国有资产集体私分给个人。这是指由单位负责人或者单位决策机构集体讨论决定，将国有资产私分给单位所有职工，至少是单位大多数职工。③数额较大。

(3)本罪的主体是特殊主体。本罪是纯正的单位犯罪，只是处罚上采用单罚制，仅处罚单位直接负责的主管人员和直接责任人员。

(4)本罪在主观方面是故意，即明知是国有资产，仍有意违反国家规定，以单位名义进行私分。至于动机如何不影响本罪的成立。

2.《刑法》第388条规定，国家工作人员利用本人职权或者地位形成的便利条件，通过其他工作人员职务上的行为，为请托人谋取不正当利益，索取或者收受请托人财物的，以受贿论处，这就是理论上所说的斡旋受贿或间接受贿。

斡旋受贿的客观方面表现为利用本人职权或者地位形成的便利条件，通过其他国家工作人员职务上的行为，为请托人谋取不正当利益，索取或者收受请托人财物的行为。斡旋受贿的成立条件包括：

其一，利用本人职权或者地位形成的便利条件，也就是间接利用职务之便。这里所说的本人职权，是指在行为人职务范围内，并能对其他国家工作人员形成制约或者施加影响的权力，其中不包括直接利用本人掌握的职权。其二，为请托人谋取不正当利益。这是受贿人用于同请托人进行权钱交易、权物交易的条件。其三，通过其他国家工作人员的职务行为，为请托人谋取不正当利益。这里的职务行为，是指其他国家工作人员实施的职权范围内的行为。通过其他国家工作人员的职务行为是以行为人利用职务之便为前提和基础的，同时又是行为人利用本人职权或者地位形成的便利条件的一种表现形式。其四，索取或者收受请托人财物。在斡旋受贿罪中，行为人取得贿赂的形式也有两种：索贿和收受。与一般受贿罪不同的是，斡旋受贿罪中，无论是索取贿赂的形式还是收受贿赂的形式，均以为请托人谋取不正当利益为必要条件。

3. 职务侵占罪，是指公司、企业或者其他单位的人员，利用职务上的便利，将本单位财物非法占为己有，数额较大的行为。

贪污罪，是指国家工作人员或者受国家机关、国有公司、企事业单位、人民团体委托管理、经营国有财产的人员，利用职务上的便利，侵吞、窃取、骗取或者以其他手段非法占有公共财物的行为。

二者在主观方面都是故意，并且以非法占有为目的，客观上都是以利用职务上的便利为必备内容。其主要区别：一是犯罪主体不同。贪污罪的主体是国家工作人员和受委托管理、经营国有财产的人员，而职务侵占罪的主体是公司、企业或其他单位中不具有国家工作人员身份的工作人员。二是犯罪客体与对象不同。贪污罪的客体是复杂客体，即国家工作人员职务行为的廉洁性和公共财产的所有权，对象是包括国有财产在内的公共财物，职务侵占罪的客体是简单客体，即单位财物的所有权，对象可以是公共财产，也可以是私营企业、合资企业、合作企业中的非公有财产。

4. 巨额财产来源不明罪，是指国家工作人员的财产或者支出明显超过合法收入，且差额巨大，经责令说明来源，本人不能说明其来源合法的行为。

(1)本罪具有如下构成要件：

①本罪的客体是国家工作人员职务行为的廉洁性。犯罪对象是行为人本人不能说明其合法来源的巨额财产。②本罪在客观方面表现为行为人不能说明其明显超过合法收入的财产来源是合法的行为，具体包括两个方面的内容：一是财产和支出明显超过合法收入，且差额巨大。这里所说的财产，是行为人实际拥有的财物，包括现金、有价证券以及其他物品。二是行为人不能说明明显超过其合法收入的巨额财产的合法来源。这里的不能说明，包括：A. 行为人拒不说明财产来源；B. 行为人无法说明财产的具体来源；C. 行为人所说的财产来源经司法机关查证并不属实；D. 行为人所说的财产来源因线索不具体等原因，司法机关无法查实，但能排除存在来源合法的可能性和合理性。③本罪的主体是特殊主体，仅限于国家工作人员。④本罪在主观方面是故意。

(2)巨额财产来源不明罪的认定。

在认定犯罪的过程中，应根据不同的具体情况加以考察：第一，行为人拥有巨额财产，但不能说明合法来源，应认定为本罪；第二，行为人拥有巨额财产，并且说明了合法来源，不能认定为犯罪；行为人说明的是非法来源，且经查证属实的，按其行为的性质定罪处罚。

5. 贪污罪，是指国家工作人员或者受国家机关、国有公司、企事业单位、人民团体委托管理、经营国有财产的人员，利用职务上的便利，侵吞、窃取、骗取或者以其他手段非法占有公共财物的行为。本罪具有如下构成要件：

(1)本罪的客体是复杂客体，既侵犯了国家工作人员职务行为的廉洁性，又侵犯了公共财产的所有权，其中前者是本罪的主要客体。职务行为的廉洁性，是指职务活动的内在规定性，它要求国家工作人员依据法律和有关制度规定承担国家赋予的特定义务，正确行使国家赋予的特定权力。

(2)本罪的客观方面表现为行为人利用职务上的便利，侵吞、窃取、骗取或者以其他手段非法占有公共财物的行为。

(3)本罪的主体是特殊主体。具体包括两类人员：一类是国家工作人员；另一类是受国家机关、国有公司、企事业单位、人民团体委托管理、经营国有财产的人员。

(4)本罪的主观方面是故意，而且具有非法占有公共财物的目的，过失不构成犯罪。

五、论述题

1. 挪用公款罪，是指国家工作人员利用职务上的便利，挪用公款归个人使用，进行非法活动，或者挪用公款数额较大、进行营利活动，或者挪用公款数额较大、超过3个月未还的行为。本罪具有如下构成要件：

(1)本罪的客体是复杂客体，即国家工作人员职务行为的廉洁性和对公款的占有、使用收益权。犯罪对象是公款，即公共财产中呈货币或者有价证券形态的那一部分，其中包括人民币、外国货币、支票、股票、国库券、债券等有价证券。后者直接代表一定数额的货币，是证券形式的货币财产。

(2)本罪在客观方面表现为行为人利用职务上的便利，挪用公款归个人使用，数额较大的行为。所谓利用职务上的便利，是指行为人利用本人职务所形成的主管、管理、经手公款的便利条件，其中既包括利用本人直接经手、管理公款的便利条件，也包括行为人因其职务关系而具有的调拨、支配、使用公款的便利条件。

(3)本罪的主体是特殊主体，即国家工作人员。

(4)本罪在主观方面是故意，即明知是公款而有意违反有关规定予以挪用，目的是非法取得公款的使用权。

挪用公款罪的认定：

(1)本罪与贪污罪的界限。二者在犯罪客体、主观故意和利用职务上的便利等方面有相同和相似之处，其主要区别是：其一，犯罪的客体不完全相同。二者虽然都侵犯了公款的所有权，但具体来说前者侵犯的是公款所有权中的占有、使用、收益权；后者侵犯的是公款的所有权整体。其二，犯罪对象的范围不同。前者的对象原则上是公款，也包括用于救灾、抢险、防汛、优抚、扶贫、移民、救济的特定款物；后者的对象既包括公款，也包括其他公物。其三，行为方式不同。前者从性质上说是暂时占有、使用公款；后者是采取侵吞、窃取、骗取或者非法手段非法将公共财物占为己有。其四，犯罪的目的不同。前者以暂时占有、使用公款为目的；后者则以永久性不法所有为目的。

(2)本罪与挪用特定款物罪的界限。二者在行为方式上表现为挪用，在主观要件、犯罪对象等方面也有许多相同和相似之处。当挪用的对象均为救灾、抢险、防汛等特定款物时，其主要区别是：其一，客观方面表现不同。前者是行为人利用职务上的便利，实施挪用公款归个人使用的行为；后者是行为人利用职务或者工作上的便利，实施挪用特定款物，情节严重，致使国家和人民利益遭受重大损失的行为。其二，挪用的用途不同。前者是公款私用；后者是公款公用。其三，犯罪的主体不同。前者的主体是国家工作人员、国有公司、企事业单位或其他经手、管理国家财物的人员；后者的主体主要是经手、管理国家救灾、救济款物的财会人员或有权调拨特定的 7 项款物的人员。其四，主观方面不同。挪用公款的目的是归个人使用或借给他人使用；挪用特定款物的目的是归单位使用，如果挪用特定款物归个人使用的，应按挪用公款罪论处。

(3)本罪与挪用资金罪的界限。二者在主观和客观方面有许多相同和相似之处。主观方面都是故意，并且都有使用资金的目的；客观方面都是利用职务上的便利进行的。其主要区别是：其一，犯罪的客体和对象不同。本罪的客体是复杂客体，既侵犯了国家工作人员职务行为的廉洁性，也侵犯了公共财产的所有权，犯罪的对象是公款(也包括特定公物)；挪用资金罪的客体是简单客体，即侵犯了单位资金的所有权，犯罪的对象是非国有单位的资金。其二，客观方面不同。前者的行为表现仅限于挪用公款归个人使用；后者不但表现为挪用本单位资金归个人使用，还包括借贷给他人。其三，犯罪主体不同。本罪的主体只能是国家工作人员，如果是受国有公司、企业或者其他国有单位委派到非国有公司、企业以及其他单位从事公务的人员挪用本单位资金的，以本罪定罪处罚；挪用资金罪的主体是除国家工作人员以外的公司、企业及其他单位的人员。

2. 贪污罪，是指国家工作人员或者受国家机关、国有公司、企事业单位、人民团体委托管理、经营国有财产的人员，利用职务上的便利，侵吞、窃取、骗取或者以其他手段非法占有公共财物的行为。

本罪的主体是特殊主体。具体包括两类人员：一类是国家工作人员；另一类是受国家机关、国有公司、企事业单位、人民团体委托管理、经营国有财产的人员。根据《刑法》第 93 条的规定，国家工作人员包括：(1)国家机关中从事公务的人员，包括各级国家权力机关、行政机关、审判机关、检察机关和军事机关中从事公务的人员。(2)国有公司、企事业单位、人民团体中从事公务的人员。(3)国家机关、国有公司、企事业单位委派到非国有公司、企事业单位、社会团体中从事公务的人员；(4)其他依照法律从事公务的人员。这是指依照法律规定选举或者任命产生，从事某项公共事务管理的人员，如被依法选出的在人民法院履行职务的人民陪审员、履行特定手续被人民检察院聘任的特邀检察员。

根据全国人大常委会关于《刑法》第 93 条第 2 款的解释，村民委员会等村基层组织人员协助人民政府从事下列行政管理工作时，属于“其他依照法律从事公务的人员”：(1)救灾、抢险、防汛、优抚、扶贫、移民、救济款物的管理；(2)社会捐助公益事业款物的管理；(3)国有土地的经营和管理；

(4)土地征用补偿费用的管理;(5)代征、代缴税款;(6)有关计划生育、户籍、征兵工作;(7)协助人民政府从事的其他行政管理工作。这些人员从事上述规定的公务,利用职务上的便利,非法占有公共财物的,构成本罪。

另一类是受国家机关、国有公司、企事业单位、人民团体委托管理、经营国有资产的人员。主要是指以承包、租赁等方式,管理、经营其承包、租赁的国有单位或者其中的一个部门的国有财产的人员。

所谓受贿罪,是指国家工作人员利用职务上的便利,索取他人财物,或者非法收受他人财物,为他人谋取利益的行为。

本罪的主体也是特殊主体,只能由国家工作人员构成,这里的国家工作人员,是指在职的国家工作人员,与《刑法》总则第 93 条规定的关于国家工作人员的犯罪相同。从两罪的主体来看,贪污罪的犯罪主体范围更广一些,除了包括国家工作人员以外,还包括受国家机关、国有公司等委托,管理、经营国有财产的人员,这些人员可能不具有国家工作人员的身份,但是也可以构成贪污罪的主体;而作为受贿罪的主体,只能是国家工作人员,而且必须是在职的国家工作人员。

第二十三章　渎职罪

一、单项选择题

1. B。【解析】《刑法》第 167 条规定,国有公司、企事业单位直接负责的主管人员,在签订、履行合同过程中,因严重不负责任被诈骗,致使国家利益遭受重大损失的构成签订合同失职被骗罪。故 B 为正确答案。

2. D。【解析】帮助犯罪分子逃避处罚罪是指有查禁犯罪活动职责的国家工作人员,向犯罪分子通风报信、提供便利,帮助犯罪分子逃避处罚的行为。本案中吴友作为公安局副局长,有查禁犯罪活动的职责,对于其向贾仁母亲通风报信的行为,应构成帮助犯罪分子逃避处罚罪。所以应选 D。

3. A。【解析】根据《刑法》第 400 条规定,贾某的行为符合私放在押人员罪的客观方面,同时贾某作为监管人员符合该罪的主体要求,故贾某的行为构成私放在押人员罪,A 项为正确答案。

4. B。【解析】本题考点是包庇、纵容黑社会性质组织罪、玩忽职守罪、滥用职权罪的区别。本案中,甲虽得知黑社会性质组织准备闹事,但出于过于自信而未采取预防措施,最终导致严重后果,应以玩忽职守罪处罚。

5. B。【解析】B 项帮助犯罪分子逃避处罚罪是指有查禁犯罪活动职责的国家机关工作人员,向犯罪分子通风报信、提供便利,帮助犯罪分子逃避处罚的。C 项窝藏罪是指明知是犯罪的人而为其提供隐藏处所、财物,帮助其逃匿或者作假证明包庇的。C 项是积极的作为,B 项可以是积极作为,也可以是消极不作为,故选 B。

6. A。【解析】此题易误选为 B,即负有解救职责的国家机关工作人员和国家工作人员的范围。

7. D。【解析】此题易误选为 B,即为查禁违法犯罪活动的国家机关工作人员,混淆犯罪与违法犯罪的界限。

8. C。【解析】本题中甲向 A 公司索要 10 万元后利用职务上的便利为 A 公司免交 80 万元税款办理了手续,索要 10 万元这一个行为同时触犯了受贿罪和徇私舞弊不征、少征税款罪两个罪名,应按行为所触犯的罪名中的一个重罪论处,而不以数罪论处。

二、多项选择题

1. BCD。【解析】(1)A 项中陈某虽然通知本派出所人员不要“抓获”被通缉的 7 名人员,但并未防止危害结果的发生，因为仍有5名人员被外地公安机关"抓获"后关押。因此，陈某对本派出所人员的通知并不影响其构成滥用职权罪。故选项A表述正确。(2)陈某以作为的方式实施了不顾职责的程序和宗旨，随心所欲地发布通缉令，符合滥用职权罪的构成要件。因此选项B表述错误，当选。(3)陈某的通缉行为虽然导致了7名人员被"抓获"后关押，但其既没有直接抓捕行为，也没有主动让外地公安机关抓捕这7名人员的行为，因而不构成非法拘禁，故选项C表述错误，当选。(4)既然选项A正确，选项D当然错误，当选。

2. BCD。【解析】 见《刑法》第399条。

3. ABCD。【解析】 民事、行政枉法裁判罪的主体只能是审判机关的工作人员。徇私枉法罪的主体既可以是审判人员也可以是公安、安全、检察机关人员；前者发生在民事、行政审判活动中，而徇私枉法罪发生在刑事案件侦查、批捕、起诉、审判等环节。

4. ABCD。【解析】 参见《关于办理生产、销售伪劣商品刑事案件具体应用法律若干问题的解释》第8条：国家机关工作人员徇私舞弊，对生产、销售伪劣商品犯罪不履行法律规定的查处职责，具有下列情形之一的，属于《刑法》第414条规定的"情节严重"：

(1)放纵生产、销售假药或者有毒、有害食品犯罪行为的；(2)放纵依法可能判处2年有期徒刑以上刑罚的生产、销售、伪劣商品犯罪行为的；(3)对三个以上有生产、销售伪劣商品犯罪行为的单位或者个人不履行追究职责的；(4)致使国家和人民利益遭受重大损失或者造成恶劣影响的。

5. AB。【解析】 王某身为税务局局长，负有监督缴税的职责，违反退税申报的规定，在出口退税工作中徇私舞弊，倒签申报时间，构成徇私舞弊出口退税罪。其明知孙某的退税资料可疑，而疏于检验，违反规定作出批准决定，构成滥用职权罪。

6. ACD。【解析】 B项帮助犯罪分子逃避处罚罪是指有查禁犯罪活动职责的国家机关工作人员，向犯罪分子通风报信、提供便利，帮助犯罪分子逃避处罚的。C项窝藏罪是指明知是犯罪的人而为其提供隐藏处所、财物，帮助其逃匿或者作假证明包庇的。C项是积极的作为，B项可以是积极作为，也可以是消极不作为，故选ACD。

7. AD。【解析】 乙收钱后将电缆厂已涉嫌构成偷税罪的案件仅以罚款了事，其行为已构成受贿罪。具有行政执法职责的乙后来隐瞒事实，使该案未移交司法机关处理，构成了徇私舞弊不移交刑事案件罪。帮助犯罪分子逃避处罚罪的犯罪主体是具有查禁犯罪活动职责的国家机关工作人员，乙不符合这一主体要件。

8. ABC。【解析】 见《刑法》第400条。

三、名词解释

1. 国家机关工作人员或者非国家机关工作人员违反关于保守国家秘密法的规定，故意泄露国家秘密，情节严重的行为。

2. 司法工作人员私放在押(包括在羁押场所和押解途中)的犯罪嫌疑人、被告人或者罪犯的行为。

3. 行政执法人员徇私舞弊，对依法应当移交司法机关追究刑事责任的案件不移交，情节严重的行为。

4. 海关工作人员徇私舞弊，放纵走私，情节严重的行为。

5. 负有查禁犯罪活动职责的国家机关工作人员向犯罪分子通风报信、提供便利，帮助犯罪分子逃避处罚的行为。

6. 食品监管渎职罪，是指负有食品安全监督管理职责的国家机关工作人员，滥用职权或者玩忽职守、徇私舞弊，导致发生重大食品安全事故或者造成其他严重后果的行为。

四、简答题

1. 民事、行政枉法裁判罪，是指审判人员在民事、行政审判活动中，故意违背事实和法律作枉法裁判，情节严重的行为。

徇私枉法罪，是指司法工作人员徇私枉法、徇情枉法，对明知是无罪的人而使他受追诉、对明知是有罪的人而故意包庇不使他受追诉，或者在刑事审判活动中故意违背事实和法律作枉法裁判的行为。

民事、行政枉法裁判罪与徇私枉法罪的界限。首先，客体不同。本罪的客体是对民事、行政审判正常活动和民事、行政审判的公正；而徇私枉法罪侵犯的客体是正常的刑事司法活动和刑事司法公正。其次，客观方面不同。本罪只能发生在人民法院的审判过程中，而徇私枉法罪可以发生在刑事司法的各个阶段，既可以发生在立案侦查、审查起诉阶段，也可以发生在审判阶段。再次，行为针对的对象不同，前者所针对的是民事、行政诉讼的当事人，后者所指向的是一般公民与刑事案件的犯罪嫌疑人或被告人。最后，本罪要求情节严重，而徇私枉法罪不要求情节严重。

2. 私放在押人员罪，是指司法工作人员私放在押（包括在羁押场所和押解途中）的犯罪嫌疑人、被告人或者罪犯的行为。

徇私枉法罪，是指司法工作人员徇私枉法、徇情枉法，对明知是无罪的人而使他受追诉、对明知是有罪的人而故意包庇不使他受追诉，或者在刑事审判活动中故意违背事实和法律作枉法裁判的行为。

私放在押人员罪与徇私枉法罪的界限。二者的区别在于：实施本罪人需要利用职务上的便利；而徇私枉法罪通常通过伪造、篡改证据，伪造文书，故意曲解法律等方式，为犯罪分子“洗清”罪责或者给无辜者妄加罪名。

3. 不解救被拐卖、绑架的妇女、儿童罪，是指对被拐卖、绑架的妇女、儿童有解救职责的国家机关工作人员，接到被拐卖、绑架的妇女、儿童及其家属的解救要求或者接到其他人的举报，而对被拐卖、绑架的妇女、儿童不进行解救，造成严重后果的行为。

阻碍解救被拐卖、绑架的妇女、儿童罪，是指对被拐卖、绑架的妇女、儿童负有解救职责的国家机关工作人员利用职务阻碍解救被拐卖、绑架的妇女、儿童的行为。

两者的区别主要就是在客观方面的不同，阻碍解救被拐卖、绑架的妇女、儿童罪的客观方面表现为：行为人利用自己的职务阻碍解救被拐卖、绑架的妇女、儿童。所谓“利用职务阻碍”，是指行为人不但自己不解救，而且利用职权为他人解救被拐卖、绑架的妇女、儿童设置障碍，如组织群众围攻解救人员，利用自己掌握的信息为拐卖、绑架妇女、儿童者通风报信，使其逃逸或者转移被拐卖、绑架的妇女、儿童的藏匿地点等。

4. 徇私枉法罪，是指司法工作人员徇私枉法、徇情枉法，对明知是无罪的人而使他受追诉、对明知是有罪的人而故意包庇不使他受追诉，或者在刑事审判活动中故意违背事实和法律作枉法裁判的行为。

诬告陷害罪，是指捏造事实诬告陷害他人，意图使他人受刑事追究，情节严重的行为。

徇私枉法罪与诬告陷害罪的界限。诬告陷害罪是捏造犯罪事实，向司法机关或有关单位告发，意图使他人受刑事追究，情节严重的行为。这与本罪中“对明知是无罪的人而使他受追诉”有相似之处。但二者存在着关键的区别：首先，客体不同。本罪的客体是司法机关的正常活动与司法公正，而诬告陷害罪的客体是公民的人身权利。其次，客观方面不同。本罪是行为人利用职权实施的徇私枉法、徇情枉法行为；而诬告陷害罪中，不需要行为人利用职权的问题。再次，两罪的主体不同。前者的主体为司法机关工作人员；后者的主体为一般主体，只要是具有责任能力的人都可以成为本罪的主体。

5. 私放在押人员罪，是指司法工作人员私放在押（包括在羁押场所和押解途中）的犯罪嫌疑人、被告人或者罪犯的行为。

脱逃罪，是指依法被关押的罪犯、被告人、犯罪嫌疑人，从羁押和改造场所逃走的行为。

私放在押人员罪与脱逃罪共犯的界限。二者

的关键区别在于：首先，主体不同。本罪的主体只能是特殊主体，即负有在押看管职责的司法工作人员，而脱逃罪的共犯是一般主体，只要是具有刑事责任能力的人都可以成为本罪的主体。其次，本罪的行为人需要利用自己的职务上的便利，而脱逃罪的共犯一般不利用职务上的便利。当然，司法工作人员不利用自己职务上的便利帮助在押人犯脱逃的，同样可以构成脱逃罪的共犯。

五、论述题

1. 滥用职权罪，是指国家机关工作人员滥用职权，致使公共财产、国家和人民利益遭受重大损失的行为。

(1)滥用职权罪的犯罪构成

①本罪的客体是国家机关的正常管理活动，即各级各类国家机关对于社会生活各领域的管理活动。②本罪在客观方面表现为滥用职权，致使公共财产、国家利益和人民利益遭受重大损失的行为。本罪是结果犯，只有使公共财产、国家和人民利益造成重大损失的才按犯罪处理。③本罪的主体是特殊主体，只有具有国家机关工作人员身份的人才能构成。④本罪在主观方面是故意，可以是直接故意，也可以是间接故意。但从司法实务来看，滥用职权者对危害结果持间接故意的情况比较多。至于行为人滥用职权是为自己利益或他人利益，或者为其他目的，不影响本罪的成立。

(2)滥用职权罪的认定

本罪与其他滥用职权犯罪的界限。在《刑法》分则第九章除规定滥用职权罪这个一般条款外，还规定一些滥用职权犯罪的特别条款。而且《刑法》第 397 条明文规定，本法另有规定的，依规定。这是法条竞合现象，根据特别法条优于普通法条的原理，应按照特别条款处理。因此，对于《刑法》第 397 条规定以外的滥用职权犯罪行为，应按具体条文规定定罪处罚。同理，《刑法》第 399 条规定了徇私枉法罪，民事、行政枉法裁判罪，实际上这也是一种滥用职权行为，行为人的行为同时触犯《刑法》第 397 条和第 399 条，但应按第 399 条定罪处罚，而不能按第 397 条定罪处罚。

2. 玩忽职守罪，是指国家机关工作人员严重不负责任，不履行或不认真履行职责，致使公共财产、国家和人民利益遭受重大损失的行为。

(1)本罪具有如下构成要件

①本罪的客体是国家机关的正常管理活动，即本罪的客体是国家机关对社会的正常管理职能。②本罪在客观方面的主要表现有以下几种情况：A. 不履行职责，指行为人有能力且有条件履行自己应尽的职责，而不履行或不正确履行。B. 擅离职守，指行为人在执行职务期间，违背其职责义务而擅自离开自己工作岗位的行为。C. 未尽职责，是指行为人虽然有其履行职责的行为，但并未完全履行职责的情况。③本罪的主体为特殊主体。一般而言，只有具有国家机关工作人员身份的人才能成为本罪的主体。④本罪的主观方面为过失，即应当预见到自己玩忽职守的行为可能发生使公共财产、国家和人民利益遭受重大损失的危害结果，但因疏于大意而没预见，或者已经预见而轻信能够避免的心理态度。

(2)玩忽职守罪的认定

①本罪与滥用职权罪的界限。两者的区别在于：本罪的行为方式多为不作为，而滥用职权的行为方式一般是作为。本罪表现为不履行或不正当履行职责的行为，滥用职权主要是过度的或任意超出其正当权限范围。本罪的主观方面为过失，而滥用职权罪的主观方面为故意。②本罪与危害公共安全罪中有关责任事故罪的界限。本罪与它的区别在于：首先，客体不同。本罪的客体是国家机关的正常管理活动，而后者侵犯的是公共安全。其次，本罪一般发生在对社会公共事务的管理活动中，而后者往往发生在各种生产、作业过程中。最后，本罪的主体只能是国家机关工作人员，后者的主体既可以是国家机关工作人员，也可以是一般国家工作人员，或其他责任人员。

第二十四章　军人违反职责罪

一、单项选择题

1. D。【解析】 甲枪杀虐待的行为是普通的故意杀人罪。没有“军人执行职务罪”这个罪名。

2. B。【解析】 阻碍执行军事职务罪与相关犯罪的界限。阻碍执行军事职务罪的主体为军人,而阻碍军人执行职务罪的主体为非军人。

3. B。【解析】 根据有关司法解释,军职人员利用职务上的便利,盗窃自己经手、管理的军用物资的,符合贪污罪的基本特征,以贪污罪论处,从重处罚。军人没有利用职务上的便利盗窃武器装备、军用物资的,以盗窃、抢劫武器装备、军用物资罪论处。所以孙某利用司库员的身份监守自盗,构成贪污罪。

4. A。【解析】 选项B战时自伤罪本罪在主观方面表现为间接故意,选项C战时缓刑后不视为原刑罚已经执行完毕,选项D不能是单位本罪主体,只能是自然人。

5. C。【解析】 根据有关司法解释的规定,凡违反枪支、弹药管理使用规定,私自携带枪支、弹药外出,因玩弄而造成走火或者爆炸,致人重伤、死亡或者使公私财产遭受重大损失的,以过失致人重伤罪、过失致人死亡罪或者过失爆炸罪论处。所以本题甲应构成过失致人死亡罪,主观上属于过于自信的过失。

6. A。【解析】 本题中张某在执行军事任务时,面对敌人不但不反击,反而主动放弃抵抗,投降敌人构成投降罪。其后来的跳海逃亡行为发生在被俘以后,不能认为是临阵脱逃行为,不构成临阵脱逃罪。

二、多项选择题

1. ACD。【解析】 本题考点是军人违反职责罪的适用范围。根据《刑法》第450条的规定,本章适用于中国人民解放军的现役军官、文职干部、士兵及具有军籍的学员和中国人民武装警察部队的现役警官、文职干部、士兵及具有军籍的学员以及执行军事任务的预备役人员和其他人员。

2. ABCD。【解析】 本题考点是军人违反职责罪战时的时间范围。根据《刑法》第451条的规定,本章所称战时,是指国家宣布进入战争状态、部队受领作战任务或者遭敌突然袭击时。部队执行戒严任务或者处置突发性暴力事件时,以战时论。

3. ABCD。【解析】 战时自伤罪,是指战时自伤身体,逃避军事义务的行为。《刑法》第451条规定:“本章所称战时,是指国家宣布进入战争状态、部队受领作战任务或者遭敌突然袭击时。部队执行戒严任务或者处置突发性暴力事件时,以战时论。”

4. CD。【解析】 本题考点是危害国防利益罪与军人违反职责罪的区别。

5. AD。【解析】 参考《刑法》第420条、第421条、第429条,最高人民检察院、解放军总政治部《军人违反职责罪立案标准的规定》第32条的规定,本题正确答案为AD。

6. ABD。【解析】 军人叛逃罪侵害的是国防安全秩序,而逃离部队罪侵害的是兵役秩序,二者侵害的客体不同。军人叛逃罪的行为人必须逃亡到境外,而逃离部队罪的行为人并不要求逃往境外。军人叛逃罪的行为人在主观上仅有逃避服兵役的目的。

7. ABC。【解析】 依据《刑法》第445条的规定,战时在救护治疗职位上,有条件救治而拒不救治危重伤病军人的构成战时拒不救治伤病军人罪。

8. ABC。【解析】 甲是被迫投降,不是主动投降,不认为是犯罪。因为投降罪是指在战场上贪生怕死,自动放下武器投降敌人的行为,甲不构成此罪。

三、名词解释

1. 军人违反职责罪，是指军人违反职责，危害国家军事利益，依照法律应受刑罚处罚的行为。

2. 战时违抗命令罪，是指部属人员战时故意违背并抗拒执行上级的命令，对作战造成危害的行为。

3. 虐待部属罪，是指处于领导地位的军职人员，滥用职权，虐待部属，情节恶劣，致人重伤或者造成其他严重后果的行为。

4. 非法获取军事秘密罪，是指以窃取、刺探、收买方法，非法窃取军事秘密的行为。本罪的客体是国家和军队的军事秘密制度。

5. 为境外窃取、刺探、收买、非法提供军事秘密罪，是指为境外的机构、组织、人员窃取、刺探、收买、非法提供军事秘密的行为。所谓境外的机构、组织、人员，是指外国的或者境外地区的机构、组织、人员。窃取、刺探、收买，属于非法获取军事秘密的方法。军事秘密包括一切国家军事秘密。

四、简答题

1. 军人叛逃罪，是指在履行公务期间，擅离岗位，叛逃境外或者在境外叛逃，危害国家军事利益的行为。本罪的客体是国防安全秩序。本罪的本质特征是叛逃，包括叛逃境外和在境外叛逃。叛逃境外，是指行为人以背叛祖国为目的从境内逃往境外，包括通过合法手续出境和采取非法手段出境。在境外叛逃，是指因履行公务出境后擅自离队或者与派出单位和有关部门脱离关系，并滞留境外不归。履行公务期间，是构成本罪的时间界限，如果不是在履行公务期间，而是因私合法出境后与派出单位和有关部门脱离关系，并滞留境外不归的，属于出走，不应认定在境外叛逃。本罪的主观方面是故意。

2. 战时违抗命令罪，是指部属人员战时故意违背并抗拒执行上级的命令，对作战造成危害的行为。本罪的客体是作战指挥秩序（本节各罪皆同）。本罪在客观方面表现为：首先，违抗命令的行为必须发生在战时才能构成犯罪。根据《刑法》第451条的规定，战时，是指国家宣布进入战争状态、部队受领作战任务或者遭敌突然袭击时；部队执行戒严任务或处置突发性暴力事件时，以战时论。其次，必须有违抗作战命令的行为，主要表现为三种情况：一是拒不执行作战命令，二是拖延或迟缓执行作战命令，三是实施不符合作战命令的行为。最后，必须对作战造成危害的结果，如扰乱了作战部署、贻误战机、影响作战任务的完成，使部队遭受较大损失等。本罪的主体是军人。根据《内务条令》的规定，首长有权对部属下达命令，因此，在违抗命令的行为人与该命令的发布人之间，行政职务上必须有隶属关系。本罪的主观方面是故意。

3. 私放俘虏罪，是指非法私自将俘虏放走的行为。

本罪的客体是部队的俘虏管理秩序。

所谓俘虏，是指在作战中被我方俘获不再反抗的敌方武装人员及其他为武装部队服务的人员。私自放走俘虏，是指看押人员在未经上级批准或未接到上级释放命令的情况下，擅自将俘虏放走。非法私自将俘虏放走的行为既可以发生在战时，也可以发生在战后，所以本罪没有限定为战时犯罪。

本罪的主体是军人。在司法实践中，多为负有看押、管理俘虏职责的军人，既包括主管人员，也包括直接的看押人员。

本罪的主观方面是故意。

4. 投降罪，是指在战场上因贪生怕死，自动放下武器，向敌人投降的行为。所谓在战场上，是指在敌我双方直接交战的地方。实践中较多的是发生在敌众我寡、敌强我弱、被敌人包围或者追击的情况下。自动放下武器，是指行为人当时能够使用武器杀伤敌人，而不使用武器，自行放弃抵抗。向敌方投降，是指向战争或者武装冲突中的敌对一方投降。

5. 盗窃、抢夺武器装备、军用物资罪，是指采取秘密窃取或者乘人不备公然夺取的方法，非法占有部队武器装备或者军用物资的行为。本罪的客体是部队武器装备、军用物资的所有权。本罪的犯罪对象是部队在编的、正在使用的以及储存备用的武器装备或者军用物资，不包括已确定退役报废的武器装备、军用物资。本罪的主体是军人。本罪的主观方面是故意，并且具有非法占有武器装备、军用物资的目的。

五、论述题

1. 军人叛逃罪，是指军职人员在履行公务期间，擅离岗位，叛逃境外或者在境外叛逃，危害国家军事利益的行为。

(1)客体要件。本罪侵害的客体是国家军事利益和国（边）境秩序。

军人不同于普通公民，保卫社会主义祖国的安宁和维护祖国的尊严，是军人神圣的职责。军人叛逃的犯罪行为严重违背了军人的职责，危害了国家和国防的安全，必须依法惩处。

(2)客观要件。本罪在客观方面表现为在履行公务期间，擅离岗位，叛逃境外或者在境外叛逃的危害国家军事利益的行为。

叛逃境外，是指行为人以背叛祖国为目的，从境内叛逃至境外的行为，既包括通过合法手续出境而叛逃的，也包括采取非法手段出境而叛逃的情形。叛逃至外国驻华使馆、领馆的，应以叛逃境外论。在境外叛逃，是指行为人以背叛祖国为目的，因履行公务出境后擅自离队或者与派出单位和有关部门脱离关系，并滞留境外不归而叛逃。叛逃行为必须发生在履行公务期间，并且必须危害了国家军事利益才构成本罪。

(3)主体要件。本罪主体是军人。即中国人民解放军的现役军官、文职干部、士兵及具有军籍的学员和中国人民武装警察部队的现役警官、文职干部、士兵及具有军籍的学员以及执行军事任务的预备役人员和其他人员。

(4)主观要件。本罪在主观方面表现为故意。即行为人明知自己的行为是叛逃行为，将对国家安全造成危害结果，却希望或者放任这一危害结果的发生。主观上，必须具有背叛国家的目的。行为人是否具有背叛国家的目的，应以其出逃的原因以及在境外的行为来分析认定，认定其有背叛国家的目的。

(5)认定。①本罪与本法第109条叛逃罪的法规竞合问题。

本法对军人叛逃罪和第109条的叛逃罪的规定存在部分法规竞合关系，即本法第109条对国家机关工作人员犯叛逃罪的规定可以包括一部分军人叛逃罪。当军人叛逃时，应优先适用本章的规定，以军人叛逃罪论处。

②区分本罪与逃离部队罪的界限。

军人叛逃罪与逃离部队罪都有离队不归的行为，在定罪上可能发生混淆。其主要区别有以下几点：

A. 军人叛逃罪侵害的是国防安全秩序，而逃离部队罪侵害的是兵役秩序。

B. 军人叛逃罪的行为人必须逃亡到境外，而逃离部队罪的行为人并不要求逃往境外。

C. 主观方面，军人叛逃罪的行为人在主观上具有背叛国家的目的，而逃离部队罪的行为人在主观上仅有逃避服兵役的目的。

军人叛逃到境外的行为本身必然包含了逃离部队、逃避服兵役的行为，因此在适用法律上，应根据重罪吸收轻罪的原则，以军人叛逃罪论处，不能再定逃离部队罪实行数罪并罚。

③区分本罪与投敌叛变罪的界限。

军人叛逃罪与投敌叛变罪都有叛变的行为，在定罪上可能发生混淆。其主要区别有以下几点：

A. 军人叛逃罪侵害的是国防安全秩序，而投敌叛变罪所侵害的是国家安全秩序。

B. 军人叛逃罪表现为出逃到境外，叛逃后并不一定投靠具体的机构、组织，即使投靠也不是投靠敌对的机构、组织，而投敌叛变罪则不一定逃到境外，但必须有具体的投靠对象，而且这些投靠对象必须是敌对的国家、集团、机构、组织等。

2. (1)故意泄露军事秘密罪的概念及构成要

件

故意泄露军事秘密罪，是指违反保守国家秘密法规，故意泄露军事秘密，情节严重的行为。

①本罪的对象是军事秘密，是指在一定时间内只限一定范围的人员知悉、不能对外公开并直接关系到国防和军队安全与利益的事项，主要包括与国防、军事行动有关的战略方针、部署，军队建设的规划及组织编制、番号、作战计划、方案，部队的调动、实力、装备、后勤保障能力，等等。

②本罪的客观方面表现为故意泄露军事秘密的行为，其表现方式是多种多样的，包括口头泄密、书面泄密以及在高科技条件下进行计算机网络泄密。不论哪种形式，只要能让无关人员知悉军事秘密的内容，均属泄露军事秘密的行为。本罪要求情节严重，所谓情节严重，一般是指利用军事秘密牟取利益；军事机要人员泄露秘密；泄露重要军事秘密，因泄露军事秘密给国家造成重大损失等。

③本罪的主体是军人。既包括对军事秘密负有特殊保密义务的军人，如机要、通信、保密人员等，也包括了解军事秘密的普通军人。

④本罪的主观方面是故意。

(2)故意泄露军事秘密罪与间谍罪的区别

间谍罪，是指参加间谍组织，接受间谍组织及其代理人的任务，或者为敌人指示轰击目标，危害国家安全的行为。

两罪的主要区别如下：前者侵犯的客体是国家保守军事秘密的管理制度；而后者侵犯的客体是国家的政权和根本制度。前者的犯罪客观方面的行为是违反保守国家秘密法规，故意泄露军事秘密的行为；后者则是参加间谍组织或者接受间谍组织及其代理人任务的行为。前者的犯罪主体是军职人员；后者的主体则是外国人或中国公民。前者的犯罪主观方面不具有危害国家安全的目的；后者的犯罪主观方面则具有危害国家安全的目的。

综合测试题(一)

一、单项选择题

1. D。【解析】 A项中，不法侵害人已被制服，此时不法侵害已经结束，如果又对不法侵害人实施加害行为的，已经不存在防卫的时间条件，应成立故意犯罪。B项中，在财产性违法犯罪的情况下，行为虽然已经既遂，但在现场还来得及挽回损失的，应当认为不法侵害尚未结束，可以实行正当防卫。C项中，不法侵害应是人实施的不法侵害。如果是动物对人的自发侵害，因为没有行为人实施，所以并不存在不法侵害的问题。C项说法正确。D项中，不法侵害不限于故意的不法侵害，也存在过失的不法侵害，此时也可以进行正当防卫。D项说法错误。

2. B。【解析】 本题考核紧急避险。紧急避险，是指为了使国家、公共利益、本人或者他人的人身、财产和其他权利免受正在发生的危险，不得已给另一较小的法益造成损害的行为。紧急避险的本质是避免现实危险，保护较大法益。关于权衡权益的大小，一般来说，人身权利大于财产权利，人身权利中的生命权重于其他人身权利。本题中，甲的生命权重于丙的财产权以及身体权，甲为避免乙的追杀，不得已给丙造成损害，属于紧急避险。故排除A、C、D，本题正确答案为B项。

3. B。【解析】 本题考核犯罪中止。我国刑法并没有规定复仇行为是正当行为，甲的行为属于犯罪行为，成立故意伤害罪，排除A、C。犯罪中止的本质是“能达目的而不欲”；犯罪未遂的本质是“欲达目的而不能”。本题中，甲在实施犯罪过程中虽然遇到意志以外的障碍，但该障碍并不足以将其行为停止下来，甲完全可以继续实施伤害行为，但甲松开了乙，这种行为应认定为甲出于自己内心的考虑放弃犯罪，故成立犯罪中止。排除D项，本题的正确答案为B。

4. D。【解析】 A 项中，被教唆的人在犯罪时超出了被教唆之罪的范围，教唆犯只对自己所教唆的犯罪承担刑事责任。甲不构成抢夺罪的教唆犯，属于强奸罪的教唆未遂。教唆犯也可以是实行犯。B 项错误。C 项中的“教唆他人吸食、注射毒品的”应该按照《刑法》第 353 条的规定直接定罪处罚，而不能再按照刑法总则关于教唆犯的规定来认定。D 项中，对于教唆犯应当按照他在共同犯罪中所起的主次作用来处罚。所以“有的教唆犯是主犯”的说法正确。根据刑法规定，在共同犯罪中起次要或者辅助作用的是从犯，其中起辅助作用的犯罪分子，通常就是指帮助犯，所以 D 项后半句也是正确的，故 D 项说法正确。

5. D。【解析】 被害人的承诺在符合一定条件时可以排除损害被害人法益的行为的违法性。经被害人承诺的行为符合下列条件时才能排除犯罪的成立：(1)承诺者对被侵害的法益具有处分权；(2)承诺者必须对所承诺的事项的意义、范围具有理解能力；(3)承诺必须出于被害人的真实意志，戏言性的承诺、基于强制或者威压作出的承诺不排除犯罪的成立；(4)必须存在现实的承诺；(5)承诺至迟必须存在于结果发生时，被害人在结果发生前变更承诺的，则原来的承诺无效；(6)经承诺所实施的行为不得超出承诺的范围。

6. C。【解析】 危害公共安全，是指危害不特定多数人生命、健康或重大公私财产安全的行为。危害公共安全罪的客体为社会的公共安全，即不特定多数人的生命健康、重大财产安全，其特征在于“不特定”和“多数人”。前者是指侵害的后果与规模较大，无法预料且无法控制，后者是说犯罪行为会威胁到较多数人的生命、财产安全。本题中，“用树枝点燃一个焰高约 20 厘米的火堆”，“火堆很快就被通行车辆轧灭”，可知客观上既没有造成损害，也没有达到危害公共安全的程度，因此，不构成放火罪、以危险方法危害公共安全罪或其他危害公共安全犯罪。

7. D。【解析】 选项 A 错误。贷款诈骗罪，是指以非法占有为目的，编造引进资金、项目等虚假理由，使用虚假的经济合同，使用虚假的证明文件，使用虚假的产权证明作担保，超出抵押物价值重复担保或者以其他方法诈骗银行或者其他金融机构的贷款、数额较大的行为。在本案中，虽然贷款人“由于经营不善，不能归还本息”，但在贷款时甲并无非法占有贷款的意图，因此不构成贷款诈骗罪。选项 B、C 错误。骗取贷款罪，是指以欺骗手段取得银行或者其他金融机构贷款，给银行或者其他金融机构造成重大损失或者有其他严重情节的行为。在本案中，“甲用自己的名义贷款 5 万元，另借用 4 个身份证贷款 20 万元”，对于这一事实工作人员是明知的，所以不能认定行为人实施了欺骗手段，不构成本罪。选项 D 正确。违法发放贷款罪，是指银行或者其他金融机构的工作人员违反国家规定发放贷款，数额巨大或者造成重大损失的行为。在本案中，信用社主任乙明知甲借用他人身份证申请贷款，仍违法发放贷款，造成重大损失，可构成违法发放贷款罪。

8. D。【解析】 选项 A 错误，选项 D 正确。对财物的占有包括事实上的占有和社会观念上的占有，后者是指依据社会观念可以推知财物的支配人的状态。本案中，虽然刘某不在现场，但按照一般社会观念，蔬菜仍为刘某占有。抢夺罪是指采用一定的力量夺取他人紧密占有之物，通常为“趁人不备，猛然夺取”，若采用和平、缓和的手段夺取他人财物，认定为盗窃罪。选项 B 错误。对于“店员经常好奇地出来看看是否有人偷菜”的情形，刘某并未委托店员占有蔬菜，店员本身也无占有蔬菜的意图，因此说“蔬菜为经常出来查看的店员占有”是错误的。

选项 C 错误。诈骗罪的基本构造为：行为人以不法所有为目的实施欺诈行为→被害人产生错误认识→被害人基于错误认识处分财产→行为人取得财产→被害人受到财产上的损失。此处，刘某并未因受骗而处分蔬菜，因此甲不构成诈骗罪。

9. C。【解析】 选项 A 错误。从“贾某为报复马某之前的反抗”判断，“轻踢了一脚”的行为是另起犯意，并非抢劫行为的延续，因此不再按照抢劫罪处理。选项B错误。《刑法》规定，犯盗窃、诈骗、抢夺罪，为窝藏赃物、抗拒抓捕或者毁灭罪证而当场使用暴力或者以暴力相威胁的，依照抢劫罪定罪处罚。本题中，行为人是“离开时贾某为报复马某之前的反抗”，不构成转化型抢劫。选项C正确。“在路边将马某打倒在地，劫取其财物”，可构成抢劫罪。犯罪完成后，“往其胸口轻踢了一脚，不料造成马某心脏骤停死亡”，可构成过失致人死亡罪。数罪并罚。选项D错误。“轻踢了一脚”，可知主观上并无故意杀人或故意伤害的故意，“不料”表明没有预见到死亡结果，因此可构成过失致人死亡罪。

10. D。【解析】《最高人民法院、最高人民检察院关于办理贪污贿赂刑事案件适用法律若干问题的解释》第13条第1款规定，具有下列情形之一的，应当认定为“为他人谋取利益”，构成犯罪的，应当依照刑法关于受贿犯罪的规定定罪处罚：(一)实际或者承诺为他人谋取利益的；(二)明知他人有具体请托事项的；(三)履职时未被请托，但事后基于该履职事由收受他人财物的。据此可知，这里甲“明知他人有具体请托事项的”仍收取其财物，构成受贿罪。本案中，甲已经推测到20万元可能是有求于自己职务行为的乙送的，仍然予以接受，因此，甲对自己的受贿行为持放任的态度。如果这笔钱确实是乙送的，甲又承诺为乙谋取利益，那么甲构成受贿罪。本案中，这笔钱确实是乙送的，所以甲构成受贿罪，乙构成行贿罪，丙构成行贿罪的共犯。

二、多项选择题

1. ACD。【解析】不作为犯罪的本质是具有法定作为义务而不作为，具有法定作为义务的人被称为保证人。保证人包括两种：(1)创设了危险的人；(2)没有创设危险，但具有保护、救助法益的法律义务的人。选项A正确。基于法律规定或职业等要求，此处的父母和救生员对该儿童均有救助义务，故意不救助的，可成立不作为犯罪。选项B错误。行为人负有实施特定积极行为的具有法律性质的义务，能够履行特定义务而不履行，造成危害后果的，即可认定为不作为。至于其主观上是否认识到作为义务，不影响不作为犯的认定。从认识错误的角度看，行为在法律上规定为犯罪而行为人却误认为不构成犯罪的，此时按照有罪处理。选项C正确。判定是否构成不作为犯罪，首先要看当事人是否有作为的义务，法律规定对近亲属包括母亲在内有救助义务，如果近亲属包括母亲遇到了危险，在能够救助的情况下而不去救助，可成立不作为犯罪。选项D正确。行为人对先前行为引起的法益侵害风险的阻止义务。甲在将咖啡递给丙时，有依法阻止的义务而不履行，因此，甲对乙是作为犯罪，对丙是不作为犯罪。

2. BC。【解析】选项A错误。犯罪中止是指犯罪分子在实施犯罪过程中，自动放弃犯罪或者自动有效地防止犯罪结果的发生的行为。本案中，甲在实施过程中主动放弃继续实施犯罪行为，并将被害人送医，最后也没有发生死亡结果，因此构成犯罪中止。

选项B正确。犯罪分子已经着手实行犯罪，由于其意志以外的原因而未得逞的，是为犯罪未遂。本案中，乙没有主动放弃犯罪的意思，其属于“已经着手实行犯罪，由于犯罪分子意志以外的原因而未得逞”的情形，构成犯罪未遂。选项C正确。丙因对犯罪对象存在错误认识，误盗仿品，属于“已经着手实行犯罪，由于犯罪分子意志以外的原因而未得逞”的情形，构成犯罪未遂。选项D错误。资助危害国家安全犯罪活动罪，是指境内外机构、组织或者个人资助他人实施背叛国家罪，分裂国家罪，煽动分裂国家罪，武装叛乱、暴乱罪，颠覆国家政权罪，煽动颠覆国家政权罪的行为。该罪的实行行为是资助行为，行为人完成资助行为，即构成既遂。

3. BD。【解析】选项A错误。根据司法解释，变造货币只能在原货币的基础上进行改动，并且还不能丧失与原货币的同一性。因此，变造的货币不是假币。持有使用假币罪，是指违反货币管理法规，明知是伪造的货币而持有、使用，数额较大的行为。据此，使用变造的货币购买商品并不触犯使用假币罪。如果甲变造了货币的面额，并使用其购买商品，可能触犯诈骗罪。

选项B正确。乙“走私毒品，又走私假币”，分别构成走私毒品罪和走私假币罪两个犯罪。因二者不存在吸收关系或牵连关系等，应当数罪并罚。选项C错误。盗窃制服和冒充军人招摇撞骗罪之间不存在刑法上的牵连关系，不构成牵连犯。选项D正确。丁“明知黄某在网上开设赌场，仍为其提供互联网接入服务”，构成帮助犯。该行为同时触犯了开设赌场罪与帮助信息网络犯罪活动罪，构成想象竞合犯。

4. ABD。【解析】 选项A正确。《最高人民检察院关于拾得他人信用卡并在自动柜员机(ATM机)上使用的行为如何定性问题的批复》规定，拾得他人信用卡并在自动柜员机(ATM机)上使用的行为，属于《刑法》第196条第1款第3项规定的“冒用他人信用卡”的情形，构成犯罪的，以信用卡诈骗罪追究刑事责任。因此，甲拾得他人银行卡并在ATM机上使用，成立信用卡诈骗罪。选项B正确。对于“前两次取出5 000元”，乙并未参与。并且，乙对甲实施犯罪行为，也无阻止义务，因此，乙对此不负刑事责任。选项C错误。对于“甲又分两次取出6 000元”，乙“注意，别出事”的言论表示甲、乙存在共同故意，因此均构成信用卡诈骗罪。选项D正确。乙“我走了，小心点”的言论表明其对甲的犯罪行为知情并支持，因此，也需对后面的7 000元承担刑事责任。

5. ACD。【解析】 选项A正确。生产、销售劣药罪与生产、销售假药罪是两个独立的犯罪。在本题中，甲既生产、销售劣药，对人体健康造成严重危害，同时又生产、销售假药，应当数罪并罚。选项B错误。《关于办理危害食品安全刑事案件适用法律若干问题的解释》第9条规定，在食品加工、销售、运输、贮存等过程中，掺入有毒、有害的非食品原料，或者使用有毒、有害的非食品原料加工食品的，依照《刑法》第144条的规定以生产、销售有毒、有害食品罪定罪处罚。在食用农产品种植、养殖、销售、运输、贮存等过程中，使用禁用农药、兽药等禁用物质或者其他有毒、有害物质的，适用前款的规定定罪处罚。在保健食品或者其他食品中非法添加国家禁用药物等有毒、有害物质的，适用第1款的规定定罪处罚。据此可知，生猪本身不是食品，但属于食用农产品，乙为提高猪肉的瘦肉率，在饲料中添加“瘦肉精”，构成生产有毒、有害食品罪。选项C正确。生产、销售不符合安全标准的食品罪，是指生产、销售不符合卫生标准的食品，足以造成严重食物中毒事故或者其他严重食物性疾患的行为。该罪属于危险犯，即行为人生产、销售不符合卫生标准的食品，须达到“足以造成严重食物中毒事故或其他严重食源性疾患”程度，才构成犯罪。本案中，丙销售不符合安全标准的饼干，足以造成严重食物中毒事故，即使销售金额仅有500元，也构成销售不符合安全标准的食品罪。选项D正确。丁没有销售有毒、有害食品罪的故意，根据主客观相一致原则，对丁只能以销售不符合安全标准的食品罪论处。

6. ABC。【解析】《最高人民法院关于对为索取法律不予保护的债务，非法拘禁他人行为如何定罪问题的解释》规定，行为人为索取高利贷、赌债等法律不予保护的债务，非法扣押、拘禁他人的，依照非法拘禁罪定罪处罚。据此可知，甲的行为构成非法拘禁罪。另外，“乙跳崖”致乙死亡属于被害人自杀，通说认为被害人死亡若是其自杀造成的，与犯罪行为之间没有因果关系，因此甲不属非法拘禁致人死亡。

7. ABCD。【解析】 选项A正确。受贿罪是国家工作人员利用职务之便收取财物的犯罪；非国家工作人员受贿罪是非国家工作人员利用职务之便收取财物的犯罪。本案中，甲虽然是公立高校普通任课教师，但他是在学校委派其招生时受贿的，甲此时是代表学校履行公务的国家工作人员。因此甲成立受贿罪而不是非国家工作人员受贿罪。

选项B正确。根据《关于办理商业贿赂刑事案件适用法律若干问题的意见》的有关规定，本案中，乙虽然是国有医院副院长，但他收钱时承诺的是为病人开处方时多开相关药品。因此，乙是以医务人员的身份，利用开处方的职务便利受贿的。这种行为构成非国家工作人员受贿罪。

选项C正确。本案中，丙虽然是村委会主任，但他不是在协助人民政府从事行政管理工作时受贿的，而是在村集体企业招投标过程中受贿的。此时，丙的身份是非国家工作人员，成立非国家工作人员受贿罪。

选项D正确。参见《关于办理商业贿赂刑事案件适用法律若干问题的意见》的有关规定。本案中，丁为国有公司临时工，他与本公司办理采购业务的副总经理相勾结，收受10万元回扣归二人所有。在这个共同犯罪中，双方通常利用的是副总经理的职务便利，因此丁和副总经理共同构成受贿罪的共犯。

8. ABD。【解析】 选项A正确。通常的诈骗行为只有行为人与被害人，被害人因为被欺骗而产生认识错误，自己处分自己的财产，在这种情况下，被害人与被骗人是同一人，但诈骗罪也可能存在被害人与被骗人不是同一人的情况，即三角诈骗。在本案中，甲欺骗财产保管者，可构成诈骗罪。

选项B正确。成立诈骗罪要求被害人基于错误认识处分财产，欺骗行为使被害人处分财产后，行为人便获得财产，从而使被害人的财产受到损害。本案中，乙为了获得货币而骗乙扔掉后捡走的行为，可构成诈骗罪。

选项C错误。成立诈骗罪，要求行为人以非法占有为目的骗取对方财物。本案中，甲并无侵占对方财物的故意。同时，富商对自己将要捐款2万元是明知的且自愿的，该欺骗行为并没有给富商造成财产损失，因此甲不构成诈骗罪。

选项D正确。甲欺骗标的物的占有人，致其错误处分财物后占有的行为，可构成诈骗罪。

9. AD。【解析】 选项A正确。滥用职权罪是指国家机关工作人员滥用职权，致使公共财产、国家、人民利益遭受重大损失的行为。据此可知，甲是分管公安工作的副县长，其滥用职权指挥下属毁灭证据，使犯罪的丙未受追诉，属于滥用职权罪的实行犯。

选项B错误。甲、乙构成徇私枉法罪的共同犯罪，因而甲不属徇私枉法罪的间接正犯。

选项C错误。甲只有滥用职权指挥下属毁灭证据这一个实行行为，不存在数罪并罚问题。

选项D正确。乙利用职权毁灭证据的行为符合帮助毁灭证据罪、徇私枉法罪、滥用职权罪的犯罪构成，但由于侵害的法益只有一个，即司法的公正廉洁性，故乙的行为构成法条竞合，在三罪中徇私枉法罪的处罚最重，应当以徇私枉法罪论处。

10. ABD。【解析】 选项A、B、D正确。《全国部分法院审理毒品犯罪案件工作座谈会纪要》规定，有证据证明行为人不以牟利为目的，为他人代购仅用于吸食的毒品，毒品数量超过《刑法》第348条规定的最低数量标准的，对托购者、代购者应以非法持有毒品罪定罪。代购者从中牟利，变相加价贩卖毒品的，对代购者应以贩卖毒品罪定罪。明知他人实施毒品犯罪而为其居间介绍、代购代卖的，无论是否牟利，都应以相关毒品犯罪的共犯论处。盗窃、抢夺、抢劫毒品的，应当分别以盗窃罪、抢夺罪或者抢劫罪定罪，但不计犯罪数额，根据情节轻重予以定罪量刑。盗窃、抢夺、抢劫毒品后又实施其他毒品犯罪的，对盗窃罪、抢夺罪、抢劫罪和所犯的具体毒品犯罪分别定罪，依法数罪并罚。走私毒品，又走私其他物品构成犯罪的，以走私毒品罪和其所犯的其他走私罪分别定罪，依法数罪并罚。

选项C错误。“丙与曾某互不知情”，不构成共同犯罪。本案中，丙只知道自己运输了500克毒品，只能对500克毒品负责。

三、不定项选择题

1. ABCD。【解析】 选项A正确。以杀人行为作为劫取财物的手段，符合抢劫罪中以暴力方式，使被害人不能反抗从而劫取财物的行为，构成抢劫罪。

选项B正确。在事实一中,郑某等人以杀人为手段,劫取面包车,其主观心态上对于司机的死亡是故意的。如果认为抢劫致人死亡仅限于过失致人死亡,则郑某等人杀死面包车司机的行为不能认定为抢劫行为,而只能认定为故意杀人,因为杀人行为已经结束,而后开走面包车的取财行为只能与先前杀死司机的行为分开评价。该行为符合盗窃罪以平和的方式排除他人对财物支配的行为方式。面包车司机已死亡,但郑某等人的行为排除了面包车所有权人对面包车的支配,因此成立盗窃罪。并且,因为不同的行为侵害不同的法益,应当数罪并罚。

选项C正确。事实一中,行为人将车主杀死,把面包车开走的行为,成立抢劫罪,虽然杀人行为是抢劫的手段行为,但事实上也触犯了故意杀人罪,按照牵连犯的规定,故意杀人是手段行为,抢劫财物是目的行为,所以只以抢劫罪定罪处罚。

选项D正确。抢劫面包车的行为虽是为抢劫运钞车服务的,但由于两个行为在时间和空间上存在一定的间隔,侵犯了不同主体的财产性权益,抢劫面包车侵犯了面包车所有权人的财产权,抢劫运钞车侵犯的是国家的财产,所以事实一依然成立独立的犯罪,应适用“抢劫致人死亡”的规定。

2. ABCD。【解析】 选项A正确。非法占有的目的,是指排除权利人的占有,将他人的财物作为自己的所有物进行支配,并遵从财物的用途进行利用、处分的意思。据此可知,非法占有目的由“排除意思”和“利用意思”构成。

选项B正确。抢劫罪的行为方式是以暴力的方法进行取财;而盗窃罪的行为方式是以平和的方式进行取财。对于财产的侵夺,均是以非法占有为目的。两罪的差别体现在行为方式及其体现出来的主观恶性上,关于对财产权益的侵害方面,应当认为目的是相同的,即排除原权利人对财产的权利及使财产能为己所用。

选项C正确。非法占有目的包括排除意思和利用意思,郑某等人在劫取面包车的行为发生后,便已经实现了排除意思和利用意思,即当郑某盗窃面包车行为完成之时,其已侵害面包车所有权人对面包车的合法财产性权利;将面包车劫取后,利用面包车跟踪运钞车等,已经利用并发挥面包车运输的功能,成立非法占有。因此,其事后是否将面包车损毁不影响对郑某等人非法占有目的的认定。

选项D正确。不可罚的事后行为是指在状态犯的场合,利用该犯罪行为的结果的行为,如果孤立地看,符合其他犯罪的构成要件,具有可罚性,但由于被综合评价在该状态犯中,故没有必要另认定为其他犯罪。在郑某等人劫取面包车成功之后,侵害面包车所有权人权利的行为便已经完成,面包车所有权人的财产权所遭受的侵害已为既定事实。所以郑某等人是否毁损面包车的行为,并不会对面包车所有权人法益再造成新的侵害,因为该法益在之前已被侵害,此时已无二次侵害的可能性。所以郑某等人毁车的行为并未侵害现实的法益,属于不可罚的事后行为。

3. ABCD。【解析】 选项A正确。爆炸罪,是指故意引起爆炸物或其他设备、装置爆炸,危害公共安全的行为。其属于危险犯的范畴。郑某等人在储蓄所门前引爆爆炸装置,虽然当时附近没有人,但该地点属于人群流动量大的场所,引爆行为存在危害公共安全的危险,其对该危险持放任的态度,因此郑某等人的行为构成爆炸罪。

选项B正确。郑某等人是为了杀害运钞人员而引爆爆炸装置,构成故意杀人罪,同时也构成爆炸罪,属于想象竞合犯,择一重罪处罚。

选项C正确。抢劫罪所要求的取财行为所利用的手段包括暴力方式、胁迫方式及其他,均要求只要达到足以压制对方反抗的程度即可。爆炸行为,是一种暴力的行为,且足以压制一般人的反抗,完全可以成为抢劫罪的手段行为。

选项D正确。“抢劫致人重伤、死亡”,要求行为人对与重伤或死亡的实害结果在主观上至少存在过失,但在事实三中,郑某等人利用爆炸的方式,压制运钞车运钞人员,从而劫取财物,其明知利用爆炸手段极易致人重伤或死亡，仍积极为之，故其对押运人员的重伤或死亡的结果持故意的心态。所以适用“抢劫致人重伤、死亡”的规定。

4. ABD。【解析】 选项A正确。朱某出具虚假材料，致使电气厂因此享受了不应享受的退税优惠政策，获取退税300万元。因此，其行为与国家损失300万元税收之间存在因果关系。

选项B正确。滥用职权罪是指国家机关工作人员故意逾越职权，违反法律决定、处理其无权决定、处理的事项，或者违反规定处理公务，致使公共财产、国家和人民利益遭受重大损失的行为。在本案中，朱某明知该厂的材料有虚假、残疾员工未达法定人数，但仍然以该材料为准，使得电气厂顺利通过年检，致使电气厂骗取退税300万元，构成滥用职权罪。

选项C错误。徇私舞弊不征、少征税款罪的犯罪主体是履行征收税款职责的国家工作人员，即税务机关工作人员。在本案中，朱某系某县民政局副局长，并非税务机关工作人员。

选项D正确。受贿罪，是指国家工作人员利用职务上的便利，索取他人财物的，或者非法收受他人财物，为他人谋取利益的行为。在本案中，升任民政局局长并非财产性利益，不构成受贿罪。

5. B。【解析】 选项A错误。巨额财产来源不明罪的实行行为并非“不能说明”，也不是“持有”巨额不能说明来源的财产，而是行为人通过非法手段实施了资产增加的行为。

选项B正确。巨额财产来源不明罪，是指国家工作人员的财产或者支出明显超过合法收入，差额巨大，本人不能说明其来源是合法的行为。此处已经说明是赌博所得，因此不再是来源不明。

选项C错误。我国澳门特别行政区享有独立的司法权，按特别法优于一般法的原则，应适用当地法律而不再适用《刑法》，按照澳门当地法律，赌博行为是合法的，因此不构成赌博罪。此外，赌博罪是指以营利为目的，聚众赌博或者以赌博为业的行为。朱某去澳门赌博的行为并不是聚众赌博或者以赌博为业的行为，所以朱某的行为不成立赌博罪。

选项D错误。凡在中国领域内犯罪的，除法律有特别规定的以外，都适用中国刑法。因此，应依属地管辖原则追究其赌博的刑事责任。至于属人管辖，适用于本国公民在国外犯罪的情形。

6. ACD。【解析】 选项A说法错误，选项B说法正确。逃税罪是指纳税人采取欺骗、隐瞒手段进行虚假纳税申报或者不申报，逃避缴纳税款数额较大并且占应纳税额10%以上的行为。黄某使电气厂获得退税不是由于进行虚假纳税申报或者不申报，而是由于欺骗县民政局和税务局，以本企业属于福利企业为由非法获得退税，其行为不符合逃税罪的客观要件，应以诈骗罪论处。

选项C说法错误。提供虚假证明文件罪是指承担资产评估、验资、验证、会计、审计、法律服务等职责的中介组织的人员故意提供虚假证明文件，情节严重的行为。在本案中，黄某不是中介组织的人员。此外，黄某提供虚假证明文件的目的是为了骗取国家退税，因此，提供虚假证明文件是诈骗罪的表现方式。此时，不需另行认定提供虚假证明文件罪。

选项D说法错误。刑法并未规定单位可构成诈骗罪，因此，本案不构成单位犯罪。

7. C。【解析】 选项A错误。贪污罪是以非法占有为目的将公共财产非法据为己有的行为。挪用公款罪是利用职务之便将公款非法挪为己用的行为。挪用公款者具有偿还公款的意图，没有将公款非法据为己有的故意。本案中，甲用A公司在售的商品房偿还自己的债务，但是甲并没有直接将账做平，而是在公司财务账目上记下自己欠公司600万元。这说明在一开始，甲并没有贪污这套房子的故意，只有挪用这套房子还债的故意。所以，甲的行为不构成贪污罪。

选项B错误。甲挪用的是公司现实控制的房子，不是公司现实控制的600万元现金。所以，甲的行为只能被认定为挪用公物。根据《刑法》第384条的规定，挪用一般的公物不构成犯罪，因此，甲的行为不构成挪用公款罪。如果甲确实没有偿还这600万元的能力,甲的行为会给公司造成600万元的损失,那么可以将甲的行为认定为《刑法》第168条规定的国有公司、企事业单位人员滥用职权罪。

选项D错误。甲侵占公司600万元,这是从其挪用公物600万元发展过来的。将这一行为认定为贪污罪,就不能再将甲的挪用行为认定为犯罪,不然就是重复评价,而且,甲的行为本来也不构成挪用公款罪。

8. A。【解析】 选项A正确,选项B错误。《刑法》第223条规定,投标人相互串通投标报价,损害招标人或者其他投标人利益,情节严重的,处3年以下有期徒刑或者拘役,并处或者单处罚金。投标人与招标人串通投标,损害国家、集体、公民的合法利益的,依照前款的规定处罚。据此可知,要构成串通投标罪,行为人必须相互串通投标报价或者串通投标损害国家、集体、公民的合法利益。本案中,甲让这两家公司和程某分别制作工程预算和标书,这说明三家公司之间并没有串通投标报价。程某最终在A公司预算范围内以最优报价中标。这说明他们串通的行为也没有损害国家、集体、公民的合法利益。所以甲和这三家公司之间不构成串通投标罪。同时,甲当然也不构成教唆犯。选项C、D错误。《刑法修正案(九)》颁布后,对于贪污罪和受贿罪的量刑不再唯数额论,情节轻重也可以作为量刑的依据。程某的行贿数额仅为5 000元。根据《关于办理贪污贿赂刑事案件适用法律若干问题的解释》第1条的规定,要构成受贿罪,受贿数额至少应为1万元(有其他较重情节的),通常为3万元。甲的受贿数额只有5 000元,不构成受贿罪。根据该解释第7条的规定,要构成行贿罪,行贿数额至少应为1万元(有其他较重情节的),通常为3万元。程某也不构成行贿罪。

9. ABCD。【解析】 无论是诈骗罪还是贪污罪都必须具有非法占有的目的。甲是为拿回自己垫付的钱而虚开发票报销。这种行为不具有非法占有公司财物的故意。这是违反财会制度的行为而不是诈骗或者贪污行为。

10. ABCD。【解析】 本题考核放火罪、敲诈勒索罪。甲以要挟的方法,强行向乙索要10万元精神损害赔偿,属于以非法占有为目的,采用威胁或要挟的方法,强行索取公私财物,数额较大的行为,该行为构成敲诈勒索罪,应与放火罪数罪并罚,故ABCD错误。

四、名词解释

1. 间接故意,是指明知自己的行为可能发生危害社会的结果,并且放任这种结果发生的心理态度。

2. 罪刑相当原则,是我国刑法的基本原则之一,是指刑罚的轻重,应当与犯罪分子所犯罪行和承担的刑事责任相适应。

3. 虚假诉讼罪,是指自然人或单位以捏造的事实提起民事诉讼,妨害司法秩序或者有严重侵害他人合法权益的行为。

4. 假想防卫是指行为人由于因误认为自身受到不法侵害而实施防卫,结果造成伤害的行为。

5. 简单罪状,是指条文只简单地规定罪名或者简单描述具体犯罪的基本构成特征。

五、简答题

1. 不作为犯罪是指行为人具有实施某种行为的特定义务,能够履行而不履行的危害行为。它的构成要件包括:(1)行为人负有某种作为的特定义务;(2)行为人具有履行某种特定义务的能力;(3)行为人没有履行作为的特定义务。

2. 假释是指对于判处有期徒刑、无期徒刑的部分犯罪人,认真遵守监规,接受教育改造,确有悔改表现,没有再犯的危险,经过执行已定的刑罚后,附条件地予以提前释放的制度。

假释的适用条件包括:(1)前提条件。假释只适用于被判处有期徒刑、无期徒刑的犯罪人。(2)执行刑期条件。假释只适用于已经执行一部分刑罚的犯罪人。根据《刑法》第81条规定,被判处有期徒刑的犯罪分子,执行原判刑期1/2以上;

被判处无期徒刑的犯罪分子，实际执行13年以上的，才可以假释，有特殊情况的，经最高人民法院核准，可以不受上述执行刑期的限制。(3)实质条件。假释只适用于在刑罚执行期间认真遵守监规，接受教育改造，确有悔改表现，没有再犯危险的犯罪人。(4)消极条件。对累犯以及因故意杀人、强奸、抢劫、绑架、放火、爆炸、投放危险物质或者有组织的暴力性犯罪被判处10年以上有期徒刑、无期徒刑的犯罪分子，不得假释。

3. 正当防卫是指为使国家、公共利益，本人或者他人的人身、财产和其他权利免受正在进行中的不法侵害，而采取的制止不法侵害、对不法侵害人造成损害的行为。紧急避险指的是为了使国家、公共利益，本人或者他人的人身、财产和其他权利免受正在发生的危险，不得已采取的损害另一较小合法权益的行为。我国刑法一般认为，正当防卫是合法权益和不法权益之间的矛盾，紧急避险是两个合法权益之间的冲突。具体而言，两者的界限包括：(1)危险的来源不同。正当防卫的危险来源是单一的，仅限于人的不法侵害。紧急避险的危险来源是多元的，不仅包括人的不法侵害，还包括自然灾害、动物侵袭、人的生理疾病等。(2)行为指向的对象不同。正当防卫指向的对象只能是不法侵害者本身，损害的只能是不法侵害者的利益。而紧急避险所针对的对象通常是与危险形成没有关联的第三者。(3)行为实施的条件不同。紧急避险的场合下，行为的实施具有唯一性，即只能是在不得已的情形下实施。而在正当防卫的场合下，行为的实施具有选择性，而非唯一性。(4)对于行为限度要求不同。正当防卫所造成的损害只要是制止不法侵害所必需的，并且与保护的利益不是明显不相适应，就在必要限度之内。紧急避险场合下，所造成的损害必须小于所要避免的损害。(5)对于行为指向的对象在忍受义务上不同。正当防卫下，防卫指向的对象必须忍受防卫人的反击。紧急避险下，被损害的第三者不负有忍受危险损害的义务。(6)实施行为的主体范围略有不同。正当防卫的实施主体没有任何限制，而某些在职务上、业务上负有特定责任的人不能实施紧急避险。(7)民事后果不同。正当防卫是民事责任的完全抗辩事由，紧急避险则不能完全排除民事责任。

4. 保险诈骗罪是指投保人、被保险人、受益人，以使自己或者第三者获取保险金为目的，采取虚构保险标的、保险事故或者制造保险事故的方法，骗取保险金，数额较大的行为。表现形式包括：(1)投保人故意虚构保险标的，骗取保险金的；(2)投保人、被保险人或者受益人对发生的保险事故编造虚假的原因或者夸大损失的程度，骗取保险金的；(3)投保人、被保险人或者受益人编造未曾发生的保险事故，骗取保险金的；(4)投保人、被保险人故意造成财产损失的保险事故，骗取保险金的；(5)投保人、受益人故意造成被保险人死亡、伤残或者疾病，骗取保险金的。

5. 为打击考试作弊行为，《刑法修正案(九)》增设了组织考试作弊罪；非法出售、提供试题、答案罪；代替考试罪。具体规定如下：在《刑法》第284条后增加一条，作为第284条之一："在法律规定的国家考试中，组织作弊的，处3年以下有期徒刑或者拘役，并处或者单处罚金；情节严重的，处3年以上7年以下有期徒刑，并处罚金。"为他人实施前款犯罪提供作弊器材或者其他帮助的，依照前款的规定处罚。""为实施考试作弊行为，向他人非法出售或者提供第一款规定的考试的试题、答案的，依照第一款的规定处罚。""代替他人或者让他人代替自己参加第一款规定的考试的，处拘役或者管制，并处或者单处罚金。"

组织考试作弊罪是指在法律规定的国家考试中作弊，以及为组织作弊提供作弊器材或其他帮助的行为。非法出售、提供试题、答案罪是指为实施考试作弊行为，向他人非法出售或者提供法律规定的国家考试的试题、答案的行为。代替考试罪是指代替他人考试或者让他人代替自己参加法律规定的国家考试的行为。

六、论述题

1. 刑法的空间效力是指刑法在什么地域对

什么人具有效力。它有对地域的效力和对人的效力。我国刑法的管辖权包括属地管辖权、属人管辖权、保护管辖权和普遍管辖权。

属地管辖权：我国《刑法》第 6 条规定，凡在中华人民共和国领域内犯罪的，除法律有特别规定的以外，都适用我国刑法。“中华人民共和国领域内”是指中华人民共和国国境以内的全部区域，包括领土、领水和领空。我国刑法规定，犯罪的行为或者结果有一项发生在我国领域内，就认为是在我国领域内犯罪。因此，以下三种情况都认为是在我国领域内犯罪，都适用我国刑法：①犯罪行为和犯罪结果都发生在我国领域内。②犯罪行为在我国领域内实施，而犯罪结果发生在我国领域外。例如在我国国境线内开枪，打死外国领域内的人。③犯罪行为在我国领域外实施，而犯罪结果发生在我国领域内。“法律特别规定”包括享有外交特权和豁免权的外国人的刑事责任，通过外交途径解决；正式成立的香港特别行政区和澳门特别行政区都保留刑法在内的原有法律不变，不适用全国性的刑法典；民族自治地方不能全部适用刑法典规定的，可以由自治区或者省人民代表大会根据当地民族的政治、经济、文化的特点和刑法典规定的基本原则，制定变通或者补充的规定，报请全国人民代表大会常务委员会批准施行；国家立法机关制定的特别刑法规范。

属人管辖权：我国刑法规定：“中华人民共和国公民在中华人民共和国领域外犯本法规定之罪的，适用本法，但是按本法规定的最高刑为 3 年以下有期徒刑的，可以不予追究。”“中华人民共和国国家工作人员和军人在中华人民共和国领域外犯本法规定之罪的，适用本法。”具体而言，同时具备以下两个条件的，我国刑法应当管辖：①我国公民在我国领域外犯的是我国刑法典规定之罪；②所犯的罪在我国刑法典中规定的法定最高刑为 3 年以上有期徒刑。这样，如果在国外所犯之罪，我国刑法典没有规定为犯罪的，不应当予以追究；如果在国外所犯之罪，按刑法典规定的最高法定刑为 3 年以下有期徒刑的，可以不予追究。同时，如果同时具备以下两个条件的，我国刑法应当管辖：①犯罪人是中华人民共和国国家工作人员或者军人；②在我国领域外犯的是我国刑法典规定之罪。该情况不受具体犯罪的法定刑高低的限制。

保护管辖权：外国人在中华人民共和国领域外对中华人民共和国国家或者公民犯罪，而按我国刑法规定的最低刑为 3 年以上有期徒刑的，可以适用我国刑法，但是按照犯罪地的法律不受处罚的除外。

普遍管辖权：对于中华人民共和国缔结或者参加的国际条约所规定的罪行，中华人民共和国在所承担条约义务的范围内行使刑事管辖权的，适用我国刑法。

2. 一般累犯是指除过失犯罪和不满 18 周岁的人犯罪的情形外，被判处有期徒刑以上刑罚的犯罪分子，刑罚执行完毕或者赦免以后，在 5 年以内再犯应当判处有期徒刑以上刑罚之罪的情形。特殊累犯是指危害国家安全犯罪、恐怖活动犯罪、黑社会性质的组织犯罪的犯罪分子，在刑罚执行完毕或者赦免以后，在任何时候再犯上述任一类罪的情形。

两者的区别包括：

(1)一般累犯要求犯罪分子所实施的前罪和后罪都是故意犯罪。特殊累犯，要求犯罪分子所犯的前罪和后罪，必须都是危害国家安全罪、恐怖活动犯罪、黑社会性质的组织犯罪，其中有一罪不是危害国家安全罪、恐怖活动犯罪、黑社会性质的组织犯罪的，就不能构成危害国家安全犯罪的累犯。

(2)一般累犯要求犯罪分子所犯的前罪和后罪，必须都是被判处有期徒刑以上刑罚的。有期徒刑以上刑罚，包括被判处有期徒刑、无期徒刑或者死刑的犯罪分子。而危害国家安全、恐怖活动犯罪、黑社会性质的组织犯罪的累犯不受是否判处有期徒刑以上刑罚的限制。

(3)一般累犯的犯罪分子后一个犯罪行为发生的时间，必须在前罪的刑罚执行完毕或者赦免以后 5 年以内，且犯罪时必须都已满 18 周岁。危害国家安全的累犯不论何时再犯危害国家安全罪、恐怖活动犯罪、黑社会性质的组织犯罪的，都构成累犯，不受5年期限，但受年龄的限制。这是因为这类犯罪社会危害性大，对国家安全、公共安全造成严重威胁，从维护国家安全和利益角度出发才作这样特殊的规定。

七、案例分析题

（一）高某的刑事责任

1. 高某对钱某成立故意杀人罪。是成立故意杀人既遂还是故意杀人未遂与过失致人死亡罪的想象竞合，关键在于如何处理构成要件的提前实现。

答案一：虽然构成要件结果提前发生，但掐脖子本身有致人死亡的紧迫危险，能够认定掐脖子时就已经实施杀人行为，故意存在于着手实行时即可，故高某应对钱某的死亡承担故意杀人既遂的刑事责任。

答案二：高某、夏某掐钱某的脖子时只是想致钱某昏迷，没有认识到掐脖子的行为会导致钱某死亡，亦即缺乏既遂的故意，因而不能对故意杀人既遂负责，只能认定高某的行为是故意杀人未遂与过失致人死亡的想象竞合。

2. 关于拿走钱某的手提包和5 000元现金的行为性质，关键在于如何认定死者的占有。

答案一：高某对钱某的手提包和5 000元现金成立侵占罪，理由是死者并不占有自己生前的财物，故手提包和5 000元现金属于遗忘物。

答案二：高某对钱某的手提包和5 000元现金成立盗窃罪，理由是死者继续占有生前的财物，高某的行为属于将他人占有财产转移给自己占有的盗窃行为，成立盗窃罪。

3. 将钱某的储蓄卡与身份证交给尹某取款2万元的行为性质。

答案一：构成信用卡诈骗罪的教唆犯。因为高某不是盗窃信用卡，而是侵占信用卡，利用拾得的他人信用卡取款的，属于冒用他人信用卡，高某唆使尹某冒用，故属于信用卡诈骗罪的教唆犯。

答案二：构成盗窃罪。因为高某是盗窃信用卡并使用的，不管是自己直接使用还是让第三者使用，均应认定为盗窃罪。

（二）夏某的刑事责任

1. 夏某参与杀人共谋，掐钱某的脖子，构成故意杀人罪既遂。（或：夏某成立故意杀人未遂与过失致人死亡的想象竞合，理由与高某相同。）

2. 由于发生了钱某死亡的结果，夏某的行为是导致钱某死亡的原因，夏某不可能成立犯罪中止。

（三）宗某的刑事责任

宗某参与共谋，并将钱某诱骗到湖边小屋，成立故意杀人既遂。宗某虽然后来没有实行行为，但其前行为与钱某死亡之间具有因果性，没有脱离共犯关系；宗某虽然给钱某打过电话，但该中止行为未能有效防止结果发生，不能成立犯罪中止。

（四）尹某的刑事责任

1. 尹某构成掩饰、隐瞒犯罪所得罪。因为从客观上说，该包属于高某犯罪所得，而且尹某的行为属于掩饰、隐瞒犯罪所得的行为；尹某认识到可能是高某犯罪所得，因而具备明知的条件。

2. 尹某冒充钱某取出2万元的行为性质。

答案一：构成信用卡诈骗罪。因为尹某属于冒用他人信用卡，完全符合信用卡诈骗罪的构成要件。

答案二：构成盗窃罪。尹某虽然没有盗窃储蓄卡，但认识到储蓄卡可能是高某盗窃所得，并且实施使用行为，属于承继的共犯，故应以盗窃罪论处。

综合测试题(二)

一、单项选择题

1. A。【解析】 故意杀人罪是指故意非法剥夺他人生命的行为。本案中甲的行为明显构成故意杀人罪,因此关键问题是判断乙构成何种犯罪。乙明知甲往儿子的牛奶中放入毒药将会发生儿子死亡的后果,作为监护人的乙并没有制止,没有履行自己应尽的义务,构成不作为的故意杀人罪。而后面说的甲乙二人一起掩埋尸体是对考生的迷惑,这里的掩埋尸体是甲乙二人犯罪后隐藏罪行的行为。综上本题应选 A,即甲与乙构成故意杀人罪的共罪。

2. C。【解析】 抢夺罪是指以非法占有为目的,公然夺取公私财物,数额较大的行为。本罪的客体是公私财物,客观要件是公然夺取公私财物,主观要件是故意,并且具有非法占有的目的。甲乘乙不注意,公然夺取其12 000元的项链,构成抢夺罪。本题中甲已经跑了 50 米,项链已经在实际上脱离了乙的控制,因此甲的行为构成抢夺罪的既遂,至于后来的返还,并不影响抢夺罪既遂的成立。

3. C。【解析】 选项 A 错误,选项 C 正确。选项 A 中,甲的伤害行为与王某的财产损失之间介入了第三人乞丐的独立行为,这一介入行为并不是故意伤害行为通常会导致的行为,即介入因素很异常。因此,甲的行为与王某的财产损失之间没有因果关系。选项 C 中,丙停车这一介入因素对危害结果的发生虽然也起了一定的作用,但是作用较小,不阻断因果关系。因为丙停车主要是因为交警指挥不当,所以丙的行为与石某死亡无因果关系。

选项 B 错误。选项 B 中,若李某不跳江,结果是遭受砍杀,而跳江是避免遭受砍杀。也就是说,该行为是受害人在紧迫情形下不得不采取的行为,可以说是别无选择的。因此,乙的行为与被害人的死亡之间具有因果关系。

选项 D 错误。陈某给丁汇款是因为丁的敲诈勒索,“误将 3 万元汇到另一诈骗犯账户”是存在事实认识错误,而因果关系是客观上的联系,不影响因果关系的认定。

4. C。【解析】 《刑法》第 24 条第 1 款规定,在犯罪过程中,自动放弃犯罪或者自动有效地防止犯罪结果发生的,是犯罪中止。犯罪中止是指行为人已经开始实施犯罪而又中止了犯罪的形态。犯罪中止存在两种情况:(1)在犯罪预备阶段或者在实行行为还没有终了的情况下,自动放弃犯罪;(2)实行行为实行终了的情况下,自动有效地防止犯罪结果的发生。在本题中,甲见乙可怜,认为已无杀害必要而收起枪支,属于在实施犯罪过程中自动放弃犯罪即“能达目的而不欲”,成立犯罪中止。之后不小心触动扳机,乙中弹死亡,该结果违背了甲的意愿,构成过失致人死亡罪。

5. C。【解析】 《刑法》第 268 条规定,犯盗窃、诈骗、抢夺罪,为窝藏赃物、抗拒抓捕或者毁灭罪证而当场使用暴力或者以暴力相威胁的,依照本法第 262 条的规定(抢劫罪)定罪处罚。在本案中,李某实施暴力行为处距王某仅 50 米,财产还没有完全脱离控制,因此仍属于“当场”。事后抢劫中使用暴力或者以暴力相威胁,是指对抓捕者或者阻止其窝藏赃物、毁灭罪证的人使用暴力或者以暴力相威胁,不包括对物的暴力及暴力威胁,李某踢死狗的行为只是逃跑过程中的单纯摆脱行为,不属于对人的暴力或者胁迫。因此,李某将狗踢死不属于事后抢劫中的暴力威胁。

6. C。【解析】 选项 A、B 说法正确。甲窃得一包冰毒的行为触犯盗窃罪,甲将毒品交给乙代为销售的行为构成贩卖毒品罪,因贩卖毒品的行为侵害了新的法益,故以贩卖毒品罪与盗窃罪实行并罚。选项 C 说法错误,选项 D 说法正确。乙受甲委托代为销售毒品,此时应以贩卖毒品罪论处。因贩卖毒品必然存在持有毒品和转移毒品，因此，仅以贩卖毒品罪一罪论处。销售毒品后得款3万元后甲乙二人平分的行为并未侵害新的法益，不构成掩饰、隐瞒犯罪所得罪。

7. D。【解析】 从题目信息看，不能确定甲在杀人故意支配下实施了杀人既遂的行为，也不能确定甲在伤害故意支配下实施了伤害致人轻伤或者重伤、死亡的行为。按照存疑时有利于被告的原则，只能分别认定甲成立故意伤害的未遂和故意杀人的未遂，又因杀人与伤害存在连贯性，是甲的行为造成了死亡结果，因此，可按故意伤害(致死)罪处理。

8. C。【解析】 破坏交通设施罪，是指故意破坏轨道、桥梁、隧道、公路、机场、航道、灯塔、标志或者进行其他破坏活动，足以使火车、汽车、电车、船只、航空器发生倾覆、毁坏危险，足以危害公共安全的行为。选项A、D错误。《刑法》第119条第1款规定，破坏交通工具、交通设施、电力设备、燃气设备、易燃易爆设备，造成严重后果的，处10年以上有期徒刑、无期徒刑或者死刑。本案中“未造成火车倾覆、毁坏事故”，因此不构成破坏交通设施罪的结果加重犯。选项B错误，选项C正确。“破坏轨道时将螺栓砸飞，击中在附近玩耍的幼童，致其死亡”可知对死亡结果主观上应为过失或者意外事件，对被害人不存在杀人故意，因此不构成故意杀人罪。

9. D。【解析】 选项A说法正确。本题中，陷入认识错误并据此处分财产的并非被害人乙，而是第三人交警丙。也就是说，财产处分人与被害人不是同一人，该情形被称为三角诈骗。本题中，甲通过欺骗交警丙取得乙的财产，如果认为交警丙对乙的财产有处分权，那么甲成立三角诈骗，构成诈骗罪；反之，如果认为交警丙对乙的财产没有处分权，那么甲就不成立三角诈骗，不构成诈骗罪。选项B说法正确。秘密窃取，即以被害人不明知的情况下平和地侵夺被害人的财产权，在本案中，被害人乙明知自己的财产权受到侵害，甲并非以秘密窃取的方式夺取财产，因此不构成盗窃罪。选项C说法正确。抢夺罪，是指以非法占有为目的，乘人不备，公开夺取数额较大的公私财物的行为。本题中，甲的行为明显不是“乘人不备，公开夺取”，因此不构成抢夺罪。选项D说法错误。敲诈勒索的行为结构为：行为人对他人实行威胁，造成对方产生恐惧心理，并基于此恐惧心理处分财产，使行为人或者第三人取得财产，被害人遭受损失。且威胁是以恶性相通告迫使被害人处分财产。本题中，甲并未实施恐吓行为，即使被害人是因为恐惧而交付财产，也不能认为构成敲诈勒索罪。

10. B。【解析】 选项A说法正确。《刑法》第385条第1款规定，国家工作人员利用职务上的便利，索取他人财物的，或者非法收受他人财物，为他人谋取利益的，是受贿罪。本题中，交警甲利用其职务上的便利，指使乙非法向超载司机索取钱财，成立受贿罪。另外，不具有构成身份的人与具有构成身份的人共同实施真正身份犯罪时，成立共同犯罪。因此，乙与甲成立受贿罪的共犯。选项B说法错误。《刑法》第382条第1款规定，国家工作人员利用职务上的便利，侵吞、窃取、骗取或者以其他手段非法占有公共财物的，是贪污罪。贪污罪客观方面之一要求必须非法占有公共财物，而本题中交警甲和无业人员乙对超载司机收获的“罚款”此时尚未成为公共财物，属于司机的贿赂款项，因此不构成贪污罪。选项C说法正确。《刑法》第397条第1款规定，国家机关工作人员滥用职权或者玩忽职守，致使公共财产、国家和人民利益遭受重大损失的，处3年以下有期徒刑或者拘役；情节特别严重的，处3年以上7年以下有期徒刑。本法另有规定的，依照规定。本题中，甲滥用其放行车辆的权力，与无业人员乙共谋让提前给其缴纳半数罚款的超载车辆通行，致使国家损失64万元，并威胁到高速公路上的行车安全，构成滥用职权罪的共犯。选项D说法正确。按照“部分行为，全部责任”原则，在共同受贿犯罪中，应按照共同犯罪涉及的总金额来认定犯罪金额。因此，甲、乙的受贿罪金额均为32万元。

二、多项选择题

1. CD。【解析】 选项A、B错误。本案中，“甲、乙共同对丙实施严重伤害行为时，甲误打中乙致乙重伤”，构成打击错误，而非对象错误。在发生打击错误时，法定符合说则认为只要意欲打击的对象和最终被打击的对象属于同一犯罪构成，则为犯罪既遂。具体符合说认为只有行为人意欲打击的对象和最终被打击的对象完全一致时才成立该罪的既遂。根据具体符合说，甲想要打中丙，但是误击中了乙，甲对丙成立故意伤害罪的未遂，对乙成立过失致人重伤罪。选项C正确。偶然防卫，是指故意或者过失侵害他人法益的行为，符合了正当防卫的情况，客观上起到了人身防卫的效果。本案中，“甲误打中乙致乙重伤，丙乘机逃走”，此时对乙构成偶然防卫，对丙构成故意伤害罪的未遂。选项D正确。“甲误打中乙致乙重伤”，可知乙是被害人，不可能自己对自己成立故意伤害罪的既遂。

2. CD。【解析】 选项A错误。选项A中，乙将银行卡及密码交给甲时，甲此时成立受贿罪既遂，之后“甲用该卡时，忘记密码，不好意思再问乙。后乙得知甲被免职，将该卡挂失取回50万元”不影响原先受贿罪的成立。选项B错误。共同犯罪中，共犯人的犯罪形态保持一致，一人既遂，全体既遂。选项B中，甲、乙共谋杀人，即使甲未去犯罪现场，但因乙按照甲教授的方法杀丙既遂，则甲也对该既遂结果承担刑事责任。选项C正确。选项C中，由于甲将钥匙放错了位置，乙用其他的方法将车盗走，也就是说，甲的帮助行为与乙的既遂结果之间没有因果关系，因此甲构成帮助犯的未遂。选项D正确。如何判断犯罪是处于暂时性停顿还是处于终局性停止，只有是终局性停止，才构成犯罪形态。选项D中，甲、乙共同杀害丙，以为丙已死，甲随即离开现场，此时甲的主观犯意已经消除，并且其犯罪行为已彻底结束，丙未死是由于甲意志以外的原因，成立犯罪未遂。

3. CD。【解析】 选项A错误。法律认识错误，是指行为人对行为的法律性质或意义有错误的认识。行为人的行为依照法律并不构成犯罪，行为人误认为构成了犯罪，此时并未违反刑法规定，仍为无罪。因此，甲不构成犯罪。选项B错误。行为人对罪名、量刑、罪数等存在认识错误不影响定罪量刑，此时直接依照《刑法》规定处理。选项C正确。行为在法律上规定为犯罪而行为人却误认为不构成犯罪的，此时按照有罪处理。不知法律或法律认识错误也不能免责的原则，就是维护公共政策和维护公共利益的必要。为了维护公共利益，任何人都必须遵守法律。否则，社会福利与国家安全就得不到保障。因此，不允许以不知法律为理由逃避法律责任，也是刑法得以有效实施的保证。选项D正确。如果违法性的认识错误无法避免，不构成故意犯罪，“中学语文教师”并非权威机关，行为人信赖作为私人专家的意见而产生违法性的错误时，不属于不可避免的错误。

4. ABCD。【解析】 选项A正确。虐待罪的犯罪主体，要求是共同生活的同一家庭的成员或者对未成年人、老年人、患病的人、残疾人等负有监护、看护职责的人。本案中，甲、乙虽未办理结婚登记，但以夫妻名义共同生活，甲、乙组成了一个家庭，乙和甲都是家庭成员，因此甲属于虐待罪的主体。选项B正确。乙作为丙的母亲，依法有保护丙人身和财产安全的义务，在甲伤害丙时不阻止的，构成不作为的故意伤害罪。选项C正确。遗弃罪，是指对于年老、年幼、患病或者其他没有独立生活能力的人，负有扶养义务而拒绝扶养，情节恶劣的行为。因此，甲拒绝抚养年幼的丙，可能构成遗弃罪。选项D正确。婚内强奸，是指丈夫违背妻子意志以暴力、胁迫或者其他手段强行与之发生性关系的行为。因法无明文规定，婚内能否构成强奸罪争议很大。但此处甲乙并无合法婚姻关系，且甲与丁领取了结婚证，不再与乙同居，甲强行与乙发生性行为的，构成强奸罪。

5. BD。【解析】 选项A错误。根据司法解释，变造货币只能在原货币的基础上进行改动，并且还不能丧失与原货币的同一性。因此，变造的货币不是假币。持有使用假币罪，是指违反货币管理法规，明知是伪造的货币而持有、使用，数额较大的行为。据此，使用变造的货币购买商品并不触犯使用假币罪。如果甲变造了货币的面额，并使用其购买商品，可能触犯诈骗罪。选项B正确。乙“走私毒品，又走私假币”，分别构成走私毒品罪和走私假币罪两个犯罪。因二者不存在吸收关系或牵连关系等，应当数罪并罚。选项C错误。盗窃制服和冒充军人招摇撞骗罪之间不存在刑法上的牵连关系，不构成牵连犯。选项D正确。丁“明知黄某在网上开设赌场，仍为其提供互联网接入服务”，构成帮助犯。该行为同时触犯了开设赌场罪与帮助信息网络犯罪活动罪，构成想象竞合犯。

6. AC。【解析】 选项A正确。《刑罚》第234条之一第2款规定，未经本人同意摘取其器官，或者摘取不满18周岁的人的器官，或者强迫、欺骗他人捐献器官的，依照本法第234条、第232条的规定定罪处罚。据此可知，甲“征得17周岁的夏某同意，摘其一个肾脏后卖给他人”，构成故意伤害罪。选项B错误。按照规定，以非法获利为目的，出卖亲生子女或者其他女性亲属的，应当以拐卖妇女、儿童罪论处。据此可知，乙“将自己1岁的女儿出卖，获利6万元”，构成拐卖儿童罪。选项C正确。吴某“挣脱后，驾车离开途中发生交通事故死亡”。可知，吴某并非死于拘禁行为，其死亡和被非法拘禁显然没有因果关系，不属于非法拘禁致人死亡。选项D错误。《刑法》第293条第1款规定，有下列寻衅滋事行为之一，破坏社会秩序的，处5年以下有期徒刑、拘役或者管制：(一)随意殴打他人，情节恶劣的；(二)追逐、拦截、辱骂、恐吓他人，情节恶劣的；(三)强拿硬要或者任意损毁、占用公私财物，情节严重的；(四)在公共场所起哄闹事，造成公共场所秩序严重混乱的。强制猥亵、侮辱罪，是指以暴力、胁迫或者其他方法强制猥亵他人或者侮辱妇女的行为。据此可知，“为寻求刺激，在大街上追逐、拦截两位女生”构成寻衅滋事罪，而非强制猥亵、侮辱罪。

7. AC。【解析】 选项A、C正确。《刑法》第87条规定，轻伤的追诉时效为5年，李某在8年后报案的，已过追诉时效。选项B错误。《刑法》第89条规定，追诉期限从犯罪之日起计算；犯罪行为有连续或者继续状态的，从犯罪行为终了之日起计算。在追诉期限以内又犯罪的，前罪追诉的期限从犯后罪之日起计算。据此可知，对乙的追诉期限应从2013年7月10日起算。选项D错误。本案中，王某单独实施抢夺罪，并非二人共同犯罪，丁对此无需承担责任，因此，对王某合同诈骗罪的追诉时效，应从王某犯抢夺罪之日起计算，而对丁直接从犯合同诈骗罪时起算。

8. CD。【解析】 选项A错误。帮助毁灭、伪造证据罪属事后帮助犯，犯罪主体必须是犯罪分子以外的人，甲、乙共同盗窃丙的财物，甲自己毁灭证据，不成立帮助毁灭证据罪。选项B错误。帮助毁灭、伪造证据罪针对的对象必须是实物性证据，甲将丙派往境外工作，阻止公安司法机关收集丙提供的言词证据的，不符合帮助毁灭、伪造证据罪的对象要求，因而不构成帮助毁灭证据罪。选项C正确。甲得知乙放火致人死亡后未清理现场痕迹，便劝说乙回到现场毁灭证据，甲实施了教唆当事人实施毁灭证据的行为，乙作为放火案件的当事人，不成立帮助毁灭证据罪，但甲成立帮助毁灭证据罪的间接正犯。选项D正确。在刑事诉讼中，即使经过当事人(犯罪嫌疑人、被告人)同意，帮助其毁灭无罪证据，由于妨害了刑事司法客观公正性，构成帮助毁灭证据罪。因此，甲经过犯罪嫌疑人乙的同意，毁灭了对乙有利的无罪证据，成立帮助毁灭证据罪。

9. ABC。【解析】 选项A、B说法错误。甲利用职务便利挪用了公款1.2万元，应对这个行为进行总体评价，认定为一个挪用行为，若按用途区分行为的性质与罪数，会导致行为人实际上实施了侵害职务廉洁性的行为，而得不到惩罚的不公正的结果出现，因此不能按用途区分行为的性质与罪数。同时，由于甲的行为活动既未达到挪用公款进行营利活动的数额要求，也未达到挪用公款进行非法活动的数额要求，因此如果认定甲不构成挪用公款罪，也将导致不公正。选项C说法错误。国家工作人员购买股票属于营利活动，而不是非法活动。选项D说法正确。甲参与赌博的行为属于非法活动，其目的是希望通过赌博行为获取利益，具有一定的营利性质，为了遵循罪责刑相适应原则，可以将赌博行为评价为营利活动，认定甲属于挪用公款1.2万元进行营利活动，对甲应认定为挪用公款罪。

10. CD。【解析】 选项A错误。玩忽职守是指严重不负责任，不履行职责，或者不正确履行职责的行为。电炉是办公室的取暖设施，操作电炉并不是秦某作为财政局副局长的工作职责。秦某工作时虽然擅离办公室，但大楼起火的结果却不是秦某不履行或者不正确履行职责导致的，所以，秦某不触犯玩忽职守罪。选项B错误。武某"未能发现何某在足疗店内非法开诊所行医"，题目并没有交代武某是由于工作水平低而未能发现，还是由于该诊所隐藏得太好而未能发现，还是因为严重不负责任，应当发现而未能发现，因此武某的行为并不符合"严重不负责任"的要求，不构成玩忽职守罪。选项C、D正确。滥用职权罪是指国家机关工作人员故意逾越职权，违反法律决定、处理其无权决定、处理的事项，或者违反规定处理公务，致使公共财产、国家和人民利益遭受重大损失的行为。可知，滥用职权是指不法行使职务上的权限的行为，即就属于国家机关工作人员一般职务权限的事项，以行使职权的外观，实施实质的、具体的违法、不当的行为。

三、不定项选择题

1. D。【解析】 选项A错误。"逃逸致人死亡"，是指因逃逸延误救治，导致被害人由受伤害转变为死亡。本案中，乙在交通肇事后有逃逸行为。但是，乙是在丙谎称他会打电话叫救护车后才离开的。乙并不放任刘某的死亡。所以，乙只构成交通肇事逃逸行为，不构成逃逸致人死亡。选项B错误。乙确实有交通肇事行为，但其本人的行为只是导致刘某重伤，刘某的死亡是由于丙将刘某藏匿在草丛中，刘某因错过抢救时机而身亡的。因此，乙的交通肇事行为并没有致人死亡。选项C错误。选项D正确。行为人在交通肇事后为逃避法律追究，将被害人带离事故现场后隐藏或者遗弃，致使被害人无法得到救助而死亡或者严重残疾的，应当分别依照《刑法》第232条（故意杀人罪）、第234条第2款（故意伤害罪）的规定，以故意杀人罪或者故意伤害罪定罪处罚。本案中，丙将刘某藏匿致使其错过抢救时机身亡，构成故意杀人罪。丙的行为已经不是交通肇事的过失行为，而是故意造成他人死亡的行为。同时，乙对刘某的死亡并不放任，所以乙不必为刘某的死亡负责。

2. ABC。【解析】 选项A说法错误。在刑事诉讼中，证人明知某人是犯罪的人，为了帮助他隐匿罪证而故意作虚假证明包庇他，那么这个行为既可以被评价为伪证罪（因为他做了伪证），也可以被评价为包庇罪（因为他意图包庇他人）。因此，伪证罪与包庇罪不是相互排斥的关系，甲可能既构成伪证罪又构成包庇罪。选项B说法错误。甲的主观目的确实在于骗取保险金，没有妨害司法的直接故意。但他明知自己作伪证的行为会导致侦查机关将无辜的人作为犯罪嫌疑人，仍然作伪证。可知，甲对自己的行为会妨害司法是持放任的态度的，因此，甲的行为仍然构成妨害司法罪。选项C说法错误。刑法理论认为，作为犯罪嫌疑人对这种伪造证据的行为没有期待可能性。即，不能期待犯罪嫌疑人不进行任何干扰侦查的行为。据此，乙唆使丁代替自己承担交通肇事的责任，其行为确实属于包庇罪的教唆行为，但乙不构成包庇罪的教唆犯。选项D说法正确。丁的"自首"行为干扰了司法机关的正常活动，其行为的本质是作假证明包庇乙，使其不被司法机关追究刑事责任。所以，丁的行为既触犯伪证罪，又触犯包庇罪。

3. AD。【解析】 选项A正确。甲编造虚假的原因骗取保险金，构成保险诈骗罪。选项B错误。甲的行为既触犯保险诈骗罪，又触犯诈骗罪，但是，不能对他进行数罪并罚。保险诈骗罪是诈骗罪的特别法条。当两个犯罪之间具有包容关系时，这两个犯罪构成法条竞合，对此只能选择一个法条适用。诈骗罪的法条规定："本法另有规定的，依照规定。"因此，对甲的行为应认定为保险诈骗罪，不能认定为诈骗罪，不得数罪并罚。选项C错误，选项D正确。陈某虽然没有将保险金据为己有，但是他明知道甲要来骗取本公司的保险金，仍然利用职务之便，帮助甲骗取本公司的保险金，陈某的行为符合职务侵占罪的犯罪构成。陈某不具有为本人非法占有的目的不等于陈某不具有非法占有的目的。为他人非法占有也属于非法占有。陈某的行为既构成(触犯)职务侵占罪，又构成(触犯)保险诈骗罪，同理，甲既构成(触犯)保险诈骗罪，又构成(触犯)职务侵占罪。在两个犯罪中，二人都互为共犯。但是由于二人都只有一个行为，因此都应当择一重罪论处。

4. CD。【解析】 选项A错误。寻衅滋事罪是指无事生非、起哄闹事、肆意挑衅、随意骚扰、破坏社会秩序的行为。甲虽然任意毁损公私财物，但该行为并没有破坏社会秩序，不构成寻衅滋事罪。选项B错误。"聚众堵塞交通、破坏交通秩序"，是指纠集多人堵塞交通使行使车辆、行人不能通过，或者故意违反交通规则，破坏正常的交通秩序，影响顺利通行和通行安全的行为。据此可知，甲聚众锯断高速公路隔离栏的行为没有堵塞交通，也没有破坏交通秩序，不构成聚众扰乱交通秩序罪。选项C正确。承诺者对被侵害的法益必须有处分权限，才排除犯罪的成立。吴某对隔离栏没有处分权限，因此不能承诺免责。选项D正确。隔离栏属于正在使用中的交通设施，若甲的行为危及交通安全的，可构成破坏交通设施罪。

5. BC。【解析】 选项A错误。收费站的收费业务也不是法律、行政法规规定的专营业务，甲的行为并不是一个市场上的经营行为，其行为也不会导致高速公路收费市场收费秩序的混乱。依据刑法规定，擅自经营收费站收费业务的，可构成诈骗罪。选项B正确。招摇撞骗罪在客观方面表现为行为人具有冒充国家机关工作人员的身份或职称，进行诈骗的行为，而国有收费站工作人员并非国家机关工作人员。选项C正确。本案中，二人约定甲在高速公路另开出口帮货车司机逃费。因此，并未实施导致收费站工作人员基于认识错误免收司机过路费的行为，不构成诈骗罪。选项D错误。隐瞒犯罪所得罪，是指明知是犯罪所得及其产生的收益而予以窝藏、转移、收购、代为销售或者以其他方法掩饰、隐瞒的行为。从理论上讲，本罪主体不包括上游犯罪实施人，即产生犯罪所得、犯罪所得收益的行为实施人，而是帮助犯罪分子掩饰、隐瞒犯罪所得、犯罪所得收益的其他人。如果是上游犯罪行为人实施掩饰、隐瞒犯罪所得、犯罪所得收益行为，则属于在犯罪后对赃物的处理行为，在刑法理论上叫后续行为，为此前上游犯罪行为所吸收，不另行处罚。在本案中，"甲以此方式共得款30万元，但骗吴某仅得20万元，并按此数额分成"属于犯罪后的内部分赃问题，不构成新的犯罪。

6. ABC。【解析】 选项A、B正确。贪污罪，是指行为人利用职务之便实施的，并且非法获取的是本单位的财产。本案中，如果不是存在吴某和甲的行为，那么这些司机只有到国有收费站交费后才能离开高速公路。因此，这笔钱虽然尚未交给国有收费站，但是国有收费站必然能够获得的财产，是国有收费站确定的债权。所以，国家工作人员吴某与甲勾结，侵吞本应由收费站收取的费用，二人均成立贪污罪。因吴某与甲构成共同犯罪，均应对总的犯罪金额承担刑事责任，因此，贪污罪的犯罪金额为30万元。选项C正确。受贿罪是指国家工作人员利用职务上的便利，索取他人财物，或者非法收受他人财物，为他人谋取利益的行为。本案中，国有收费站站长吴某收受贿赂，为他人谋取非法利益，构成受贿罪。选项D错误。受贿后为请托人谋取利益，构成其他犯罪的，应当数罪并罚。因此，对吴某应以贪污罪与受贿罪并罚。

7. BC。【解析】 选项A错误。脱逃罪的主体必须是依法被关押的犯罪嫌疑人、被告人、罪犯。本案中，甲是在强制戒毒所中进行强制戒毒的人员，不属于罪犯、被告人或犯罪嫌疑人的范畴，因此不构成脱逃罪。选项B正确。《刑法》中并没有规定购买毒品罪，并且甲购买少量毒品用来自吸而非用来贩卖，因此也不构成贩卖毒品罪。而且，甲的行为虽然符合《刑法》关于非法持有毒品罪的持有毒品的行为要件，但是构成非法持有毒品罪要求行为人持有的毒品数量大，而本案中已明确表示甲购买的毒品是少量的，因此应当认为尚未达到非法持有毒品罪的定罪标准。综上，甲的该行为不构成犯罪。选项C正确。贩卖毒品罪是一个妨害社会管理秩序的犯罪，不是一个财产犯罪，侵犯的是国家对毒品的管制制度，而不是财产权，因此，只要出卖人将毒品转移给购买人，即使未收款，也构成既遂。选项D错误。根据《刑法》规定，窝藏罪要求窝藏的对象必须是“犯罪的人”。在本案中，甲是在强制戒毒所中进行强制戒毒的人员，而不是法律上所规定的“犯罪的人”。因此，乙收留甲的行为不可能构成窝藏罪。

8. ABCD。【解析】 选项A正确。最高人民法院、最高人民检察院《关于办理盗窃刑事案件适用法律若干问题的司法解释》第3条第2款规定，非法进入供他人家庭生活、与外界相对隔离的住所盗窃的，应当认定为“入户盗窃”。本案中，甲翻墙入院从厨房取走毒品，完全符合这一规定，甲的行为应当认定为入户盗窃。选项B正确。住宅是人们日常生活使用的场所，不仅包括卧室，而且包括厨房等其他生活场所，因而甲进入陈某厨房的行为触犯非法侵入住宅罪。选项C正确。《刑法》第275条规定，“故意毁坏公私财物，数额较大或者有其他严重情节的”，成立故意毁坏财物罪。据此可知，甲毒死陈某的两条看门狗的行为侵犯了陈某对这两条看门狗的财产性权利，且这两条狗价值较大，符合故意毁坏财物罪的构成要件。而毒死狗为实施盗窃创造了条件，属于盗窃罪的预备，属于一个行为触犯数个罪名的情形，构成想象竞合犯。选项D正确。《全国法院审理毒品犯罪案件工作座谈会纪要》规定，盗窃、抢劫毒品的，应当分别以盗窃罪或者抢劫罪定罪。认定盗窃犯罪数额，可以参考当地毒品非法交易的价格。

9. BCD。【解析】 选项A错误。贩卖毒品罪属于侵害社会管理秩序罪的范围，与之前甲盗窃陈某毒品侵犯的财产权益不同，属于不同类型的法益，因此该销售毒品的行为应当进行单独的评价，所以甲的行为依然成立贩卖毒品罪，应当追究其刑事责任。选项B正确。诈骗罪要求行为人以非法占有为目的实施欺诈行为，使对方产生或继续维持错误认识，对方基于该错误认识而处分了财产，从而行为人取得了财物、被害人遭受财产损失。在本案中，乙将40克冰毒掺杂冒充120克冰毒卖出，是欺诈行为，而行为人购买这120克冰毒是基于认识错误而进行了财产处分，使其本人遭受财产损失，同时乙取得了财物。因此乙的行为构成诈骗罪。选项C正确。甲、乙的行为已经构成了诈骗罪的共犯。同时，由于甲、乙出卖的不纯毒品中，仍有40克冰毒的存在，且其在主观上也是持出卖毒品的故意。因此，甲、乙也成立贩卖毒品罪的共犯。选项D正确。《全国部分法院审理毒品犯罪案件工作座谈会纪要》规定，制造毒品不仅包括非法用毒品原植物直接提炼和用化学方法加工、配制毒品的行为，也包括以改变毒品成分和效用为目的，用混合等物理方法加工、配制毒品的行为。为便于隐蔽运输、销售、使用、欺骗购买者，或者为了增重，对毒品掺杂使假，添加或者去除其他非毒品物质，不属于制造毒品的行为。因此，乙在冰毒中掺杂使假，不构成制造毒品罪。

四、名词解释

1. 不作为，是指行为人在能够履行自己应尽义务的情况下不履行该义务。

2. 意外事件是指行为虽然在客观上造成了损害结果，但不是出于行为人的故意或者过失，而是由于不能预见的原因所引起的。

3. 行贿罪，是指为谋取不正当利益，给予国家工作人员以财物的行为。

4. 转化型抢劫，是指犯盗窃、诈骗、抢夺罪的行为人，为窝藏赃物、抗拒抓捕或者毁灭罪证而当场使用暴力或者以暴力相威胁的，按抢劫罪处理的情形。

5. 在犯罪过程中，自动放弃犯罪或者自动有效防止犯罪结果发生的，是犯罪中止。已经着手实行犯罪，由于犯罪分子意志以外的原因而未得逞的，是犯罪未遂。

五、简答题

1. 罪刑法定原则指的是，犯罪行为的界定、种类、构成条件和刑罚处罚的种类、幅度，均事先由法律加以规定，对于刑法分则没有明文规定为犯罪的行为，不得定罪处罚。其派生原则包括：(1)排斥习惯法，即禁止对刑法没有明文规定为犯罪的行为通过使用习惯法来定罪判刑；(2)禁止事后法，即禁止根据行为后开始实施的法律对行为人定罪处罚，除非适用这种事后法比适用行为时的法律对被告人更有利；(3)禁止做有罪类推，即禁止对刑法分则没有明文规定为犯罪的行为比照类似的刑法分则条文定罪判刑；(4)排斥绝对不确定刑，即禁止对被告人适用完全不确定具体刑种与刑期的刑罚。

2. 间接故意是指行为人明知自己的行为可能会发生危害社会的结果，并且放任这种结果发生的心理态度。

间接故意具备两个特征。第一，在认识因素上，行为人明知自己的行为可能会发生危害社会的结果。第二，在意志因素上，行为人放任危害结果的发生。

间接故意的类型包括：(1)行为人为追求某一犯罪目的而放任另一危害结果的发生；(2)行为人为追求一个非犯罪目的而放任某种危害结果的发生。(3)在突发故意犯罪中，对行为人动辄行凶，不计后果用棍、刀等伤人后扬长而去，致人伤亡的案件。根据社会规范的必要考虑行为人可能认识到自己的行为会导致伤亡的结果，亦可认为，行为人对这种结果是放任的，因而认定间接故意。

3. 紧急避险，是指为了国家、公共利益，本人或者他人的人身、财产和其他权利免受正发生的危险，不得已而采取的损害另一较小合法权益的行为。

(1)前提条件：必须有威胁合法利益的危险发生；(2)时间条件：必须是正在发生的危险；(3)补充原则：必须是不损害某种合法权益就无法避免的危险；(4)主观要件：必须出于保护合法权益的目的；(5)限度条件：必须没有超过必要限度造成不应有的损害。

4. 寻衅滋事罪，是指肆意挑衅，随意殴打、骚扰他人或任意损毁、占用公私财物，或者在公共场所起哄闹事，严重破坏社会秩序的行为。

行为方式包括：(1)随意殴打他人，情节恶劣的；(2)追逐、拦截、辱骂、恐吓他人，情节恶劣的；(3)强拿硬要或者任意损毁、占用公私财物，情节严重的；(4)在公共场所起哄闹事，造成公共场所秩序严重混乱的。

5. 侵犯公民个人信息罪，是指违反国家有关规定，向他人出售或者提供公民个人信息，或者将在履行职责或者提供服务过程中获得的公民个人信息出售或提供给他人，以及窃取或以其他方法非法获取公民个人信息，情节严重的行为。

作为本罪对象的“公民个人信息”包括公民姓名、年龄、有效证件号码、婚姻状况、工作单位等能够识别公民个人身份或者涉及公民个人隐私的信息、数据资料。

本罪的行为类型包括：(1)违反国家有关规定，向他人出售或者提供公民个人信息；(2)违反国家有关规定，将在履行职责或者提供服务过程中获得的公民个人信息出售或提供给他人；(3)窃取或以其他方法非法获取公民个人信息。

本罪的三个行为类型，均要求情节严重。包括但不限于信息被他人用以实施犯罪，造成受害人人身伤害或死亡；或者造成重大经济损失、恶劣的社会影响；或者出售、非法提供公民个人信息数量较大、违法数额较大等。

本罪的责任形式为故意。

六、论述题

1. 犯罪预备是指为了犯罪准备工具、制造条件,但由于行为人意志以外的原因而未能着手,从而构成犯罪的行为。

犯罪未遂是指行为人已经着手实行犯罪,由于犯罪分子意志以外的原因而未能达成既遂的犯罪形态。

犯罪中止是指在故意犯罪中,行为人自动放弃犯罪或者自动有效防止犯罪结果发生的一种犯罪未完成形态。

相同点:都是故意犯罪的未完成形态;都需承担相应的刑事责任。

不同点:(1)发生的时间不同。犯罪预备发生在准备工具、制造条件的阶段,此时还未着手实施犯罪行为;犯罪未遂发生在已经着手实施犯罪以后,犯罪预备阶段不存在犯罪未遂;犯罪中止则发生在实施犯罪预备或者在着手实施犯罪以后,达到既遂以前放弃犯罪,均能构成犯罪中止。(2)未能完成犯罪的原因不同。犯罪预备的未得逞原因是由于行为人意志以外的原因;犯罪未遂中,犯罪未能得逞是由于行为人意志以外的原因,犯罪的实际结果违背行为人的本意,即欲为而不能为。而在犯罪中止中,行为人出于自己的意志而主动放弃当时可以继续实施和完成的犯罪,即能为而不为。(3)行为结果不同。犯罪预备的情况下,行为人没有着手实行犯罪,不存在犯罪结果;犯罪未遂中,结果是犯罪未逞,是指行为人没有完成某一犯罪的全部构成要件,并不等于不发生任何损害结果。犯罪中止要求行为人必须彻底地放弃犯罪。自动有效地防止犯罪结果发生的犯罪中止还要求行为人必须有效地防止他已经实施的犯罪行为之法定犯罪结果的发生。(4)刑事责任不同。根据我国刑法的规定,对于预备犯,可以比照既遂犯从轻、减轻处罚或免除处罚;对于未遂犯,可以比照既遂犯从轻或者减轻处罚;对于中止犯,没有造成损害的,应当免除处罚,造成损害的,应当减轻处罚。对中止犯的处罚轻于未遂犯,其目的是鼓励犯罪分子不要把犯罪行为进行下去,从而有效地保护国家和人民的利益免遭犯罪的侵害。

2. 虚假诉讼罪是指以捏造的事实提起民事诉讼,妨害司法秩序或者严重侵害他人合法权益的行为。本罪的构成要件是:

(1)本罪所侵犯的客体是复杂客体,既包括司法机关的正常活动秩序,具体而言,是司法机关正常的民事诉讼活动秩序,也包括他人的财产权、婚姻权、收养权、监护权、继承权等合法权益。

(2)本罪的客观方面表现为,行为人以捏造的事实提起民事诉讼,妨害司法秩序或者严重侵害他人合法权益的行为。

首先,行为人必须捏造事实。所谓“捏造事实”,是指行为人虚构、臆造根本不存在的、与真实情况相悖的事实情况,既可以是完全捏造,毫无真实成分,也可以是存有部分真实成分,部分捏造。其次,行为人提起的必须是民事诉讼。即作为平等主体的公民之间、法人之间、其他组织之间以及他们相互之间因财产关系和人身关系所提起的诉讼。

最后,行为人捏造事实提起民事诉讼的行为,应妨害司法秩序或者严重侵害他人合法权益。

“妨害司法秩序”,是指扰乱了司法机关正常的民事诉讼活动秩序,浪费司法资源。

“严重侵害他人合法权益”是指严重侵害到他人的财产权、婚姻权、收养权、监护权、继承权等合法权益,如导致他人丧失财产,婚姻关系破裂,丧失收养他人或被他人收养的权利、监护他人或者被他人监护的权利、继承财产或被继承财产的权利等。

(3)本罪的主体是一般主体,凡已满 16 周岁,具有刑事责任能力、民事诉讼能力的自然人均能成为本罪的主体。单位不能成为本罪的主体。

(4)本罪的主观方面是故意,一般是直接故意。

七、案例分析题

1. 关于赵某杀害钱某以便将名画据为己有

这一事实，可能存在两种处理意见。其一，认定为侵占罪与故意杀人罪，实行数罪并罚。理由是，赵某已经占有了名画，不可能对名画实施抢劫行为，杀人行为同时使得赵某将名画据为己有，所以，赵某对名画成立（委托物）侵占罪，对钱某的死亡成立故意杀人罪。其二，认定成立抢劫罪一罪。理由是，赵某杀害钱某是为了使名画不被返还，钱某对名画的返还请求权是一种财产性利益。财产性利益可以成为抢劫罪的对象，所以，赵某属于抢劫财产性利益。

2. 赵某以为钱某已经死亡，为毁灭罪证而将钱某活埋导致其窒息死亡，属于事前的故意或概括的故意。对此现象的处理，主要有两种观点：其一，将赵某的前行为认定为故意杀人未遂（或普通抢劫），将后行为认定为过失致人死亡，对二者实行数罪并罚或者按想象竞合处理。理由是，毕竟是因为后行为导致死亡，但行为人对后行为只有过失。其二，认为应认定为故意杀人既遂一罪（或故意的抢劫致人死亡即对死亡持故意一罪）；理由是，前行为与死亡结果之间的因果关系并未中断，前行为与后行为具有一体性，故意不需要存在于实行行为的全过程。（答出其他有一定道理的观点的，适当给分。）

3. 孙某对钱某的死亡构成故意杀人罪。孙某明知钱某没有死亡，却催促赵某动作快一点，显然具有杀人故意，客观上对钱某的死亡也起到了作用。即使认为赵某对钱某成立抢劫致人死亡，但由于钱某不对抢劫负责，也只能认定为故意杀人罪。倘若在前一问题上认为赵某成立故意杀人未遂（或普通抢劫）与过失致人死亡罪，那么，孙某就是利用过失行为实施杀人的间接正犯；倘若在前一问题上认为赵某成立故意杀人既遂（或故意的抢劫人死亡即对死亡持故意），则孙某成立故意杀人罪的帮助犯（从犯）。

4. 孙某索要名画的行为构成敲诈勒索罪。理由：孙某的行为完全符合本罪的构成要件，因为利用合法行为使他人产生恐惧心理的也属于敲诈勒索。一种观点是，对孙某应当按 800 万元适用数额特别巨大的法定刑，同时适用未遂犯的规定，并将取得价值8 000元的赝品的事实作为量刑情节，这种观点将数额巨大与特别巨大作为加重构成要件；另一种观点是，对孙某应当按8 000元适用数额较大的法定刑，认定为犯罪既遂，不适用未遂犯的规定，这种观点将数额较大视为单纯的量刑因素或量刑规则。

5. 孙某出卖赝品的行为不构成诈骗罪，因为孙某以为出卖的是名画，不具有诈骗故意。

参考文献

1. 马克昌:《刑法》,高等教育出版社 2017 年版。
2. 马克昌:《犯罪通论》,武汉大学出版社 1999 年版。
3. 马克昌:《刑罚通论》,武汉大学出版社 1999 年版。
4. 高铭暄、马克昌:《刑法学》,北京大学出版社 2016 年版。
5. 赵秉志:《当代刑法问题》,中国人民大学出版社 2014 年版。
6. 齐文远:《刑法学》,北京大学出版社 2016 年版。
7. 李希慧、康均心、黄明儒:《刑法总论》,武汉大学出版社 2008 年版。
8. 李希慧、康均心、黄明儒:《刑法各论》,武汉大学出版社 2008 年版。
9. 张明楷:《刑法学》,法律出版社 2016 年版。
10. 张明楷:《外国刑法纲要》,清华大学出版社 2007 年版。
11. 张明楷:《刑法分则的解释原理》,中国人民大学出版社 2011 年版。
12. 陈兴良:《刑法总论精释》,人民法院出版社 2016 年版。
13. 陈兴良:《刑法各论精释》,人民法院出版社 2015 年版。
14. 陈兴良:《判例刑法学(教学版)》,中国人民大学出版社 2012 年版。
15. 康均心:《刑法学——制度、学说、案例》,武汉大学出版社 2012 年版。
16. 贾宇:《刑法学》,中国政法大学出版社 2017 年版。
17. 曲新久:《刑法学》,中国政法大学出版社 2016 年版。
18. 刘艳红:《刑法学》,北京大学出版社 2016 年版。
19. 刘宪权:《刑法学》,上海人民出版社 2016 年版。
20. 黎宏:《刑法学总论》,法律出版社 2016 年版。
21. 黎宏:《刑法学各论》,法律出版社 2016 年版。
22. 周光权:《刑法总论》,中国人民大学出版社 2016 年版。
23. 周光权:《刑法各论》,中国人民大学出版社 2016 年版。
24. 梁根林:《刑法方法论》,北京大学出版社 2006 年版。
25. 梁根林:《刑事法网:扩张与限缩》,法律出版社 2005 年版。
26. 于志刚:《案例刑法学(总论)》,中国法制出版社 2010 年版。
27. 于志刚:《案例刑法学(各论)》,中国法制出版社 2010 年版。
28. 谢望原:《刑法学》,北京大学出版社 2012 年版。
29. 阮齐林:《刑法》,中国人民大学出版社 2013 年版。
30. 白建军:《刑法规律与量刑实践——刑法现象的大样本考察》,北京大学出版社 2011 年版。

31. 白建军:《关系犯罪学》,中国人民大学出版社 2005 年版。
32. 劳东燕:《罪刑法定本土化的法治叙事》,北京大学出版社 2010 年版。
33. 车浩:《车浩的刑法题》,北京大学出版社 2016 年版。
34. 臧铁伟:《中华人民共和国刑法修正案(九)解读》,中国法制出版社 2015 年版。
35. [美]乔治·弗莱彻:《反思刑法》,邓子滨译,华夏出版社 2008 年版。
36. [德]拉德布鲁赫:《法学导论》,米健、朱林译,中国大百科全书出版社 1997 年版。